KB149716

중국의 사람을 죽여 바친 제사와 순장

한빛문화재연구원문화재연구총서 5

중국의 사람을 죽여 바친 제사와 순장

黃展岳 지음 | 김용성 옮김

학연문화사

차 례

제1장 | 서론 - 인생 · 인순의 기원

1. 인생 • 11
2. 인순 • 16
3. 할체 • 19

제2장 | 중국 선사시대 인생과 인순 유적의 고찰

1. 인생유적의 고찰 • 24
2. 인순유적의 고찰 • 38
3. 의사 인생 · 인순 유적 • 52

제3장 | 상나라의 인생

1. 상나라 전기 • 71
2. 상나라 후기 • 84

제4장 | 은상무덤의 인생과 인순

1. 인생과 인순의 구분 • 127
2. 안양 은허무덤의 인생과 인순 • 129
3. 안양 은허 이외 상나라무덤의 인생과 인순 • 150
4. 결어 • 166

제5장 | 서주의 인생과 인순

1. 서주의 인생 • 177
2. 서주의 인순 • 183

제6장 | 동주의 인생과 인순

1. 중원문화구 • 213
2. 북방문화구 • 230
3. 제노문화구 • 235
4. 초문화구 • 260
5. 오월문화구 • 278
6. 파촉전문화구 • 287
7. 진문화구 • 298

제7장 | 진한에서 명청까지의 인생

1. 헌부제묘(또는 헌부제사) • 323
2. 살구제전 • 324
3. 음사 • 332

제8장 | 진한에서 명청까지의 인순

1. 진과 서한 • 339
2. 동한과 위진남북조 • 351
3. 수와 당 • 355
4. 송 · 원 · 명 · 청나라 • 359

제9장 | 명청 황실의 궁비 순장제

1. 명나라 황실의 궁비순장 • 339
2. 청나라 황실의 궁비순장 • 351

제10장 | 결론 - 인생 · 인순과 중국 고대사회

1. 선사시대 - 인생 · 인순의 발생 • 398
2. 은상시대 - 인생 · 인순의 발전 • 400
3. 서주와 동주 - 인생 · 인순의 쇠퇴 • 403
4. 진한에서 명청시대 및 주변 민족의 인생 · 인순 • 408

〈별표 1〉 안양 은허 상나라무덤의 인생과 인순 • 412
〈별표 2〉 안양 은허 이외 상나라무덤의 인생과 인순 • 430

후기 • 442
주요 참고문헌 • 445
Abstract • 450
옮긴이의 글 • 453
찾아보기 • 455

제1장

서론 - 인생·인순의 기원

인신희생인 인생人牲 또는 '인제人祭' 라 부르는 것은 산 사람을 희생으로 사용하는 것으로 죽여서 신령 혹은 조상에게 제사하는 것이다. 인순人殉이란 산 사람을 죽은 씨족의 수장, 가장, 노예주 혹은 봉건주에게 순장하는 것이다. 인생과 인순은 원시사회 말기에서 초기국가가 형성되는 전체 역사시기의 고대세계에 보편적으로 존재한 사회현상이다. 제물로서의 생인牲人과 주인을 수행하여 함께 죽은 순인殉人은 모두 원시종교의 희생자로서 양자 사이에는 밀접한 관계가 있다. 그러나 인생과 인순의 발생원인, 생인과 순인의 신분, 출자 및 여타 살해된 의미는 아주 다르다. 일반적으로 말해 인생은 '먹을거리' 를 제공하는 것으로 적을 잡아먹는 오래된 전통에서 나온 것이고, 포로와 '원수[仇人]' 를 사용하였다. 인순은 쓰는[用](일을 시키는) 것으로 '쓰기' 위해서는 원수와 적이 아니라 친근하게 사용하여야 하니까 순자殉者는 마땅히 근친자이거나 오래 전부터 알고 있는 사람이어야 한다. 따라서 이들 순자와 피순자의 관계는 생전의 관계가 지속되는 것이다. 연구자에 따라서는 인생과 인순이 표면적으로는 유사한 면이 있지만 본질적으로 다른 면을 무시할 수 없다고 한다. 따라서 양자의 기원을 설명할 필요성이 있다.

이 외 스스로 몸을 베어내는 일종의 자아할체自我割體라는 상잔행위를 사용하여 자신과 죽은 자, 혹은 자신과 자연신과의 친밀한 관계를 나타내는 방법이 있다. 그 변화과정을 살펴보면 그것 자체가 체계를 이루고 있는 것 같다. 그러나 그것이 의미하는 것은 인생·인순과 밀접한 상관관계가 있어서 인생 혹은 인순의 변종으로 볼 수 있으므로 부가하여 언급하도록 한다.

1. 인생

만물에 영혼이 있고, 혼백은 죽지 않는다는 믿음이 원시시대 종교숭배의 사상적 기초이다. 생산력이 낮고 자연재해에 대해 무력하였던 원시인은 자연계에 대해 일종의 두려워하는 마음을 갖게 되었다. 원시인들은 인간의 생노병사, 자연계의 음양과 명암 모두는 신령이 주재하는 것으로 믿었다. 그들은 신령은 어디에나 존재하고, 인간의 모든 삶을 항시 감시한다고 생각했다. 따라서 일상생활에서 재앙을 피하기 위하여 가장 원시적인 종교 관념이 발생하였다. 이때 원시인이 숭배한 것은 단지 인간의 일상생활과 이해관계가 있는 자연현상, 예컨대 해, 달, 물, 불, 비, 번개이다. 그들은 이들 자연현상을 인격화하고, 의지가 있는 실체로 숭배하였다. 최초의 숭배행위는 아주 간단하여 말이나 행동거지로 숭배대상에 대하여 경의, 감사, 기구, 굴복을 표시하는 것이었으나 나중에는 제물과 희생을 바치게 되었다.[1] 그들은 신령이 살고 있는 저세상도 현실세계와 같이 밥을 먹어야 하고, 잠을 자야 한다고 믿었다. 신령이 영원히 청춘을 간직하며 힘을 가져야만 재앙을 없애주고, 복을 내려 달라는 그들의 기구를 들어줄 수 있기 때문에 크고 작은 생축牲畜을 바치는 제전을 차렸다. 그 가운데 사람고기를 차려 신령에게 바치는 살인제전殺人祭奠이 신령에 대한 가장 큰 경의의 표시였다. 이렇게 사람고기를 제물로 생각하여 신령에게 '식용(먹을거리)'으로 제공한 것을 우리가 통상 '인생'이라 부른다.

구세계의 대륙에서 인생은 농경마을에서 처음으로 출현하였다. 농경의 출현은 인류역사에 있어서 일차적인 대혁명이다. 야생식물의 채집단계에서 곡물재배의 성공은 아주 커다란 비약이었다. 토지와 농업은 인류가 생존하고 번영하는 데에 주요한 의지수단이 되었다. 이러한 의지는 또한 숭배를 생성시켰다. 당시 사람에게 있어서 토지는 만물을 키우는 바탕으로 그것이 없으면 작물이 자랄 수도 없고, 생활할 수도 없다. 따라서 고대 중국에서는 토지를 지모地母 혹은 토지신土地神으로 불렀고, 고대 그리스의 신화에서는 토지신을 '가

1 朱天順 : 『原始宗教』 5면, 上海人民出版社, 1964年.

이스Gais(지모)' 라고 불렀다. 사람들은 봄에 파종할 때 지모의 보우를 빌었고, 가을에 수확한 후 지모의 은정에 보답하였다. 봄에 빌고, 가을에 보답하는 것이 농경민족의 가장 중요한 제사로 편성되었다. 한 번은 빌고, 한 번은 보답하는 것, 이 모두에 희생의 공헌이 요구되었고, 비교적 융숭한 것에는 살인제사가 요구되었다. 많은 원시민족이 토지에 사람의 피를 뿌려 제사함으로써 토지가 지력을 회복할 수 있고, 농작물의 풍수가 있게 된다고 믿었다.

인도로부터 지중해에 이르는 지역에서는 대략 기원전 4000년부터 기원전 2000년 사이에 인생을 사용한 농신農神에 대한 제사가 광범하게 유행하였다. 아치크A-chik인은 마이제Maye Zea 여신에게 혈제血祭를 사용하였고, 그리스인과 로마인은 곡물의 신과 토지의 여신에게 임신부를 사용한 제사를 하였고, 고대 중동의 페니키아인, 카르타고인과 고대 인도의 코가Koghga인은 장기간에 걸쳐 신생아 혹은 아동을 농신에 대한 제사에 사용하였고,[2] 옛 맥시코 아즈텍Aztec인은 항상 아동을 사용해 비의 신 틀랄록Tloloc에게 제사하였다.[3]

중국의 황하黃河 유역에는 일찍부터 사직社稷에 대한 제사가 있었다. 사社는 사신이고 토지의 신이다. 직稷은 기장의 신이고, 기장은 오곡의 대표이다. 주周나라 때 설치된 '대종백大宗伯' 은 국가제사를 전담하였는데, 그가 관장한 중요업무가 "혈제血祭로 사직에 제사하는 것" 이었다.[4] '사직' 이라는 말은 계급국가가 출현한 이후의 개념이지만 이러한 사상은 실재로 원시 씨족과 부락에서 행한 지모에 대한 공동숭배에 연원을 두고 있다. '혈제' 는 대략 이즈음 출현하였다. 고고학 발견에 근거하면 모계씨족제가 번영한 앙소문화仰昭文化 시기에 이미 지모와 농신에 대한 숭배가 발생하였다. 고대세계의 많은 농경취락과 마찬가지로 앙소문화의 사람들도 각종의 제사를 지냈는데, 이때 이미 사람의 피를 사용한 제사가 출현하였을 가능성이 있다(제2장에 상세하게 설명).

지모에 대한 혈제가 주요한 형식이지만 어떤 지역에서는 사람 머리를 사냥하여 제사하는 엽두제獵頭祭의 습속이 유행하였다.

엽두제의 습속은 지모신에 대한 혈제와 같이 농신에 대한 숭배에 속하는 것이다. 중국 남방의 고대 월요越僚계 민족, 동남아 및 태평양제도의 토착민족은 모두 엽두를 실시한 민

2 世界上古史網編寫組 : 『世界上古史網』 上册, 人民出版社, 1979年.

3 喬治 · 彼得 · 穆達克 : 『我們當代的原始民族』, 童恩正譯本 252면, 四川民族研究所, 1980年.

4 『周禮 · 春官 · 大宗伯』, 「十三經注疏」本, 中華書局, 1980年.

족에 속한다. 삼국시대 오나라 심영沈瑩의 『임해수토이물지臨海水土異物志』, 『수서隋書 · 류구전流求傳』, 『명사明史 · 외국전外國傳』 및 『태평어람太平御覽』, 『태평환우기太平寰宇記』의 관련된 기록에 의하면 중국의 동쪽 이주夷州(대만과 류큐)로부터 서쪽으로 지금의 천전川滇 지역의 변경, 공아邛雅와 영창永昌, 남으로 해남도海南島의 주애朱崖 · 담이儋耳에서 모두 이런 풍속이 존재했다. 1950년대 초까지만 하더라도 운남雲南 서맹西盟지구의 와족佤族에게 엽두제의 습속이 남아 있었다. 지금도 중남반도, 인도네시아, 태평양의 멜라네시아 등 도서지방에 살고 있는 일부 원시민족에게 이러한 악습이 남아 있다. 영국인 A.C. Haddon,[5] 프랑스인 Grubauer,[6] Heine-Geldern[7]과 같은 서방의 학자들이 현지조사를 진행하여 남긴 민족지에서는 중국 남방과 동남아의 엽두제 습속을 행하는 민족들을 동일한 문화계통에 속하는 것으로 파악하였다.[8]

이 외 아시아대륙 일련의 지역에서는 집을 짓는 데 아이를 제물로 사용하는 습속이 있었다. 이는 고고학 연구자들이 중국 황하유역 용산문화龍山文化 주거지와 상나라 주거지에서 여러 차례에 걸쳐 발견한 바 있는데, 다수가 주거지의 터 아래에서 발견되어 소위 '전기생奠基牲(주거지의 건축 시 그 기초에 희생을 공헌하여 건물의 안전을 기원하는 것)' 이라 부르고 있다. 파키스탄 금석병용시대(기원전 4000~3100년)의 치가루문화 유적에서도 집터 아래에 영아를 전기한 유구가 발견된 바 있다.[9]

앞에서 설명한 세 종류의 인생 현상은 그 기원과 의의가 다를 가능성이 있고, 생인의 신분도 구별된다. 지모에 대한 혈제의 기원은 원고시대 인류의 식인풍습이고, 혈제에 사용된 생인의 신분은 포로이다. 엽두제의 습속은 식인풍습 이외에 나쁜 기운을 막아주는 샤마니즘적 술법인 염승무술厭勝巫述의 뜻을 가지고 있고, 엽두의 생인 역시 기본적으로 포로이다. 전기생은 주로 염승무술에 속하고, 전기에 사용된 사람은 자기의 첫 아이, 특히 장자가 많았다.

5 (英)A, C. Haddon 『南洋獵頭民族考察記』, 呂一周譯, 商務印書館, 1937年.

6 Grubauer, A, Unter Kopfiagem in Central - Celebes, Leipzig, 1913.

7 Heine - Geldern, R., Kopfiagd und MenschenoPter in Assam una Birma una ihre Ausstrahlungen nach Vorder Indien, Mitteilungen der Antropologischen Gesellsshaft in Wlen, 47, 1917.

8 凌純聲 : 「古代閩越人與臺灣土着族」, 『臺灣文化論集』 1~29면, 中央硏究院民族硏究所, 1954年(中南民族學院硏究所資料室編 『南方民族史論文集(一)』에 실려 있음).

9 赫羅兹尼 : 『西亞細亞印度和克里特上古史』 24면, 三聯書店, 1958年.

사람의 '식인'은 현대 고도의 문명사회에서는 당연히 불가사의한 것이지만 고대에는 흔하게 보인다. 원고의 몽매시대(미개시대)에 인간은 자연자원을 채집하여 생활함으로써 생산력이 극히 낮았다. 생존을 위하여 인간은 육식을 어느 정도 해야 했기에 끊임없이 야생동물을 잡아먹는 동시에 자신의 동포를 잡아먹었고, 심지어는 자신을 낳아준 아비와 어미, 자기가 낳은 자녀도 잡아먹었다.

신석기시대에 이르러 농업과 목축업이 발명되어 생활자원을 비교적 가까운 곳에서 구할 수 있어서 정착생활이 개시되고, 식인의 풍습은 점차 소실되어 갔다. 그러나 고로古老한 식인생활은 인간의 동경 속에 남아 있었다. 이때 씨족이나 부락 사이에 약탈 전쟁이 계속 발생하였는데, 이는 재부를 획득하는 것이 중요한 목적이었다. 그리고 인간은 또 전쟁에서 획득한 많은 수의 포로를 먹여 살리기 위해서는 많은 노력이 필요하였기 때문에 이를 해결하고자 포로를 살해하여 제사의 희생으로 삼게 되었다.

미국의 유명한 민족지학자이며 원시사회 역사학자인 모건Morgan은 그가 수집한 풍부한 민족학 자료를 바탕으로 그의 대표작 『고대사회古代社會』(1877년)라는 책에서 여러 차례 식인의 풍습과 포로의 운명 사이의 관계를 논술하였다. 마르크스Marx는 이에 근거하여 '포로의 처리에 관한 3시기' 설을 논하면서 야만시대 중급단계에 포로는 '신령에 공헌되는 희생'이라고 하였다.[10] 엥겔스Engels는 이 현상을 "당시에 일종의 종교적 신앙 혹은 마법의식으로서 보존되고 있었다."라고 설명하였다.[11] 이것이 우리의 입론근거이다.

한편, 우리는 고문헌에서 많은 엽두민족에게 식인의 풍습이 남아 있었다는 근거를 찾을 수 있다. 『초사楚辭·초혼招魂』에는 초나라 남쪽의 "이마에 문신을 하고 이빨에 흑칠을 한 조제雕題·흑치黑齒가 사람을 죽여 그 고기로 제사하고, 뼈로 젓갈을 담는다."라고 하였다. 『묵자墨子·노문魯問』에는 "초나라의 남쪽에 사람을 먹는 나라[啖人之國]가 있는데, 그 나라에는 장자가 태어나면 그를 잡아먹으면서 그 동생에게 좋다[宜弟]고들 한다."라고 하였다. 『후한서後漢書·남만전南蠻傳』, 『광주기廣州記』, 『남주이물지南州異物志』의 기록도 거의 같다. 단지 "사람을 먹는다[啖人]."를 "사람을 씹어 먹는다[噉人]."로 썼다. 『설문說文』에서 담啖은 "또 담噉이라 이른다."라고 하였으니 모두 사람고기를 먹는 것을 가리킨다. '초나라 남쪽'

10 馬克斯Marx : 『摩尒根 『古代社會』 一書摘要』 351면, 人民出版社, 1978年.

11 恩格斯Engels : 「家庭, 私有制和國家的起源」, 『馬克斯恩格斯選集』 第4卷 21면, 人民出版社, 1978年.

으로 추정하면 사람을 먹는 나라는 『초사 · 초혼』에서 말하는 조제 · 흑치이고, 동한시기에는 이를 습관적으로 오호烏滸라 불렀다. 『태평어람』 권 786 '오호' 조에 『남주이물지』를 인용하여 "교주交州와 광주廣州 사이의 경계지역을 민간에서 오호라 한다. ……사람을 먹고 그 재화는 탐하지 않는다. ……봄에 들로 나가 밭을 갈 때에 특히 성대한 사람사냥을 하여 들의 신에게 제사한다."라고 하였다. 이것이 알려주는 바와 같이 영남에 거주하던 오호 및 그 선대는 계속해서 식인의 습속이 있었고, 장자를 잡아먹는 습속과 엽두제의 습속이 있었다. 또 『묵자 · 절장하節葬下』에는 "월越나라의 동쪽에 해목輆沐의 나라가 있었다. 장자가 태어나면 사지를 찢어먹으면서 말하기를 '의제宜弟'라고 이른다."라고 하였다. 『열자列子 · 탕문湯問』, 장화張華의 『박물지博物志』의 기록도 비슷하다. 단지 '해목輆沐의 나라'를 '첩목輒木 혹은 첩목輒沐의 나라', 혹은 '해목駭沐의 나라'로 쓰고 있는데, 모두 한 곳을 말한다. 그 곳은 대략 중국의 동남 연해도서지방을 가리킨다. 이러한 추론에 오류가 없다면 중국의 동남 연해도서지방 및 영남 일대에 모두 식인의 습속, 장자를 죽여 먹는 습속, 첫 아이를 제물로 쓰는 습속이 있었고, 엽두제의 습속도 있었다. 먹힌 사람 혹은 엽두제의 대상인 사람은 찾아서 잡은 것으로 다른 씨족(혹은 부족)의 성원을 사로잡은 것이다.

중국 서남부에 있는 일련의 소수민족에게도 이런 습속이 있었다. 그들의 엽두대상은 종종 본 씨족과 대대로 원수관계인 외부 씨족의 성원이 선택되었다. 근세에 이르러 정황이 비교적 복잡해져 외부 씨족의 전쟁포로 이외에도 외지에서 이입된 사람 혹은 매매되어 온 사람도 사용되었다.[12] 그러나 이들 모두도 조기의 엽두에 사용되었던 전쟁포로에서 파생된 것으로 볼 수 있다.

장자를 잡아먹는 것 혹은 처음에 낳은 아이를 제물로 쓰는 습속은 부계씨족제의 확립과 관련될 가능성이 있다. 부계씨족제가 확립된 이후 혼인관계가 복수혼[對偶婚]에서 일부일처제一夫一妻制로 바뀌는 오랜 기간 동안에 장자는 친생부가 누구인지 불분명하곤 하였다. 부권의 존엄을 지키기 위하여, 그리고 자기의 혈통으로 후사를 잇기 위한, 소위 의제조건으로 만들어진 것이 친생이 아니고, 출자가 불분명한 장자를 살식 혹은 살제에 사용하도록 하였다. 열광적으로 신을 섬겨 복을 비는 관념 아래 그들은 끊임없이 친생이 아닌 장자를

12 民族問題五種叢書雲南省編輯委員會編 : 『佤族社會歷史調査(一)』 46, 127~129면, 『佤族社會歷史調査(二)』 30~32, 128~130면, 雲南人民出版社, 1983年.

바치고, 친생의 자녀도 바치고자 하였다. 하남 용산문화 유적에서는 전기생이 자주 발견되는데, 이런 의미를 담고 있을 가능성이 있다.

어떤 학자는 장자를 잡아먹는 것, 처음 낳은 아이를 제물로 쓰는 것과 전기생을 일종의 '염승무술' 로 보기도 한다. 원시인은 일찍 죽은 아이는 이 세상에 다시 환생, 즉 '전세轉世' 하는데, 마귀도 이 세상에 거듭 태어난다, 즉 '투태投胎' 한다고 믿었다. 따라서 혹시 자기의 자녀가 원수, 요괴, 악마 혹은 '투채귀投債鬼' 로 다시 태어날지도 몰랐다. 그러나 일생에 한 번 와서 죽임을 당하고 먹히면 이후에는 감히 다시 오지 않는다고 믿었다. 말하자면 요괴 혹은 투채귀일지도 모르는 장자를 살해해서 먹으면 그의 형제는 탄생하여 아무런 탈 없이 잘 성장할 수 있다는 것이다. 아프리카, 동남아 및 중국의 궁벽한 산촌에는 근세까지 이 습속이 있었다. "잘라내는 것이 보호하는 것이다." 라는, 즉 부분의 희생이 전체를 보존하도록 한다는 것이 원시인이 항상 사고한 법칙이다.[13] 우리는 이런 이해가 더 보편적인 의미가 있다고 생각한다.

2. 인순

인순은 인생에 비해서 약간 늦게 모계씨족제가 부계씨족제로 향하는 과도기 혹은 부계씨족제가 확립된 시기에 출현하였다. 부계씨족제의 확립은 부권의 존엄을 표지하고, 이는 인순이 출현하는 조건이었다. 마르크스는 씨족사회 후기에 씨족의 수장, 가장 및 주요 인물이 죽은 후 그의 영혼을 기탁하기 위하여 "생전에 가장 진귀하게 여기던 물품 모두와 부리던 사람을 무덤에 함께 묻어 저세상에서도 계속 사용하도록 하였다." 라고 하였다. 그는 또 부권가족은 "자녀와 그 후예 및 노예에 대해 마음대로 일을 시키고 생살의 권리를 가지고 있었다." 라고 하였다. 그들이 죽은 후 자기의 처 혹은 첩, 심지어는 자기의 자녀를 순장하곤 했다고도 하였다.[14] 엥겔스는 더 나아가 "역사상 출현한 최초의 계급대립은 동일한 개체 간 혼인제도가 발전함과 동시에 부부간의 대항에서 발생하였다. 그리고 최초의 계급

13 肖兵 : 「略論西安半坡等地發現的 '割體葬儀'」, 『考古與文物』 1980年 第4期.

14 馬克斯Marx : 『摩尒根『古代社會』一書摘要』 36면, 人民出版社, 1978年.

압박은 남성이 여성에 대해 노역을 시키는 것과 함께 출현하였다."라고 하였다.[15] 이러한 마르크스와 엥겔스의 논술이 인순 기원의 연구에 이론적 기초를 제공한다.

고대 이집트, 메소포타미아, 인도, 일본과 중국의 사서에는 모두 인순에 대한 기록이 있고, 고고학 발견으로도 증명되고 있다.

메소포타미아와 이집트의 인순습속은 원시사회에서 계급사회로 향한 과도기 혹은 계급사회의 초기 단계에 발생하였다. 서아시아 비빌로니아와 키시에서 인순은 수메르왕조 중기(기원전 3000~2700년)에 개시되었다. 어떤 지방에서는 그 왕조 후기(기원전 2700~2371년)까지도 지속되었다. 고고학에서 발견된 인순 가운데 우르Ur의 왕릉이 가장 주목되는데, 모두 16기이다. 각 왕릉의 순장인 수는 수십 인이다. 국왕 아카라므두Akalamdng무덤(1050호)의 순인은 40인이다. 그 왕비무덤(1054호) 순인은 남성 4인이다. 국왕 아바르기Abargi무덤(789호)과 왕후 슈바드Shub-ad무덤(800B호) 무덤방 주변에서 발견된 59인도 순인일 가능성이 있는데, 대부분 여성이다. 무덤주인이 밝혀지지 않은 1237호 무덤에 순인이 가장 많아 74인인데, 그 가운데 68인이 여성이다.[16] 『길가메시Gi-lgamesh 서사시』에 순인의 신분이 열거되었는데, 대부분 자원하여 종사從死하였다. 왕릉의 무덤방에 순장된 순인은 비교적 적은데, 그들은 대부분 무덤주인의 측근이다. 반면에 많은 순인이 무덤방 밖에 순장되었으며 그들은 대부분 집안의 노예, 부종 혹은 시위이다.

이집트에서 인순의 출현은 대략 제1왕조(기원전 3100년 무렵)보다 늦지 않다. 고고학에서 발견된 인순무덤으로는 아비도스Abydos왕릉에 500기의 순장무덤이, 사카라Sakkara왕릉에 800기의 순장무덤이 있다. 제5왕 댄Den왕릉의 주위에는 100여 기의 부장祔葬된 작은 무덤이 있고, 136명이 순장되었다. 순장자는 주로 왕실의 친척과 시종이고, 소수는 지위가 높은 부녀(왕후일 가능성이 있음)와 대신이다. 당시에 유행한 '신성통치神聖統治'의 교리로 보면 국왕이 바로 신이다. 그의 신체는 신성한 것이고, 그의 말도 신성시되었다. 그의 인격은 국가의 무엇보다 높았다. 심지어 그의 바로 아래에 있는 귀족도 그의 은전을 떠나서는 존재할 수 없었다. 그가 죽으면 그는 여타의 여러 신과 동일한 존재가 되었다. 국왕을 위하여 생전에 복무한 귀족과 고급관리는 국왕의 사후에도 그를 위하여 복무하고, 그의 은전에 기대서 계

15 『馬克斯恩格斯選集』 第4卷 61면, 人民出版社, 1972年.
16 『世界上古史綱』 上冊 143~148면, 人民出版社, 1979年.

속 살기를 간절히 바랐다. 이는 영원히 밝게 빛나는 태양의 아래에서 행복을 얻는 것과 같았다. 평민과 노예도 마찬가지로 그를 전지전능한 신성통치자로 믿었다. 그들은 생전에 그에게 의존하였고, 그의 사후에도 계속해서 그를 위해 복무하며 그에게 도움받기를 희망했다. 이 때문에 그들의 순사는 자원한 것일 가능성이 있고, 그렇지 않을 경우에도 바랐으나 이루어지지 않는 것일 수가 있다.[17]

예전의 소련 다뉴브강에서 볼가강에 이르는 일대에서는 일찍이 청동시대 횡혈기橫穴期(기원전 3000년 말~2000년 상반기)에 처(첩)를 지아비에게 순장하는 풍습이 유행하였다.[18] 중국 황하상류의 제가문화齊家文化 묘지와 주개구문화周開溝文化 묘지에서도 앞뒤로 중국에서 가장 이른 시기에 해당하는 일련의 순인무덤이 발견되었다. 이들 순인무덤의 특징은 남성이 중앙에 위를 보며 다리를 편 앙신직지仰身直肢의 자세로 배치되고, 여성은 그 우측 혹은 좌측에 남성을 바라보며 다리를 굽힌 굴지屈肢의 자세로 안치되었는데(제2장에 상세히 설명), 소련에서 발견된 것들도 유사하다.

일본의 인순습속은 오랜 역사를 가졌다. 일본의 가장 이른 시기의 사서 『고사기古事記』에 의하면 이천여 년 전의 왜倭 쯔히코[日子命]시기에 인순제도가 있었다. 순장의 방법은 죽은 자의 분구 주위에 호구壕溝(해자)를 파고 거기에 순장자를 세워 산 채로 매장하고, 이를 '입인원立人垣'이라 불렀다고 한다. 『삼국지三國志·위서魏書·동이왜인전東夷倭人傳』에는 조위曹魏 정시正始 연간에 야마타이국[邪馬台國] 여왕 히미꼬[卑弥呼]가 죽자 "무덤을 크게 만들어 지름이 백여 보에 이르렀고, 노비 백여 인을 순장했다."라고 하였다. 추측하기에 '입인원'을 사용하여 생매장한 것 같다. 이런 악습은 12세기 헤이안[平安]시대에 가서야 쇠락하였지만, 가마쿠라[鎌倉]시대에 이르러서 무사도武士道가 흥기하여 할복순장割腹殉葬이 유행하게 되었고, 이는 근대까지 그치지 않았다.

인도는 아시아 고대문명의 발상지 가운데 하나이다. 수천 년 동안 과부寡婦가 스스로 몸을 태워 지아비에게 순장되는 추악한 습속이 유행하였다. 스스로 원해 이런 습속을 거행

17 『世界上古史綱』 上册 274~275면, 人民出版社, 1979年.

18 Гдаъа ъморая, "АКЧА - ДАРЬЯ", Нцзовья АМУ - ЯАРЬИ Сарыкамыпц Узбой, Москва, 1960. К.А. Акчпцев, САКИ СЕМИРЕЧЬЯ, Труяы Инститyга Истории, Археологии Изтнографии, Том7, АЛМ А-АТА, 1959. А.Л. Монгайт, Археология В СССР, МИА, Ио. 124, 1955. А.В. 阿尒茨霍夫斯基: 『考古學通論』, 73면, 科學出版社, 1956年.

한 부녀는 신력神力을 가진 '사티Sati'가 된다고 한다. 지아비가 죽은 후 과부는 결혼할 때의 옷을 입고, 지아비의 사체 옆에 앉아서, 그의 머리를 끌어안고, 기도하는 주문을 계속 암송하였고, 화장에 임해서는 죽은 지아비와 함께 장작더미 위에 앉아 '성화聖火'가 타오르길 기다렸다가 자신을 태워 죽었다. 이 소식을 듣고 사면팔방에서 사람들이 화장 장소로 모여들어 그녀를 향해 야자와 돈을 헌납함으로써 경의를 표하였다. 이러한 악습은 비록 1829년 영국의 통치시기에 금지령이 내려졌으나 힌두교가 성행한 인도의 북부와 서부 일련의 지역에서는 수시로 발생하였다.[19]

이 때문에 우리는 얼마나 많은 아시아, 서남아프리카, 호주, 중남아메리카 및 태평양제도의 원시민족이 근・현대에도 인순의 습속을 보유하고 있는지를 이해하기가 어렵지 않다.

3. 할체

사람을 순장하고 희생하는 것 모두 높은 대가를 지불하여야 한다는 것을 원시인도 의식하고 있었다. 이에 그들은 스스로 몸을 해치는 자아상잔自我相殘이라는 대체방법을 사용하여 자신과 죽은 자가 친인관계 혹은 자신과 자연신이 친밀한 관계라는 것을 표시하였다. 자아상잔은 몸체의 일부를 끊어내는 것으로 예로부터 '할체割體'라고 부른다. 할체의 형식은 아주 다양한데, 가장 많이 보이는 것이 손가락이나 발가락을 자르는 것이고, 이 외에 머리껍질을 벗겨내는 것, 얼굴에 구멍을 후벼 파는 것, 가슴, 어깨, 넓적다리, 정강이를 태워 화상을 입는 것, 앞니를 때려 부수는 것, 혀를 자르는 것, 귀를 자르는 것 혹은 귓불을 찢어내는 것 등등이 있다. 이러한 상잔행위의 어떤 것을 사용하든 모두 피를 보게 된다.

멕시코의 아즈텍 사람들은 신체를 상잔하여 얻은 피를 바치는 것을 가장 귀하게 여겼다. 신들은 가까운 사람의 혈액이 제공되면 그의 청춘과 활력을 영원히 지킬 수 있고, 피를 얻지 못하면 그들은 늙어서 쇠약해지기에 비를 내리거나 곡물을 성장시키는 등의 임무를 완수할 수 없게 된다. 자신의 죄를 참회하기 위하여, 육체의 순결을 얻기 위하여 인간은 용설란을 써서 혀, 귓불, 심지어는 팔다리 혹은 생식기를 찌르고 찢어 나온 피로 신에게 제사

19 『參考消息』 1985年 5月 3日 第3版, 上海 『新民日報』 1987年 10月 2日 第8版, 『北京晩報』 1987年 10月 11日 第6版 참조.

하였다. 가장 고귀한 신을 경배하기 위해서는 가장 많은 피를 바쳐야 했기에 인생의 사용을 필요로 하였다.[20] 피를 바침으로써 산사람이 귀신과 일체를 이룬다. 그들의 이런 선택은 실제 사람을 써서 순장하는 것과 사람을 희생으로 사용하는 것에 비해서는 문명적이라고도 할 수 있다.

세계민족지 자료가 제공하는 할체의 실례는 손가락을 자르는 것이 가장 많다. 미국 서부 초원의 쿠롤인, 다코다인, 인디언, 남아프리카의 수만인, 보르네오제도의 사모아인, 파푸아섬의 마후루인, 멜라네시아제도의 토착인 및 오세아니아 뉴사우스웨일스 토착인, 뉴기니 서부의 고지인은 모두 자기의 손가락을 잘라서 신령, 부락의 추장 혹은 지아비에게 바치는 풍습이 있다.[21] 어떤 곳에서는 여타의 몸체를 상잔하는 행위가 있는데, 예컨대 쿠롤인은 두목이 죽어 하장을 할 때, 그 족속의 사람은 손가락 한마디를 베어 떨어트릴 뿐만 아니라 넓적다리를 찌르고, 손과 팔을 찢어 피육이 하나하나 떨어지고, 머리껍데기를 벗겨 전신이 피로 범벅이 된다고 한다.[22] 하와이인은 국왕이 세상을 떠난 후 깊은 애통함을 표시하기 위하여 머리를 깎거나, 혹은 머리카락을 잡아 뽑고 앞니를 때려 부수거나, 혹은 자신의 신체 일부를 불속에 집어넣어 태운다고 한다.[23]

중국에도 유사한 예가 적지 않다. 가장 자주 보이는 것이 다리를 잘라 병을 치료하는 할고치병割股治病과 손가락을 잘라 널(棺)에 넣는 단지입관斷指入棺으로, 특히 송나라와 명나라에서 유행했다. 많은 명나라 때 지방지의 『열녀전列女傳』에는 부녀가 지아비에 대해 절개를 지킨다는 표시로 지아비가 죽으면 얼굴을 훼손시키거나 손가락 하나를 잘라 널에 넣은 것이 그 지방의 사적으로 기록된 것이 적지 않게 보인다. 지아비나 시어미가 중병에 걸리면 다리를 잘라 약과 섞는 '할고화약割股和葯', 다리를 잘라 탕약을 끓이는 '할고오양割股熬湯', 혹은 배를 베어 내장을 빼내 약으로 쓰는 '규복취간刲腹取肝' 의 방법으로 치료를 하였다. 표면적으로 보아 이는 정주리학程朱理學(주자학)에서 받은 독해毒害이지만 원래는 모두 원시인의 '할체' 에서 출발하였다. 고귀한 요遼나라 태조의 부인인 술율述律 씨가 이런 의식을 사용하였다. 요나라 태조 아보기阿保機가 죽었을 때, 황후 술율 씨는 몸을 바쳐 순장될 처

20 喬治 · 彼得 · 穆達克 : 『我們當代的原始民族』, 童恩正譯本 251, 252면, 四川民族研究所, 1980年.

21 拉法格 : 『宗敎和資本』, 王子野 譯, 三聯書店, 1963年. 容觀夐 : 「釋新石器時代的 '割體葬儀' 」, 『史前硏究』 1984年 第4期.

22 喬治 · 彼得 · 穆達克 : 『我們當代的原始民族』, 童恩正譯本 178면, 四川民族研究所, 1980年.

23 『世界風物志』, 地球出版社, 1977年.

지였다. 하지만 후사가 아직 어려서 그녀의 섭정이 필요하였으므로 오른팔을 잘라 널에 넣는 방법으로 대체하였다.[24] 근대에 이르기까지 중국 남방의 어떤 소수민족에서는 손가락을 자르고, 이빨을 뽑는 등의 피를 흘리는 행위로 죽은 친인에 대해 애도를 표시하곤 하였다. 흘仡족, 동侗족, 묘苗족은 친인이 죽으면 널을 쓰지 않고 "묻는데, 자녀가 곡을 하고 반드시 피를 본다."라고 하였다.[25] 이러한 것은 모두 산 사람이 죽은 사람을 위해 거행한 할체의식으로 그 성격이 인생과 인순의 변종임을 증명해준다.

중국의 신석기시대무덤 가운데 손가락뼈, 넓적다리뼈 혹은 발가락뼈가 결실된 피장자가 발견되는 경우가 있다. 그리고 넓적다리와 발가락뼈가 무덤구덩이 매토 혹은 부장된 도기 관罐(항아리) 속에서 출토되는 경우도 있다. 고고학에서는 이를 '할체장의割體葬儀' 라고 부른다. 이렇게 죽은 사람을 할체하는 것은 산사람을 할체하는 것과는 의미가 다르다. 학자에 따라서는 죽은 사람의 할체는 '염승무술' 로 재앙을 이겨내려고 하는 것이라고 하고,[26] 그것이 가진 의미가 살아 있는 사람을 상잔하는 것과 마찬가지로 죽은 사람의 손가락뼈, 넓적다리뼈, 발가락뼈를 잘라내 저세상의 신명에게 바쳐 죽은 사람이 저세상에서 보우 받기를 기원하는 것이라고 해석하는 학자도 있다.[27] 그 의미가 어떠하든 모두 본문에서 말하는 "산 사람의 할체의식은 그 성격상 인생, 인순의 한 변종"이라는 주제와는 관련이 없으므로 여기에서는 논의하지 않도록 한다.

24 『遼史 · 后妃傳』, 中華書局標点本, 1974年. 『自治通鑒 · 後唐紀四』(卷二十五), 世界書局影印, 1935年.

25 (淸)田雯 : 『黔書』 卷上 "苗俗" 條. 『貴州通志 · 土民志二』 1948年刊本.

26 肖兵 : 「略論西安半坡等地發現的 '割體葬儀' 」, 『考古與文物』 1980年 第4期.

27 李健民 : 「我國新石器時代斷指習俗試探」, 『考古與文物』 1982年 第6期.

제 2장

중국 선사시대 인생과 인순 유적 고찰

중국 선사시대는 구석기시대부터 신석기시대까지를 말한다. 그 하한은 일반적으로 기원전 20세기로 알려져 있다. 기원전 20세기부터 기원전 17세기까지는 중국 역사상의 하夏나라 시대이다. 하나라는 중국 사서에 기록된 첫 번째의 왕조이다. 그러나 고고학상으로는 아직 확인되지 않았기 때문에 여기에서는 하나라 시대에 속하는 시기 범위의 인생人牲과 인순人殉 유적을 포함하여 살펴보도록 하고, 나머지 상商나라 왕도와 관련된 인생과 인순 유적은 다음 장에서 서술하도록 한다.

1. 인생유적의 고찰

중국은 영토가 광활하고 많은 민족이 살았다. 이들 각각은 사회발전의 차이도 컸고, 숭배하는 원시종교도 달라 인생의 유무와 그 형식도 당연히 구별된다. 고고학 자료에 근거하면 잠정적으로 중국 선사시대의 인생人牲을 크게 세 종류로 나눌 수 있다. (1) 지모신地母神에 대한 혈제血祭, (2) 머리를 사냥하여 제사하는 엽두제獵頭祭 습속, (3) 건축지의 인생인 전기생奠基牲이 그것이다.

혈제와 엽두제는 모두 농업숭배와 관련이 있다. 전자는 황하 유역에서 유행하였고, 이어서 고대 중국 왕조가 계승한 것이다. 후자는 장강 이남에서 발생한 이후에 남방의 월요越

僚계 민족 사이에 유행하였으며 이어서 멀리 동남아 및 태평양제도로 전파되었다. '혈제' 유적을 판단하는 중요한 표지는 비정상적으로 사망한 유해 이외에 해당하는 숭배물 혹은 제사장소 등의 증거이다. '엽두' 의 표지는 절단된 흔적이 완전한 머리인 수급首級과 분명한 베어 죽인 흔적이다. 일반적으로 엽두용기가 장치되었거나 여타 식별할 수 있는 표시가 있어야 한다. '전기생' 유적의 중요한 표지는 피살된 자가 성벽의 내부 혹은 주거지 내부가 아니라 성벽 기초부의 아래 혹은 주거지 터의 아래 및 주거지 거주면 아래에 매장된 것으로 이러한 개별 주거지는 일반적으로 비교적 커다란 건축물이다. 여기서 필자는 특수한 예를 가지고 일괄적인 전체라고 파악하는 잘못을 피하기 위해서는 어떤 종류의 인생이든 간에 하나의 문화유적에서 독립된 예가 아닌 여러 번에 걸쳐 발견된 것이라야 한다고 생각한다.

이러한 판단에 큰 착오가 없다면 중국 선사시대의 인생은 다음과 같이 인식할 수 있다.

(1) 지모신에 대한 혈제

황하 유역은 중화민족 고대문명의 발상지로서 원시문화유적이 아주 풍부하고, 분포 또한 조밀하다. 고고학 발견에 근거하면 황하 유역의 모든 원시문화는 농업이 주요한 생활수단이었고, 지역에 따라 다르지만 목축업과 어업이 보조적으로 일정 부분을 차지하였다. 일찍이 모계씨족제가 번영한 단계인 앙소문화仰韶文化시기에 호미로 땅을 갈아 경작하는 서경농업鋤耕農業이 상당한 수준에 이르렀고, 이러한 농경의 요구에 따라 이미 지모신과 농신에 대한 종교적인 숭배의식이 있었다. 예컨대 서안西安 반파촌半坡村 앙소문화 촌락유적에서는 지하와 주거면 아래에 매장된 좁쌀이 가득 들어 있는 여러 점의 도기 관罐이 발견되었는데, 발굴자는 이를 풍부한 수확을 기원하고자 지모신에게 바친 제물로 추정하였는바[1] 인정할 만하다. 앙소문화에 비하여 약간 늦은 황하 유역 상류의 청해성青海省 낙도현樂都縣 유만柳灣 마가요문화馬家窯文化 묘지에서는 거의 절반에 가까운 무덤에서 좁쌀이 들어 있는 도기 관罐이 부장되어 있었다. 이것은 죽은 이의 신령에게 경건하게 공헌한 제물로 볼 수 있다.[2]

1 中國科學院考古研究所等 : 『西安半坡』 18, 22면, 文物出版社, 1963年.

세계민족지 자료에 의하면 많은 원시민족에게 토지신에게 사람의 피를 제물로 올려서 지력을 회복시키고, 풍부한 수확을 얻으려는 신앙이 있었다. 고고학자들은 중국의 경우 앙소문화시기에 살인하여 지모신에 대한 제사를 시행하였다고 추정하고 있는데, 이는 타당한 것으로 보인다. 그러나 사료로써 증빙되지 않고, 고고학적 실례가 아직 없다. 또 실례가 발굴된다 하더라도 바로 증명하기는 어렵다. 원시인의 조기 종교적 신앙은 자연대상물을 인격체로서 의지가 있는 실체로 파악하고 숭배하였기 때문에 일정한 의식과 규정된 공헌물이 없을 수 있다. 혈제의 진짜 출현은 『이아爾雅·석천釋天』에서 말하는 다음의 기사와 같을 것이다. "땅에 제사 지내는 것을 땅에 묻는다고 예매瘞薶라 말한다."라는 것이다. 이렇게 제사의 공헌물은 지하에 묻었고, 짐승의 피, 사람의 피, 술 등의 액체는 대개 직접 지상에 뿌렸다. 매장된 곳에서 가금과 가축의 유골과 인체의 유골이 발견될 가능성이 있지만 살제殺祭를 위한 희생과 인생을 확정하는 것은 대단히 곤란하다. 땅 위에 희생의 피, 사람의 피, 술 등을 뿌린 것은 후대의 사람들이 그 흔적을 찾을 가능성이 아주 적기 때문이다.

지금까지 파악된 가장 이른 시기 인생의 실례는 요령성遼寧省 객좌현喀左縣 동산취東山嘴 홍산문화紅山文化 제사유적으로 볼 수 있다.[3]

이 유적의 한 곳에는 석재로 구축한 건축대지가 군집을 이루고 있다. 노출된 2,000여㎡의 범위 내의 중심부에서 길이 11.8m, 너비 9.5m인 근방형 건축기단 1기가 발견되었다. 기단의 네 변은 돌을 쌓은 담장이고, 안에는 큰 입석무지가 있는데, 입석은 많은 것이 장대석으로 위가 좁고 아래는 평평한 형태이고, 모두 동북쪽을 향해 경사져 있다. 기단의 북부 양측에는 2개의 대칭된 돌담장이 있고, 남부의 양측에는 돌이 쌓여 있다. 기단의 남측 전면에는 돌을 원형으로 둘러쌓은 형태의 대지와 많은 원형의 석축기단이 있다. 전체 건축은 중심과 양측이 축차적으로 조성되었음이 분명하고, 남북이 사각형과 원형으로 대칭된다. 돌을 원형으로 둘러쌓은 대지의 부근에서 도제의 소조여신상塑造女神像과 인골이 발견되었고, 또 돼지와 사슴의 뼈 등이 남아 있었다. 학계는 이곳이 원시제사유적의 하나이며 몇몇의 씨족에서 부락 공동으로 사용한 신성장소임을 확인하였다. 도제의 소조여신상은 당연히

2 青海省文物管理處考古隊, 中國社會科學院考古研究所等 : 『青海柳灣』 252면, 文物出版社, 1984年. 青海省文物管理處等 : 「青海樂都柳灣原始社會墓地反映出的主要問題」, 『考古』 1976年 第6期.

3 郭大順等 : 「遼寧客左縣東山嘴紅山文化建築郡址發掘簡報」와 「座談東山嘴遺址」, 『文物』 1984年 第11期.

지모신(생육신生育神)이며 남아 있는 인골은 지모신에게 공헌된 인생이다. 홍산문화 사람들은 장기간에 걸쳐 이곳에서 고문헌에 묘사된 성 밖의 교외 제사인 '교郊', 하늘에 불을 피워 올리는 제사인 '요燎', 종묘제사인 '체禘' 등과 유사한 제사를 거행하였다. 이 원시종교 유적은 이미 상당히 발달된 수준을 보여주기에 홍산문화보다 더 이른 시기의 유적에서 종교건축유적이 찾아질 수 있을 것이다. 이러한 판단이 잘못되지 않았다면 인생의 출현은 훨씬 이전의 시기로 소급될 것이다. 홍산문화는 앙소문화에 비해 약간 늦은 시기의 문화이고, 앙소문화의 영향을 비교적 크게 받았다. 이후 홍산문화는 상商나라문화에 큰 영향을 주었다. 상나라는 중국 인생의 전성시기이다. 따라서 상나라와 홍산문화의 인생습속은 모두 앙소문화에서 기원하였다는 추측을 결코 부정할 수 없다.

우리가 앙소문화시기에 인생의 습속이 있었다고 하지만 발굴된 앙소문화 유적에서는 인생의 실례가 아직 발견되지 않고 있다. 앙소문화에 속하는 빈현邠縣 하맹촌下孟村, 화양華陽 횡진橫陳, 화양 천호촌泉護村, 기산岐山 쌍암촌雙庵村 및 하남河南의 섬현陝縣 묘저구廟底溝, 임여臨汝 대장촌大張村 등지의 회갱灰坑이라 부르는 구덩이에서 발견된 비정상적으로 사망한 사람 혹은 사람과 가축을 함께 매장한 현상[4] 등은 그 가운데 살해되어 제사에 사용된 인생이 있었음을 배제하지 못한다. 단지 아직까지 사망자의 신체에서 피살되어 제사에 쓰였다는 확실한 증거를 찾지 못하고 있을 뿐이다.

대략 기원전 3000년부터 2000년 사이 황하 유역의 원시사회는 점진적으로 모계씨족제가 붕괴되고 부계씨족제가 확립되어가던 시기이다. 이 단계에 속하는 대문구문화大汶口文化, 용산문화龍山文化와 제가문화齊家文化의 유적과 묘지에서는 구덩이 혹은 문화층에서 머리가 없는 사체를 묻은 무두장無頭葬, 여러 사람을 함께 묻은 다인총장多人叢葬 혹은 사람과 가축 희생을 함께 매장한 현상이 자주 발견된다. 이렇게 묻힌 사람들은 일정한 형식의 무덤구덩이를 가지지 않았거나 무덤구덩이 자체가 없다. 부장품도 없고, 일정한 장법도 없다. 그들 가운데는 머리가 분리되어 몸체만 남아 있는 것도 있다. 척추가 굽고, 두 손 혹은 두 발이 교차하는 것도 있다. 이것은 결박된 자세로 보인다. 하나의 무덤구덩이 속의 사람 수는 1인인 것, 2인인 것, 3인인 것, 많게는 10여 인 이상인 것이 있고, 남녀노소가 모두 있고, 교란되지 않았음에도 인골이 쌓여 있는 것도 있다.

4 昭望平 : 「黃河中游的仰韶文化」, 『新中國考古發現和硏究』 66면, 文物出版社, 1984年.

1991년 하남 민지현澠池縣 반촌班村 묘저구廟低溝 2기 문화유적의 서부 교장구窖藏區라고 부르는 저장구덩이구역에서 1기의 대형 구덩이[土坑]와 그 주위를 둘러싸고 있는 7기의 소형 구덩이가 발견되었다. 구덩이의 평면은 타원형이고, 최대 직경이 약 2m이다. 안에서 4구의 인골이 발견되었다. 팔다리뼈는 타격으로 상처를 입었고, 둔기에 맞아 절단되어 해체된 것으로 분명히 비정상적으로 죽은 것이다. 인골의 주변을 돌아가며 순장된 짐승뼈들이 놓여 있었다. 인골과 짐승뼈는 모두 한 구덩이에 매장되었고, 규칙적으로 배열되었다. 이러한 현상은 원시제의와 관련될 것이다. 구덩이의 인골은 제사 때 희생된 것이다. 묘저구 2기 문화는 중원지구의 용산문화 조기에 속한다. 보정된 탄소연대는 약 기원전 2900년부터 기원전 2800년 내외이다. 신석기시대 유적에서 항시 발견되는 구덩이무덤[灰坑葬]의 성격은 혹 이 반촌班村 제사祭祀구덩이에서 제시한 것에서 정확한 해석을 찾을 수 있지 않을까 한다.[5]

반촌 구덩이의 인골은 제사의 희생으로 해석하는 것이 가능하지만 동 시기의 '구덩이무덤' 에는 적용할 수 없어 실제 정황은 아주 복잡한 것 같다.

섬서陝西 장안長安 객성장客省莊유적에서는 6기의 구덩이에서 교란된 채 놓여있는 인골이 발견되었다. 예컨대 96호 구덩이에서는 3구의 인골과 2구의 짐승뼈가 발견되었다. 1호 인골은 구덩이의 서부에 있고 교란되었다. 2호 인골은 구덩이의 중부에 있고, 몸을 엎어 묻은 부신俯身의 자세로 머리가 없다. 3호 인골은 구덩이 동북 모서리에 있고, 몸을 바로 누인 앙신仰身의 자세로 팔다리가 대大자로 펼쳐져 있다. 2구의 짐승뼈는 구덩이의 동쪽 가에 있다.[6] 하북河北 한단邯鄲 간구澗溝 용산문화 유적에서 7기의 구덩이가 발견되었다. 그 가운데 1기는 구덩이의 어깨 직경이 약 1.8m, 깊이가 약 0.6m이다. 한 층의 홍색 소토 아래에 10구의 인골이 교란된 채 쌓여 있었는데, 머리뼈에 잘라진 상흔이 있는 것이 있다. 전부 청장년 남성과 5~10세의 어린아이이다〈그림 1〉. 또 다른 1기의 구덩이에는 5구의 인골이 매장되었는데, 남녀노소가 모두 있고, 아주 정연하게 배치되었다. 몸과 머리가 다른 곳에 있는 것이 있고, 몸부림치는 모습도 있다.[7]

5 中國歷史博物館考古部等 發掘, 蔣迎春 報道 : 「班村遺址發掘獲重大成果」, 『中國文物報』 1993年 2月 21日.

6 中國科學院考古研究所 : 『灃西發掘報告』, 文物出版社, 1962年.

7 北京大學 · 河南省文化局邯鄲考古隊 : 「1957年邯鄲發掘簡報」, 『考古』 1959年 第10期.

그림 1 한단 간구 용산문화 원형구덩이의 인골과 짐승뼈(『考古』 1959年 第10期에서)

이렇게 노출현상이 다른 사망자는 살인제사殺人祭祀의 인생일 가능성이 있지만, 일반적인 개념의 인생으로 부르기에는 적합하지 않다. 우리는 이런 종류의 매장방식이 죽은 자의 신분이 낮거나 일반 씨족성원이 아닐 경우를 상정해야 한다. 인골의 매장자세로 단정한다면 죽은 자는 대부분 비정상적으로 사망하였다. 단지 "비정상적인 사망의 원인이 무엇이냐?', '죽은 자가 어떤 신분이었는가?', '전쟁포로 혹은 적방의 씨족성원이었는가?', '이것이 전사자와 포로를 죽여 제사하는 것(인생)을 구분한 것은 아닐까?', '전사자와 제사를 위해 살해한 사람의 매장은 구분되지 않았을까?' 등 일련의 문제는 출토현상만을 가지고 설명하기가 쉽지 않다.

동산취 홍산문화 제사유적에서 확인된 것은 유적에 비정상적으로 사망한 유해 이외에 중요한 것이 거기에 제단이 있다는 것과 제사대상의 소조여신상이 만들어졌다는 것이다. 동산銅山 구만丘灣 상나라 사사社祀유적[8] 성격의 판정은 그곳의 지면 위에 많은 인골과 개뼈가 있었기 때문이 아니라, 이들 인골과 개뼈 모두가 머리를 높이 들고, 그들 사이에 있는 4개의 거석(사주의 상징물)을 바라보고 있었기 때문이다〈그림 47 참조〉.

감숙甘肅 영정永靖 대하장大何莊 제가문화 묘지에서는 5곳에서 천석을 둘러쌓아 만든 석원권石圓圈(둥근 석렬)이 발견되었다. 내부에는 길의 흔적이 없었고, 그 바깥을 돌아가며 많은 무덤이 분포하였다. 바깥에서는 머리가 잘린 새끼를 밴 소, 완전한 모습의 양뼈, 살해된 소와 양의 다리뼈가 출토되었고, 불에 지져진 복골卜骨과 잿더미[灰燼]도 발견되어 이곳이 원시 종교적 행위와 관련된 장소[9]로 볼 수 있지만 인체의 유골이 발견되지 않아 우리가 살인제사의 장소로 인식할 수는 없다. 따라서 용산문화, 대문구문화 구덩이의 문화층에서 발견된 많은 비정상적인 사망자와 사람과 가축을 함께 매장한 현상에 대하여는 확정된 숭배물 혹은 제사장소가 결핍되었기 때문에 우리는 단지 사회발전의 일반적인 법칙으로 추측할 수밖에 없다.

원시사회 말기에 씨족부락 사이에는 항시 전쟁이 발발하였고, 전쟁은 일반적으로 혈족의 복수 성격이었기 때문에 많은 비정상적인 사망자는 이런 전쟁의 희생자일 가능성이 있다. 그 가운데는 본 씨족의 성원도 있고, 적대 씨족의 성원도 있을 것이다. 전장에서 도망치다 잡힌 자도 있고, 포로로 잡힌 후 잔혹하게 살해된 적방의 씨족성원도 있다. 본족의 전사자에 대한 영혼의 안위를 표시하기 위하여 포로를 살해하기 전에 제사의식을 거행했을 가능성도 있다. 이런 종류의 제사의식에서 살해된 사람은 인생으로 부를 수 있다. 그러나 고고학 조사에서 우리는 현존하고 있는 유해에서 이런 부류의 사람을 식별할 방법이 없다.

(2) 엽두제 습속

엽두유적은 중국 남방의 신석기시대 유적에서 발견되곤 하며 비교적 믿을 만한 유적은

8 南京博物院 : 「江蘇銅山丘灣古遺址的發掘」, 『考古』 1973年 第2期.

9 中國社會科學院考古研究所甘肅工作隊 : 「甘肅永靖大何庄遺址發掘報告」, 『考古學報』 1974年 第2期.

호북湖北 방현房縣 칠리하七里河 신석기시대 만기유적으로 모두 3례가 발견되었다. 하나는 1기의 반지하움집(78H20)으로 섬돌 아래 정중앙에서 완전한 개체의 사람 머리가 출토되었다. 사람 머리 아래는 홍색의 소토가 깔렸고, 섬돌면은 평평하다. 또 한 예는 1기의 얕은 타원형구덩이(76H10)로 바닥 근처에 사람 머리 3개가 사선으로 배열되었다. 나머지 한 예는 도기를 굽는 가마(78Y1)의 연소부에 있는 것으로 연소부의 바깥에 각각 사람 머리 1개와 1점의 나팔 모양 구연을 가진 통 모양의 연마기를 品자형으로 배열한 것이다. 발굴자는 이 3례의 출토현상에 근거하여 사람 머리는 칠리하 선주민이 외부 씨족부락의 사람 머리를 사냥하여 취득한 것으로 추정하였다.

이 유적에서는 2기의 몸체만 묻은 단장單葬무덤(76M9 · 78M21)이 발견되었다. 죽은 이 2인의 머리뼈는 다른 씨족에게 머리를 사냥 당했기 때문에 본 씨족묘지에는 그 몸체만 매장되었을 가능성이 있다.[10]

마찬가지의 정황이 운남雲南 빈천賓川 백양촌白羊村 신석기시대 묘지에서 발견되었다. 발굴구역에 머리가 없이 앙신의 자세로 묻힌 10기의 무덤이 있는데, 죽은 자는 대부분 성인이며 일부는 어린아이이다. 1기의 무덤에 1~3구, 많으면 10여 구 이상이 매장되었다. 그 가운데는 몸체의 방향이 상반되어 다리를 다른 방향으로 묻힌 자의 가슴 부위에 위치시킨 것이 있다. 이들의 머리뼈는 별도의 씨족에게 당했거나 조상의 머리뼈숭배와 관련될 가능성이 있다.[11]

황하 유역과 북방초원의 선사시대 선주민은 엽두제의 습속이 없었을 가능성이 있다. 한단 간구 용산문화 유적의 반지하움집 2기에서 6구의 머리뼈가 발견되었는데, 그 가운데 4구는 완전하고, 2구는 결실이 심하다.[12] 이는 과거에 엽두유적의 실례로 거론된 바 있다. 그러나 경험적으로 보아 그 가운데 2구의 여성 머리뼈에는 껍질을 벗겨 낸 흔적이 있어 머리뼈가 잔盞 모양으로 개조된 것으로 판단된다. 어떤 학자는 다음과 같이 엽두제의 습속과 머리를 잘라 잔으로 간주한 것은 분명히 구별되어야 한다고 한다. 엽두는 목을 정연하게 잘랐고, 껍질을 벗기지 않는다. 머리를 잘라 머리뼈를 잔으로 쓴 것은 머리껍질을 벗겼다.

10 湖北省博物館等 : 「房縣七里河遺址發掘的主要收獲」, 『江漢考古』 1984年 第3期.
11 雲南省博物館 : 「雲南賓川白羊村遺址」, 『考古學報』 1981年 第3期.
12 北京大學考古隊 : 「1957年邯鄲發掘簡報」, 『考古』 1959年 第10期.

따라서 간구 머리뼈는 일종의 마시는 용기로 사용하기 위해 만든, 즉 머리뼈를 술잔으로 사용한 두개배頭蓋杯로 추정된다.[13] 이런 판단에 착오가 없다면 원시사회 말기 황하 유역에는 사람을 살해하여(주로 포로나 원수의 머리를 잘라) 술잔으로 쓰는 풍속이 유행하였고, 이것은 엽두제의 습속과는 무관하다고 설명할 수 있다. 여기서는 이 설명을 따른다.

(3) 전기생

중국 황하 유역의 여러 원시문화에는 주거지 혹은 성벽의 건축과정에서 산 사람(주로 아이)을 제물로 사용하는 습속이 있었음이 발견된다. 그것이 성벽의 기초부 혹은 주거지 아래, 주거지 가운데에서 발견되어 소위 전기생이라 부른다. 지금까지 알려진 고고학 자료에 의하면 전기생은 앙소문화시기에 이르러서나 출현하였고, 용산문화와 하상夏商시대에 성행하였다.

가장 이른 실례는 서안 반파유적에서 보인다. 이 유적의 제1호 장방형주거지의 거주지면 아래에서 잘린 흔적이 있는 하나의 사람 머리뼈와 조질의 도기 관罐 1점이 함께 출토되었다. 어떤 학자는 이 사람 머리를 이 주거지의 전기에 사용한 인생으로 추정하였다. 왜냐하면 이 주거지는 반파의 주민이 자연숭배를 거행한 장소이고, 전기 시에 사람을 죽여 제사함으로써 신령의 비호를 구하였다는 것이다.[14] 이런 판단에 착오가 없다면 전기생은 지금부터 6,000여 년 전의 앙소문화시기에 이미 출현한 것이 확실하다.

1993년부터 1996년 정주鄭州 북쪽 교외의 서산西山에서 앙소문화의 성지를 발굴할 때, 전기생이 또 확실하게 증명되었다. 보도에 의하면 여러 기의 주거지 바닥과 성벽의 기초부 모두에서 영아의 뼈가 가득 들어 있는 도기 관罐 혹은 정鼎(세발솥, 육류를 삶거나 끓이는 솥)이 발견되었다. 영아는 뼈가 불완전하여 머리뼈 혹은 팔다리뼈의 일부만 보이는 것도 있고, 다리가 결실된 것이 있다. 이것은 살해하고 팔다리를 해체한 후 넣은 것을 증명한다. 함께 발견된 도기는 주거지 바닥에 깐 흙에 여러 층으로 겹쳐서 매납되어 있었다. 이것은 영아를 도기에 넣는 의식과 함께 매납이 완료된 것으로 주거지 바닥 흙을 까는 과정에 수시로

13 嚴文明:「澗溝的頭蓋杯和剝頭皮風俗」,『考古與文物』1982年 第2期.
14 中國科學院考古研究所等:『西安半坡』18면, 文物出版社, 1963年.

구덩이를 파고 메웠음을 설명해 준다. 성벽의 전기생은 대부분 북문 서측 성벽에서 발견되었다. 그 성벽의 기초부에 영아를 가득 넣은 도기 정鼎을 매납하였고, 바닥의 판축층 중에도 영아를 가득 넣은 도기 관罐을 매납하였다. 또 성벽 판축토에도 층을 나누어 도기 발鉢(바리), 정鼎, 관罐 등 10여 점을 묻었다. 그 가운데 채도彩陶 발鉢에는 영아의 뼈가 들어 있었다. 이런 종류의 매납방식은 서성벽 돈대 아래에서 발견된 바닥이 뾰족한 병甁, 항缸(항아리), 관罐을 장구葬具로 사용한 몇 조의 독널[甕棺]과는 대비되는 것이다. 서문 문길 아래의 1818호 구덩이 내에 두 층을 이루며 20여 점 이상의 도기(대다수가 관과 정)가 나란하게 배열되어 있는 배치와도 구별된다. 서산성지와 주거지 건축의 전기에 영아를 살해하여 매납한 현상은 당시 건축과정에 거행된 특수한 의의를 가진 제사예의일 것이다. 서산성지는 앙소문화 만기에 속하고, 절대연대는 대략 지금부터 5,300년에서 4,800년 전이다.[15]

앙소문화 만기에 유행하게 된 전기생습속은 하남 용산문화로 계승되어 발전되었다. 고고학적 실례가 대부분의 하남 용산문화 주거지에서 집중적으로 발견된다. 이 시기의 비교적 큰 대형 주거지는 계획된 주거지터 아래 혹은 거주면 아래에 영아와 어린아이(소수는 성년남녀)를 매장·안치한 현상이 자주 발견된다. 이렇게 전기에 인생을 사용한 것은 무덤구덩이가 없고, 부장품도 없고, 어린아이와 영아가 일반적으로 독널 혹은 항아리널에 안치되었다. 출토 현상을 관찰하면 그들의 반수 이상이 죽은 이후에 안치되었고, 무덤구덩이는 흙을 다져 채워 묻었다. 은허 소둔건축지에서 전기에 사용된 제물(인생을 포함)이 많이 발견되는 현상으로 미뤄보아 이렇게 주거지터 아래 혹은 거주면 아래에 매장하여 안치된 주검은 주거지를 건축하는 과정에서 거행된 어떤 제사의식에 사용된 희생이다.

지금까지 발견된 주거지의 전기생으로 추정되는 유적은 안양安陽 후강後崗, 영성永城 왕유방王油坊, 등봉登封 왕성강王城崗, 탕음湯陰 백영白營 유적이 있다.

안양 후강

1979년 발굴된 것으로 지금까지 발견된 전기생 가운데 가장 대규모이다. 전기생은 15기의 주거지에서 발견되었고, 어린아이인 27인의 생인牲人이 매장·안치되었다.[16]

15 國家文物局考古領隊培訓班 : 「鄭州西山仰韶時代城址的發掘」, 『文物』 1999年 第7期.
16 中國社會科學院考古研究所安陽工作隊 : 「1979年安陽後崗遺址發掘報告」, 『考古學報』 1985年 第1期.

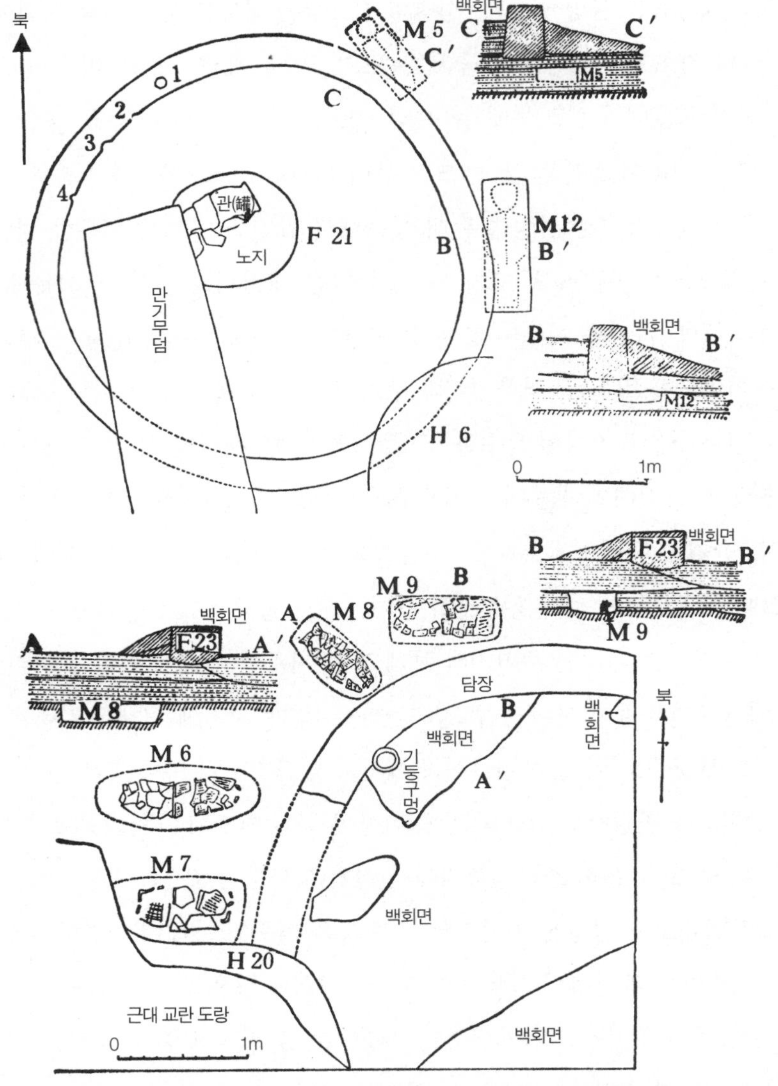

그림 2 안양 후강 용산문화 주거지 아래의 전기생(『考古學報』 1985年 第1期에서)

상 : 21호 주거지 아래의 전기생, 하 : 23호 주거지 바깥 판축토 아래의 전기생

어린아이 생인이 매장된 구덩이는 작고 얕다. 대부분 부식토인 회토灰土 혹은 주거지의 바닥 흙을 팠고, 무덤구덩이는 불분명하다. 무덤구덩이는 대부분 장방형 혹은 타원형이나 불규칙한 사변형도 있다. 구덩이는 길이 50~80cm, 너비 20~40cm, 깊이 10cm이다. 가장 큰 것이 길이 140cm, 너비 80cm, 깊이 67cm이다. 27인 가운데 10인이 장구가 없다. 17인은 도기 옹瓮(독), 관罐 혹은 언甗(발이 있는 시루), 분盆(동이) 가운데 1점 내지 2점을 장구로 사용

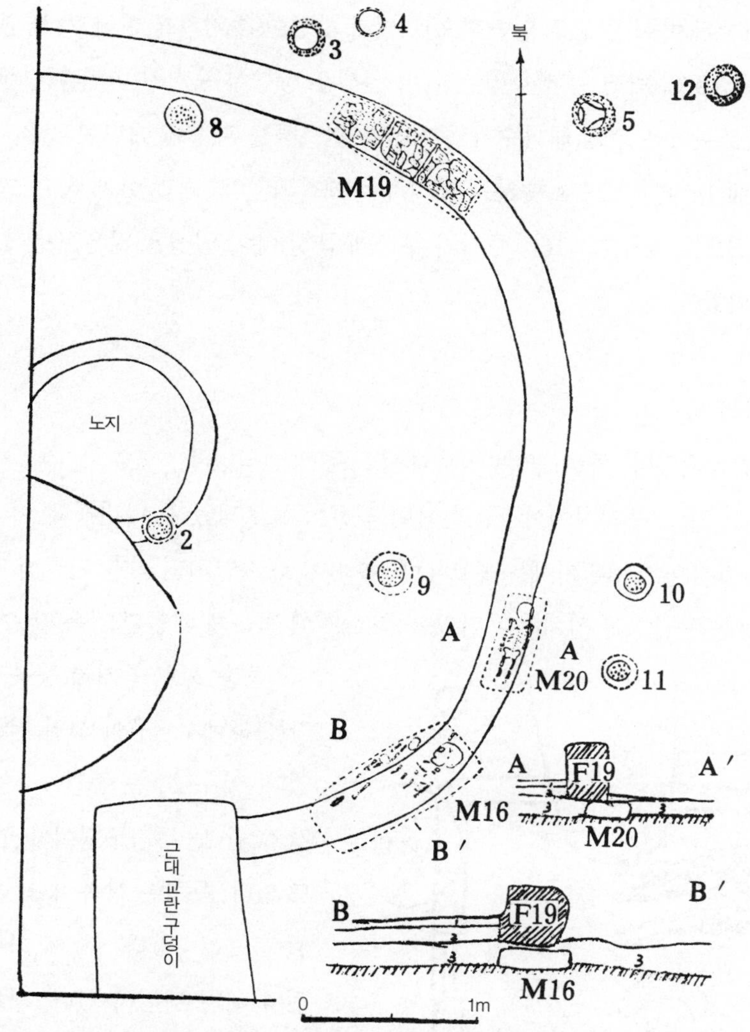

그림 3 안양 후강 용산문화 19호 주거지 아래와 판축토의 전기생(『考古學報』 1985年 第1期에서)

하였는데, 많은 것은 4점을 사용했다. 장구로 사용된 도기는 대다수가 깬 후에 몸 위를 덮은 것이고, 완전한 용기를 입을 맞대 붙인 것도 있다. 또 어떤 것은 도기편 몇 개로 머리를 덮은 것도 있다. 인골은 대부분 부패된 채 출토되었다. 남아 있는 유골로 보아 죽은 사람 대다수가 1~5세의 아이이고, 매장자세가 일정하지 않다. 주거지 아래에 매장된 것〈그림 2, 상〉이 있고, 주거지 바깥 혹은 배수구에 매장된 것〈그림 2, 하〉이 있고, 벽면 기초부 아래에 매장된 것과 고운 점토로 축조된 벽면 속에 매장된 것〈그림 3〉도 있다. 주거지 바깥 혹은 배수구 아래 매장된 아이 인생은 일반적으로 머리 방향이 주거지를 향하고, 벽면 기초부 아래 혹은 고운 점토의 벽면 속에 매장된 아이 인생은 방향이 주거지 벽면과 평행한 것이 일반적이다. 출토현상은 그들 대다수가 주거지를 건조하는 과정에 매입된 것을 나타내고, 1기의 주거지에 1~4인 정도로 숫자를 달리하여 매장되었다. 벽면 아래 혹은 그 속의 아이 인생은 일반적으로 장구가 없다. 주거지 부근에 묻힌 아이 인생은 많은 수가 도기로 만든 장구에 안치되었다.

영성 왕유방

1977년 발굴되었다. 하층, 중층, 상층에서 모두 발견되었다.

하층(제4층) 29호 주거지에서 3구의 아이 인골이 출토되었다. 나란하게 머리를 동향으로 하여 앙신직지仰身直肢의 자세(위를 보며 다리를 편 자세)로 안치되었다. 인골의 길이는 76~85cm이고, 방향은 담장과 일치하여 담장을 축조할 때 벽속에 매입된 것을 알 수 있다.

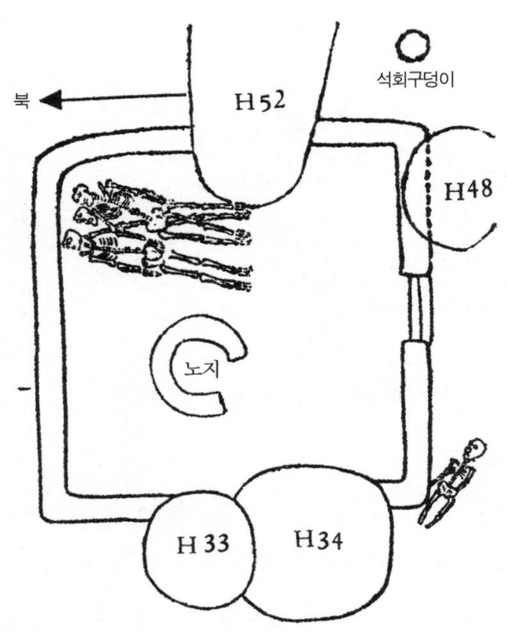

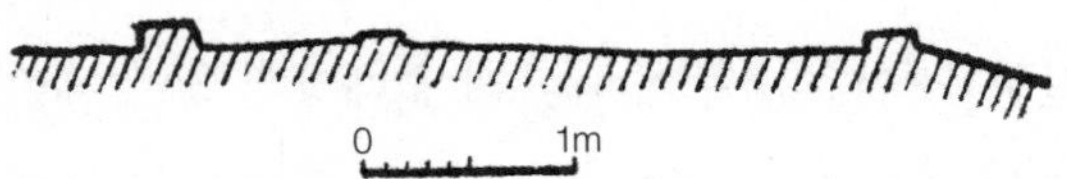

그림 4 영성 왕유방 용산문화 20호 주거지의 전기생(『考古學集刊(五)』에서).

중층 20호 주거지 동북모서리의 담장 아래에서 3구의 성인 인골이 출토되었다. 좌우 2구는 중간 1구의 상면 위에 겹쳐 있다. 무덤구덩이가 없고, 부장품도 없다. 두향은 북쪽이고, 이마 위가 완전히 잘려나갔다. 또 이 좌우 2구는 아래턱 위가 뒤집혀 있다. 감정 결과 3구는 모두 25~35세의 남성이다. 그들은 주거지 바닥을 판축할 때 매입되었을 가능성이 있다. 이 외 20호 주거지의 서남모서리 담장 아래에 아이의 인골 하나가 매장되었다. 남아 있는 길이 58cm로 주거지의 건축이 완성된 후의 제사에 쓰인 인생일 가능성이 있다〈그림 4〉.

상층의 1기 말각방형주거지 바닥에서 1구의 아이 인골이 출토되었다. 이

것은 주거지 바닥면을 먼저 파고 매장한 후에 주거지 기초를 판축한 것으로 추정된다.[17]

등봉 왕성강

1977~1981년 발굴되었다. 왕성강 용산문화 성지 내의 일련의 판축건축지 아래에서는 판축으로 다져진 원형구덩이가 발견되곤 하였다. 구덩이 내의 판축토층 중간 혹은 판축층 바닥 아래에서 성인과 아이의 인골이 발견되었는데, 완전한 것도 있고, 팔다리가 해체된 것도 있다. 건축기단을 견고하게 하는 판축토에 매장된 인골은 분명히 전기와 관련이 있다. 때문에 '전기생'으로 부른다. 이때에 모두 30기의 전기奠基구덩이가 발견되었는데, 후인의 연구를 위하여 보존시키고, 단지 31호 구덩이와 절반 정도인 여타 12기의 구덩이만 발굴하였다.

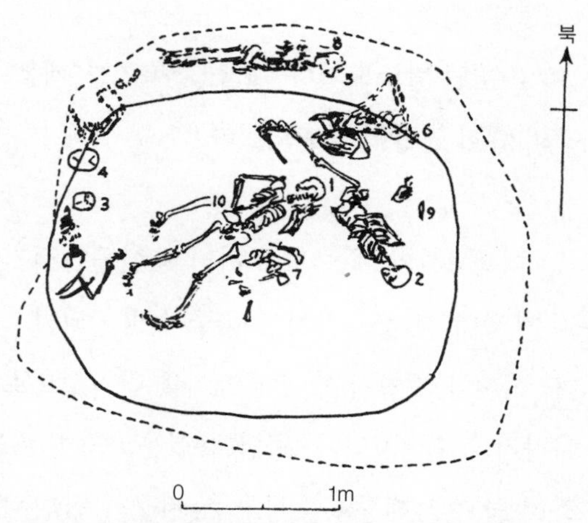

그림 5 등봉 왕성강 용산문화 1호 건축지 아래의 전기생(『登封王城崗與陽城』에서)

1·2. 청년여성, 3~5. 아이 6·7. 장년남성, 8. 돼지 이빨, 9. 사슴이빨, 10. 석핵

1호 구덩이는 원형의 자루 모양으로 어깨 직경 2.07~2.5m, 저경 2.82~2.94m, 남아있는 깊이 2.66m이다. 구덩이에는 12층의 판축토가 남아 있고, 인골 7구가 노출되었다. 구덩이 바닥에서 위로 제3층 판축면 위에 아이 1구가 앙신직지의 자세로 매장·안치되었다. 제4층 판축면 위에는 성년남성 1구가 매장되었다. 앙신의 자세로 오른손을 머리에 대고 있는 모습이다. 제5층 판축면 위에는 성년남녀 각 1구가 매장되었다. 여성은 앙신직지의 자세이고, 남성은 부신직지俯身直肢의 자세(엎어진 채 다리를 편 자세)이다. 제6층 판축면 위에는 청년여성 1구와 아동 2구가 매장되었다. 여성 인골은 어지럽게 놓여 있고, 아동은 모두 측신굴지側身屈肢의 자세(모로 누어 다리를 굽힌 자세)이다〈그림 5〉. 다시 그 위로 전체 판축층에는 용산문화 2기의 도기편이 포함되어 있었다.

17 中國社會科學院考古硏究所河南工作隊:「河南永城王油坊遺址發掘報告」,『考古學集刊(五)』, 中國社會科學出版社, 1987年.

여타 12기의 전기구덩이에서 모두 전기생 17구가 정리되었다. 구덩이마다 1~2구이고, 13호 구덩이에는 아이 머리뼈 5개와 소량의 팔다리뼈가 출토되었다.[18]

탕음 백영

1978년 발굴되었다. 26호 건축지를 채운 흙과 담장 기초 아래서 도기 관罐에 안치된 1구의 아이 인생이 발견되었다.[19]

이상 4개의 예는 모두 하남 용산문화시기에 속한다. 발굴된 1기의 성지와 12기의 주거지 가운데 적어도 전기생 60구가 발굴되었고, 그 가운데 아이 인생이 절대 다수를 차지한다. 성지와 주거지 아래에 아이를 전기생으로 사용한 것이 하남 용산문화의 커다란 특징의 하나라고 할 수 있다. 하남 용산문화의 범위는 일반적으로 하북의 한단邯鄲지구부터 시작하여 남으로 예동豫東, 상구商丘지구와 안휘安徽 서북부, 서로 태행산太行山부터 동으로 태산太山까지인 노서魯西와 노서남魯西南지구를 포괄한다. 이 광대한 지역은 전국시대 고대문헌의 기재에서 상나라 사람의 선대가 활동하던 범위이다. 이리두二里頭, 이리강二里崗과 안양安陽 은허殷墟 등 상나라 왕도의 대형건축에는 보편적으로 인생전기가 사용되었다. 이것은 하남 용산문화가 아이를 전기에 사용한 습속에서 한 걸음 발전한 것이다.

2. 인순유적의 고찰

고고학에서 발견된 선사시대의 합장合葬무덤이 많은데, 거기에 매장된 사람 가운데 순인殉人이 있는지를 확인하는 것은 인생을 식별하는 것만큼이나 어렵다. 선사사회는 그 발전 단계에 따라 생산력의 수준, 문화의 구조, 혼인형태 등이 달랐기 때문에 자연적으로 많은 종류의 사람을 매장한 합장무덤이 출현하였다. 그러하기 때문에 합장무덤이라고 해서 그 속에 반드시 피순장자가 들어 있다고 할 수는 없다.

18 河南省文物硏究所等 : 『登封王城崗與陽城』 38~40면, 文物出版社, 1992年.

19 河南安陽地區文物管理委員會 : 「湯陰白營河南龍山文化村落遺址發掘報告」, 『考古學集刊(三)』, 中國社會科學出版社, 1983年.

마르크스와 엥겔스의 논술에 근거하면 인순은 모계씨족제에서 부계씨족제로 넘어가는 과도기 또는 부계씨족제가 확립된 시기에 시작되었다. 부계씨족제의 확립은 부권의 존엄을 표지하므로 인순이 출현하도록 한 조건이었다.[20] 중국에서 이 시기는 대략 황하 유역에서는 앙소문화 만기부터 용산문화 단계에 해당하고, 기원전 3000년부터 기원전 2000년 내외까지이다. 현재까지 고고학의 연구에 의하면 인순이 처음으로 나타날 때 형식은 주로 여인이 남성을 위하여 순사殉死하는 것이다. 소위 남편을 위해 처첩을 순장한 '처첩순부妻妾殉夫'이다. 그리고 젖먹이가 순장되었다. 합장의 성격 파악은 주로 직관적인 판단을 요구하고, 일정한 규범과 제약이 없어 보는 사람에 따라 다르다. 편차를 줄이기 위하여 필자는 무덤의 연대가 이런 단계로 확인되는 것으로써 다음 4가지 규범을 따르고자 한다.

첫째, 과학적인 발굴을 통해 무덤에서 피장자가 모두 동시에 매장된 것이 확인되어야 한다.

둘째, 남녀가 차별이 있는 남존여비男尊女卑의 장법 혹은 주인과 노비가 차별이 있는 주존종비主尊從卑의 장법이 분명하여야 한다.

셋째, 동일묘지에서 무덤이 비교적 크고, 일반적으로 부장품이 많아야 한다.

넷째, 동일한 고고학적 문화에서 유일한 예가 아니어야 한다.

고고학 발굴 자료에 근거하고, 상술한 4가지 기준과 대조하여 우리는 초보적으로 감숙 무위武威 황랑랑대皇娘娘臺,[21] 영정永靖 진위가秦魏家[22] 두 곳의 제가문화 묘지 및 내몽고內蒙古 주개구문화 묘지와 강소江蘇 신기新沂 화청花廳 대문구문화 묘지에서 발견된 일련의 무덤에서 처첩과 어린아이의 순장 가능성을 인정할 수 있다. 이 외 산서山西 양분襄汾 도사문화陶寺文化 묘지도 죽여서 순장하는 현상이 출현하였을 가능성이 있다.

20 본서 「인생 · 인순의 기원」 제2절 참조

21 甘肅省博物館 : 「甘肅武威皇娘娘臺遺址發掘報告」, 『考古學報』 1960年 第2期. 「武威皇娘娘臺遺址第四次發掘」, 『考古學報』 1978年 第4期.

22 中國科學院考古研究所甘肅工作隊 : 「甘肅永靖秦魏家齊家文化墓地」, 『考古學報』 1975年 第2期.

무위 황랑랑대와 영정 진위가 제가문화 묘지

이 두 곳의 제가문화 씨족묘지에서 발견된 순인殉人무덤은 성년남녀의 합장무덤이다. 남자는 앙신직지의 자세이고, 여자는 측신굴지의 자세이다. 황랑랑대 씨족묘지에서는 모두 88기의 무덤이 발굴되었다. 그 가운데 남성 1인과 여성 2인을 합장한 것이 3기이다. 남성은 앙신의 자세로 중앙에 배치되었고, 여성 2인은 남성 좌우측에 붙어 측신굴지로 남성을 바라보는 자세이다〈그림 6, 좌〉. 성년남녀합장무덤은 10기이고, 남성은 앙신직지의 자세로 좌측에 있고, 여성은 측신굴지의 자세로 우측에서 남성을 바라본다〈그림 6, 우〉. 진위가에서 발굴된 138기의 무덤 가운데 성년남녀가 합장된 것이 16기이다. 남성은 앙신직지의

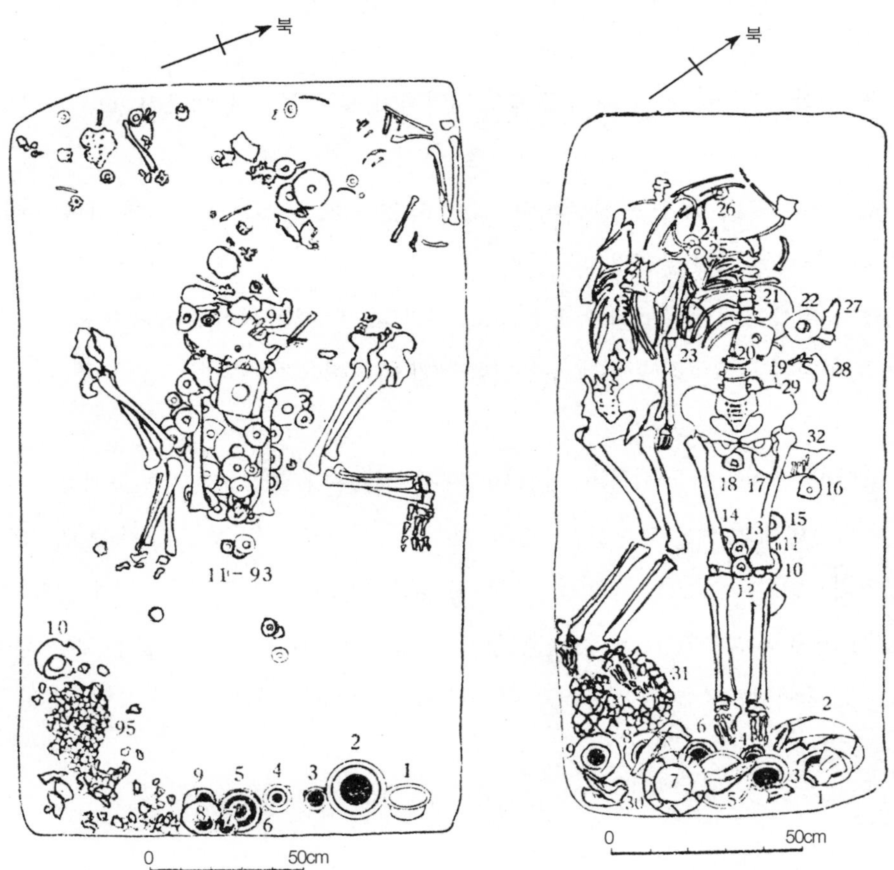

그림 6 감숙 무위 황랑랑대 제가문화 무덤(『考古學報』 1978年 第4期에서)

좌 : 48호 무덤. 1·5. 도기 존(尊), 2~4·6~9. 여러 형식의 도기 관(罐), 10. 도기 두(豆), 11~93. 석제 벽(璧), 94. 옥제 황(璜), 95. 작은 석재

우 : 52호 무덤. 1~4·6·8·9. 여러 형식의 도기 관(罐), 5. 도기 두(豆), 7. 도기 존(尊), 10~29. 석제 벽(璧), 30. 돼지 아래턱뼈, 31. 작은 석재, 32. 옥석조각

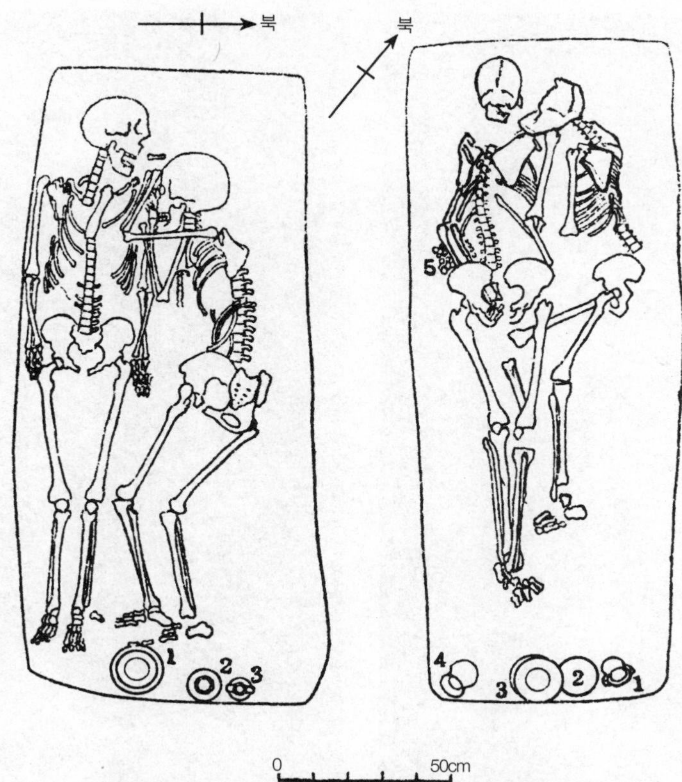

그림 7 김숙 영정 진위가 제가문화 무덤(『考古學報』 1975年 第2期에서)
좌 : 105호 무덤. 1. 고령쌍이관(高領雙耳罐), 2. 치구관(侈口罐), 3. 쌍대이관(雙大耳罐)
우 : 52호 무덤. 1 : 쌍대이관(雙大耳罐), 2. 두(豆), 3. 고령쌍이관(高領雙耳罐), 4. 치구관(侈口罐), 5. 작은 석재

자세로 우측에 있고, 여성은 측신굴지의 자세로 좌측에서 남성을 바라본다〈그림 7, 8〉.

황랑랑대와 진위가 두 묘지의 성년남녀합장무덤은 모두 동시에 매장된 것으로 남녀를 안치하는 방식이 일정하다. 단 황랑랑대는 남자가 좌측, 여자가 우측에 배치된 좌남우녀左男右女이나 진위가는 남자가 우측, 여자가 좌측에 배치된 우남좌녀右男左女라는 점이 다르다. 인골에 대한 측정 결과 남녀의 연령은 서로 비슷하였다. 무덤의 부장품은 남성이 여성보다 약간 많다. 같은 묘지에서 남녀를 합장한 무덤이 그렇지 않은 것에 비해 부장품이 비교적 풍부한 편이라는 특징도 있다. 이러한 정황은 합장자의 관계가 남편과 부인(첩)의 관계이지, 주인과 노복의 관계가 아니라는 것을 나타낸다. 합장을 할 때, 의도적으로 남자가 주가 되고, 여자가 종이 되는 장법을 쓴 것이다. 개략적인 조사 내용은 〈표 1〉, 〈표 2〉와 같다.

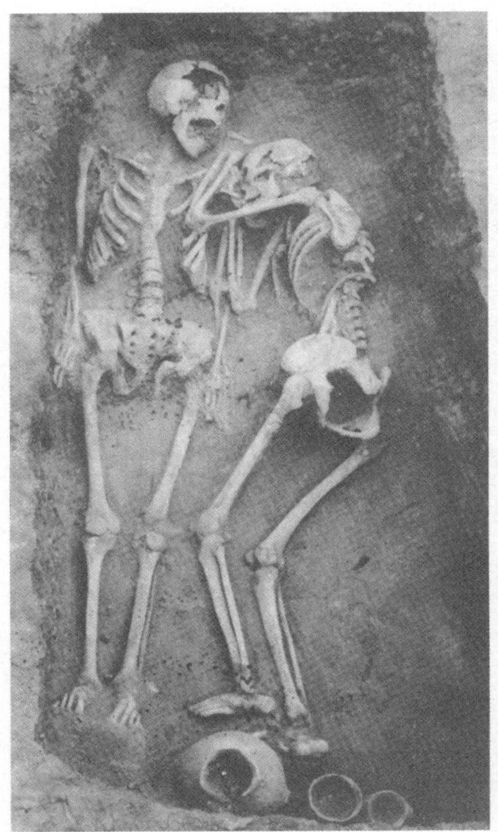

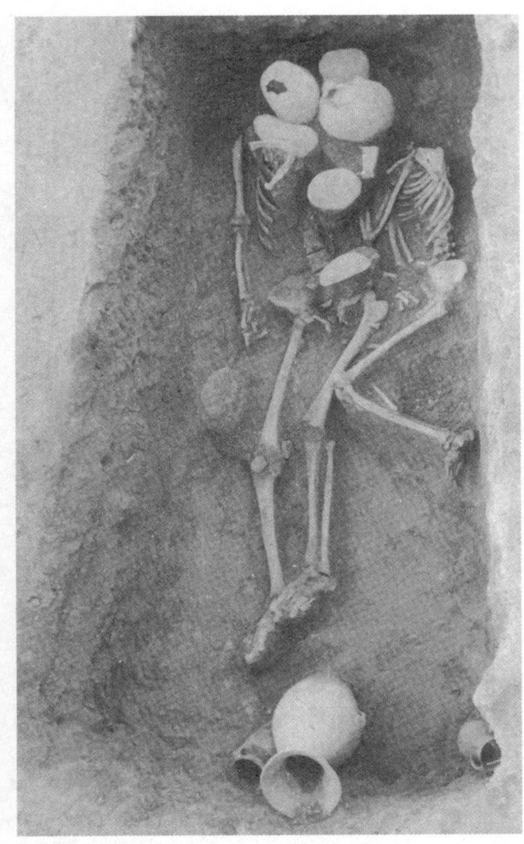

그림 8 감숙 영정 진위가 제가문화 105호 무덤(좌)과 60호 무덤(우)(『考古學報』 1975年 第2期에서)

〈표 1〉 감숙 무위 황랑랑대 제가문화 묘지 순인무덤

묘명	인수	성별과 자세	부장품
24	3	남 : 중앙, 앙신직지 여 : 양측, 측신굴지	도기 16, 동제 추錐, 녹송석綠松石 주珠, 석제 벽璧
28	2	인골 부패	석제 벽 3, 착鑿, 돼지 아래턱뼈
29	2	남 : 좌, 앙신직지 여 : 우, 측신굴지	도기 완碗, 양대이관兩大耳罐 2, 절견관折肩罐 2, 직구관直口罐 2, 쌍소이관雙小耳罐 2, 단이관單耳罐 4
30	2	남 : 좌, 앙신직지 녀 : 우, 측신굴지	도기 완, 존尊 4, 쌍대이관雙大耳罐 2, 절견관 2, 두豆, 치구곡경관侈口曲頸罐, 쌍이관雙耳罐 2, 쌍소이관 15, 직구관, 단이관 7, 호壺, 석제 벽, 돼지 아래턱뼈 5
38	2	남 : 좌, 앙신직지 여 : 우, 부신굴지	도기 두, 존, 쌍이대관雙耳大罐, 절견관, 쌍이관, 단이관, 석제 벽 5, 녹송석 주 6, 소석자小石子 53
46	2	남 : 좌, 앙신직지 여 : 우, 측신굴지	도기 존, 절견관 2, 단이관 5, 쌍소이관 3, 석제 선璇 6, 돼지 아래턱뼈 2, 소석자 216
48	3	남 : 중앙, 앙신직지 여 : 양측, 측신굴지	도기 두, 존 2, 절견관, 단이관 3, 삼이관三耳罐, 양소이관, 창구관敞口罐, 석제 벽 83, 옥제 황璜, 소석자 5

묘명	인수	성별과 자세	부장품
52	2	남 : 좌, 앙신직지 여 : 우, 측신굴지	도기 두, 존, 절견관, 양대이관, 단이관, 직구관, 석제 벽, 돼지 아래턱뼈 7, 소석자 290, 거친옥석편 4
54	2	남 : 좌, 앙신직지 여 : 우, 측신굴지	도기 설碟, 절견관, 단이관 6, 호, 치구관侈口罐, 쌍소이관 2, 녹송석주 6, 돼지 아래턱뼈, 소석자 5
58	2	남 : 좌, 앙신직지 여 : 우, 측신굴지	석제 벽 2, 돼지 아래턱뼈
66	3	남 : 중앙, 앙신직지 여 : 양측, 측신굴지	석제 벽 15
71	2	남 : 좌, 앙신직지 여 : 우, 측신굴지	석제 관
76	2	남 : 좌, 앙신직지 여 : 우, 측신굴지	도기 단이관 3, 쌍이관, 치구관, 양소이관 2, 석제 벽 2, 소석자 64, 거친 옥석편 4

* 부장품에 숫자가 없는 것은 모두 1점이다. 〈표 2〉, 〈표 3〉, 〈표 4〉도 마찬가지

〈표 2〉 감숙 영정 진위가 제가문화묘지 순인무덤

묘명	인수	성별과 자세	부장품
2	2	우, 앙신직지 좌, 측신굴지	
18	2	남(?) : 우, 앙신직지 여(?) : 좌, 측신굴지	돼지 아래턱뼈 12
37	2	우, 부신직지 좌, 측신굴지	도기 두, 고령쌍이관高領雙耳罐, 단이관, 치구관, 돼지 아래턱뼈 18, 소석자 13
45	2	우, 앙신직지 좌, 측신굴지	도기 두, 고령쌍이관, 병瓶, 치구관, 골제 침針, 비匕
50	2	남 : 우, 앙신직지 여 : 좌, 측신굴지	골제 비, 아식牙飾, 돼지 아래턱뼈 34, 소석자 13
52	2	남 : 우, 앙신직지 여 : 좌, 측신굴지	도기 두, 양대이관, 고령쌍이관, 치구관, 돼지 아래턱뼈 55, 소석자 40
60	2	우, 앙신직지 좌, 측신굴지	도기 쌍이관, 고령쌍이관, 양대이관, 골제 침, 돼지 아래턱뼈 6, 소석자 10
81	2	우, 앙신직지 좌, 측신굴지	도기 양대이관, 고령쌍이관, 치구관, 석제 착鑿, 녹송석 주
85	2	우, 앙신직지 좌, 측신굴지	도기 두, 치구관
95	2	남 : 우, 앙신직지 여 : 좌, 측신굴지	도기 양대이관, 고령쌍이관, 치구관, 돼지 아래턱뼈 5
103	2	우, 앙신직지 좌, 측신굴지	도기 두, 양대이관, 고령쌍이관, 치구관, 돼지 아래턱뼈, 녹송석 주
105	2	남 : 우, 앙신직지 여 : 좌, 측신굴지	도기 치구관, 양대이관, 고령쌍이관
108	2	남 : 우, 앙신직지 여 : 좌, 측신굴지	도기 치구관, 양대이관, 고령쌍이관, 병, 창구관, 돼지 아래턱뼈 12

묘명	인수	성별과 자세	부장품
115	2	우, 앙신직지 좌, 측신굴지	도기 두, 단이관, 고령쌍이관, 치구관, 장경관長頸罐
124	2	남 : 우, 앙신직지 여 : 좌, 측신굴지	도기 완, 양대이관 2, 고령쌍이관, 치구관
138	2	우, 앙신직지 좌, 측신굴지	도기 고령쌍이관, 석제 착, 소석자 35

내몽고 주개구문화 묘지

내몽고 오르도스[鄂尒多斯]고원 동부 이진훠러기[伊金霍洛旗] 납림탑향納林塔鄉 주개구촌周開溝村에 있다. 발굴된 4,000㎡ 범위에서 주거지 87기, 구덩이 207기, 무덤 329기가 발견되었다. 329기의 무덤 가운데 2인 합장무덤이 35기, 3인 합장무덤이 8기, 4인 합장무덤이 1기이다. 인골의 감정 결과 다수가 성년남녀의 합장이었다.[23] 발굴 자료와 필자의 초보적인 연구에 의하면 기본적으로 순인무덤으로 볼 수 있는 것이 약 30기이다. 순인무덤으로 볼 수 없는 것이 14기로 인골이 부식되어 감정이 불가능한 것(5기), 성인여성 2인이 합장된 것(5기), 성인남성 2인이 합장된 것(1기), 혹은 성인여성 1인과 젖먹이 1인이 합장된 것(2기), 성인여성 3인과 아이 1인이 합장된 것(1기)이 있다. 인골 감정이 불가능한 5기 외에 나머지 9기의 합장은 다른 원인이 있을 것이고, 순장자가 아닐 가능성이 있다.[24] 아래에서는 기본적으로 인정된 30기의 순인무덤에 대해 분석하고자 한다.

이 30기의 순인무덤은 모두 동시에 매장된 것이고, 그 가운데 남성 1명과 여성 1명이 합장된 무덤이 22기, 남성 1명과 여성 2명이 합장된 무덤이 5기, 남성과 여성 각 1명과 아이

23 內蒙古文物研究所 : 『朱開溝 - 青銅器時代早期遺址發掘報告』, 文物出版社, 2000年.

24 나열하지 않은 14기의 무덤에 대한 구체적인 정황은 다음과 같다 : M3083 · 3039 · 4032 · 4037 · 6011 5기의 무덤은 성년여성의 합장무덤이다. 그 가운데 M4032는 노년여성과 청년여성의 합장무덤이다. 나머지는 중년여성과 청년여성의 합장무덤이다. M4050은 성년남성의 합장무덤인데, 한 남성은 앙신직지의 자세이고, 나머지 남성은 측신굴지의 자세로 팔을 위로 들고 있다. M2015 · 3035는 성년여성과 젖먹이의 합장무덤이다. 여성은 앙신직지의 자세이고, 젖먹이는 여성의 머리 우측에 배치되었다. M3028은 3인의 성년여성과 아이 1인의 합장무덤이다. 한 여성은 널 안에 안치되었고, 45~50세이다. 앙신직지의 자세이고, 오른손에 2점의 동제 팔찌를 끼고 있다. 널 바깥 좌측의 한 여성은 25~30세이고, 앙신직지의 자세이고, 얼굴은 널을 보고 있다. 널 바깥 우측에 청년여성과 한 아이가 배치되었다. 널 바깥 발치에 돼지 아래턱뼈 8짝과 칠기가 놓였다. 장법으로 보아 이 9기의 합장무덤은 대략 모계씨족제의 장례습속에 속하는 것이고 순인무덤이 아니다. 인골이 전부 감정되지 않은 M1040 · 1077 · 1109 · 5001 · 6012 5기의 무덤은 모두 2인이 합장되었다. 그 가운데 3기의 무덤에서 출토된 각 1구의 인골이 감정되었는데, 남성 2명, 여성 1명이다. 따라서 5기의 무덤은 성년남녀의 합장무덤으로 추측된다.

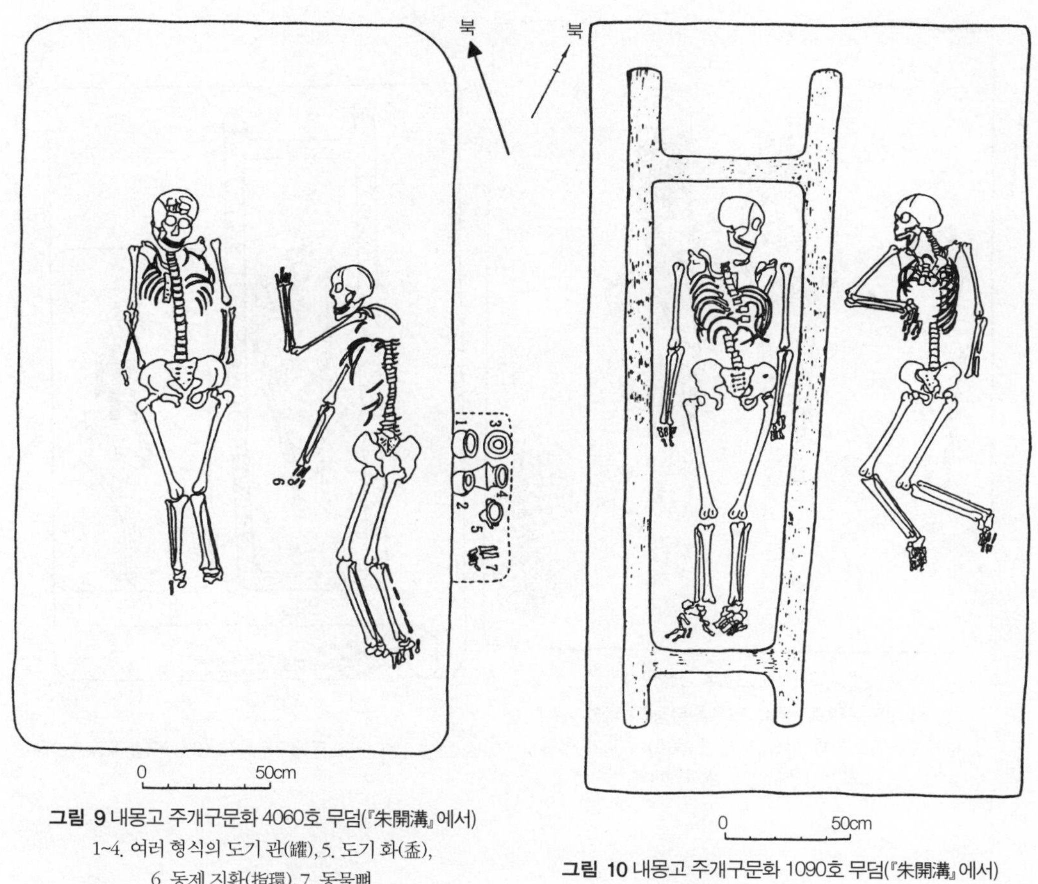

그림 9 내몽고 주개구문화 4060호 무덤(『朱開溝』에서)
1~4. 여러 형식의 도기 관(罐), 5. 도기 화(盉),
6. 동제 지환(指環), 7. 동물뼈

그림 10 내몽고 주개구문화 1090호 무덤(『朱開溝』에서)

1명이 합장된 무덤이 3기이다. 남성 1명과 여성 1명이 합장된 것의 피장자는 모두 성년이다. 남성은 앙신직지의 자세로 무덤구덩이바닥의 중앙에 안치되었고, 여성은 측신굴지의 자세로 남성을 보는 자세(부신직지의 자세도 몇이 있다)로 남성의 좌측에 배치되었다〈그림 9, 10〉. 여성 가운데는 팔다리가 묶인 흔적이 있는 사람이 있고, 어떤 여성은 두 팔과 종아리가 교차하거나 발버둥치는 모습도 있다. 이들은 포박된 후에 강제로 남성의 측면에 배치된 것이다. 남성 1명과 여성 2명이 합장된 정황은 진위가 제가문화 묘지의 것과 유사하다. 매장자세는 기본적으로 남성은 앙신으로 중앙에 안치되었고, 여성 2인은 측신으로 남성의 양측에 배치되어 남성을 보는 자세이다〈그림 11〉. 혹은 여성 2인이 모두 남성의 널 밖 좌측에 상하로 배열되기도 하였다(M103). 2016 · 5012 · 5013호 3기는 남성과 여성 각 1명과 아이 1명의 합장무덤인데, 모두 성인남성이 중앙에 안치되고, 성인여성은 좌측에 측신굴지로

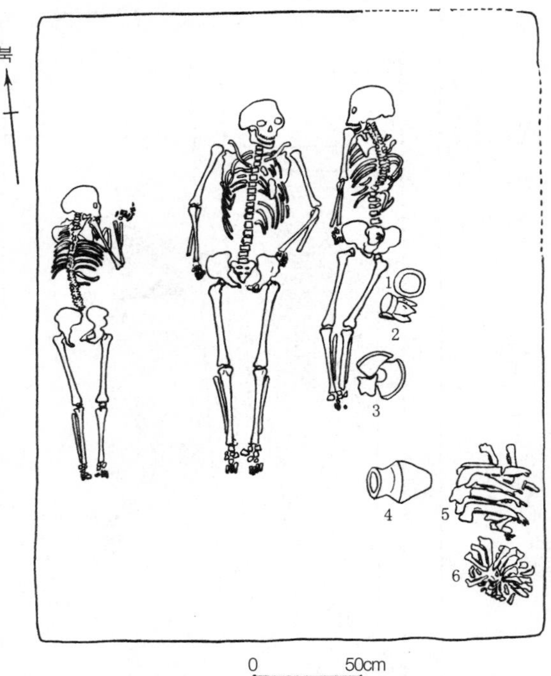

그림 11 내몽고 주개구문화 3024호 무덤(『朱開溝』에서)
1. 도기 두(豆), 2. 도기 역(鬲), 3. 도기 존(尊), 4. 도기 관(罐),
5. 돼지 아래턱뼈, 6. 양 아래턱뼈

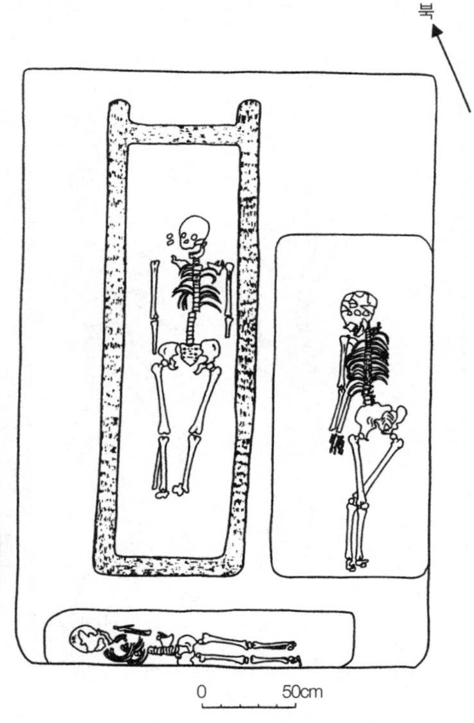

그림 12 내몽고 주개구문화 2016호 무덤(『朱開溝』에서)

남성을 바라보는 자세로 배치되었고, 아이는 남성의 우측에, 혹은 남성 발치의 널 밖에 배치되었다〈그림 12〉. 일반적으로 널이 있고, 널 안에 남성을, 여성과 아이는 널 밖에 배치한 것이다. 이를 나타낸 것이 〈표 3〉이다.

〈표 3〉 **내몽고 주개구문화 묘지 순인무덤**

묘명	인수	성별과 자세	부장품	분기
1010	2	남 : 좌, 앙신직지 여 : 우, 측신굴지	도기 화盉 2, 두, 쌍이관, 단파력單把鬲	3
1044	2	남 : 좌, 앙신직지 여 : 우, 측신굴지	도기 호, 단이관 3, 고령관 3, 권족반圈足盤 (내부에 돼지 갈비 4)	3
1088	2	남 : 좌, 앙신직지 여 : 우, 부와, 팔 굽히고, 다리 사방향		3
1089	2	남 : 우, 널 안, 앙신직지 여 : 좌, 널 밖, 측신굴지		3
1090	2	남 : 우, 널 안, 앙신직지 여 : 좌, 널 밖, 측신굴지		3

묘명	인수	성별과 자세	부장품	분기
1103	3	1남 : 우, 널 안, 앙신직지. 2녀 : 널 밖 좌측 상하, 상녀 앙신직지, 하녀 측신굴지		4
1108	2	남 : 우, 앙신직지. 여 : 좌측 무덤구덩이 벽측, 측신굴지		4
2016	3	1남 : 우, 널 안, 앙신직지. 2녀 : 널 밖 좌측 얕은 구덩이, 측신굴지, 1아동 : 남 발치 얕은 구덩이, 앙신직지		4
3006	3	1남 : 중, 앙신직지. 2녀 : 양측, 남성을 향함, 좌녀 측신굴지, 우녀 앙신직지		4
3007	2	남 : 우, 앙신직지. 여 : 좌하, 앙신직지, 한쪽 팔 위로 올리고 손은 얼굴		4
3024	3	1남 : 중,앙신직지. 2녀 : 양측, 측신굴지, 남성을 향함.	도기 두, 단파력, 대구존大口尊, 고령관, 돼지 아래턱 6, 양 아래턱 6, 짐승 아래턱 8	3
3029	2	남 : 우, 앙신직지 여 : 좌, 측신굴지		3
3033	2	남 : 우, 앙신직지. 여 : 좌측하, 측신굴지 남성을 향함	도기 화, 호, 원복관圓腹罐	3
3036	2	남 : 우, 앙신직지. 여 : 좌, 측신굴지 남성향	도기 왜령관矮領罐, 돼지 아래턱	3
3043	2	남 : 우, 앙신직지. 여 : 좌, 측신굴지	도기 고령관, 단파력, 양이관, 호형관, 돼지 아래턱	3
3045	2	남 : 널 안, 앙신직지 여 : 좌측 널 밖, 앙신직지, 얼굴 남성향	돼지 아래턱 10, 양 아래턱 3, 짐승 아래턱 2	3
3046	2	남 : 널 안, 앙신직지. 여 : 널 밖, 앙신직지, 팔 위로 하여 굽힘	돼지 아래턱 4, 양 아래턱	3
4009	2	남 : 우, 앙신직지 여 : 좌, 측시직지, 우측 팔 위로 굽히고 남성을 향함. 남녀 사이 석판 칸막이	여 왼손에 반지	4
4012	2	남 : 우, 앙신직지 여 : 좌, 측신굴지	도기 호, 단이력, 쌍이관, 단이관, 두, 고령관	3
4014	3	남 : 중, 앙신직지, 여1 : 좌, 부신직지 여2 : 우, 앙신직지, 두 손 배 위 교차	도기 두, 단파력, 쌍이관, 화변관花邊罐, 궤형분簋形盆	4
4017	2	남 : 우, 앙신직지. 여 : 좌, 측신굴지		3
4019	2	남 : 널 안, 앙신직지 여 : 널 밖, 앙신직지, 손발 결박		4
4040	2	남 : 우, 앙신직지. 여 : 좌, 측신굴지		4
4052	2	남 : 우, 앙신직지. 여 : 좌, 측신굴지		3

묘명	인수	성별과 자세	부장품	분기
4060	2	남 : 우, 앙신직지. 여 : 좌, 측신굴지, 좌 정강이 위로 굽힘	여 오른손에 동제 반지 벽감 내 도기 관 4, 개, 동물뼈	4
5005	3	남 : 무덤바닥 얕은 구덩이, 앙신직지 2녀 : 구당이 밖 양측, 모두 앙신직지, 두 정강이 위로 굽힘.	우측 여자 골제 반지, 남자 녹송석 주 3, 좌측 여자 조개구슬 3	3
5012	3	남 : 무덤바닥 얕은 구덩이, 앙신직지 여 : 남자 좌측 이층대 위, 앙신직지, 두 손 배 위에서 교차, 남성을 바라 봄 아동 : 남자 우측 다리 부위, 앙와, 남자를 바라 봄.	남성 목에 조개구슬 8, 등에 바다조개 20 여성 좌측 귀에 녹송석 아동 가슴에 골제 자루석도	3
5013	3	남 : 무덤바닥 얕은 구덩이, 앙신직지 여 : 남자 좌측 이층대 위, 부와궁신, 남성을 바라봄 아동 : 남자 우측 이층대 위, 앙신직지, 남자 바라봄, 다리 교차		3
6022	3	남 : 우, 앙신직지. 여 : 좌, 측신굴지, 남성을 봄		4
6025	3	남 : 우, 앙신직지. 여 : 좌, 측신굴지	도기 단이관	4

표에 열거된 30기의 순인무덤은 여러 사람이 동시에 매장된 것이고, 장법에서 남존여비의 특징이 있는 외에 무덤구덩이가 비교적 크고, 널이 안치되는 등 축조에 신경을 많이 쓴 것이다. 주개구묘지 절반 이상의 무덤에는 부장품이 없는데, 이 30기의 순장무덤 가운데는 부장품이 출토되지 않은 것도 있지만 부장품이 있는 것도 있다. 부장품이 있는 것은 일반적으로 그 수량이 단장무덤보다 많고, 출토유물의 질이 높고, 돼지 아래턱뼈를 부장한 수량도 단장무덤보다 훨씬 많다.

발굴자의 연구에 의하면 이 30기의 순인무덤은 주개구문화 제3단계와 제4단계에 속하는 것이다. 이 두 단계의 출토도기는 감숙 제가문화 묘지의 것과 아주 유사하고, 탄소측정 연대도 서로 부합한다. 따라서 그 연대는 대략 감숙 제가문화와 같거나 약간 늦어 기원전 2000년 내지 1600년 무렵이 된다.

지적되어야 할 것은 이렇게 처첩을 남편에게 순장하는 습속이 그렇게 길지 않고, 당시 가부장인 남성이 모두 많은 노비를 소유하고, 일부다처의 특권을 누리지 않아 모든 남성이 죽은 후에 처첩을 살해하여 순장하지 않았다는 점이다. 권력을 가지고 여러 명의 처를 소유하였으며 죽은 후 처첩을 살해하여 순장한 사람은 극소수에 불과하였다.[25]

신기 화청 대문구문화 묘지

강소성江蘇省 신기시新沂市 서남 18㎞에 위치한다. 1987년과 1989년 발굴되었다. 발굴된 2,000㎡ 범위에서 모두 66기의 무덤이 발견되었다. 그 가운데 56기의 크기가 작은 무덤은 유적의 북쪽에 분포하였고, 대형무덤 10기는 유적의 남쪽에 분포하였다. 10기의 대형무덤 가운데 8기에서 순인이 발견되었다. 8기의 순인무덤에서 발견된 순인은 모두 18구이다. 그 가운데 15구는 아이 혹은 젖먹이이고, 1구는 성년여성, 나머지는 성년에 근접하는 소년남녀 각 1구이다. 순인무덤은 모두 장방형의 구덩식[竪穴式]으로 무덤구덩이는 벽을 잘 다듬었고, 비교적 깊다. 또 풍부한 부장품이 들어 있는 것이 있다. 순인은 감숙 제가문화 묘지에서 보이는 처첩을 남편에 순장하는 장법, 즉 남성을 중앙에, 여성을 측신굴지의 자세로 남

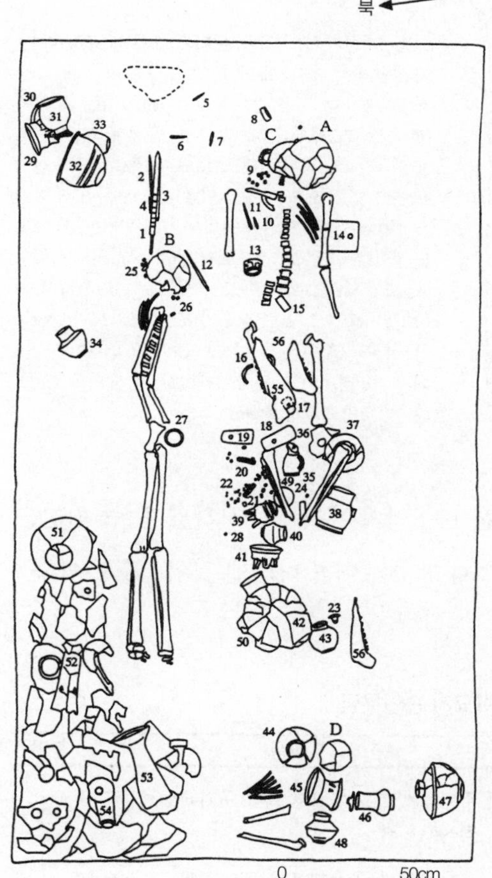

그림 13 신기 화청 대문구문화 18호 무덤(『花廳』에서)

A. 성년남성, B. 성년여성, C · D. 어린아이, 1~7 · 10~12. 옥제 추(錐), 8 · 27. 옥제 탁(鐲), 9 · 13. 옥제 주(珠), 14. 석제 월(鉞), 15. 석제 분(錛), 16. 옥제 배(杯), 17~19. 석제 천공부(穿孔斧), 20 · 21. 옥제 관(鑵), 22. 옥제 경식(頸飾), 23. 옥제 병식(柄飾), 24. 옥제 조형기(鳥形器), 25 · 26 · 28 : 옥제 이추(耳坠), 29 · 39 · 41. 도기 정(鼎), 30 · 34 · 40 · 43 · 44 · 47 · 48. 도기 관(鑵), 31 · 35. 도기 배(杯), 32 · 37 · 51. 도기 분(盆), 33. 도기 궤(簋), 36 · 49. 도기 개(蓋), 38 · 46. 도기 호(壺), 42. 도기 배호(背壺), 45 · 52~54. 도기 두(豆), 50. 도기 발(鉢), 55 · 56. 돼지 아래턱뼈

25 李仰松 : 「試論中國古代的軍事民主制 - 紀念恩格斯〈家政, 私有制和國家的起源〉發表 一百周年」, 『考古』 1984年 第5期 참조.

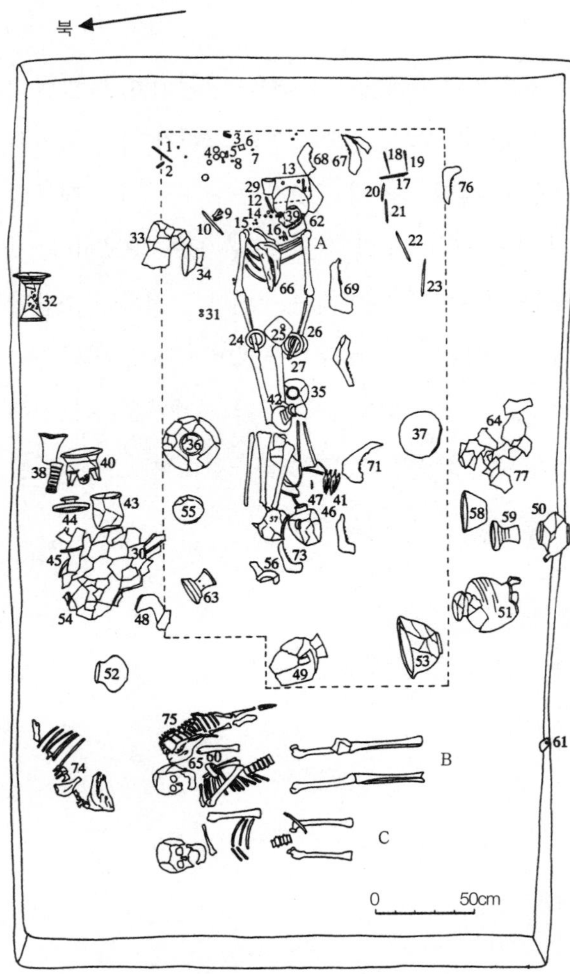

그림 14 신기 화청 대문구문화 20호 무덤(『花廳』에서)
A. 성년 남성, B · C. 소년, 1 · 10~12 · 16~23 · 62. 옥제 추(錐), 2~8 · 14 · 15 · 31. 옥제 주(珠), 9 · 60. 옥제 탁(鐲), 13 · 25. 석제 월(鉞), 24 · 26. 옥제 원(瑗), 27. 옥제 환(環), 28. 석제 산(鏟), 29. 도기 배(杯), 30 · 39 · 43 · 48 · 5 · 54~56. 도기 관(罐), 32 · 34 · 35 · 38 · 42 · 59 · 63 · 64. 도기 두(豆), 33 · 45. 도기편, 36 · 50. 도기 화(盉), 37 · 40 · 57. 도기 정(鼎), 41. 석제 촉(鏃), 44. 도기 개(蓋), 46 · 49. 도기 배호(背壺), 47. 골제 촉(鏃), 51. 도기 호(壺), 53. 도기 분(盆), 58. 도기 발(鉢), 61. 석제 부(斧), 65. 녹송석제 이추(耳墜), 66 · 67 · 76. 돼지 머리뼈, 68~73. 돼지 아래턱뼈, 74. 돼지뼈, 75. 개뼈, 77. 도기 쌍이관(雙耳罐)

성을 보도록 배치한 것과 유사하지만 비교적 많은 1~5인의 아이를 순장하였다. 즉 처첩순부식의 무덤에 어린아이를 함께 순장한 것이다〈그림 13, 14〉. 이를 나타낸 것이 〈표 4〉이다.

〈표 4〉 신기 화청 대문구문화묘지 순인무덤

묘명	인수	성별과 자세	부장품	분기
16	3	주체 중앙, 인골 부패, 성별 불명 좌측 소년남성 발치측 소년여성	주체에 석제 도刀, 골제 통筒, 도기 배杯, 장옥 장식편 4 부	만
18	4	남 : 성년, 중앙, 앙신직지 여 : 성년, 측신으로 우측, 얼굴 남성을 향함	남성 우측 손에 석제 월鉞, 두부와 두 손, 흉복부에 주珠, 관管, 종琮, 추墜 등 옥제 장식, 다리 아래에 석제 부斧와 돼지 아래턱	중

묘명	인수	성별과 자세	부장품	분기
		2유동 : 하나는 남성 가슴 앞(평면도에는 남성 머리 우측 위에 - 필자), 하나는 남성 발치	여성 머리에 옥제 잠簪, 두 손에 패옥, 옥제 배 두 아동 부장품 없음	
20	3	남 : 성년 중앙, 앙신직지, 다리 약간 휨 2 소년 : 남성 발치에 옆으로 누음, 성별 불명.	남성 석제 월을 벰, 입에 옥함, 두 손에 패옥, 옥배, 목에 구슬 2, 머리 위에 돼지뼈, 좌측에 개뼈, 도기, 옥기, 석제 부, 도 및 돼지 아래턱 등 70여 점 한 소년 녹송석제 이추耳墜, 옥제 탁鐲, 다리 뒤에 석제 부, 머리 위에 돼지뼈, 좌측에 개뼈 나머지 한 소년 부장품 없음	중
34	3	주체 : 성년 인골 부패, 성별 불명 2아이 : 발치에 병렬 배치, 약 9~11세	옥제 장식편, 도제 방륜紡輪 2, 도기 이匜, 개蓋	만
35	2	주체 : 성년 인골 부패, 성별 불명 아동 : 발치	옥제 부	만
50	3	남 : 성년 중앙, 앙신직지 2아동 : 발치, 약 8~11세	옥제 부, 장식편, 분錛, 골각 추 3, 녹송석 10, 도기 완, 기좌器座	만
60	6	남 : 중앙, 앙신직지, 약 30세 남 좌측에 소년남녀 각 1구, 모두 측신직지, 여 소년 주변에 1구의 아동 인골, 측신직지 남 머리측 1구 유아 인골 남 우측 아래에 1구 소년 인골	남자 가슴에 패옥장식 4편. 부장품 : 석제 도 2, 여석礪石, 노루 이빨장식, 골제 사柶, 도제 방륜, 도기 개 2	만
61	2	여성 : 중앙, 앙신직지, 약 20세 소년 : 여 우측편 아래	옥제 황 , 벽, 석제 도, 탁, 여석, 골제 소梳	만

이 8기의 순인무덤은 대문구문화 중기에서 만기 사이에 해당되며 대략 기원전 3200~2800년까지이다. 그 가운데 18 · 20호 무덤은 중기이고, 나머지 6기는 만기이다.[26]

8기의 순인무덤 모두에서는 '문화복합현상' 을 보인다. 즉 무덤의 매장주체는 대문구문화에 속하나 부대적으로 양저문화良渚文化의 요소가 들어가 있다. 이런 현상은 양 지역 문화의 교류, 전파와 인구의 이동과 융합에 의한 결과이다.

상술한 네 유적 순인무덤을 분석하면 다음과 같다. 감숙 무위와 영정의 두 제가문화 순인무덤은 처첩순부의 장법이 표현되었다. 주개구의 순인무덤은 다수가 처첩순부의 장법이지만 소수는 어린아이를 순장하였다. 화청 순장무덤은 주로 어린아이를 순장하였고, 소수

26 南京博物院 : 『花廳』, 文物出版社, 2003年.

만이 남존여비의 장법을 사용했다. 이러한 구별은 시대의 흐름을 나타낼 가능성도 있지만 지역적 문화 차이와 사회발전 수준에 따라 발생된 것일 가능성이 더욱 크다. 그러나 그들 모두가 모계씨족제에서 부계씨족제로 향하는 과도기 혹은 부계씨족제가 확립된 시기에 속함은 같다. 이 네 예의 순인무덤은 대체로 이 시기의 사회상황을 반영하고, 계급과 국가가 출현한 이후의 인순제도와 구별된다.

이 외 산서 양분 도사문화 묘지도 사람을 죽여 순장하는 현상이 출현하였을 가능성이 있다. 지금까지 발표된 것 가운데 IIM22호 무덤 1기의 자료가 이를 나타낸다. 보도에 의하면 22호 무덤은 말각장방형의 구덩식이다. 무덤구덩이 크기는 길이 5m, 너비 3.65m, 깊이 8.4m이다. 무덤의 방향은 140°이다. 무덤어깨 아래 깊이 1.4m의 매토에서 1구의 허리가 절단된 청년남성의 인골이 발견되었다. 무덤바닥 중앙에는 배[舟]모양의 널이 안치되었고, 네 벽에 11개의 벽감壁龕이 설치되었다. 널은 통나무널로 바깥에 붉은색을 칠했다. 무덤구덩이는 이미 도굴로 파괴되었지만 옥기, 칠기와 채회도기彩繪陶器 등 모두 100여 점의 유물이 남아 있다. 이 외에 돼지 10마리와 돼지아래턱 1개가 출토되었다. 무덤주인의 인골은 흩어져 도굴구덩이에 혼입되어 들어갔다. 도굴구덩이의 바닥에서 무작위로 던져버린 사람 머리뼈 5개가 출토되었다. 이는 이 무덤의 인생 혹은 인순으로 추정된다. 이 무덤은 도사문화 중·만기에 속하고 기원전 2200년에서 2000년 사이로 편년된다.[27]

진晋지역 서남부는 하夏나라 사람이 활동한 주요 지역이기에 도사문화는 하나라문화와 밀접한 상관관계가 있다. 도사문화 묘지에서 사람을 죽여 순장한 현상이 출현하였음을 알려주는 것은 이 예만이 아니기에 당연히 관심을 기울여야 한다. 하지만 보고가 간략하고, 서술한 문장을 보고 이해하기가 쉽지 않아 지금으로서는 죽여서 순장한 사람의 신분을 해석해 낼 방법이 없다.

3. 의사 인생·인순 유적

앞에서는 기본적으로 인정된 선사시대의 인생과 인순을 소개하면서 필자의 생각을 개

27 中國社會科學院考古硏究所山西工作隊等 : 「陶寺城址發現陶寺文化中期墓葬」, 『考古』 2003年 第9期.

략적으로 논하였다. 선택이 적당하지 않고 빠트린 것이 없는지 필자 자신이 분명하게 말할 수 없다. 또한 필자의 이 방면에 대한 지식은 모두 발굴보고에서 얻은 것이기에 진실감이 결핍되었다. 산동山東, 강소江蘇, 절강浙江 일대에 분포하는 대문구문화, 양저문화에 대해서는 더욱더 그러하다. 근 이십 년 동안 끊임없이 대문구문화와 양저문화 유적에서 인생과 인순이 발견되었다는 보도가 있어 왔고, 그러한 글을 쓰고 논술한 학자들도 있다. 이번에 수정·보완하면서 강소 신기 화청의 대문구문화 묘지의 자료를 입수하여 일부를 조정하고 부분적인 의견을 받아들였다. 그러나 일련의 유적현상에 대하여는 비록 고심하고 깊이 연구하였으나 그러한 인식에 더 이상 진전이 없어 그러한 것을 채택·발췌하는 방법으로 하나의 절을 분리하여 '의사擬似' 라는 두 글자를 붙여 약간의 논의를 진행하고자 한다. 여기에서는 보고가 간단하거나 발견되었다는 소식이 있는 인생과 인순 유적에 대하여도 함께 수록한다. 그 목적은 독자가 함께 관심을 가짐으로써 연구에 참고하도록 하기 위함이다.

(1) 앙소문화의 의사 인생·인순 유적

복양 서수파 45호 무덤

하남 복양濮陽 서수파西水坡 45호 무덤은 1987년 발굴되었다. 평면이 사람 머리 모양인 무덤구덩이를 가진 구덩식이다. 남북 길이 4.1m, 동서 너비 3.1m, 깊이 0.5m이다. 무덤주인은 두향이 남쪽이고, 앙신직지의 자세인 장년남성이다. 좌측에 조개로 소조한 용龍 모양의 도안이, 우측에 역시 조개로 소조한 호랑이[虎] 모양의 도안이 배치되었고, 발치 아래에 2개의 사람 정강이뼈가 횡으로 놓였고, 그 양단에 평면 삼각형의 조개껍질더미가, 호랑이 모양의 조개 소조 서쪽에 조개껍질이 흩어져 있다. 무덤구덩이의 동·서·북면에 각각 하나의 작은 벽감이 설치되었고, 그 안에 각 1인을 순장殉葬하였다. 그들은 앙신직지의 자세이다. 동쪽 벽감의 사람은 두향이 남쪽이고, 성별 등은 감정되지 않았다. 북쪽 벽감의 사람은 두향이 동남이고, 약 16세의 남성이다. 서쪽 벽감의 사람은 두향이 남쪽이고, 약 12세의 여성인데, 머리에 칼로 베인 흔적이 있다. 부장품은 발견되지 않았다. 발굴자는 이 무덤이 앙소문화시기에 속하는 것으로 추정하였다. 무덤주인 좌우측의 용과 호랑이를 표현한 조개가 있고, 또 순인 3구가 있어 무덤주인 생전의 지위와 권력을 나타낸다고 하였고, 또 이 시기가 부계씨족사회로 진입하였음과 군사민주제 단계로 발전하였을 가능성을 설명해 준

다고 하였다.[28]

검토 : 발굴보고는 층위에 대한 설명 없이 이 3구의 '순인'이 무덤주인 발치 아래의 두 다리 골두骨頭와 '용호무덤'의 관계를 보고하여 과학적인 발굴보고의 기본요구에 부합하지 않는다. 이 무덤의 평면이 사람 머리 모양이라는 설명은 아직 그러한 예가 보이지 않아 의문스럽다. 보고에서 내린 결론적인 견해는 의심이 되기 때문에 서수파 유적에 대한 자료가 모두 발표된 이후에 다시 논의 되어야 할 것이다.

(2) 제가문화의 의사 인생 · 인순 유적

민화 나가 제단유적

청해 민화民和 나가喇家제단유적은 2001년에서 2004년까지 발굴되었다. 유적은 황토고지에 인공으로 쌓아 축조한 1기의 토대土臺이다. 토대의 상부는 평면 근방형이고, 한 변의 길이가 5~6m이다. 상면 중간에 높은 1기의 특수한 무덤이 있어 M17로 번호가 부여되었다. 무덤구덩이어깨는 이중으로 回자형이다. 즉 안쪽 무덤구덩이의 위에 더 큰 바깥 무덤구덩이를 가진 것이다. 상부 무덤구덩이의 크기는 길이 2.8m, 너비 2.5m, 깊이 0.3~0.4m이다. 상부 무덤구덩이를 채운 흙에서 옥기 6점이 발견되었는데, 삼황합벽三璜合璧(3개의 서옥을 합해서 만든 벽옥), 옥제 분錛(자귀), 요料(유리옥), 벽심璧芯(옥벽의 줄기) 등이 있다. 상부 무덤구덩이바닥에서 실제의 무덤어깨가 발견되었다. 길이 2.5m, 너비 0.7m, 바닥 깊이 1.5m이고, 방향은 355°이다. 무덤을 채운 흙에서 삼황합벽三璜合璧, 벽심璧芯 각 1점이 발견되었다. 무덤바닥에 1구의 널을 안치하였으나 부패되어 없어졌다. 널 안의 인골은 남성으로 두향은 북쪽, 얼굴이 서쪽을 향하는 앙신직지의 자세이다. 부장된 옥기는 벽璧(둥근 판옥) 2점, 환環(고리옥) 1점, 작은 벽璧 1점, 관管(대롱옥) 2점, 착鑿(끌) 1점 등 7점이다. 별다른 유물은 보이지 않았다. 이 무덤의 북쪽 10m 지점에 10기의 작은 무덤이 분포하고, 이들 주위에 일련의 크고 작은 내부가 빈 구덩이가 둘러 있다. 작은 무덤 가운데 구덩식무덤[竪穴式墓] 7기가 있고, 그 각각에는 성인 1구가 매장되었는데, 성별은 아직 감정되지 않았다. 작은 원형구덩이무덤이 3기이고, 그 각각에 아이 1구가 매장되었다. 작은 무덤의 배열에 규칙성이 없고, 소

28 漢陽市文物管理委員會等 : 「河南漢陽西水坡遺址發掘簡報」, 『文物』 1988年 第3期.

수는 중복되어 파괴되었다. 따라서 동시 매장이 아니다. 매장된 성인과 아이 대다수는 앙신직지의 자세이고, 소수는 부신의 자세이다. 모두 장구를 갖추지 않았다. 무덤의 부장품은 모두 양이 적다. 약간 돌출된 것이 8·12호 무덤이다. 8호 무덤 인골은 앙신직지의 자세, 두향은 서북이고, 옥제 요料 6점과 돼지 아래턱뼈 다수가 부장되었다. 12호 무덤 인골 역시 앙신직지의 자세이고, 두향은 서쪽이다. 옥기와 녹송석綠松石 장식 모두 11점과 돼지 아래턱뼈 7개가 부장되었다.

이렇게 성인무덤과 아이무덤이 함께 혼재하며 주위에 또 크기가 다른 작은 구덩이들이 있음은 나가 토대유적이 공동묘지일 가능성이 있고, 제사성격의 매장이 예상된다. 주의를 기울여야 할 것은 발굴 때 발견된 토대에 여러 층의 단단하게 다진 면이 있고, 각 다진 면 위에는 불탄 흔적이 있고, 토대를 파고 만든 일련의 구덩이가 있다는 것이다. 이는 단단한 면이 여러 차례에 걸쳐 가공 보수된 것으로 지속적으로 흙을 깔아 높이며 확대되었음을 알려준다. 토대는 특수한 성격을 가진 것으로 이 묘지가 일반묘지가 아님을 설명해 준다. 발굴자의 초보적인 분석은 이 토대가 계속된 제사성격의 매장과 제사의식이 있었던 제단일 가능성이 있고, 강소 곤산昆山 조릉산趙陵山 양저문화의 제단과 유사하다고 하였다. 제단의 연대는 기원전 약 2000년 내외이다.[29]

검토 : 이 제가문화 제단은 기본적으로 믿을 만하지만 계속 밝혀져야 할 일련의 문제를 가지고 있다. 예컨대, 유적은 제단이 폐기된 이후 가족묘지로 변화했을지도 모른다. 제사의 대상이 17호 무덤주인인가, 다른 사람인가? 작은 무덤의 피장자들이 여러 차례에 걸쳐 살해되어 매장된 인생일까? 인생이라면 혈제로 묻히기에 부장품을 넣을 필요가 없다. 작은 무덤 주위의 속이 빈 구덩이는 희생의 고기, 희생의 피(사람의 피를 포함)를 묻는 데 사용했다고 했는데, 일반적으로 소와 양 등 희생의 뼈나 기타 제물이 있어야 하나 공헌된 유물이 왜 보이지 않는 걸까? 정식보고에서 분명한 설명이 있기를 기대한다.

낙도 유만묘지

청해 낙도樂都 유만柳灣묘지는 1974~1978년 366기가 발굴되었고 그 가운데 2인 합장무

29 葉茂林等 : 「靑海喇家遺址發現齊家文化祭壇」, 『中國文物報』 2004年 3月 17日. 中國社會科學院考古硏究所甘靑工作隊等 : 「靑海民和喇家遺址發現齊家文化祭壇和干欄式建築」, 『考古』 2004年 第6期.

덤이 20기, 3인, 4인, 5인 합장무덤이 각 1기였다. 합장무덤은 같은 묘지의 단장무덤과 마찬가지로 모두 도기, 석기 등의 부장품이 있지만 그렇게 풍부하다고 할 수는 없다.

20기의 2인 합장무덤 가운데 8기가 앙신직지 자세의 합장이고, 6기가 앙신직지와 굴지 자세의 합장, 나머지 3기가 널 2개를 나란하게 안치한 합장, 2기는 같은 널 속의 합장, 1기는 같은 무덤구덩이 합장이다.

2인 모두가 앙신직지의 자세인 8기 가운데 2기는 성년남녀의 합장(M63 · 1061), 2기는 성년여성 2인의 합장이고, 나머지 4기는 인골이 부패되어 성별을 알 수 없다. 6기의 앙신직지와 굴지 자세의 합장무덤 가운데 인골의 감정 결과 확인된 2기(M314 · 1112)는 성년남녀의 합장이고, 나머지 4기는 인골이 부패되어 감정이 불완전하지만 대략 성년남녀의 합장무덤으로 보인다. 3기의 널 2개를 나란하게 안치한 무덤 가운데 2기는 아이를 합장한 것이고, 1기는 일남일녀를 합장한 무덤이다. 2기의 2인을 하나의 널에 합장한 무덤은 모두 남자 1인, 아이 1인이 매장된 것으로 아비와 아들을 하나의 널에 합장한 무덤으로 짐작된다. 1기의 2인을 하나의 무덤구덩이에 합장한 무덤은 인골이 부패되어 성별을 알 수 없다. 주의를 기울여야 할 것은 4기의 성년남녀합장무덤이다. 63호 무덤은 좌남우녀이고, 남자는 40～45세, 여자는 55～65세이다. 모두 앙신직지의 자세이고, 비교적 많은 부장품이 2인의 머리 위에 배치되었다. 1061호 무덤은 좌남우녀이고, 남자만 무덤구덩이 벽에 붙인 널에 안치되고, 여자는 널 밖 우측에 배치되었다. 2인 모두 앙신직지의 자세이고, 남자는 25～30세, 여자는 약 30세이다. 15점의 부장품이 여성의 머리 위 및 등 뒤에 배치되었다. 314호 무덤은 좌남우녀의 배치인데, 남자는 40～45세로 널에 앙신직지의 자세로 안치되었고, 여성은 16～18세로 측신굴지의 자세로 널 우측 아래 모서리에 안치되어 한쪽 다리가 널 밑으로 들어가 있다. 부장된 도기 4점과 방륜紡輪(방추차) 2점이 널 바깥 서측에서 출토되었다. 1112호 무덤은 좌남우녀로 남자는 머리뼈와 소량의 팔다리뼈만 남아 있는데, 널에 안치되었다. 여성은 널 밖에 앙신직지의 자세로 안치되었는데, 머리가 분리되었다. 부장품으로는 도기 옹甕(독), 석제 도刀(칼) 각 1점이 있다.

3인 합장무덤(M972)은 널에 안치된 인골 1구는 성별을 알 수 없다. 널 바깥 우측에 배치된 2구의 인골은 1인은 남성이고, 1인은 성별이 불명이다. 3인은 모두 앙신직지의 자세이고, 부장품은 널 바깥 2구 인골의 위와 우측에 배치되었다.

4인 합장무덤(M1179)은 널이 비스듬하게 놓였고, 널 안에 인골 1구가 안치되었다. 남성으로 연령은 약 35세이고, 앙신직지의 자세이나 머리가 분리되어 아래턱뼈가 넓적다리뼈 위에 놓여 있었다. 널 바깥 좌측에서 2구의 머리뼈와 불완전한 몸체뼈가 출토되었다. 감정 결과 1인은 청년이고, 1인은 아이이다. 널 바깥 우측에서는 아이의 머리뼈 하나가 출토되었다. 부장품은 도기 9점이 널 바깥 3인의 머리 부근에 배치되었다.

5인 합장무덤은 널에 1구의 성년남성 인골이 안치되었다. 널 바깥 좌측에서 파손이 심한 인골 3구가, 널 바깥 우측에서 성별과 연령을 알 수 없는 머리뼈 하나가 출토되었다. 널 바깥의 1구가 바다조개 1점을 가지고 있을 뿐 나머지는 부장품이 없다.[30]

검토 : 성년남녀합장무덤은 일부일처제 가족의 출현을 나타내므로 합장무덤은 부첩夫妾의 관계이다. 2인 모두 앙신직지의 자세이고, 부장품을 공유하거나 각각 가지고 있음은 당시 남녀의 사회적 지위가 기본적으로 평등함을 나타낸다. 남자가 널의 내부에, 여자가 굴지의 자세로 널 바깥에 안치되었음은 남존여비를 나타내기에 여자가 남자의 하인이고, 남자에게 순장되었을 가능성이 있다. 유만에서 발견된 6례의 남존여비 합장무덤은 부장품이 비교적 적고, 그 가운데 1구가 머리가 분리되거나 팔다리뼈가 불완전하여 먼저 죽은 1구가 나중에 합장되었을 가능성이 있는데, 그러하다면 순장이 아니다.

1179 · 979호 무덤은 여러 사람을 합장한 무덤으로 주체인 남성이 널에 안치되고, 널 바깥에 3구 혹은 4구의 머리뼈가 임의로 배치되었다. 포로를 죽여 순장했다고 할 수만은 없다. 1179호 무덤주인은 몸체와 머리가 분리되었고, 아래턱뼈가 넓적다리뼈 위에 놓였다. 이는 비정상적인 사망이다. 979호 무덤은 부장품이 없어 무덤주인은 생전에 일반 평민이다. 2인 모두 포로를 죽여 순장하는 조건이 결핍되었다. 이런 머리뼈는 그 무덤주인의 생전 전리품이라고 해석하고, 혁혁한 공적을 기리기 위해 사후에 무덤에 넣어준 것으로 보는 것이 합리적일 것이다.

광하 제가평묘지

감숙 광하廣河 제가평齊家坪묘지에서는 "8인과 13인이 같은 무덤구덩이에서 발견되었고, 한 사람이 무덤주인, 그 나머지는 순장된 사람으로 보인다."라고 한다.[31]

30 青海省文物管理處考古隊等 : 『青海柳灣』 177~191면, 文物出版社, 1984年.

31 甘肅省博物館 : 「甘肅省文物考古工作三十年」, 『文物考古工作三十年』 42면, 文物出版社, 1979年.

검토 : 알려진 지 이미 20년이 넘었으나 아직 자료가 발표되지 않아 논의할 수 없다.

(3) 대문구문화의 의사 인생 · 인순 유적

태안 대문구묘지

태안太安 대문구大汶口묘지는 1959년 133기의 무덤이 발굴되었고, 그 가운데 2인 합장무덤이 7기, 3인 합장무덤이 1기이다. 2인 합장무덤 7기는 다음과 같다.

1호 무덤은 장구가 없고, 좌남우녀의 배치이다. 모두 성인으로 앙신의 자세로 나란하게 누어 있다. 여성의 시상면이 남성보다 높고, 한쪽이 외부로 돌출되었다. 돌출된 작은 구덩이에 부장품을 배치했다. 2편의 구갑龜甲(점을 치는 데 사용한 거북껍질)이 2인의 허리 부위 우측에 놓여 있었다. 연대는 만기이다.

13호 무덤은 장구가 있고, 좌남우녀이다. 모두 성인으로 앙신의 자세로 나란하게 누어 있다. 여성의 시상면이 남성보다 약 7cm 높다. 부장품으로는 상아로 조각한 통筒(대롱) 등이 있다. 연대는 조기이다. 31호 무덤은 장구가 없고 성인 2인의 인골이 앙신으로 나란하게 누어 있다.

18호 무덤에 의해 파괴되었고, 성별은 불명이며 부장품이 없다. 연대는 조기이다.

69호 무덤은 장구가 없고, 성인 2인이 앙신의 자세로 나란하게 누어 있다. 성별은 불명이다. 우측 사람이 허리 부위 우측에 구갑 1개를 가지고 있다. 다른 부장품이 있다. 연대는 중기이다.

70호 무덤은 장구가 없고, 성인 2인이 앙신의 자세로 나란하게 누어 있다. 성별은 불명이다. 부장품이 있다. 연대는 미정이다. 92호 무덤은 장구가 없고, 성인 2인의 인골이 출토하였으나 성별은 불명이다. 부장품이 없고, 연대는 미정이다.

111호 무덤은 장구가 없고, 좌남우녀이다. 앙신의 자세로 나란하게 누어 있고, 부장품이 없다. 연대는 조기이다.

3인 합장무덤 1기(35호 무덤)는 장구가 없고, 좌남우녀의 남녀와 아이 하나가 합장되었다. 3구의 인골은 동북에서 서남 방향인 사방향으로 안치되었고, 부장품이 있다. 연대는 중기이다.[32]

필자의 주석 : 묘지의 조기는 후에 대문구문화 중기에 속하는 것으로 규정되었기에 중

기는 만기로 유추된다. 따라서 묘지의 조, 중, 만 3기의 연대는 대략 기원전 3500년에서 2500년까지이다.

1974년과 1978년 발굴된 56기의 무덤 가운데, 2인 합장무덤이 3기, 3인 합장무덤 2기, 6인 합장무덤 2기가 있다.

2인 합장무덤 3기 : 1014호 무덤은 남성 2인, 1017호 무덤은 여성 1인과 아이 1인, 2016호 무덤은 아이 2인.

3인 합장무덤 2기 : 1006호 여성 3인, 2006호 무덤 남성 2인과 아이 1인.

6인 합장무덤 2기 : 2002호 무덤 남성 5인과 아이 1인, 2003호 무덤 남성 1인과 5개의 머리뼈.[33]

검토 : 1959년 발굴된 8기의 합장무덤은 처첩순부무덤에 가깝지만 이 8기 무덤은 13호 무덤이 대형무덤이고, 나머지 7기는 중·소형무덤으로서 장구가 없고, 부장품이 많지 않아 돌출된 현상이 보이지 않는다. 그리고 남존여비의 장법이 나타나지 않고, 일반 단장무덤과 구별되지 않는다. 13호 무덤은 장구를 갖췄지만 여성의 시상면이 남성보다 높은데, 이것은 나중에 매장된 것을 나타내는 것은 아닐까? 1호 무덤 여성은 나중에 매장되었을 가능성이 있다. 1974년과 1978년 발굴된 7기의 합장무덤은 이성의 성인 합장이 보이지 않아 그 가운데 순인무덤이 있음을 배제하여야 할 것 같다.

연주 왕인묘지

연주兗州 왕인王因묘지는 1975년과 1978년 발굴된 899기의 무덤 가운데 합장무덤이 31기이다. 31기의 합장무덤 가운데 2인 합장무덤이 26기, 3인 합장무덤이 2기, 5인 합장무덤이 3기이다. 매장된 사람은 모두 앙신직지의 자세이고, 동성합장이 위주이나 여성과 젖먹이의 합장이 일부 있다. 명확한 것은 성인의 이성합장 4기이다.

179호 무덤은 좌남우녀가 앙신의 자세로 나란하게 안치되었고, 부장품은 10점이다(남자 4점, 여자 6점). 238호 무덤은 좌남우녀이고, 남성에게 속발기束發器(머리를 매는 도구)를 부장했으나 여성은 부장품이 없다. 265호 무덤은 좌남우녀이고, 여성 약 45세, 남성 약 20세이

32 山東省文物管理處, 濟南市博物館 : 『大汶口』, 文物出版社, 1974年.

33 山東省文物考古硏究所 : 『大汶口續集』, 科學出版社, 1997年.

다. 앙신의 자세로 나란히 안치되었고, 부장품이 없다. 2155호 무덤은 5인이 앙신의 자세로 나란하게 안치되었고, 모두 남성이다. 인골의 감정 결과 남성 1명, 여성 2명이 있고, 나머지 2인은 감정되지 않았으나 일남일녀인 것 같다.[34]

검토 : 발굴자는 앞의 3기 성년남녀합장무덤을 부부관계로 긍정할 수도 배제할 수도 없다고 하였고, 나중 1기(2155호)의 5인 합장무덤은 혼인관계의 가능성이 없다고 하였다. 그 설명을 따른다.

추현 야점묘지

추현鄒縣 야점夜店묘지는 1971년부터 1972년 발굴된 89기의 무덤 가운데 2인 합장무덤이 10기이다. 인골의 감정이 가능한 4기(M31 · 47 · 81 · 88)는 모두 좌남우녀의 장법이다. 3기(M1 · 15 · 48)는 각각 1구가 감정되었는데, 좌남우녀로 짐작된다. 나머지 3기(M23 · 45 · 55)는 인골이 부패되어 감정되지 않았다. 이 10기의 합장무덤은 모두 중 · 소형무덤이고, 자세는 좌남우녀가 앙신의 자세로 나란하게 안치되었고, 부장품의 대다수가 두 사람 사이의 머리 위 혹은 발치에 배치되어 중 · 소형의 단장무덤과 다르지 않다. 합장무덤은 모두 3기부터 5기 사이로 연대는 대략 기원전 3600년부터 2600년까지이다.[35]

검토 : 10기의 합장무덤은 모두 중 · 소형무덤이고, 대형무덤이 발견되지 않았다. 기본적으로 성년남녀합장무덤으로 인정이 가능한 7기는 모두 좌남우녀가 앙신의 자세로 나란하게 안치되었고, 부장품을 공유하거나 각각 가지고 있다. 발굴자는 "야점 남녀합장무덤의 실례는 남녀의 사회적 지위가 기본적으로 평등하고, 남존여비 등 사회등급의 차별이 없었음을 반영한다."라고 하였다. 그 설명을 따르도록 한다. 야점묘지 남녀합장무덤은 태안 대문구 남녀합장무덤과 기본적으로 같아 부부관계로 보이고, 처첩순부는 아닐 것이다.

광요 오촌묘지

광요廣饒 오촌五村묘지는 1985년 발굴된 75기의 무덤 가운데 합장무덤이 5기이다. 27호 무덤은 2인의 아이가 합장되었다. 72호 무덤은 1인의 여성과 1인의 아이가 합장되었는데,

34 中國社會科學院考古硏究所 : 『山東王因』, 科學出版社, 2000年.

35 山東省博物館 : 『鄒縣野店』, 文物出版社, 1985年.

아이의 인골은 흩어졌다. 64호 무덤은 1인의 여성과 2인의 아이가 합장되었다. 아이 인골은 교란되어 쌓였다. 105호 무덤은 여성 1인과 아이 1인의 합장이다. 아이의 인골이 흩어졌다. 47호 무덤은 성년남녀의 합장이다. 남성 인골은 흩어졌고, 두 넓적다리뼈가 휘었다. 여성의 엉덩이 주변에서 1점의 도기 발鉢이 출토되었다.[36]

검토 : 발굴자는 성년여성과 아이의 합장을 모자합장으로 인식하고, 먼저 만든 무덤을 옮겨 추가로 묻는 천장遷葬으로 보았다. 그 설명을 따른다. 나중의 1기(M47)는 소형무덤에 속하고, 남존여비의 장법이 아니어서 부부관계인 것 같고, 순장이 아니다.

사수 윤가성묘지

사수泗水 윤가성尹家城유적의 주요 퇴적층은 용산문화에 속한다. 1985년 제4차 발굴 시 용산문화보다 이른 시기의 대문구문화시기 무덤 1기가 발견되어 145호로 번호가 부여되었다. 이 무덤은 말각장방형이고, 위가 넓고, 아래를 좁게 판 무덤구덩이를 가졌다. 무덤구덩이는 상부가 길이 1.67m, 너비 0.52m로 지표에서의 깊이 2.75m에서 발견되었다. 무덤바닥은 길이 2.48m, 너비 1.16m로 지표에서의 깊이 4.45m이다. 방향은 110°이다. 무덤구덩이의 벽은 아주 거칠어 요철이 심한 부위가 있다. 무덤바닥에 좌남우녀인 2인의 성년남녀가 합장되었다. 남성은 앙신직지의 자세이고, 머리뼈가 아래를 향하며 목과 15cm 거리를 두고 있다. 세밀하게 관찰하면 동시 매장으로 교란된 흔적이 없다. 남성의 몸체 아래에는 목판(장구)이 깔렸고, 몸체 위에 백색인 섬유의 흔적이 있는데, 마의麻衣이거나 개포蓋布(홑이불)인 것 같다. 두 손에 각각 노루 이빨 하나를 잡았고, 몸 위에서 석제 산鏟(대패) 1점, 동제 장식 1편과 골제 추錐(송곳) 2점이 출토되었다. 여성의 머리뼈는 남성의 우측 허리 위에 놓였고, 앙신으로 얼굴은 남성을 향하고, 다리는 펼쳤고, 오른팔을 굽혀 팔꿈치가 무덤구덩이 벽에 붙었다. 좌측 정강이뼈가 남성의 우측 넓적다리뼈 아래 깔려 있고, 머리의 우측 위에서 석제 방륜紡輪이 출토되었다. 덧널[木槨] 동북모서리에서 도기 정鼎 1점, 관罐 1점이 출토되었다〈그림 15〉. 발굴자는 처첩순부무덤이고 연대는 대문구문화 중기, 약 기원전 3500년 내외로 추정하였다.[37]

36 山東省文物考古研究所 : 「廣饒五村遺址發掘報告」, 『海岱考古』 第1輯, 山東大學出版社, 1989年.

37 山東大學歷史系考古專業 : 『泗水尹家城』 13면, 文物出版社, 1990年.

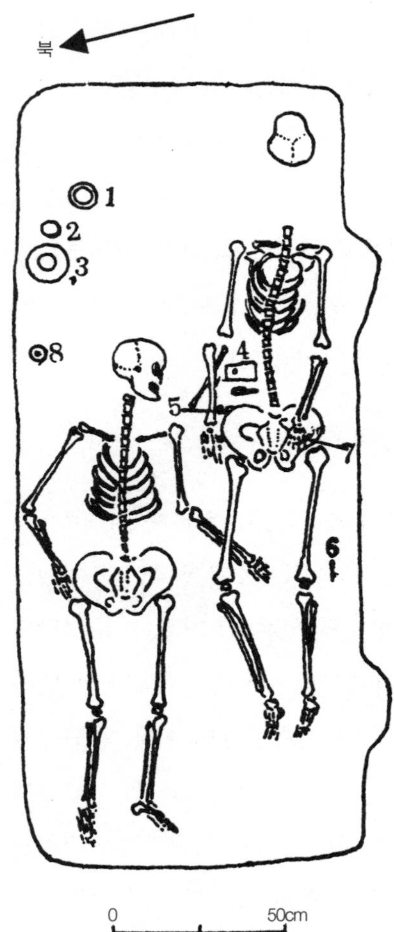

그림 15 사수 윤가성 대문구문화 무덤(『泗水尹家城』에서)

1. 정(鼎), 2 · 3. 관(罐), 4. 석제 산(鏟), 5. 석제 장식편, 6 골제 추(錐), 7. 노루 이빨, 8. 방륜(紡輪)

검토 : 이 무덤을 처첩순부무덤으로 볼 수도 있지만 약간의 의혹이 있다. 무덤구덩이가 말각의 포대 모양이고, 벽이 정제되지 않았고, 소형무덤이다. 남성의 머리뼈가 목뼈와 분리되었고, 여성 좌측 정강이가 남성 우측 넓적다리 아래에 깔려 있어 심히 의심이 된다. 평면도로 보면 무덤구덩이의 우측 벽(북)은 평평하고, 좌측 벽(남)은 요철이 있다. 이런 현상은 2차에 걸쳐 무덤구덩이가 패였을 가능성을 알려준다. 남성이 나중에 매장되었을 가능성이 있는 것이다.

비현 유림묘지와 대돈자묘지

비현邳縣 유림劉林묘지와 대돈자大墩子묘지는 1959년부터 1966년에 걸쳐 여러 차례 발굴된 유적으로 모두 539기의 무덤 가운데 2인 합장무덤으로 인정할 수 있는 것이 11기이다. 그 가운데는 성년남녀의 합장무덤이 5기이고, 나머지는 동성의 합장, 성인과 아이의 합장, 소년과 아이의 합장과 성년남녀의 추가장이다.

성년남녀합장무덤 5기 : 유림 102호 무덤은 남우여좌의 배치이고, 모두 55세 이상의 노년이다. 무덤구덩이가 발견되지 않았고, 모두 앙신직지의 자세이다. 남자의 정강이가 여자의 정강이 위를 누르고 있고, 하반신은 나뉘어 펼쳐졌다. 남성에게 도기 정鼎 2점, 배杯(잔) 1점의 부장품이 있는데, 모두 복부에 놓여 있다. 여성의 부장품은 도기 5점, 노루 이빨 1점으로 복부와 우측 넓적다리뼈 위에 놓였다.[38] 대돈자 67 · 86호 무덤은 좌남우녀가 나란하게 배치되었다. 모두 앙신직지의 자세이고 무덤구덩이가 없다. 각각 10여 점의 부장품을 가지고 있다.

38 南京博物院 : 「江蘇邳縣劉林新石器時代遺址第二次發掘」, 『考古學報』 1965年 第2期.

대돈자 224 · 225호 무덤은 좌남우녀가 앙신직지의 자세로 서로 어깨를 붙인 채 배치되었다. 얼굴은 서로 반대편을 향하며 모두 좌측 팔다리뼈가 보이지 않는다. 남자는 노루 이빨로 만든 환형의 장식 1점을, 여자는 사柶(수저), 도기 정鼎, 부瓿(몸체가 넓은 단지) 각 1점을 가지고 있다. 대돈자 101 · 69호 무덤은 좌측에 앙신직지 자세의 남성을 배치했다. 여성은 남자의 우측 정강이 아래에 측신굴지의 자세로 안치되었다. 부장품으로는 도기 관罐 3점, 돼지 아래턱뼈 2개가 있는데, 모두 남성 부근에서 출토되었다. 대돈자 92호 무덤은 남자가 좌측 전면에, 여자가 우측 후면에 배치되었고, 모두 노년으로 얼굴은 동쪽을 향하며 손으로 아래턱을 괴고 걸어가는 모습이다. 부장품으로는 도기 관罐 1점, 석제 배杯 1점으로 모두 남성의 허리 부위에 놓였다. 앞의 2예는 대문구문화 조기에 속하고 뒤의 3례는 대문구문화 중기에 속한다.[39]

검토 : 야점묘지의 합장무덤과 대체적으로 같아 합장자는 부처관계이지 순사가 아니다. 대돈자 67 · 86, 224 · 225, 101 · 69호인 3기의 합장무덤은 발굴 때 각각 달리 번호가 부여되었는데, 이는 발굴자가 각각 2기의 단장무덤으로 인식하였음을 나타낸다. 이에 대해 정확하게 판단되어야 한다. 합장자의 사망시기가 그렇게 차이가 나지 않을 가능성이 있는데, 나중에 죽은 사람이 먼저 죽은 사람의 주변에 묻히고, 다시 복토가 되었을 가능성이 있어 논자가 합장무덤으로 오해한 것 같다.

(4) 양저문화의 의사 인생 · 인순 유적

곤산 조릉산제단

1990년부터 1991년에 걸쳐 곤산昆山 조릉산趙陵山에서 토축고대土築高臺유적 하나가 발굴되었다. 토대는 길이 60m, 너비 50m, 높이 약 4m이다. 토대 위에는 1기의 대형무덤(M77)과 9기의 중 · 소형무덤이 배치되었고, 토대의 남부와 서북부를 돌아가며 인골 19구가 출토되었다. 발굴자는 이곳이 양저문화의 종족묘지이고, 인생제사가 행해진 것으로 추정하였다.

대형무덤(M77)은 장방형의 구덩식으로 무덤구덩이는 길이 3.3m, 너비 1.1m, 깊이

39 南京博物院 : 「江蘇邳縣四號鎮大墩子遺址採掘報告」, 『考古學報』 1964年 第2期. 「江蘇邳縣大墩子遺址第二次發掘」, 『考古學集刊(一)』, 1981年.

0.3m이다. 방향은 162°이다. 무덤바닥에 1구의 장년남성 인골이 매장되었다. 앙신직지의 자세이고, 장구가 있다. 부장품으로는 옥 128점으로 장식한 허리띠 외에 석제 월鉞(권위를 상징하는 날이 넓은 도끼)과 부斧(도끼), 도기 정鼎, 두豆(굽다리접시형 제기), 이빨제품 등 모두 160점이 있다. 연대는 양저문화 조기에 속한다.

중·소형무덤 9기는 대형무덤의 서남쪽에 분포한다. 중요한 것이 56·57·58호인 3기의 무덤이다. 이들 무덤은 모두 평면이 ㄱ자형이다. 56호 무덤에는 2인이 매장되었는데, 주체는 30세 내외의 남성으로 목제 장구를 가졌고, 부장품으로는 도기 18점이 있다. 주체의 장구 바깥에 1인이 매장되었으나 인골이 흩어졌다. 이도 30세 내외로 장구와 부장품은 가지지 않았다. 57호 무덤 역시 2인이 매장되었다. 주체는 30세 내외의 남성이며 목제 장구를 가졌고, 부장품으로 도기 12점이 있다. 주체의 장구 바깥에 1명의 어린아이 머리뼈가 출토되었는데, 그는 장구가 없고, 부장품도 없다. 58호 무덤은 약 40세 내외인 1명의 여성 인골이 매장되었고, 목제 장구가 있고, 부장품으로 도기 17점이 있다. 이 3기의 동쪽과 북쪽 가까이에서 70·80·81·82호 4기의 소형무덤과 2구의 무덤구덩이가 없는 젖먹이의 인골이 조사되었다. 4기의 소형무덤은 모두 단장무덤이다. 70호 무덤은 1명의 소녀가 매장되었는데, 장구가 없고, 부장품으로 도기 7점이 있다. 80·81호 무덤은 각각 1명의 중년여성이 매장되었다. 목제 장구가 있고, 각각 부장품으로 도기 여러 점이 있다. 82호 무덤은 1명의 젖먹이가 매장되었다. 장구가 없고, 부장품도 없다. 발굴자는 56·57·58·80·81호인 5기의 무덤을 대형무덤(M77)에 껴묻은 부장祔葬무덤으로, 56·57호 무덤 주체의 장구 바깥에 있는 인골을 무덤주체의 순인으로 추정하였다. 82호 무덤은 대형무덤(M77)의 무덤 외부 인생으로, 북쪽의 무덤구덩이가 없는 2구의 젖먹이는 무덤에 대한 제사에 사용된 인생으로 보았다. 연대는 양저문화 중기에 속한다.

토대 남부와 서북부를 돌아가며 묻힌 19구의 인골은 대체적으로 3열을 이루며 매장되었다. 모두 무덤구덩이가 없고, 장구도 없다. 부장품도 대부분 없으나 소수만이 1점의 관이도호貫耳陶壺(구멍이 있는 귀가 달린 도기 항아리) 혹은 한두 점의 석제 부斧와 착鑿을 가지고 있다. 상호 중첩된 인골도 있고, 출토될 때 대다수의 몸체가 불완전하였고, 머리뼈가 파손되었다. 다리가 결실된 것, 머리뼈만 남아 있는 것이 있고, 몸과 머리가 다른 곳에서 출토되는 것, 결박의 흔적이 있는 것도 있다. 감정된 15구의 인골은 모두 청소년 혹은 아이이고, 노인은 없다. 성별은 남성 6인, 여성 4인이 판명되었다. 발굴자는 이들 인골의 출토 위치에 근거하여 그들을 높은 토대의 제사에 사용된 인생으로 추정하였고, 연대는 양저문화 만기에 속한다고 하였다.[40]

검토 : 조릉산 양저문화 제단유적은 양저문화의 중요한 고고학적 발견이다. 하나의 간단한 개보만으로는 설명이 불분명하고, 독자에게 명백하게 보여주지 못한다. 먼저 발굴보고서를 간행하고, 층위에 따라 토대, 대형무덤, 중 · 소형무덤과 둘러싸고 매장된 인골 사이의 관계 및 그 연대를 설명하기를 건의한다. 조릉산제단의 성격은 여타 양저문화의 제단을 참조하여 거시적인 비교 연구를 한 다음에 결론을 내야 한다. 결론은 발굴 자료에서 얻어진 결과에 따라야지 많은 억측은 적절하지 않다.

청포 복천산묘지

1982년부터 1986년까지 3차례에 걸쳐 발굴되고 확인된 청포青浦 복천산福泉山은 양저문화시기의 유력자를 위해 건축된 높은 토대의 묘지이다. 토대 위에서는 양저문화의 무덤 31기가 발견되었다. 무덤이 분포한 곳의 층위는 5기로 나누어진다. 제1기부터 제3기까지인 12기의 무덤에서 층위마다 인생이나 인순의 무덤이 각 1기씩 있는 것으로 확인되었다.

제1기는 139호 무덤으로 장방형의 얕은 무덤구덩이에 널을 안치한 것이다. 널에는 1구의 인골이 들어 있는데, 앙신직지의 자세이고, 성년남성으로 두향은 남쪽이고, 입에 마노옥을 물고 있다. 부장품으로는 정교하게 만든 옥석기 25점과 도기 14점이 있다. 무덤구덩이의 동북모서리에서 1구의 인골이 출토되었는데, 청년의 여성이다. 몸을 굽히고, 팔다리도 굽히고 있으며 머리와 다리가 무덤구덩이 밖에 위치하여 마치 무릎을 꿇은 것 같다. 몸에는 6점의 옥장식을 착용하였고, 등 뒤에 1점의 큰 도기 홍缸(접시)이 놓여 있다. 남은 현상으로 분석하면 이 여성은 무덤주인을 매장할 때 제사에 사용된 인생이고, 그 신분은 하인으로 보인다〈그림 16〉.

제2기인 145호 무덤은 세장하고 얕은 무덤구덩이를 가졌다. 무덤구덩이는 길이 4m, 너비 0.72~0.83m, 깊이 0.27m이다. 무덤구덩이에 인골 1구가 매장되었는데, 두향은 남쪽이고, 몸체뼈는 부패되었다. 장구가 없고, 부장품으로는 옥제 장식 17점, 도기 5점이 있다. 무덤구덩이의 북단에 하나의 작은 구덩이를 팠다. 구덩이는 장방형으로 길이 0.97m, 너비

40 南京博物院 : 「江蘇昆山趙陵山遺址第一, 二次發掘簡報」, 『東方文明之光』, 海南國際新聞出版社, 1996年.

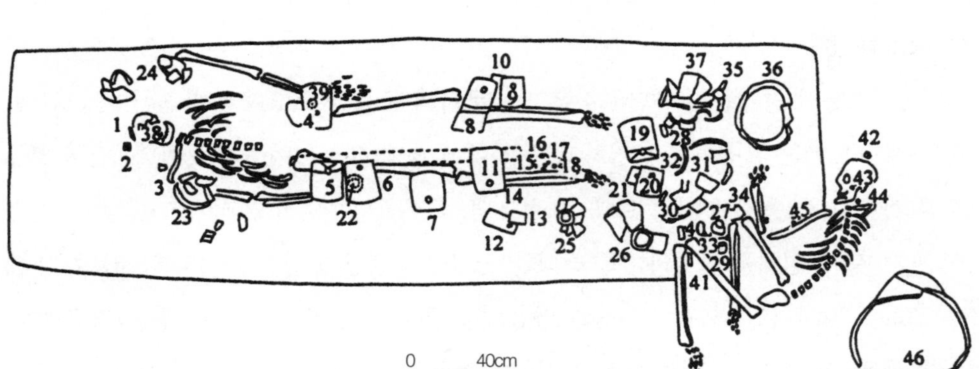

그림 16 청포 복천산 양저문화 139호 무덤(『福泉山』에서)

무덤주인 : 1 · 3. 옥제 장식, 2. 옥제 추(錐), 4~12 · 19~21. 석제 월(鉞), 13 · 38. 골기, 14. 옥제 관(管), 15~18. 옥제 주(珠), 22. 옥제 탁(鐲), 23 · 36 · 37. 도기 정(鼎), 24 · 27 · 29 · 33. 도기 배(杯), 25 · 26 · 30. 도기 채회관(彩繪罐), 32 · 34. 흑도 관(罐), 31 · 35. 도기 두(豆), 38. 옥제 함(琀), 39. 옥제 방륜(紡輪)

무덤구덩이 동북모서리의 사자 : 40~43. 옥제 관(罐), 44. 옥제 환(環), 45. 옥제 장식, 46. 도기 홍(缸)

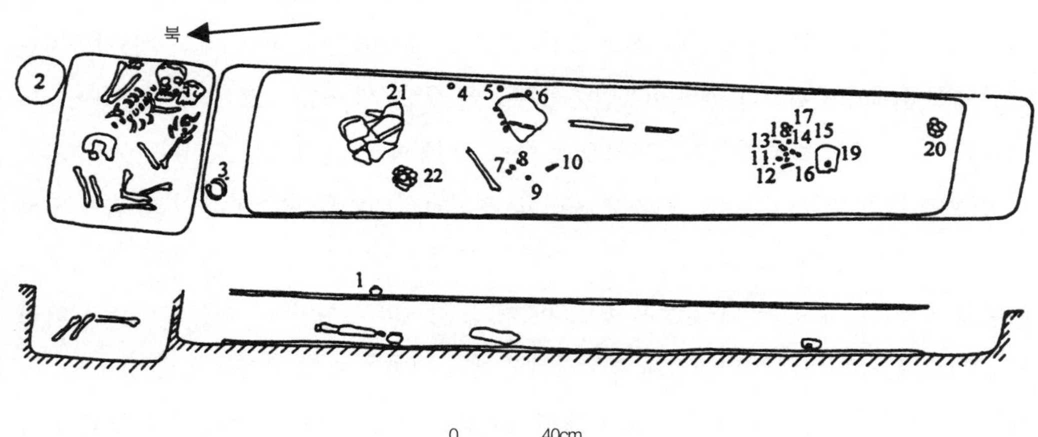

그림 17 청포 복천산 양저문화 145호 무덤(『福泉山』에서)

1 · 22. 도기 관(罐), 2. 도기 홍(缸), 3. 옥제 탁(鐲), 4~9 · 11~15 · 18. 옥제 주(珠), 10. 옥제 추(錐), 16. 옥제 계(笄), 17. 옥제 함(琀), 19. 옥제 부(斧), 20. 도기편, 21. 도기 정(鼎)

0.8m, 깊이 0.35m이다. 구덩이에는 인골 2구를 매장하였는데, 몸을 굽히고, 다리를 굽혔다. 두향은 동쪽이고, 얼굴을 위로 향하며 두 손이 뒤로 모아져 결박된 채 몸부림치는 모습이다. 그 중 1인은 청년여성이고, 나머지 1인은 소년이다. 모두 부장품이 없다. 이 구덩이는 145호 무덤의 인생제사구덩이일 것이다〈그림 17〉.

제3기 144호 무덤은 3개의 불을 피워 올린 제사인 요제燎祭 소토더미의 바닥 아래에 위치한다. 무덤바닥은 길이 2.83m, 너비 0.69~0.89m, 깊이 0.9m이다. 구덩이에 널이 안치되었고, 널에서는 1구의 인골이 출토되었다. 앙신직지의 자세이고, 두향은 남쪽이다. 약 25세의 여성으로 부장품으로는 옥석과 도기 모두 36점이 있다. 무덤어깨에서 깊이 14cm에 1구의 인골이 매장되었는데, 이미 부패되었고, 두향은 북쪽이다. 몸체 아래에 목판(장구) 흔적이 있다. 머리 부위에서 옥제 주珠(작은 구슬) 1점이, 허리 부위에서 도기 호壺(항아리)와 정鼎 각 1점이 출토되었다. 순인인 것 같다.

제1기에서 제3기는 양저문화 조기에서 중기에 속하고 연대는 대략 기원전 3100년부터 2500년까지이다.[41]

검토 : 양저문화에는 다양한 장례습속이 있었다. 구덩식무덤이 있고, 토돈土墩무덤이 있고, 평지에 묻은 것(묘지에 높은 대가 있는 것이 있고, 그냥 평지에 묻은 것이 있다)이 있다. 무덤의 배열과 부장품의 종류도 많은 차이가 있어 일정한 규칙을 따르지 않았다. 적지 않은 발굴보고와 논저에서 모두 "양저문화의 유력자 무덤에서 인생과 인순현상이 출현하였다."라고 하여 의심할 바 없지만 구체적인 사안에 대한 분석이 결여되었다고 생각한다. 『복천산福泉山』에 열거된 3개의 실례는 양저문화발굴보고의 탁견에 속하는 것이나 논거가 치밀하지 않다는 혐의를 받고 있어 반론의 여지가 없다고 할 수는 없다. 더욱 많은 양저문화발굴보고가 간행되어 볼 수 있기를 희망한다.

41 上海市文物管理委員會 : 『福泉山』 59~66면, 文物出版社, 2000年. 黃宣佩 : 「福泉山遺址發現的文明迹象」, 『考古』 1993年 第2期.

제 3장

상나라의 인생

상商나라는 중국 역사상 확정된 최초의 국가로서 존재한 시기는 대략 기원전 17세기부터 기원전 11세기까지이다.[1] 이 시기에는 화하족華夏族이 주체가 된 상나라 왕의 통치구 및 그의 사방에 인접한 방국邦國에서 아주 잔혹한 인생제도가 실행되었다. 인생을 사용한 동기는 선사시대에 나타난 원시종교의 신앙 외에도 잔혹한 계급압박에 수반되어 나타난 것이다.

고고학에서 발견된 인생 자료는 상나라시대에 가장 많고, 내용 또한 가장 풍부하다. 상나라의 역사 정황에 근거하여 상탕商湯이 개국하여 반경盤庚이 은殷으로 천도하기 이전을 상나라 전기로 부르고, 관습적으로는 상商이라 칭한다. 반경이 은으로 천도한 이후 제신帝辛에 이르러 국가가 망하는 시기까지를 상나라 후기로 부르고, 관습적으로는 은殷이라 칭한다. 탕에서 제신까지 전체 시기는 상이라 칭하기도 하고, 은이라 칭하기도 하고, 은상殷商이라 칭하기도 하여 엄격하게 구분하지 않는다.

1 夏商周의 연대에 대해 공포된 하와 상의 연표에 의하면 상나라는 기원전 1600년에 시작하여 반경이 은으로 천도한 것이 기원전 1300년이고, 은왕 제신의 망국이 기원전 1047년이다. 夏商周斷代工程專家組 : 『夏商周斷代工程 1996-2000年階段成果報告(簡本)』 86~88면, 世界圖書出版公司, 2000年 참조.

1. 상나라 전기

상나라 전기는 상탕이 건국한 후 반경이 은으로 천도하기까지의 단계로 그 연대가 대략 기원전 17세기부터 기원전 13세기까지이다.

상나라 전기는 중국 청동기시대의 조기단계로서 사회경제는 주로 농업에 의존하였고, 석재, 목재, 골재, 패재 등 재료로 가공한 도구로 생활하였다. 사회적으로 주요한 생산자는 일반적으로 촌락사회의 구성원이었다. 농촌사회는 보편적으로 상나라시대에 성립된 전제정치의 노예제에 기초한다. 상나라의 통치자는 이전부터 존재한 촌락사회조직을 족族의 형식으로 개조하고, 그들을 노예제전제정치 아래의 노예로 삼았다.[2]

원시사회 말기에 유행했던 사람을 죽여 지모신地母神에게 제사하는 종교 활동은 이 시기에도 계속 발전되었다. 사회생산력은 대량의 노예노동을 사용하는 조건을 구비하지 않았기 때문에 전쟁포로의 많은 수가 살육되어 제사의 희생으로 사용되었다.

상나라 왕조의 창시자는 유가儒家에서 숭배하는 성인 중의 한 인물이다. 상나라 탕의 시기에 7년의 큰 가뭄이 들자 점을 쳐서 하늘에 사람을 써서 제사하고자 한 탕왕이 백성에 대한 이해와 하늘에 대한 경건함을 표시하고는 "사람에게 섶나무를 쌓게 하자 뜻밖에 가위로 머리카락과 손톱을 자르고, 섶나무 위에 올라 앉아 자기를 불살라 하늘에 제사하였다."[3] 라고 한다. 이는 상탕을 미화하기 위한 말임이 당연하지만 여기에서 상나라에 확실히 사람을 죽여 비가 내리기를 기원하는 제사의례가 있었음이 나타난다. 비를 기원하는 목적은 모종을 촉촉하게 하는 것이고, 농작물의 풍수를 구하는 것으로 지모신숭배의 한 형식이다.

상나라 전기의 인생 실례는 하남河南 언사상성偃師商城과 이리두二里頭유적, 정주상성鄭州商城과 이리강二里崗유적이 가장 주목된다.

2 중국의 학자들은 일반적으로 상나라는 노예제국가로 인식하고 있다. 그러나 그 사회경제 구조, 생산발전 수준에 대해서는 다른 의견을 보이고 있다. 여기에서는 주로 楊錫璋 : 「商代的墓地制度」, 『考古』 1983年 第10期의 의견을 참고하였다.

3 『墨子 · 兼愛下』, 『呂氏春秋 · 順民』 등 고서에서는 모두 기본적으로 같은 내용을 기재하고 있다. 인용문은 『文選 · 思玄賦』 주에 인용된 『淮南子』를 참조할 것.

(1) 이리두유적(언사상성)

이리두유적은 언사 이리두촌 남쪽에 있고, 1959년부터 1986년까지 발굴되었다. 발굴된 면적은 약 50,000㎡이다. 문화층과 출토유물로 판단하면 이리두유적의 연대는 하남 용산문화에 비해 늦고 정주 이리강문화보다 이르다. 고고학에서는 '이리두문화' 라고 부르고 있다. 퇴적층은 4기로 나눠지는데, 방사성탄소로 측정한 연대는 기원전 1900년부터 1500년까지로 앞 시기 대부분의 연대가 하나라의 기년에 해당된다. 나중의 일부 연대는 상나라 조기로 진입한 시기이다.[4] 1983년에 이리두유적의 동쪽 약 6km인 언사현성偃師縣城 가까운 곳에서 상나라 조기의 성지 1기가 조사되어 '언사상성偃師商城' 으로 불린다.[5] 발굴자의 연구에 의하면 언사상성은 상탕 시기의 서박西亳이라는 도성일 가능성이 있고, 이리두의 1·2·3기 유적은 하나라 만기의 도읍일 가능성이 있다. 그리고 제4기 유적은 상나라 기년 내의 하나라문화 혹은 상탕의 서박도성 서쪽 교외의 한 곳으로 상나라의 종묘지일 가능성이 있다.[6]

이리두유적의 발굴 범위에서는 판축한 건축기단이 여러 기 발견되었다. 그 가운데 대형인 상나라의 조기궁전(종묘로 부른다)이 2기이다. 1호 궁전 기단에서는 5기의 매장 자세가 특수한 무덤이 발견되었다. 그 가운데 52·54·55호 무덤 3기는 전당 북부의 타원형인 깊은 구덩이와 접해 위치한다. 52호 무덤이 동쪽에 있고, 54호 무덤이 서쪽에, 55호 무덤이 북쪽에 있어 각각 1인이 매장된 무덤구덩이가 환상을 이루고 있다. 무덤구덩이는 얕고 정형성이 없다. 죽은 자는 앙신의 자세가 있고, 부신의 자세도 있는데, 자세가 이상하여 결박된 채 강제로 매장된 모습이다〈그림 18〉. 57호 무덤은 전당의 서쪽 정원에 위치하는 것으로 무덤구덩이의 너비가 겨우 31~35cm에 불과하고, 1인이 매장되었다. 상반신이 경사졌고, 척추가 약간 휘어 결박된 후 강제로 매장되었음을 분명히 한다〈그림 19, 좌〉. 27호 무덤은 전당의 동남면에 위치하는 것으로 무덤구덩이는 장방형에 가깝다. 내부에는 1인이 매장되었는데, 손발이 모두 절단되었고, 꺾여 쌓여 있어 무릎을 꿇고 앉은 궤좌跪坐의 모습이다〈그림

4 『中國大百科全書·考古學』 '二里頭文化', '二里頭遺址' 條, 中國大百科全書出版社, 1986年.

5 中國社會科學院考古硏究所洛陽漢魏故城工作隊 : 「偃師商城的初步勘探和發掘」, 『考古』 1984年 第6期.

6 趙芝荃 : 「夏商分界界梯之硏究」, 『考古與文物』 2000年 第3期와 「評述鄭州商城與偃師商城幾介有爭議的問題」, 『考古』 2003年 第9期.

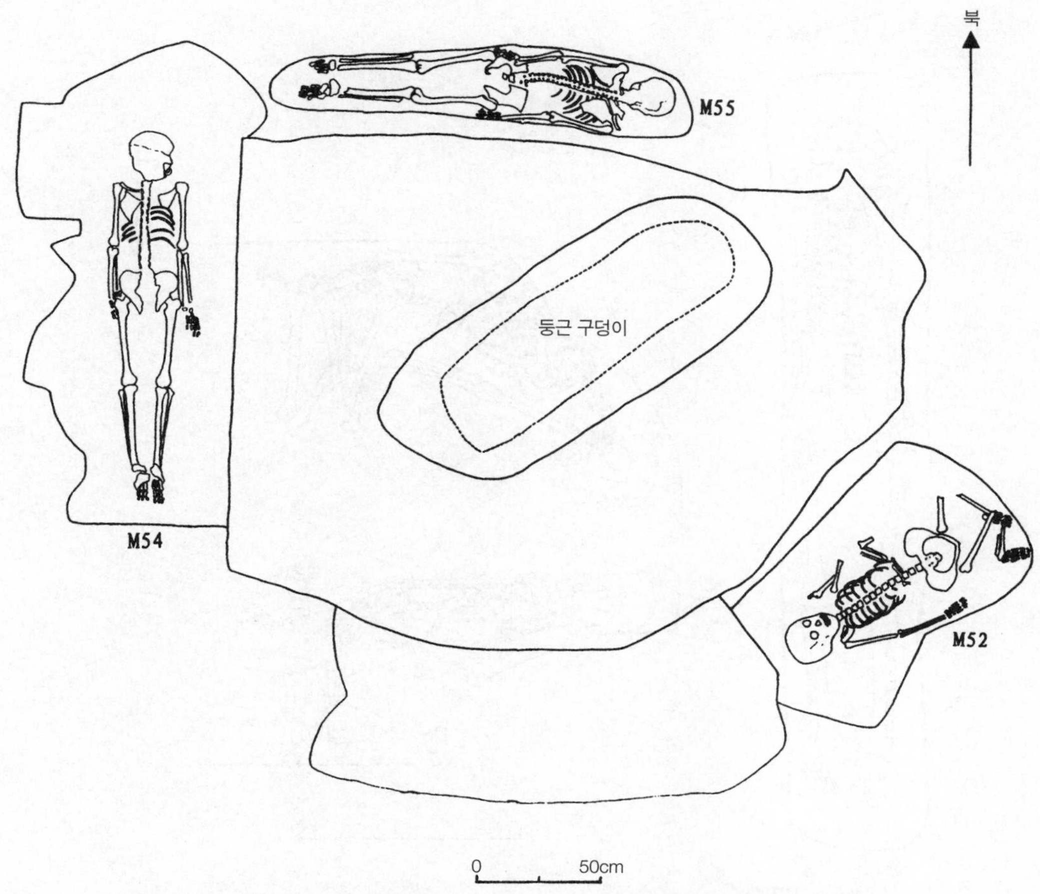

그림 18 언사 이리두 1호 궁전 주체전당 북부의 둥근구덩이 주변에 매장된 인골(『偃師二里頭』에서)

19, 우〉. 이 5기의 무덤은 모두 장구가 없고, 부장품도 없다. 5구의 피장자는 모두 비정상적으로 사망한 소년과 아이이다. 전당의 위와 전당 주변의 매장 위치로 분석하면, 이 5구의 소년과 아이는 궁전의 건조 혹은 낙성할 때에 거행된 제사에 사용된 인생이다.

궁전 부근에는 여러 구의 인골을 모아 묻은 많은 총장叢葬구덩이가 일반 구덩이와 뒤섞여 일정한 규칙 없이 분포한다. 총장구덩이에는 무덤구덩이가 있는 것도 있고, 없는 것도 있다. 또 조기의 것도 있고, 만기의 것도 있다. 무덤구덩이가 있는 총장구덩이는 구덩식으로 평면이 장방형 혹은 불규칙한 형태이고, 일반적으로 길이 2m, 너비 0.5~0.6m, 깊이 0.15~0.3m이다. 모두 1회에 묻은 것이나 앙신직지의 자세, 부신굴지의 자세, 다리를 절단하거나 몸체가 불완전한 것이 모두 있다. 비교적 잘 정리된 무덤구덩이를 가진 것의 소수

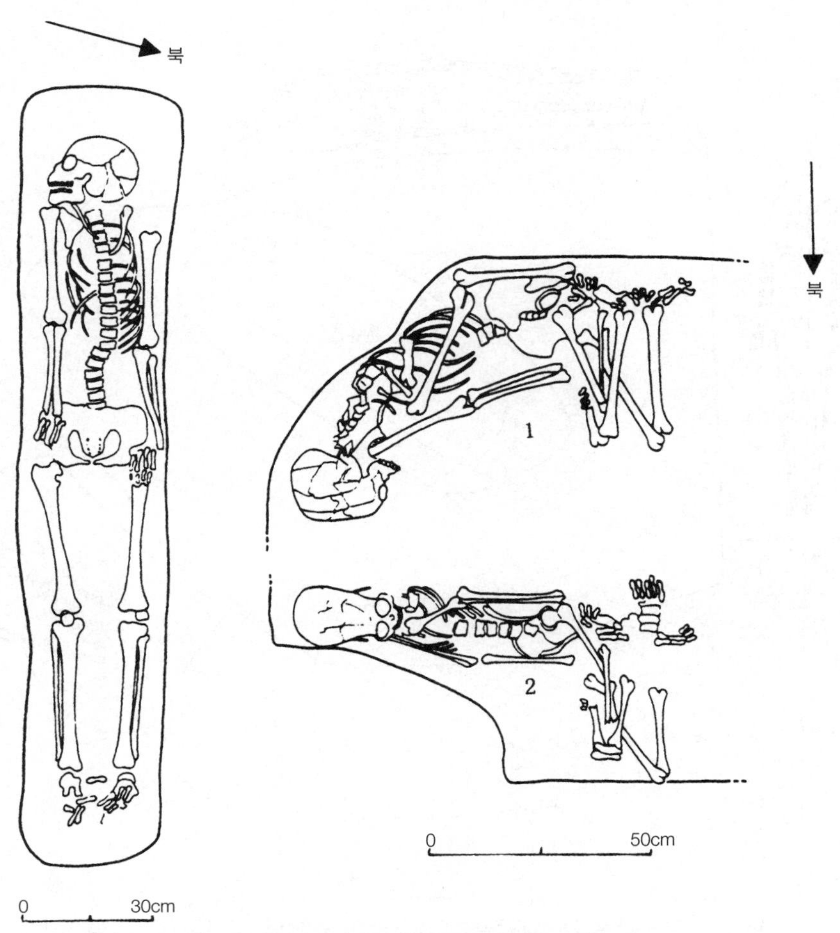

그림 19 언사 이리두 1호 궁전 상부의 매장(『偃師二里頭』에서)
좌 : M57 무덤구덩이, 우 : M27 무덤구덩이

에 여러 점의 도기를 부장한 것이 있다. 주의를 기울여야 할 것이 무덤구덩이 없이 매장된 것이다. 1기에 속하는 것이 2기, 2기에 속하는 것이 4기, 3기에 속하는 것이 23기, 4기에 속하는 것이 17기이다. 모두 사체가 규칙성이 없이 방치되었고, 부장품이 없다. 일정한 매장 자세가 없어 위를 보고 다리를 굽힌 앙신굴지仰身屈肢, 측신굴지, 부신굴지, 다리를 굽히고 앉은 자세, 두 손이 뒤로 묶인 자세가 있다. 또 몸과 머리가 떨어져 있는 것, 가축희생과 함께 매장된 것, 몇 구의 인골이 쌓여 있는 것, 단지 팔다리뼈만 엉성하게 남아 있는 것이 있다. 모두 합해 대략 오륙십 개체이다.[7] 매장현상 및 자리한 위치로 보아 그들은 종묘제사에 사용된 인생이다.

언사상성의 인생 실례는 주로 상나라의 왕실제사구에서 보인다. 제사구는 언사상성 북부에 횡으로 끊임없이 이어진 것으로 1998년 발굴되었다. 동서 길이 200m이고, 주체부위는 동에서 서로 가며 A, B, C 3지구로 나뉜다. A구는 면적이 거의 800㎡이다. 약간의 제사장祭祀場과 제사祭祀구덩이로 구성되었다. 제사에 사용된 희생은 사람, 소, 양, 돼지, 개, 물고기 등이고, 양식인 제물로 벼, 보리 등이 있다. 제사구덩이 H282를 예로 들어보자. 이 구덩이는 장방형의 방대형인 커다란 구덩이로 그 내부 퇴적층이 14층으로 구분된다. 층위마다 구분되는 제사흔적이 발견되는데, 주요한 것이 사람, 동물(양과 돼지)의 희생과 적석積石(돌무지)이 기본적으로 조합된다는 것이다. 많은 수의 도기가 발견되는 층위도 있다. 인생은 팔다리가 해체된 것, 허리가 절단된 것, 온전한 모습을 갖춘 것이 있다. 구덩이바닥에는 불에 탄 흔적이 있다. B구, C구는 자체가 하나를 이루며 돼지가 주요한 희생이었다.[8]

(2) 이리강유적(정주상성)

정주 이리강유적은 이리두궁전유적에 비해 약간 늦은 시기의 중요한 상나라유적이다. 이곳에서는 규모가 아주 큰 1기의 상나라 성지가 발견되어 발굴자는 은상시기 중정이 오로 천도하였다는 '중정천오中丁遷隞'의 오隞라는 도읍으로 인정하였다.[9] 관습적으로 '정주상성'으로 불린다. 상성의 사면은 성벽이 둘러 있고, 성 바깥에서 골기를 제작한 유적, 동을 주조한 유적, 주거건축과 무덤이 발견되었다. 퇴적된 문화층은 전후 2단계로 나뉘는데, 일반적으로 '상나라 이리강기 하층'과 '상나라 이리강기 상층'으로 불린다. 이후 정주상성 발굴이 심화됨에 따라 새로 발견된 문화층의 중첩관계와 각 시기별 주요 도기의 변화특징에 의거하여 '상나라 이리강기 하층'과 '상나라 이리강기 상층'은 다시 '상나라 이리강 하층 1기', '상나라 이리강 하층 2기', '상나라 이리강 상층 1기', '상나라 이리강 상층 2기'인 전후 4개의 연속된 시기로 구분되었고, 연대는 이리두문화 말기부터 반경이 은으로 천도한 시기 이전까지, 즉 상나라 전기 후단계로 대략 기원전 1509년부터 1330년까지로 추

7 中國社會科學院考古研究所:『偃師二里頭』, 中國大百科全書出版社, 1999年.

8 中國社會科學院考古研究所:「河南偃師商城商代早期王室祭祀遺址」,『考古』2002年 第7期.

9 安金槐:「試論鄭州商代城址 - 隞都」,『文物』1961年 第4, 5期 合刊.

정된다.[10]

정주상성은 초건부터 폐기까지 200여 년의 역사를 가진다(기원전 16세기부터 14세기까지). 1950년대 초부터 하남의 고고학자들이 이곳을 발굴하였다. 먼저 발굴된 것이 이리강유적이고, 나중에 발굴된 것이 상나라 성지인데, 발굴은 아직 끝나지 않았다. 발굴 자료는 상성의 존속 기간이 상나라 통치자의 인생 사용이 정점으로 점차 진입하는 시기였음을 나타내는데, 인생은 대체로 두 가지 종류이다. 한 종류는 제사에 사용된 인생이고, 나머지 하나는 전기용의 인생이다. 대부분 이리강 하층 2기와 이리강 상층 1기의 것이 발견되었다.

① 제사용의 인생

상성성벽 내외의 상나라 이리강 하층 2기와 상층 1기의 문화층과 구덩이에서는 던져서 매장한 인골과 돼지, 개, 소 등의 가축뼈가 얽혀서 발견되곤 한다. 구덩이의 부근에서는 거의 얼굴 아래의 몸만 남아 있고, 부장품이 없는 '작은무덤[小墓]' 이 발견되곤 하는데, 이런 인골과 가축뼈는 대다수가 어떤 제사에 사용된 공헌품으로 나중에 덮어 묻은 것이다.

이리강 하층 2기의 제사유적에 속하는 대표적인 것이 이리강의 C5 · 1H171, C5 · 1H161 2기의 구덩이와 남쪽 바깥의 C9 · 1H111구덩이와 그 주변의 많은 '작은무덤' 이다. 이 3기의 구덩이와 '작은무덤' 에는 인골과 가축뼈가 함께 매장되었다.

H171은 이리강 서측에 위치하는 구덩이로 상부 평면은 타원형이고, 아래로 가면서 점차 원형을 이룬다. 발굴된 깊이 3.6m에서 물이 나오기 시작하여 그 아래는 발굴되지 않았다. 그곳의 직경은 약 1.9~1.95m이다. 구덩이의 어깨 아래 깊이 3m에서 완전한 사람 머리뼈가 발견되었고, 더 아래 3.6m에서 2구의 완전한 청소년 인골이 발견되었다. 이들은 부신굴지의 자세이고, 두 손이 등 뒤에서 교차하며 묶인 모습인데, 1구는 한 손의 손가락과 두 발의 발가락이, 나머지 1구는 두 손이 결실되었다. 이 2구의 인골 아래에서 또 2인분의 넓적다리뼈가 발견되었다. 인골의 상하에는 정선된 황색모래층과 회백색의 단단한 점토가 층을 이루어 이 인골이 매장 폐기된 구덩이가 의도적인 것임을 설명해 준다〈그림 20〉.

H161은 장방형의 우물 모양인 구덩이로 상면 크기는 길이 2.1m, 너비 1.5m인데, 발굴 때 깊이 4m에서 물이 나와 그 이하는 발굴되지 않았다. 구덩이 벽은 수직이고, 구덩이에는

10 河南省文物考古研究所 : 『鄭州商城』 1040면, 表 41, 文物出版社, 2001年.

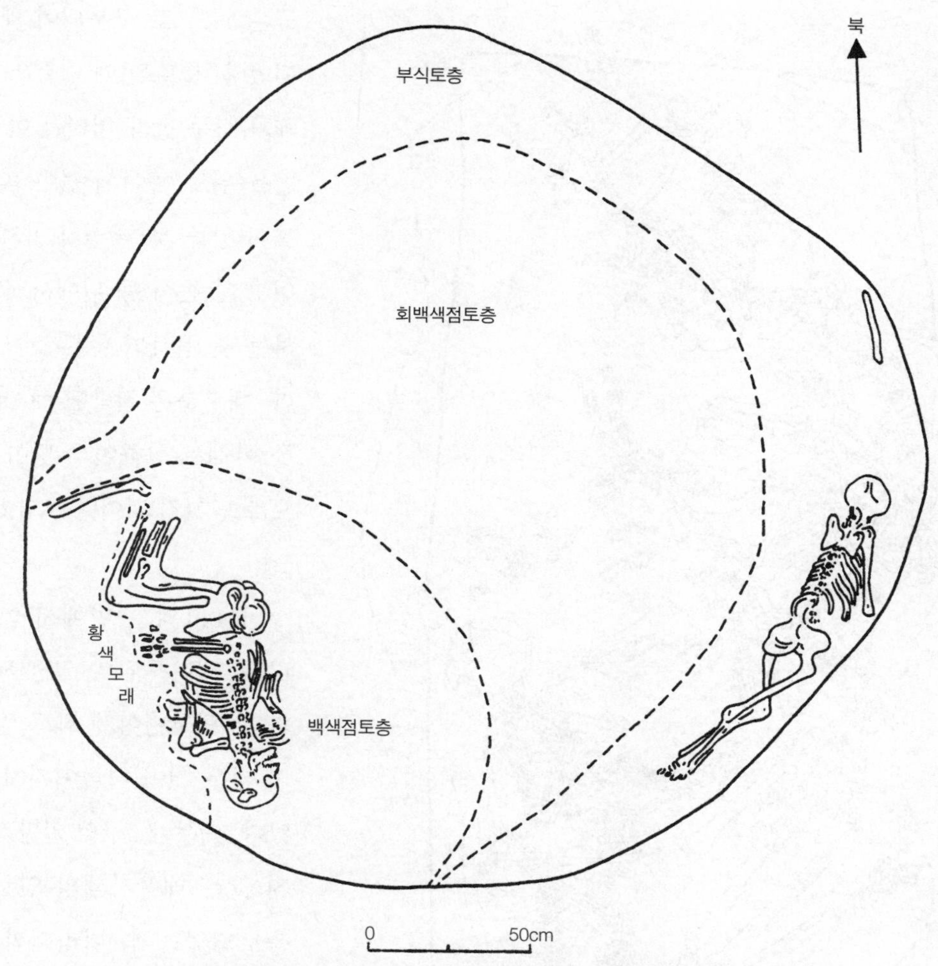

그림 20 이리강유적 상나라 전기 C5 · 1H171 제사구덩이의 인골(『鄭州商城』에서)

다른 색을 가진 5층의 부식토[灰土]가 채워져 있었다. 부식토 가운데에서 역鬲(죽을 끓이는 솥), 존尊(큰 술잔), 언甗(발이 있는 시루), 분盆 등의 도기 파편과 짐승뼈, 복골이 출토되었다. 깊이 4m의 부식토에서는 던져서 매장한 사람의 머리뼈, 척추뼈, 갈비뼈, 엉덩이뼈와 소뼈, 돼지뼈 등이 파손된 채 출토되었다. 이것은 구덩이가 폐기된 이후 아래로 던져 매장하였음을 설명해 준다.

H111은 남쪽 성 밖에 있는 구덩이로 상부의 길이 2m, 너비 0.8~0.9m이고, 발굴 깊이 6.4m에서 물이 나와 그 아래는 발굴되지 않았다. 깊은 이 구덩이에는 성년 인골 2구, 아이의 인골 6구, 큰 돼지뼈 5구, 작은 돼지뼈 3구, 개뼈 1구와 개 머리뼈 1개가 들어 있었다. 이

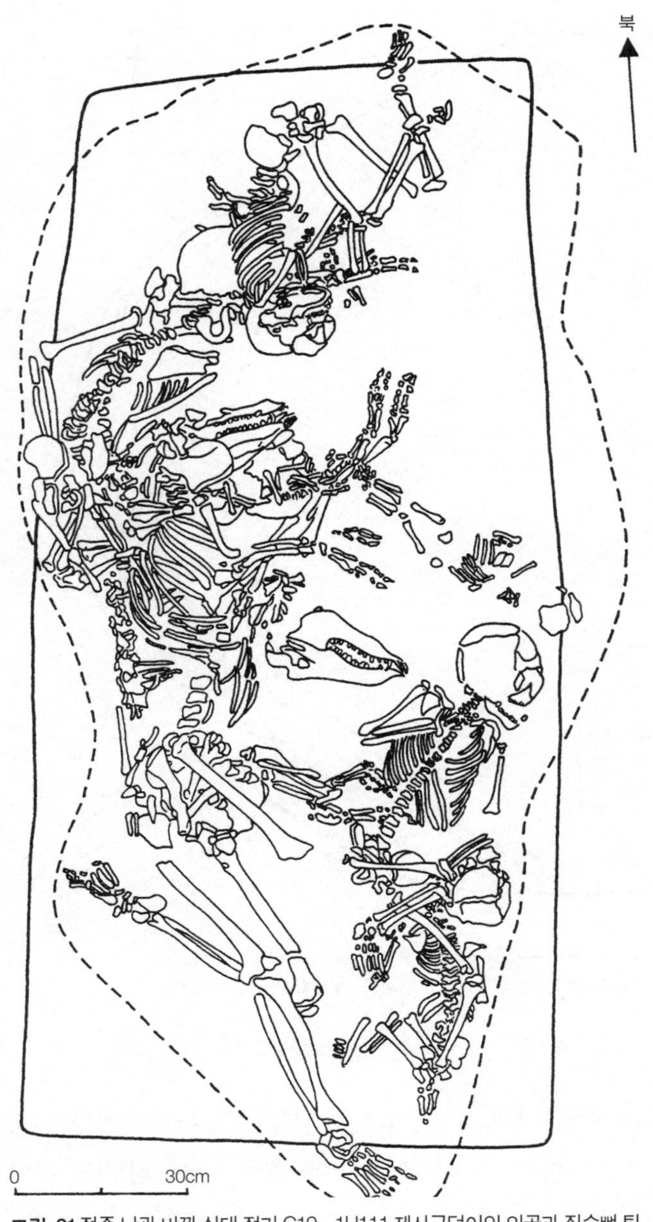

그림 21 정주 남관 바깥 상대 전기 C19 · 1H111 제사구덩이의 인골과 짐승뼈 퇴적(『鄭州商城』에서)

들은 4층으로 구분되어 매장되었다. 출토될 때 인골의 자세가 모두 달라 머리를 아래, 발을 위로 하여 구덩이 벽에 붙어 있는 것, 머리가 아래에 있고 두 손이 등 뒤에서 교차하는 것, 몸체가 굽은 것이 있다. 대부분은 결박된 채 머리를 아래로 향하여 구덩이 안으로 던져진 것이다〈그림 21~23〉.

H111의 주변에서는 또 많은 '작은무덤'이 발견되었다. 무덤구덩이가 작고 얕으며 많은 것이 다듬어지지 않았다. 내부에 1구의 일반적이지 않은 매장자세의 인골이 출토되었는데, 머리뼈만 남아 있는 것, 개, 돼지와 함께 매장된 것이 있고, 도기와 복골卜骨이 동반된 것이 있다. 인골은 아이가 다수를 점하고 짐승뼈는 개뼈가 주류를 이룬다. 수량이 많고 집중해서 분포함은 이렇게 던져 넣은 인골과 짐승뼈가 당시 거행된 어떤 제사에 사용된 희생임을 추측하도록 한다.[11]

11 河南省文物考古研究所 : 『鄭州商城』 上册, 483~493면, 文物出版社, 2001年.

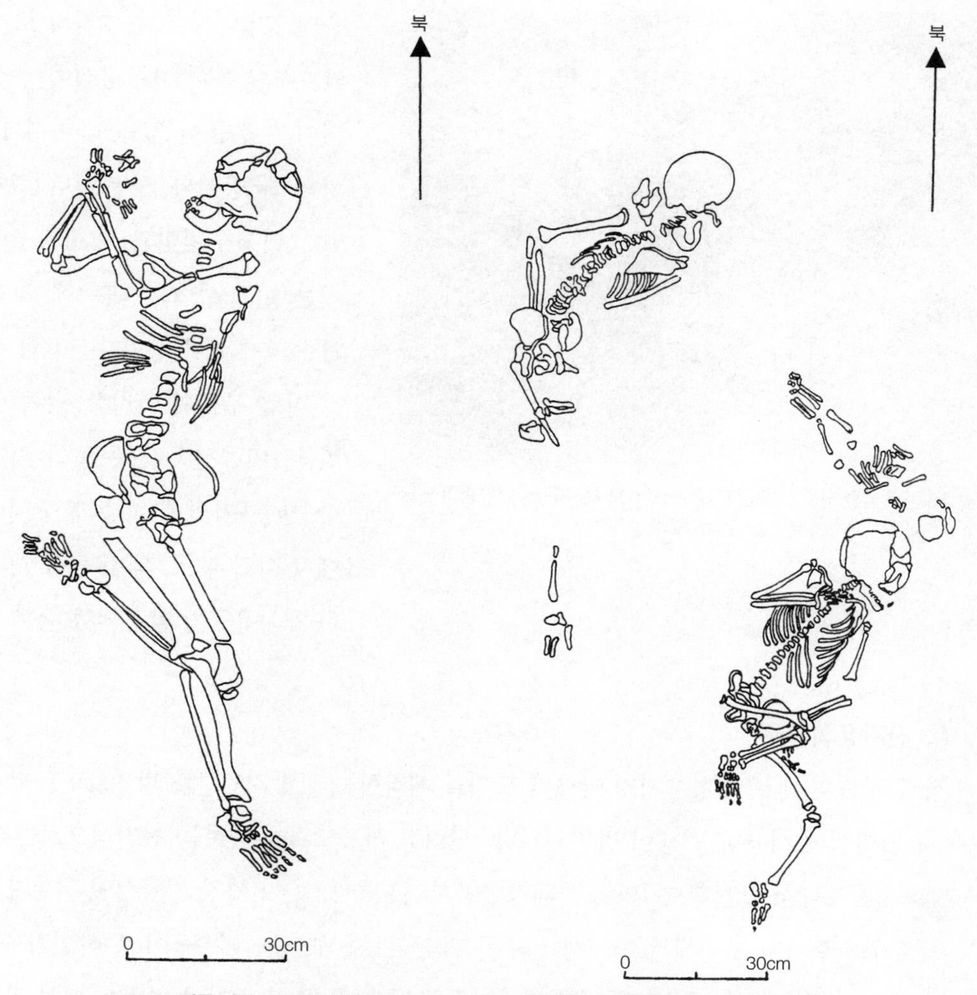

그림 22 정주 남관 바깥 상대 전기 C19 · 1H111 제사구덩이 제1층 일부의 인골(『鄭州商城』에서)
좌 : 성년 인골 1구, 우 : 아동 인골 3구

정주 이리강 상층 1기 제사유적은 상성 내외에 두루 분포한다. 여기서는 제사에 이용된 사람과 개가 상성 내의 동북부와 서북부, 그리고 성 밖의 동기를 주조하던 주동유적鑄銅遺蹟 등에서 모두 발견되곤 한다. 궁전구 동북 100m 지점에 위치한 제사장祭祀場의 규모가 가장 크다. 제사장의 중심 4블록 반에 붉은 모래가 깔렸고, 이를 둘러싼 북측, 동측과 남측에 소토燒土구덩이 2기, 개희생[狗牲]구덩이 8기, 인생人牲구덩이 14기가 있다.

8기의 개희생구덩이에는 100여 마리의 개가 매장되었다. 그 가운데 2기의 개희생구덩이에 3구의 인골이 매장되었다. 14기의 인생구덩이는 구덩이마다 1인이 매장되었다. 그 가

그림 23 정주 남관 바깥 상대 전기 C19 · 1H111 제사구덩이 제1층의 인골과 개 · 돼지의 뼈 (『鄭州商城』에서)

운데 2기(M10 · 13)는 2점의 도기와 1점의 옥제 자루장식이 부장되어 부장품이 없는 나머지 12기의 구덩이와 구분된다〈그림 24〉. 인생구덩이와 개희생구덩이는 판축성벽의 내측에 의해 파손되거나 깔려 있다. 이 외 상성 바깥 부근의 이리강, 남쪽 바깥, 인민공원人民公園 등의 이리강 상층1기의 문화층과 구덩이에서 사람과 소, 돼지 등을 사용한 제사유구가 발견되었다.[12]

② 전기용의 인생

상성 성벽의 내부 대형주거지 아래와 도기를 제작하는 공방지인 제도방지制陶房址에서 모두 전기의식에 사용한 인생이 발견되었다. 이리강 하층 2기에 속하는 전기생으로는 명공로銘功路 서측에서 발견된 9기의 도기제작공방지(혹은 작방作坊)가 가장 전형적인 것이다.

이 9기의 주거지 모두에서 전기생 15구가 발견되었는데, 중년이 9구이고, 아이가 6구이다. C11F102주거지의 전기생이 가장 많아 5구를 사용했다. 이 주거지 평면은 여섯 차례에 걸쳐 덮어 깔았는데, 흙을 깔 때마다 1구의 전기생을 사용했다. 구체적으로 살펴보면 다음과 같다. 제6층(가장 아래층)의 깐 흙 아래에 굴지 자세의 아이 인골 1구가 중복되어 깔려 있다. 부장품이 없다. 제4층의 깐 흙 아래에 앙신직지의 성년 인골 1구가 중복되어 깔려 있다. 부장품으로는 도기 옹甕과 분盆 각 1점이 있다. 제3층 깐 흙 아래에는 앙신직지 자세의 소년 인골 1구와 부신 자세의 아이 인골 1구가 중복되어 깔려 있다. 모두 부장품이 없다. 제2층 깐 흙 아래에는 앙신굴지 자세의 성년 인골 1구가 중복된 채 깔려 있다. 부장품이 없다. 전기생이 매납된 구덩이는 모두 아래에 깐 흙층을 판 것으로 제6층 아래의 생토층까지

12 河南省文物考古研究所 : 『鄭州商城』 上册, 493~511면, 文物出版社, 2001年.

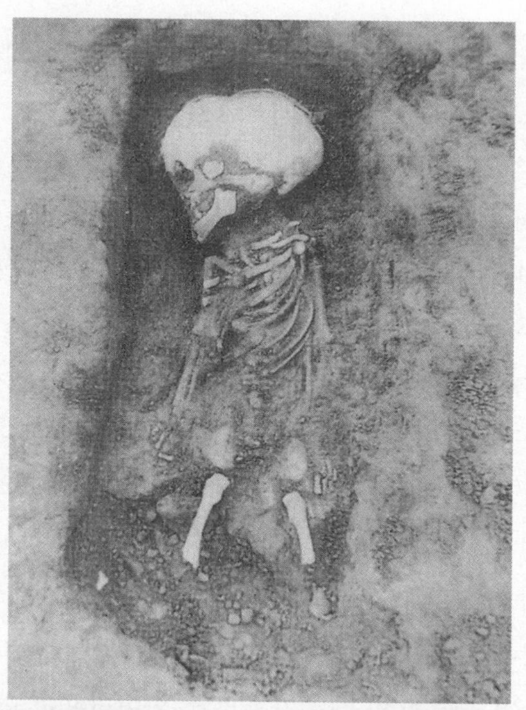

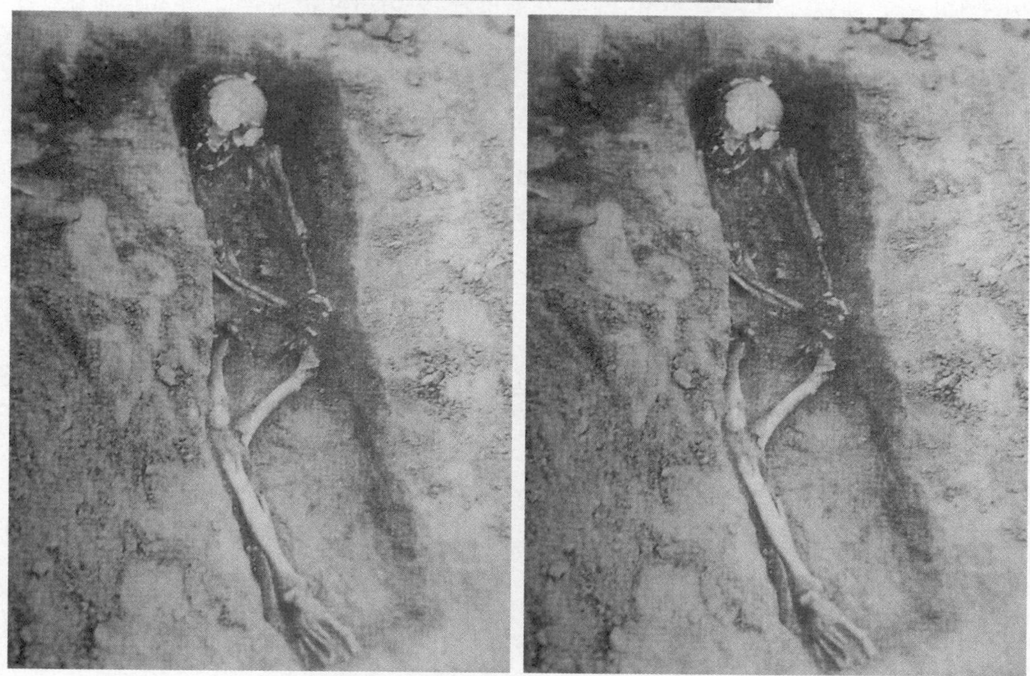

그림 24 정주상성 내 상대 전기 후단계의 단장 인생구덩이(『鄭州商城』에서)
상 : C8M11, 하좌 : C8M12, 하우 : CM16

도달한 것도 있다.[13]

이리강 상층 1기에 속하는 전기생의 대표적인 것이 상성 성벽 내측의 24기 인생구덩이(보고에서는 작은무덤, 즉 '소묘小墓'로 부름)와 9기의 개희생구덩이이다.

인생구덩이는 대다수가 장방형의 구덩이에 1인만 묻은 것으로 구덩이가 작고 얕아 몸만 간신히 들어간 것이 있다. 사람의 몸 전체가 들어가지 않은 것도 있는데, 예컨대 C8M9는 구덩이가 작고 얕아 몸 전체를 밀어 넣을 수 없어 머리와 다리뼈가 구덩이 어깨에 연해서 놓이게 되었다. 구덩이를 완전히 파지 않고 임의로 흙에 던져 넣은 것도 있다. 희생된 사람인 생인牲人은 일정한 장법을 사용하지 않아 앙신굴지, 측신굴지, 부신굴지와 앙신직지의 자세 모두 있고, 구덩이바닥에는 부분적으로 붉은 모래인 주사朱砂를 깔았다. 그 가운데 9기의 구덩이에는 소량의 부장품이 있으나 나머지 15기의 구덩이에는 없다. 부장품이 없는 인생구덩이는 대부분 북성벽 동부에 집중되어 성벽의 판축토를 파고 설치된 것으로 9기의 개희생구덩이와 섞여 있다.

9기의 개희생구덩이는 성벽 안쪽과 중복되어 있는데, 그 가운데 8기가 한 곳에 집중되어 3행의 열로 배열되었다. 구덩이마다 수가 달라 6~23마리이고, 모두 92마리가 매장되었다. 하나의 구덩이(구덩이 15)에서는 개뼈의 아래에서 3구의 인골이 출토되었다. 또 다른 구덩이(구덩이 18)에는 개뼈와 뒤섞여 어지럽게 쌓인 인골이 있다. 이렇게 가축희생과 함께 매장된 피살자는 가축과 함께 전기 혹은 어떤 제사에 사용된 인생일 것이다.[14]

제사인생과 전기인생은 상성의 가장 전성기에만 사용된 것이 아니라 상성이 쇠락한 시기까지도 지속적으로 사용되었다. 이러한 것의 실례가 정주상성 서북 20km에 있는 소쌍교小雙橋유적에서 보인다. 발굴된 1,600㎡ 범위 내에서 소와 개의 희생구덩이 18기, 인생구덩이 6기가 발견되었다. 인생구덩이는 타원형으로 길이 1.85m, 너비 약 1.4m, 깊이 0.66m이다. 구덩이에는 생인 4구가 매장되었고, 2층으로 퇴적되었다. 상층에 3구인데, 그 가운데 2구는 겨우 머리뼈와 목뼈만 남아 있고, 나머지 1구는 측신굴지의 자세로 우측 정강이뼈와 우측 넓적다리뼈가 결실되었다. 하층의 1구는 부신굴지의 자세이다. 감정된 2구의 인골은 모두 14세에서 20세 사이의 여성이다〈그림 25〉. 발굴자는 소쌍교유적을 정주상성 말기의 중

13 河南省文物考古研究所:「1995年鄭州小雙橋遺址的發掘」,『華夏考古』1996年 第3期.

14 河南省文物考古研究所:『鄭州商城』上册, 207~217면, 文物出版社, 2001年.

요한 제사유적의 하나로 추정하였다. 발견된 4구분의 개체는 판축한 건축기단의 전기생이거나 어떤 제사의식에 사용된 인생일 것이다.[15]

여기서 마땅히 언급해야 할 것이 있다. 상성 내의 동북부에서 많은 수량의 사람 머리뼈가 발견되었는데, 그것들 사이에 적은 양의 소뼈와 돼지뼈가 뒤섞여 있었다는 것이다. 한쪽 끝의 길이가 약 15m인 호구에서는 사람 머리뼈가 거의 100개나 발견되었다. 적지 않은 머리뼈에는 톱질의 흔적이 분명한데, 일반적으로 이마 부위와 귀 부분 위로 톱질이 가해져 절단되었다. 대부분의 머리뼈가 이렇게 완전하지 않다. 감정 결과 죽은 자의 많은 수가 청장년남성에 속한다. 과거에는 사람의 머리를 자르는 제사[16]로 오인하였으나 실제는 두개배頭蓋杯를 만드는 장소이다. 이렇게 살해된 자는 상나라에 대항하던 전쟁포로이지 엽두와는 무관하다.

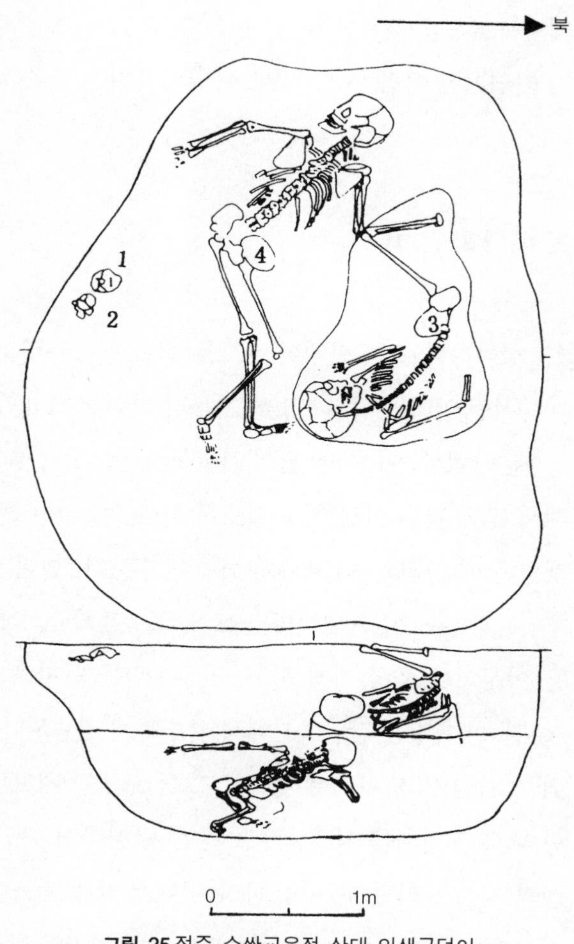

그림 25 정주 소쌍교유적 상대 인생구덩이(VH45)(『華夏考古』 1996年 第3期에서)
1 · 2. 두개골, 3. 측신굴지의 자세, 4. 부신굴지의 자세

나머지 한 곳이 상성 북쪽의 자형산紫荊山에 있는 골기를 제작하는 제골장制骨場이다. 이곳의 교혈窖穴이라고 하는 저장구덩이 하나에서 골기와 골기의 재료 1,000여 점이 발견되었다. 감정 결과 인골이 골기 재료의 반수 이상을 점유하여 포로와 노예의 인골로 골기를

15 河南省文物考古研究所 : 『鄭州商城』 上册, 397～403면, 文物出版社, 2001年.

16 河南城博物館 : 「鄭州商城遺址內發現商代夯土臺基和奴隸頭骨」, 『文物』 1974年 第9期. 河南省文物考古研究所 : 『鄭州商城』 上册, 461～476면, 文物出版社, 2001年.

제작하였음을 추측할 수 있게 한다.[17] 단지 제사에 사용한 이후 다시 쓴 것인지는 구명하기 어렵지만 어렴풋이 인생으로 규정하지는 말아야 할 것 같다.

2. 상나라 후기

상나라 후기는 반경이 은으로 천도한 후부터 나라가 멸망한 제신 때까지의 단계이다. 대략적인 연대는 기원전 13세기부터 기원전 11세기까지이다.

은허에서는 10여만 편의 갑골복사甲骨卜辭가 출토되어 우리가 상나라 후기의 역사에 대해서 많은 것을 이해할 수 있도록 한다. 이 시기 은나라 사람은 제정일치를 시행하여 정치생활 중에 신권神權의 색채가 아주 농후했다. 의식형태 영역에서 가장 돌출된 특징이 '존신尊神(신의 존중)' 의 관념이다. 『예기禮記 · 표기表記』에는 "은나라 사람은 신을 존중하여 백성을 이끌어 신을 섬기게 하고, 귀鬼(조상)를 먼저하고 예禮를 뒤로 하였다."라고 하였다. 이 '존신' 의 특징은 갑골복사에서 완전하게 실증된다. 은나라 사람에게 천신天神, 지기地祇, 인귀人鬼(조상)는 영원히 존재하고, 그들 모두는 지고무상한 권위를 가지고 있어 살아 있는 사람의 모든 일체를 지배한다고 믿었다. 따라서 큰일이건 작은 일이건 모든 일에 점을 치고, 신의 지시를 따랐다. 이럴 때 신령에게 각종 제물을 공헌하였고, 거기에는 산 사람도 포함되었다. 상나라 사람들의 제사행위는 극히 빈번하였고, 그 가운데 조상에 제사하는 의례가 가장 융숭하였으며 인생을 사용한 것도 많았다.

이 시기의 인생자료는 아주 풍부하여 갑골복사의 기재에도 있고, 고고학에서 발견된 실제의 예도 있는데, 유적 가운데 은나라 왕도 안양이 가장 주목된다.

(1) 안양 은허

안양安陽 은허殷墟는 하남성河南省 안양시安陽市 서북 교외에 위치하고 원수洹水가 서에서

17 河南省文物局文物工作隊 : 『鄭州二里崗』, 科學出版社, 1959年. 河南省文物考古研究所 : 『鄭州商城』 上冊, 461~476면, 文物出版社, 2001年.

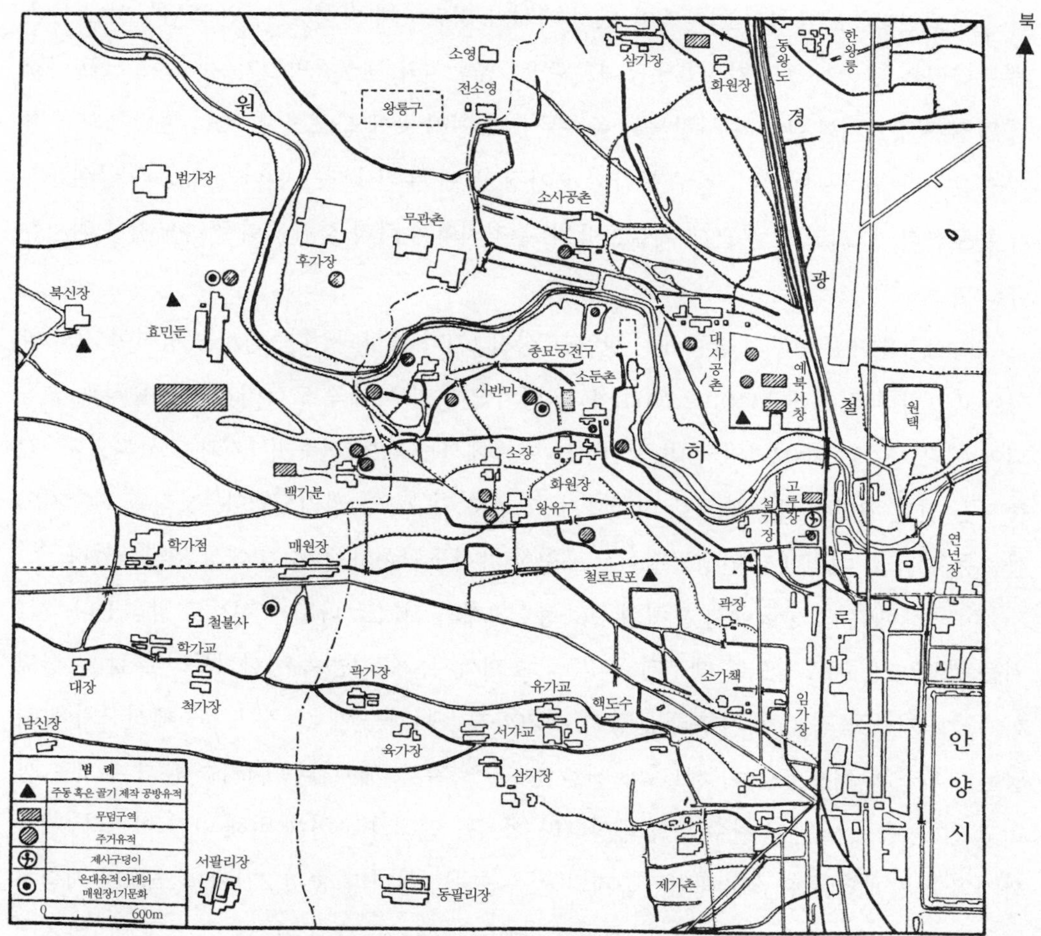

그림 26 안양 은허유적 무덤의 분포(『殷墟的發現與硏究』에서)

동으로 그 사이를 흘러 하남과 하북 두 부분으로 나뉘고 있다. 19세기 말부터 이곳에서 지속적으로 갑골복사가 발견되어 세상 사람들의 주의를 끌었다. 1928년부터 1937년까지 10년간 예전의 중앙연구원中央硏究院이 이곳에 대한 15차례의 발굴을 시행했다. 이 발굴에서 후가장侯家莊 서북강西北崗의 은나라 왕실무덤 십여 기, 제사구덩이 일천여 기, 소둔小屯의 왕궁과 종묘건축지 53기 등의 중요유구가 조사되었고, 소둔, 대사공촌大司空村과 후강後崗에서 은나라의 소형무덤 일천여 기가 발굴되었다. 해방 후 50년이 넘는 기간 동안 발굴은 지속적으로 이어졌고, 소둔, 후가장, 무관촌, 대사공촌, 후강後崗, 묘포苗圃 북쪽과 은허의 서구, 남구 등의 발굴에서 다양한 종류의 은나라 무덤 2,500여 기 이상, 제사구덩이 200여기 이상이 조사되었다. 또 은허의 기본적인 도성 배치가 명료하게 밝혀졌다. 원수 남안의 소둔촌에 은나라의 왕궁과 종묘가, 그 부근에 주동鑄銅공방지와 제골공방지가 자리하고, 또 비교적 밀집된 주거지와 은나라 사람들의 종족무덤이 여러 곳에 분포한다. 소둔 동남쪽의 후강에는 은나라 귀족무덤군이, 원수 북안의 후가장, 무관촌 일대에는 은나라 왕릉과 왕실묘지가 분포한다. 그리고 그 부근에 제골공방지, 주거지와 은나라 사람들의 종족묘지가 위치한다〈그림 26〉.[18]

1999년 은허 동북부의 발굴에서 상나라 성지 1기가 조사되었다. 성지는 평면이 거의 방형이고, 1변의 길이가 2,150～2,200m이다. 성의 일부인 서남쪽 모서리가 은허유적과 중복되어 있다. 2001～2002년의 성내 궁전구의 발굴에서는 대형 건축지 1기가 조사되었다. 건축지는 전체 평면이 回자형으로 지금까지 그 서부 약 2/3가 정리되었다. 정리된 건축지의 판축층 및 정원 내외에서 인생구덩이를 포함한 제사구덩이가 40여 기 이상 조사되었다.[19]

여러 해에 걸친 발굴에서 은허의 문화층이 4개의 시기로 나뉘는 것으로 밝혀졌다. 제1기는 반경이 은으로 천도한 때부터 무정武丁 초기까지, 제2기는 무정시기부터 조갑祖甲시기까지, 제3기는 늠정廩丁시기부터 문정文丁시기까지, 제4기는 제을帝乙시기와 제신시기에 해당된다.[20] 일반적으로 은허 제1기와 제2기는 은허 전기, 제3기와 제4기는 은허 후기로 불리고 있다. 근래 발굴된 원수 북쪽의 상나라 성지는 연대가 은허에 비해 약간 이르다. 지금까지의 논의에서 궁전구와 대형건축지의 존속연대는 상나라 중기 2기에 축조되기 시작하여 상나라 중기 3기에 폐기되었다. 이것은 "하단갑河亶甲이 상에 거주하다.", 혹은 "반경이 수도를 은으로 옮기다."라는 것과 관련된다. 원수 북쪽 상나라 성지에 대한 고고학 작업은 아직 초보단계이기 때문에 본문에서는 생략하고 아래에서는 은허에서 지금까지 발견된 인생을 소개한다.

은허발굴은 은상 통치자의 천신天神, 지기地祇에 대한 제사는 대다수가 왕궁소재지에서, 선조와 신명神明에 대한 제사는 대다수가 종묘 혹은 묘지에서 거행되었음을 분명히 한다.

18 陳志達 : 「安陽小屯殷代宗廟遺址探討」, 『文物資料叢刊(十)』, 文物出版社, 1987年.

19 中國社會科學院考古研究所安陽工作隊 : 「河南安陽市洹北商城的勘察與試掘」과 「河南安陽市洹北商城宮殿區1號基址發掘簡報」, 『考古』 2003年 第5期.

20 中國社會科學院考古研究所 : 『殷墟婦好墓』 222～224면, 文物出版社, 1981年.

① 왕궁의 종묘유적에서 발굴된 인생

은나라 사람에게 있어서 궁전은 살아 있는 왕이 거주하는 곳이고, 종묘는 죽은 왕이 거주하는 곳이기에 절대적인 안전을 담보하여야 한다. 안전을 해치는 요소는 두 가지에서 나온다. 하나는 지하에 있는 귀마鬼魔의 방해이고, 나머지 하나는 천상에 있는 화신火神의 강림이다. 지하의 귀마를 막기 위하여 궁전과 종묘를 건축하는 전체 과정에서 살아 있는 사람을 건축물의 관련 부위에 배치하는 것이 필요하였다. 화신의 징벌을 피하기 위해서는 건축물의 낙성 이후 제천의식의 거행이 요구되었다.

석장여石璋如 선생의 현지조사에 의하면 은나라의 궁전과 종묘의 건축은 전기奠基, 치초置礎, 안문安門, 낙성落成 4개의 단계를 거치고 각 단계마다 모두 제사의식이 거행되었다. 제사의 정황은 대략 다음과 같다.

건물터를 파낸 이후 그 바닥의 아래에 구덩이를 파서 개를 묻는데, 중요한 건축에는 아이를 함께 묻었다. 이것이 전기의식이다. 이후 파낸 건물터를 판축하여 채우는데, 일정한 단계의 판축이 이루어지면 대지면 위를 약간 파고 소, 양, 개 삼생三牲을 묻었고, 어떤 경우에는 1인의 인생을 사용하였다. 이후 채우는 판축면이 지면과 평평해지면 다시 주춧돌을 배치하는데, 이때 치초의식이 있었다. 치초 후 기둥을 세우고 들보를 얹고 계속 대지면을 두들겨 다지고, 담장을 치고 안문을 축조할 때 안문의식을 거행했다. 이때는 문지방의 전후와 좌우에 방형의 구덩이를 파고 각 구덩이에는 1인 내지 3인을 묻었다. 모두 무릎을 꿇고 서로 마주보고 있으며 손에는 동제 과戈(베는 창)를 잡고, 우두머리는 동제의 순盾(방패)이나 목제의 순循을 더 잡고 있어 방어의 목적이 분명하다. 건축물이 완성되면 낙성의식이 거행되었다. 이때 희생의 종류가 가장 다양하고, 규모 또한 가장 커서 수백 인을 죽이곤 하였고, 가축의 희생과 연동시켰고, 수레를 건축물의 외면에 질서정연하게 두었다.[21]

1933년부터 1937년까지 예전의 중앙연구원은 안양 소둔촌에서 궁실에 속하는 묘단廟壇 성격의 유적을 발굴하였다. 이 유적은 남북 길이가 약 350m, 동서 너비가 약 100m이다. 총면적 약 35,000㎡의 발굴범위 내에서 건축지 53기가 발굴되었다. 발굴자인 석장여 선생은 이 53기의 건축지를 갑, 을, 병 3개의 조로 나누었다. 갑조는 북쪽에 있고, 모두 15기인

21 石璋如 : 「河南安陽小屯殷氏的三組基址」, 『大陸雜誌』 21卷, 1, 2期 合刊, 1960年. 『小屯 · 殷墟建築遺存』 326면, 中央研究院歷史語言研究所, 1959年.

데, 인생이 보이지 않았고, 다른 희생도 없었다. 석장여는 갑조 건축을 거주구로 파악하였다. 을조는 갑조의 남쪽에 있는 21기인데, 11기가 남아 있고, 10여기가 훼손되어 원래의 모습이 불분명하다. 잔존하는 11기의 건축지에서 모두 189기의 제사구덩이가 발견되었다. 석장여는 을조 건축을 궁실건축으로 파악하였다. 병조는 을조의 서남쪽에 있고, 면적 50×35㎡에서 모두 17기의 건축지가 발견되었다. 그 가운데 8기는 아직 바닥까지 조사하지 않았다. 이 병조의 건축지 위와 부근에 인생과 희생이 있고, 또 불을 태워 하늘에 제사한 '번시우천燔柴于天' 제사의 잿더미가 있다. 석장여는 병조를 단壇으로 파악하였다.[22]

석장여 선생의 설명은 아주 상세하여 여기서 모두 살펴볼 수는 없다. 원보고에 충실하기 위하여 먼저 인생이 있는 을조와 병조 건축지의 보고 원문을 요약하도록 한다.

을조는 모두 21기의 건축지로 구성되었다. 이들은 대부분 남향이고, 소수가 동향이며 서향도 있다. 을조 건축지 범위에서는 모두 189기의 제사구덩이가 발견되었고, 인생에 사용된 사람 수는 모두 641인이고, 말 15마리, 소 40마리, 양 119마리, 개 127마리, 나무수레 4대가 매장되었다. 잘 남아 있는 11기의 건축지 가운데 가장 큰 것이 8호 건축지로 길이 58m, 너비 14.5m이다. 판축된 기단 위에는 153개의 주춧돌이 아주 복잡하게 배열되었다. 가장 작은 것이 14호 건축지로 근방형이며 길이 4m, 너비 3.8m이다. 판축기단 위에서는 주춧돌이 발견되지 않았다. 건축지의 위와 아래에는 많은 제사구덩이가 분포하는데, 구덩이의 내부에 개나 사람 혹은 사람과 개를 같이 매장하였다. 가장 많은 제사구덩이가 있는 건축지가 7호로 을조 건축군의 중심에 자리하여 을조 건축 가운데 중요한 의미를 가진다.

을조 7호 건축지는 동서 길이 44m이고, 남북의 양단은 훼손된 것으로 남향을 하고 있다. 중요한 궁전건축의 하나일 가능성이 있는 것으로 건축지에서는 17기의 제사구덩이가 발견되었다. 그 가운데 전기구덩이가 3기로 개 3마리를 사용하였다. 치초置礎구덩이가 9기이고 각각에 전신을 갖춘 1인, 소 10마리, 양 6마리, 개 20마리를 썼다. 안문安門구덩이는 5기이고 모두 15인을 사용하였는데, 그 가운데 전신을 갖춘 사람이 12인, 머리만 있는 것이 3구이다. 전신을 갖춘 사람 중에는 부장품으로 동제의 고觚(입 큰 술잔)와 작爵(주둥이가 새부리와 같이 뾰족한 술잔) 각 1점을 가진 사람이 있다. 또 동제의 개蓋(뚜껑) 1점을 가진 사람이 있고, 나머지 10인은 부장품이 없다.

22 石璋如:『小屯 · 殷墟墓葬之四 · 乙區基址上下墓葬』, 中央硏究院歷史語言硏究所, 1976年.

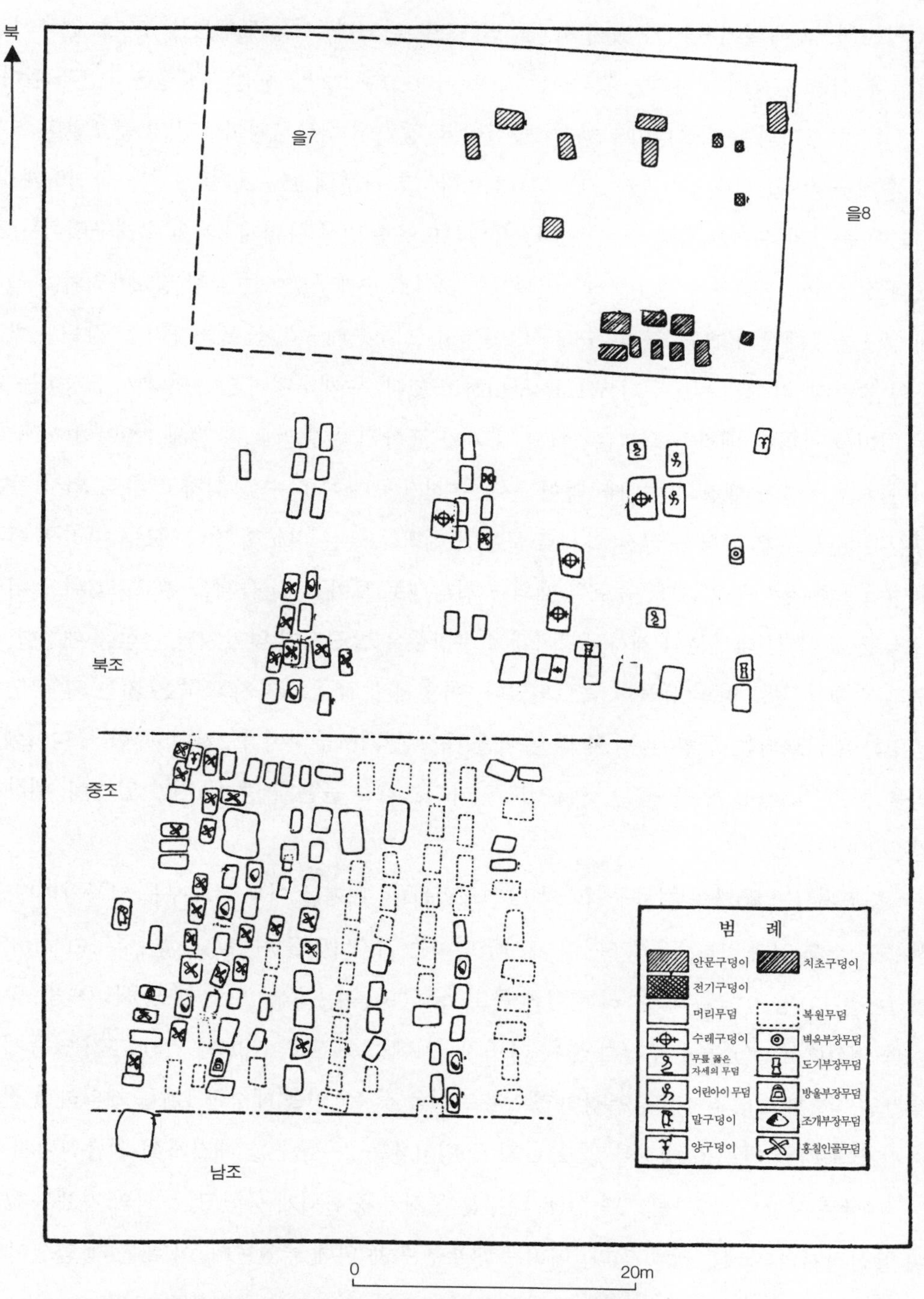

그림 27 은허 소둔 은왕종묘(을조 7호 건축지) 앞의 제사구덩이(『小屯 · 殷墟墓葬之四 · 乙區基址上下墓葬』에서)

을조 7호 건축지 남변의 11호 건축지 서변에서는 대규모의 제사구덩이가 밀집분포하고 있는데, 그 배열에 순서가 있어 북, 중, 남 3조로 나뉜다. 이들 모두는 을조 7호 건축지의 낙성 후 사람을 죽여 제사하는 것과 관련될 것이다〈그림 27〉. 구체적인 정황은 다음과 같다.

북조는 5기의 수레구덩이[車馬坑]가 중심이고, 양측에 제사구덩이 47기가 분포한다. 5기의 수레구덩이는 20·40·45·202·204호이다. 그 가운데 45·202호 2기는 극심하게 파손되어 순장된 수레와 말을 알 수 없다. 기본적으로 분명한 나머지 3기의 수레구덩이는 20호의 경우 4마리 말과 수레 1대 및 3인이, 40·204호 수레구덩이는 각각 말 2마리와 수레 1대 및 3인이 매장되었다. 3기의 수레구덩이에서 모두 수레 3대, 산 말 8마리, 순장된 사람 9구인 셈인데, 각각은 청동무기 세트를 구비하고 있다. 수레구덩이 양측의 제사구덩이는 모두 머리를 잘라서 매장한 괵묘馘墓이고, 마부가 포함된 인생은 모두 합쳐 198인이다. 구덩이마다 3~5인이 매장되었는데, 엎어 묻은 부신장俯身葬이 다수를 점하고 바로 펴서 묻은 앙신장仰身葬 혹은 무릎을 꿇은 자세로 묻은 구궤장軀跪葬은 비교적 적다. 모두 머리를 베어 구덩이 속에 놓아두었는데, 출토될 때의 중첩상태로 보아 먼저 몸체를 놓고, 그 위에 머리를 놓은 것이다. 대부분의 제사구덩이에서 부장품은 발견되지 않았지만 전신을 매장한 소수의 것에서 적은 양의 유물이 출토되었다. 이렇게 부장품을 가지고 죽은 자는 그 신분이 분명하여 괵묘와는 구별된다. 이 외 아이를 매장한 제사구덩이가 2기이고, 한 구덩이에 7인을 묻은 것(M60), 9인을 묻은 것(M35)도 있다. 또 양을 묻은 구덩이 1기가 있는데, 매장된 양은 10마리이다.[23]

중조에서는 80기의 제사구덩이가 발견되었는데, 12행을 이루고 대부분 남북향이나 동서향도 소수 있다. 그 가운데 5기의 제사구덩이는 각각 1인을 묻었으나 한 구덩이(M164)에는 말 1마리, 양 3마리, 개 5마리를 함께 묻고, 궁弓(활), 시矢(화살), 도刀, 과戈, 책策(채찍), 말장식과 여석礪石(숫돌) 등을 부장하였다. 나머지 4기에는 부장품이 없다. 기타 75기는 동제의 술잔인 작爵과 고觚 각 1점을 부장하였으며 전신을 갖춘 1인을 매장한 1기를 제외하면 전부 머리가 분리된 인골을 매장한 것으로 각 구덩이에는 2~13구를 매장하여 일률적이지 않다. 매장된 사람의 총수는 372인인데, 대부분 몸체가 중첩되게 묻혔고, 부신의 자세가 많으며 앙신직지의 자세는 극히 적다. 머리는 대부분 몸체 위에 놓였는데, 이로 볼 때 인생이 살

23 石璋如:『小屯·殷墟墓葬之一·北組墓葬』上册, 414면, 中央研究院歷史語言研究所, 1970年.

해된 후 먼저 몸체를 묻고, 이어 머리를 묻은 것이다. 중조의 제사구덩이가 일부분 이미 파괴되었지만 대칭을 고려하여 복원하면 제사구덩이의 총 수는 170기, 인생에 사용된 사람의 수는 626인일 것이다.[24]

남조는 대형무덤 1기(M232)이다. 장방형의 무덤구덩이에 널과 덧널을 갖춘 것으로 덧널의 위에 개 3마리를 순장하였다. 바닥에 허리구덩이[腰坑]를 설치하였고, 거기에 개 1마리를 매장하였다. 피장자는 널에 안치하였다. 덧널과 널 사이에서 8구의 인골이 출토되었는데, 모두 전신을 갖추고 있고, 서서 머리를 숙이고 널 안의 주인을 둘러싸고 바라보며 있다. 일부 순인殉人의 머리 근처에서 옥, 골, 상아 등 재질의 장식품이 발견되었다. 무덤주인에게는 청동예기 및 도기, 칠기와 옥석제 장식 등이 부장되었다. 이 무덤의 주인은 을조 2호 건축지의 남면 3개조의 무덤 가운데 우두머리로 북조와 중조 군진의 지휘자[25]라고 하나 확실하지 않다.

병조 건축지는 을조 건축지의 서남쪽에 있고, 면적 50×35㎡에 모두 17기의 건축지가 분포한다. 그 가운데 8기는 아직 바닥까지 조사되지 않았다. 1호 건축지가 가장 커서 17×20㎡이고, 주춧돌 8개가 배열되었다. 나머지 16기는 비교적 작은데, 장방형과 방형이 있고, 많은 것에서 주춧돌이 발견되지 않았다. 발굴자는 '단壇'으로 추정하였다. 주목되는 것이 2호 건축지 서남쪽에 있는 4기의 구덩이인 358·361·365·366호이다. 366호에는 머리가 분리된 20구의 인골이 출토되었는데, 그 가운데는 부신의 자세와 앙신직지의 자세가 각각 10구이다. 나머지 3기의 구덩이에는 각각 3인을 매장하였다. 365호 구덩이에는 전신을 갖추고 있으며 부신 자세의 아이가 출토되었고, 358·361호 구덩이에서는 머리가 분리된 인골이 각각 출토하였다. 구덩이 4기의 생인은 모두 합해 29인이다.

이 4기 제사구덩이의 북면에 1기의 무덤구덩이(M357)가 있다. 구덩이에서 머리가 베인 인골 3구가 출토되었다. 동면에는 짐승구덩이[獸坑] 2기가 있는데, 1기의 구덩이에는 7마리의 양과 3마리의 개, 나머지 1기의 구덩이에는 3마리의 양이 매장되었다. 그 부근에는 잿더미구덩이[柴灰坑] 8기가 분포하는데, 구덩이에는 잿더미와 불에 탄 양의 뼈가 규칙성이 없이 복잡하게 얽혀 있다. 이는 장시간에 걸쳐 사용되었음을 분명히 한다. 이런 현상으로 관찰

24 石璋如:『小屯·殷墟墓葬之二·中組墓葬』336면, 中央研究院歷史語言研究所, 1972年.
25 石璋如:『小屯·殷墟墓葬之三·南組墓葬附北組墓補遺』17면, 中央研究院歷史語言研究所, 1973年.

하면 주로 조상에 대한 제사가 시행되었고, 겸하여 물이나 바람 등 자연물에 대한 제사가 있었음을 짐작하게 한다. 희생을 사용한 방법은 주로 머리를 베는 '벌伐'과 불에 태우는 '賁'이다.[26]

병조의 북쪽, 을조의 서쪽에 형식이 복잡한 60기의 수혈이 있다. 이 중 8기는 사람을 매장한 것이고, 5기는 짐승을 매장한 것이다(이 부분은 아직 발표되지 않았다).

석장여 선생이 심혈을 기울여 발굴보고를 작성하여 우리에게 당시 발굴상황을 잘 보여줌으로써 고고학에 커다란 공헌을 하였다. 해방 후에도 은허 발굴이 계속되었고, 이미 얻어진 성과의 기초 위에서 많은 새로운 자료가 누적되었다. 따라서 갑·을·병조의 연대와 성격이 구체적으로 밝혀짐으로써 석선생의 개별적인 추론에 대한 새로운 인식이 보태졌다.

건축지의 문화층 중첩상태와 출토유물로 판단하면 갑조 건축지군의 대부분은 원북 상성시기의 바깥을 둘러싼 유적이고, 을조와 병조 두 건축지군의 성격은 이와 다르다.[27] 이 2조 건축지군의 연대는 대략 무정시기에서 조경祖庚·조갑·늠신廩辛·강정康丁시기를 거치면서 증축된 것이다. 은나라 말에 이르기까지 이곳은 계속 은나라 사람이 활동한 유적이다. 은허의 연대분기로 보면 주목을 끄는 을조 건축군은 무정시기에서 조을祖乙시기(제2기)에 축조되었고, 늦은 것은 늠신시기에서 문정시기(제3기)의 것이다.[28]

소둔 북쪽지구는 예전의 중앙연구원이 발굴한 을조 건축지군의 부근으로 해방 후 여러 차례에 걸쳐 발굴이 진행되었는데, 많은 곳의 판축기단에서 사람을 전기에 사용한 흔적이 발견되었다. 보도에 의하면 이들은 판축기단이 축조된 이후, 기단을 장방형으로 파고, 제사에 사용될 인생을 돗자리로 말아 구덩이에 묻고, 마지막으로 흙을 다져 채운 것이다. 출토된 인생의 인골에 돗자리 문양 흔적이 남아 있다.[29] 건물을 완성한 후에 거주지면의 중간에 방형의 구덩이를 파고, 인생의 머리를 자르고, 팔다리를 해체하여 구덩이에 묻은 것이 있다.[30]

1981년 예전의 중앙연구원이 발굴한 을조 20건축지 남쪽 80여m에서 3열로 배열된 대

26 石璋如:「小屯殷代丙組基址及其有關現想」,『歷史語言研究所集刊外編第四種』下册, 中央研究院歷史語言研究所, 1961年.
27 中國社會科學院考古研究所安陽工作隊:「河南安陽市洹北商城的勘察與試掘」,『考古』2003年 第5期.
28 陳志達:「安陽小屯殷代宗廟遺址探討」,『文物資料叢刊(十)』, 文物出版社, 1987年.
29 中國科學院考古研究所安陽工作隊:「1958~1959年殷墟發掘簡報」,『考古』1961年 第2期.
30 中國科學院考古研究所安陽工作隊:「1975年安陽殷墟的新發現」,『考古』1976年 第4期.

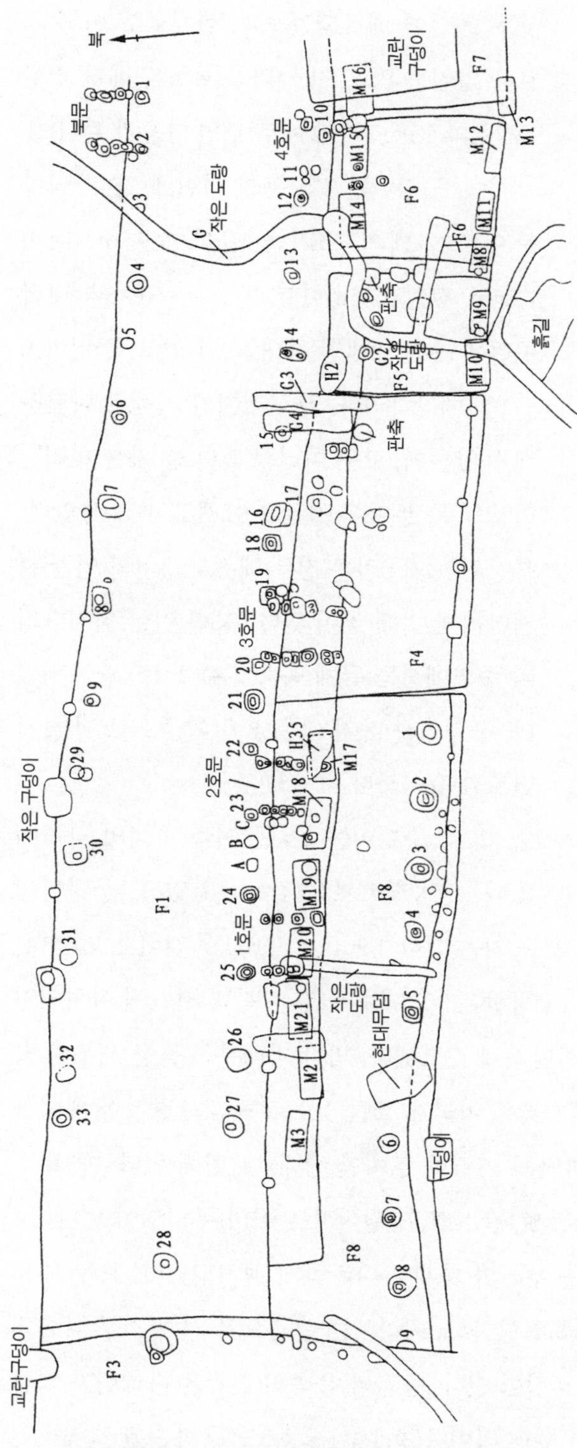

그림 28 은허 소둔궁전구 F1건축지(『考古』 2001年 第5期에서)
1~33. 기둥구멍

형건축지가 발견되어 F1, F2, F3로 번호가 부여되었다. 1989년 이후 이 3열의 건축지에 대한 계속된 발굴에서 그 건축형식과 과거 발굴한 을조 건축지가 같은 것임이 밝혀졌고, 건축지 내외에서 모두 제사에 사용된 인생구덩이가 발견되었다. 발표된 F1 건축지의 발굴 자료에 의하면 초건 건축지는 동서 길이 61~62m, 너비 7.5~8m이고, 방향은 180°이다. 건축지 내에 평행한 남북 2열의 기둥구멍이 배열되었고, 남쪽 기둥구멍의 남면에는 복도인 낭하가 있다. 또 여러 곳으로 출입하는 문길이 있다. 건축지의 바깥 남면 아래에 깐 흙 아래에서 제사구덩이 10기가 발견되었다. 그 가운데 3기(M14 · 15 · 16)는 동쪽에 있고, 7기(M2 · 3 · 17~21)는 서쪽에 있다. 제사구덩이에는 머리를 자른 서너 사람을 묻었고, 머리도 구덩이 속에 두었다. 동쪽 3기 제사구덩이의 인골은 모두 두향이 서쪽이고, 서쪽 7기(발굴 6기) 제사구덩이의 인골은 두향이 모두 동쪽이다. 발굴된 9기의 제사구덩이 가운데 7기의 구덩이에 각각 3인을 매장하였고, 2기의 구덩이에는 각각 4인을 매장하여

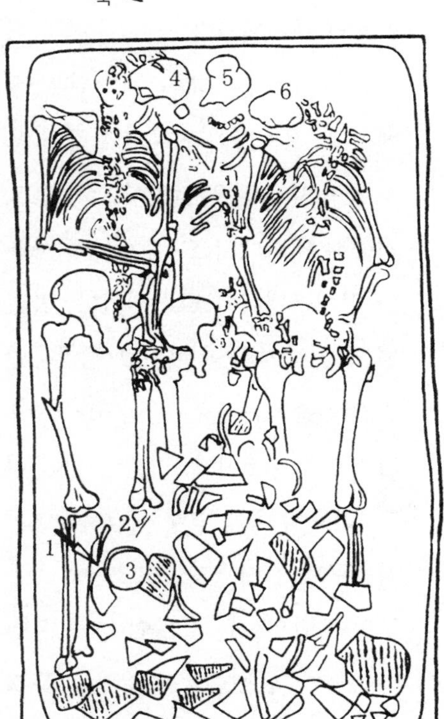

그림 29 은허 소둔궁전구 F1건축지의 2호 인생구덩이
(『考古』 2001年 第5期에서)
1·2. 골제 촉(鏃), 3. 도기 뇌(罍), 4~6. 사람두개골

모두 29인이 매장되었는데, 실제로도 이 수치보다 많지는 않은 것 같다〈그림 28〉. 매장 정황을 2호와 18호 2기의 예로 보면 다음과 같다.

2호 구덩이는 1호 문의 서변에 있다. 장방형으로 어깨의 크기는 길이 1.95m, 너비 1.05m, 깊이 2.35m이고, 방향은 95°이다. 바닥 주변에 좁은 토대인 착대窄臺가 있고, 구덩이에 3인을 매장하였다. 부신직지의 자세로 나란하게 묻었는데, 모두 머리를 잘랐고, 자른 머리는 인골의 목 부위에 얼굴을 아래로 향해 놓았다. 부장된 도기 8점은 전부 깨졌고, 3인의 인골 넓적다리뼈 위에 놓여 있다. 북변 인골 넓적다리뼈 주변에서는 골제 촉鏃(활촉) 2점이 출토되었다. 구덩이를 다져 채운 흙은 황색으로 건물 기단토와 유사하다.

18호 구덩이는 2호문 서측 초석의 남쪽에 있다. 장방형으로 벽감壁龕이 있고, 구덩이의 크기는 길이 2.2m, 너비 0.9m, 깊이 2.2m이다. 방향은 95°이다. 벽감은 북벽 서단에 설치되었고, 바깥에서 막고, 표면에 고운 점토를 단단하게 도포했다. 벽감의 내부는 흙을 채우지 않았고, 1인을 무릎 꿇은 자세로 매장했다. 인골은 머리가 잘린 것으로 벽감의 중부에 배치하였는데, 눌려져 있었다. 다리뼈는 벽감바닥의 평평한 토대인 평대平臺 위에 있다. 두 넓적다리뼈는 바깥을 향하고, 상반신의 좌측팔뼈, 갈비뼈, 엉덩이뼈는 이미 부식되어 없다. 구덩이 바닥에는 3인을 매장하였는데, 모두 부신의 자세로 나란하게 배치되었다. 모두 머리가 잘린 것으로 두향은 동쪽, 얼굴은 아래를 향하고, 머리뼈는 판축으로 인해 전부 파손되었다. 남쪽 인골은 두 무릎에 줄에 묶인 흔적이 있다. 중간과 북쪽의 인골은 다리뼈가 벽감 바닥의 토대 아래 깔려 있다. 부장도기가 여러 점이나(정리되지 않음), 모두 파손된 채 3구 인골의 넓적다리뼈 위에 놓여 있다. 이 외 골제 촉鏃 3점이 중간 인골과 북쪽 인골 몸체 위에 놓여 있다. 구덩이의 내부는 황토를 다져 넣었는데, 흙색이 기단토의 것과 유사하다 〈그림 30〉.

제사구덩이의 많은 것이 문길 양쪽의 주춧돌 바깥에 설치되었고, 일부가 문길 양측의 주춧돌 아래에 있다. 자리한 곳의 층위와 위치로 분석하면 사람을 죽이는 제사는 대개 기둥을 세우거나 들보를 올릴 때 진행된 것이다. 제사가 끝나자 제사구덩이를 흙으로 다져 채우고, 그 위에 한 층의 판축토를 깔았다.

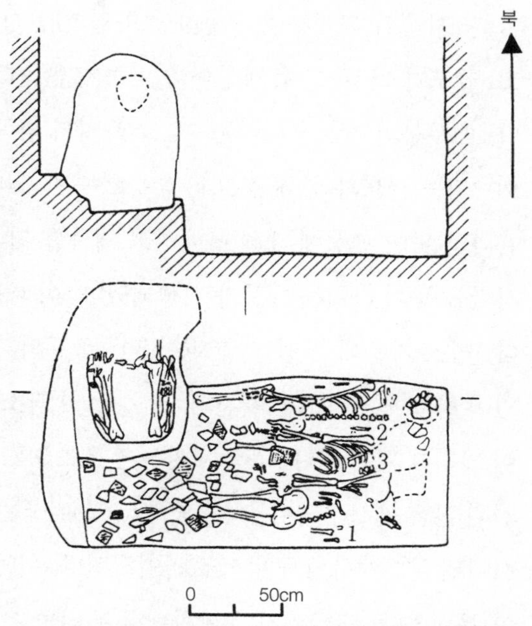

그림 30 은허 소둔궁전구 F1건축지의 18호 인생구덩이
(『考古』 2001年 第5期에서)
1~3. 골제 촉(鏃)

F1 건축지는 담장이 없고, 거주한 흔적도 없으며, 문길 양측에는 제사구덩이가 비교적 규칙적으로 배열되어 있다. 구덩이 속 인골의 매장상황은 유사한데, 이는 이 건축지가 종묘류의 건축지로 그 성격이 1930년대 예전의 중앙연구원에 의해 발굴된 을조 20호 건축지와 가까움을 알려준다. F1 건축지의 축조 연대는 대략 은허 1기의 늦은 단계인 무정시기에 속한다.[31]

예서禮書에 의하면 옛날에 군주가 거주하던 궁전에는 전면에 '조朝'를 설치하였다. 이는 군주가 직접 군신을 접견하고 정무를 다스리는 곳이다. 후면에는 '침寢'을 설치하였다. 이는 군주와 그 가족이 생활을 영위하던 장소이다. 군주는 조상의 종묘를 지어 봉헌하였고, 그 건축은 궁전을 본떠 전면에 묘廟를 설치하고, 후면에 침을 설치했다. 묘는 조상의 신주神主를 진열한 곳으로 조배朝拜하고 제사를 지낸 공간이다. 침은 가구와 생활용품을 진열한 곳으로 조상의 영혼이 기거하며 생활하는 공간이다.

갑, 을, 병 3조 건축지의 성격은 예서의 기록을 참작하여 어느 정도 추측할 수 있다. 갑조는 북쪽에 위치하고, 규모가 비교적 작으며, 인생이 발견되지 않았다. 따라서 은나라 왕

31 中國社會科學院考古硏究所安陽工作隊 : 「河南安陽殷墟大型建築基址的發掘」, 『考古』 2001年 第5期.

과 그 가족이 기거하며 생활하던 곳일 가능성이 있다. 을조는 21기의 건축지로 구성되었고, 규모가 가장 크며, 방향이 일치하지 않는다. 따라서 궁전과 종묘의 소재지로 볼 수 있다. 대부분의 제사구덩이는 7호 건축지의 남쪽과 11호 건축지의 서쪽에서 집중 발견되어 이 2기는 규모와 함께 종묘건축으로 볼 수 있다. 종묘의 기능은 조상의 신주를 진열하고, 은나라 왕이 조상에 대해 조배하고 제사를 지내던 곳이기 때문에 장기간에 걸쳐 이곳에서 사람을 죽여 바치는 제사가 거행되었다. 이 때문에 여기에 많은 제사구덩이가 출현한 것이다. 병조 가운데 어떤 건축지는 '단' 종류의 건축이다. 여기에는 희생, 인생, 또 잿더미가 있어 하늘에 제사하는 제천의식祭天儀式의 장소로 볼 수 있다. 이것과 종묘의 관계는 밀접하여 거리가 멀지 않다. 석장여 선생은 을조 7호 건축지의 남쪽과 11호 건축지의 서쪽에서 발견된 많은 제사구덩이를 북, 중, 남 3조로 구분하였고 이 3조 모두 7호 건축지의 낙성 후에 시행된 살인제사의 구덩이로 파악하였다. 이는 건축 낙성 후의 살인제사를 너무 과장한 것이 분명하다. 지금까지의 상황에서 우리는 은허시기에 2기의 건축이 낙성된 후에 살인제사가 이루어져 모든 제사구덩이를 남겼는지 분명하게 판단할 방법이 없다.

북조의 5기 수레구덩이와 소위 '남조대형무덤'은 이들 제사구덩이와 직접적인 관계가 없다. 은주의 대형무덤 부근 혹은 무덤길에는 수레구덩이가 설치되고, 거기에는 실제의 수레와 말이 매장되며 마부가 순장된다. 이는 은주무덤에 대한 고고학 발굴에서 다시 확인된 것이다. 5기 수레구덩이의 부근에는 아직 발견되지 않은 귀족무덤이 있을 것이다. 수레구덩이는 이렇게 아직 발견되지 않은 대형무덤에 부속된 것일 수 있다. 7호 건축지 남쪽의 232호 무덤(남조대형무덤)을 제사구덩이 행렬에 끌어들여 파악하는 것은 타당하지 않다. 1978년 중국사회과학원中國社會科學院 고고연구소考古研究所 안양공작대安陽工作隊는 232호 무덤 부근에서 17 · 18호 무덤 2기의 소형무덤을 발굴하였다.[32] 부장된 유물과 순장의 양상은 모두 232호 무덤과 유사하였다. 시대는 은허 2기에 속하고, 무덤주인의 신분 또한 비슷하다. 따라서 3기의 무덤주인은 모두 은나라 왕실 성원 혹은 귀족에 속하는 것으로 보인다.

② 은나라 왕릉구 및 종족묘구의 인생

안양 소둔 은나라 왕도 궁전구유적의 서북방, 원수 북안의 후가장, 무관촌 일대가 은나

32 中國社會科學院考古研究所安陽工作隊:「安陽小屯村北的兩座殷代墓」,『考古學報』1981年 第4期.

라 왕릉과 왕실의 묘지이고, 여기에서 공공제사장 한 곳이 발견되었다. 궁전구 남쪽의 소둔 남지, 동북쪽의 대사공촌 및 동남쪽의 후강, 화원장은 모두 은나라의 귀족과 종족묘지이다. 이 4개 묘구의 남사면 모두에서 원형 혹은 장방형의 제사구덩이가 발견되었는데, 왕릉구의 공공제사장과 4개 묘구의 제사구덩이 모두에서 많은 수의 인생 유골이 발견되었다.

왕릉구의 공공제사장

왕릉구 공공제사장은 후가장 서북강 동구인 1400 · 1443 · 1129호 3기 대형무덤의 서쪽, 북쪽 및 무관촌 1호 대형무덤(WKGM1)과 260호 무덤인 모무母戊무덤의 사이에 위치한다〈그림 31〉. 제사장은 동서 길이 약 165m, 남북 길이 약 180m이다. 1934년부터 1978년에 걸쳐 5차례의 발굴이 진행되었다.

제1차는 1934년과 1935년에 걸쳐 예전의 중앙연구원 역사어언연구소歷史語言硏究所가 제사장의 서반부를 발굴한 것이다. 이곳에는 인생구덩이 외에도 수레구덩이, 기물器物구덩이와 각종 동물희생구덩이가 있었다. 인생구덩이는 대략 육칠백 기이고, 여러 시기와 여러 조로 나뉘어 연대가 이른 것도 있고, 늦은 것도 있다. 따라서 장기간에 걸쳐 이곳에서 살인제사가 거행되었다고 할 수 있다〈그림 32〉. 인생구덩이 가운데는 전신의 사람을 매장한 것, 머리 없이 몸체만 매장한 것이 있다. 구덩이마다 10구 혹은 여러 구의 인골이 출토되었는데, 많은 제사구덩이에 머리만 매장한 것이 있어 '사람머리구덩이[人頭坑]' 혹은 '사람머리무덤[人頭葬]'이라 부르고 있다. 구덩이의 많은 것이 10기가 1열로 배열되었거나 약간의 배열이 하나의 군을 이룬다. 혹은 두 배열 사이에는 머리가 없이 몸체만 매장된 구덩이가 열을 이룬다. 사람머리구덩이의 많은 수가 10구의 머리를 매장한 것이고, 적은 경우에는 8구, 7구 혹은 더 적어 6구, 5구가 매장되었는데, 가장 많이는 한 구덩이에 32구를 매장하였고〈그림 33〉, 평균적으로 머리 7구와 몸체 2구가 출토되었다.[33] 그 발굴에 참가한 호후선胡厚宣 선생이 집계한 바에 의하면 이 제사장에 매장된 인생의 수는 모두 2,000인이나 된다.[34]

제2차인 1950년 무관촌 1호 무덤의 발굴 때, 대형무덤의 동남쪽 50m 지점의 면적 100㎡가 조사되었다. 발굴범위 내에서는 제사구덩이 17기가 발견되었다. 4열로 배열되었고,

33 楊希校 : 「河南安陽殷墟墓葬中人體骨格的整理和硏究」, 『安陽殷墟人骨硏究』 28, 29면, 文物出版社, 1985年.

34 胡厚宣 : 『殷墟發掘』, 學習生活出版社, 1955年.

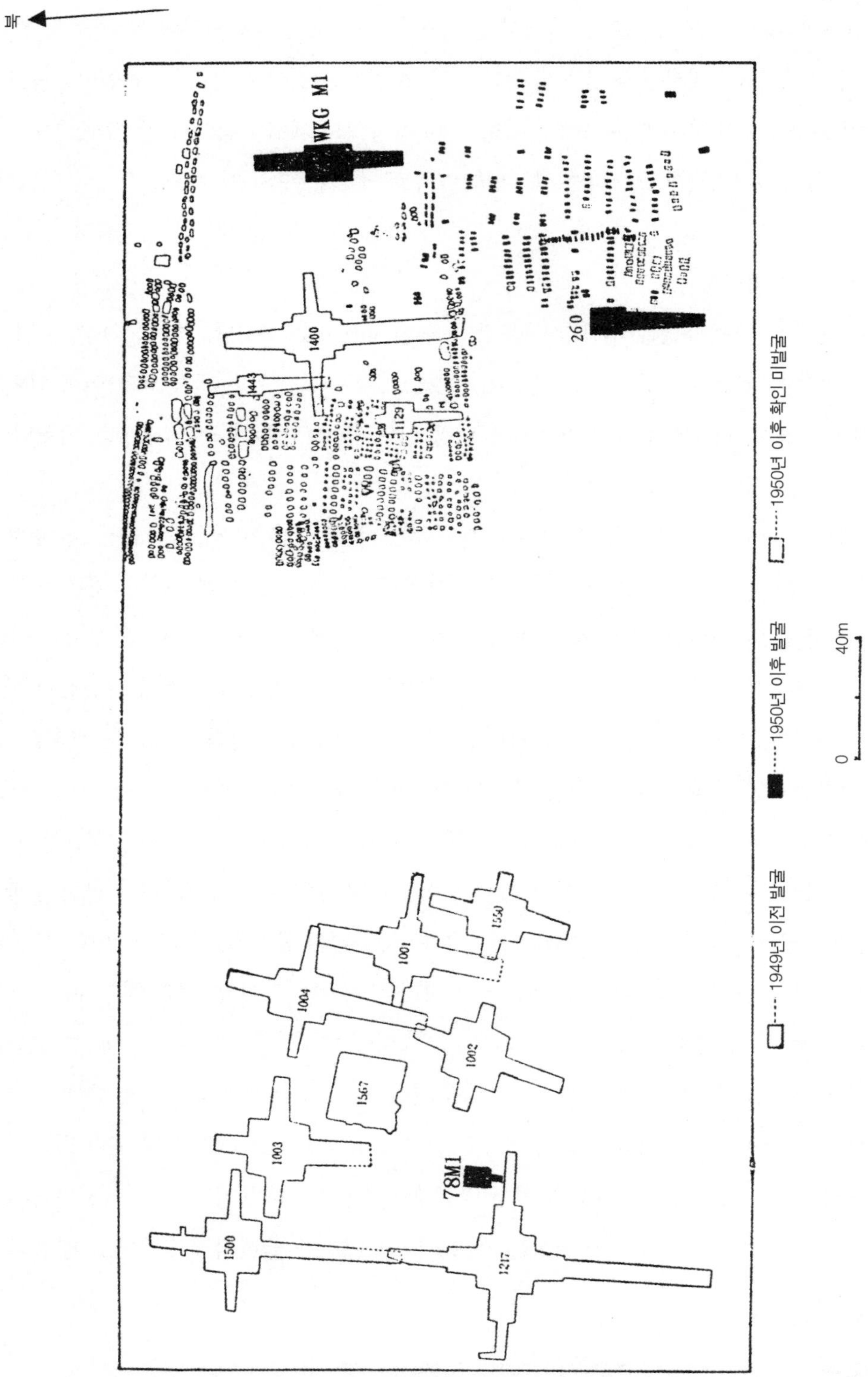

그림 31 안양 은허 후가장 서북강 대형무덤과 제사구덩이(『新中國的考古發現和硏究』에서)

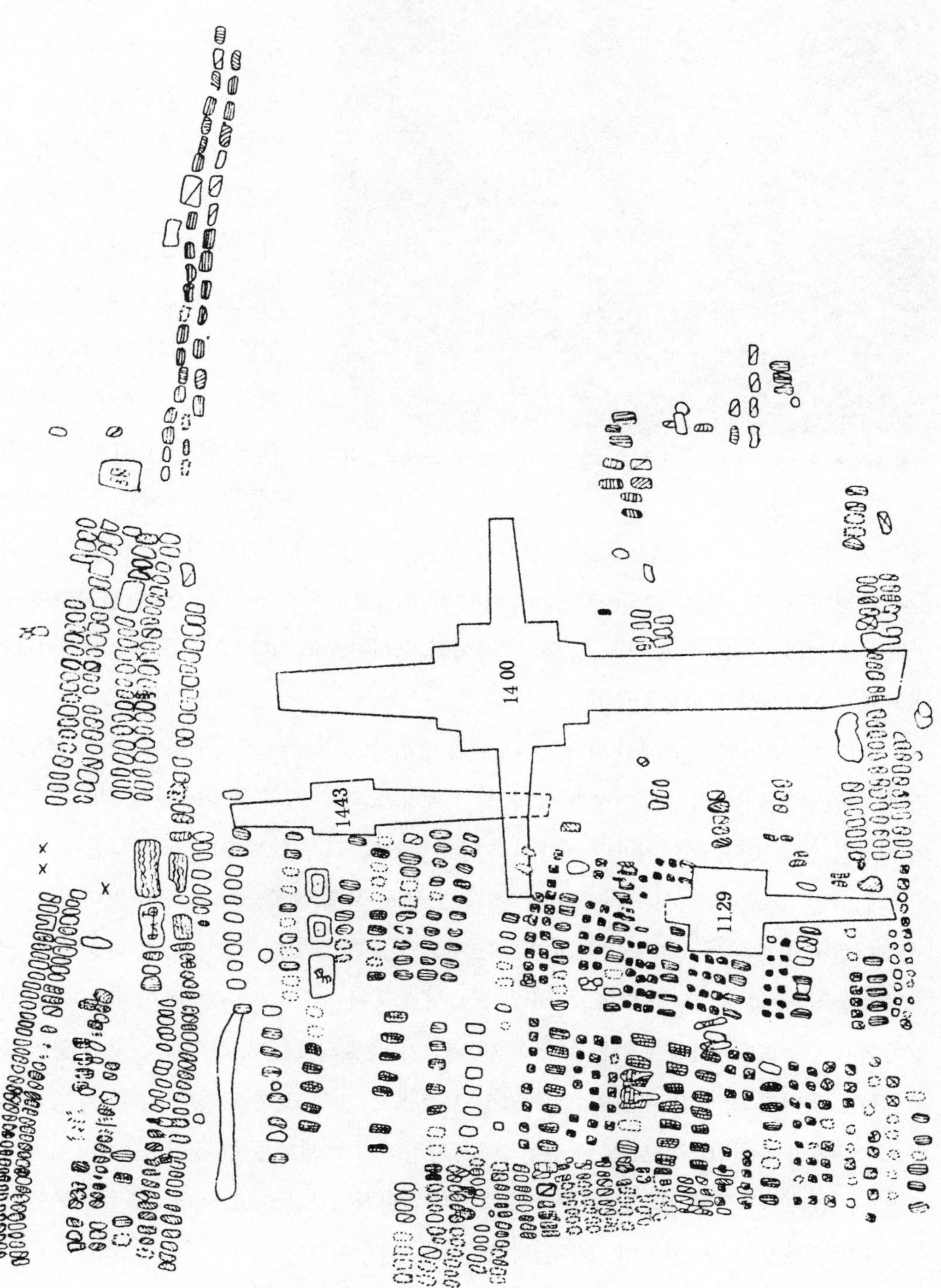

그림 32 안양 은허 후가장 서북강 동구 서부 대형무덤과 제사구덩이(『新中國的考古發現和硏究』에서)

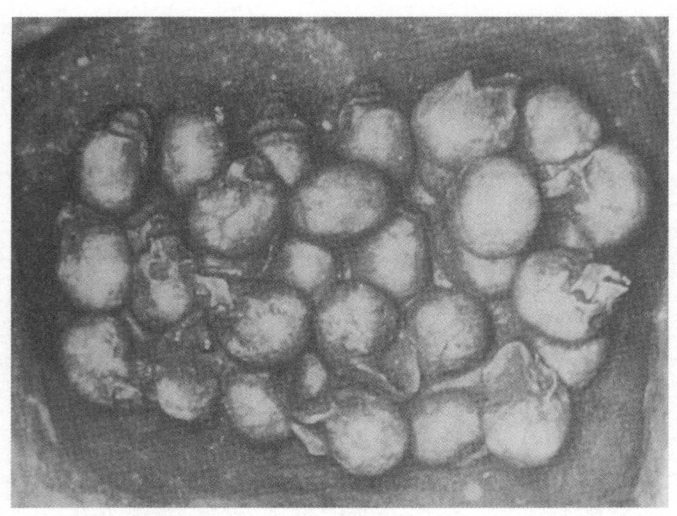

그림 33 은허 후가장 서북강 제사구덩이의 사람 두개골(『殷墟的發現和硏究』에서)

모두 머리가 없는 몸체 152구를 매장하였다. 많은 것은 한 구덩이에 10인을 매장하였다. 목의 방향이 북향인 것과 남향인 것이 각각 절반이고, 전부 부신의 자세로 묻었으며 부장품이 없다. 몸체의 뼈 가운데 목뼈가 없는 경우가 있고, 아래턱이 붙어 있는 경우가 있다. 몸체뼈는 구덩이 내에 적은 경우 2층, 많은 경우 5층으로 쌓여있다. 제사구덩이의 배열에 서열이 있고, 깊이의 차가 다양하다. 각 구덩이는 길이 약 2m, 너비 약 1m, 깊이 약 2.2m이다. 전부 남북향이고, 구덩이 사이의 거리는 0.5~1m, 남북 열 사이의 거리 3~4m이다. 이것은 동일 시간대에 계획적인 살인제사 행위로 단정하도록 한다.

이 제사구덩이의 남면에서 발굴된 200㎡의 범위에는 교란된 제사구덩이 9기가 분포하였다. 이들 가운데는 머리만 매장한 것, 몸체만 매장한 것, 머리와 몸체를 한 구덩이에 뒤섞어 매장한 것이 있다. 구덩이마다 인생의 수량이 다르고, 모두 합해 70여 구가 넘는다.[35]

제3차인 1958년과 1959년의 발굴은 260호 모무母戊무덤 동쪽 20m에 대한 것이었고, 동서로 나란하게 배열된 제사구덩이 10기가 조사되었다. 구덩이의 평면형태가 다양하고, 크기의 차는 별로 없다. 길이 약 2m, 너비 약 1m, 서로의 간격은 0.21~0.29m이다. 10기의 구덩이에서 모두 합해 머리가 없는 몸체의 뼈 55구가 출토되었는데, 장구를 갖추지 않았고, 부장품도 없었다. 인골은 북향인 것과 남향인 것 모두 있었고, 서로 중첩된 채 쌓여 있었다. 그 가운데 부신의 자세로 묻힌 것이 29구, 앙신직지 자세로 묻힌 것이 2구이고 나머지는 알 수 없다. 각 구덩이의 인골 수는 일률적이지 않아 5구가 많고, 9구인 경우, 6구인 경우, 1구인 경우도 있다. 인골의 감정 결과 모두 청년남성이었다.[36]

35 郭寶鈞 : 「1950年春殷墟的發掘報告」, 『中國考古學報』 第五册, 1951年.

그림 34 은허 후가장 서북강 동구 동부 제사구덩이(일부)(『考古』 1977年 第1期에서)

제4차인 1976년 발굴은 제1차 발굴지점의 동쪽과 동남쪽이 대상이었다. 제사구덩이 250기가 발견되었고, 그 가운데 191기가 발굴되었다. 제사구덩이는 밀집해서 배열되었고, 종횡으로 서열이 있었다. 대부분 남북향이고, 소수가 동서향이다. 이들 구덩이는 모두 장방형으로 크기의 차는 별로 없다. 평균 길이 2m, 너비 1m, 깊이 2m 내외이다. 구덩이의 벽은 정연하게 다듬지 않았고, 내부에는 황색의 모래를 채우고 다졌다. 구덩이 바닥에서는 어떠한 장구의 흔적도 발견되지 않았다. 각 구덩이의 열 사이 거리는 대략 2m 내외이다. 한 열의 각 구덩이 사이 거리는 대부분 0.3~0.5m이다. 일반적으로 같은 열의 구덩이간 거리는 구덩이의 크기, 방향, 깊이 그리고 구덩이에 매장된 인골의 자세와 수량에 따라 상응한다〈그림 34〉. 한 열이 같은 것이 있고, 여러 열이 같은 것이 있다. 이런 현상과 지형을 기반으로 구분하면 제사구덩이를 22조로 나눌 수 있다. 그 가운데 가장 많이는 47기의 구덩이가 일조를 이루고, 적게는 1기의 구덩이가 1조를 이룬다〈그림 35〉. 1조의 구덩이는 한 제사의 유구로 판단되며 모두 22조이다. 따라서 은나라 왕이 이곳에서 진행한 제사는 22회가

36 中國科學院考古研究所安陽工作隊 : 「1958~1959年安陽殷墟的新發現」, 『考古』 1961年 第2期.

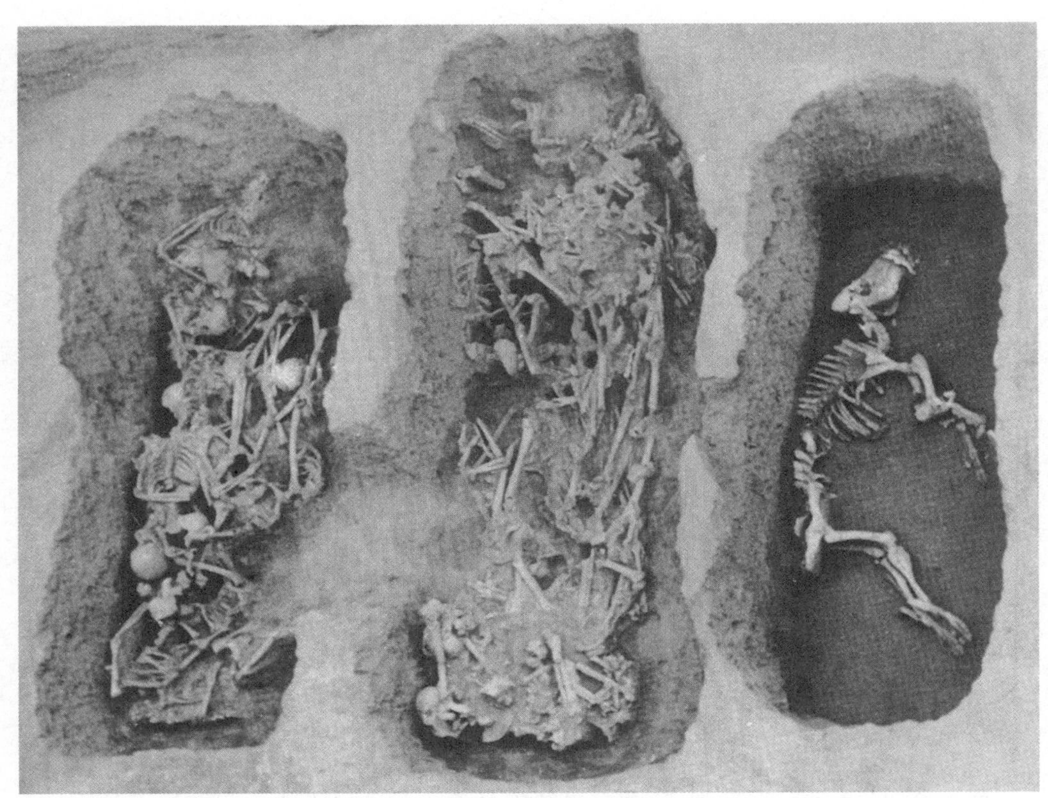

그림 35 은허 후가장 서북강 동구 동부 제사구덩이의 인생과 돼지뼈(제17조 M1～M3)(『考古』 1977年 第1期에서)

된다〈그림 36〉. 제사구덩이의 중첩관계에 근거하면 그 가운데 남북향인 18개조의 연대가 동서향인 4개조보다 이르다.

제사구덩이의 유골은 남북향의 구덩이와 동서향의 구덩이가 다르지 않다. 일반적으로 남북향 제사구덩이의 인생은 대부분 머리를 잘라내고, 부신의 자세로 묻었고, 교차되게 쌓았고, 구덩이마다 8인 내지 10인을 매장했다. 감정된 인골은 대부분 청장년 남성이다〈그림 37, 38〉. 동서향 제사구덩이의 인생은 대부분 전신을 갖추고 있고, 부신의 자세로 묻었다. 인골의 감정 결과는 대부분 성년여성 혹은 아이이다〈그림 39〉. 각 구덩이에 매장된 사람 수는 다르다.

남북향 제사구덩이의 유골은 다수의 목뼈에서 분명한 칼의 흔적이 있고, 어떤 것은 목뼈에 아래턱뼈 혹은 아래턱과 위턱뼈가 붙어 있는 경우도 있다. 어떤 것은 아래턱뼈에 칼로 자른 흔적이 보인다. 적지 않은 인골이 베어져 팔다리가 해체된 이후 구덩이에 어지럽

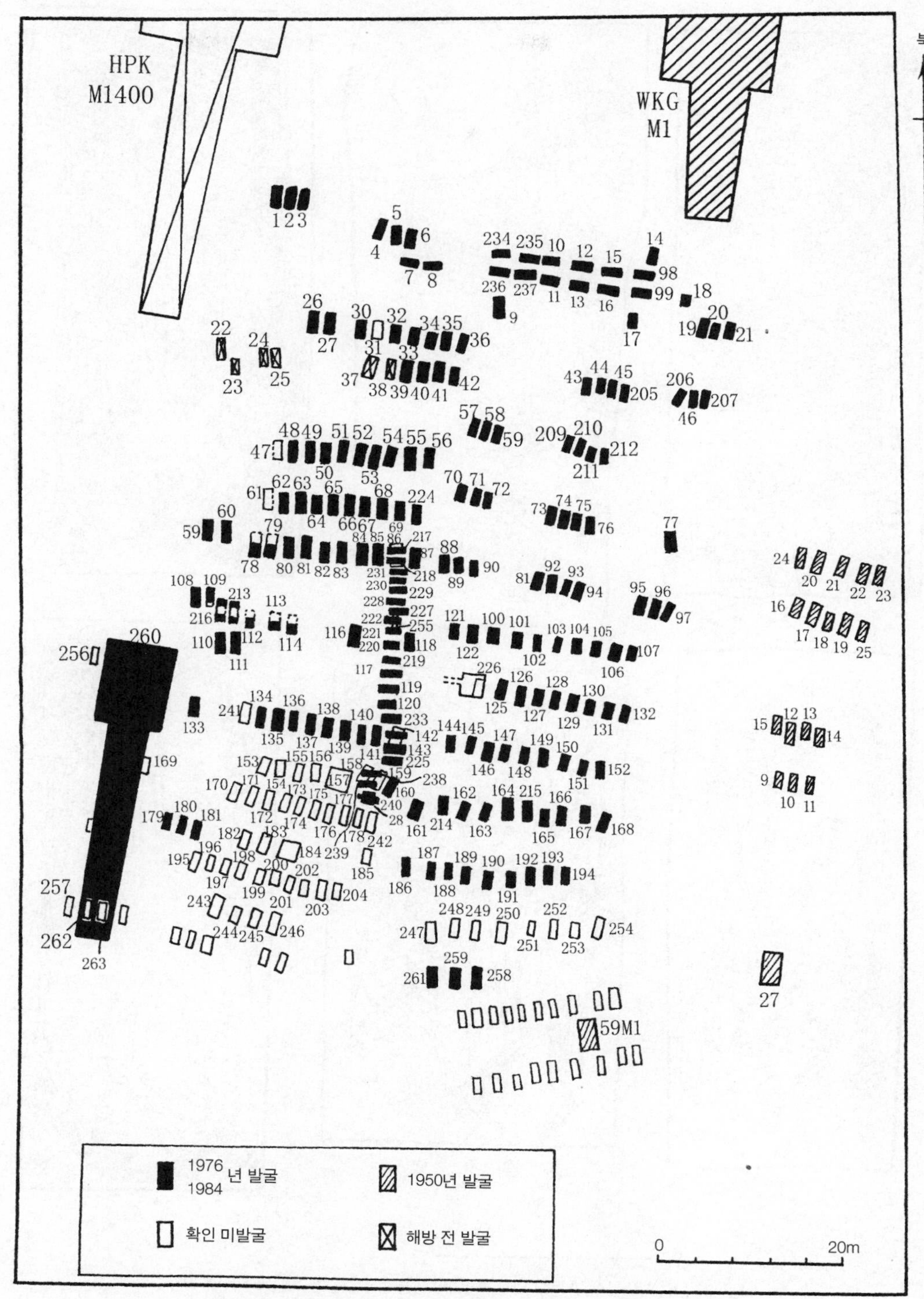

그림 36 은허 후가장 서북강 동구 동부 대형무덤과 제사구덩이 평면도(『考古』 1977年 第1期에서)

그림 37 은허 서북강 동구 동부 제사구덩이의 인생 유골(『考古』 1977年 第1期에서)
1 : 126호 구덩이, 2 : 11호 구덩이, 3 : 30호 구덩이, 4 : 161호 구덩이, 5 : 16호 구덩이, 6 : 139호 구덩이

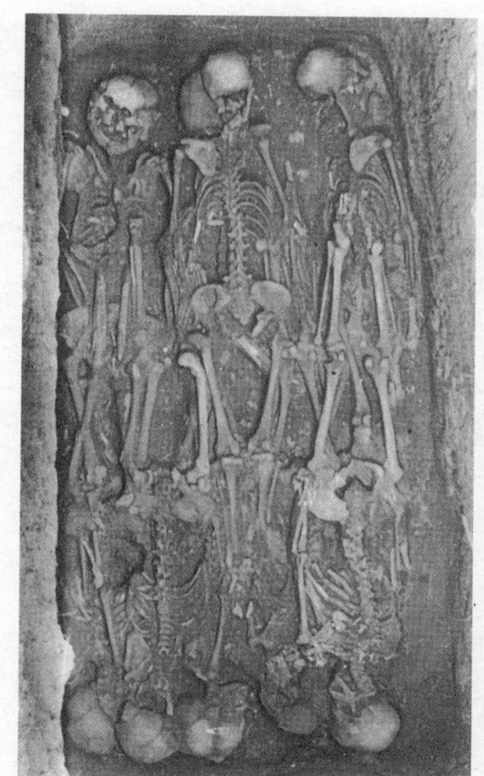
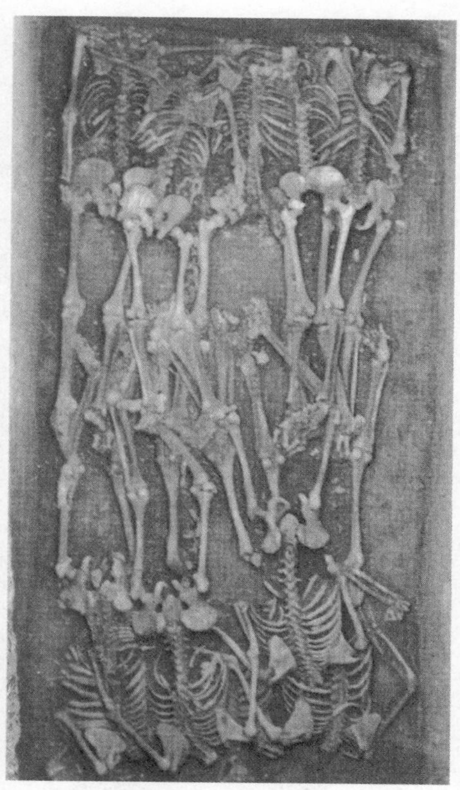

그림 38 은허 서북강 동구 동부 제사구덩이의 인생(『考古』 1977年 第1期에서)
상좌 : 5호 제사구덩이의 인생 10구, 상우 : 87호 제사구덩이의 머리 없는 인생 10구
하 : 222호 제사구덩이의 산 채 매장된 아이 인골 5구

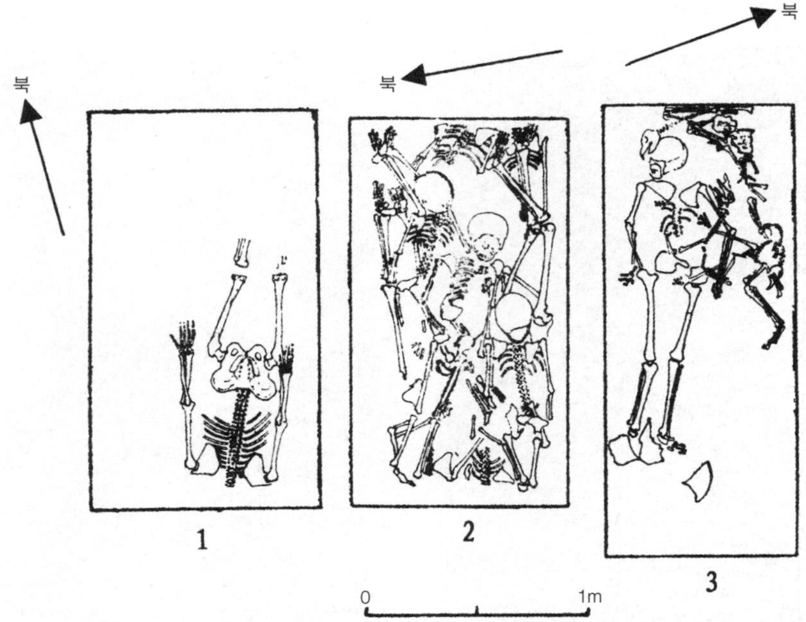

그림 39 은허 서북강 동구 동부 제사구덩이의 어린아이 인생(『考古』 1977年 第1期에서)
1 : 205호 구덩이, 2 : 7호 구덩이, 3 : 217호 구덩이

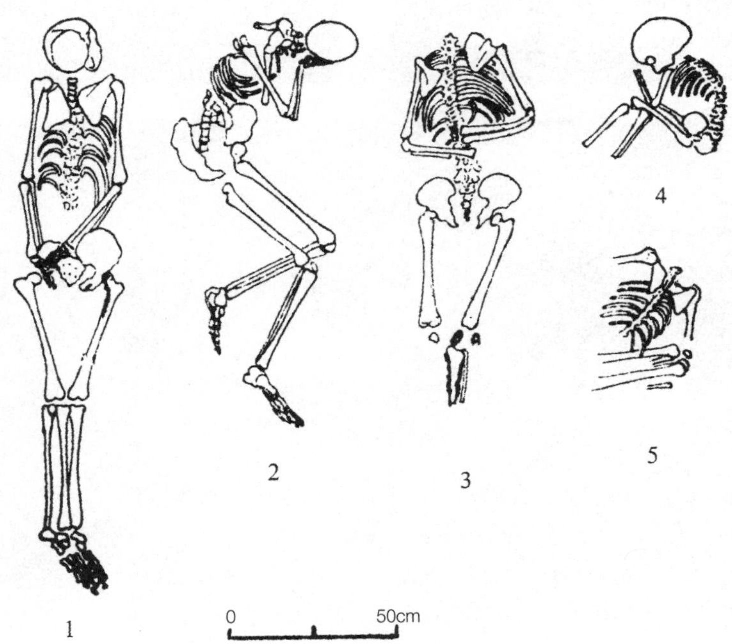

그림 40 은허 서북강 동구 동부 제사구덩이 살제의 인생(『考古』 1977年 第1期에서)
1 : 팔다리가 묶임(6호 구덩이) , 2 : 측신굴지, 두 손이 머리를 감쌈(119호 구덩이),
3 : 두 손 뒤로 결박, 손가락 잘림(214호 구덩이), 4 : 어린아이(222호 구덩이),
5 : 팔다리가 잘려 해체(141호 구덩이)

게 놓였다. 팔뼈 혹은 다리뼈가 베어져 절단된 것, 손가락 혹은 발가락이 베어져 절단된 것, 허리가 절단된 것도 있다. 두 손이 뒤로 묶인 것이 있고, 양 다리가 묶인 것도 있다. 두 손을 위로 들어 올리고 척추가 뒤틀려 몸부림치는 자세인 것도 있다〈그림 40〉. 구덩이를 채운 흙 속에 매장된 인생도 있는데, 머리가 잘라진 채 몸체만 남은 것, 머리만 남아 있는 것, 몸체 혹은 팔다리의 잔해만 남아 있는 것, 10여 조각으로 잘라진 인골도 있다. 남북향의 구덩이에서도 머리만 발견되는 것이 약간 있고, 전신을 갖춘 것이 일부 있고, 머리가 다른 곳에 매장된 것도 일부 있다.

동서향 제사구덩이의 인생은 대부분 머리와 몸체를 모두 갖춘 것인데, 극소수가 머리를 자른 것이다. 이 중에는 포박되어 웅크린 자세도 있다.

발견된 머리뼈가 있는 유골의 관찰과 분석 결과 대략 성인은 사후에 구덩이에 던져진 것이고, 소년과 아이는 산 채 매장되었으며 이 중에는 포박된 것이 있다.

발굴자의 통계에 의하면 이때 발굴된 191기의 제사구덩이에는 모두 1,178인의 인생이 매장되었는데, 이미 훼손되거나 아직 정리되지 않은 인골까지 계산하면 대략 1,930인이 매장된 것으로 집계된다. 발굴된 191기의 구덩이에서는 단지 30여 기의 구덩이에서만 부장품이 있었고, 5기의 구덩이에는 인생과 짐승의 희생이 함께 이루어졌다.

제사구덩이의 분포와 배열 정황으로 분석하면 당시의 제사는 계획적이며 목적적으로 전문가에 의해 관리되었을 가능성이 있다. 이런 제사구덩이는 응당 은나라 왕실이 장기간에 걸쳐 조상에게 제사한 공공제사의 장소이다. 남북향의 제사구덩이는 주로 무정시기에 속하고, 동서향의 제사구덩이는 주로 조경 · 조갑 · 늠신시기에 속한다.[37]

탐색과 발굴 자료에서 이들 제사구덩이의 동, 서, 남 세 방향에 같은 형태의 많은 제사구덩이가 분포함이 밝혀져 이때 발굴된 제사구덩이는 더 넓은 제사장소 가운데 일부분임을 알 수 있었다.

제5차인 1978년의 발굴 장소는 제4차 발굴지점에서 서남으로 약 150m 떨어진 곳으로, 그 서북으로 약 80m 떨어진 곳이 왕릉구 서구이다. 발굴에 앞서 시행된 탐색조사에서 제사구덩이 120기가 발견되었고, 그 가운데 40기가 발굴되었다. 발굴된 40기의 제사구덩이 대부분에 동물이 매장되었는데, 그 가운데는 말이 가장 많았다. 인생을 매장한 것이 5기이

37 中國科學院考古研究所安陽工作隊等 : 「安陽殷墟奴隷祭祀坑的發掘」, 『考古』 1977年 第1期.

고, 구덩이마다 1인의 성인남성을 매장하였다. 그 가운데 1호 구덩이에 매장된 사람은 전신을 갖추고 있고, 앙신직지의 자세로 묻혔다. 두향은 북쪽이고, 두 손을 위로 올리고, 두 다리를 꼬고, 포박된 상태였다. 3호 구덩이의 생인은 머리가 잘렸고, 부신직지의 자세이고, 두 손이 배에서 교차하고 있다. 39 · 40 · 41호 구덩이에는 구덩이마다 사람 1인과 말 2마리를 매장하였다. 사람과 말은 두향이 같다. 말 2마리는 등을 맞대고 있고, 자세가 정연하다. 사람은 전신을 갖추고 있고, 부신직지의 자세로 묻었는데, 말 2마리의 우측, 중간, 좌측에 놓인 것이 구분된다. 분명히 사람이 죽은 후에 매장되었고, 의도적으로 배치되었다. 퇴적된 토층상태로 판단하면 이들 제사구덩이는 장기간에 걸쳐 형성된 것으로 대략 25차례의 제사가 거행된 결과이다. 발견된 5구의 인생은 신분이 전쟁포로일 가능성이 있고, 말과 함께 매장된 인생은 생전에 말을 사육하거나 몰던 사람일 가능성이 있다.[38]

상술한 후가장 은나라 왕릉구의 5차례에 걸친 발굴을 종합하면 발굴된 인생구덩이는 모두 합쳐 932기(제1차를 700기로 집계)이고, 인생의 개체 수는 3,460구(제1차를 2,000여 구로 집계)이다. 이들 인생은 지금까지 발굴된 왕릉구의 14기(서구 9기, 동구 5기) 대형무덤의 주인에 대한 제사의 결과이기에 하나의 대형무덤 당 평균 인생구덩이 약 66기, 생인의 수 약 247인이 된다.

언급한 결과로 보면 은나라 사람은 왕릉구에서 끊임없이 정기적으로 사람을 죽여 조상에게 제사를 지냈으며, 조상을 매장할 때에도 일련의 사람을 죽여 제사를 지냈다. 동시에 제사를 지내기 위한 생인은 덧널 내, 무덤구덩이를 메운 흙 가운데 혹은 무덤길 부근에 매장하였다. 무덤주인을 매장할 때 제사를 위해 죽인 인생에 관하여는 다음의 인순과 연동시켜 고찰하도록 한다.

종족묘구의 제사구덩이

종족묘구의 귀족묘지에도 사람을 희생하는 제사가 있었다. 소둔 남쪽, 대사공촌, 고루장高樓莊 후강, 화원장 남쪽 4개 묘구의 남변에서 모두 제사구덩이가 발견되었는데, 앞의 세 곳은 원형의 제사구덩이, 화원장 남쪽은 장방형의 제사구덩이이다.

소둔 남쪽의 제사구덩이(H33)는 부호婦好무덤을 필두로 한 귀족묘지의 남쪽에 있다.

38 中國社會科學院考古研究所安陽工作隊 : 「安陽武官村北地商代祭祀坑的發掘」, 『考古』 1987年 第12期.

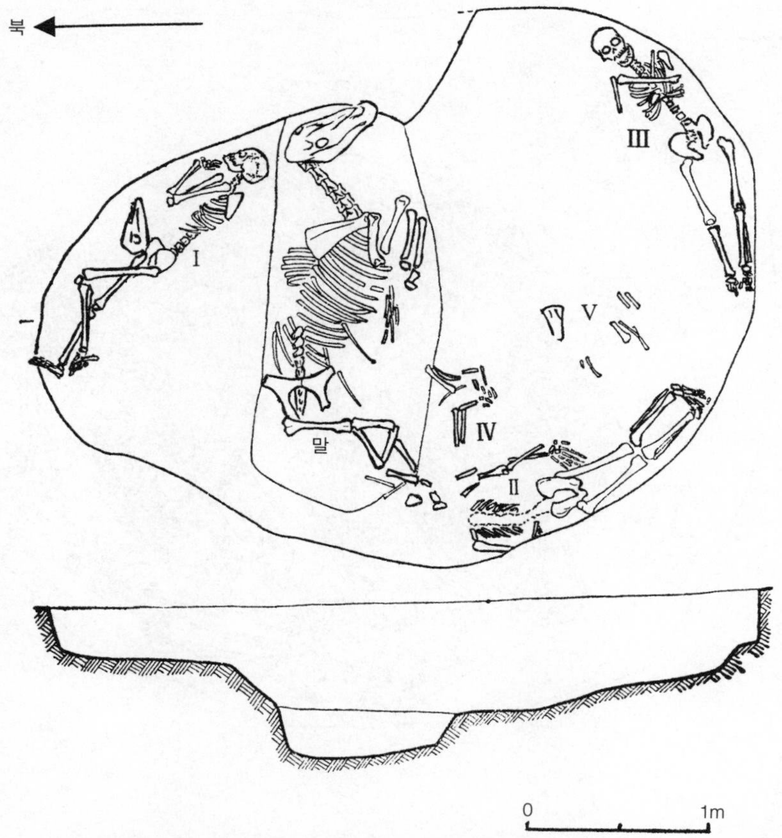

그림 41 안양 소둔 남지 제사구덩이(H33) 평 · 단면도(『考古』 1975年 第1期에서)
Ⅰ~Ⅲ : 성인 인골, Ⅳ · Ⅴ : 아이 인골

1973년 발굴되었다. 구덩이 어깨는 불규칙한 타원형이고, 길이 3.9m, 너비 3.1m이다. 구덩이의 상부는 1호 건축지에 의해 파괴되었다. 구덩이에는 말 1마리를 매장하고, 그 주위에 생인 5구를 돌렸다. 그 가운데 2구는 아이로 팔다리를 해체한 후에 말뼈 주위에 매장한 것이다. 3인은 성인으로 1구는 측신굴지의 자세이고, 앞에 1마리의 돼지를 놓았고, 1구는 앙신직지의 자세이고, 좌측 넓적다리뼈 두 부위에 각각 동제 촉鏃 1점이 박혀 있다. 입을 벌려 반항하는 자세이다. 나머지 1구는 머리가 없이 몸체만 묻힌 것으로 부신직지의 자세이다〈그림 41〉.[39] 그들은 전쟁에서 사로잡은 포로로 이 묘지의 조상에 대한 제사에 사용되었다.

대사공촌 제사구덩이는 1971년 대사공촌 은나라의 종족묘지 동남에서 발견되었다. 구

39 中國科學院考古硏究所安陽工作隊 : 「1973年安陽小屯南地發掘簡報」, 『考古』 1975年 第1期.

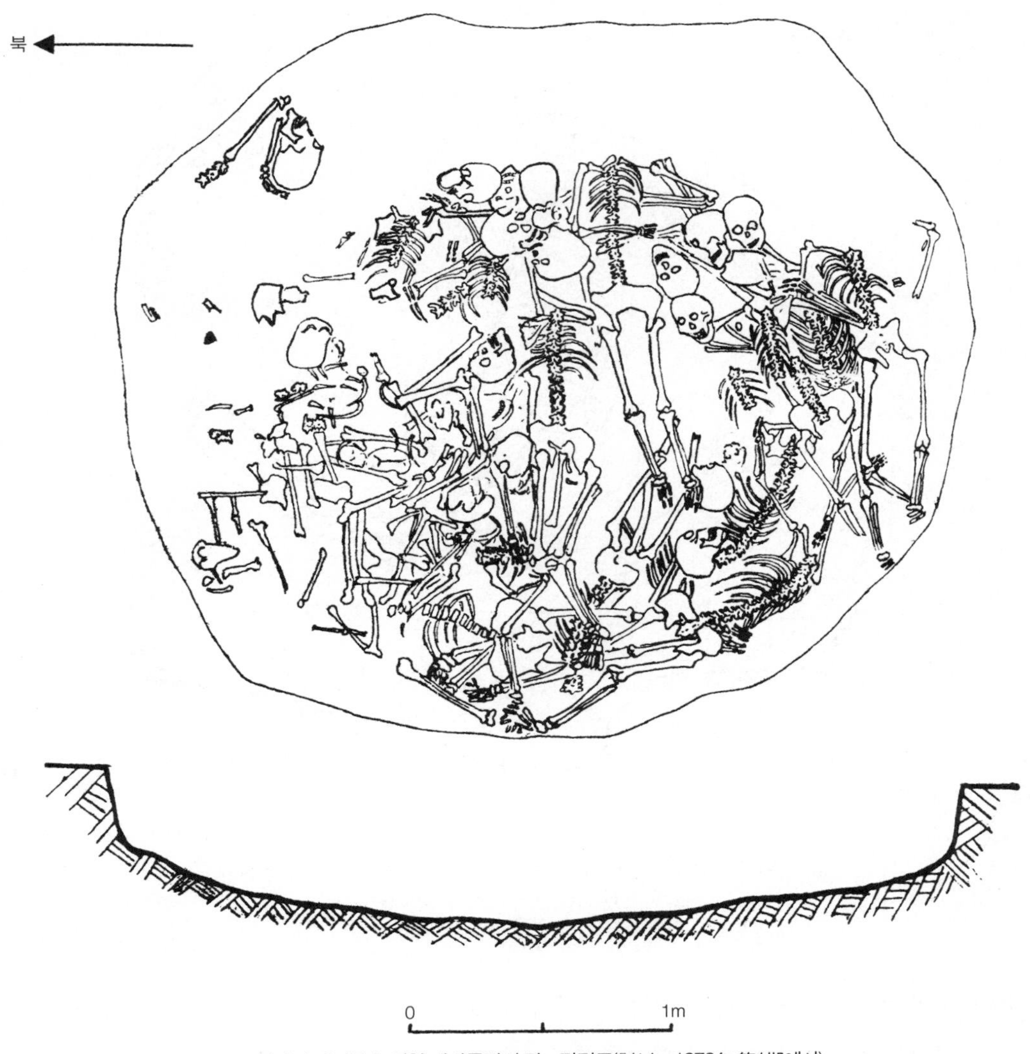

그림 42 안양 대사공촌 원형 제사구덩이 평 · 단면도(『考古』 1978年 第1期에서)

덩이의 평면은 타원형에 가깝고, 동서 길이 2.8m, 남북 너비 3.34m, 깊이 0.6m이다. 구덩이바닥은 불규칙하게 둥근 모습이다. 구덩이의 북반부는 전국시대 문화층이 파괴하였다. 구덩이에는 머리뼈 31구와 머리가 없는 몸체뼈 26구가 남아 있다. 머리뼈와 몸체뼈가 분리된 채 출토되었으며, 1구의 경우만 머리와 몸체가 부분적으로 연접된 채 완전하게 절단되지 않았다. 이러한 점은 원래 31인이 피살되어 매장되었음을 알려준다(머리가 없는 몸체 5구는 전국시대 문화층에 의한 훼손으로 유실되었다). 죽여서 서로 중첩되게 매장함으로써 일정한 매장자세가 없다〈그림 42〉. 인골의 감정결과 많은 수가 30세 내외의 남성이고, 소수가 4~7세

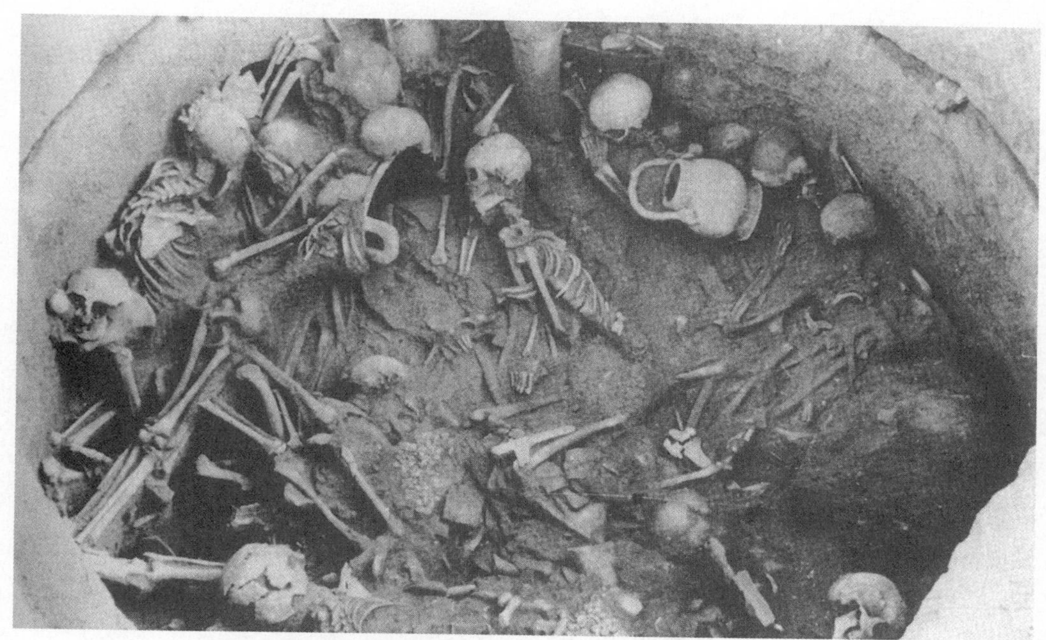

그림 43 안양 후강 원형구덩이의 인생과 청동기(『考古』 1961年 第2期에서)

의 아이이다.[40]

후강의 원형 제사구덩이는 1959년 고루장 후강 은나라 종족묘지의 남사면에서 발견되었다. 구덩이는 우물 모양으로 직경이 상부 2.2m, 바닥 3m이고, 깊이 3.6m이다. 발굴은 3차로 나뉘어 진행되었다. 구덩이에는 희생된 사람 73구가 매장되었고, 3층으로 나뉜다.

상층에 25구가 매장되었고, 그 가운데 전신을 갖춘 것이 20구이고, 머리가 5개이다. 뼈에 한 층의 홍색이 입혀져 있다. 일정한 매장 자세가 없어 엎어진 채 다리를 편 부신직지附身直肢, 부신굴지, 무릎을 꿇은 것, 두 손으로 머리를 감싼 것과 측신굴지의 자세 등이 있다. 이마에 칼에 베인 흔적이 있는 것도 있다. 감정 결과 모두 남성이고, 연령은 14세~19세가 가장 많고, 40세 이상인 자가 비교적 적다. 상층 인골과 함께 동반된 유물로는 '술사자戌嗣子' 명의 동제 정鼎을 비롯한 동제 작爵, 유卣(술통), 도刀, 촉鏃 각 1점과 과戈 2점 및 큰 무더기의 바다조개, 좁쌀과 마직품이 있다.

중층 29구는 전신을 갖춘 것이 18구, 머리가 10개, 머리 없는 몸체가 1구이다. 8구는 골

40 安陽市博物館 : 「安陽大司空村殷代殺殉坑」, 『考古』 1978年 第1期.

제 계笄(비녀)를 지르고 있고, 7구는 조개 장식을, 2구는 옥제 장식을 가졌다. 뼈에는 한 층의 홍색이 입혀졌다. 매장 자세는 앙신, 측신, 부신이 있다. 2구의 인골은 서로 상대를 향해 무릎을 꿇고 동쪽을 보는데, 양 어깨가 아래로 수직을 이루고, 양발이 엉덩이에 붙어 있는 정연한 자세이다. 포박한 사람을 묻은 것으로 보인다〈그림 43〉. 감정 결과 성별과 연령은 상층의 인골과 유사하여 모두 남성이고, 청소년이 많고, 장년이 비교적 적다. 그 가운데 나이가 3~6세의 아이도 5구가 있다(안쪽 2구는 아직 젖니가 탈락되지 않았다).

하층 인골은 동제 정鼎, 작爵, 과戈를 비롯한 많은 도기와 함께 출토되었다. 파손된 도기편을 채운 층에 의해 다시 상층 인골과 하층 인골이 나누어진다. 하층 19구는 보존상태에 차이가 있어 전신을 갖춘 것이 2구, 정강이와 발뼈가 결여된 것이 5구, 머리가 10개, 위턱뼈 1개, 넓적다리뼈만 남은 것이 1구이다. 감정 결과 청년남성이 3구, 성년남성이 2구, 청년여성이 3구, 아이와 젖먹이가 6구이고, 나머지는 불명이다. 소량의 장식품과 바다조개가 동반되었다.[41]

후가장 왕릉구 제사구덩이와 약간 다른 점은 후강 제사구덩이에는 각 층위의 인골과 함께 동기, 도기 및 바다조개, 좁쌀 등이 동반된다는 것이다. 출토현상으로 추측하면 이런 유물은 죽여 제사할 때의 공헌용 기물과 제물로 제사가 시행된 후 생인과 함께 구덩이에 매납된 것이다.

이 3기 제사구덩이는 시대가 모두 은허 전기에 속하고, 또한 은나라 종족묘지의 남쪽에 배치되어 있으므로 그 성격은 역대 조상 모두에 대한 제사의 결과이지 어떤 조상 하나에 대한 제사의 결과가 아니다.

화원장 남쪽의 장방형 제사구덩이(M3)는 뼈를 대량으로 폐기한 구덩이의 서북에 위치한다. 1986년 발굴되었고, 구덩이어깨는 현 지표보다 1.3m 아래에 있고, 방향은 280°이다. 구덩이 어깨는 길이 1.7m, 너비 0.9m, 바닥 깊이 1.55m이다. 구덩이에는 소년의 인골 3구가 매장되었는데, 모두 부신직지의 자세이고, 장구를 갖추지 않았다. 북쪽의 1구는 두 손이 잘렸고, 가슴이 아래를 향하고, 자루 모양의 옥제 장식을 가졌다. 남쪽의 1구는 왼손과 오른발 발가락이 잘렸고, 왼손이 몸 아래 깔려 있다. 연대는 은허 만기에 속한다.[42]

41 中國社會科學院考古硏究所 : 『殷墟發掘報告(1958~1961)』 265~279면, 文物出版社, 1987年.

42 中國社會科學院考古硏究所安陽工作隊 : 「1986~1987年安陽花園莊南地發掘報告」, 『考古學報』 1992年 第1期.

은허에 희생된 유골의 감정과 연구

은허 왕릉구와 종족묘구에서 출토된 생인의 유골 가운데 해방 후 발굴된 것은 대부분 감정되어 발굴보고에 수반하여 발표되었다. 해방 전에 발굴된 일부의 생인 유골도 양희교 楊希校 선생이 북경으로 가지고 와 감정연구를 주재하여 발표하였다. 출토된 생인의 유골 가운데 왕릉구 제1차 발굴과 제4차 발굴의 자료가 수량이 가장 많고, 감정연구가 비교적 전면적이고 계통적으로 이루어져 은허 생인의 연령, 성별, 인종성분의 정황을 대표한다. 이를 인용하여 기술하면 다음과 같다.

제4차 발굴의 191기 제사구덩이에서 모두 1,178개체의 인골이 출토되었다. 감정된 것이 제사구덩이 100기에서 출토된 인골 715~718개체이다. 감정의 결과는 다음과 같다. 남성이 339개체, 여성이 35개체이고 나머지 341~344개체는 성별이 확인되지 않았다. 감정된 전체 인골 가운데 미성년의 아이가 19개체로 적고, 그 나머지는 모두 성년과 성년에 접근하는 개체였다. 여성 개체는 모두 머리뼈(몸 전체)가 보존되어 있었고, 대부분 이 제4차 발굴구의 최북부에 집중 분포하는 5기의 구덩이(4 · 5 · 6 · 12 · 13호 구덩이)에서 출토된 것으로 연령은 모두 20~35세 사이이고, 노년의 개체와 아이의 개체는 하나도 없다. 남성 개체는 대부분 머리뼈가 없는 것으로 그 연령을 파악하기가 힘들지만 자료에서 감정된 남성 개체의 연령으로 볼 때, 피살될 때의 연령이 15~30세 사이이고, 노년의 개체는 하나도 없다. 어린아이의 연령은 대다수가 6~7세이고, 227호 구덩이에서 출토된 1개체가 비교적 많아 약 12세이다. 다수가 머리뼈가 보존되었으나 없는 경우도 있다.[43]

제1차 발굴 제사구덩이의 인골은 감정을 거친 것이 337개체로 91기의 제사구덩이(원 보고에는 91기의 '작은무덤')에서 출토된 것이다. 그 가운데 327개체의 머리뼈가 86기의 제사구덩이에서 출토된 것이다. 감정연구에 의하면 이곳 머리뼈 평균 연령은 약 35세이고, 남성 머리뼈가 5/6, 여성 머리뼈가 1/6을 점한다. 형태에 따라 5개의 아종과 3개의 주요 인종으로 나눠진다. 즉 주요한 것이 북아시아몽고인종(I · IV · V아종)에 속하였고, 그 다음이 태평양니그로인종(II아종), 수량이 비교적 적은 것이 코카사스인종(III아종)에 속하였다. 약간의 머리뼈 계측 요소에서는 현대의 화북인 머리뼈보다는 감숙과 하남의 선사시대 사람의 머

43 中國社會科學院考古研究所體質人類學組 : 「安陽殷代祭祀坑人骨的性別, 年齡鑑定」, 『考古』 1977年 第3期. 『安陽殷墟人骨研究』 109~118면, 文物出版社, 1985年.

리뼈에 더욱 근접하였다.[44] 이런 문제에 대해 이의를 표시하는 학자들이 있다. 그들은 제1차 발굴의 제사구덩이 머리뼈 가운데는 피랍된 전쟁포로, 노예 혹은 죄수도 있을 가능성이 있으므로 비교적 복잡한 기원을 가진 것으로 인식하고 있다. 이 때문에 머리뼈의 형태변이가 비교적 크고, 체질유형이 비교적 복잡할 것이 상정된다는 것이다. 주요한 의문점은 이런 머리뼈에서 3개의 대인종 성분을 부인할 수 있을까 하는 것이다. 그들에 대한 파악은 이들 자료와 같은 제4차 발굴 자료가 서로 비교된 이후에 제출되어야 할 것이지만, 소위 '2개체의 코카사스인종 머리뼈(즉 제Ⅲ아종)'는 많은 점에서 몽고인종의 형태적 특징을 홀시할 수 없다. 머리뼈에 대한 일련의 계측수치로 볼 때, 그들과 선사시대 몽고인종이 현대 화북인의 유형과의 관계보다는 더욱 많은 유사점이 있다. 다음 소위 '태평양니그로인종(제Ⅱ아종)'은 중국 화남 일대의 신석기시대 만기 거주민의 머리뼈와 유사하거나 같을 가능성이 있어 당연히 몽고인종에 속하는 남부변경의 유형이다. 총괄하면 해방 전후 4차 발굴의 제사구덩이 인골 자료에 대한 머리뼈에 대한 계측은 물론 형태상의 관찰은 모두 마찬가지로 그들의 체형이 "몽고인종을 주 근간으로 하여 현대 북아시아, 동아시아와 남아시아 인종의 성분과 유사하고, 그 가운데 동아시아에 근접하는 것이 많이 있다. 체형에 있어서 이러한 여러 종의 성분은 은나라가 그들 주변 방국方國의 부락을 정복할 때, 여러 방향에서 온 이족異族의 포로를 포획하였다."[45]라고 할 수 있게 한다. 이런 해석이 설득력이 있다고 본다.

③ 갑골문에 보이는 인생

점복제사占卜祭祀에 쓰인 갑골문甲骨文에는 사람과 소, 양, 돼지, 개가 함께 제사의 제물로 나타나곤 한다. 오기창吳其昌은 1932년 발표한 「은대인제고殷代人祭考」[46]에서 가장 먼저 사람을 희생했다는 사실을 지적했다. 그의 주장에 대해 당시 많은 사람은 믿지 않았다. 복사 자료가 증가하고 지하에서 실증이 발굴되자 이제 이러한 주장에 의문을 표시하는 사람은 없게 되었다.

호후선胡厚宣 선생은 갑골문자에 대해 저술한 90여 종의 저술 및 장기간에 걸쳐 수집되

44 楊希校 : 「河南安陽殷墟墓葬中人體骨格的整理和硏究」, 『安陽殷墟人骨硏究』 28~47면, 文物出版社, 1985年.

45 韓康信 · 潘其風 : 「殷代人種問題的考察」, 『歷史硏究』 1980年 第2期. 「殷墟祭祀坑人頭骨的種系」, 『安陽殷墟人骨硏究』 82면, 文物出版社, 1983年.

46 吳其昌 : 「殷代人祭考」, 『淸華周刊』 37卷, 9, 10號, 1932年.

어 왔으나 아직 발표되지 않은 갑골 자료에서 인생과 관련된 갑골 1,350편과 복사 1,992조를 찾아냈다.[47] 갑골문에 인생과 관련된 복사의 시기를 살펴보면, 은나라 무정시기(기원전 1339~1281년)의 것이 가장 많아 갑골 673편, 복사 1,006조이고, 제사에 사용된 사람 수가 9,021인으로 집계된다. 또 1회에 가장 많은 사용이 500인이다. 나머지 531조는 사람 수가 집계되지 않았다. 그 다음이 늠신 · 강정 · 무을武乙, 문정시기(기원전 1240~1210년)이고, 갑골 443편, 복사 688조, 제사에 사용된 사람 3,205인으로 집계된다. 1회에 가장 많은 사용이 200인이다. 나머지 444조는 사람 수가 기재되지 않았다. 다시 그 다음이 조경 · 조갑시기(기원전 1280~1241년)로 갑골 100편, 복사 111조, 제사에 사용된 사람 621인으로 집계되고, 1회에 가장 많이 사용된 것이 50인이다. 나머지 57조는 사람 수가 기재되지 않았다. 다시 그 다음이 제을 · 제신시기(기원전 1209~1123년)로 갑골 93편, 복사 117조로 집계되고, 사용된 사람이 104인이다. 가장 많이는 1회에 30인을 사용하였다. 나머지 56조에는 사람 수가 기재되지 않았다. 인생의 기록이 가장 적은 것이 무정 이전, 즉 반경 · 소신小辛 · 소을小乙시기(기원전 1395~1340년)로 갑골 41편, 복사 70조로 집계되고, 제사에 사용된 사람은 100인이다. 가장 많이는 1회에 20인을 사용했다. 나머지 57조는 사람 수가 기재되지 않았다. 반경이 은으로 천도한 이후 나라가 망한 제신 때까지 8세대, 12왕, 273년(기원전 1395~1123년) 동안의 총계는 인생으로 사용된 사람의 수가 13,052인이고, 나머지 1,145조의 복사가 사람 수를 기재하지 않은 것이다. 그 조마다 1인으로 계산해도 살인제사에 사용된 사람 수는 적어도 14,197인이 된다.

제사를 지낼 때마다 사용된 인생의 수는 명확하게 기록되지 않았지만 적어도 20종으로 분류할 수 있다. 1인, 2인, 3인, 4인, 5인, 6인, 7인, 8인, 9인, 10인, 11인, 15인, 20인, 30인, 40인, 50인, 100인, 300인, 1,000인이 그것이다. 매회의 제사에 살해된 인생은 최소한 1인이고, 가장 많게는 1,000인에 달한다. 10인 이하의 수는 임의적이나 20인 이상의 수는 모두 10이 단위이고, 100인 이상의 수는 100이 단위이다.[48] 특히 명기해야 할 것은 여인의 사용으로 "戊辰下, 又艮妣巳一女妣庚一女"(粹 720)라 한 것과 같다.

47 胡厚宣 : 「中國奴隸社會的人殉和人祭(下)」, 『文物』 1974年 第8期. 본 절에 서술된 갑골문의 인생 숫자에서 출처에 대한 주가 없는 경우 모두 이 글에서 인용하였다.

48 張秉權 : 「祭祀卜辭中的犧牲」, 『中央硏究院歷史語言硏究所集刊』 38本 181~231면, 1968年.

인생에는 강羌인이 가장 많다. 강은 방국의 하나이고, 또 족속의 이름이기도 하다. 대략 지금의 섬서陝西 북부, 산서山西 서북부 일대에 거주하였다. 그들은 항시 은나라와 전쟁을 하였고, 패한 바 있다. 따라서 많은 수의 전쟁포로가 인생으로 쓰였다. 이 외 소수의 강인은 사냥과 목축을 하다가 은나라에게 포획되기도 하였고, 은나라 왕에 대한 봉헌으로 공납품이 되기도 하였다. 강은 갑골문에 (後編上 28.31), (粹 4054)로 썼고, 희생된 가축과 같이 새끼줄로 묶은 사람을 의미한다. 『설문說文』에 "강羌은 서융西戎으로 양을 목축하는 사람이다."라 하였다. 동한시기에 이르기까지 그들은 중국의 서북에 거주한 것으로 보인다. 강인을 포로로 잡은 수가 가장 많아 '강羌' 은 거의 포로를 대신하는 말이 되었다.

강 이외에도 인생은 대大, 긍亘, 시尸, 상絴, 미美, , , , , 해奚, 이而, 인印, 복艮 등 10여 개 이상 방역方域에서의 포로 또는 사냥되거나 공납된 자들이다.[49]

전쟁포로, 사냥으로 획득되거나 공납으로 된 인생은 이족인으로 왕도에 도달하자마자 며칠 내에 '용用' 도掉(제물로 써버리다)되었다. 『춘추春秋 · 곡량전穀梁傳』의 '성공成公 17년' 조에 "제사란 그 계절의 신선한 음식을 올리는 것이고, 그때의 공경을 올리는 것이고, 그 아름다움을 올리는 것이지 신령들이 맛을 보는 것은 아닌 것이다."라고 하였다. 제사예의에 대하여 특별히 생각했던 은나라 사람의 경우에도 마찬가지였다. 많은 전쟁포로가 아직 노예로 전화되기 이전에 제단에서 헌상되고 희생되었다. 이것이 바로 "그때의 신선한 음식을 올리는 것이고, 아름다움을 올리는 것" 이다. 한꺼번에 다 써버리기 어려운 경우에는 당연히 잠시 동안 사육해서 노예로 부려먹었다. 이들 잠시 동안 사육된 전쟁포로는 일반적으로 제물로 써버리는 운명을 피하지 못했다. 노예로 전화된 포로는 갑골문에서 복僕, 신臣, 첩妾, 처鄋, 모母 등으로 썼다. 그들은 평상시에는 농업생산에 종사하며 각종 노역에 복무하였다. 어떤 때는 사냥에 사용되기도 하였고, 종군하여 싸우기도 하였다. 여기에 순종하지 않으면 수시로 다시 피랍되어 제물로 써버려졌다. 갑골문에서 '인人' 은 통칭하여 인생을 말하고, 대략 이러한 사람을 가리킨다.

생牲의 처리방법은 생을 사용하는 방법과 마찬가지로 명목이 많고, 수단이 잔혹하다. 고문자학자 요효수姚孝遂 선생의 연구에 의하면 대략 다음과 같은 십여 가지의 종류가 있다.[50]

49 姚孝遂 : 「商代的俘虜」, 『古文字研究』 第一輯 337~390면, 中華書局, 1979年.

ㄱ. 조俎 : 전신을 희생하는 것이다. 조俎로 쓴 사람은 대다수가 강인이다. 통상 비교적 융숭한 제사가 전신을 희생하는 제사였다.

ㄴ. 벌伐 : 머리를 자르는 것이다. 이것은 복사에서 가장 자주 보이는 희생의 방법이다. 갑골문에서 머리를 잘린 인생 혹은 제사에 머리를 자르는 것을 모두 벌伐이라 불렀다.

ㄷ. 鉞 : 벌伐과 뜻이 같은 것으로 머리를 자르는 것이다. 갑골문에서는 〈그림 44〉와 같은 모양으로 나온다. 마치 포로의 두 손을 뒤로 결박하여 풀어진 머리카락을 잡고 도끼로 머리뼈를 잘라내는 모습과 같다. 둘러 있는 몇 개의 작은 점은 핏물이 뚝뚝 떨어지는 모습이다. 은허에 배열된 구덩이에 머리가 없이 신체의 뼈만 있는 것과 신체가 없이 머리만 매장된 것이 대략 모두 벌伐과 鉞의 방법으로 처리된 것이다.

그림 44 갑골문의 '鉞' 자

ㄹ. 교烄 : 글자는 불 위에 사람이 있는 모습이다. 즉 불에 태워 죽이는 것으로 일반적으로 기우에 대한 제사에 썼다. 복사에서 교에 가장 많이 사용하는 것이 㚼와 婞로 여성에 속하고 그 신분은 당연히 여자 포로이다.

ㅁ. 심沈 : 『예기禮記 · 대전大傳』 주注에 "강물에 대한 제사를 심沈이라 한다."라고 하였다. 갑골문의 심沈자는 자형이 소나 양을 물속에 던지는 모습인데, 이것이 전의되었다. 소와 양에 국한하지 않고 물속에 던져 넣어 희생하는 방법 모두를 일컬어 심이라 한다. 심제沈祭의 주요 대상은 '강물[河]' 이고 홍수를 방비하는 제사이다. 그 뜻은 교烄와 정반대로 교는 불태우는 것이고, 심은 물에 던지는 것이다. 모두 여성을 사용하였다. 복사에 있는 '심처沈郪' (後編上 23.4), '처각염하郪玨畲河' (鐵 127.2)는 후세 하백에게 부인을 바치는 일이라는 '하백취부河伯娶婦' 의 기원이 된다.

ㅂ. 시(㪅 또는 攺) : 간성오于省吾의 「은계병지殷契駢枝 · 석시釋攺」에 의하면 시攺자는 달려드는 뱀의 모습으로 찢어 살해한다는 뜻의 전이이다.

ㅅ. 판副 : 『설문說文』에서 '부副' 의 전자篆字로 '판判' 으로 읽는다. 이것은 희생의 가슴을 빼개서 내장을 꺼내 바람에 말려 제사하는 것이다.

50 姚孝遂 : 「商代的俘虜」, 『古文字研究』 第一輯 337～390면, 中華書局, 1979年.

ㅇ. 兀 : 『설문說文』의 錢이다. 희생을 살해하여 채취한 피로 제사하는 것이다. 이런 제사는 대체로 후세의 '흔釁'과 같다.

ㅈ. 요尞 : 『증고增考』 26면에 "나무가 불 위에 있는 것으로 나무더미 여러 곳이 불타 화염이 올라가는 모습이다."라고 하였고, 『설문說文』에는 "요尞는 장작을 태워 하늘에 제사하는 것이다."라고 하였다. 복사의 '요尞'는 많은 것이 가뭄이 든 해에 기우제를 위한 것이다. 이 제사는 대다수가 소와 양을 사용하였고, 사람을 쓴 것은 잘 보이지 않는다.

ㅊ. 묘卯 : 『복사통찬卜辭通纂』 39편片 고석考釋에 의하면 "묘卯의 자형은 뜻을 취한 것으로 쪼개고 덮는다는 말이다."라 하였다. 이런 희생방법이 사용된 것은 일반적으로 소, 양이었고 때에 따라 생인牲人에게도 사용했다.

ㅍ. 탄彈 또는 弢 : 갑골문에는 〈그림 45〉의 형태로 나타난다. 글자는 弓자에 又, 혹은 攴자를 합한 것으로 바로 활을 장전하고 쏘아 떨어뜨리는 모습이다. '격擊'의 뜻이 있고 격살擊殺을 말한다.

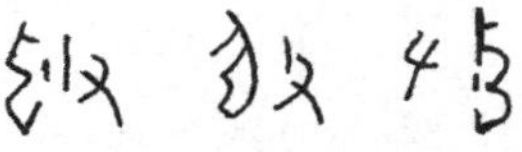

그림 45 갑골문의 탄(彈)자

이 외 통상적으로 말하는 살제殺祭에는 '용用', '지㞢', '세歲(戉, 戌)'와 酉가 있다.

주의해야 할 것은 어떤 희생의 방법은 특정한 포로에게만 사용하곤 했다는 것이다. 예컨대 酉는 복㞋, 𡿪에 시행했고, 조俎, 세歲는 '강인'에게 사용했고, 시䜴는 '시인尸人'에게 사용했고, 심沈과 교烄는 여자 포로에게 시행하였다.

앞에서 열거한 10여 종 이상의 인생을 제사에 헌납하는 방법은 대다수가 무정시기에 발생하였다. 살제의 횟수와 사용된 사람의 숫자도 그때 가장 많아, 많게는 1회에 1,000명을 살제에 이용했다. 중기의 제사에도 인생이 사용되었지만 수량은 감소하였다. 만기에 이르러서는 제사가 극히 빈번하였으나 사용된 사람의 수는 크게 감소하였다. 일반적인 정황에서는 단지 '뇌우일벌牢又一伐'로 적방의 두령만을 살제에 사용하곤 하였다. 요효수 선생은 관련된 688편의 갑골에 대하여 비교분석을 함으로서 아래와 같은 통계 숫자를 제시하였는데, 은나라 조기에서 만기로 가며 분명한 변화를 보여준다.

조기 – 무정시기 약 60년

사용된 인생이 기재된 수 : 5,418인

사용된 인생이 기재되지 않은 수 : 247회

1회에 사용된 인생의 최고 수 : 1,000인

인생이 사용된 총 갑골 수 : 379편

중기 – 조경부터 문정까지 약 90년

사용된 인생이 기재된 수 : 1,950인

사용된 인생이 기재되지 않은 수 : 189회

1회에 사용된 인생의 최고 수 : 300인

인생이 사용된 총 갑골 수 : 277편

만기 – 제을 · 제신시기 약 40년

사용된 인생이 기재된 수 : 75인

사용된 인생이 기재되지 않은 수 : 29회

1회에 사용된 인생의 최고 수 : 30인

인생이 사용된 총 갑골 수 : 32편

위의 통계 수자로 본다면 은나라에서 사용된 인생은 시간의 추이에 따라서 점차 축소되었다. 제을과 제신의 시기는 전쟁의 규모와 지속 기간이 조기와 중기를 초과하여 전쟁 중의 포로도 과거에 비해 증가했을 것이지만, 이런 많은 포로 가운데 소수만 제사에 사용되었고, 나머지 더 많은 포로는 노예로 부려졌을 것으로 논의되고 있다. 만기에 사람을 사용하여 희생한 수량이 감소한 것은 포로의 다수가 노예로 부려진 것을 반영한다. 은허 왕릉구와 귀족묘지에서 발견된 인생구덩이의 절대 다수가 은허 전기에 속하고, 후기에 이르러 점차 감소하는 현상은 갑골문의 기재와 완전히 부합한다.

(2) 지방과 방국

상나라 왕이 분봉한 지방 귀족통치구인 상왕조의 사방에 이웃하는 방국方國에도 마찬가지의 살인제사가 있어 살인하여 선조에게 제사하거나 전기생의 야만적인 습속이 있었다. 살인제사유적은 강소江蘇 동산銅山 구만丘灣, 전기생은 고성藁城 대서촌臺西村 상나라유적에서 발견되었다.

동산 구만

유적은 평지에 형성되었고, 아주 견고하게 다져졌다. 유적의 중앙에 4매의 큰 자연석이 세워져 있다. 큰 돌 주위에서 전신을 갖춘 인골 12구, 머리뼈 2개, 개뼈 12구가 출토되었다. 인골과 개뼈는 뒤섞여 있었고, 두향은 모두 큰 돌을 향하고 있어 중심에 있는 큰 돌을 신기神祇로 하여 사람과 개를 살해하는 제사가 진행되었음을 알려준다. 인골은 대다수가 위를 보며 누어 무릎을 굽힌 앙신굴슬仰身屈膝 자세로 두 손이 뒤로 결박되고, 머리뼈가 깨진 것이 절반을 점한다〈그림 46, 상〉. 머리뼈 주변 혹은 팔뼈 주변에서 돌맹이가 하나씩 출토

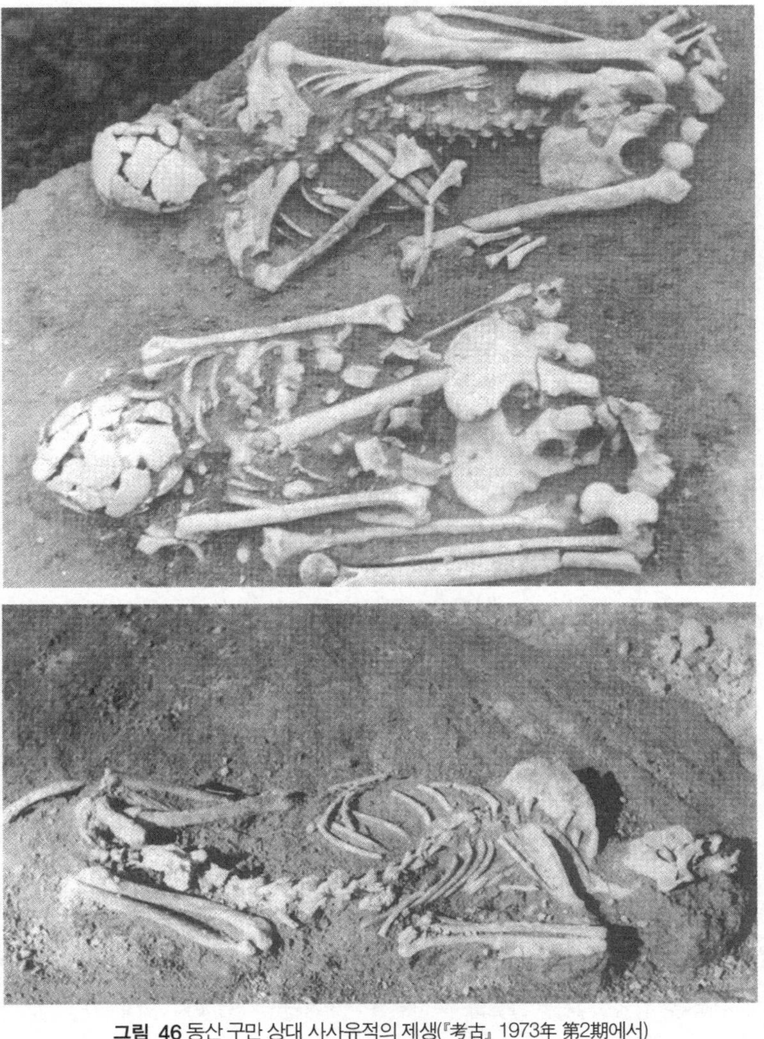

그림 46 동산 구만 상대 사사유적의 제생(『考古』 1973年 第2期에서)
상 : 인생, 하 : 개희생

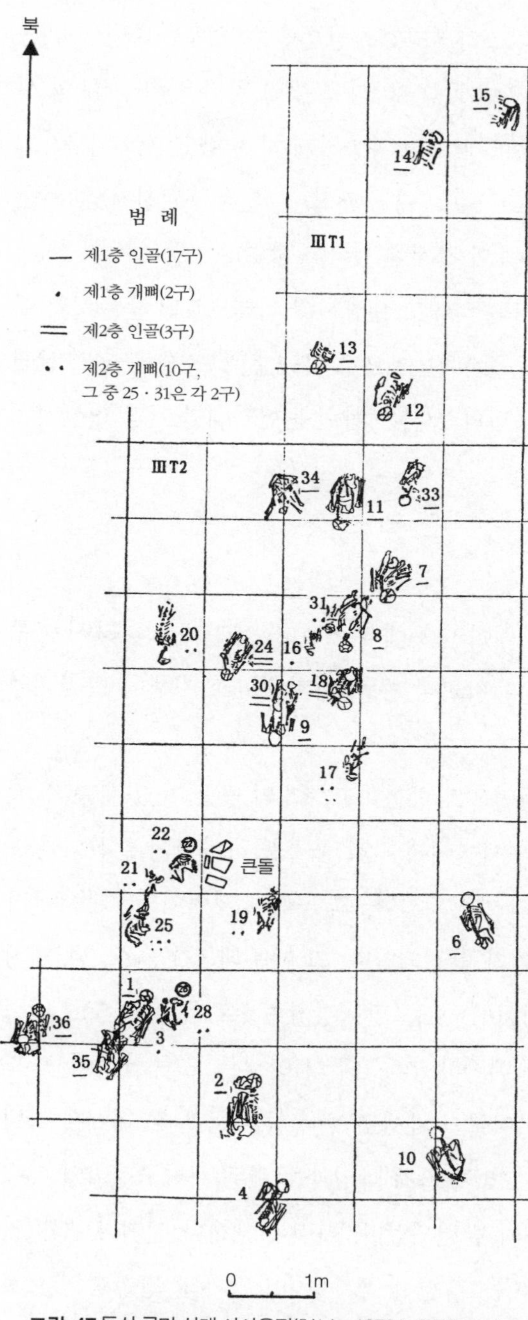

그림 47 동산 구만 상대 사사유적(『考古』 1973年 第2期에서)
제1층 인골 : 1 · 2 · 4 · 6~15 · 33~36, 제1층 개뼈 : 3 · 6, 제2층 인골 : 18 · 24 · 30, 제2층 개뼈 : 17 · 19~22 · 25 · 28 · 31

되는 것도 있어 돌에 맞아 죽었음을 나타낸다. 성별과 연령을 판단할 수 있는 것이 남성 6인과 여성 4인이고, 모두 청년과 중년이다. 전부 피살된 후에 묻혔다. 발굴자는 묻힌 깊이에 근거하여 인골과 개뼈가 층위를 달리하는 것으로 파악하였다. 하층에 인골 3구, 머리뼈 1개, 개뼈 10구가 속하고〈그림 46, 하〉, 상층에 인골 17구, 머리뼈 1개, 개뼈 2구가 속한다는 것이다. 일부의 인골과 개뼈는 같은 층에 중복된 채 놓이고, 상하층이 중복된 경우도 있다. 마찬가지의 제사방식이 적어도 2회에 걸쳐 진행되었고, 여러 차례에 걸쳐 진행되었을 가능성도 있다〈그림 47〉.[51]

동산 구만은 고대 동이족의 고지 남쪽 언저리이다. 이 일대에는 입석立石을 사주社主로 삼은 살인제가 성행하였다. 『회남자淮南子 · 제속훈齊俗訓』에 "은인의 예는 사社에 돌을 쓴다."라고 하였고, 고유高誘의 주에 "돌로서 사주를 삼는다."라고 하였다. 『태평어람太平御覽』 권 351에는 허신許愼의 『오경이의五經異義』를 인용하여 "지금 산양山陽

51 南京博物院 : 「江蘇銅山丘灣古遺址的發掘」, 『考古』 1973年 第2期.

의 사람들 속사俗社에는 돌이 주신主神이다."라고 하였고, 『좌전左傳』 '희공僖公 19년' 조에는 "여름에 송宋나라 양공襄公은 주邾나라 문공文公에게 증鄫나라 군주인 자작을 차수次睢의 사社에게 드리는 제물로 쓰게 했다. 이는 동이족에게 보여 복종하게 하려 했던 것이다."라고 하였다. 심흠한沈欽韓은 『수경주』와 『방여기요方輿紀要』에 근거하여 『춘추좌씨전지명보주春秋左氏傳地名補注』에서 차수의 신사는 서주부徐州府의 경계에 있다고 하였다.

이러한 것은 노남魯南과 소북蘇北 지구에서는 적어도 은상시대 이래로부터 춘추시기 이후의 한위漢魏시기에 이르기까지 일찍부터 돌을 사신社神으로 삼는 것이 유행하였고, 살인제사의 습속이 있었음을 설명해 준다. 구만유적의 발견은 이런 문헌기재를 가장 형상적으로 설명해 준다.[52]

고성 대서 상나라유적

유적은 안양 은허에서 남으로 약 200km 떨어진 곳에 위치한다. 1973년 상나라시기 주거지 14기가 발굴되었는데, 2호와 4호 2기의 비교적 큰 주거지에서 전기생이 발견되었다.[53]

2호 주거지는 남북향의 지면건축으로 평면은 장방형이고, 2개의 방을 가졌다. 전체 길이 10.35m, 너비 3.8m이다. 남과 북, 두 방의 서벽에서 각각 물소뿔 하나씩이 발견되었고, 남쪽 방 서쪽 기조基槽(벽구)에 도기 관罐 1점이 매장되었다. 그 속에는 젖먹이의 인골 1구가 들어 있었다. 북쪽 방 동측에서는 구덩이 4기가 발견되었다. 그 가운데 3기는 소, 양, 돼지를 나누어 매장하였고, 나머지 1기의 구덩이(H104)는 말각장방형으로 길이 1.5m, 너비 1.3m, 깊이 1.62m인데, 그 속에 인생 3구를 매장하였다. 3구의 인생은 모두 남성이고, 그 가운데 2명이 성년, 1명이 소년이다. 출토된 인골의 자세로 보아 줄로 묶은 후 뒤에서 구덩이로 밀어 넣은 것 같다. 이 4기의 구덩이는 2호 주거지 낙성과 관련된 제사구덩이일 것이다. 이 외 주거지 주위에서 사람 머리뼈 4개가 발견되었다. 이것이 제사나 전기와 관련 있는지는 앞으로 연구되어야 한다. 6호 주거지는 평면이 곱자형이고, 6개의 장방형 방으로 구성되었다. 전체 길이 12.9m, 너비 4.85m이다. 서쪽 세 번째 방 모서리에서 전기생의 머

52 兪偉超 : 「銅山丘灣商代社祀遺址的推定」, 『考古』 1973年 第5期 참조.
53 河北省文物硏究所 : 『藁城臺西商代遺址』 20, 21, 25면, 文物出版社, 1985年.

리뼈 1구가 발견되었다. 여성으로 약 18세 내외이다. 또 주거지 주위에는 사람 머리뼈 5개가 흩어져 있었다. 이들의 의미는 2호 주거지 머리뼈와 같을 가능성이 있다.

지방과 사방으로 인접한 방국의 귀족무덤에도 인순을 사용한 장례가 있었고, 살제의 인생도 있었다. 이에 대해서는 다음 장에서 전문적으로 고찰해 보도록 하자.

제 4장

은상무덤의 인생과 인순

은상 통치자는 종묘와 왕릉에서 많은 수의 인생을 조상에게 바쳤다. 조상을 매장할 때 일련의 사람을 사용한 살제를 시행하였고, 동시에 순장인을 능묘에 함께 매장하였다. 이들 제사에서 피살된 사람과 순장된 사람의 신분은 서로 다르고, 사망의 성격도 마찬가지로 다르다. 과거의 고고학 보고와 연구논문은 한 가지로 파악하곤 하여 어렴풋이 그들을 노예로 설명하였고, 나아가 인생과 인순의 현상을 간단하게 노예사회의 주요 특징으로 설명하였다.[1] 그 영향이 계속되고 있기에 구분방법을 명확히 해야 한다. 근년에 이르러 이런 설명에 대한 비판이 가해졌다.[2] 인생과 인순은 성격이 확연하게 다르고, 엄격하게 구분된다고 하는 것이다. 말하자면 "생인의 신분은 주로 포로이고, 순인의 신분은 근친, 근신과 근시이다. 포로와 노예의 사이에는 밀접한 관계가 있지만 포로는 노예, 근친, 근신, 근시와는 다르다. 어떤 의미에서는 노예(노복)라고 말할 수 있지만 엄정한 의미에서는 전형적인 노예, 즉 생산노예가 아니다. 인순으로 파악된 것에서 주인과 순인의 관계, 인생의 제사를 지내는 자와 생인의 관계를 노예주와 노예계급과의 관계와 같이 파악하는 것은 귀족과 노복, 포로와 노예를 뒤섞는 한계를 가지기에 정확하지 않다. 인순과 인생은 역사와 사회의 한 측면

1 이러한 의견의 대표적인 것으로 곽말약(郭沫若) 선생의 『奴隷制時代』, 人民出版社, 1954年(1952년판과 1973년판도 있다)이다.

2 姚孝遂 : 「人牲與人殉」, 『史學月刊』 1960年 第9期 및 「商代的俘虜」, 『古文字研究』 第一輯 337～390면, 中華書局, 1979年. 顧德融 : 「中國古代人殉, 人牲者的身份探析」, 『中國史研究』 1982年 第2期.

을 추정할 수 있도록 할 뿐이지 노예사회의 주요 근거가 될 수는 없다."라는 것이다.

필자는 이상에서 서술한 기본 관점에 찬동한다. 이렇게 파악하는 주요한 근거는 갑골복사와 선진문헌先秦文獻이 된다. 따라서 필자는 그것에 고고학 자료를 덧붙여 이러한 관점을 더욱 견고하게 하고자 한다.

1. 인생과 인순의 구분

고고학 발굴 자료에 의거하여 인순과 인생을 구분하는 것은 갑골문과 선진문헌을 이용하는 것과 비교하여 많은 어려움이 있다. 발굴 자료에는 문자로 된 표준이 없고, 현존하는 현상과 원래의 모습은 아주 다를 수 있기 때문이다. 따라서 반드시 역사유물주의의 원리에 근거하여 갑골문과 선진문헌을 참조하면서 고고학 자체의 특징과 유골에 대한 과학적 감정을 이용하여 구분의 표준을 삼아야 한다.

은인은 귀를 숭상하였다는 '은인상귀殷人尙鬼'란 인귀人鬼(조상)에 대해 극히 숭배했다는 것이다. 그들은 사람에게는 영혼이 있다고 믿고, 사람이 죽은 후의 세계에서도 계속 현세와 같은 생활을 한다고 믿었다. 먹고, 입고, 쓰고, 출행하는 등의 삶에 필요한 각종 행위에는 친근한 하인의 시중이 필요하였다. 따라서 살아 있는 사람은 죽은 친인을 위하여 많은 먹을 것, 입을 것, 사용할 것, 감상할 것을 보내야 했다. 또 죽은 사람이 생전에 총애하고 믿었던 사람을 보내야 했다. 입고, 사용하고, 감상하는 것들은 본문과 크게 관계가 없기 때문에 논하지 않을 것이다. 소위 제공된 먹을거리의 주요한 것이 육식품이다. 소, 양, 돼지, 개, 닭, 물고기 외에 사람도 있다. 사람을 제물로 사용한 것이 인생人牲이고, 동물을 제물로 삼은 것이 제생祭牲이다.

은나라 사회는 비록 사람을 먹던 야만시대를 이미 지났지만 "사람을 잡아 제물로 삼는 법이 유행하였다."[3]라고 한다. 그들은 사로잡은 포로를 잔혹하게 살해하는 것이 종교의식

3 "사람을 잡아 제물로 삼는 법이 유행했다."라는 어구는 엥겔스가 타키투스(Tacitus)시대 독일 사람들에게 이 풍습이 유행했다는 것을 인용한 것이다. 당시의 독일 사람들은 "야만시대 중급 단계에서 고급 단계로 막 진입하던 민족이다." 「家庭, 私有制和國家的起源」, 『馬克斯恩格斯選集』 第4卷 139면, 人民出版社, 1972年을 참조.

과 마법의 한 내용이라고 파악하여 조상신령의 앞에 이를 '식용' 으로 제공하였다. 이는 부인할 수 없는 역사적 사실이다.

따라 죽어 보내진 '순인殉人' 의 정황은 제물로 제공된 인생과 아주 비슷하다. 그러나 그들의 신분은 아주 복잡하다. 업무를 처리하던 귀족, 육욕을 충족시키던 비첩, 시위하던 무사, 잡역을 처리하던 노복, 수레를 몰던 마부 등이 있다. 이들 순인은 모두 근친, 근신, 근시의 범위를 넘지 않는다. 이런 범위의 사람은 그들의 일체 모두는 주인에게 속하고, 주인이 죽으면 그들은 의무적으로 따라 죽었고, 또 따라 죽기를 원했다(감히 공개적으로 조금도 반항하지 않았다). 산 사람은 죽은 사람의 생전 신분과 지위에 비추어 그를 안치하는 방법을 달리하였는데, 널을 사용하거나, 어떤 유물을 부장하거나, 생전의 맡은 업무를 모방하는(창을 잡거나, 무엇을 타거나, 작은 새나 짐승을 기르거나) 등 각각 다르게 하였다. 일반적으로 말해 그들 모두는 수장(전신을 갖추고 매장됨)을 보전하려고 무덤에 안치되었다. 즉 많은 수가 죽은 사람의 좌우에 둘러서서 그를 지키려고 무덤에 안치되었다. 즉 '선환좌우旋環左右' 하여 '이위사자以衛死者' 한 것이다.[4] 이렇게 순사한 사람 이외에 수레의 말, 경위하는 개, 또 애완용의 작은 새와 작은 짐승이 순장에 포함된다. 이렇게 사자에게 복무하기 위한 동물을 일컬어 '순생殉牲' 이라 부르고, 그 성격은 육식으로 제공된 제사희생인 제생祭牲과는 달라 역시 구분된다.

인순人殉은 실제 인생人牲과 유사한 것이지만 순殉이란 글자 뜻은 죽은 자를 위하여 죽여 묻는 것이기에 사람을 죽여 묻는 것이 인순이다. 소와 양을 죽여 바치는 것 역시 순장이다. 따라서 공헌의 대상이 인귀(조상)이면 인순이라 부를 수 있고, 공헌의 대상이 사람 이외의 자연계 만물이면 생牲 혹은 인생이라 부르고 순이라 부를 수 없다. 이러한 견해가 정확한 것이고 앞에서 설명한 일종의 견해는 기본적으로 과거의 해석이었다. 그러나 혼란을 피하기 위하여 순장자의 성격에 따라, 즉 따라 죽은 순장자에 속하는 것을 인순이라 부르고, 제물로 순장자가 제공된 것은 인생이라 부르는 것이 비교적 타당하다.

만약 상술한 견해가 성립된다면 우리는 은상무덤의 발견 현황을 고찰함으로서 비교적 합리적인 구분을 할 수 있을 것이다.

4 『左傳』 文公 6년조 "秦伯任好卒, 以子車氏之三子奄息, 仲行, 鍼虎爲殉" 이란 구절에 대한 복건(服虔)의 주에 "殺人以葬, 旋環其左右曰殉" 이라 하였다. 두예(杜預)의 주에는 "以人從葬爲殉" 이라 하였다. 『左傳』 成公 2년조에는 송문공(宋文公)이 죽자 '始用殉' 이란 구절에 대한 공영달(孔穎達)의 소에는 "鄭玄曰 '殺人以衛死者曰殉'. 言殉還其左右也" 라 하였다.

2. 안양 은허무덤의 인생과 인순

2003년 말에 이르기까지 발표된 은상무덤은 대략 3,000여 기가 넘는다. 그 가운데 하남 안양 은허의 것이 절반 이상을 차지한다. 은허무덤은 일반적으로 규모가 크고, 정제되어 무덤주인의 신분이 비교적 높음을 나타내고, 장송의 과정에 죽인 순인의 수와 제물로 공헌된 생인의 수량도 비교적 많다. 공개 발표된 자료를 대략적으로 통계를 내면 인순과 인생이 시행된 은허무덤은 대략 100기이다(〈별표 1〉 참조). 이렇게 인순과 인생을 한 것과 그렇지 않은 은허무덤은 마찬가지로 모두 평면이 장방형 혹은 근방형의 구덩식이다. 무덤주인의 신분과 지위에 따라 무덤길[墓道]을 가진 것과 그렇지 않은 것으로 나뉜다. 무덤길을 갖춘 대형무덤은 후가장 북쪽의 왕릉구와 소둔, 대사공촌, 후강 일대의 종묘궁전구에 밀집해서 분포한다.

서북강 왕릉구는 무관촌의 정북 쪽으로 해방 후에는 습관적으로 무관촌 북지北地로 불리고 있다. 이곳은 은나라 왕, 왕실 혹은 고급귀족이 매장된 무덤구역이다. 발굴된 은허의 무덤길을 갖춘 대형무덤은 모두 26기이고, 그 가운데 네 개의 무덤길을 가진 것이 8기, 2개의 무덤길을 가진 것이 7기, 하나의 무덤길을 가진 것이 11기이다. 보존상태가 비교적 양호한 것으로 살펴보면 무덤길을 가진 대형무덤은 모두 청동 예기, 진귀한 옥석제 장식, 칠기, 도기 등이 부장되었고, 인순과 인생이 시행되었다. 또 무덤의 바깥에는 수레구덩이와 제사구덩이가 있다. 이들 대형무덤은 일찍이 도굴되었으며 대부분 엄중하게 파괴되었다. 따라서 유물이나 유해가 잘 남아 있는 것이 별로 없다. 심지어는 아무것도 남아 있지 않은 것도 있다. 무덤길이 교란된 것은 비교적 적지만 아직 발굴되지 않은 것이 있고, 자료가 공표되지 않은 것도 있다. 무덤 바깥의 제사구덩이는 무덤에 바짝 붙어 있는 것 이외에는 일반적으로 그것이 어떤 대형무덤에 속하는 것인지 확정할 방법이 없다. 따라서 실제 대형무덤에 얼마나 많은 인순과 인생이 있었는지를 열거할 수 있는 것은 많지 않은 편이다.

무덤길이 없는 구덩식은 모두 중·소형무덤에 속한다. 중형무덤은 무덤구덩이가 일반적으로 길이 3~4m, 너비 2m, 바닥 깊이 4~6m 내외이다. 덧널과 널을 갖추었고, 허리구덩이와 이층대二層臺를 두고 있고, 청동 예기와 옥석의 장식이 부장되었다. 중형무덤은 일반귀족무덤에 속하지만 은나라 왕실무덤도 소수가 있고, 부유한 평민의 무덤도 있다. 예컨대 소둔촌 북쪽의 5(부호무덤)·17·18호 무덤은 은나라 왕실무덤이다. 남구 유가장劉家莊

남쪽의 중형무덤은 부유한 평민의 무덤일 가능성이 있다. 소형무덤은 무덤구덩이가 일반적으로 길이 2m, 너비 1m, 바닥 깊이 3~4m 내외이다. 널은 있으나 대부분 덧널은 없고, 이층대와 허리구덩이도 없다. 부장된 유물로는 몇 점의 도기 혹은 옥제 장식만 있어 일반 평민의 무덤에 속하고, 극히 일부에만 순인이 있다.

발표된 것 가운데 인생과 인순이 이루어진 은허의 중·소형무덤은 주로 종묘궁전구, 서구의 효민둔孝民屯, 백가분白家墳과 남구의 매원장梅園莊, 설가장薛家莊, 곽가장郭家莊, 유가장劉家莊 일대에 분포한다. 일반적으로 도굴되었으나 상대적으로 양호하게 보존되었다. 중형무덤은 대부분 인순만 하였으나 일부는 인생을 사용하기도 하였고, 수레구덩이를 가진 것도 있다. 소형무덤에도 인순이 시행된 경우가 있다.

2003년 연말까지 발표된 은허의 수레구덩이 수는 약 30기이다. 그 가운데 5기가 소둔 궁전구에서 발견되었는데, 도굴의 피해를 입어 2기는 완전히 파괴되었다. 나머지 3기에는 모두 합해 나무수레 3대, 산 말 8마리, 순장된 마부 9인이 매장되었다. 이것들은 은나라 왕의 조상신령이 사용하라고 헌납된 것이다. 이에 대해서는 본서 제3장에서 이미 서술하였기에 여기서는 생략한다. 그 나머지 20여 기의 수레구덩이는 모두 은허묘지에서 발견되었다. 순인이 있는 것이 수레구덩이 총수의 대략 절반을 차지한다. 순인이 출토되는 수레구덩이는 대형무덤의 무덤길에 배치된 것이 몇 기 있으나 대부분은 단독으로 분포한다. 후자의 경우 일반적으로 어떤 대형무덤에 속하는지를 확인하여 여기에서 소개하기가 쉽지 않다.

은허에서 발견된 수레구덩이는 대다수가 구덩이에 수레 1대, 말 2마리, 순인 1인을 매장하였고, 소수가 수레 1대, 말 4마리, 순인 2인 혹은 3인을 매장하였다. 수레는 대부분 완전한 상태로 매장하였고, 매장하기 전에 먼저 매장할 부위에 2개의 좁고 긴 구덩이를 파서 두 바퀴를 안치하기 편하도록 하였다. 수레끌채와 수레축은 일반적으로 구덩이의 바닥면에 놓았는데, 어떤 것은 구덩이의 가운데에 얕은 구덩이를 파서 수레의 끌채와 축을 놓기 편하도록 한 것도 있다. 말과 순인은 모두 죽은 후에 매장하였다. 말은 수레끌채 양측에 배치하였는데, 대다수가 등과 등을 맞대고 있다. 청동의 거마장식이 동반되어 매장된 경우가 있다. 순인은 대다수가 수레의 뒤에 횡으로 누였고, 부신직지의 자세이고 얼굴은 아래를 향한다. 장구가 없고, 부장품도 없다. 출토될 때 일부 인골과 말뼈의 위아래에 돗자리무늬가 남아 있는 것이 있어 사람과 말을 매장하기 전에 먼저 구덩이 바닥에 돗자리를 깔았고, 매장 후에도 돗자리로 덮었음을 알 수 있다. 일부 인골과 말뼈가 수레의 아래에서 출토되어 매납 순서는 먼저 사람과 말을 안치하고, 나중에 나무수레를 놓은 것을 알려 준다.

은허에서 발견된 말구덩이[馬坑]는 대형무덤의 무덤길에 있는 것이 있고, 단독으로 배치된 것도 있다. 일반적으로 한 구덩이에 말이 2마리이고, 사람과 말이 함께 있는 것은 드물다.

대형무덤은 대부분 이미 파괴되었고, 중 · 소형무덤의 순장상황과 거의 같기 때문에 여기서는 각종의 다른 크기 무덤에서 분명한 자료가 되며 도굴되지 않거나 도굴의 피해가 적은 것으로서 인순과 인생이 실시되었거나 어떤 의의가 있는 12기의 무덤과 2기의 수레구덩이를 골라 이를 실례로 하여 분석함으로써 실제 은상무덤의 인순과 인생의 개황을 밝히려는 목적에 도달해 보도록 하자.

실례 1(번호 1) : 후가장 서북강 1001호 무덤〈그림 48〉

무덤바닥의 허리구덩이에 사람 1인, 개 1마리가 매장되었고 사람은 손에 석제 과戈를 잡고 있다. 무덤바닥의 네 모서리에 각각 2개의 방형구덩이를 파고 구덩이마다 사람 1인과 개 1마리를 매장하였고, 사람은 손에 동제 과戈를 잡고 있다. 이 9인은 모두 장년남성이고, 무릎을 꿇고, 개를 데리고 있어 그 신분은 무덤주인을 지키는 무장한 시종에 해당되고, 지하 귀매鬼魅의 습격을 방어하는 것이다. 덧널 바깥에 한 사람이 매장되었는데, 교란이 심하여 매장 자세를 알 수 없다. 원 보고서에는 순라군으로 규정하였으나 불명확하고, 원래는 더 많은 사람이 있었을 것으로 생각된다. 덧널 위의 이층대에는 10인이 매장되었다. 모두 전신을 갖추고 있다. 그 가운데 6인은 널에 앙신직지의 자세로 안치되었는데, 신장이 1.5m 내외이다. 화려하게 수식되어 그 신분은 무덤주인의 비빈이나 잉첩에 해당된다. 널이 사용되지 않은 5인은 매장 자세가 앙신의 자세도 있고, 부신의 자세도 있으며 의장儀仗유물과 혼재되어 있어 의장을 관리하는 하인일 것이다.

무덤구덩이 매토는 대부분 교란되었으나 아직 교란되지 않은 곳에서 사람의 머리뼈 하나가 출토되었는데, 머리를 베어 바치는 제사인 벌제伐祭에 사용된 사람일 것이다.

4개의 무덤길은 비교적 적게 교란되었다. 동쪽 무덤길에서는 사람의 머리뼈 6개, 머리 없는 몸체뼈 1구가 발견되었다. 남쪽 무덤길에서는 사람의 머리뼈 42개, 머리가 없는 몸체뼈 59구가 발견되었는데, 깊이를 달리하며 무덤구덩이 매토에 8조로 나뉘어 매장된 것이다. 대부분 부신의 자세이고 목의 방향은 덧널 쪽이다〈그림 49〉. 서쪽 무덤길에서는 사람의 머리뼈 10개가 발견되었고, 몸체뼈는 보이지 않았다. 북쪽 무덤길에서는 전신을 갖춘 인골

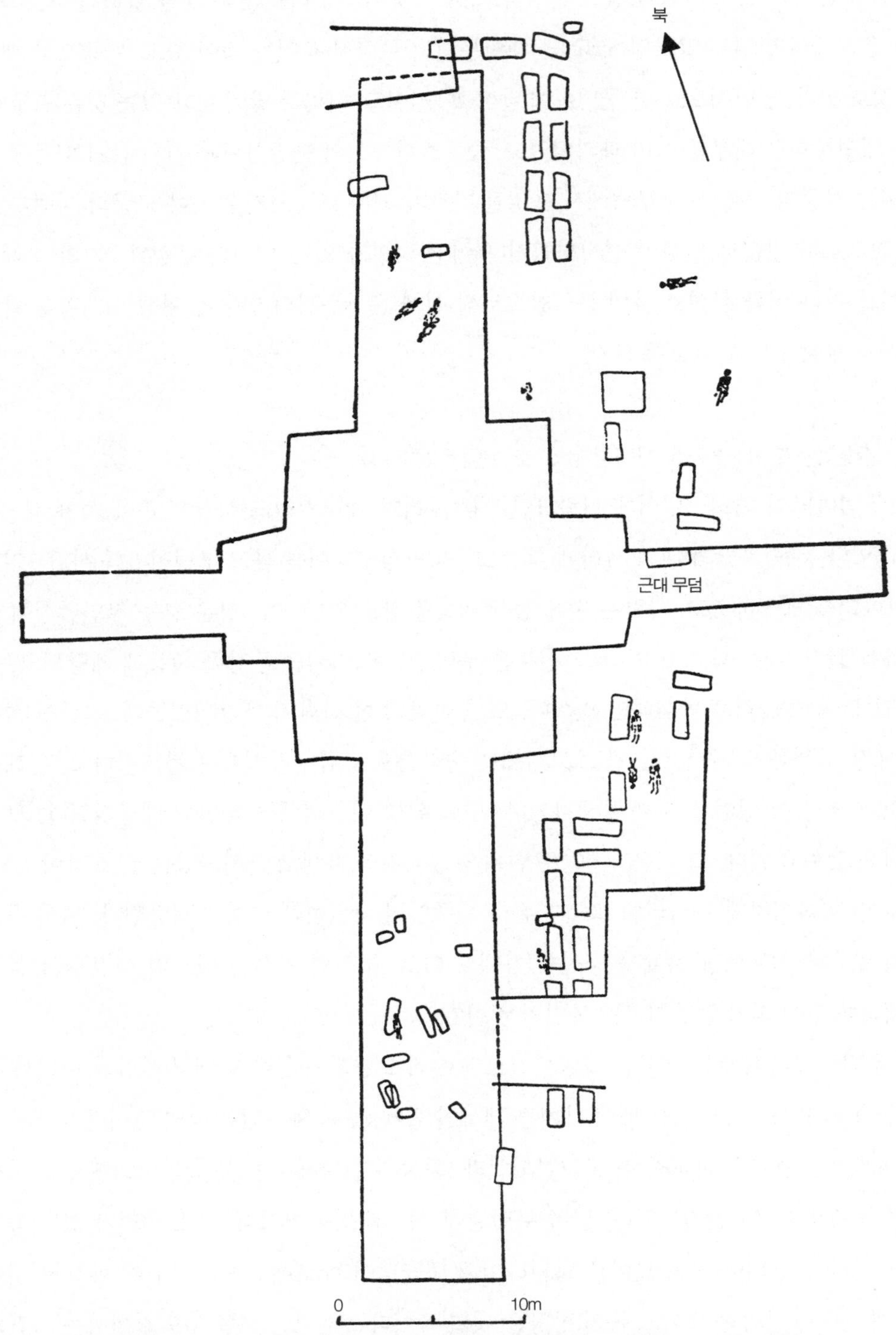

그림 48 안양 후가장 서북강 1001호 대형무덤 상층 및 동측 종장구덩이(『後家莊 · 1001號大墓』에서)

그림 49 은허 후가장 서북강 1001호 대형무덤 남쪽 무덤길의 머리 없는 인골(VII조)(『後家莊 · 1001號大墓』에서)

1구, 머리뼈 14개가 발견되었고, 몸체뼈만 있는 것은 없었다. 네 무덤길 모두를 합산하면 전신을 갖춘 인골 2구, 머리뼈 73개, 머리가 없는 몸체뼈 60구가 발견되었다. 서쪽과 북쪽 무덤길에 전신을 갖춘 사람 각 1인이 무덤구덩이 매토에 매장되었는데, 동일한 깊이와 위치이고, 소량의 동기와 도기가 부장되었다. 북쪽 무덤길의 전신을 갖춘 사람은 개 1마리와 함께 매장되었다. 이 2인은 무덤주인의 시종일 것이다.

네 무덤길의 머리뼈와 몸체뼈가 분리된 것은 다른 깊이에서 발견되었고, 일부를 제외하면 쌓여서 교차하지 않았고, 몸체뼈는 기본적으로 정연하게 배열되어 있었다. 이들은 모두 손을 뒤로 하여 묶였고, 엎어져 있고, 머리의 방향은 덧널 쪽이다. 머리뼈, 몸체뼈는 모두 청소년남성이고, 일부는 아이이다. 원보고는 그들을 무덤구덩이를 봉하는 과정 중에 무덤길로 끌려와 열을 이루며 무릎을 꿇고 무덤구덩이를 향하고 있다가 창자수創子手가 그들의 뒤에서 차례로 베어 이곳에 매장한 후, 무덤길을 다져 메웠다고 하였다. 머리뼈와 몸체뼈의 수량이 대체로 일치하고, 모두 청소년이라는 점 등의 여러 면에서 그들은 동일한 개체로 판단되기에 원보고의 분석은 합리적이다.

무덤구덩이의 동측에는 구덩이[土坑] 31기가 있다. 그 반은 동쪽 무덤길의 북쪽에, 반은 남쪽에 있어 무덤구덩이의 동벽을 감싸면서 둘러져 있는데, 주된 무덤구덩이와의 거리는 2m 내외이고, 기본적으로 대칭을 이루며 배열되어 이 무덤에 속하는 것으로 확정할 수 있다. 31기의 구덩이 가운데 22기에 사람이 매장되었고, 매장된 사람은 모두 68인이다. 구덩이마다 1~7인이 매장되어 균등하지 않고, 부신의 자세이고, 두향은 북쪽이 가장 많다. 북단의 1885호 구덩이가 가장 큰데, 허리구덩이가 있고, 널과 덧널을 갖췄고, 동제 예기와 거마장식을 부장하였다. 이층대에 또 인골 2구와 개뼈 2구가 있다. 나머지 구덩이 대다수도 부장품이 있는데, 가죽제의 발鉢을 가진 것, 동제나 석제의 과戈를 잡은 것, 동제 관管(대롱)을 소지한 것이 있다. 또 동제의 활 모양 기물을 가진 것, 바다조개를 가진 것 혹은 개가 함께 매장된 것이 있다. 이 68인은 무덤주인의 금위군禁衛軍이다. 7기의 말구덩이는 3기가 파괴되어 정황을 알 수 없고, 나머지 4기의 구덩이에는 모두 12마리의 말이 매장되었다. 말은 녹송석이 장식되고, 작은 동제 영鈴(방울)을 매단 화려한 고삐와 재갈을 가졌기에 무덤주인의 수레를 끄는 말로 볼 수 있다. 은나라 때에는 아직 말을 타지는 않았으므로 원보고는 수렵용으로 판단하였으나 확실하지는 않다.

이상 설명한 통계에 의하면 이 무덤의 실제 순인은 90인이고, 생인이 74인, 말이 12마리, 개가 11마리이나 실제는 이보다 많았을 것이다. 순인 가운데 무덤주인 동측의 1885호 구덩이에 묻힌 사람의 등급이 높고, 무덤 이층대 위의 널에 안치된 6인이 다음, 허리구덩이와 무덤바닥의 네 모서리, 이층대 위에 널 없이 매장된 자 및 무덤주인 동측 순인 모두 80인은 지위가 낮다.

실례 2(번호 11) : 무관촌 북지(서북강 동구) 50:1호 무덤 〈그림 50〉

무덤바닥 허리구덩이에 1인이 매장되었다. 전신을 갖추고 있고, 손에 동제 과戈를 잡고 있어 무장한 시위로 판단된다. 양측 이층대에 41인과 개 4마리, 원숭이 1마리, 사슴 1마리, 여타 동물 9마리가 매장되었다. 사람은 모두 전신을 갖추고 있는 점에서 양측 이층대의 매장 정황이 유사하다. 동측에 17인이 있는데, 두향이 북쪽이고, 기본적으로 배열이 정연하다. 8인은 널에 안치된 것이 확실하고, 5인에게는 동제의 용기와 옥 · 석 · 골제의 유물이 부장되었다. 서측에는 24인이 있는데, 배열이 정연하지 못하고, 18인의 두향이 북쪽, 나머지의 두향은 동쪽이다. 확실하게 널에 안치된 것이 6인이고, 8인이 부장품을 가지고 있다. 부장품과 유골의 특징으로 보아 동측 17인은 근신에 해당되고, 서측 24인은 잉첩에 속한다. 동측 9호 인골과 서측 8호 인골은 양측 이층대의 정중앙에 별도로 안치되었는데, 널이 가장 크고 부장품을 많이 가졌다. 따라서 양측 순인 가운데 으뜸이 된다. 원보고는 동측 12호 인골과 서측 3호 인골이 널이 없고, 동측 11호 인골과 서측 2호 인골의 주변 좁은 곳에

그림 50 은허 무관촌 1호 무덤 모형

배치되었기 때문에 동측 12호 인골이 11호 인골의 순인, 서측 3호 인골이 2호 인골의 순인이라 하였는데, 믿을 만하다.

무덤구덩이 매토는 대부분 교란되었고, 도굴구덩이의 흙에서 머리뼈 34개가 출토되었는데, 깊이가 다른 세 곳에 위치에 있었다. 머리뼈는 중앙을 보면서 바로 세워져 있어 그 신분은 생인으로 보인다. 몸체는 부근 제사구덩이에 매장되었을 것이나 현재는 알 수 없다.

두 무덤길 내에는 모두 사람, 말, 개가 매장되었다. 북쪽 무덤길의 중간에는 3기의 말구덩이가 있고, 거기에는 모두 말 16마리, 개 4마리가 매장되었다. 말구덩이 사이에 하나의 장방형구덩이가 있고, 여기에 2인이 매장되었다. 1인은 동제 과戈를 잡고 있고, 1인은 동제 영鈴을 휴대하고, 마주보며 웅크리고 있는 모습으로 보아 사경위司警衛이다. 남쪽 무덤길에는 3기의 말구덩이가 있고, 모두 합해 사람 1인, 말 12마리, 개 1마리가 매장되었다. 사람은 쪼그린 자세로 묻혔다. 이 순장인은 마차를 몰 준비를 하고 있는 마부이다.

이 무덤에 매장된 사람은 총 79인으로 전신을 갖춘 사람이 45인, 머리뼈가 34개이다. 동물은 57마리인데, 말이 27마리, 개가 11마리, 원숭이가 3마리, 사슴 1마리, 여타 동물 15마리이다. 무덤구덩이 매토에서 출토된 머리뼈는 생인이고, 나머지는 모두 순인과 순생殉牲이다.

실례 3(번호 12) : 무관촌 북지(서북강 동구) 260호 무덤(모무母戊무덤)〈그림 51〉

무덤길의 중부에 그 어깨 아래 깊이 35cm에서 사람 머리 23개가 균일하게 집중 분포하였다. 이는 무덤주인의 매장이 완료된 후 제사를 거행할 때의 생인 머리이다〈그림 51-2〉. 무덤길의 바닥에는 하나의 방형구덩이가 있고, 거기에는 전신을 갖춘 사람 4인이 매장되었다. 모두 하나의 널에 안치되었고, 부장품은 없다. 이는 순인에 속한다. 무덤구덩이 매토 깊이 7m에는 머리가 없는 몸체뼈 약 6구가 발견되었다. 이들은 매장 과정에 거행된 제사 때 사용된 생인의 것이다. 덧널의 벽 부근에는 전신을 갖춘 인골 5구가 교란된 채 있었다. 장구나 부장품이 없어 불명확하지만, 그들은 신분이 비교적 높은 순인으로 판단된다. 허리구덩이에는 머리를 자른 인골 1구가 매장되었다. 머리가 분리되었고, 앙신직지의 자세이고, 성년남성이다〈그림 51-3〉. 인골 아래에는 개 1마리가 매장되었고, 그 아래에서 큰 옥제 과戈 1점(파손 됨), 조개 3매〈그림 51-4〉가 출토되었다. 허리구덩이에 매장된 사람은 무덤주인 저승생활의 호위자로 순인에 속한다. 특이하게 이 무덤 허리구덩이의 사람은 머리가 잘라졌는데, 이는 잘 보이지 않는 현상이다. 허리구덩이에서 출토된 옥제 과戈는 순인이 수위하는데 사용된 무기를 상징하기에 대략 주인의 매장 전에 거행된 귀신을 쫓는 행위 중에 잘려진 것으로 보인다. 조개는 순인이 몸에 지닌 물건이다.

무덤과 무덤길의 양측에 제사구덩이 3기가 있다. 그 가운데 2기의 구덩이는 무덤의 동측에 있고, 구덩이에는 머리가 없는 몸체 8구가 매장되었다. 목의 방향이 남향인 것과 북향인 것이 각 4구이다. 모두 부신직지의 자세로 묻혔고, 서로 중첩되게 놓였다〈그림 51-5〉. 나

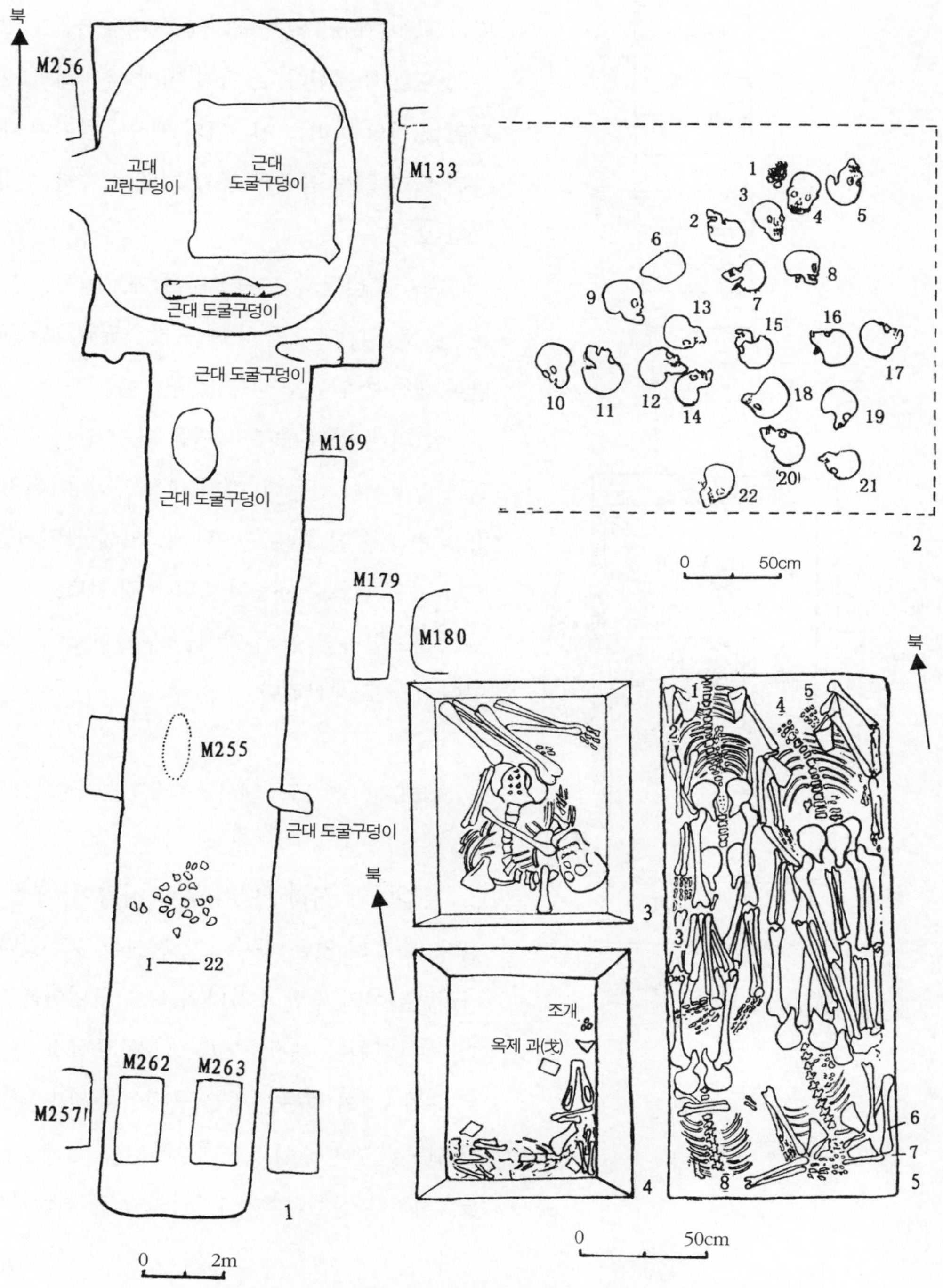

그림 51 서북강 동구 260호 무덤(모무무덤)(『考古學報』 1987年 第1期에서)

1. 평면도, 2. 무덤길의 사람 머리뼈, 3. 허리구덩이의 순인, 4. 허리구덩이의 개뼈, 5. 무덤길 바깥 동측의 179호 인생구덩이

머지 1기는 서측에 있고, 발굴되지 않았으나 구덩이에는 머리가 없는 몸체 6구 내지 8구가 있을 것으로 추정된다. 무덤길 어깨 아래에서 발견된 22개의 머리는 이 3기의 제사구덩이에 매장된 머리 없는 몸체와 동일 개체에 속하는 것으로 보인다.

무덤길 바닥과 무덤구덩이 매토에서는 많은 말, 소, 양, 돼지 등의 뼈가 발견되었으나 교란이 심하여 수량을 알 수 없다.

이 외 무덤길 중부 서벽을 파서 만든 하나의 덧방[耳室]이 있는데, 다져 채운 것이다. 이 덧방은 원래 순인 혹은 순생殉牲을 위해 설치되었으나 어떤 연고로 사용되지 않은 것 같다.

모두 합하면 이 무덤에는 생인이 28구, 순인이 18구로 계산된다.

실례 4(번호 20) : 대사공촌 576호 무덤〈그림 52〉

무덤바닥 허리구덩이에 한 사람이 매장되었다. 쪼그려 앉은 자세이고 전신을 갖추었다. 허리구덩이의 주변에 하나의 작은 구덩이를 파고, 개 1마리를 매장하였다. 남쪽 무덤길 가까운 곳에 3기의 평행한 작은 구덩이를 파고 구덩이마다 1인(X5 · 6 · 13)을 매장하였고, 동제 과戈를 1점씩 부장했다. 이 3인의 순인과 허리구덩

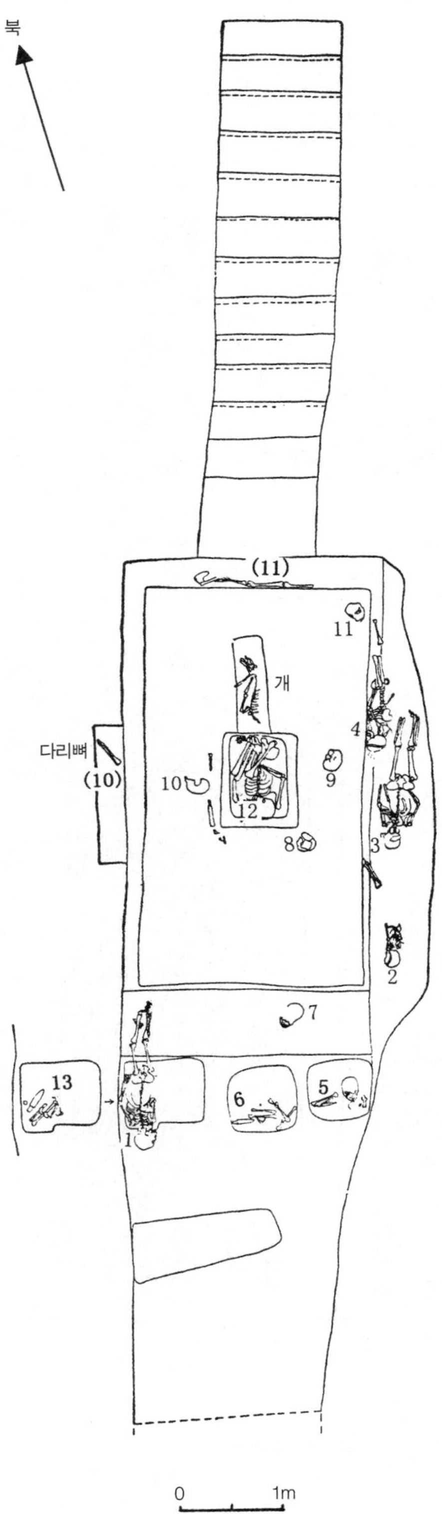

그림 52 대사공촌 576호 무덤(『殷墟的發現與研究』에서)
1~6 · 12 · 13. 순인, 7~11. 생인의 머리 및 일부 팔다리뼈(10)(11)

이 순인의 성격은 같은 것으로 모두 무덤주인의 시위이다. 무덤구덩이 매토에서 4개의 사람 머리뼈(X8~12), 남쪽 무덤길 선단에서 1개의 사람 머리뼈(X7), 모두 5개체가 출토되었다. 북벽 부근 덧널천장 위의 매토에 하나의 팔다리뼈(X(11)), 서벽 덧방(바닥이 덧널천장판과 같은 레벨)에 다른 하나의 팔다리뼈(X(10))가 출토되었다. 이 2구의 머리가 없는 팔다리뼈는 5개 머리뼈의 2개와 같은 개체에 속한다. 동벽 부근 덧널천장판 위의 매토에서 3구의 전신을 갖춘 인골(X2 · 3 · 4)이 출토되었고, 남쪽 무덤길 3개의 작은 구덩이 가운데 서쪽 구덩이의 위에서 1구의 전신을 갖춘 인골(X1)이 출토되었다. 이 4구의 인골은 모두 무덤구덩이 매토 속에 있는 것으로 장구가 없고, 부장품이 없어 몸과 머리가 분리된 5개체의 살인제사에 사용된 인생과는 처리방식이 다르다.

종합해서 이 무덤에는 순인이 4구이고, 생인 9구와 개 1마리이다.

실례 5(번호 27) : 은허 서구 701호 무덤 〈그림 53〉

서측 이층대에 2인이 매장되었다. 쌓여 있고, 엎어진 자세이고, 두향은 북쪽이고, 미성년이다. 출토 현상으로 보아 위의 순인은 원래 덧널의 위에 안치되었을 가능성이 있다. 이 사람과 함께 소머리 모양의 동제 가면이 동반되었다. 이는 그가 무덤에 들어올 때 귀신을 쫓는 방상方相이고, 신분이 노복임을 알려준다. 아래의 순인은 훼손이 심하여 신분을 알 수 없다.

무덤길 어깨에 9인을 매장하였다. 부신의 자세이고, 덧널을 향하고, 모두 미성년이다. 그 가운데 2인은 겨우 다리뼈만 남아 있고, 7인은 몸체의 절반이 도굴구덩이에 의해 파괴되었다. 부근에는 파손된 구갑龜甲이 정연하게 배열되었다(판축의 압력으로 파손). 남아 있는 흔적으로 보아 이 9인은 점복의식이 진행된 후의 살인제사와 관련이 있고, 단지 몸체만 매장되었을 가능성이 있다.

무덤구덩이 매토에 1인을 매장하였다. 머리가 아래, 다리를 위로 하여 아래를 보도록 하였다. 청년남성으로 역시 생인이다.

실례 6(번호 30) : 소둔촌 북지 18호 무덤 〈그림 54〉

덧널과 널 사이에 4구의 인골(동서 측에 각 1구, 남단에 2구)이 정연하게 배치되었는데, 죽여서 매장한 것이다. 모두 청소년이다. 그 가운데 2구는 동제 과戈를 잡고 있어 시위로 볼

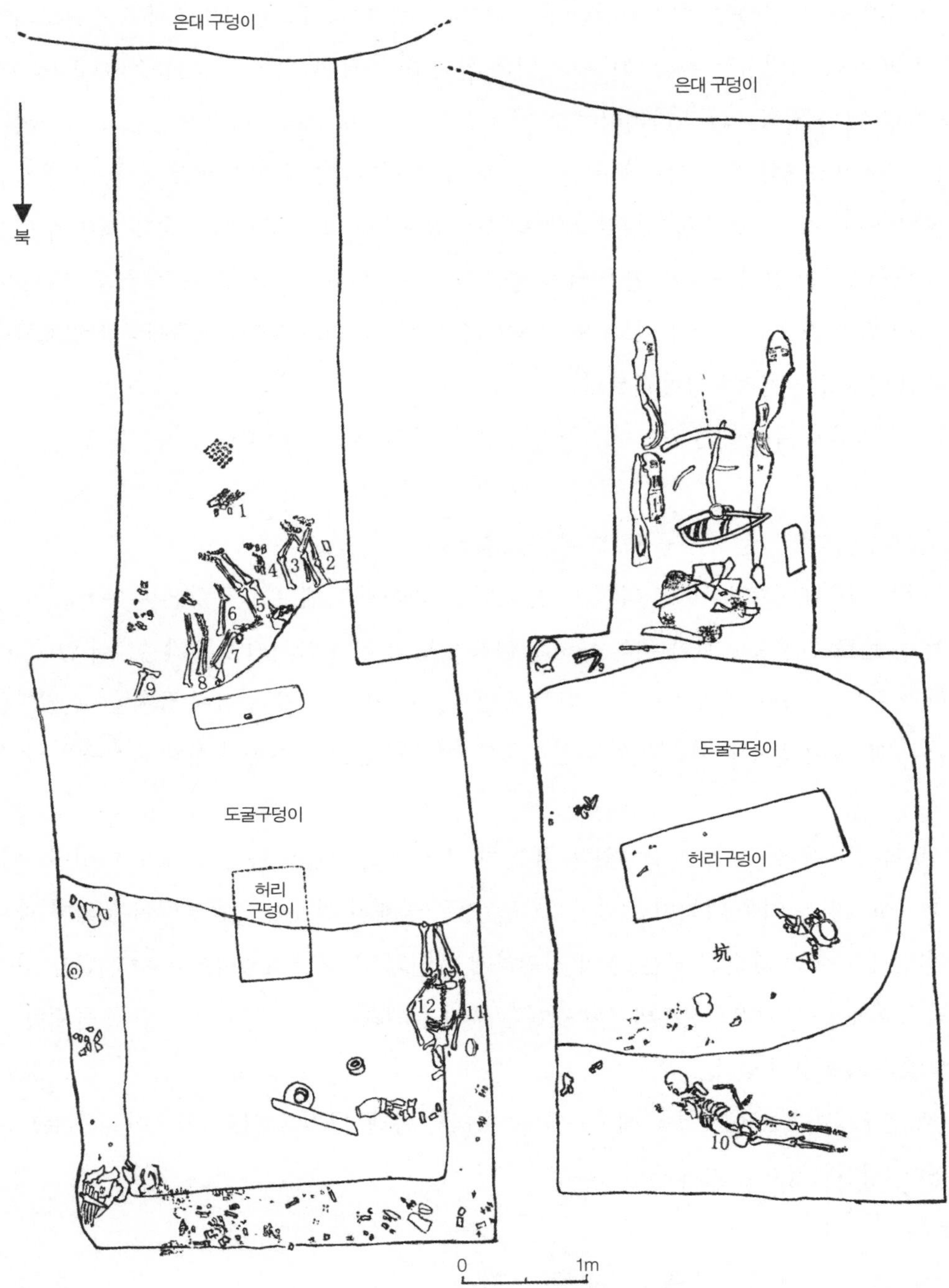

그림 53 은허 서구 701호 무덤(『考古學報』 1979年 第1期에서)

좌 : 무덤바닥, 우 : 지표하 깊이 4.05m : 1~10. 생인, 11 · 12. 순인

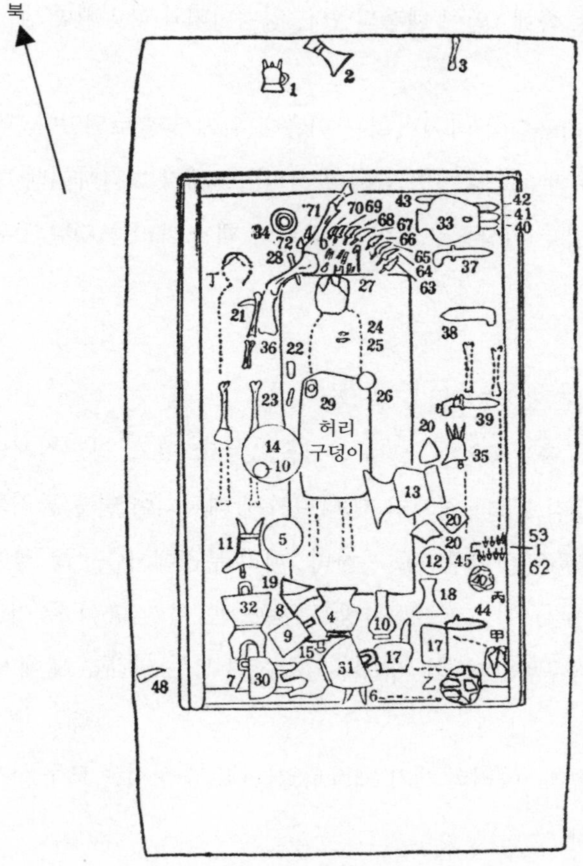

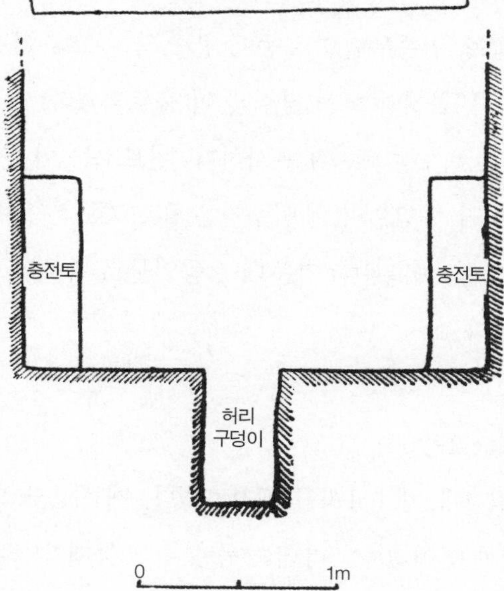

그림 54 은허 소둔 북18호 무덤 평 · 단면도
(『考古學報』1981年 第4期에서)

1. 도기 작(爵), 2. 도기 고(觚), 3. 돼지 넓적다리 뼈, 4 · 13. 동제 존(尊), 5. 동제 궤(簋), 6 · 11 · 35. 동제 작(爵), 7 · 8 · 16 · 18 · 19. 동제 고(觚), 9. 동제 키형기(箕形器), 10. 동제 유(卣)와 개(蓋), 12 · 30. 동제 정(鼎), 14. 동제 반(盤), 15 · 17. 동제 가(斝), 20. 도기 분편(盆片), 21 · 48. 동제 작(爵)의 다리, 22. 옥제 병형장식, 23. 옥제 추형기, 24. 옥제 각도(刻刀), 25. 옥제 이작(耳勺), 26. 옥제 원고형기(圓箍形器), 27 · 28. 옥제 계(笄), 29. 옥제 척(戚), 31 · 32. 동제 언(甗), 33. 동제 뇌(罍), 34. 도기 두(豆), 36. 소 넓적다리, 37~45. 동제 과(戈), 46. 옥제 과(戈)(33의 아래), 47. 옥조각(33의 아래), 49. 옥제 어(魚)(무덤 주인 입속), 50 · 51. 동제 작(爵)(31의 아래), 52. 동제 정(鼎)(4의 아래), 53~62. 동제 촉(鏃), 63~72. 골제 계(笄), 73~76. 바다조개(무덤 주인 입속) 甲 · 乙 · 丙 · 丁. 순인

수 있다.

무덤구덩이어깨 아래 1.9m의 매토 속에 1인이 매장되었다. 엉덩이뼈와 다리뼈만 남아 있다. 생인이다.

순장된 개가 2마리로 1마리는 허리구덩이 내, 1마리는 이층대 위에서 출토되었다. 이외에 소 넓적다리뼈 하나와 도기가 무덤주인의 머리 밑에 깔려 있고, 돼지 넓적다리뼈 하나가 북단 이층대 위에 놓여 있었다. 출토 현상으로 보아 소 다리와 돼지 다리는 덧널의 위에 부장되었던 것이다.

실례 7(번호 31) : 소둔 을7 건축지 남조 232호 무덤 〈그림 55〉

덧널과 널 사이에서 8구의 인골이 출토되었다. 모두 전신을 갖추고 있고, 앙신직지의 자세이다. 동측에 4구, 남측과 서측에 각 2구가 겹쳐진 채 나란하게 배치되어 널을 둘러싸고 있다. 팔다리뼈가 비교적 짧고, 얼굴은 무덤주인을 향한다. 머리 부근에서 옥, 골, 상아 등 재질로 만든 계笄, 사柶(수저), 황璜(서옥), 어魚(물고기)와 방포蚌泡(조개단추), 녹송석 등 머리 장식이 출토되었다. 이 8인은 '선환좌우旋環左右'의 비빈과 잉첩이며 모두 원래는 널에 안치되었을 것이다.

허리구덩이와 무덤구덩이 매토 속에 4마리의 개가 매장되었는데, 그 성격은 모두 사경위로서 순생이다.

이 무덤은 부장품이 아주 많은 중형 귀족무덤으로 동제 정鼎, 작爵, 고觚, 가斝(술을 뿌리는 용기), 뇌罍(몸체가 긴 술독), 부瓿 및 도기, 칠기와 옥석 장식 등이 출토되었다. 무덤주인의 신분은 소둔촌 북지 17 · 18호 무덤(번호 29, 30을 참조)과 유사하다. 원보고는 이 무덤을 을조 7호 건축지 낙성 후의 살인제사구덩이라 하였으며, 무덤주인은 을조 7호 건축지 남면 3조의 무덤(북조, 중조, 남조로 부르며 이 무덤은 남조에 속한다) 가운데 으뜸인물로 북조와 중조 군진의 지휘자로 추정하였으나 확실하지 않다.

실례 8(번호 32) : 화원장 54호 무덤 〈그림 56〉

무덤구덩이 매토에 사람의 머리 2개, 개 9마리를 매장하였다. 개는 0.5m의 간격을 두고 1~2마리씩 묻혔다. 뼈가 완전하게 남아 있는 5마리는 목 부위에 동제 영鈴을 걸고 있고, 4마리는 흩어져 있다. 이 2개의 사람 머리와 개 9마리는 무덤주인의 널을 내릴 때 거행된

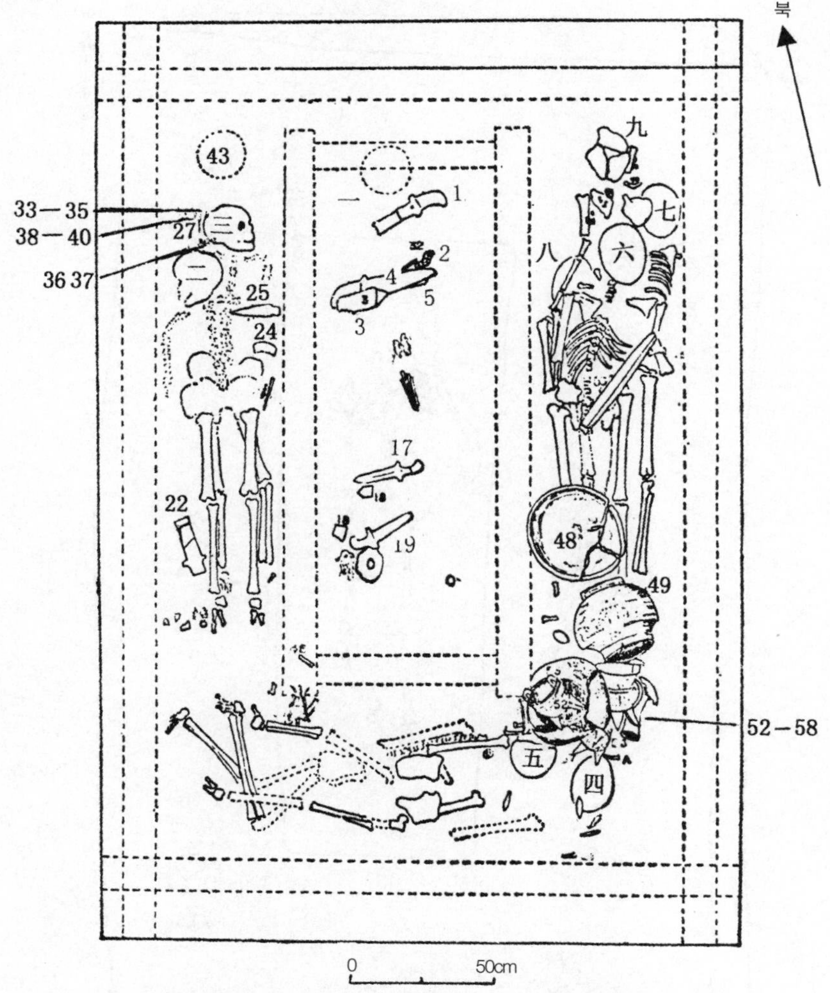

그림 55 소둔 을7건축지 남조 232호 무덤(『小屯 · 南組墓葬附北組墓補遺』에서)
一. 무덤 주인 뼈, 二～九. 순인

주요부장품 : 1 · 4 · 17 · 19 · 22 · 24 · 25. 동제 과(戈), 3 · 5. 석제 과(戈), 33～35 · 38～40. 옥제 계(笄), 36 · 37. 옥제 황(璜), 48. 동제 반(盤), 49. 동제 부(瓿), 52～58. 동제 정(鼎), 가(斝), 고(觚), 작(爵) 등

의식의 제사에 사용된 희생이다. 동서 이층대 위에 깐 흙에서 사람 머리 3개와 개 5마리가 발견되었다. 이들의 성격은 앞의 것들과 같다.

동쪽 이층대 바닥에서 3구의 인골이 일렬을 이루며 출토되었다. 상하 2구는 부신직지의 자세이고, 두향은 남쪽이다. 중간의 1구는 비틀린 채 작은 구덩이에 쌓여 있는데, 인골의 아래에서 옥제 산(대패) 1점이 출토되었다. 서쪽 이층대의 바닥에서는 1구의 인골이 부

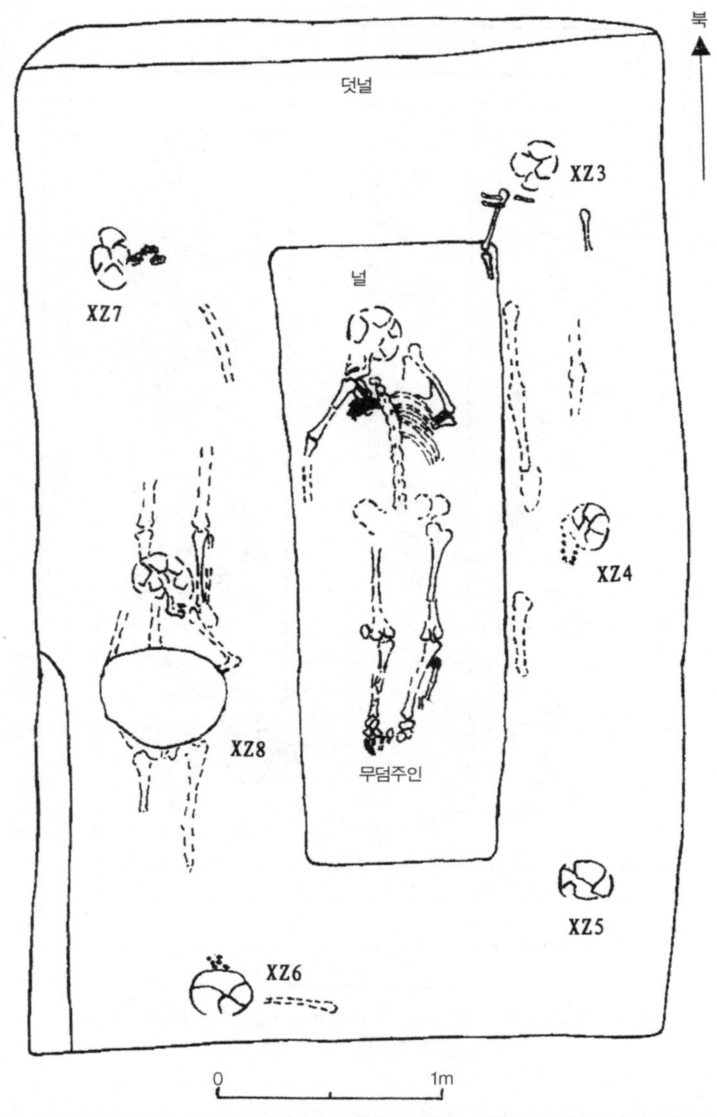

그림 56 화원장 54호 무덤 덧널과 널 사이 6구의 순인(XZ3~XZ8. 순인)(徐廣德 · 何毓靈 제공)

신직지의 자세로 두향을 남쪽으로 하여 출토되었다. 동서 이층대 위의 순인 4인은 모두 성년남성으로 생각되고, 그 신분은 무덤주인 생전의 시위 혹은 근신일 것이다. 덧널과 널 사이에서는 인골 6구가 출토되었다. 동서 양측에 각 2구로, 모두 두향이 북쪽이다. 남쪽에 매장된 2구는 머리가 각각 동과 서를 향한다. 이 6구 인골의 위와 아래에는 돗자리무늬 흔적이 있어 먼저 초본으로 짠 돗자리를 깐 후 순인을 안치하고, 그의 몸 위를 같은 돗자리로 덮었음을 알 수 있다. 6구 순인의 신분은 이층대 위의 4구보다 높아 무덤주인 생전의 희첩일 가능성이 있다.

허리구덩이에는 개 1마리를 매장하였는데, 사경위이다.

종합하면 순인이 10구(동쪽 이층대 3구, 서쪽 이층대 1구, 덧널과 널 사이 6구), 생인 5구(무덤구덩이 매토에 2구, 동서 이층대의 3구), 개 15마리(무덤구덩이 매토에 9마리, 동서 이층대의 5마리, 허리구덩이에 1마리)이다.

실례 9(번호 36) : 고루장 후강 16호 무덤〈그림 57〉

소형무덤으로 무덤주인은 덧널이 없이 널만 가지고 있다. 널의 흔적으로 보아 널은 길이 1.97m, 너비 0.64m, 높이 0.51m이다. 허리구덩이와 이층대가 있고, 동제 과戈가 부장되어 신분은 하급무사일 것이다. 인골은 이미 부패되었다. 서측 이층대에서 순인 1구가 출토되었는데, 좌측다리가 결실된 외에는 인골이 잘 보존되어 있다. 동제 과戈 1점이 부장되었다. 생전에 무덤주인을 따라 전투에 나갔을 때, 좌측 다리를 잃었을 가능성이 있다. 은허에는 이와 같은 작은 무덤에도 순인이 있는 경우가 많다. 이들의 무덤주인 신분은 일반 평민보다 한 등급 높은 것으로 보인다.

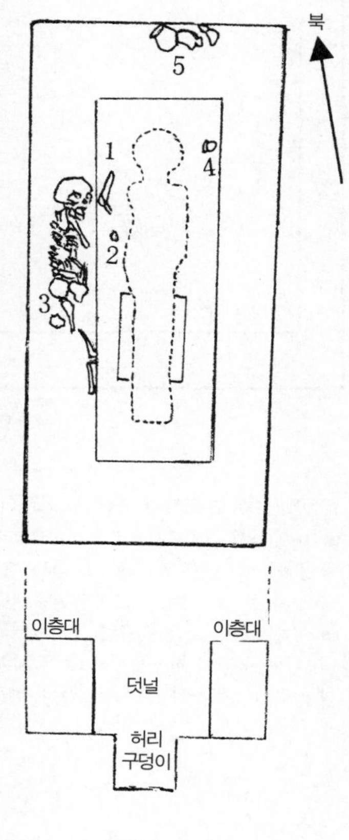

그림 57 고루장 후강 16호 무덤 평 · 단면도(『考古』 1972年 第3期에서)
1 · 3. 동제 과(戈), 2. 석제 장식, 3. 대합조개, 4. 도기 역(鬲)

실례 10(번호 66) : 은허 서구 1713호 무덤〈그림 58〉

장방형의 덧널무덤[木槨墓]이다. 덧널의 중앙에 널을 안치했다. 널의 무덤주인은 앙신직지의 자세이고, 두향은 남쪽이다. 순인은 3인이다. 1인은 무덤주인 발치 이층대에 있고, 부신직지의 자세이다. 두향은 서쪽이고, 우측어깨부위에서 구멍 하나가 뚫린 조개껍질 1점이 출토되었다. 장구는 가지지 않았다. 2인은 동측의 널과 덧널 사이에서 출토되었다. 쌓여 있는데, 1인은 측신, 1인은 부신의 자세이다. 두향은 모두 남쪽이다. 장구도 없고, 부장품도 없다. 3구의 순인은 키가 1.3

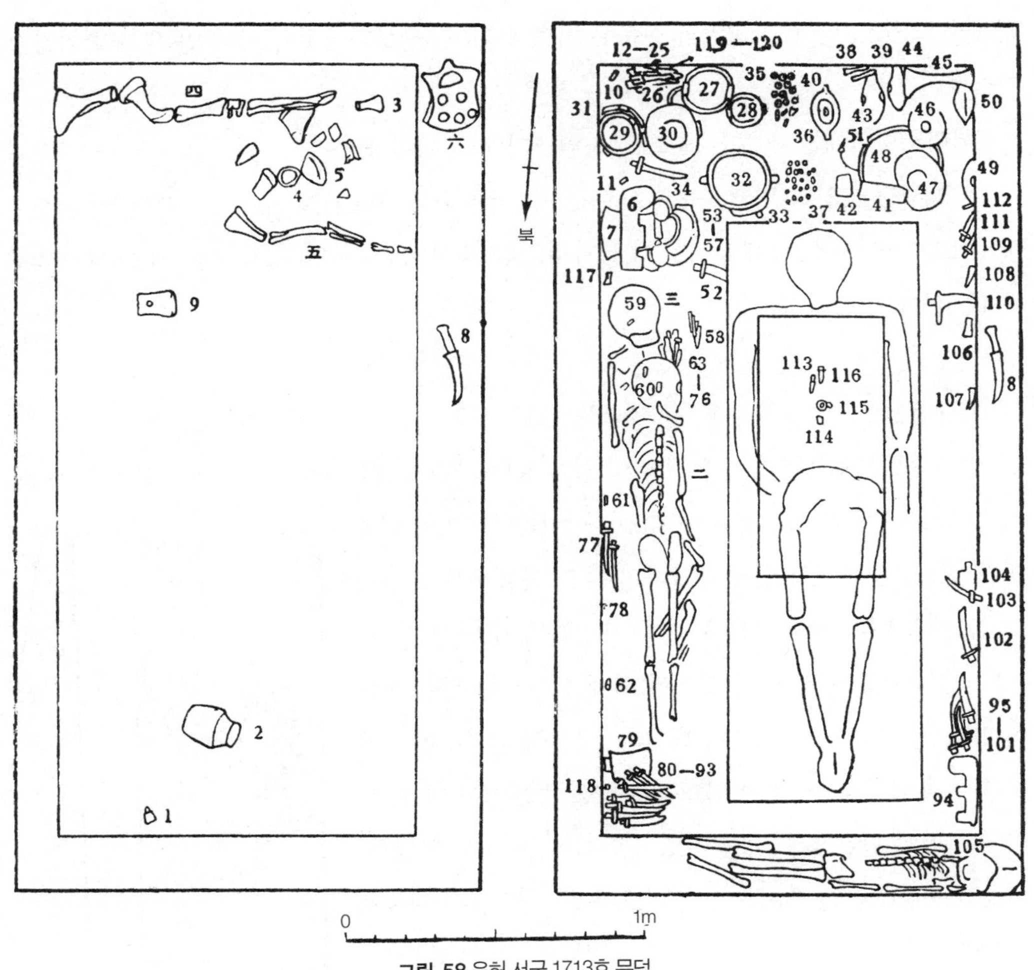

그림 58 은허 서구 1713호 무덤

1. 동제 영(鈴), 2. 도기 관(罐), 3. 도기 고(銬), 4. 도기 작(爵), 5. 도기 반(盤), 6 · 94. 동제 대도(大刀), 7 · 79. 동제 월(鉞), 8. 마두도(馬頭刀), 9. 석제 부(斧), 10 · 11. 동제 관(罐), 12~25 · 63~76 · 119 · 120. 동제 모(矛), 26. 동제 뇌(罍), 27~29 · 31. 동제 정(鼎), 30. 동제 언(甗), 32 · 33. 동제 궤(簋), 34 · 52 · 77 · 78 · 80~93 · 95~103 · 109~111. 동제 과(戈), 35. 조개장식, 36. 조개장식편, 37. 소석자(小石子), 38 · 39. 석제 천공조(穿孔条), 40. 동제 화(盉), 41 · 42. 석판, 43 · 44 · 50. 동제 작(爵), 45 · 46. 동제 고(觚), 47. 동제 존(尊), 48. 동제 반(盤), 49. 동제 유(卣), 51. 동제 가(斝), 53~57. 도기 관(罐), 59. 석제 장(璋), 59~61 · 118. 차(叉)형골편, 62. 凹자형골편, 104. 동제 산(鏟), 105. 조개장식, 106. 동제 분(錛), 107 · 108. 동제 착(鑿), 112. 동제 봉(棒), 113. 석제 자루장식 , 114. 제형석편, 115. 석제 장식, 116. 녹송석편, 117. 동제 투관(套管), 一~三. 순인, 四. 소 넓적다리, 五. 양 넓적다리, 六. 소 엉덩이

~1.4m 정도로 모두 소년이다. 덧널 뚜껑 위의 남단에는 제사에 사용된 소와 양의 넓적다리뼈 등이 있었다.

이 무덤의 부장품은 모두 190점이 넘는다. 그 가운데는 청동기가 91점이다. 매장정황과 동기의 명문으로 보아 제신시기의 귀족무덤이다. 이것의 규모와 인순, 인생의 양상은 은나라 말기 귀족무덤을 대표한다.

실례 11(번호 84) : 남구 유가장 남지 13호 무덤 〈그림 59〉

이 무덤은 비교적 특수한 소형의 순인무덤이다. 무덤이 크지 않고, 장구는 하나의 덧널에 2개의 널이 들어 있고, 이층대와 허리구덩이가 설치되었다. 무덤주인은 붉은 칠을 한 큰 널을 썼고, 순장인은 검은 칠을 한 작은 널을 썼다. 표면적으로 보아 서주西周의 첩을 순장한 무덤과 유사하지만, 무덤주인은 노년여성이고, 순인은 청년남성이다. 그리고 더욱 큰 차이는 2인의 머리 방향이 다르다는 점이다. 따라서 그 관계는 주인과 하인이지, 부부이거나 남편과 첩의 관계가 아니다. 이렇게 하나의 덧널에 2개의 널을 사용한 순장방식은 연대가 비교적 늦어 산서山西 영석靈石 정개촌旌介村 상나라무덤에서 발견된 바(번호 142번 참조) 있어 서주의 것들이 이것의 영향을 받은 것이다.

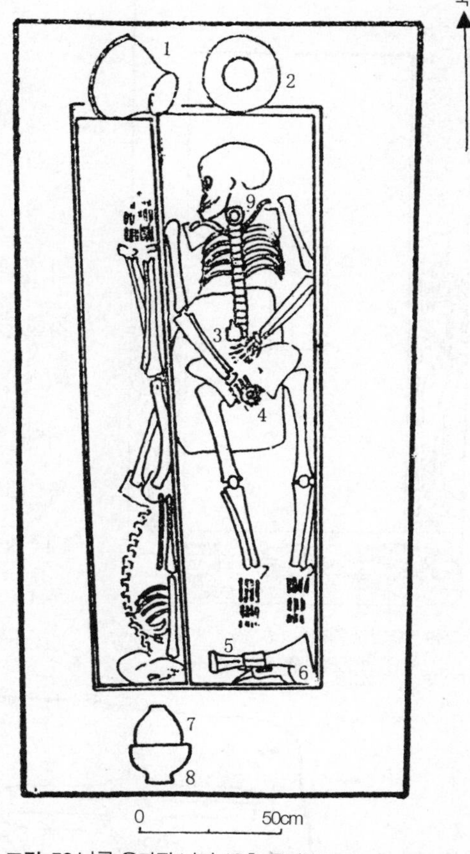

그림 59 남구 유가장 남지 13호 무덤(『中原文物』 1986年 第3期에서)

1. 도기 궤(簋), 2 · 7. 도기 관(罐), 3. 동제 장식, 4. 옥제 장식, 5. 동제 고(觚), 6. 동제 작(爵), 8. 도기 완(碗), 9. 옥제 환(環)

실례 12(번호 92) : 남구 매원장 7호 무덤 〈그림 60〉

부장품이 전부 도굴된 무덤으로 무덤주인의 인골은 남아 있지 않으나 널과 덧널의 흔적은 식별할 수 있다. 4구의 순인 인골은 비교적 양호하다. 2인은 성년여성으로 무덤주인 양측의 이층대 위에서 두향을 무덤주인과 같이하며 출토되었다. 나머지 2인은 아이로 무덤주인의 발치측 이층대 위에서 머리를 각각 동과 서로 하고 출토되었다. 이와 같은 일반적인 은허의 중형무덤은 흔히 발견되는 것으로 여러 명을 순장하였고, 순장자의 지위와 신분이 비교적 명확하다.

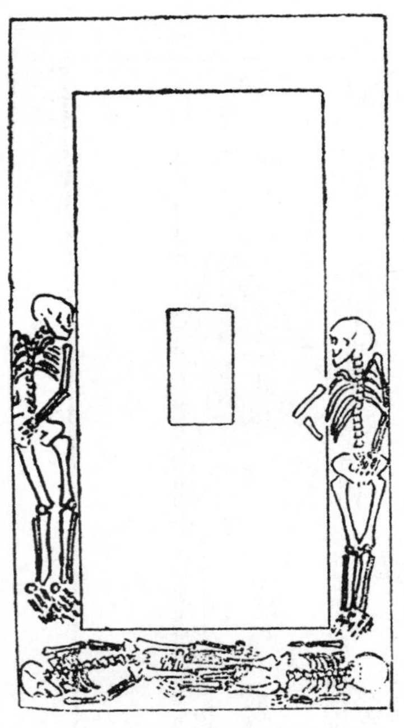

그림 60 남구 매원장 7호 무덤(『中原文物』 1986年 第3期에서)

실례 13(번호 97) : 서구 효민둔 1호 수레구덩이〈그림 61〉

구덩이에 마차 1대, 말 2마리, 1인이 매장되었다. 수레의 끌채는 동향이고, 두 바퀴는 먼저 오목하게 판 2개의 긴 구덩이에 안치했다. 2마리 말은 죽인 후 수레끌채의 양측에 머리를 동쪽으로 하고, 등을 맞대게 하여 배치하였다. 말에는 여軎(굴대), 종식踵飾(말 뒤꿈치 장식), 표鑣(재갈), 액軛(멍에) 등 동제 장식이 있다. 사람은 수레의 뒤에 옆으로 누었고, 부신직지의 자세이고, 두향은 북쪽이고, 부장품은 없다. 인골 위에 돗자리무늬가 있어 매장된 후 몸을 돗자리로 덮었음을 알 수 있다. 이 순인은 마차를 모는 마부이다.

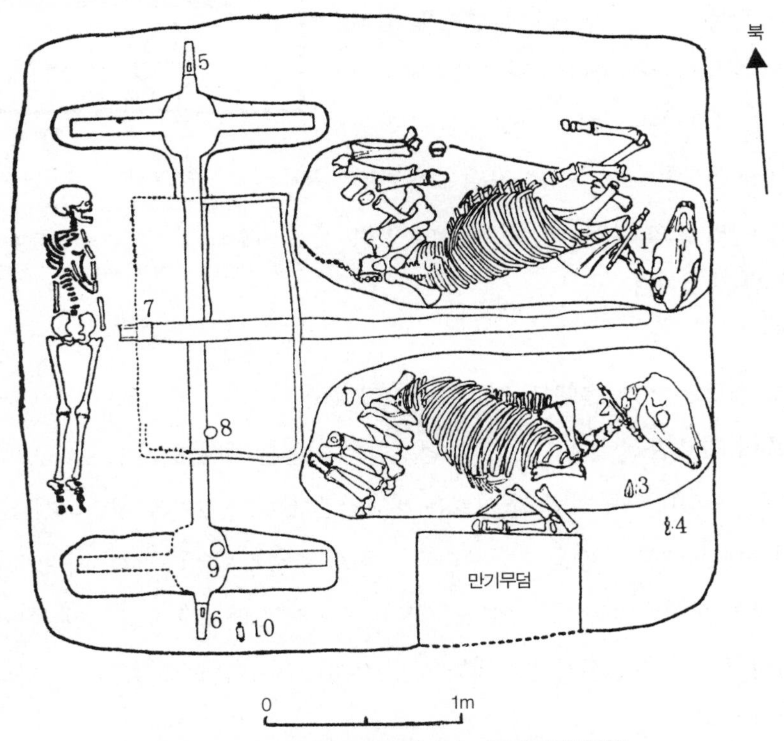

그림 61 서구 효민둔 1호 수레구덩이(『考古』 1977年 第1期에서)
1 · 2. 액(軛), 3. 삼각형기물, 4. 표(鑣), 5 · 6. 고(軲), 7. 종식(踵飾), 8 · 9. 둥근 돌, 10. 두 귀 달린 통 모양의 기물 (수레 뒤에 순장된 마부)

실례 14(번호 98) : 남구 곽가장 52호 수레구덩이 〈그림 62〉

구덩이에 수레 1대, 말 2마리, 2인이 매장되었다. 수레끌채는 서향이고, 두 바퀴는 먼저 오목하게 판 2개의 긴 구덩이에 안치했다. 말은 죽인 후 수레끌채의 양측에 머리를 서쪽으로 하고, 등을 맞대게 하여 배치하였다. 말에는 교烄(띠고리), 표鑣, 액軛 등의 동기가 장식되었고, 수레와 함께 사람을 매장했다. 한 사람은 수레 뒤에 옆으로 누었는데, 두향은 남쪽이고, 동쪽을 보며 부신직지의 자세이다. 오른손이 수레의 뒤턱나무 아래에 깔려 있고, 인골에는 주사朱砂의 흔적이 있다. 신장은 1.77m이다. 나머지 1인은 수레끌채 북쪽에 판 얕은

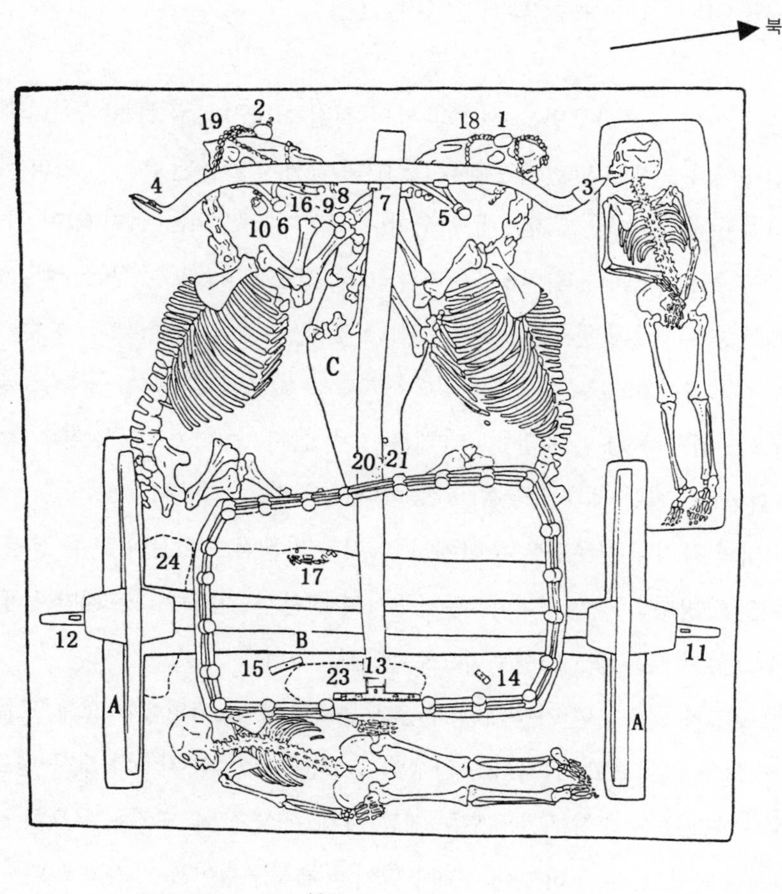

그림 62 남구 곽가장 52호 수레구덩이(『安陽殷墟郭家莊商代墓葬』에서)
A. 바퀴구덩이, B. 수레축구덩이, C. 끌채구덩이, 1 · 2. 대형 동포(銅泡), 3 · 4. 동제 삼각형장식, 5 · 6. 동제 액(軛), 7 · 8. 동제 짐승얼굴 형식(衡飾), 9. 중형 동포, 10. 동제 영(鈴), 11 · 12. 동제 고(軲)와 할투두(轄套頭), 13. 동제 종(踵), 14 · 15. 동제 간두(杆頭), 16. 소형 방환(蚌環), 17. 이빨장식, 18 · 19. 조개, 20 · 21. 중형 동포(끌채 아래), 23 · 24. 목제와 칠 부식흔

장방형의 구덩이에 묻혔다. 두향은 서쪽이고, 남쪽을 보고 있다. 두 손은 등 뒤에서 교차하고, 부신직지의 자세이다. 신장은 1.73m이다. 인골 아래에 돗자리무늬가 있고, 하반신 위에는 붉은 포布의 흔적이 있다. 따라서 이 순인은 초본으로 역은 돗자리를 깔고 매장하였고, 하반신을 붉은 포로 덮었음을 알 수 있다. 출토현상으로 분석하면 사람과 말을 먼저 죽여 매장한 후에 수레를 적당하게 놓은 것이다. 2인은 모두 25~30세의 남성이고, 마차의 마부이다.

3. 안양 은허 이외 상나라무덤의 인생과 인순

안양 은허 이외의 은상무덤은 은나라 왕의 직접통치구냐, 주변 방국이냐에 관계없이 무덤에서 인순이나 인생이 발견되곤 한다. 2003년 말까지 발표된 은허 이외의 각지 은상무덤은 대략 1,000여 기이다. 그 가운데 인순이나 인생이 인정되는 것이 60여 기를 넘는다. 이들이 발견된 곳은 하남河南 휘현輝縣 유리각琉璃閣, 정주상성鄭州商城 부근, 낙양洛陽 동쪽 교외, 원곡垣曲상성, 나산羅山 천호촌天湖村, 호북湖北 반룡성盤龍城, 하북河北 고성藁城 대서촌臺西村, 정주定州 철로화장鐵路貨場, 산동山東 청주青州(익도益都) 소부둔蘇埠屯, 등주滕州 전장前掌 대촌大村, 장구章丘 영가부寧家埠, 혜민惠民 대곽촌大郭村, 산서山西 석루石樓, 영석靈石, 섬서陝西 서안西安 노우파老牛坡, 빈현彬縣 단경촌斷涇村 등이다.

은허 이외의 각지 은상무덤은 은허에서 본 것과 기본적으로 같아 모두 평면 장방형, 혹은 방형, 혹은 근방형의 구덩식이다. 무덤주인의 신분과 지위는 다르지만 무덤길을 가진 대형무덤과 그렇지 않은 중·소형무덤으로 나눌 수 있다.

발표된 12기의 대형무덤 가운데 청주 소부둔 8호 무덤 이외에는 모두 도굴의 피해를 입어 유물이 모두 없어졌고, 심지어는 인생이나 인순이 있었는지조차 모를 정도로 파괴되었다. 보존이 약간 좋은 대형무덤은 모두 청동 예기, 옥석 장식, 도기를 부장하였고, 인순이나 인생이 시행되었고, 무덤 바깥에 수레구덩이와 제사구덩이를 가지고 있다. 무덤주인은 대략 은나라 왕이 그곳에 파견한 지방수장과 방국의 국군國君 및 그 가속이다. 무덤길을 가지지 않은 구덩식인 중·소형무덤은 그 크기, 결구방식, 부장품이 은허의 같은 종류 무덤과 기본적으로 유사하다. 인생이 약간 보이고, 인순 수량 및 배치방식은 비교적 복잡한데,

은허에서 본 것과 기본적으로 같은 것이 있고, 지역색을 가진 것도 있다.

아래에서는 발견된 각 지점에 따라 먼저 왕기지역을, 나중에 방국의 순서로 간단하게 설명하도록 한다. 여기에 설명하지 않은 것은 별표를 참고해 주기 바란다.

휘현 유리각

1951년 중국과학원中國科學院 고고연구소考古研究所가 53기의 상나라무덤을 발굴하였다. 이 가운데 2개의 무덤길을 가진 대형무덤이 1기(M150), 중형무덤 4기, 소형무덤 48기이다. 대형무덤과 141 · 147호 2기의 중형무덤에 인순이나 인생 흔적이 있다.[5] 1935년과 1936년 예전의 중앙연구원의 이 지역에 대한 발굴에서도 전국무덤과 상나라무덤이 발굴되었으나 항일전쟁 이후 자료가 반출되어 뿔뿔이 흩어졌다. 해방 초 곽보균郭寶鈞 선생이 수집한 자료를 집성하여 『산표진여유리각山彪鎭與琉璃閣』을 출간하였는데, 이 책의 부록에 2기의 상나라무덤이 있다. 그 중 1기(M54)가 순인무덤이다.

정주상성

1950년대, 하남문물공작대河南文物工作隊가 정주상성 부근에서 중 · 소형상나라무덤 100여기를 발굴하였다. 그 가운데 2기의 순인무덤이 있다.[6] 1997년과 1998년 또 상성 내에서 6기를 발굴하였고, 거기에는 1기의 순인무덤이 포함되었다.[7] 정주상성 및 그 부근에서는 무덤길을 가진 대형무덤은 거의 보이지 않는다. 이것은 무덤길을 가진 대형무덤이 정주상성의 시기에는 아직 출현하지 않았을 가능성을 나타낸다.

낙양 동쪽 교외

1952년 중국과학원 고고연구소가 낙양의 동쪽 교외 동대사東大寺, 파가로擺駕路 구촌口村 일대에서 은상 만기의 무덤 19기를 발굴하였다. 그 가운데 하나의 무덤길을 가진 대형무덤이 5기이고, 나머지는 중 · 소형무덤이다. 5기 대형무덤의 무덤길은 모두 곱자형이다. 무덤

5 中國科學院考古研究所 : 『輝縣發掘報告』, 科學出版社, 1956年.
6 河南省文物考古研究所 : 『鄭州商城』, 文物出版社, 2001年.
7 河南省文物考古研究所 : 「鄭州商城新發現的幾座商墓」, 『文物』 2003年 第4期.

은 엄중하게 도굴되었으나 동대사 101호 무덤에서는 순인유골 2구가 발견되었다.[8]

원곡상성

1988년과 1989년 중국역사박물관中國歷史博物館 고고부가 이 지역에서 상나라 조기(이리강 하층 문화)무덤 11기를 발굴하였다. 그 가운데 1기의 순인무덤(M16)이 있다.[9] 무덤길을 가진 것은 보이지 않았다.

고성 대서촌

1973년과 1974년 하북성문물연구소河北省文物硏究所가 이 지역에서 소형 상나라무덤 112기를 발굴하였고, 그 가운데 순인무덤이 11기로 발굴된 무덤의 10퍼센트를 점한다. 순인은 모두 13인이고, 그 중 9인이 이층대 위에, 1인이 덧널의 뚜껑판 위에, 3인이 하나의 널에 무덤주인과 함께 매장되었다. 이층대와 덧널 뚜껑판 위의 순인 10구 중 2구는 각각 좁고 작은 널을 가졌고, 나머지 8구는 장구가 없고, 부장품도 없다. 무덤주인과 같은 널에 매장된 3구의 순인은 여성이 1구, 남성이 2구로 매장자세가 무덤주인과 다르고, 모두 부장품이 없다.[10]

정주 철로화장 신축지

1991년 하북성문물고고연구소河北省文物考古硏究所가 이 지역에서 상말주초商末周初의 무덤 42기를 발굴하였다. 모두 장방형의 덧널무덤이다. 널을 가졌고, 덧널의 주변에 흙을 채운 이층대를 가졌다. 중형무덤이 약 1/4이고, 대다수의 무덤마다 1구의 순인이 이층대 위, 혹은 널과 덧널의 사이에 매장되었다. 약 9/10의 무덤이 무덤마다 개 3~4마리를 이층대 위에 순장하였다. 발굴자는 출토도기의 명문에 근거하여 상나라 방국 또는 귀족묘지로 추정하였다.[11]

8 郭寶鈞等 : 「1952年秋季洛陽東郊發掘報告」, 『考古學報』 第9册, 1955年.
9 中國歷史博物館考古部等 : 『垣曲商城』, 科學出版社, 1996年.
10 河北省文物硏究所 : 『藁城臺西商代遺址』, 文物出版社, 1996年.
11 河北省文物考古硏究所等 : 「定州發現商代大型方國貴族墓地」, 『中國文物報』 1991年 12月 15日.

청주 소부둔

1965년 산동성박물관山東省博物館이 이 지역에서 4기의 대·중형 상나라무덤을 발굴하였다. 그 가운데 1호 무덤은 4개의 무덤길을 가진 대형무덤으로 은허 이외에서 지금까지 알려진 가장 큰 상나라무덤이다. 무덤에 인생과 인순 47구가 있었다. 따라서 은허 이외에서 발견된 인생과 인순이 가장 많은 상나라무덤이 된다.[12] 2호 무덤은 하나의 무덤길을 가진 대형무덤이고, 무덤 내에 사람 머리뼈 10여 개 이상이 있었다. 나머지 2기의 중형무덤[13]에도 순인이 있었으나 자료가 발표되지 않았다. 학계에서는 1호 무덤의 동기에 있는 '아추亞醜' 라는 명문에 근거하여 이곳을 상나라 방국 아추족의 묘지로 추정하고 있다. 상말주초 이곳은 부고씨薄姑氏가 거주한 곳이기에 1호 무덤의 주인은 부고씨의 수장으로 추정된다.[14]

1986년 산동성문물고고연구소山東省文物考古硏究所가 이 지역에서 6기의 상나라무덤을 또 발굴하였다. 자료가 발표된 것이 3기(M7·8·11)이다. 7호 무덤은 중형무덤으로 순인 3구가 발견되었다. 8·11호 2기의 무덤은 하나의 무덤길을 가진 대형무덤이다. 8호 무덤은 기본적으로 완전하나 인순과 인생의 흔적이 발견되지 않았다. 이러한 현상은 상나라 만기 대형무덤에서 잘 보이지 않는다. 11호 무덤은 심하게 도굴되어 정황을 알 수 없다. 발굴자는 8호 무덤에서 출토된 많은 동기에 주조로 새겨진 '융融' 자에 근거하여 융족묘지라고 하였다.[15]

등주 전장 대촌

춘추 설薛나라 고성유적 동쪽 1km에 위치한다. 1980년대 이래 중국사회과학원中國社會科學院 고고연구소考古硏究所가 이곳에 대한 발굴을 시작하여 1991년에 이르러 촌 북쪽에서 상나라 만기의 대·중형무덤 7기, 소형무덤 20여 기를 발굴하였다. 대·중형무덤은 종횡으로 배열되어 배치가 정연하다. 발표된 2기의 무덤길을 가진 대형무덤(M3·4)은 내부에 모두 인순과 인생의 흔적이 있다.[16] 1994년 또 촌 남쪽에서 11기의 상나라무덤을 발굴하였

12 山東省博物館 : 「山東益都蘇埠屯第一號奴隸殉葬墓」, 『文物』 1972年 第8期.

13 山東省博物館 : 「三十年來山東省文物考古工作」, 『文物考古工作三十年』, 文物出版社, 1979年.

14 殷之彝 : 「山東益都蘇埠屯墓地和 '亞醜' 銅器」, 『考古學報』 1977年 第1期.

15 山東省文物考古硏究所等 : 「靑州市蘇埠屯商代墓發掘報告」, 『海岱考古』 第一輯, 1989年.

는데, 그 가운데 순인무덤이 1기 있다.[17] 발굴자는 이곳을 상나라 동방 설薛나라의 귀족묘지로 추정하였고, 무덤길을 가진 대형무덤의 주인은 설나라 국군의 선조로 보았다.

나산 천호촌

후리촌後里村으로 부르기도 한다. 1979년과 1980년 신양지구문관회信陽地區文管會 등의 기관이 이곳에서 상나라 만기무덤 22기를 발굴하였다. 모두 중·소형무덤이다. 그 가운데 5기의 중형무덤에서 인생이나 인순 흔적이 발견되었다. 대부분은 덧널의 뚜껑판 위에서 나타났다. 부장동기에 주조된 '식息' 자의 명문이 있어 발굴자는 이 지역을 상나라 때 식나라의 귀족묘지로 추정하였다.[18]

무한 반룡성

무한시武漢市 북쪽 5km 쯤의 반룡호盤龍湖 서안에 위치한다. 1974년 호북성박물관湖北省博物館이 반룡성에 있는 상나라의 성지를 발굴하면서 상나라무덤 37기를 발굴하였다. 그 가운데 반룡성 동쪽의 이가취李家嘴 2호 무덤이 규모가 가장 크고, 무덤에서 3구의 순인이 발견되었다. 연대는 이리강 후기이다. 지금까지 알려진 것 가운데 가장 남쪽에서 발견된 상나라 순인무덤이 된다. 무덤주인은 상나라 남쪽 영역 봉국의 귀족인 군사수장으로 추측된다.[19]

석루 도화장과 영석 정개촌

산서성 서남부에 있다. 상나라 때에는 대략 귀방鬼方과 사방士方의 활동지역이다. 1959년 산서성박물관山西省博物館이 이 일대에서 일련의 엉성한 발굴을 하였는데, 석루현 도화장桃花莊에서 1기의 상나라 순인무덤이 발견되었다.[20] 1985년 산서성고고연구소山西省考古研究所가 영석현 정개촌旌介村에서 2기의 상나라 순인무덤을 발굴하였다. 순인은 옛날의 '처첩

16 中國社會科學院考古研究所山東工作隊 : 「滕州前掌大商代墓葬」, 『考古學報』 1992年 第3期.
17 中國社會科學院考古研究所 : 「滕州前掌大遺址有重要發現」, 『中國文物報』 1995年 1月 8日.
18 河南省信陽地區文管會等 : 「羅山天湖商周墓地」, 『考古學報』 1986年 第2期.
19 湖北省文物考古研究所 : 『盤龍城』 156면, 文物出版社, 2001年.
20 謝靑山 · 楊紹舜 : 「山西呂梁縣石樓鎭又發現銅器」, 『文物』 1960年 第7期.

순부' 장례습속을 따랐다. 출토유물에는 지방색을 많이 가진 청동기와 금수식이 있어 은허의 것들과 구분되므로 석루유형청동방국문화石樓類型青銅方國文化라고 부른다. 순인무덤의 주인은 상나라 방국의 수장이다.[21]

서안 노우파

서안 동쪽 교외에 위치한다. 1986년 서북대학西北大學 역사계 고고학전공이 이 지역에서 38기의 상나라무덤을 발굴하였다. 모두 무덤길이 없는 구덩식이고, 그 가운데 20기의 무덤에서 모두 97구의 인순이나 인생이 발견되었다. 순인무덤은 발굴된 무덤 총 수의 절반을 차지하고, 각 무덤의 평균 순인은 5인이다. 이러한 비례는 동시기 무덤에서 희귀한 현상이다. 이 20기의 순인무덤은 모두 노우파 Ⅲ지구 제1지점에서 발견된 것으로 연대는 대략 상나라문화 4기, 즉 은허 전기(주로 은허 2기)에 해당한다. 순인무덤 가운데 6기가 규모가 비교적 큰 중형무덤(M5 · 8 · 11 · 24 · 25 · 41)이다. 이들은 무덤바닥에 덧널을 설치하였고, 덧널의 내부에 널을 안치한 것이 주류이나 널 바깥에 또 안덧널[內槨]을 설치한 것도 있다. 좌우에는 곁칸[邊廂]을 두었고, 대다수가 이층대, 허리구덩이와 네모서리구덩이[四隅角坑]를 가졌다. 6기의 중형무덤은 모두 도굴되어 부장품은 거의 사라졌고, 인순과 인생 흔적 역시 위치가 이동되었다. 단지 그 개체 수만이 인골감정을 거쳐 확인되었다. 그러나 인순과 인생은 분명하게 구별할 수가 없다. 순인무덤은 13기로 무덤구덩이가 비교적 작고, 일반적으로 이층대와 널을 가졌으나 허리구덩이는 많이 보이지 않는다. 덧널이 없고, 곁칸과 모서리구덩이도 없다. 일반적으로 무덤마다 순인은 1인이다. 이 외 사람, 개, 말을 합장한 구덩이 1기(M30)가 있다. 보존이 비교적 양호하고, 대형무덤의 배장陪葬구덩이일 가능성이 있으나 주인무덤은 아직 찾지 못했다. 보존이 약간 좋은 인순과 인생을 관찰하면 생인은 대다수가 무덤구덩이 매토에서 출토되고, 순인은 곁칸에, 혹은 이층대 위에, 혹은 허리구덩이에, 혹은 무덤주인과 함께 덧널 안에 합장되었다. 그리고 매장 자세는 무덤주인과 다르다. 보고서의 자료로 보면 노우파는 상나라 때 숭후국崇侯國의 중심세력 범위로 상나라 서쪽 영역 삼박三亳의 땅과 부합된다. 따라서 노우파는 숭후국의 귀족묘지로 추정된다.[22]

21 山西省考古研究所等 : 「山西靈石旌介村商墓」, 『文物』 1986年 第11期. 「山西省考古工作五十年」, 『新中國考古五十年』 70면, 文物出版社, 1999年.

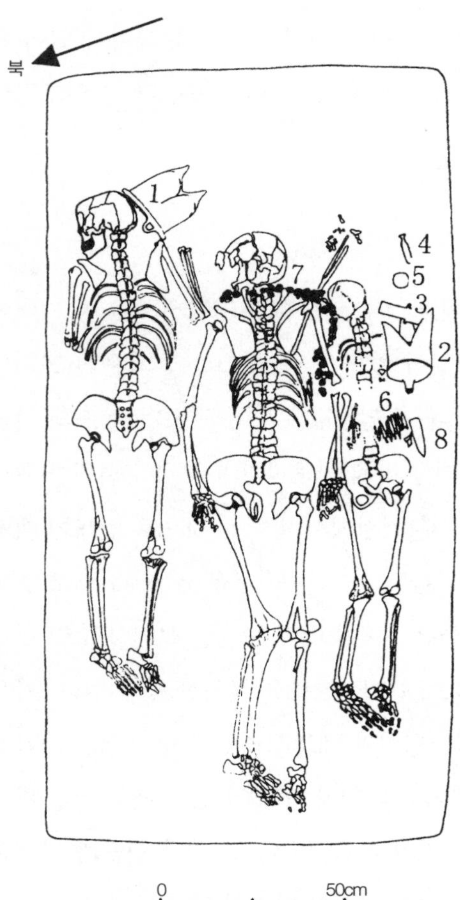

그림 63 정주상성 97 · 6호 무덤(『文物』 2003年 第4期에서)
1. 동제 역(鬲), 2. 동제 화(盉), 3. 동제 과(戈), 4. 옥제 자루형장식, 5. 도기편, 6. 골제 촉(鏃), 7. 조개장식, 8. 녹송석장식

빈현 단경촌

1995년 중국사회과학원 고고연구소가 주周나라 사람들의 선조 공유公劉가 활동한 중심구역을 찾기 위해 이곳에서 한 곳의 주 문화유적을 발굴하였다. 유적에서 4기의 무덤이 발굴되었는데, 그 중의 1기(M4)에 3구의 인생이나 인순이 있었다. 묘제와 출토 유물로 추정하면 이 무덤은 주나라의 선대가 빈豳에서 거주하다 기岐로 이동한 후의 북방 융적戎狄문화의 무덤이다.[23]

앞에서 살핀 것 가운데 각종의 다른 유형 혹은 어떤 의의를 가진 7개의 예를 들어 분석을 실시하면 은허 이외의 상나라무덤에서 발견된 인생과 인순의 정황을 더욱 깊이 이해할 수 있을 것이다. 이를 열거하면 다음과 같다.

실례 15(번호 107) : 정주상성 97 · 6호 무덤〈그림 63〉

3인 합장이다. 모두 부신직지의 자세로 정주에서 발굴된 상나라무덤에서는 잘 보이지 않는 매장자세이다. 중간의 성인남성은 전신에 주사를 도포했고, 목에 목걸이(바다조개와 녹송석을 꿰어 만든 것)를 걸고 있다. 펼쳐진 자세이고 위치상으로 보아 무덤주인이다. 우측(북) 여성은 청년으로 두 손을 위로 향해 팔을 굽히고 있어 종속된 지위로 보이기에 주인을 따라 죽은 비첩으로 볼 수 있다. 좌측(남)의 사람은 10여 세의 소년으로 좁은 공간에 안치되었

22 西北大學考古專業 : 『老牛坡』 陝西人民出版社, 2001年.

23 中國社會科學院考古研究所涇渭工作隊 : 「陝西彬縣斷涇遺址發掘報告」, 『考古學報』 1999年 第1期.

고, 두 손을 머리 위에 교차시키고 있어 결박된 모습이고, 허리에 한 무더기의 골제 촉鏃과 동제 과戈 1점을 가지고 있어 순장자로 판단된다.

실례 16(번호 116 · 117 · 120 · 122) : 고성 대서촌 2인 한널합장무덤 〈그림 64, 65〉

고성 대서촌에서는 성년남녀가 하나의 널에 합장된 무덤이 4기(M35 · 36 · 85 · 102) 발견되었다. 널 안에 2인이 나란하게 안치되었는데, 그 중 36호 무덤은 2인의 중간에 나무판으로 칸막이를 했고, 나머지 3기는 2인의 중간에 칸막이가 없다. 인골의 감정 결과 남성은 좌측에 있고, 앙신직지의 자세이므로 무덤주인이다. 여성은 우측에서 측신의 자세로 다리를

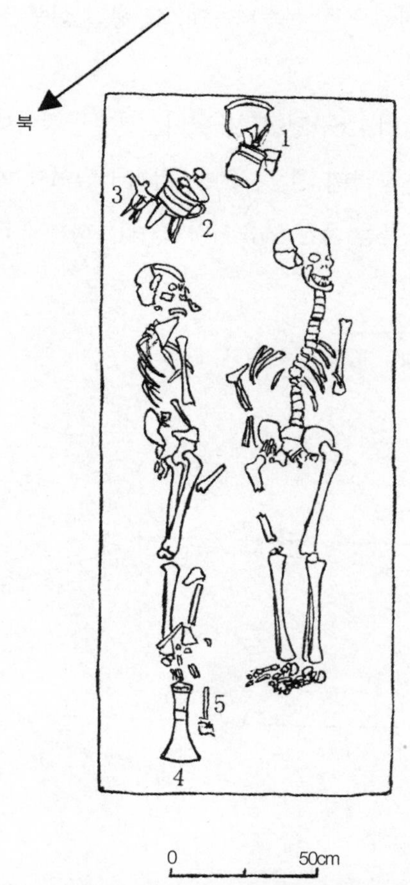

그림 64 고성 대서촌 35호 상나라무덤(『藁城臺西商代遺址』에서

1. 도기 대형 관(罐), 2. 동제 가(斝), 3. 동제 작(爵), 4. 동제 고(觚), 5. 동제 계(笄)형 기물

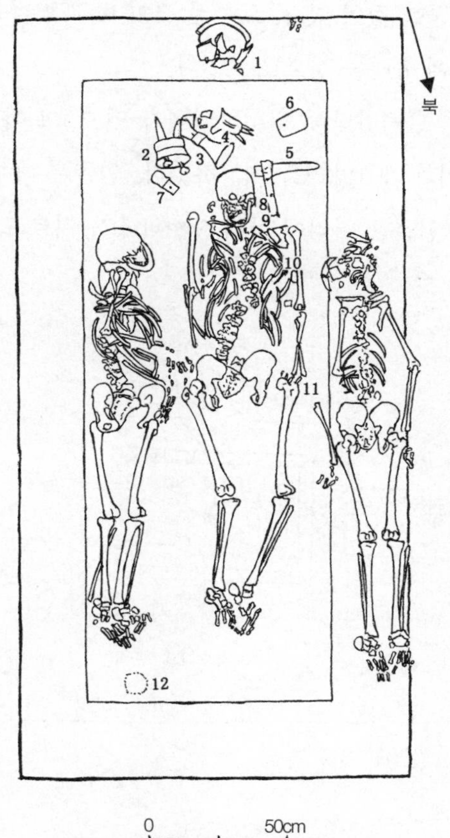

그림 65 고성 대서촌 85호 상나라무덤(『藁城臺西商代遺址』에서)

1. 동제 궤(簋), 2. 동제 가(斝), 3. 동제 고(觚), 4. 동제 작(爵), 5. 동제 과(戈), 6. 옥제 부(斧), 7. 추(錘)형 옥기, 8. 석제 감식(嵌飾), 9. 옥제 자루형장식, 10. 석제 규(圭)형 장식, 11. 옥제 사람얼굴장식, 12. 칠기 합(盒) 흔적

약간 굽히고, 남성을 바라보고 있어 장법이 남존여비를 나타낸다. 무덤 안의 부장품이 비교적 많고, 질도 높은 편이다. 원시사회 말기에 출현한 '처첩순부' 습속이 남아 있는 것이다. 영석 정개촌 상나라무덤에서 발견된 바 있어 참조된다. 고성 대서촌 85호 무덤은 남성 쪽의 이층대 위에 하나의 작은 널이 놓였고, 그 안의 인골은 성인남성이다. 부신의 자세이고, 부장품은 없다. 이는 무덤주인과 주종관계임을 나타낸다.

실례 17(번호 125) : 산동 청주(익도) 소부둔 1호 무덤〈그림 66, 67〉

이층대 위에 구덩이 3개를 파고, 그 안에 각각 널 1구를 안치했다. 각 널에 순인 1구, 2구, 4구를 나누어 매장했다. 순인은 모두 전신을 갖췄다. 녹송석과 금박을 상감한 장식품을 부장한 것이 있다. 모두 골격이 비교적 작아 소년여성으로 추측되는데, 그 생전 신분은 비첩에 속하는 것으로 보인다.

무덤바닥에 허리구덩이가 있고, 그 아래에 '전기奠基구덩이'를 팠다. 전기구덩이에는 1인과 개 1마리를 매장하였다. 인골은 나무기둥에 붙들어 맨 것 같다. 전기구덩이에 매장된 인골은 머리에 골제 잠簪(비녀)을 지르고 있고, 무릎을 꿇은 모습이다〈그림 68, 좌〉. 허리구

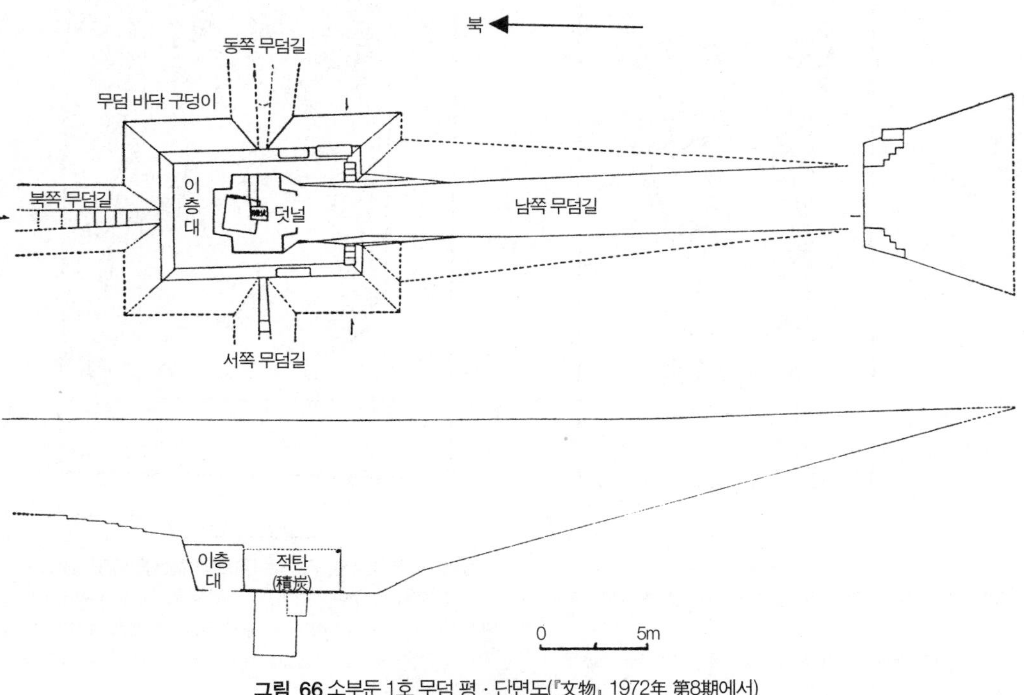

그림 66 소부둔 1호 무덤 평 · 단면도(『文物』 1972年 第8期에서)

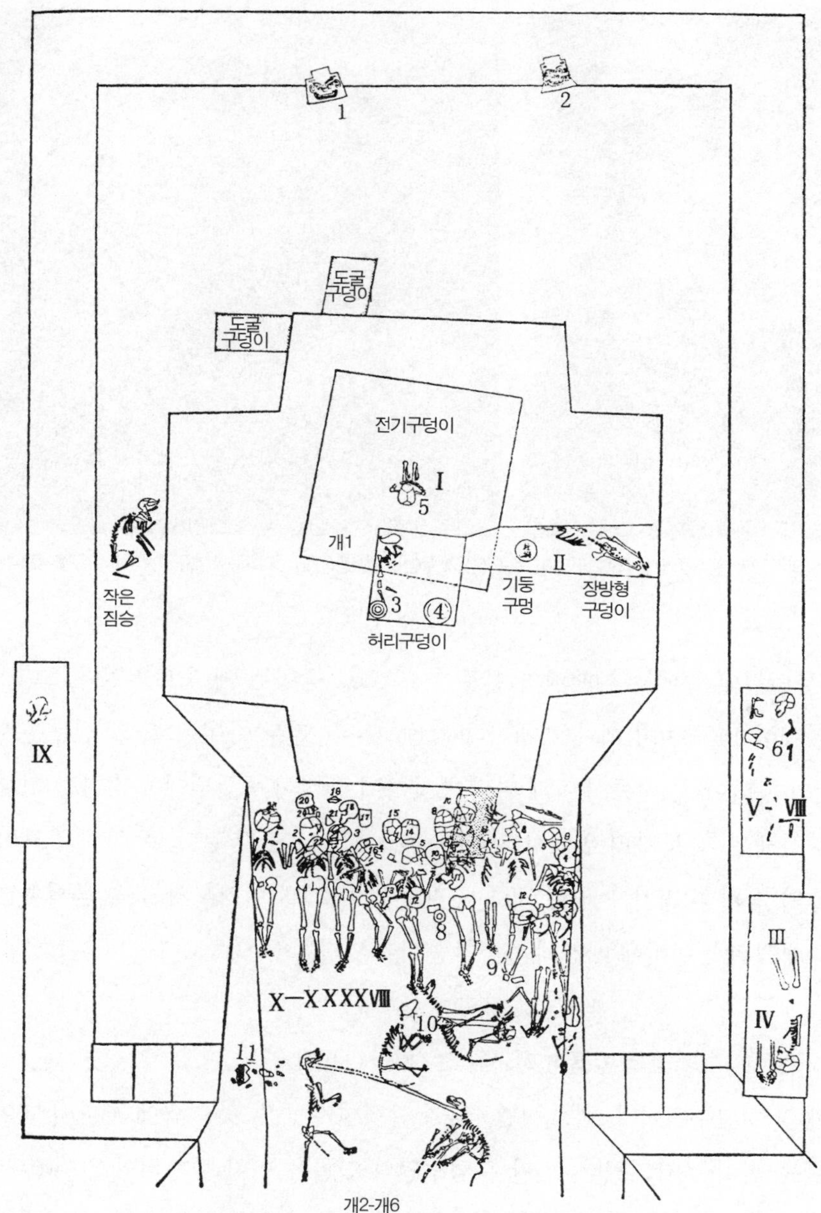

그림 67 소부둔 1호 무덤 순인 및 유물배치도(『文物』 1972年 第8期에서)

1. 월(鉞), 2. 동제 월(鉞), 3. 도기 관(罐), 4. 도기 존(尊), 5. 골제 잠(簪), 6. 녹송석장식, 7. 동제 모(矛), 8. 도제 부(瓿), 9. 도제 고(觚), 10. 동제 영(鈴), 11. 채회도안(彩繪圖案) 흔적 Ⅰ. 전기구덩이 순인, Ⅱ. 허리구덩이 순인, Ⅲ·Ⅳ. 동이층대 남쪽 널 순인, Ⅴ~Ⅷ. 동이층대 북쪽 널 순인, Ⅸ. 서이층대 널 순인, Ⅹ~XXXXVIII. 남쪽 무덤길 선단의 인생(전신 14구, 머리뼈 25개)

덩이와 전기구덩이는 주인무덤을 수호하려고 설치되었다. 따라서 구덩이의 순인신분은 무덤주인 생전의 시위에 해당한다.

그림 68 청주 소부둔 1호 무덤 "전기구덩이" 순인(좌)과 무덤길 제3층의 인생과 개 희생(우)(『文物』 1972年 第8期에서)

남쪽 무덤길의 끝에서 39개체의 인골이 3층으로 중첩된 채 출토되었다. 그 가운데 전신을 갖춘 것이 14구, 머리뼈가 25개이다〈그림 68, 우〉. 전부 아이이고, 그 신분은 여자포로 혹은 노예의 자녀이다. 인골의 아래 바닥에 돗자리 흔적이 중첩되어 나타나는 현상으로 보아 그들은 살해된 후 돗자리 위에서 거행된 제사에 헌납된 것 같다. 은허에서 보이는 인생의 많은 수가 몸과 머리가 분리된 것에 근거하면 이 25개 머리뼈의 소속 몸체뼈는 주인무덤 부근에 배열된 구덩이에 매장되었을 가능성이 있다.

실례 18(번호 140) : 호북 반룡성 이가취 2호 무덤〈그림 69〉

장방형의 덧널무덤이다. 바깥덧널[外槨]과 안덧널 이중의 덧널 속에 하나의 널이 설치되었다. 널에는 꽃이 조각되었다. 널안 무덤주인의 인골은 이미 부패되어 없어졌다. 덧널바닥의 허리구덩이에 순인 1구가 매장되었는데, 이미 부패되었고, 옥제 과戈 1점이 반출되었다. 덧널에 3구의 순인이 매장되었다. 2구는 서쪽의 안덧널과 바깥덧널 사이에서 중첩된 채 출토되었다. 아래에는 아이(II)가 장구와 부장품 없이 노출되었고, 위에는 머리를 북쪽으로 하고 앙신의 자세인 성년(I)이 판축토 아래에서 경사진 상태로 출토되었다. 출토현상으로 보아 이 2구의 순인은 원래 덧널의 위에 배치되었던 것이다. 나머지 1구(III)는 북쪽의 안덧널과 널 사이에서 출토되었다. 인골의 흔적만 남아 있을 뿐이고, 엉덩이뼈가 나뉘

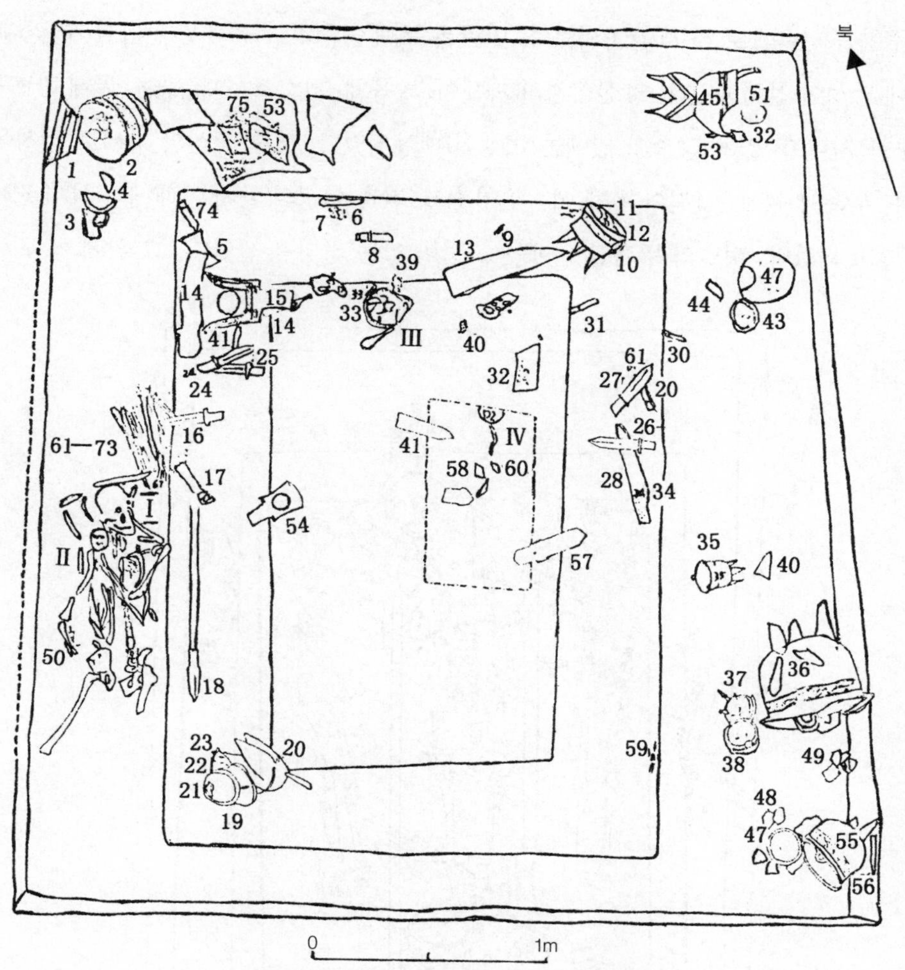

그림 69 황피 반룡성 이가취 2호 상나라무덤(『盤龍城』에서)

1. 동제 반(盤), 2. 동제 궤(簋), 3. 동제 삽(臿), 4. 도기편, 5. 동제 고(觚), 6 · 65~68 · 70 · 71. 동제 도(刀), 7 · 32 · 34 · 39 · 40. 녹송석, 8 · 29 · 31 · 33 · 41. 옥제 자루형장식, 9 · 50 · 59. 동제 촉(鏃), 10 · 19 · 22. 동제 가(斝), 11 · 12 · 21 · 23. 동제 작(爵), 13 · 14 · 28 · 42 · 57 · 58. 옥제 과(戈), 15 · 54. 동제 월(鉞), 16 · 24~27. 동제 과(戈), 17 · 64. 동제 장(斨), 18 · 56. 동제 모(矛), 20. 동제 화(盉), 30. 옥제 계(笄), 35 · 36 · 55. 동제 정(鼎), 37. 편족정(扁足鼎), 38. 동제 역(鬲), 43 · 44 · 51~53. 동제 작은 반(盤), 45. 동제 언(甗), 46. 동제 정(鼎) 다리, 47. 도기 관(罐), 48. 도기 역(鬲), 49. 경질도기 옹(甕), 60. 도기 대류관(帶流罐), 61 · 62. 도기 병(缾), 63. 나무조각 흔적, 69. 동제 거(鋸), 72. 동제 착(鑿), 73. 동제 대(鐓), 74. 옥제 장식, 75, 동제 뇌(罍), Ⅰ · Ⅱ · Ⅲ. 순인 인골, Ⅳ. 개뼈

어져 있어 원래 덧널 위에 매장되었음이 확실하다.

이 무덤의 부장품은 아주 많아 청동기가 63점이나 된다. 연대는 이리강 후기에 속한다.

실례 19(번호 141) : 산서 영석 정개촌 1호 무덤 〈그림 70〉

무덤바닥에 덧널이 있다. 덧널에는 3구의 널이 나란하게 배열되었고, 각 널에 1구의 인골이 두향을 남쪽으로 하여 안치되었다. 인골은 부패가 심하나 윤곽을 알아볼 수 있다. 중앙 널에 남성이 안치되었다. 앙신직지의 자세이고, 옥제 황璜, 조鳥(새), 관管, 골제 관管 등의 장신구를 지니고 있다. 양측의 널에는 여성이 매장되었다. 모두 측신의 자세로 남성을 바라본다. 우측의 여성은 1점의 옥제 어魚를 가졌고, 좌측 여성의 발치 아래에서 석제 겸鎌(낫) 1점이 출토되었다. 덧널의 뚜껑판 위에는 그림이 있는 장막을 깔았다. 그 위에 청동 예기,

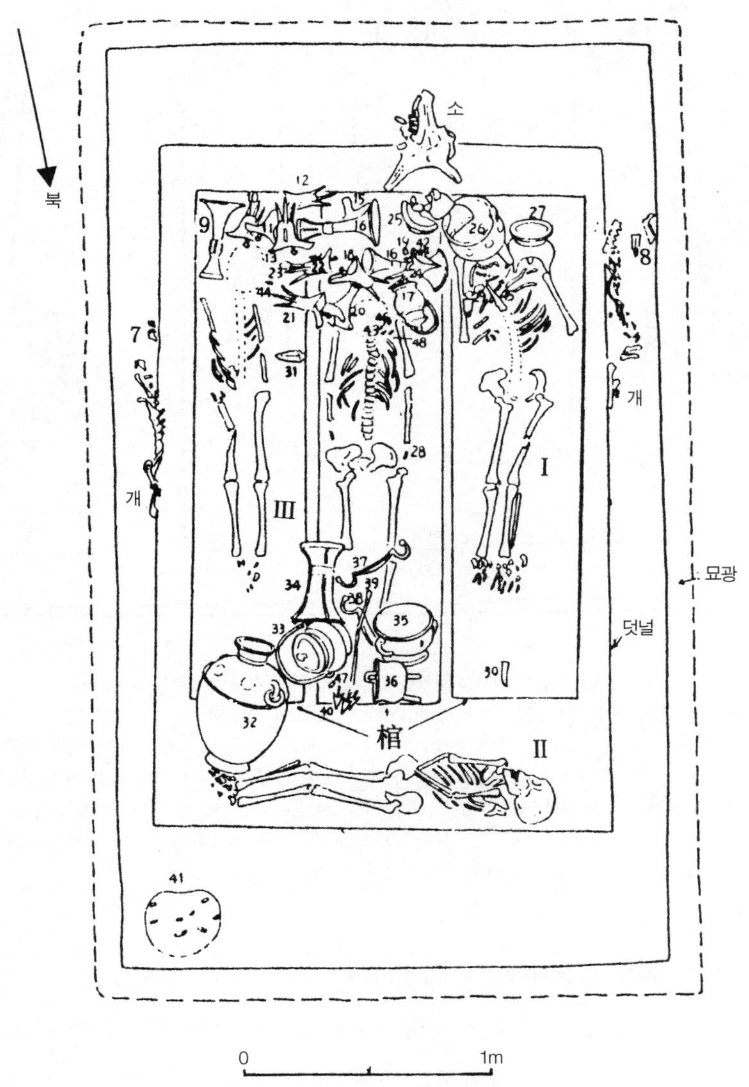

그림 70 영석 정개촌 1호 상나라무덤(『文物』 1986年 第11期에서)

1~6. 동제 모(矛)(매토 속), 7 · 8 · 29. 동제 영(鈴), 9 · 14 · 16 · 20. 동제 고(觚), 10~13 · 18 · 21~24 · 42. 동제 작(爵), 15 · 31. 동제 과(戈), 17 · 33. 동제 유(卣), 19. 동제 치(觶), 25. 도기 역(鬲), 26 · 36. 동제 정(鼎), 27. 동제 가(斝), 28 · 44~48. 옥제 장식, 30. 석제 겸(鎌), 32. 동제 뇌(罍), 37 · 38. 활 모양 기물, 39. 짐승머리 모양 관상기(管狀器), 40. 동제 촉(鏃), 41. 동제 타고(鼉鼓), 43. 뼈, Ⅰ~Ⅲ. 순인

병기, 기타 기물 40점 이상과 도기 역鬲을 배열하였다.

덧널의 내부 중앙 널의 발치 쪽에 전신을 갖춘 인골 1구가 있는데, 인골은 부패되었으나 윤곽을 알아 볼 수 있다. 장구는 보이지 않고, 부장품도 없다. 덧널 바깥 양측에 각각 개 1마리를 안치하였는데, 모두 동제 영鈴을 걸고 있다. 허리구덩이 내에 역시 개 1마리를 매장했다.

정개 2호 무덤(번호 99)의 매장자세는 이 무덤과 같다.

정개의 상나라 성년남녀의 합장무덤에 반영된 '남존여비'의 장법은 감숙甘肅 무위현武威縣 황랑랑대皇娘娘臺와 영정현永靖縣 진위가秦魏家 두 곳의 제가문화묘지에 이미 존재한 것이다.[24] 영석은 상왕조시기 강羌이 활동하던 지방이고, 강은 상나라의 적으로 문화가 비교적 낙후된 유목민족이었다. 상말주초에 이르러 강의 지역수장이 예전 제가문화의 '처첩순부' 장례습속을 이어받아 사용한 것으로 이해할 수 있다.

이 무덤에서는 '처첩순부' 이외에 주인 널의 바깥에서 1구의 순장인골이 발견되었다. 이것은 강인에게도 상나라의 영향을 받은 인순습속이 있었음을 설명해 준다.

실례 20(번호 159) : 서안 노우파 25호 무덤 〈그림 71〉

하나의 장방형 허리구덩이가 있는 덧널무덤이다. 허리구덩이의 네 모서리에 각각 하나씩의 장방형구덩이를 팠다. 이 무덤은 일찍이 도굴되어 심하게 파괴되고, 유물도 유실되었다. 그러나 매장된 인골은 기본적으로 잘 남아 있다. 덧널에는 1구의 인골이 안치되었다. 일부만 남아 있어 성별을 알 수 없으나 무덤주인이다. 우측 곁칸에 4구가, 좌측 곁칸에 3구가, 허리구덩이에 1구가 안치되었다. 모두 심하게 교란되거나 중첩되어 알 수 있는 것이 별로 없다. 단지 이 8구 모두의 두향이 무덤주인과 같이 동쪽이고, 성별은 알 수 없으나 순인이라는 것은 분명하다. 상나라무덤에는 덧널에 곁칸이 설치된 것이 여러 차례 발견되었다. 이들 곁칸에는 배장陪葬널이 안치되었다. 이 좌우 곁칸 내의 순인은 남녀 구분이 가능한 경우, 각각 생전에 무덤주인의 희첩과 근시일 가능성이 있다. 허리구덩이의 순인은 생전의 위사이다.

24 甘肅省博物館 : 「甘肅武威皇娘娘臺遺址發掘報告」, 『考古學報』 1960年 第2期. 「武威皇娘娘臺遺址第四次發掘」, 『考古學報』 1978年 第4期. 中國科學院考古研究所甘肅工作隊 : 「甘肅永靖秦魏家齊家文化墓地」, 『考古學報』 1975年 第2期.

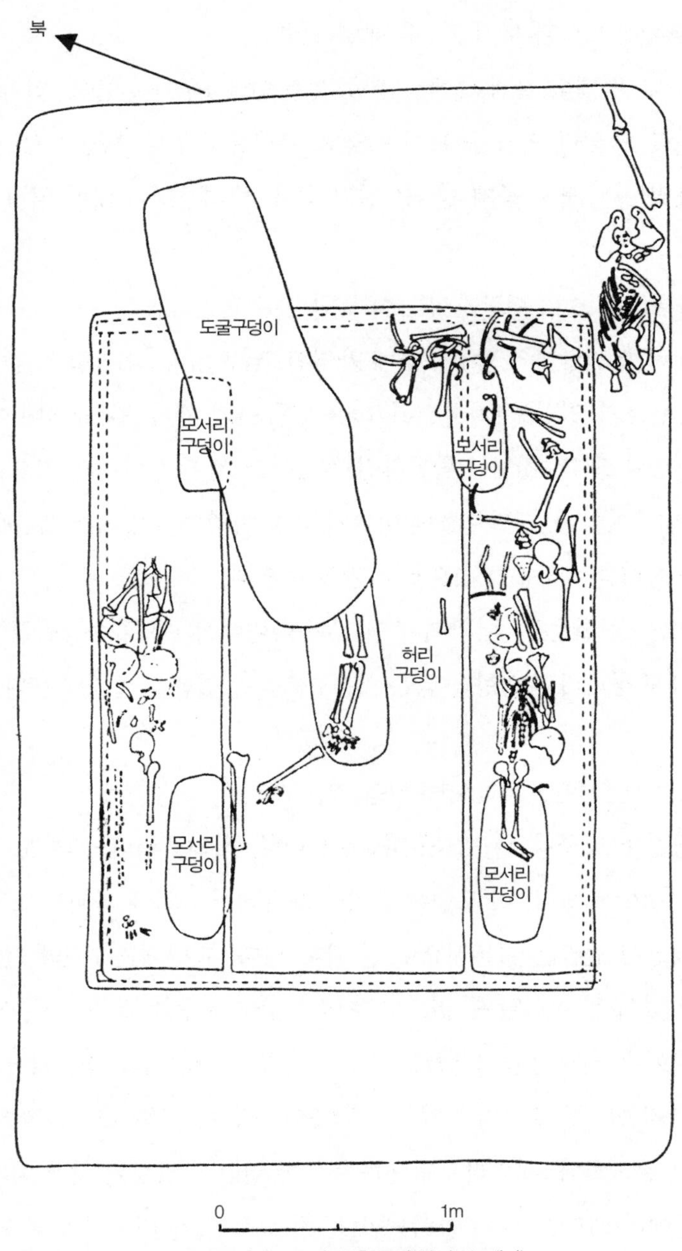

그림 71 서안 노우파 25호 무덤(『老牛坡』에서)

무덤구덩이 동남모서리 무덤구덩이 매토에서 1구의 인골이 발견되었다. 서향이고, 머리가 절단되어 몸체 아래에 놓였다. 좌측 다리가 결실되었고, 우측 팔뼈가 부러진 흔적이 있다. 인골은 무덤구덩이의 벽에 붙어 경사지게 매장되었다. 이것은 팔다리가 해체된 후 제사에 사용된 인생으로 보인다.

실례 21(번호 146 · 151 · 154 · 155 · 157 · 160 · 163) : 서안 노우파 2 · 3인 합장무덤〈그림 72〉

노우파 38기의 합장무덤 가운데 2인 합장무덤이 4기(M4 · 10 · 19 · 23), 3인 합장무덤이 3기(M18 · 26 · 44)이다. 이 7기의 무덤에 합장된 사람은 모두 덧널(혹은 널) 안에 안치되었고, 도굴로 인한 피해가 적다. 인골의 보존상태가 비교적 좋은 5기의 무덤은 모두 1구의 주체가 앙신직지의 자세로 중앙에 있고, 합장된 사람은 한쪽 혹은 양쪽에 배치되었는데, 주체와 나란하지 않고, 다수가 주체의 좌우 아래쪽에 위치한다. 보존이 양호한 5기 합장무덤의 출토현황은 다음과 같다.

4호 무덤의 주체는 성년남성이다. 1구의 합장된 사람은 주체의 우측 위쪽에 측신굴지로 주체를 보는 자세로 매장되었다〈그림 72, 좌〉.

10호 무덤의 주체는 성년으로 인골이 이미 부패되었다. 1구의 합장된 사람은 성년남성으로 주체의 우측 아래쪽에 측신굴지로 주체를 바라보는 자세로 매장되었다.

19호 무덤은 주체가 성년여성이다. 1구의 합장된 사람은 역시 성년여성으로 주체의 아래쪽에 편재해서 측신굴지의 자세로 매장되었다. 두향은 주체와 반대이고, 얼굴은 주체의 다리를 보고 있다.

26호 무덤은 주체가 성년이다. 인골은 부패되었다. 2구의 합장된 사람은 일남일녀로 모두 성인이다. 주체의 좌우 아래쪽에 편재하여 매장되었고, 다리를 약간 굽히고, 무덤구덩이의 벽을 바라보는 자세이다.

44호 무덤은 주체가 성년남성이다. 2구의 합장된 사람은 주체의 좌우 아래쪽에 나뉘어 편재한다. 모두 성년이고, 성별은 감정되지 않았다. 우측 인골은 측신굴지의 자세로 얼굴은 주체를 향하고, 좌측 인골은 부신굴지의 자세로 얼굴은 아래를 향한다〈그림 72, 우〉.

초보적 분석 : 중앙 주체는 앙신직지의 자세로 당연히 무덤주인이다. 주변의 합장된 사람은 신분이 노복으로 주인을 위해 순장되었다.

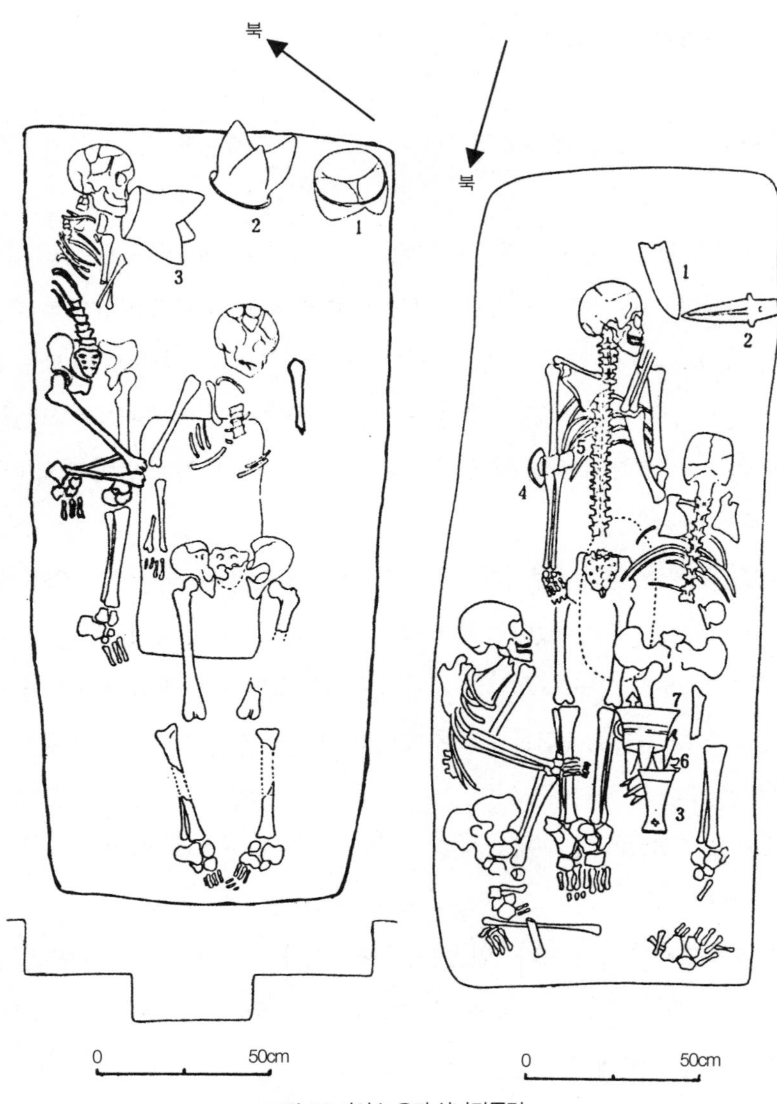

그림 72 서안 노우파 상나라무덤

좌 : M4. 1~3. 도기 역(鬲)

우 : M44. 1. 옥제 과(戈), 2·5. 동제 과(戈), 3. 동제 고(觚), 4. 옥제 황(璜), 6. 동제 작(爵), 7. 동제 가(斝)[5점의 동제 촉(鏃)이 무덤 주인 인골 아래에서 출토됨.]

4. 결어

은상시대는 중국 인생과 인순의 전성시기이다. 무덤에 인생과 인순의 사용은 은나라의 통치 중심에서 성행하였고, 은나라 왕의 통치구 및 그 사방의 방국에 대단히 커다란 영향을 미쳤다. 왕도 안양 은허와 왕기 휘현 유리각을 중심으로 북으로는 하북 고성, 동으로는 청주와 등주, 서로는 서안 노우파, 남으로는 호북 반룡성에 이르는 광활한 범위에 걸쳐 모두 발견된다.

무덤길을 가진 은상 대형무덤은 무덤에서 일반적으로 인생과 인순이 발견된다. 대형무덤의 사이에는 수레구덩이, 제사구덩이가 배치되었는데, 그러한 것의 다수가 어떤 무덤에 소속된 것인지 확정하기가 쉽지 않다. 중형무덤에는 일반적으로 하나에서 몇 명의 순인이 있다. 그리고 그 가운데는 10여 명 이상의 순인이 있는 경우도 있다. 소수의 중형무덤에는 생인이 한 명 내지 여러 명이 있다. 소형무덤에서는 인생이 발견되지 않지만 1~2인의 순인이 있는 경우가 있다. 중 · 소형무덤의 묘지에서 수레구덩이가 발견되는 경우, 거기에는 2마리 말이 끄는 1대의 수레와 그 마부가 매장되었다. 이는 비교적 부유한 중형무덤이 수레구덩이를 설치하였음을 설명해 준다.

하나의 대형무덤에 얼마나 많은 순인과 생인을 사용한 것인지는 쉽게 답할 문제가 아니다. 보존상태가 약간 좋은 후가장 서북강 1001호 무덤과 무관촌 1호 무덤을 예로 들면, 전자에는 남아 있는 순인이 90인, 생인이 74인이고, 후자에는 순인 45인, 생인 34인이 발견되었다. 실제는 이 수에 그치지지 않겠으나 훨씬 더 많을 가능성은 없다.

대형무덤 혹은 중형무덤을 막론하고 순인은 대다수가 무덤에 안치되었다. 덧널 안의 순인 신분은 덧널의 위와 이층대 위의 순인보다 높다. 이층대 위의 순인은 신분이 허리구덩이, 벽감, 무덤길의 순인보다 높다. 고성 대서촌, 영석 정개촌과 서안 노우파의 성별이 다른 성인을 같은 널에 합장한 무덤은 원시사회말기에 출현한 '처첩순부' 장례습속이 남아 있는 것으로 볼 수 있다. 인생 대부분은 무덤구덩이 매토나 무덤길에서 발견되는데, 일반적으로 사후에 매장되었다. 전신을 갖춘 것이 있고, 머리와 몸체가 분리되어 매장된 것이 있고, 산 채 매장되었을 가능성이 있는 것도 일부 있다.

은나라의 각종 제사에 사용한 생인은 선조를 매장할 때의 순인 수보다 훨씬 많은 수를 사용하였다. 순인은 단지 선조를 매장할 때만 사용되었으나 생인은 일부가 천신, 지기 및 건축전기에 사용되었고, 대다수는 선조에 대한 제사에 사용되었다. 선조에 대한 제사의 인생은 선조가 매장될 때뿐만 아니라 종묘 혹은 묘지에서 거행된 선조를 추모하는 제사에 더 많이 사용되었다. 이러한 정황은 은허에서 아주 돌출되게 나타난다. 은허 발굴자료 통계[25]에 의하면 소둔 종묘구에서 발견된 인생유골은 720구(그 가운데 을조 건축지에서 641구, 병조 건축지에서 32구, F1 건축지에서 29구), 후가장 왕릉구 제사장에서 발견된 생인유골이 3,455구(제1차 발굴분을 2,000구로 집계할 때), 소둔, 후강, 대사공촌 3개 원형제사구덩이에서 발견된 생인유골이 90구, 화원장 장방형제사구덩이에서 발견된 인생유골이 2구, 은허무덤에서 발견된 생인유골이 270구이다. 이상 네 가지의 은허 생인의 합계는 4,519인이다. 갑골복사에서 보이는 인생이 13,050인(기록되지 않은 1,145조의 복사를 포함[26])이기에 부분적으로 중복된 수를 제외하면 총수는 17,000인으로 집계된다. 은허무덤에서 발견된 순인유골은 363구이다. 은허 순인의 수는 생인 수의 1/46에 불과하다.

중국사회과학원 고고연구소 체질인류학조體質人類學組는 무관촌 북지 191기의 제사구덩이에서 출토된 대부분의 인골에 대하여 성별과 연령을 관찰하였다. 가장 마지막에 정리된 자료에 의하면 조기에 속하는 머리가 없는 인골은 전부 남성이고, 15세에서 35세 사이의 청장년에 해당된다. 그들의 체형은 "몽고인종이 주류로 현대 북아시아, 동아시아와 남아시아계의 성분과 유사한데, 그 가운데 동아시아계와 유사성이 비교적 많다. 체형상의 이런 다양한 계통의 성분은 은나라가 사방에 인접한 방국부락과 전쟁을 할 때, 그들 이족의 전쟁포로를 포획한 것으로 해석된다."라고 하였다. 제사구덩이와 동시기 대형무덤의 생인은 제사구덩이의 인생과 마찬가지로 사방에 인접한 방국의 전쟁포로이다. 체질감정보고는 또 중·소형무덤은 대표적인 은나라 자유민의 체질로 비교적 단순하고, 주로 동아시아 몽고인종의 유형에 접근하고, 발표된 감정 표로 볼 때, 중·소형무덤 순인의 계통은 무덤주인과 서로 같다고 하였다.[27] 당연히 포로가 근친 노예로 전화되어 순인이 되었을 가능성이 있는데, 유골의 감정이 많지 않기 때문에 아직 증명할 방법은 없다.

호후선 선생은 갑골복사에서 발견된 것은 무정시기에 인생의 수량이 가장 많고, 제사의 회수도 가장 빈번하고, 이후 점차 감소하여 제을·제신시기에 이르러서는 수량이 가장 적다고 하였다.[28] 무관촌 북지 제사구덩이 191기의 발굴 자료에서 유사한 현상이 발견된

25 소둔 종묘구, 후가장 왕릉구의 제사장과 소둔, 후강, 대사공촌, 화원장 4곳 제사구덩이의 생인 자료는 본서 제3장에 언급함. 은허 무덤의 생인과 순인 자료는 본문 〈별표 1〉에 근거하여 통계를 낸 것이다. 개체의 수가 불명인 것은 1인으로 계산하였다.

26 胡厚宣 : 「中國奴隸社會的人殉和人祭(下篇)」, 『文物』 1974年 第8期.

27 韓康信 · 潘其風 : 「殷代人種問題考察」, 『歷史硏究』 1980年 第2期. 中國科學院考古硏究所體質人類學組 : 「安陽殷代祭祀坑人骨的性別年齡鑑定」, 『考古』 1977年 第3期.

28 胡厚宣 : 「中國奴隸社會的人殉和人祭(下篇)」, 『文物』 1974年 第8期.

다. 이러한 자료는 무정시기의 인생 대다수가 머리가 잘린 청장년남성이고, 일부가 성년에 근접하는 소년남성이고, 여성은 발견되지 않는다는 점, 만기의 인생은 대다수가 성년여성과 소년, 아이라는 점[29]을 증명한다. 이러한 점은 은허 대형무덤의 인생과 비슷하다. 은허 전기의 대형무덤에 인생이 가장 많은데, 대부분 머리가 잘린 청장년남성이고, 은허 후기 대형무덤의 인생은 비교적 적은데, 대다수가 소년 또는 아이이다. 전기의 중형무덤은 인생을 사용한 것이 있으나, 후기 중형무덤에서는 보이지 않는다. 인생의 이런 변화는 은나라 통치계급의 사람의 가치에 대한 인식변화를 반영한다. 인생은 포로에 근원을 두고 있다. 인생의 성행은 당시 은나라 통치계급이 강력한 무장을 갖추어 대규모의 전쟁을 할 수 있었음을 설명한다. 동시에 포로가 노예로 된 후 재부의 생성에 제공되는 착취의 잉여가치가 별로 크지 않았음을 설명해 준다. 이런 정황은 조기노예제국가의 중요한 특징이다. 은나라 만기 인생 수량이 감소하였고, 많이 변해 부녀자와 어린이가 사용되었다. 이는 청장년 포로의 경우 상당수가 생산노예로 전화되었음을 짐작하게 한다. 이것은 사회발전에 있어서 필연의 결과이다.

인순의 기원은 부계씨족사회가 확립된 후 처음으로 남성을 위해 여성을 순사시키는 것으로 '남성에 대한 여성의 부역' 으로 표현된다.[30] 국가의 출현에 따라 인순은 점차 계급대립의 희생품으로 된다. 인순에 대한 고고학 자료로 볼 때, 은상 조기에는 인순이 많지 않다. 중기 이후 발전하여 만기에 많아진다. 인순의 대상은 원시사회 말기에 흥기한 처첩의 순장에서 점차 확대되어 근신, 근시까지의 범위가 된다. 인순의 이런 변화는 사람과 사람 사이의 불평등 관계가 더욱 심화되고 있음을 반영한다. 확실하지는 않지만 노예제국가 출현 초기에 본 가족 내의 사람과 사람 사이의 불평등 관계가 아주 명확하지는 않아 인순제가 발달하지 않았고, 노예제국가의 발전시기에 이르러서는 사람과 사람 사이의 불평등 관계가 견고하게 확립되어 주인과 노비의 명분이 정해지고, 죽음에 임해서는 그 관계의 숭고한 준칙에 따라 인순제가 널리 퍼졌다.

마지막으로 부가하여 아래에서는 은나라의 제생祭牲과 순생殉牲에 대해 논의해 보도록 하자.

29 中國科學院考古研究所安陽工作隊 : 「安陽殷墟奴隷祭祀坑的發掘」, 『考古』 1977年 第1期.

30 恩格斯Engels : 「家庭, 私有制和國家的起源」, 『馬克斯恩格斯選集』 第4卷, 61면, 人民出版社, 1972年.

고고학 자료에 의하면 제생의 발생은 인생에 비해 비교적 이르고, 순생의 발생은 순인의 발생 이후이다. 보계寶鷄 북수령北首嶺 앙소문화묘지 17호 무덤[31]에서 출토된 물고기뼈가 가득 들어 있는 도기 관罐, 감숙 영정 대하장大何莊 제가문화묘지 '석원권石圓圈' 유적에서 출토된 복골, 소와 말의 뼈[32]는 지금까지 알려진 가장 이른 시기의 제생이다. 가장 이른 시기의 순생은 지금까지 본문에서 논술한 바와 같이 은상시대에서나 보인다. 인생 인순과 마찬가지로 은나라는 중국 고대의 제생과 순생의 전성시기이고, 희생을 사용한 횟수도 가장 많다. 갑골복사의 제생과 관련된 통계에서 은나라 사람이 가장 많이 사용한 희생으로 소, 양, 돼지, 개가 있다고 한다. 제생의 수량은 약간 다르지만 최소 1회에 한 마리, 많이는 천 마리에 달하는 수를 사용했다. 일반적으로 1회에 몇 마리 혹은 수십 마리를 사용했다. 복사에는 10마리 이하는 임의의 수를 사용했으나, 20마리 이상은 10의 배수를 사용하였음이 자주 보인다.[33]

은나라무덤에서 발견되곤 하는 것이 말, 돼지, 닭, 물고기, 혹은 개 머리, 양 머리, 돼지 머리, 소 머리, 혹은 소 넓적다리, 양 넓적다리, 말 넓적다리, 돼지 넓적다리, 닭 다리이다. 일부 온전한 개, 말이 순생에 속하는 외에는 분명히 모두 제생에 속한다. 제생에는 익힌 후에 동기 혹은 도기에 넣은 것이 있고, 죽인 후에 동기나 도기에 생으로 넣은 것도 있고, 무덤주인 널 앞에 배치한 것, 혹은 무덤주인 널 앞 이층대 위에, 혹은 덧널 위에 배치하거나 무덤구덩이 매토에 매장한 것이 있다.

은나라무덤의 개와 말은 제생과 순생을 겸한 이중적인 성격을 가졌다. 순생의 개는 일반적으로 무덤바닥 허리구덩이에 매장하나, 일부는 무덤주인의 널 바깥의 널에 안치되거나,[34] 무덤주인 양측 혹은 발치의 이층대 위에 매장되었다. 순생된 개의 목에는 동제 영鈴을 건 것이 있고, 대다수가 두향을 무덤주인과 반대로 하거나 바깥쪽을 향하게 두었다. 이것은 사경위를 뜻한다. 말은 일반적으로 나무수레(동제 거마장식은 나무수레를 상징한다)와 함께 무덤주인 부근에 따로 설치된 수레구덩이(무덤길에 설치되기도 한다)에 매장되어 주인을 태울 준비를 하고 있다. 기타 생고기와 섞여 있는 개와 말은 그 성격이 기타 생고기와 마찬가

31 中國社會科學院考古研究所寶鷄工作隊 : 「1977年寶鷄北首嶺遺址發掘簡報」, 『考古』 1979年 第2期.

32 中國科學院考古研究所甘肅工作隊 : 「甘肅永靖大何莊遺址發掘報告」, 『考古學報』 1974年 第2期.

33 張秉權 : 「祭祀卜辭中的犧牲」, 『中央研究院歷史語言研究所集刊』 第38本 181~231면, 1968年.

34 中國社會科學院考古研究所安陽工作隊 : 「1969 - 1977年殷墟西區發掘報告」, 『考古學報』 1979年 第1期.

지로 제생이다.

복사에 보이는 제생은 소[牛], 양羊, 돼지[亥], 개[犬] 이외에 뇌牢와 宰 및 그 새끼 '강靑' 이 보이곤 한다. 뇌와 宰 두 글자의 의미는 은나라 용생用牲제도에 대한 인식으로 해석된다. 삼례三禮의 기록에 의하면 서주 이래 제생은 대뢰大牢, 소뢰小牢로 구분되고, 죽은 자의 등급에 따라 다른 뇌의 수를 사용하였다. 동한東漢 정현鄭玄의 해석에 의하면 대뢰는 소, 양, 돼지를 말하고, 소뢰는 양과 돼지를 말한다. 천자는 대뢰와 구정九鼎을 사용하고, 제후는 대뢰 칠정, 경대부卿大夫는 소뢰 오정, 사士는 생牲 삼정, 혹은 특생特牲 일정을 사용하였다. 대뢰는 소가 으뜸, 소뢰는 양이 으뜸이고, 특생特牲은 돼지였다. 적지 않은 사람이 삼례를 인용하여 은나라의 용생제도를 논증하였으나 갑골문의 뇌와 宰 두자에 대하여는 실제에 들어맞지 않는 많은 추측이 있었다.

실제 은나라무덤에서 가장 많이 출토되는 것이 개[狗]이고, 개가 매장된 은나라무덤은 그 총수의 약 1/3을 점한다. 그 다음이 소 넓적다리, 양 넓적다리 순이고, 여타는 수가 아주 적다. 대형무덤에는 사용된 희생의 종류가 아주 많고, 일정한 규칙이 없다. 중·소형무덤은 일반적으로 희생이 하나 혹은 둘이고 소, 양, 돼지 세 가지가 공존한 흔적은 없고, 양과 돼지가 공존한 흔적도 드물다. 통상적으로 보아 소 1마리 혹은 양 1마리이고, 일부가 소와 양을 같이 썼으며, 소, 물고기, 닭을 함께 쓴 경우가 있다.

고고학의 발견에서 보면 은나라에 등급에 따라 다른 제생을 사용한 정황은 없다고 할 수 있다. 제생에 사용한 것은 대략 무덤주인 자신이 기르던 짐승이었고, 사용한 종류와 수량에 대한 구체적인 규정이 없다고 할 수 있다. 삼례 중의 예제禮制의 많은 것이 동주진한東周秦漢 유가의 상상에서 나온 것이기에 이를 은나라에 비교하여 사용할 수 없다. 즉 삼례가 책으로 성립된 시대, 책에서 말하는 예제는 고고학적 발견과는 많은 것이 부합하지 않는다. 갑골복사의 뇌와 宰가 전적으로 제사에 공헌하기 위하여 기른 소와 양을 가리킨다고 하는 학자가 있다.[35] 또 생인이 뇌, 宰와 마찬가지이고, 제사에 사용하기 위해 특수하게 부양한 포로나 노예를 말한다고 하는 학자도 있다. 필자는 이들이 또 다른 극단으로 달려간 것으로 생각한다. 뇌, 宰 두 글자를 만든 형태로 보면 사육한 소와 양으로 볼 수 있어 보통 방목해서 기른 소와 양과는 다르다는 것이 명확하다. 단지 전적으로 제사에 공헌하기 위해 기른

35 張秉權:「祭祀卜辭中的犧牲」,『中央研究院歷史語言研究所集刊』第38本 181~231면, 1968年.

것이라는 의견은 근거가 결핍되었다. 갑골복사의 제생 가운데는 뇌와 宰보다 소와 양이 훨씬 많이 등장한다. 이는 '전적으로 제사에 공헌하기 위해', '특수하게 기른' 이라는 말로 설명될 수 없음을 뜻한다. 또 생인은 포로이기에 자연히 특수하게 길렀다고 말할 수 없다.

은상무덤에 사용된 희생에 대한 고찰의 결과 희생된 소, 양, 돼지, 개, 말, 닭 등 모두는 은나라 사람이 기른 가축, 가금이고, 그들은 일상생활에서 이들 고기를 자주 먹었다는 것을 설명해 준다. 은나라에 목축업이 비교적 발달되었던 것이다.

은상무덤의 인생과 인순 흔적은 자료가 많고 난잡하여 일반 독자들이 관련된 자료를 찾기가 곤란하다. 이 때문에 필자가 읽은 은상무덤의 인순과 인생 자료 및 순인이 있는 수레구덩이 자료를 본서 말미의 〈별표 1〉※과 〈별표 2〉에 나타냈다. 거기에는 또 인순, 인생과 함께 나타나는 제생과 순생의 자료를 덧붙였다. 그리고 무덤길을 가진 대형무덤은 인생과 인순의 흔적이 없더라도 전부 표에 삽입하여 연구에 참고하도록 하였다.

〈별표 1〉과 〈별표 2〉의 연대는 4기로 나누었다. 상나라 전기 전단계, 상나라 전기 후단계, 은허 전기, 은허 후기가 그것이다. 상나라전기 전단계는 고고학상으로 이리두문화 3기와 4기부터 이리강문화 하층까지로 대략 기원전 1600년부터 1450년까지이다. 상나라 전기 후단계는 고고학상의 이리강문화 상층으로 대략 기원전 1450년부터 1300년까지이다. 은허 전기는 고고학상의 은허문화 1기, 2기, 3기로 대략 반경이 은으로 천도한 때부터 조갑까지로 기원전 1300년부터 1180년까지이다. 은허 후기는 고고학상으로 은허문화 3기, 4기로 대략 늠신부터 제신까지로 기원전 1180년부터 1047년까지이다.

상나라 전기의 단계 구분과 연대는 하남성문물고고연구소河南省文物考古研究所에서 발간한 『정주상성鄭州商城』 1,040면의 〈표 4〉에서 규정한 것을 참조하였다. 은허문화의 분기는 중국사회과학원 고고연구소 안양공작대가 제시한 의견(『고고考古』 1964년 제8기 380면, 『은허부호묘殷墟婦好墓』 222~224면)을 참고하였다. 후가장 서북강 대형무덤의 분기는 양석장楊錫璋의 의견(『중원문물中原文物』1981년 제3기 48면)을 참조하였다. 표의 은허 전기무덤은 다수가 발굴보고서의 은허문화 2기(무정부터 조갑까지)에 속한다. 은허 후기무덤은 다수가 발굴보고서의 은허문화 4기(제을과 제신)에 속한다.

※ 〈별표 1〉에 소개된 그림을 별도로 소개하면 다음과 같다(그림 73~75).(옮긴이 주)

그림 73 고루장 후강 32호 무덤 허리구덩이의 순인과 개(『考古』 1972年 第3期에서)

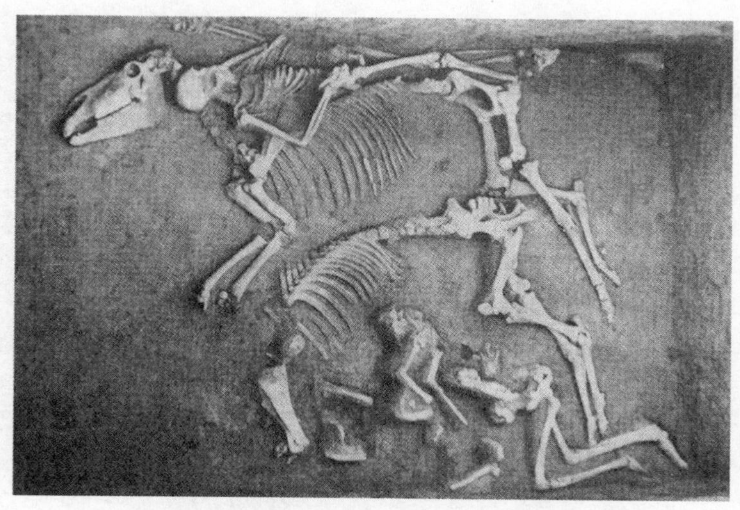

그림 74 고루장 후강 3호 순장구덩이(말 2마리와 2인)(『考古』 1972年 第3期에서)

그림 75 서구 효민둔 7호 수레구덩이(『考古』 1972年 第4期에서)

제 5장

서주의 인생과 인순

희성姬姓 주나라 사람은 중국 고대의 중요한 부족이다. 『사기史記·주본기周本紀』의 기재에 의하면 주나라의 발상지는 지금의 섬서陝西 경하涇河와 위하渭河 유역이다. 그들의 먼 조상 후직后稷이라 부르는 기弃는 무공武功 경내에서 농사를 지으면서 거주하였고, 그 후 공유公劉가 부족을 거느리고 빈豳으로 천도하였고, 10대의 고공古公 단부亶父에 이르렀다. 고공단부는 또 부중을 거느리고 기산岐山 주원周原으로 이동하여 여지励志를 경영하였고, 왕계王季, 문왕文王, 무왕武王 3세대를 지나며 계속 발전하여 마침내 강대해져 대국 상商나라를 멸하게 되었다. 해방 후 고고학 연구자들은 경하와 위하 유역에 대한 대규모의 조사와 발굴을 진행하였고, 거기서 출토된 유적과 유물을 가지고 이곳의 고문화가 일맥상통하고[1] 있으므로 주나라의 발상지가 경하와 위하 유역이라는 기록을 믿게 되었다.

지금까지 경하와 위하 양 유역 주나라 사람들의 앞선 시기 거주구역에서는 아직 인생과 인순의 실례가 발견되지 않았다. 이것은 앞 시기 주나라 사람들에게는 인생과 인순의 습속이 없었음을 알려준다. 은나라 말에 이르러 주나라는 중국 서부의 강성한 부족이 되었고, 동방의 은나라에 필적하게 됨으로써 쌍방은 계속된 전쟁을 치르고, 경제문화도 상호교류하였고, 사상과 의식, 풍습과 관습 등도 서로 영향을 주었다. 이 때문에 은나라 고유의 인생과 인순의 습속이 침투하여 이 시기에 주나라에서도 그 습속이 시작되었다.

1 尹盛平:「從先周文化看周族的起源」,『西周史研究』(『人文雜誌』 叢刊 第2輯) 221면, 西安, 1984年.

1. 서주의 인생

『일주서逸周書·세부世俘』에 주나라 무왕이 은나라를 멸하고 돌아와서 주묘周廟에서 헌부대례獻俘大禮를 거행하였다는 기재가 있다.

> 庚戌, 武王燎于周廟, …… 用俘, 皆施佩衣, 先馘入. 武王在祀, 太師負商王紂首, 縣白旂, 妻二首赤旂, 乃以先馘入, 燎于周廟. 若翌日辛亥, 祀于天位, 荐俘殷王鼎. 武王乃翼矢珪矢宪, 告天宗上帝. ……追王烈祖自太王, 太伯, 王季, 虞公, 文王. 邑考以列升, 維告殷罪. ……癸丑, 荐殷俘王士百人. ……乙卯, 武王乃以庶國祀馘于周廟. ……(武王)曰 : '惟予冲子綏文考, 翼于冲子', 用牛于天于稷五百有四, 用小牲羊豕于百神水土社二千七百有一.

조광현趙光賢 선생의 고증에 의하면 본래 『세부』의 문자는 오기가 심하여 그 가운데 과대하고 황당한 말을 제외하고도 일부 착오가 있어 교정할 방법이 없지만, 기본적으로는 주나라 초기사의 연구에 귀중한 자료가 된다[2]고 한다. 위에서 인용한 기사는 조 선생이 믿을 만한 기록으로 인정한 것이다. 무왕이 상나라를 벌하고 돌아온 일정을 따르면 무왕은 은나라를 멸망시킨 후 호경虎京으로 행차하여 주묘에 헌부대례를 고하였다. 그날이 기원전 1045년 4월 16일(경술)이다. 이날 낮 무왕은 주묘에 요제燎祭를 지내면서 포로를 베어 바쳤다. 태사太師가 상나라 왕 주紂의 머리를 바쳤다. 17일(신해)에서 19일(계축) 사이에 무왕은 천종상제天宗上帝에 제사하고, 선조인 태왕太王, 태백太伯, 왕계王季, 노공虜公, 부왕父王, 읍고邑考를 왕으로 추존하고 종묘宗廟에 제사하였다. 제사를 지내면서 획득한 은나라 왕의 정鼎과 은나라의 가신 100인을 바쳤다. 21일(을묘)에 동맹한 나라들이 주묘에 대한 국가제사를 지냈다. 이러한 사전祀典은 은나라의 예를 따른 것이다. 조 선생의 고증에 착오가 없다면 우리는 다음과 같이 추정할 수 있다.

주나라는 원래 자체에 사묘에 헌부獻浮로 고하는 제도가 없었다. 주나라가 강성해져 은나라와 전쟁을 하는 과정에 은나라 사람의 포로가 된 주나라 사람이 은나라 사람이 포로를 잡은 후 머리를 자르고, 그것을 은묘殷廟에 헌납하는 제사의 장면을 보았고, 그가 도주한 후

2 趙光賢 : 「說〈逸周書 · 世俘〉篇幷拟武王伐紂日程表」, 『歷史研究』 1986年 第6期.

이에 대한 강렬한 보복심리가 작동되어 주나라 사람도 같은 방법으로 은나라의 포로를 학살하게 되었다. 무왕이 은나라를 멸한 후 주묘에서 거행한 헌부대례는 완전히 은나라의 제도를 본 딴 것임을 이해하기 어렵지 않다. 주나라 초 정권이 공고해진 이후에는 사묘에 헌부로 고하는 사전이 비록 존재했지만 대규모의 포로를 살해하여 제사하는 것은 폐지되었을 가능성이 있다.

서주의 통치자는 천지, 산천, 사직의 제사를 아주 중시하였으며 그들의 시조 계契 및 열조列祖, 열종列宗에 대해 계속해서 하늘에 제사하는 것과 같이 배식하였다. 소위 "후직后稷에 대한 교사郊祀는 하늘에 배향하는 것과 같이 하고, 명당明堂에서 문왕文王에 대한 종사宗祀는 상제上帝에게 배향하는 것과 같이 한다."라고 하였다. 그 내용은 은나라에 비하여 복잡하고도 계통적이었다. 이런 번잡한 사전에 대응해서 왕정王廷에 '대종백大宗伯'을 설치하여 사전을 전담하도록 하였다. 그의 구체적인 업무에 대해서『주례周禮 · 춘관春官 · 대종백大宗伯』에 다음의 기사가 보인다.

> 以禋祀昊天上帝, 以實柴祀日月星辰, 以槱燎祀司中, 司命, 飌師, 雨師, 以血祭祭社稷, 五祀, 五岳, 以貍沈祭山林川澤, 以疈辜祭四方百物, 以肆獻祼享先王, 以饋食享先王, 以祠春享先王, 以禴夏享先王, 以嘗秋享先王, 以蒸冬享先王

이렇게 많은 신령은 천신天神, 지기地祇, 인귀人鬼 세 종류로 귀납된다. 호천상제昊天上帝, 일월성신日月星辰, 사중司中, 사명司命, 풍사飌師, 우사雨師는 천신에 속하고, 사직社稷, 오사五祀, 오악五嶽, 산림천택山林川澤은 지기에 속한다. 또 선왕先王은 인귀에 속한다. 제사의식에는 인사禋祀, 실시實柴, 유요槱燎, 혈제血祭, 이심貍沈 등 10여 종 이상이 있다. 이 가운데 사람을 희생한 것으로 확실한 것이 "사직, 오사, 오악에 대한 제사 혈제"이다. 우사에 대한 요사燎祀와 천택에 대한 심제沈祭 또한 인생이 필요했을 가능성이 있다.

혈제는 역대 많은 주석자가 제사 장소에 피를 바치는 것으로 해석하였다. 청대의 경학자 금악金鶚은『번시예매고燔柴瘞埋考』에서 이를 권위적인 해석으로 간주하였다. 그는 말하기를 "혈제는 핏방울이 땅에 떨어져 덮는 것으로 울창주로 땅을 적시는 것과 같다. 기氣는 양陽이고, 혈血은 음陰이다. 고로 연기를 올려 하늘에 제사하고, 생혈牲血을 뿌려 땅에 제사하는 것으로 음양에 따라 각각 종류가 다르다."[3]라고 하였다. 그는 유가의 '인애관仁愛觀'

을 사용하고, 음양사상이 옛사람들에게 공고했다는 입장에서 혈제를 해석하여 옛사람들의 본래 뜻과는 부합하지 않는다. 근래에 정산丁山은 갑골문의 '사社'(즉 사土)자 위에는 항상 점이 있음을 근거하여 이를 떨어지는 물건으로 보고, 사주社主의 위에 점이 실상은 제사에 피가 떨어지는 모습이라고 하였다. 춘추시대에 다시 사社에 대한 제사에 사람이 적지 않게 사용되었고, 산山에 대한 제사에도 사람을 쓴 것이 사실이고, 『주관周官』의 '혈제血祭'라는 말은 실제 인신 희생의 사용을 지적하는 것으로 추정됨으로 사람의 피가 사주의 위로 떨어지는 것[4]으로 보는 것이 합당하다.

『공양전公羊傳』과 『곡량전谷梁傳』 '희공僖公 19년' 조의 "주邾나라 사람이 증鄫나라 군주인 자작을 잡아 제사에 제물로 사용하였다."라는 어구의 해석을 살펴보면 정산의 해석이 정확함을 알 수 있다. 『공양전』에서 "어느 곳에 사용했는가? 사의 신에게 사용했다. 그를 사의 신에게 사용했다는 것은 어찌된 것인가? 대개 그의 코를 두드려 코피를 빼서 사에 피를 칠한 것이다."라고 하였고, 『곡량전』에서는 "제물로 사용했다는 것은 증나라 군주의 코를 두드려 코피를 빼내 사에 피를 칠한 것을 말한다."라고 하였다. 범녕范寧은 『집해集解』에서 "이衈라는 것은, 흔衅으로, 코피를 취하고 흘려 사기社器에 칠해 제사하는 것이다."라고 하였다. 말하자면 혈제는 사람의 코를 두드려 나온 피로 제사하는 것으로 그 피를 사기社器, 즉 나무 혹은 돌로 만들어진 사주의 모사물에 흘리는데, 너무 많은 피가 나와 사람이 죽게 되는 것이다.

다음 '우사에 대한 요사'와 '천택에 대한 심제'를 살펴보자.

유요槱燎는 정주鄭注에 "유槱라는 것은 쌓는 것이다. ……쌓은 섶나무 위에 희생의 몸체를 적재하는 것이다."라고 하였다. 요燎는 즉 갑골복사에 자주 보이는 尞자로 여자무당을 불태워 비를 기원하려고 하늘에 제사하는 것이다. 춘추시대까지 이 습속이 지속되었다.

이심貍沈은 공소孔疏에 "산림에는 물이 없는 고로 매埋(묻는다)라 하고, 천택에는 물이 있는 고로 침沉(가라앉힌다)이라 한다."라고 하였다. 은허복사에서 침沉은 여자를 물에 가라앉혀 하신河神에게 제사하는 것이다. 전국시대 위나라에서 '하백취부河伯娶婦'라고 한 것과 진나라에서 '군주처하君主妻河'라고 한 것이 그것의 남아 있는 습속이다. 이에 대해서는 제6

3 『求古錄』 卷十四 「禮說」.

4 丁山 : 『中國古代宗敎與神話考』 501, 502면, 龍門聯合書局, 1961年.

장에서 상세하게 설명할 것이다.

동주의 이런 두 종류의 사람을 사용한 제사는 모두 은상의 옛 습속에서 기원한 것이기에 서주에서도 마찬가지였음을 짐작하게 한다.

위에서 언급한 자연숭배 사전祀典에 가끔 사람을 사용한 외에 주나라의 선대에는 무덤제사에 산사람을 사용하는 전통이 없었다. 또 궁전과 종묘의 건축에 인생을 사용하는 습속도 없었다. 서주가 개국을 한 후에도 은나라의 이런 두 종류의 악습을 계승하지 않은 것 같다. 지금까지 파악된 고고학 자료에 의하면 서주의 귀족묘지와 무덤에서 사람을 사용한 제사의 흔적이 별로 없고, 궁전종묘건축지에서도 전기생이 보이지 않는다. 단지 은나라와 관계가 밀접한 동이東夷의 옛 지역에서 제사에 사람을 사용하는 습속이 장기간 유행하였다. 그리고 은나라의 유민이 집중되었던 일련의 지역에서는 서주시대로 진입한 일정한 시기까지 사람을 사용한 전기와 무덤제사의 습속이 남아 있었다. 낙양洛陽 북요촌北窯村 서주유적에서 발견된 전기생 및 제사구덩이가 이를 증명한다.

낙양 북요촌 서주유적

1974년 발굴된 것으로 연대는 서주 중기 전단계에 속한다. 전기생은 규모가 비교적 크고, 보존이 비교적 잘된 2호 주거지에서 발견되었다. 2호 주거지는 평면이 장방형이고, 길이 11.2m, 너비 7.2m이다. 12기의 전기구덩이가 담장의 기초구덩이에 돌아가며 배열되었다. 각 전기구덩이는 깊이가 1m이고, 그 안에 사람 1인과 말 1마리 혹은 개 1마리를 매장하여 사용된 인생이 모두 7인, 말 희생 3마리, 개 희생 2마리이다. 동쪽의 1호 구덩이에 도제의 용범鎔范이 채워진 외에 나머지 11기의 구덩이는 모두 깨끗하게 황토가 판축층을 이루며 채워져 있었다. 12기의 구덩이는 둥글게 배치되었고, 입구 양측의 구덩이에 각각 1인과 개 1마리가 매장되었다.

출토현상으로 보아 사람과 가축은 모두 산 채 매장되었다. 발굴자의 연구에 의하면 이런 인생과 축생畜牲은 2호 주거지의 치초置礎와 안문安門 시에 매장된 것이다.

같은 지점에서 2호 주거지와 같은 시기의 두 개의 무덤길을 가진 대형무덤 1기가 발굴되어 M14호로 번호가 부여되었다. 이 무덤의 ㄱ자형으로 꺾인 북쪽 무덤길의 양측에서 4기의 제사구덩이가 발견되었는데, 동서에 각각 2기가 배치되었다. 동측은 인생구덩이와 양구덩이[羊坑] 각 1기이다. 인생구덩이는 평면이 장방형이고, 매장된 사람은 부신의 자세이다. 장구와 부장품이 없다. 구덩이의 깊이는 주변의 양구덩이와 비슷하다. 양구덩이는 원형이고, 상부 직경 1.2m, 깊이 2.8m이다. 구덩이에는 양 4마리를 3층으로 쌓아 매장했다. 상층에 1마리, 중층에 2마리, 하층에 1마리이다. 북쪽 무덤길 서측 2기의 구덩이는 말을 매장한 것으로 모두 원형이고, 크기가 같아 상부 직경 2.5m, 깊이 3.2m이다. 이 2기의 구덩이에 각각 말 2마리를 네 다리를 해체한 후 매장하였다.[5]

전기생과 대형무덤 부근의 제사구덩이 설치는 은나라 사람의 습속이고, 주나라 사람에게서는 잘 보이지 않는 현상이다. 『상서尙書 · 다사多士』의 기재에 의하면 주나라가 은나라를 멸한 후 주나라 사람은 낙양에 '은나라의 완고한 민중을 이주(遷殷頑民)' 시켰다. 북요촌의 주거지 전기구덩이와 대형무덤 제사구덩이는 이런 '은나라의 완고한 민중' 이 장기간에 걸쳐 은나라의 습속을 유지했을 가능성을 보여준다.

서주 귀족무덤의 인생 예는 4례에 불과하다. 이를 살펴보면 다음과 같다.

유리하 연나라묘지 202호 무덤

북경北京 유리하琉璃河 연燕나라묘지에서 1977년 발굴되었다. 유리하 연나라묘지에서 유일하게 남북 2개의 무덤길을 가진 대형무덤이다. 무덤은 일찍이 심하게 파괴되었다. 남쪽 무덤길의 동벽에서 사람 머리뼈 1개가 발견되었다. 머리뼈는 무덤길 남단에서 북쪽으로 약 5.25m의 동벽 지면 가까이에 판 삼각형의 작은 구덩이에 매장되었다. 머리뼈에 목뼈가 붙어있고, 얼굴은 북향을 하였다. 주위에서 약간의 승문도기편이 발견되었다. 이것은 무덤을 축조할 때 거행된 어떤 의식의 제생으로 추측된다. 연대는 서주 조기이다. 2개의 무덤길로 보아 무덤주인은 연후燕侯로 추정된다.[6]

보계 여가장 1호 무덤(어백弓魚伯무덤)

섬서陝西 보계寶鷄 여가장茹家莊에서 1974년과 1975년에 발굴되었다. 무덤길의 매토에서 1구의 생인이 발견되었다. 몸과 머리가 분리되어 약 3m 떨어져 있었다. 머리뼈 부근에서

5 洛陽博物館 : 「洛陽北窯村西周遺址1974年度發掘簡報」, 『文物』 1981年 第7期.

6 北京市文物研究所 : 『琉璃河西周燕國墓地(1973年～1977年)』, 文物出版社, 1995年.

대나무가 불에 탄 흔적이 발견되었다. 다리뼈 부근에서 4매의 조개껍질이 발견되었다. 출토현상으로 분석하면 이는 무덤구덩이를 매토하기 전에 거행된 제사의식에서 대나무를 불태우고 팔다리를 해체한 생인이다. 감정 결과 생인은 청년여성이고, 무덤의 연대는 서주 중기인 목왕穆王시기이다.[7]

곡옥 진후묘지 93호 무덤

산서山西 곡옥曲沃 북조北趙 진후晋侯묘지에서 994년 발굴되었다. 남북 2개의 무덤길을 가진 대형무덤이다. 남쪽 무덤길 동측에 2기의 작은무덤(M97 · 98)이 배치되었다. 97호 무덤은 장구가 없고, 피장자의 두향은 북쪽, 다리를 구부리고 옆으로 누운 자세, 얼굴은 서향, 부장품으로는 조잡한 골제 계笄 1점이 있다. 98호 무덤은 역시 장구가 없고, 부장품도 없다. 피장자는 엎어져 누운 자세, 두향은 북쪽, 얼굴은 동향이다. 이 2기의 작은무덤은 희생이 많이 매장된 제사구덩이(말과 개가 많고, 소와 양이 다음이고, 대다수가 다리를 해체했다)와 그 바닥의 깊이가 같아 피장자가 인생으로 추측된다. 발굴자는 무덤에서 출토된 동기에 근거하여 무덤주인을 진문후晋文侯(기원전 780~746년 재위)로 추정하였다.[8]

신정 당호촌 3호 무덤

하남河南 신정현新鄭縣 당호촌唐戶村에서 1976년 발굴되었고, 연대는 서주 만기에 속한다. 3호 무덤은 함께 발굴된 12기의 서주 만기무덤 가운데 가장 큰 것으로 구덩식의 덧널무덤이다. 무덤구덩이는 길이 3.96m, 너비 3.36m, 남은 깊이 2.5m이다. 하나의 덧널과 하나의 널을 가졌고, 일찍이 여러 차례 도굴되었다. 무덤주인의 인골은 남아 있지 않았지만 명문이 있는 동제 역鬲 2점과 23점의 화려한 옥기가 출토되었다. 무덤바닥에서 1.6m 위의 매토에서 머리가 없는 굴지 자세의 인골 1구가 발견되었다. 매토 시에 거행된 제사에 사용된 생인으로 추측된다. 이러한 판단에 착오가 없다면 서주 만기의 희귀한 현상이 된다. 동제 역鬲 2점의 명문인 '왕작친왕희王作親王姬' 등으로 분석하면 무덤주인은 정鄭나라 혹은 회鄶나라의 귀족이다.[9]

7 寶鷄茹家莊西周發掘隊 : 「陝西省寶鷄市茹家莊西周墓發掘簡報」, 『文物』 1976年 第4期.

8 北京大學考古學系等 : 「天馬 - 曲村遺址北趙晋侯墓地第五次發掘」, 『文物』 1995年 第7期.

2. 서주의 인순

서주왕릉은 아직 발굴되지 않았지만 풍서灃西 중·소형무덤 가운데 인순무덤의 비례가 은허 중·소형무덤 인순에 비해 약간 더 높기 때문에 서주왕릉의 인순 수 역시 은나라 왕릉에 버금갈 것으로 보인다. 옛 문헌에서 주나라 왕릉 순인의 기사가 있어 단서가 된다. 『서경잡기西京雜記』 권 6에 한漢나라 광천왕廣川王이 주나라 유왕幽王의 무덤을 발굴한 기사가 있는데, 그 원문은 다음과 같다.

(周)幽王塚甚高大, 羡門既開, 皆是石堊, 撥除丈余深, 乃得云母, 深尺余見百余尺, 縱橫相枕籍, 皆不朽. 唯一男子, 餘皆女子. 或坐或臥, 亦犹有立者, 衣服形色, 不異生人.

『서경잡기』는 위진魏晋사람이 쓴 소설류로 기록의 많은 것이 믿을 만한 근거가 없다. 한대 광천국廣川國은 지금 하북성 기현冀縣 형수衡水 일대로 전국시대에는 조趙나라에 속했다. 주나라 유왕幽王은 역산驪山의 아래에서 견융犬戎에게 살해되었기 때문에 그의 무덤은 장안長安 부근에 있을 가능성이 있다. 광천왕이 도굴한 것은 유왕의 무덤과 멀리 떨어진 곳에 있는 것이다. 그러나 이 고사는 아주 널리 퍼져 『서경잡기』와 대략 같은 시기에 해당하는 『진서晋書·오행지五行志』, 고개지顧愷之의 『계몽주啓蒙注』와 진晋나라 간보干寶의 『수신기搜神記』 등에 유사한 기록이 있고, 여기서 부회된 많은 진기한 이야기가 지어졌다. 『진서·오행지』의 관련 기사는 다음과 같다.

魏明帝太和三年, "時, 又有開周世塚, 得殉葬女子, 數日而有氣, 數月而能言, 郭太后愛養之"

『삼국지三國志·위서魏書·명제기明帝記』 '청룡青龍 3년' 조의 "葬文德郭后"라는 구절의 주를 인용한 고개지의 『계몽주』에는 다음의 기사가 있다.

魏時人有開周王塚者, 得殉葬女子, 經數日而有氣, 數月而能語, 年可二十. 送詣京師, 郭太后愛養

9 開封地區文物管理委員會等 : 「河南省新鄭縣唐戶兩周墓葬發掘簡報」, 『文物資料叢刊(二)』 45면, 文物出版社, 1978年.

之. 十余年, 太后崩, 哀思哭泣, 一年余而死.

진나라 간보의 『수신기』 권 15에 "有發前漢宮人塚者" 이라는 구절 아래의 내용은 『계몽주』와 똑 같다.

이러한 기록은 어떤 것은 복잡하고, 어떤 것은 간단하고, 줄거리에 차이가 있지만 모두 동일한 사건을 말하고 있다. 그 출처가 같지만 덧붙여져 전화되어 고사와 사실의 거리가 멀어짐으로써 신뢰할 수 있는 이야기가 아니다. 그러나 전해오는 주나라 유왕, 주왕 무덤에 여자가 순장되었다는 것은 허무맹랑한 것으로 볼 수 없다. 이는 풍豊과 호鎬 양경兩京의 서주무덤 발굴 자료가 증명하여 준다.

풍과 호 양경의 서주무덤

풍과 호 양경은 서주의 도읍 소재지로서 대략 지금의 섬서 장안현 풍하灃河 양안으로 전해져 왔다. 중화인민공화국의 성립 이후 고고학 연구자들은 여러 차례에 걸쳐 풍하 양안에 대한 조사를 진행하였다. 조사에서는 풍하 동안의 두문진斗門鎭, 백가장白家莊, 보도촌普渡村과 풍하 서안의 마왕진馬王鎭, 객성장客省莊, 장가파張家坡 등지에서 많은 서주시기의 무덤을 발견하였고, 발굴이 뒤따랐다.

1953년과 1954년 두문진과 보도촌에서 3기의 서주무덤이 발굴되었는데, 그 가운데 1기의 무덤에서 순인이 발견되었다. 무덤에서 출토된 여러 점의 동기에 '장유長由' 라는 명문이 있어 '장유무덤' 으로 부르고 있다. 이 무덤은 장방형구덩식의 덧널무덤으로 길이 4.2m, 너비 2.25m, 깊이 3.56m이다. 이미 도굴되었다. 허리구덩이에 개 1마리를 매장하였다. 무덤주인의 널 바깥 북쪽에서 횡으로 배치된 순인 2인이 발견되었다. 2인의 순인은 머리와 다리가 교차하고 있었고, 널이 없고, 부장품도 없다. 머리뼈의 크기가 작아 아이인 것 같다. 서주중기에 속한다. 새겨진 명문으로 추단하면 무덤주인은 대부大夫급에 속한다.[10]

1955~1986년 중국과학원고고학연구소中國科學院考古學硏究所(1977년 이후 중국사회과학원에 소속됨)가 여러 차례 풍서의 객성장, 장가파 일대에 대한 대규모 발굴을 진행하였다. 보도에 따르면 대략 아래 몇 차례가 된다.

10 陝西省文物管理委員會 : 「長安普渡村西周墓的發掘」, 『考古學報』 1957年 第1期.

1. 1955~1957년 장가파와 객성장에서 서주무덤 182기, 거마구덩이 4기가 발굴되었다. 그 가운데 순인무덤이 9기(장가파 M162 · 204 · 206 · 218 · 220 · 312 · 438, 객성장 M34 · 143)이다. 순인이 가장 많은 것이 204호 무덤으로 4인이다. 218호 무덤에 순인이 2인이고, 나머지 7기에는 각각 순인이 1인이다. 모두 합한 순인의 수는 13인이 된다. 4기의 거마구덩이에는 각각 순인 1인이 매장되었다. 따라서 총수는 17인이다. 9기의 순인무덤과 4기의 거마구덩이는 모두 서주 조기에 속한다.[11]

객성장 143호 무덤의 순인이 무덤구덩이 매토에도 매장된 것을 제외하면 여타 각 무덤의 순인은 모두 무덤주인의 널 바깥 양측 혹은 발치 이층대 위에서 발견되었고, 양측 이층대의 순인은 두향이 모두 동쪽이고, 앞뒤로 일렬을 이루며 배열되었다. 북측의 이층대에 있는 1인은 두향이 동쪽이고, 서측 이층대 위에 있는 순인 1인은 두향이 북쪽이다. 218호 무덤은 방향이 남북향이고, 동측 이층대 위의 순인은 두향이 남쪽이다. 나머지 순인 1인은 도굴로 교란되고, 이층대의 서북모서리에서 얼마의 팔다리뼈만 발견되었다. 여타의 무덤은 장가파 312호 무덤과 객성장 34호 무덤의 순인이 무덤주인의 널 바깥 발치에 배치된 외에 모두 널 바깥 양측에 배치되었다. 162 · 206호 2기의 무덤은 이층대가 비교적 좁기 때문에 무덤구덩이 벽의 상부에 바깥으로 돌출된 횡으로 된 벽감을 설치하여 순장인을 매납하기 편하도록 하였다.

순장인의 두향은 218호 무덤의 1구가 교란되어 불명인 외에 나머지 무덤주인의 널 바깥 양측의 것은 모두 무덤주인의 두향과 일치한다. 머리는 모두 우측을 향한다. 단지 객성장 143호 무덤구덩이 매토의 순인은 두향이 무덤주인과 반대이다. 순장인의 매장 자세는 5구의 경우 불분명하고, 나머지 8인 가운데 4인은 앙신직지의 자세, 4인은 부신직지의 자세이다. 204호 무덤의 순인은 앙신과 부신의 자세가 함께 공존한다. 따라서 순장인의 매장 자세가 일정하지 않았음을 알 수 있다. 순장인은 모두 가지런하게 안치되었고, 대개 죽은 후에 매장된 것으로 보인다.

13구의 순인은 모두 장구가 없다. 또 단지 극소수만 부장품을 가지고 있다. 장가파 162 · 206 · 220호 무덤의 순장인은 입에 조개를 물고 있다. 객성장 34호 무덤의 순인은 허

11 中國科學院考古研究所 :『灃西發掘報告』 113~115면, 文物出版社, 1962年.

리에 11매의 조개를 차고 있다. 312호 무덤의 순인 허리 아래에서는 2점의 옥제 어魚와 수십 개의 바지락조개껍질이 발견되었다. 162호 무덤의 순장인 머리 앞에서는 도기 역鬲 1점이 출토되었다. 이는 그의 부장품일 가능성이 크다.

장가파 서주 조기무덤의 부근에서 동시기의 수레구덩이 4기가 발굴되었다. 1호 구덩이는 방향이 86°이고, 수레 1대와 말 2마리, 1인이 매장되었다. 순인은 수레칸 뒤에 매장되었다. 두향은 북쪽, 부신직지의 자세이고, 벽감이 사람의 길이보다 짧기 때문에 머리가 비뚤어지고, 머리꼭대기가 위로 향하고, 얼굴이 서쪽을 향하고, 다리가 꼬여 있다. 들여보낸 후 단단하게 막았거나, 이곳에서 죽은 후 막은 것이 확실하다. 2호 구덩이는 방향이 90°이고, 안에 수레 2대, 말 6마리 1인을 매장하였다. 순인은 1호 수레칸 아래에 깔려 있고, 두향은 남쪽, 부신의 자세이다. 3호 구덩이는 방향이 190°이고, 안에 수레 1대, 말 2마리, 1인을 매장하였다. 순인은 수레칸 뒤에 매장되었다. 두향은 서쪽이고, 머리뼈가 수레 우측 바퀴가 놓이는 오목한 구덩이 안에 놓여 수레바퀴에 깔려 있고, 부신직지의 자세이다. 몸에서 돗자리 흔적이 발견되는데, 돗자리로 감아서 매장한 것으로 보인다. 4호 구덩이는 방향이 91°이고, 안에 수레 3대, 말 8마리, 순인 1인이 매장되었다. 순인은 2호 수레의 수레칸 뒤에 배치되었고, 두향은 남쪽, 부신직지의 자세이다. 허리에 약 20여 매의 조개껍질을 꿴 장식을 차고 있다. 순인은 수레칸 뒤에 구덩이를 파고 묻었는데, 장구도 없고, 부장품도 없다.

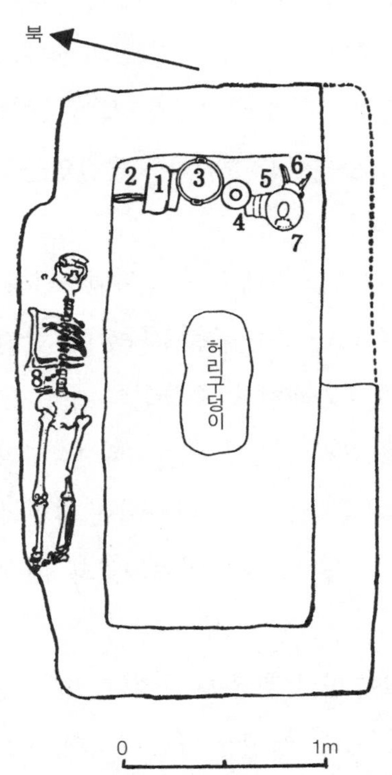

그림 76 풍서 장가파 106호 서주무덤(『考古』 1984年 第9期에서)
1. 동제 궤(簋), 2. 동제 과(戈), 3. 동제 정(鼎), 4. 동제 고(觚), 5. 동제 존(尊), 6. 동제 작(爵), 7. 동제 치(觶), 8. 조개

2. 1960~1962년 장가파에서 서주무덤 35기와 수레구덩이 1기가 발굴되었다. 그 가운데 101호와 106호 2기의 무덤과 수레구덩이에 각각 1인의 순인이 매장되었다. 무덤의 순인은 무덤주인의 좌측 이층대에 배치되었고, 앙신직지의 자세, 두

향은 무덤주인 쪽이다. 101호 무덤의 순인은 허리에 조개 4매를 차고 있다. 106호 무덤의 순인 몸 주변에서는 1매의 바지락조개껍질이 출토되었다〈그림 76〉. 수레구덩이에는 수레 1대, 말 2마리, 마부 1인이 매장되었다. 마부는 수레의 뒤에 배치되었다.[12]

2기의 순인무덤과 수레구덩이는 모두 서주 조기에 속한다.

3. 1967년 장가파에서 서주무덤 124기, 수레구덩이 5기가 발굴되었다. 그 가운데 순인무덤이 13기(M12 · 21 · 23 · 24 · 27 · 34 · 36 · 37 · 54 · 82 · 87 · 89 · 91)이고, 마부가 수레구덩이 하나에 순장되었다. 36호 무덤〈그림 77〉의 순인이 3인, 57호 무덤의 순인이 2인인 외에 나머지는 각각 순인이 1인이다〈그림 78 좌〉. 수레구덩이의 순인 1인을 합하면 순인은 모두 17인이 된다. 연대가 명확한 7기의 무덤과 수레구덩이는 모두 서주 조기에 해당되는데, 89호 무덤이 가장 일러 은나라가 멸망하기 전의 조기 서주 무덤에 속한다. 나머지 5기는 연대를 따질 자료가 출토되지 않았으나 서주 조기의 무덤으로 추측된다.

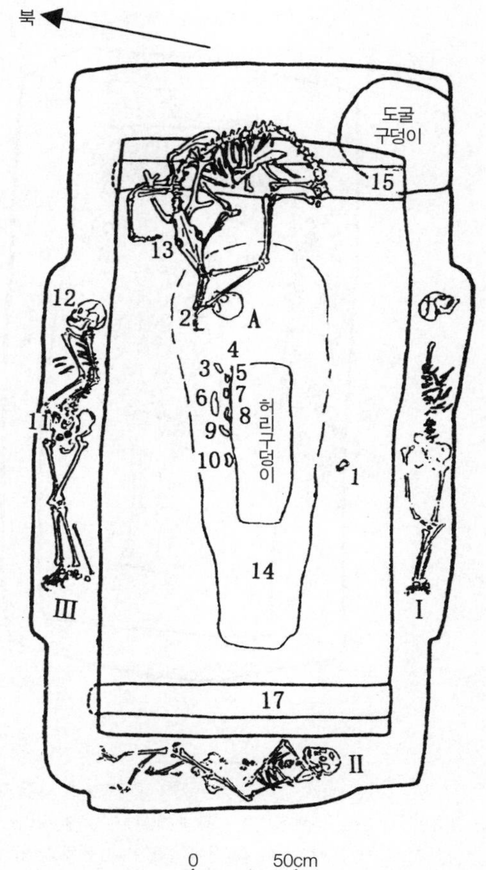

그림 77 풍서 장가파 36호 서주무덤(『考古學報』 1980年 第4期에서)
A. 무덤주인 머리, I · II · III. 순인, 1. 동제 영(鈴), 2 · 4~10. 옥제 장식, 3. 골기, 11 · 12. 조개, 13. 사슴뼈, 14. 주사흔, 15. 침목흔

순인의 대다수는 이층대 위에 배치되었고, 전신을 갖추고, 장구가 없고, 몸에 한두 매의 조개 혹은 1쌍의 바지락조개껍질을 지니고 있고, 다수가 개와 함께 매장되었다.

36호 무덤은 순인이 3인으로 무덤주인의 양측과 발치 이층대에 배치되었고, 1인은 부

12 中國科學院考古研究所灃西發掘隊 : 「1960年秋陝西長安張家坡發掘簡報」, 『考古』 1962年 第1期. 趙永福 : 「1961年 - 1962年 灃西發掘簡報」, 『考古』 1984年 第9期.

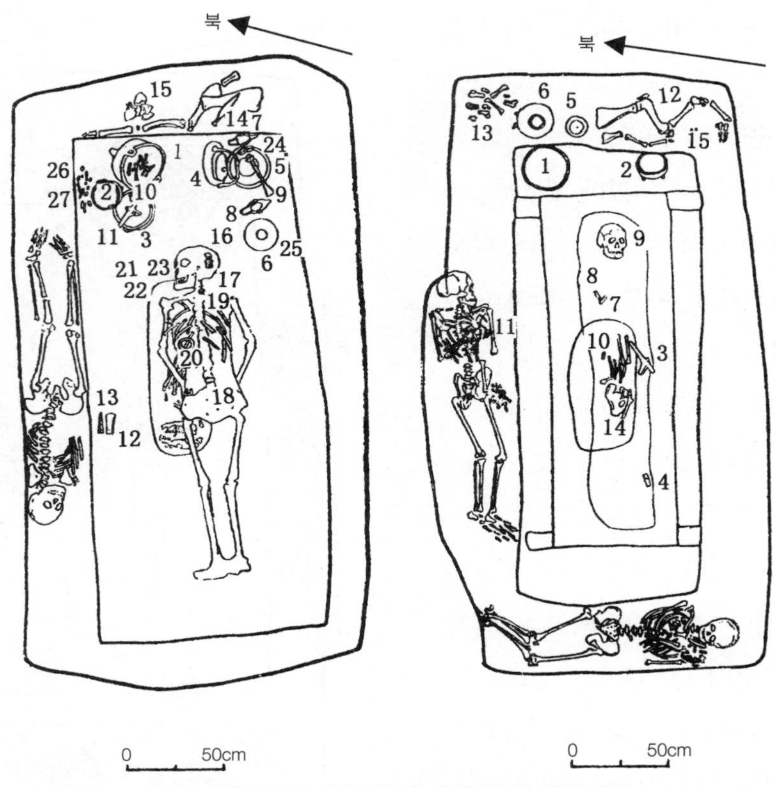

그림 78 풍서 장가파 서주무덤(『考古學報』 1980年 第4期에서)

좌 : 87호 무덤 1 · 2. 동제 정(鼎), 3. 동제 궤(簋), 4. 동제 유(卣), 5. 동제 존(尊), 6. 동제 고(觚), 7 · 8. 동제 작(爵), 9. 동제 두(斗), 10. 동제 부(斧), 11. 동제 과(戈), 12. 동제 분(錛), 13. 동제 착(鑿), 14. 동제 모(矛), 15. 동제 역(鬲), 16~22. 옥제 장식, 23. 조개, 24~27. 바지락조개장식,

우 : 54호 무덤 1. 동제 궤(簋), 2. 동제 정(鼎), 3. 동제 과(戈), 4. 동제 준(鐏), 5. 도기 역(鬲), 6. 도제 관(罐), 7~9. 옥제 장식, 10. 조개, 11. 바지락조개, 12 · 13 · 15. 짐승뼈, 14. 개뼈

신직지, 2인은 측신의 자세이다. 우측 이층대에 놓인 순인은 입에 7매의 조개를 물고 있고, 허리에 1쌍의 바지락조개껍질을 가지고 있다. 무덤주인의 머리 쪽 이층대 위에서 1구의 사슴뼈가 발견되었다.

54호 무덤의 순인은 2인이다. 1인은 무덤주인의 우측 이층대 위에 있고, 부신직지의 자세이고, 두향은 무덤주인과 같고, 가슴에 1쌍의 바지락조개껍질을 지니고 있다. 나머지 1인은 무덤주인의 발치 이층대 위에 있고, 앙신직지의 자세, 두향은 남쪽, 부장품이 없다〈그림 78 우〉.

은나라가 멸망하기 전 조기의 서주무덤인 89호는 묘지의 동북모서리에 위치하고, 장방형의 무덤구덩이는 위가 좁고, 아래가 넓은 것이다. 무덤구덩이 상부 길이 3m, 너비 1.8m,

바닥 길이 3.3m, 너비 2m 이다. 방향은 265°이다. 덧널은 길이 2.65m, 너비 1.1m, 높이 0.6m이다. 널 흔적은 길이 1.7m, 너비 0.55m이다. 무덤바닥에 장방형의 허리구덩이를 팠다. 무덤주인의 인골이 부패되어 매장 자세는 알 수 없고, 두향이 서쪽임을 알 수 있을 뿐이다. 무덤주인 머리 쪽 널 바깥에 도기 관罐과 역鬲 각 1점이 부장되었다. 북측 이층대 위에 1구의 순인이 매장되었다. 부신의 자세로 다리는 바로 펴고, 팔은 배 위에서 교차하고, 장구가 없고, 부장품이 없다. 이를 은나라가 멸망하기 전 조기 서주 무덤으로 보는 주요한 근거가 도기 역鬲의 형식이 긴 목을 가졌고, 다리를 달았고, 구연에 1쌍의 횡으로 된 돌류 장식이 있다는 것이다〈그림 79〉. 발표자는 이런 종류의 도기 역鬲은 과거 보계寶鷄 두계대斗鷄臺, 기산岐山 하가賀家의 은나라가 멸망하기 전 조기 서주무덤에 보이는 것으로 장가파의 서주무덤에서는 처음으로 출토되었으며 유일한 것이라고 하였다.

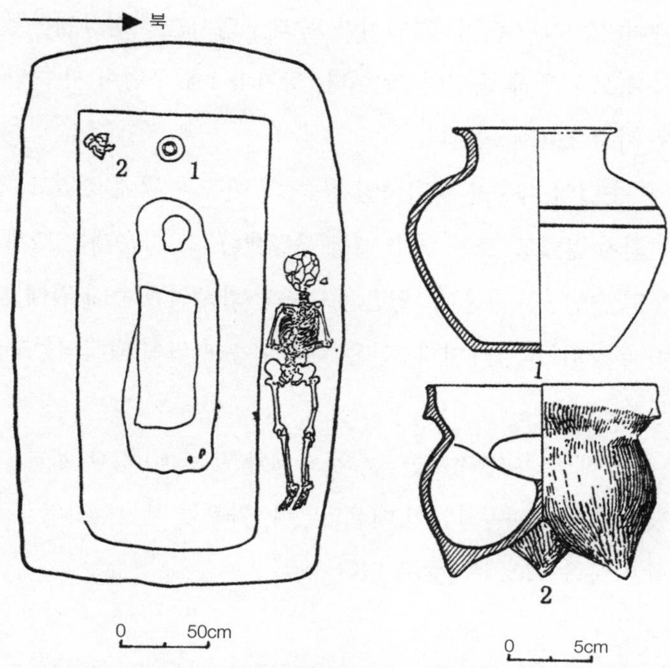

그림 79 풍서 장가파 89호무덤 및 출토 도기 관, 역(『考古學報』 1980年 第4期에서)
1. 도기 관(罐), 2. 도기 역(鬲)

5기의 수레구덩이는 모두 심하게 파괴되어 겨우 45호 구덩이에서 수레 1대, 말 2마리, 마부 1인이 발견되었다. 구덩이는 동향이고, 순인의 두향은 북쪽이다.[13]

4. 1976~1978년 객성장과 장가파에서 서주무덤 11기와 수레구덩이 1기가 발굴되었다. 그 가운데 순인무덤이 4기(객성장 M1, 장가파 M1 · 3 · 4)이다. 4호 무덤은 순인이 3인이고,

13 中國社會科學院考古硏究所灃西發掘隊 : 「1967年長安張家坡西周墓葬的發掘」, 『考古學報』 1980年 第4期.

나머지는 각각 순인이 1인이다. 수레구덩이는 객성장에서 발견되었고, 순인이 1인이다. 따라서 모두 합해 순인이 7인이다. 장가파 1호 무덤이 서주 만기에 속하는 외에 나머지는 모두 서주 조기에 속한다.[14]

순인의 다수가 무덤주인 한 쪽의 이층대 위에 놓였고, 전신을 갖추고 있고, 장구는 발견되지 않았고, 조개 한두 매를 부장했다. 그 가운데는 조개 34매를 부장한 것도 있다. 4호 무덤 순인 3인 가운데 1인은 무덤주인 좌측의 이층대 위에 놓였고, 머리 앞에 도기 관罐 1점이 부장되었다. 나머지 2인은 우측 이층대 위에 배치되었고, 두향은 무덤주인과 같이 모두 동쪽이다.

수레구덩이 1기에는 3조의 수레와 말(수레 1대, 말 2마리가 1조)이 매장되었다. 제2조의 말 뒷다리 위에 마부 1인이 매장되었다. 마부는 앙신직지의 자세이고, 얼굴은 위를 향하고, 두향은 북쪽이고, 부장품은 없다.

5. 1983년 객성장에서 5기의 서주무덤이 발굴되었고, 그 가운데 1호 무덤에서 순인 2인이 발견되었다. 연구 결과 은나라가 멸망하기 이전의 조기 서주 무덤으로 밝혀졌다. 1983~1986년 장가파에서 서주무덤 390기, 수레구덩이 3기가 발굴되었다. 그 가운데 순인무덤이 1기(M157)이다. 여기의 순인은 1인이다. 수레구덩이 1기에서도 순인 1인이 발견되었다.

조기 서주시기로 정해진 객성장 1호 무덤은 보통 구덩식의 덧널무덤이다. 무덤구덩이는 길이 3.8m, 너비 2.1m이다. 지면에서 깊이 1.1m에서 발견되었고, 무덤바닥의 깊이는 4m이다. 방향은 80°이다. 이층대와 허리구덩이를 가졌고, 장구는 하나의 덧널과 하나의 널이다. 허리구덩이에 개 1마리를 매장했다. 널의 무덤주인 인골은 부패되었으나 남은 흔적으로 보아 앙신직지의 자세에 속한다. 무덤주인에게 부장된 청동 예기는 이미 도굴되었고, 도기 역鬲 1점, 동제 촉鏃 4점, 과戈 2점, 활 모양 동기 1점, 골제 관管 1점, 옥제 장식 2점이 남아 있다. 남북 양쪽의 생토로 된 이층대의 중부에 각각 장방형의 구덩이를 팠는데, 길이 2m, 너비 0.5m, 깊이 0.5m이다. 여기에 각각 순인 1인을 매장했다. 북측 구덩이에는 회백색의 목판 흔적이 남아 있어 순인이 원래는 널에 안치되었음을 알려준다. 순인의 두향은 동쪽이고, 부장품으로는 석제 벽璧 1점, 바다조개 3매, 바지락조개껍질 3매, 골제 관管 2점

14 中國社會科學院考古硏究所灃西發掘隊 : 「1976 - 1978年長安灃西發掘簡報」, 『考古』 1981年 第1期.

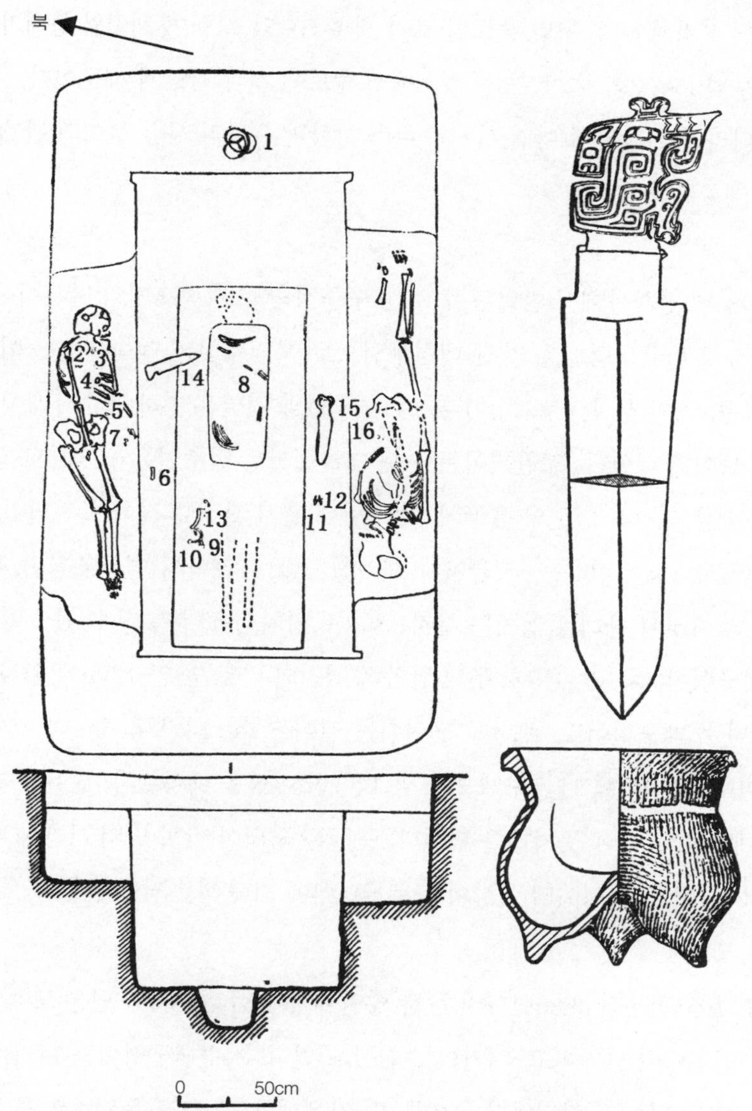

그림 80 풍서 개성장(83) 1호 무덤 및 출토 동제 과(戈), 도기 역(鬲)(『考古』 1984年 第9期에서)
1. 도기 역(鬲), 2. 석제 벽(璧), 3. 조개, 4. 바지락조개, 5·6. 골제 관(管), 7·16. 옥조각, 8. 옥제 장식, 9~12. 동제 촉(鏃), 13. 동제 궁형기(弓形器), 14·15. 동제 과(戈)

이 있다. 남측 순인은 두향이 서쪽이고, 널의 흔적이 발견되지 않았다. 단지 깨진 옥조각 1점이 함께 발견되었다. 2명의 순인은 모두 측신직지의 자세로 얼굴은 무덤주인을 향한다〈그림 80〉.

은나라가 멸망하기 전 조기 서주 무덤으로 인정한 주요한 근거는 출토된 도기 역鬲이

1967년 발굴된 장가파 89호 무덤 출토의 도기 역鬲과 같았고, 동제 과戈의 형태가 은허 서구 613·656호 무덤(모두 은허 제2기 무덤에 속함)에서 출토된 것과 같았기 때문이다. 이 2점의 동제 과戈는 은나라가 멸망하기 이전 시기 주나라 사람과 은나라 사람 사이의 관계에 대해 중요한 단서를 제공한다.[15]

1983~1986년 장가파에서 발굴된 주요 성과는 정숙井叔가족묘지의 발견이다. 157호 순인무덤은 남북 2개의 무덤길을 가진 대형무덤으로 무덤주인은 정숙채井叔采이다. 연대는 의왕懿王과 효왕孝王의 시기(서주중기)이다. 발굴 시 널과 덧널은 지하수의 아래에 있었고, 완전한 인골이 보이지 않았다. 교란되어 수습된 인골에서 무덤주인은 남성으로 연령은 40~45세 내외임이 밝혀졌다. 일련의 유골에서는 7번에 걸쳐 잘린 흔적이 발견되었다. 한 아래턱뼈에는 '왕군혈王君穴' 이라는 세 글자가 새겨졌는데, 아래턱의 연골조직이 제거된 후에 새겨진 것으로 이것이 장례를 점치는 복장卜葬의 순장자임을 추측할 수 있도록 한다. 순인이 있는 수레구덩이(M155)는 157호 무덤 남쪽 무덤길의 바로 앞 약 1.5m에 위치하여 157호 무덤에 배장한 수레구덩이로 보인다. 구덩이는 길이 5.2m, 너비 4.66m, 깊이 4.47m이다. 방향은 32°이다. 구덩이에 1인, 수레 2대, 말 14마리 이상을 매장했다. 말은 수레를 안치한 후 산 채로 매장하고, 위에 돗자리를 덮었다. 순인은 구덩이 남벽 말뼈 아래에 위치하였고, 앙신직지의 자세이고, 엉덩이뼈 이상이 도굴구덩이에 의해 파손되었다.[16]

종합하면 1953년부터 1986년까지 풍하 양안에서 발굴된 서주무덤은 모두 750기이다. 그 가운데 순인무덤이 31기이고, 거기의 순인이 40인이다. 수레구덩이는 14기이고 그 가운데 8기에서 순인 8인이 발견되었다. 순인무덤 가운데 가장 크고 무덤주인의 등급이 가장 높은 것이 2개의 무덤길을 가진 정숙채무덤(M157)이고, 그 나머지는 모두 중·소형의 장방형구덩식무덤이다. 순인무덤은 대다수가 무덤이 비교적 큰 중형무덤에서 발견되었다. 이들 무덤은 이층대와 허리구덩이를 가졌고, 장구는 하나의 덧널과 하나의 널이다. 또 동제 예기를 부장하였다. 일반적으로 하나의 무덤에 순인이 1인이나 일부는 하나의 무덤에 순

15 中國社會科學院考古研究所豊虎發掘隊:「長安灃西早周墓葬發掘記略」,『考古』1984年 第9期.

16 中國社會科學院考古研究所:『張家坡西周墓地』, 中國大百科全書出版社, 1999年.

인이 2인, 3인 혹은 4인인 경우가 있다. 순인은 모두 전신을 갖추었고, 대다수가 양측 이층대 위 혹은 무덤주인 발치의 이층대 위에 배치되었으나 소수는 벽감이나 매토에 혹은 무덤주인의 발치 널 바깥에 매장되었다. 순인은 다수가 장구를 가지지 않았으나 소수는 널에 안치되었다. 두향은 일반적으로 무덤주인과 일치하는 방향이다. 앙신직지와 부신직지의 자세 모두 있다. 일반적으로 하나의 바지락조개껍질, 혹은 하나에서 수매의 조개를 몸에 휴대하거나 입에 물고 있다. 순인 이외에 일반적으로 개와 사슴의 순생殉牲이 발견되거나 소 넓적다리뼈, 양 넓적다리뼈 등의 제생祭牲이 발견된다. 감정된 인골로 관찰하면 순인은 다수가 청소년과 아이이다. 출토정황으로 보아 모두 죽은 후에 매장된 것이다.

순인이 있는 수레구덩이는 8기이다. 정숙무덤에 부장된 수레구덩이(M155)에 수레 2대, 말 18마리가 매장된 것을 제외하면 모두 하나의 구덩이에 수레 1대, 말 2마리, 순인 1인이다. 순인은 개와 함께 매장되거나 병기를 휴대한 경우도 있다. 감정된 순인은 모두 성년남성이고, 그 신분은 수레를 모는 마부이다.

이러한 순인무덤 가운데 2기(객성장 M1, 장가파 M89)는 은나라가 멸망하기 이전의 조기 서주 무덤에 속한다. 그리고 정숙무덤 및 그 수레구덩이는 서주 중기에 속하고, 76장가파 1호는 서주 만기에 속할 가능성이 있다. 그 나머지 27기의 순인무덤과 7기의 수레구덩이는 모두 서주 조기에 속한다.

여기에서 우리는 다음과 같은 세 가지 특징을 인식할 수 있다.

첫째, 서주 조기 중·소형무덤의 순인정황은 은나라 중·소형무덤의 그것과 대체로 유사하다. 그리고 서주 중·만기의 중·소형무덤에서는 사람을 순장하는 현상이 거의 발견되지 않는다. 무덤길을 가진 서주 중·만기의 대형무덤에서도 순인이 많이 발견되지 않는다.

둘째, 종합적으로 볼 때 서주에는 순인의 풍습이 쇠락하기 시작하였고, 은나라 순인의 양상과 현격하게 차이가 나 함께 논할 수 없다.

셋째, 주나라 사람의 선대에는 인순의 습속이 없었을 가능성이 있고, 조기 서주의 순인무덤 출현은 은나라와 서로 교왕하는 과정에서 그 영향을 받아 발생했을 가능성이 있다. 서주무덤의 순인 수량, 순인이 매장된 위치, 매장방식 및 순인의 신분은 모두 은상의 같은 종류 무덤의 순인과 기본적으로 같다. 따라서 서주의 순인습속이 은나라의 것을 답습한 것을 설명해 준다.

풍과 호 이경(풍하 양안) 이외의 서주무덤과 같은 시기의 희성이 아닌 부족의 무덤에서의 순인 정황은 풍하 양안의 같은 종류 무덤과 기본적으로 같다. 순인무덤은 다수가 서주 조기에 속하고, 서주 중 · 만기에는 순인이 대형무덤에서도 많이 발견되지 않는다. 발굴된 보계 어强나라귀족묘지, 경양涇陽 고가보高家堡 과나라戈國묘지, 하남河南 준현濬縣 신촌辛村 위후衛侯묘지, 녹읍鹿邑 장자구長子口무덤, 북경北京 유리하琉璃河 연燕나라묘지, 산서 곡옥曲沃 북조北趙 진후晋侯묘지 114호 무덤, 감숙甘肅 장랑현庄浪縣 서가徐家 연사와碾寺洼문화묘지, 산동山東 효동膠東지구 상층 이인夷人무덤이 모두 이 시기의 순인 자료이다.

보계 어나라귀족묘지

보계시구 위수渭水 남북 양안의 여가장茹家莊, 죽원구竹園區, 지방두紙坊頭 일대에 위치한다. 1975~1981년 발굴된 27기의 무덤 가운데 순인무덤이 5기이다. 여가장 1호 무덤(어백强伯무덤), 2호 무덤(어백의 처 정희井姬무덤), 죽원구 4호 무덤(어계强季무덤), 7호 무덤(백각伯各무덤)과 13호 무덤이다. 이 5기의 무덤은 모두 경사무덤길(斜坡墓道)을 가진 장방형구덩식의 덧널무덤이고, 서주의 강왕康王, 소왕昭王, 목왕穆王 시기에 속한다. 여가장 2호 무덤을 제외하면 무덤에는 모두 크고 작은 2개의 덧널이 나란하게 설치되었다. 큰 덧널에는 두 겹으로 된 널을 설치하였는데, 그 안쪽 널의 남성이 무덤주인이다. 작은 덧널은 큰 덧널의 좌측에 배치되었고, 안에 하나의 널이 설치되었다. 널에는 청년여성 1구가 안치되었다. 이는 당연히 무덤주인에게 순장된 희첩이다. 크고 작은 덧널 안에는 모두 많은 청동기가 부장되었다. 부장된 청동제 예악기의 많고 적음은 그들의 신분에 따라 달랐다.

1호 어백무덤의 주인에게는 편종編鐘 3점, 대령大鈴(큰방울) 1점, 정鼎 8점, 궤簋(익힌 곡물을 담는 제기) 5점, 역鬲 2점, 존尊 2점, 작爵 2점, 뇌罍 1점, 언甗 1점, 치觶(뿔잔) 1점, 유卣(술통) 1점, 두豆 4점이 부장되었고, 그 첩에게는 정鼎 5점, 궤簋 4점이 부장되었다.

2호 어백의 처 정희무덤에는 정鼎 6점, 궤簋 5점, 역鬲 3점, 언甗 1점, 양존羊尊 1점, 반盤(대야) 1점, 훈로薰爐(향로) 1점, 비匕(숟가락) 2점, 합盒 2점 등이 부장되었다.

4호 어계무덤 주인에게는 정鼎 4점, 궤簋 2점, 역鬲 1점, 존尊 1점, 작爵 1점, 언甗 1점, 치觶 2점, 유卣 1점이 부장되었고, 그의 첩에게는 정鼎 3점, 궤簋 1점, 역鬲 2점, 치觶 1점이 부장되었다.

7호 백각무덤 주인에게는 편종編鐘 3점, 정鼎 3점, 궤簋 2점, 고觚 2점, 존尊 1점, 치觶 1점,

유卣 2점이 부장되었고, 그의 첩에게는 정鼎 1점, 궤簋 1점, 뇌罍 1점, 치觶 1점이 부장되었다.

13호 무덤의 주인에게는 요鐃(징) 1점, 정鼎 7점, 궤簋 3점, 고觚 1점, 존尊 1점, 작爵 1점, 언甗 1점, 치觶 1점, 유卣 2점, 두豆 1점이 부장되었고, 그의 첩에게는 정鼎 2점, 궤簋 1점이 부장되었다.

발굴보고에서는 부장된 청동제 예악기의 많고 적음에 근거하여 5인의 무덤주인 가운데 어백과 그의 처 정희의 신분이 가장 높고, 그 다음이 13호 무덤주인, 백각, 어계이고, 순사자의 신분은 어백의 첩이 가장 높아 아兒나라의 딸에 해당하고, 그 신분은 대략 어계에 상당한다고 하고, 그 다음이 어계의 첩, 13호 무덤주인의 첩, 백각의 첩이라고 하였다. 발굴보고에서는 어나라무덤에 첩을 순장하는 것은 제가문화 처첩순부습속이 남아 있는 것으로 보았는데, 믿을만하다.

희첩이 순사한 외에 어백무덤에서는 생인과 순인이, 그의 처 정희무덤에서는 순인이 발견되었다.

어백무덤 무덤길 매토에서 생인 1구가 발견되었다. 생인은 팔다리가 해체되어 머리뼈와 팔다리뼈가 다른 곳에서 발견되었다. 덧널의 사주에는 순인 6인을 매장하였다. 그 가운데 2호 순인은 목갑木匣에 넣어진 채 무덤길과 덧널의 경계부에 있었다. 앙신직지의 자세이고, 두 손은 배 위에서 교차하고, 감정 결과 청년남성이다. 3 · 4호 순인은 10세 내외의 아이이고, 모두 목갑 속에 넣어진 채 어백의 첩 우측 이층대 위에서 측신의 자세로 무덤주인을 향해 놓였다. 5 · 6호 순인도 목갑에 넣어진 채 어백 발치의 이층대 위에 놓였는데, 감정 결과 5호는 장년남성, 6호는 아이이다. 7호 순인 또한 목갑에 넣어진 채 나무수레의 바퀴 아래에 놓였고, 앙신직지의 자세이고, 등이 무덤주인을 향한다. 감정 결과 남성이다. 놓인 위치로 보아 7호 순인은 마부이다.

정희무덤은 어백무덤의 서쪽에 있고 주인은 덧널의 널에 안치되었다. 정희의 인골은 이미 부패되었다. 순인은 2인으로 각각 목갑에 안치되었다. 1인은 정희의 발치 이층대 위에 측신직지의 자세로 얼굴은 무덤구덩이 벽을 본다. 감정 결과 소년이다. 나머지 1인은 정희의 우측 이층대 위에 측신의 자세로 다리를 약간 굽히고, 얼굴은 무덤구덩이 벽을 본다. 몸에 마포로 된 옷을 걸치고 있다. 미성년의 여자이다.

어백무덤 및 그 처 정희무덤의 순인 9인 가운데 청장년이 4인, 어린아이가 5인이다. 순인은 모두 마의를 입었고, 부장품이 없다. 놓인 장소로 볼 때, 문을 지키는 사람, 호위하는

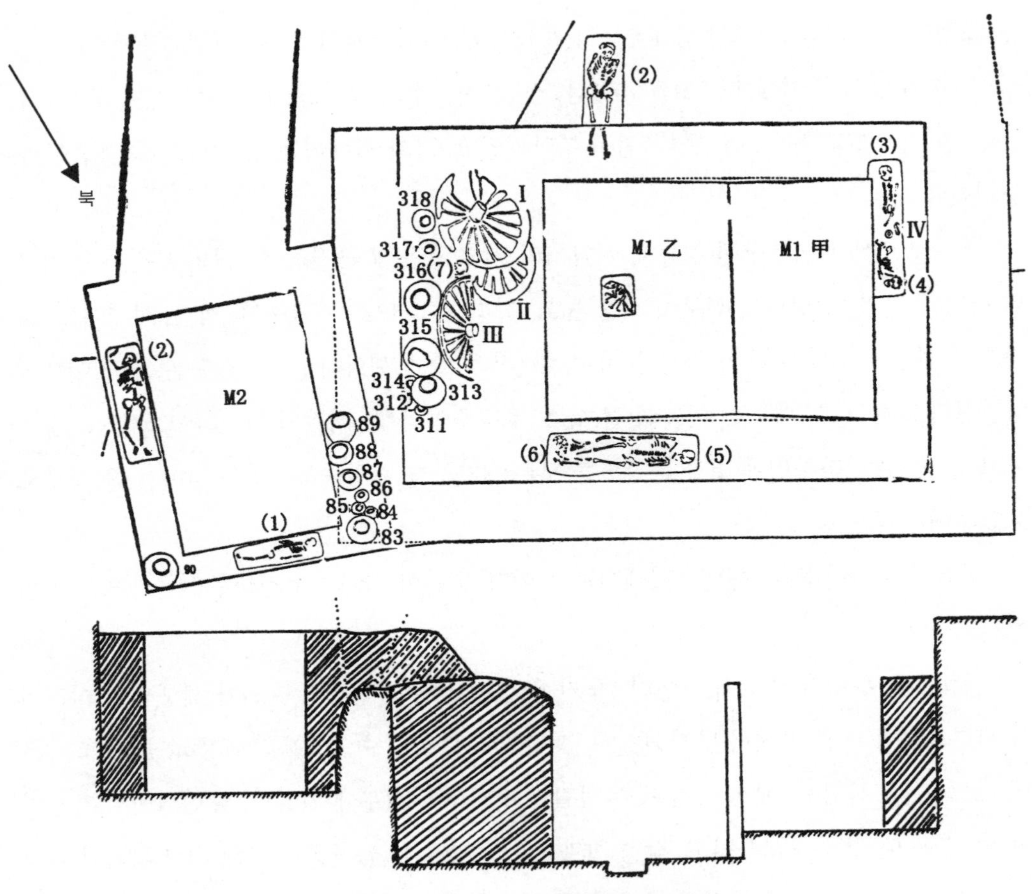

그림 81 여가장 1, 2호무덤(『寶鷄弜國墓地』에서)
M1 : 311~318. 도기 관(罐), (2)~(7) 순장노비, Ⅰ~Ⅳ. 수레바퀴, M2 : 83~90. 도기 관(罐), (1), (2) 순장노비

사람, 수레를 모는 사람 등이 있고, 또 노역을 제공하던 어린아이가 있다〈그림 81〉.[17]

경양 고가보 과나라묘지

1991년 6기의 무덤이 발굴되었다. 모두 장방형구덩식무덤이다. 다수가 널과 덧널을 가졌고, 이층대와 허리구덩이가 설치되었고, 청동제의 예기가 차려졌다. 무덤주인의 두향은 북서이고, 인골이 부패되었다. 그 가운데 2 · 3호 무덤에 각 1인의 순인과 개 1마리 내지 2마리가 순장되었다. 개는 무덤구덩이 매토에 매장되었다. 순인은 덧널의 뚜껑판 위에 매장

17 盧連成 · 胡智生 : 『寶鷄弜國墓地』, 文物出版社, 1988年.

되었는데, 무덤주인의 두향과 일치하고, 앙신직지의 자세이고, 머리뼈는 파손되었다. 감정 결과 20~30세의 남성이다. 장구와 부장품이 없고, 죽은 후에 매입된 것이다. 발굴자의 연구에 의하면 이들 무덤의 연대는 상나라 말에서 서주 조기 사이이고, 하夏나라의 후예 과씨戈氏의 가족무덤이다.[18]

준현 신촌 위나라묘지

1932~1933년 4차례에 걸친 발굴에서 82기의 무덤이 조사되었다. 그 가운데 무덤길을 가진 대형무덤이 8기, 중형무덤이 6기이고, 나머지는 소형무덤이다. 수레구덩이, 말구덩이도 조사되었다. 출토유물은 대만臺灣에 현존하고 있다. 해방 후 곽보균 선생은 남아 있던 기록과 부분적인 유물의 사진과 탁본에 근거하여 『준현신촌濬縣辛村』을 저술하였다. 그 책에 의하면 1·17호 무덤에 각각 순인 1구가 있다. 1호 무덤의 순인은 나무수레와 함께 매토에 매장되었고, 부신으로 상반신을 좌측으로 약간 굽히고, 두 팔이 등 뒤에서 교차하는 자세이기에 결박되었던 것으로 보인다. 17호 무덤의 순인은 개와 함께 북쪽 무덤길에 매장되었다. 굴지로 팔다리가 감긴 자세이고, 측면이 뒤로 약간 경사진 채 출토되었다. 곽 선생은 1호 무덤은 서주 중·만기 효왕孝王부터 선왕宣王 사이의 시기에 속하고, 17호 무덤은 서주 말년으로 춘추春秋의 유왕幽王과 평왕平王 시기까지 늦지는 않다고 추정하였다. 2기의 대형무덤은 위후衛侯 및 그 부인의 무덤[19]이라고 하는데, 대체로 인정되고 있다.

녹읍 태청궁 장자구무덤

하남 녹읍 태청궁太青宮 장자구長子口무덤은 1997~1998년 발굴되었다. 연대는 서주 초기이다. 생인이 1구, 순인이 13구 발견되었다.

이 무덤은 녹읍현 태청궁유적에 위치하는 것으로 남북 2개의 경사무덤길을 가진 구덩식의 덧널무덤이다. 전체 길이 49.4m이고, 남쪽 무덤길이 주된 무덤길이다. 남쪽 무덤길의 매토에 산 말 5마리를 매장하고, 그 가까이에 생인 1인을 매장했다. 생인은 두향이 남쪽이고, 다리만 남았다. 무덤구덩이에는 위에서 아래로 향하며 안쪽으로 줄어드는 4층의 계단

18 陝西省考古硏究所 : 『高家堡戈國墓』 37, 53, 118면, 三秦出版社, 1995年.
19 郭寶鈞 : 『濬縣辛村』, 科學出版社, 1964年.

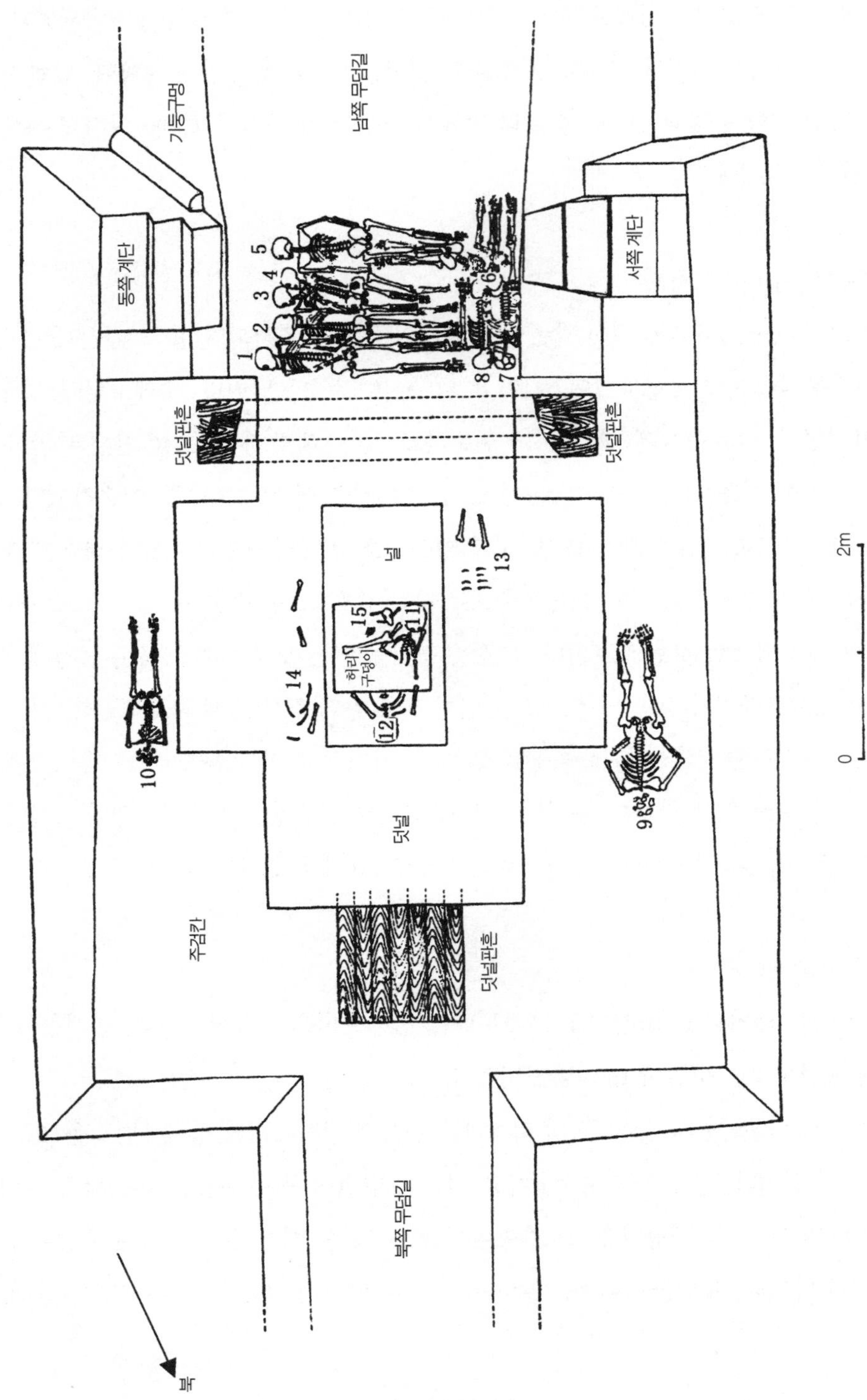

그림 82 녹읍 태청궁 장자구무덤(『鹿邑太淸宮長子口墓』에서)

1~11 · 13 · 14. 순인, 12. 무덤주인, 15. 순장된 개

으로 형성된 이층대가 있다. 무덤구덩이의 평면은 亞자형이고, 바닥의 길이 8.1m, 너비 5.6m, 깊이 8m이다. 안에 두 겹의 널이 설치되었다. 무덤주인은 앙신직지의 자세이고, 두향은 북쪽이다. 감정 결과 60세 내외의 남성이다. 청동제 방정方鼎(네다리가 달린 네모진 솥) 9점, 도기를 모방한 동제 궤簋 8점 및 기타 청동 예기, 병기, 거마기車馬器, 도기가 부장되었는데, 모두 합해 2,000여 점에 이른다. 명문을 가진 동기가 모두 50점인데, 그 가운데 '장자구長子口' 라는 세 글자가 새겨진 것이 32점이다. 때문에 무덤주인은 장자구로 알려졌다. 장長은 나라 이름이고, 자子는 작위이고, 구口는 개인 이름이다.

순인 13구는 여러 곳에 배치되었다.

남쪽 무덤길에서 덧널로 진입하는 곳에 8구(X1~8)가 매장되었다. 이들 인골 위와 아래에는 주사가 도포되었다. X1~X5호 순인은 동서로 배열되었고, 두향은 동쪽, 앙신직지의 자세이다. X6~X8호 순인은 그들의 발치 아래 나란하게 배열되었고, 두향은 북쪽, 앙신직지의 자세이다. 감정결과 X1 · X5호는 성년남성, X2 · X3 · X7호는 15~20세의 여성, 나머지 3구는 10세 이하의 아이이다.

서측 이층대에 1구(X9)가 매장되었다. 두향은 북쪽, 좌측 팔뚝에 골절의 흔적이 있다. 감정 결과 18세 내외의 여성이다.

동측 이층대에 1구(X10)가 매장되었다. 두향은 북쪽, 인골이 깨진 흔적이 있다. 감정 결과 16세 내외의 여성이다.

주인의 널 양측에 각각 1구(X13 · 14)를 매장하였다. 일부의 갈비뼈만 남아 있고, 주변에 골제의 소簫(퉁소), 동제의 요鐃 등 악기가 배열되었다.

허리구덩이에 1구(X11)가 매장되었다. 허리구덩이가 작아 인골은 감긴 채 매입되었고, 다리가 결실되었다. 감정 결과 40~50세의 남성이다. 목 부위에 작은 조개(약 30매)를 꿴 목걸이를 걸고 있고, 옥제 조鳥(새) 2점이 부장되었다.

순인은 모두 장구가 없고, 대다수가 부장품이 없다. 매장된 위치에 따라 신분이 구별된다. 동서 이층대의 나이가 어린 여성(X9 · 10)은 근신의 비첩이다. 허리구덩이의 순인(X11)은 시위이다. 주인 널 양측의 순인(X13 · 14)은 주악奏樂과 관련된 노예이다. 덧널 입구의 순인 8인(X1~8)은 잡역에 봉사하던 노복이다〈그림 82〉.[20]

20 河南省文物考古研究所 : 『鹿邑太清宮長子口墓』, 中州古籍出版社, 2000年. 河南省文物考古研究所 · 周口地區文化局 : 「河南鹿

이 무덤의 형식, 규모와 매장습속은 안양 곽가장 160호 무덤[21]과 기본적으로 같다. 보고가 발표된 이후 많은 학자들이 연구하여 의견이 기본적으로 일치되었다. 그들은 무덤의 위치, 묘제, 장제 및 명문 '장자구' 등에 대한 여러 방향의 분석을 통하여 무덤주인이 원래 은나라 말의 고급귀족으로 주나라에 신복된 후에도 높은 사회지위를 유지했던 주나라 천자의 방국 국군에 가까운 인물임을 확인하였다. 이곳은 서주 초기에 미자微子를 송宋으로 봉한 송나라이기에 무덤주인은 송나라를 개국한 군주 미자계微子啓와 관련이 있다.[22]

북경 유리하 연나라묘지

1973~1976년 61기의 무덤이 발굴되었다. 그 가운데 대형무덤 1기(M202)에서 생인 1구가 발견되었다. 그리고 중형무덤 9기 가운데 4기(M52 · 53 · 54 · 105)에서 순인 7구가 발견되었고, M53에 부속된 수레구덩이 1기에서 순인 1구가 발견되었다. 또 소형무덤 51기 가운데 3기(M21 · 22 · 51)에서 각각 순인 1구가 발견되었다. 모두 합하면 순인무덤은 7기이고, 순인이 있는 수레구덩이가 1기, 순인의 총계는 11인이다. 1995년 발굴된 10기 가운데 1기의 중형무덤(M2)에서는 순인 3인이 발견되었다.

이 8기의 순인무덤과 순인이 있는 수레구덩이는 모두 경광철로京廣鐵路 서측의 황토파촌黃土坡村에 위치한다. 51호 무덤이 서주 중기에 속하는 외에는 모두 서주 조기에 속한다.

202호 무덤은 2개의 무덤길을 가진 대형무덤이고, 일찍이 심하게 파괴되어 생인 1구만 남아 있다(본문의 앞 절 참조). 원래 순인으로 추측되었으나 현재는 구명할 방법이 없다.

5기의 중형 순인무덤은 모두 장방형의 구덩식무덤이고, 무덤구덩이는 길이 3.4~4.3m, 너비 2.1~2.4m이고, 모두 북향이다. 널과 덧널을 갖추었고, 허리구덩이와 이층대가 있다. 그리고 청동제의 예기와 비교적 많은 도기, 옥기와 석기가 부장되었다.

52호 무덤에는 순인 1인이 남쪽 이층대 위에 놓였다. 측신의 자세이고, 두향은 동쪽이고, 두 손이 등 뒤에서 묶였다. 머리 앞에서 동제의 굽은 모矛(찌르는 창) 1점이 출토되었다〈

邑縣太淸宮西周墓的發掘」, 『考古』 2000年 第9期.

21 中國社會科學院考古硏究所 : 『安陽殷墟郭家莊商代墓葬』, 中國大百科全書出版社, 1998年.

22 張長壽 : 「商丘宋城和鹿邑大墓」, 『揖芬集 - 張政烺先生九十華誕紀念文集』, 社會科學文獻出版社, 2002年. 王恩田 : 「鹿邑太淸宮西周大墓與微子封宋」, 『中原文物』 2002年 第4期. 高西省 : 「從"長子口方鼎"談太淸宮大墓墓主身份」, 『中國文物報』 2004年 4月 23日.

그림 83〉.

53·54·105호 3기에는 각각 순인이 2구이다. 순인은 대다수가 동측의 안덧널과 바깥덧널 사이(일부는 덧널의 위)에 중첩된 채 놓였고, 앙신직지 혹은 측신직지의 자세이다. 다수가 소량의 목걸이와 허리장식을 가졌고, 일부는 동제의 병기를 가졌다. 장구는 모두 없다. 감정된 순인은 모두 청소년여성이다〈그림 84〉.

53호 무덤에 부속된 수레구덩이는 평면이 장방형이고, 구덩이에 수레 1대, 말 6마리, 개 2마리, 마부 1인을 매장했다. 수레는 흩어졌고, 말은 남쪽을 향한다. 마부는 말 뒤의 얕은 구덩이에 놓였고, 앙신직지의 자세이고, 두향은 서쪽이다. 신장 1.5m이고, 장구와 부장품이 없다.

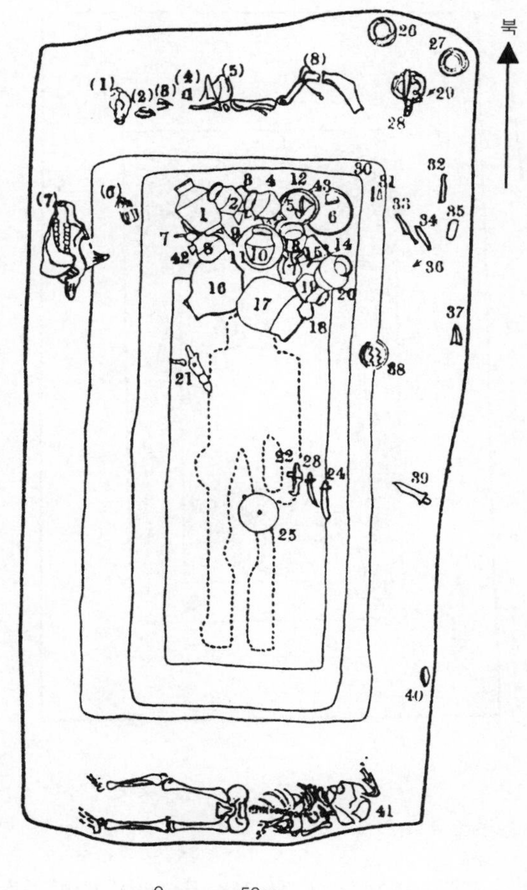

그림 83 북경 유리하 52호 서주무덤(『琉璃河西周燕國墓地』에서)
1·2·4·8·10·12·13·16~20. 도기 관(罐), 3·5·43. 도기 두(豆), 6. 도기 궤(簋), 7·9. 동제 작(爵), 11. 동제 존(尊), 14. 동제 역(鬲), 15. 동제 정(鼎), 21·23·24·39. 동제 과(戈), 22·27. 동제 극(戟), 25~27·38·40. 동제 방패장식, 28. 동제 검(劍)과 초(鞘), 29·36. 동제 촉(鏃), 30~32. 동제 착(鑿), 33. 동제 도(刀), 34. 마석(磨石), 35. 동제 분(錛), 41. 동제 모(矛), 42. 동제 치(觶). (1)~(6) 개 머리, (7) 소 머리, (8) 소 다리

1955년 발굴된 2호 무덤은 무덤구덩이 매토에서 몸과 머리가 분리된 개 1마리가 발견되었다. 무덤바닥 사주에는 흙을 쌓은 이층대가 마련되었고, 하나의 덧널 내에 두 겹의 널에 주인이 안치되었다. 널의 아래에 허리구덩이가 있고, 거기에 개 1마리가 매장되었다. 무덤주인은 앙신직지의 자세이고, 목에 바다조개와 옥제와 석제의 주珠를 꿴 목걸이를 걸었다. 순인 3구는 인골이 비교적 잘 남아 있다. 1구(Ⅰ)는 남쪽 이층대 위에 앙신직지의 자세로, 두향은 동쪽으로, 얼굴은 남쪽을 보며 놓였다. 두 발은 서벽 가까이에 닿았고, 몸 위에 대자리를 덮었다. 부장품은 없다. 2구(Ⅱ·Ⅲ)는 동측 널 바깥에 위치한다. 모두 측신굴지의 자세이고, 두향은 북쪽이고, 얼굴은 동쪽을 향한다. Ⅱ호 순인 두 발이 Ⅲ호 순인 머리 위에 위치한

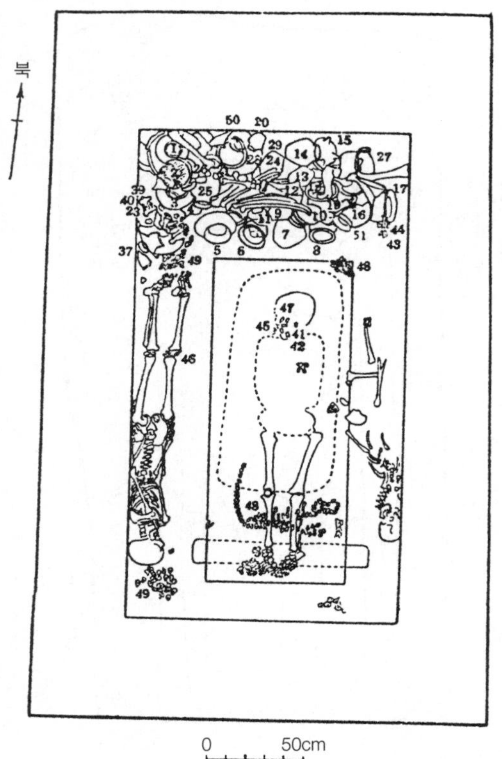

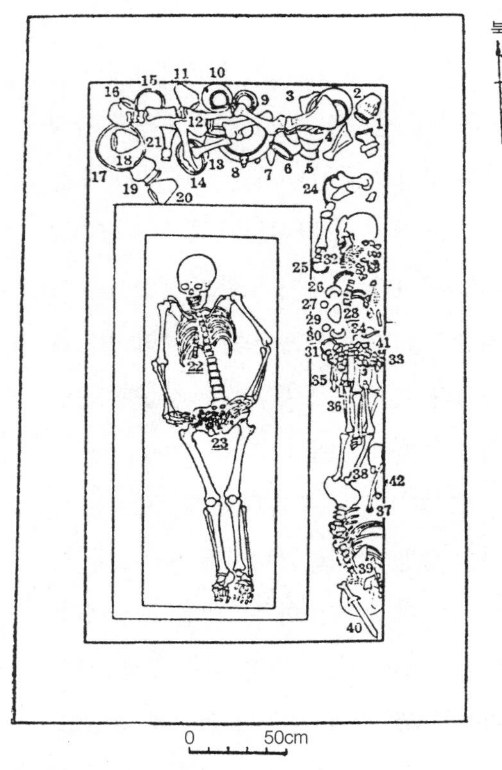

그림 84 북경 유리하 서주 연나라무덤(琉璃河西周燕國墓地』에서)

좌 : 54호 무덤 Ⅰ · Ⅱ · Ⅲ. 순인. 1 · 4 · 5 · 7 · 9 · 11~14 · 16 · 19~22 · 24~26 · 36 · 52. 도기 관(罐), 2 · 4 · 6 · 8 · 10 · 15 · 17 · 18 · 23 · 31 · 32 · 53 · 54. 도기 역(鬲), 3 · 33~35 · 55 · 56. 도기 궤(簋), 30. 도기 가(斝), 37 · 38. 도기 개(蓋), 27. 동제 정(鼎), 28. 동제 반(盤), 29. 동제 궤(簋), 39 · 40. 옥제 마(馬), 41 · 42. 백옥제 어(魚), 43 · 44. 청옥제 어(魚), 45. 옥제 배(杯), 46. 동제 물고기 장식, 47. 옥제 잠(蠶), 48. 조개, 49. 바지락조개장식, 50. 동제 환(環), 51. 이빨장식, 57. 도제 박(拍)

우 : 53호 무덤 Ⅰ · Ⅱ · Ⅲ. 순인. 1 · 2 · 4 · 5 · 9~12 · 16 · 18 · 20 · 44 · 45. 도기 관(罐), 3 · 6 · 13~15 · 46. 도기 역(鬲), 7. 동제 비(匕), 8. 동제 궤(簋), 17 · 24 · 47. 도기 궤(簋), 19. 동제 존(尊), 21. 동제 치(觶), 22. 옥제 자루장식, 23. 조개, 25~31. 동제 방패장식, 32 · 39. 목걸이, 33. 바지락조개장식, 34 · 40. 동제 검(劍), 35. 동제 모(矛), 36. 마석(磨石), 37. 동제 도(刀), 38. 연기(鉛器), 41. 동제 과(戈), 42. 동제 작(爵), 43. 동제 촉(鏃)

다. 2인은 목에 목걸이를 걸었고, 몸 위 및 주변에는 많은 바다조개가 산포하였다〈그림 85〉.[23] 순장된 위치와 장신구로 보아 이 3구의 순인신분은 다른 것 같다. 감정 결과 3구의 순인은 모두 청소년여성이다.

3기의 소형 순인무덤은 무덤구덩이가 길이 2.8~3.5m, 너비 1.18~1.8m이고, 모두 북쪽 방향이다. 순인은 각각 1구로 널과 덧널 사이에 있고, 장구는 없다. 감정 결과 모두 어린

23 北京市文物硏究所 : 「1995年琉璃河遺址墓葬區發掘簡報」, 『文物』 1996年 第6期.

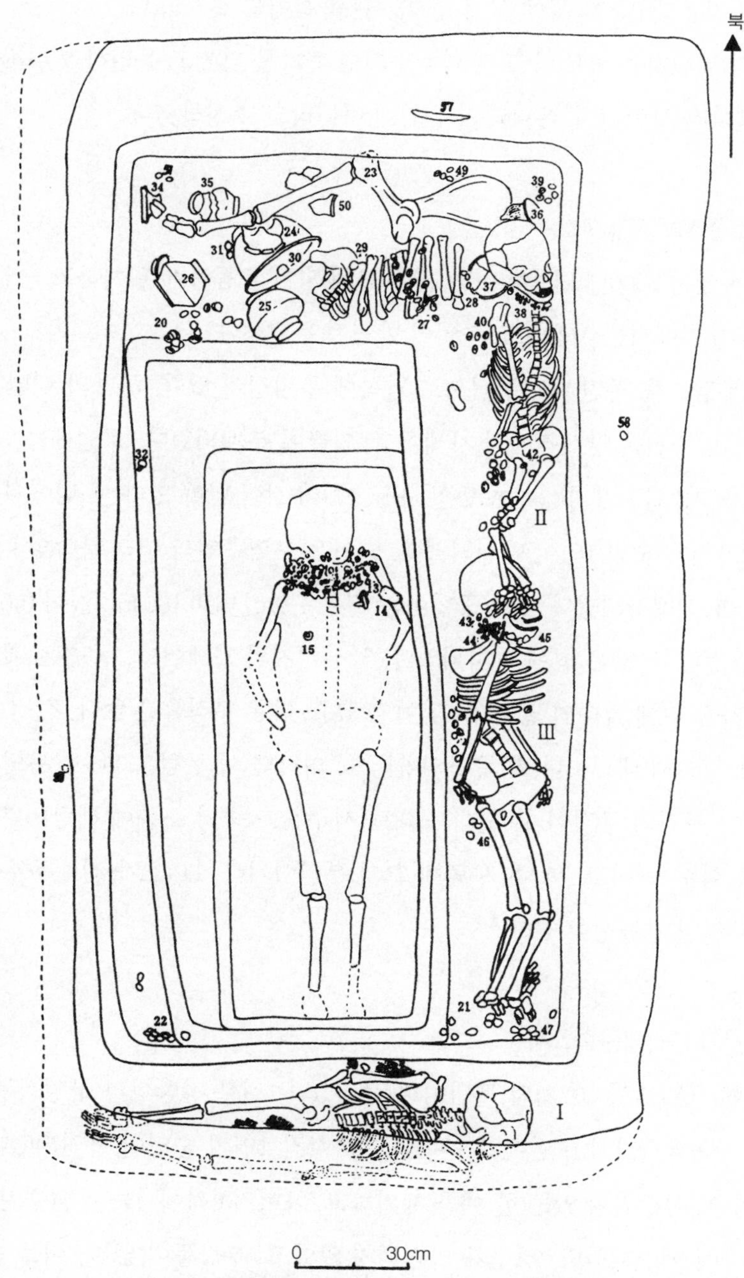

그림 85 유리하 연나라묘지 (95)2호무덤(『文物』 1996年 第6期에서)

8 · 10. 옥제 어(魚), 9 · 14. 과(戈), 11 · 12. 옥제 마(馬), 13. 석제 짐승머리, 15. 옥제 결(玦), 20~22 · 28 · 31 · 32 · 39 · 41 · 45~47 · 53 · 58 · 59. 가리비, 23. 소 넓적다리, 24 · 36. 도기 역(鬲), 25 · 26 · 35 · 50. 도기 부(瓿), 27 · 39 · 40 · 42 · 49 · 52. 바다조개, 29. 짐승뼈, 30. 도기 궤(簋), 34 · 37. 원시자기 두(豆), 38. II호 순인 목걸이, 43 · 44. III호 순인 목걸이, 51. 조개단추, 조개조각, 57. 구멍뚫린 조개조각(개보에는 기물의 번호와 그 설명이 많이 결실되었다. 개보에 근거하여 설명하면 결번은 대부분 바다조개와 옥석제의 주(珠)로 조성된 무덤주인의 목걸이이고, 덧널 내부에 많은 바다조개, 바지락조개편이 흩어져 있었다 - 인용자)

아이이고, 그 가운데 2구가 목에 석제 주珠를 꿴 목걸이를 걸고 있다.

보고서의 집필자는 출토된 도기 역鬲의 기형 변화를 가지고 유리하 연나라묘지는 주나라 계통의 연나라 사람이지, 은나라의 유민이 아니라고 추정하였다.

곡옥 북조 진후묘지 114호 무덤

산서 곡옥에서 2000년 발굴되었다. 진후묘지의 가장 동측에 위치하고 순인 1구가 발견되었다. 진후묘지에서는 처음으로 순인이 발견된 무덤이다.

하나의 무덤길을 가진 대형무덤으로 남쪽에 무덤길이 있다. 하나의 덧널과 하나의 널을 가졌고, 무덤주인은 앙신직지의 자세이고, 인골이 부패되었다. 무덤에는 숙녈叔夨 방정方鼎과 동기, 도기, 원시자기原始瓷器 등의 유물 200여 점이 남아 있다. 무덤에서는 순장된 수레 4대, 개 2마리와 순인 1인이 발견되었다. 순인은 무덤주인의 머리 북쪽의 이층대 아래에 무덤바닥을 파고 매장되었다. 순인구덩이는 길이 1.9m, 너비 0.64m, 깊이 0.6m이다. 순인은 인골이 완전하고, 얇은 널에 안치되었다. 앙신직지의 자세이고, 두 손은 배 위에서 교차한다. 좌측 가슴 위에 담수의 말조개 1점이 놓였고, 다른 부장품은 없다. 감정 결과 젊은 여성으로 약 22~24세 내외이다. 발굴자의 연구에 의하면 이 무덤은 113호 무덤과 조를 이루는 진후 및 그 부인의 무덤이다. 연대는 대략 서주 조·중기 즈음에 해당된다. 114호 무덤주인은 진후 섭부燮父이고, 113호 무덤이 그의 부인이거나, 114호가 진晉 무후武侯이고, 113호가 그의 부인일 가능성이 있다.[24]

장랑현 서가 연사와문화묘지

1980년에 묘지에서 102기의 무덤이 발굴되었다. 전부 장방형의 구덩식무덤이고 남북향이다. 그 가운데 7기의 무덤이 순인무덤으로 각각 1인의 순인이 발견되었다. 순인은 무덤주인 발치 이층대 위에 있는 한 예를 제외하고, 나머지 6기에서는 무덤주인의 발치 이층대 위의 벽감에 매장되었다. 장구가 발견되지 않았고, 부장품이 없다. 이들 순인무덤에는 대부분 소, 양, 말 등의 제생이 사용되었다.[25] 무덤의 형태와 부장품의 형식에 의하면 이들

24 北京大學考古文博院等 : 「天馬 - 曲村遺址北趙晉侯墓地第六次發掘」, 『文物』 2001年 第8期.

25 中國社會科學院考古研究所涇渭工作隊 : 「甘肅庄浪縣徐家碾寺洼文化墓葬發掘紀要」, 『考古』 1982年 第6期.

순인무덤은 대략 서주 조기 어떤 부족의 무덤에 속한다.

효동지구 상층 이인무덤

은주시기 효동지구는 동이의 부족이 거주한 지역으로 인생과 인순이 보편적으로 행해졌고, 서주 만기부터 춘추 중기까지 성행하였다. 봉래蓬萊, 황현黃縣, 서하栖霞, 래양萊陽, 효현膠縣 등지에서 모두 발견된다.

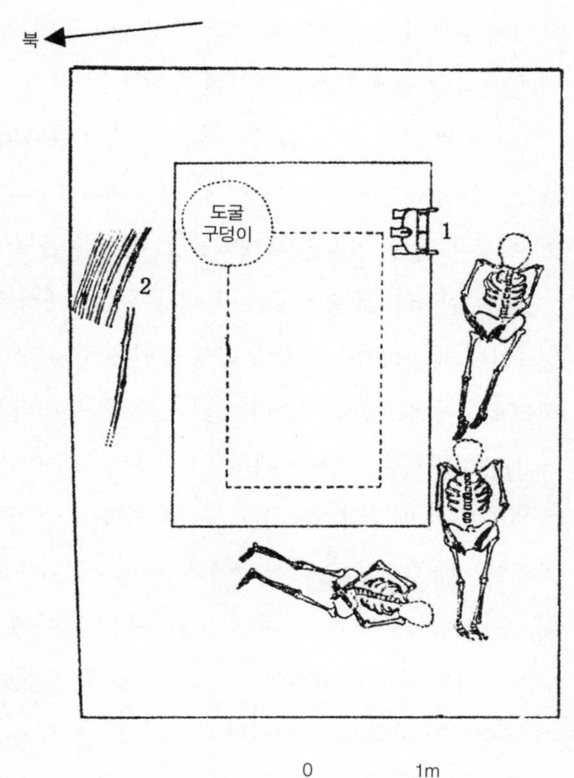

그림 86 봉래 촌리집11호 서주무덤(『文物資料叢刊(三)』에서)
1. 동제 정(鼎), 2. 목제 곤(棍)

1976년 봉래현 남부 촌리집村里集에서 11기의 서주무덤이 발굴되었다. 그 가운데 8 · 11호 무덤에 순인이 있다. 2기의 무덤은 모두 장방형의 구덩식으로 동향이다. 무덤주인의 인골은 부패되어 없어졌다. 8호 무덤의 순인 2구는 모두 남측 이층대 위에서 발견되었고, 두향은 동쪽, 부신의 자세이다. 감정 결과 일남일녀이고, 14~15세 내외이다. 남성은 신장이 1.45m이고, 여성은 1.42m이다. 2인의 순인은 상반신이 비뚤어졌고, 두 손이 엉덩이에서 교차한다. 머리뼈는 훼손되었고, 비스듬하게 좌측을 본다. 11호 무덤에는 3구의 순인이 있다. 그 가운데 2구는 남측 이층대 위에 놓였고, 두향은 동쪽이다. 나머지 1구는 무덤주인 발치(서쪽)의 이층대에 놓였고, 두향은 남쪽이다. 3구의 순인은 모두 앙신의 자세이고, 상반신이 비뚤어졌고, 두 손이 교차하고, 인골이 부패되었고, 장구가 발견되지 않았다. 부장유물도 없다. 남아 있는 흔적의 측정에서 순인은 신장이 1.6m 이상인 성년이었고, 연령은 알 수 없다〈그림 86〉. 2기의 무덤은 일찍이 도굴되어 11호 무덤에서 동제 정鼎 1점이 발견되었을 뿐인데, 이것으로 추정하면 이들 무덤은 대략 서주 중기에 속한다.[26]

1984년 또 촌리집 남쪽의 유격장柳格莊에서 8기의 서주무덤이 발굴되었다. 그 가운데 6호 무덤에서 순인 4구가 발견되었다. 순인은 무덤주인의 좌측 및 발치의 이층대 위에 돌아가며 배치되었다. 3구는 앙신직지의 자세이고, 1구는 부신의 자세로 약간 굽었다. 인골의 아래에 초본의 돗자리를 깔았고, 부장품이 없다. 신장이 1.48~1.62m이고, 모두 소년이다. 연대는 서주 말에서 춘추 조기에 속한다.[27]

같은 해 황현 동영東營 주가촌周家村에서 파괴되고 남은 1기의 서주무덤(M2)이 발굴되었다. 이 무덤의 덧널 내부 주인 널 우측에서 1구의 순인이 발견되었다. 앙신직지의 자세이고, 두향은 서쪽, 인골은 부패되었고, 성별은 불명이다.[28]

1982년 서하현 송산향松山鄉 여가부呂家埠에서 서주무덤 2기가 발굴되었다. 각각에는 순인 1인이 매장되었다. 1호 무덤의 순인은 무덤주인 좌측 이층대 위에서, 2호 무덤의 순인은 허리구덩이에서 발견되었다. 인골은 모두 부패되었고, 장구가 없고, 부장품이 없다.[29]

1976년 효현 서암西庵에서 1기의 서주무덤(M1)과 부속된 수레구덩이가 발굴되었다. 모두에 순인이 매장되었다. 1호 무덤의 순인은 2구로 도굴로 교란되고, 머리뼈와 팔다리뼈만 잔존하는데, 2개체 모두 아이이다. 수레구덩이에는 수레 1대, 말 4마리, 마부 1인을 매장했다. 수레는 서향을 한다. 마부는 수레바닥의 아래 얕은 구덩이에 매장되었고, 두향은 남쪽, 앙신직지의 자세로 남성이다. 장구가 없고, 부장품도 없다. 얕은 구덩이가 좁아 머리와 발이 구덩이의 두 벽에 감겨있다.[30]

서주 순인무덤은 남방을 제외하고, 서주 영역의 동, 서, 북 세 방향의 연변에까지 넓게 발견되었다. 이는 서주시기 순인제의 유행 범위가 아주 넓었음을 설명해 준다. 당연히 우리는 어떤 지구의 서주무덤에서는 순인이 발견되지 않음에 주의를 기울여야 한다. 예컨대 하남 섬현陝縣의 괵虢나라묘지,[31] 낙양洛陽 중주로中州路묘지와 방가구龐家溝묘지,[32] 산동 곡

26 山東省烟台地區文物管理組 : 「山東蓬萊縣西周墓發掘簡報」, 『文物資料叢刊(三)』 50면, 文物出版社, 1980年.

27 烟台市文物管理委員會 : 「山東蓬萊縣柳格莊墓群發掘簡報」, 『考古』 1990年 第9期.

28 唐祿庭等 : 「山東黃縣東營周家村西周殘墓淸理簡報」, 『海岱考古』 創刊號, 山東大學出版社, 1989年.

29 西霞縣文物管理委員會 : 「山東西霞縣松山鄉呂家埠西周墓」, 『考古』 1988年 第9期.

30 山東省昌濰地區文物管理組 : 「膠縣西庵遺址調查試掘簡報」, 『文物』 1977年 第4期.

31 섬현 괵국묘지에서 서주 만기에서 동주 초기에 속하는 무덤 약 240기가 발굴되었다. 中國科學院考古硏究所 : 『上村嶺虢國墓地』, 科學出版社, 1959年. 河南省文物考古硏究所 : 『三門峽虢國墓』, 文物出版社, 2001年.

부曲阜 노성魯城의 노魯나라무덤[33] 및 북경 유리하의 연나라묘지[34] 한 곳 등이다. 심지어는 인순제가 가장 성행한 은허에 있는 척가장戚家莊 동쪽 묘구, 묘포苗圃 북지 묘구의 비교적 중·대형인 주나라무덤에서도 순인이 잘 발견되지 않고 있다.[35] 어떤 이들은 이런 현상이 은나라와 주나라의 다른 장례습속으로 귀결되고, 서주시기 순인무덤의 주인은 당연히 은나라의 유민 혹은 은나라문화에 영향을 깊이 받은 동이족 사람들이고, 순인이 없는 서주무덤의 주인은 주나라 사람들이라고 파악한다[36].

필자는 이러한 논리는 타당성이 크게 결여되었다고 생각한다. 중국의 역사에서, 특히 상고사에서 부족이 다르면 전통문화도 다르다는 것은 사실이다. 그러나 부족 사이의 문화교류는 필연적으로 각자의 전통문화의 발생에 영향을 주었고, 변화를 이끌어 냈다. 이는 부인할 수 없는 사실이다. 부족 사이에 경제문화가 비교적 큰 차이가 있었던 것과 마찬가지로 이러한 교류와 접촉의 과정에서 왕왕 더욱 복잡한 현상이 출현하였다. 어떤 것은 선진적이거나 통치지위를 점유한 부족의 문화에 융합되었다. 이와 반대로 어떤 것은 다시 예외적인 신문화가 출현하도록 하였다. 족이 다르다는 개념은 옅어지고, 소실되어 갔다. 서주 초기 주나라 족속은 그들의 통치를 받던 여타 부족과 마찬가지로 각자 고유의 전통문화를 가지고 있었을 가능성이 있다. 그러나 이런 국면은 그렇게 오래 가지 않아 변화하였다. 시간의 추이에 따라서 원래의 주나라문화는 원래의 각 부족문화와 함께 변화의 발생이 요구되었다. 어떤 경우는 여타 부족(상족 같은 경우)이 주나라문화를 받아들여 다시 인순제를 실행하지 않았다. 또 어떤 경우에는 주나라 족속이 여타 부족(상족 같은 경우)의 문화를 받아들여 인순제의 실행을 개시하였다. 혹은 또 다른 종류의 새로운 매장제도가 출현하기도 하였다. 각 지구가 각 시기에 따라 모두 변화하게 되었다. 서주가 나라를 세운 400년 동안 고유 은나라 부족의 문화와 고유 주나라 부족의 문화가 변화 없이 각자의 특징을 보유하고

32 낙양에서 발굴된 서주무덤으로 중요한 것이 중주로의 10기, 방가구의 300여 기이다. 『洛陽中州路(西工段)』 53~60면, 科學出版社, 1959年과 『文物』 1972年 第10期 참조.

33 곡부 노성에서 52기의 서주무덤이 발굴되었으나 202호 무덤에서만 순인이 1인 발견되었다. 『曲阜魯國故城』 92면, 齊魯書社, 1982年 참조.

34 1981년부터 1983년에 걸쳐 유리하 경광로 동측에서 서주무덤 121기, 수레구덩이 21기가 발굴되었으나 순인은 발견되지 않았다. 琉璃河考古隊 : 「1981 - 1983年琉璃河西周燕國墓地發掘簡報」, 『考古』 1984年 第5期.

35 孟股武 : 「殷墟南區墓葬發掘綜述」, 『中原文化』 1986年 第3期.

36 郭仁 : 「關于西周奴隸殉葬問題的探討」, 『中國歷史博物館館刊』 總4期, 1982年. 張學海 : 「試論魯城西周墓葬的類型, 族屬及其反映的問題」, 『中國考古學會第四次年會論文集』 93~95면, 文物出版社, 1985年.

있었다고 생각할 수는 없다. 어떤 지구에서는 순인이 발견되지 않거나, 혹은 동일 지구 내 약간의 묘지에서 순인이 발견되지 않거나 하는 것은 여러 방향에서 이해되어야 한다. 각지의 다른 장례습속에 기인하거나, 혹은 연대의 추이에 따라 장례습속의 변화가 발생하였거나, 혹은 무덤주인의 신분에 기인하는 등 여러 가지의 가능성이 있다. 한쪽 방향의 원인만 강조하는 것은 편파적일 수밖에 없다. 고고학 발견의 사실은 종주宗周지구와 종친이 아닌 봉국의 서주무덤에 순인이 있는 것이 있고, 그렇지 않은 것이 있다. 비종주지구와 종친이 아닌 봉국의 서주무덤에도 순인이 있는 것과 그렇지 않은 것이 있다.

총괄하면 서주시기는 인순제가 실행되었지만 각 지구에서 실행의 정도는 달랐고, 어떤 지구에서는 실행되지 않았다. 인순제를 배척한 사람들이 원래 주나라 족속일 가능성도 있지만, 원래 주나라 족속이 아닐 가능성도 있다. 주나라 족속이냐, 그렇지 않느냐를 막론하고 그들은 모두 서주의 통치계급에 속하였기에 서주 통치지구(변경지구 제외)의 서주시기 무덤에서 무덤주인의 족속을 구분 짓는 것은 불가능하다(주나라 초기는 제외).

제 6장

동주의 인생과 인순

평왕平王이 낙양으로 천도하고부터 진시황秦始皇이 여섯 나라를 통일하기까지를 동주東周시대라고 부르고 있다. 동주는 춘추春秋와 전국戰國, 두 시기로 구분할 수 있다. 춘추와 전국의 연대에 관하여 현재 학자들은 대부분 『사기史記 · 육국연표六國年表』에 의거하여 주나라 원왕元王 원년, 즉 기원전 476년을 전국시기의 개시로 보고 있다. 이를 따르면 기원전 770년부터 477년까지를 춘추시기, 기원전 476년부터 221년까지를 전국시기로 부르는 것이 된다.

춘추와 전국은 중국사회의 커다란 변동기이면서 대변혁의 시대이다. 정치투쟁과 군사투쟁이 아주 격렬하였고, 사상의식, 종교 · 신앙 영역의 투쟁 또한 심화되었다. 당시 각 제후국은 항상 '사직社稷'이라는 말로 그들의 국가를 표현하였고, 거기에서 제사하던 대상인 천신, 지기, 인귀에 대한 대규모의 개편과 조율을 시행하였다. 당시 알려진 오악五嶽과 사독四瀆 및 수많은 산림과 천택을 세간의 인간관계에 비추어 비교하고 나눔으로써 의인화하여 숭배하였다. 은상과 서주의 원시적인 실체 숭배의 제사법은 멸실되어 갔다. 소위 "천자天子는 천지天地, 제후諸侯는 사직社稷, 대부大夫는 오사五祀에 제사한다. 천자는 천하의 명산대천에 제사하는데, 오악五嶽을 삼공三公으로, 사독四瀆을 제후諸侯로 간주하여 제사한다. 제후가 제사하는 명산대천은 그들이 관할하는 영역에 있는 것이다."[1]라고 하였다. 인간의 등급 구

1 『禮記 · 王制』.

분에 근거하여 제사의 장소가 규범화되고 법리화된 것이다. 소위 "왕이 천하 만민을 위하여 세운 것을 대사大社라 하고, 왕이 스스로를 위하여 세운 것을 왕사王社, 제후가 백성을 위하여 세운 것을 국사國社, 제후가 스스로를 위하여 세운 것을 후사侯社, 대부 이하의 사람들이 공동으로 세우는 사를 치사置社라 한다."[2]라고 하였다. 이렇게 개조되고 정돈되어 '사社'의 위치는 갈수록 높아졌다. 실제 사와 사직은 전적으로 같은 것이었다. 주나라 사람은 직稷을 사의 짝으로 삼았기 때문이다. 이 사는 주나라 천자가 통할하여 소유함으로써 일반적으로 '주사周社'라고 불렸다.

이 외 사전祀典에는 있지 않지만 "제사지내지 않을 곳에 제사지내는 것", 즉 '음사淫祀'[3]가 있었다. '음사' 가운데 가장 유명한 것이 은사殷社로 박사亳社라고도 불렸다. 이것은 주나라 천자가 각 제후 왕에게 은상의 멸망에 대해 경각심을 가지도록 훈계하려고 설립하였다. 『춘추春秋』 '애공哀公 4년' 조에 "유월 박사에 화재가 일어났다."라는 구절에 대한 두예杜預의 주에는 "박사는 은사殷社이다. 제후들에게 망국을 경계하려고 세운 것이다."라고 하였다. 살인하여 사에 제사하는 것이 성행한 은나라의 영향이 비교적 깊은 동방 제후국은 동주시기에 이르기까지 이 옛 습속을 이어 왔고, 당시 전란이 그치지 않고, 공살이 계속되어 포로와 적의 수장을 죽여 은사에서 제사하는 것이 아주 중요한 제사의 하나로 편성되었다. 주사周社에서는 주나라의 옛 세대가 살인제사의 전통이 없었기 때문에 정돈된 후의 동주 주사에서도 기본적으로 인생을 사용하지 않았다.

인생의 정황과는 다르게 동주시기의 인순현상은 상당히 광범한 지역에서 실행되었다. 고고학에서 발견한 동주무덤 가운데 비교적 보존이 양호하고, 무덤주인의 신분이 대체로 제후왕諸侯王, 봉군封君, 상경上卿, 대부大夫로 인정할 수 있는 것에서는 순인이 발견되는 것이 일반적이고, 순생 또한 발견된다. 순인은 작은 것은 수 인, 수십 인이고, 많은 것은 일백여 인에 이른다. 순인의 신분은 근친, 신하와 집안의 노복 외에 대신도 적지 않게 있고, 의사義士로 따라 죽는 종사從死 행렬에 들어간 경우가 있다. 적지 않은 장상將相, 희첩姬妾이 국군의 총애를 얻기 위하여 죽음을 대체하거나 따라 죽기를 허락받곤 하였다. 주인에게 어떤 필요성이 있게 되면 비첩 혹은 속하는 주인이 자기를 위해 순사殉死하라고 요구하지 않았어도

2 『禮記 · 祭法』.
3 『禮記 · 曲禮下』.

사전에 먼저 부탁하였다. 따라 죽는 일은 동주 통치계급에게 있어서 최고의 품덕준칙이었다. 춘추 중엽 이후 인순제는 사회적으로 일부 인사들의 반대에 직면하여 도용陶俑과 목용木俑을 산 사람의 순사 대신에 사용하기 시작하였고, 따라서 이 이후에는 인순현상이 사라지게 되었다.

주의를 기울여야 할 것이 동주시기에 순사한 사람은 꼭 주인의 무덤에 같이 묻히지 않고, 다른 곳에 묻히는 경우도 있다는 것이다. 일반적으로 순사자의 무덤은 주인의 능원 내부 혹은 능원의 부근에 배치되는 경향이 많았다. 이런 풍습의 영향에 의해 당시 왕실의 후비后妃, 현환顯宦은 죽어서 국군의 능원에 묻히는 것이 영광스런 일이었다. 이와 함께 중국 역사상의 배장陪葬제도가 형성되었다. 따라서 동일 능원 내에 두 가지 종류의 다르게 죽은 자들의 무덤이 출현하게 되었다. 하나는 주인과 함께 죽은 순장자의 무덤이고, 나머지 하나는 주인이 죽은 후에 배장된 사람의 무덤이다. 양자는 죽음에 이르는 방법이 달랐지만 그들의 무덤 형식과 부장된 유물은 일반적으로 구별되지 않는다. 고고학자들은 주인과 같은 무덤에 묻힌 순장자이냐, 별도의 무덤을 가진 순장자이냐를 구분할 수 있을 뿐이고, 대다수의 별도로 무덤을 가진 순장자와 배장자에 대해서는 고고학 연구에서 구분해낼 방법이 없다. 동주 및 그 이후 각 시대의 인순진상이 아주 불분명한 주요 원인이 바로 이것이다.

『묵자墨子 · 절장하節葬下』에 이르기를 "천자와 제후(여기서 제후 두 글자는 손이양孫詒讓의 『묵자한고墨子閑詁』에서 따옴)가 살순殺殉을 하는데, 많을 때는 수백 명, 적을 때는 수십 명이다. 장군과 대부의 살순은 많은 경우 수십 명, 적은 것은 몇 사람이다."이라 하였다. 이는 춘추시기에 인순을 사용하였다는 실제 기록이다. 적지 않은 연구자들이 고고학에서 발견된 춘추시기의 인순(주인과 같은 무덤에 묻힌 자) 수는 이렇게 많지 않기 때문에 묵자의 이 말에 대한 진실성을 의심하고 있다. 이는 과연 무엇 때문인가? 연구자들이 주인과 함께 같은 무덤에 묻힌 순장자만 고려하고, 고고학 조사에서 그들에게 제공되지 않았지만 별도의 무덤에 묻힌 순장자가 확실하게 많이 존재했음을 생각하지 않았기 때문이다. 이에 대해 우리는 깊은 유감을 표한다.

동주 열국列國의 사회역사는 각각 달라 인생과 인순의 전통도 다르고, 인생과 인순의 유무와 많고 적음에 있어서도 구별된다. 학자들은 동주 열국을 7개의 문화권, 즉 중원中原문화권, 북방北方문화권, 제노齊魯문화권, 초楚문화권, 오월吳越문화권, 파촉전巴蜀滇문화권과 진秦문화권으로 구분한다.[4] 이 구분은 기본적으로 동주 사회문화의 실제 정황을 반영하고 있다. 이는 각 지구 인생과 인순의 과다와 유무를 구분하는 데에도 적절한 것 같다. 따라서 이 7개 지구로 '문화권'을 나누어 동주의 인생과 인순을 살펴 볼 수 있다. 여기서는 위의 순서에 따라 서술하도록 하되, 단지 '문화권'을 '문화구'로 개칭하여 설명한다.

1. 중원문화구

주나라를 중심으로 하여 북으로는 진晋나라 남부, 남으로는 정鄭나라, 위衛나라에 이르는 지역으로 전국시기의 주周나라와 삼진三晋(조趙나라의 북부는 포함하지 않음)지구이다. 이곳은 동주시대 경제와 문화의 중심지역이었다.

동주시대 중원문화구는 사람을 희생으로 사용하는 습속이 아주 미미하였지만, 소녀를 하신河神에게 바쳐 제사하는 낡은 풍속이 지속적으로 빈번하였다. 전형적인 사례가 업령鄴領 서문표西門豹가 '하백취부河伯娶婦'를 폐기했다는 고사이다. 이는 오랫동안 전해오는 미담이다. 아래는 저褚 선생이 말한 『사기史記·골계열전滑稽列傳·서문표전西門豹傳』에 기재된 '하백취부' 이야기를 발췌한 것인데, 당시 하신에 대한 제사의 일반적인 정황을 살필 수 있다.

> 魏文侯時(기원전 445~396년), 西門豹爲鄴令. 豹往到鄴, 會長老, 問民所疾苦. 長老曰:"苦爲河伯娶婦, 以故貧." 豹問其故, 對曰:"鄴三老, 延掾常歲賦斂百姓, 收取其錢得數百萬, 用其二三千萬爲河伯娶婦, 與祝巫共分其余數持歸. 當其時, 巫行視小家女好者, 云'是當爲河伯婦', 則聘取. 洗浴之: 爲治新繒綺縠衣, 閑居齋戒: 爲治齋宮河上, 張緹絳帷, 女居其中. 爲具牛酒飯食, 十餘日. 共粉飾之, 如嫁女床席, 今女居其上, 浮之河中. 始浮, 行數十里乃沒."

이 일이 선진시기의 제자諸子에는 볼 수 없어 저 선생이 전해오는 이야기를 듣고 만든 것이라 할 수 있다. 진秦나라의 '군주처하君主妻河'[5]라는 것으로 볼 때, 이 일은 절대 함부로

4 李學勤:『東周與秦代文明』 11면, 文物出版社, 1984年.
5 『史記·六國年表』 "秦靈公八年" 조 참조. 본문의 "진문화구" 참조.

날조한 것이 아니다. 저 선생의 이 글은 문필이 정련되었고, 형식과 줄거리가 진짜 같음이 『사기』의 여러 편목 가운데 가장 돋보인다. 마치 우리가 당시의 장하漳河변에서 '하백취부' 라는 일막의 추악한 연극을 보고 있는 것을 연상시킨다. 업성鄴城은 은상의 왕도 은허와 불과 수십 리 떨어져 있는 가까운 곳이기에 하백취부의 습속이 원래 은상왕조의 옛 습속일 가능성이 있다. 본서의 제3장(상나라의 인생) 가운데서 우리는 은나라의 하신에 대한 제의를 논하였다. 이때의 제사는 여인을 직접 물속에 집어넣는 것으로 '침제沉祭' 라 불렀다. 이 시기에 이르러 '하백취부' 라 한 것은 강물을 '하백' 으로 의인화하여 부른 것이다. 잔혹한 인생이 어느 정도 '문명' 의 인순으로 변화한 것이다.

중원문화구에서 발견된 인생유적의 주요한 것이 진도晋都 신전新田제사유적과 상마上馬묘지이다.

후마 진도 신전제사유적

진도 신전은 산서山西 후마시侯馬市에 위치한다. 기원전 585년에 진이 신전으로 천도한 기사가 『좌전左傳』 '성공成公 6년' 조에 보인다. 기원전 403년 주나라 열왕烈王은 위사魏斯, 조적趙籍, 한건韓虔을 제후로 삼았고, 진나라 공실은 망하였지만 신전은 폐기되지 않았다. 진나라 정공靜公 2년(기원전 376년) 위魏나라의 무후武侯, 한韓나라의 애후哀侯, 조趙나라의 경후敬侯가 주둔하면서 진나라의 땅은 삼분되고, 신전이 드디어 폐기되었다. 진도 신전의 200여 년간에 진나라의 귀족은 수많은 제사를 거행하였다. 따라서 엄청난 수의 제사구덩이가 남게 되었다. 1956년부터 2001년까지 산서성고고연구소山西省考古研究所 후마공작참侯馬工作站은 신전 교외(주로 남쪽 교외)에서 제사유적 11개소를 발견하여 제사구덩이 수천 기를 발굴하였다. 발표된 자료로 보면 제생으로 매장된 것은 양이 위주이고, 그 다음이 소, 말, 돼지 순이고, 인생은 단 2례에 불과하다. 대략 절반에 가까운 제사구덩이에 희생의 고기 혹은 희생의 피가 매장되었으나 발굴 시에는 이미 썩어 없어져 빈 구덩이로 남아 있었다.

제사구덩이는 모두 수혈의 구덩이로 밀집해서 분포하였고, 일정한 서열이 있어 두 구덩이가 한 조를 이루거나 네 구덩이가 한 조를 이루면서 배치되었고, 구덩이 사이의 간격은 1m 내외였다. 구덩이는 원형, 타원형, 장방형 등 여러 종류가 있다. 일반적으로 위가 넓고 아래가 좁으며, 구덩이 벽은 잘 다듬었고, 깊이는 일정하지 않다. 구덩이 크기는 일반적으로 길이 0.7~1.2m, 너비 0.4~0.9m, 깊이 0.4~0.6m로 균일하지 않다〈그림 87〉. 노출 시

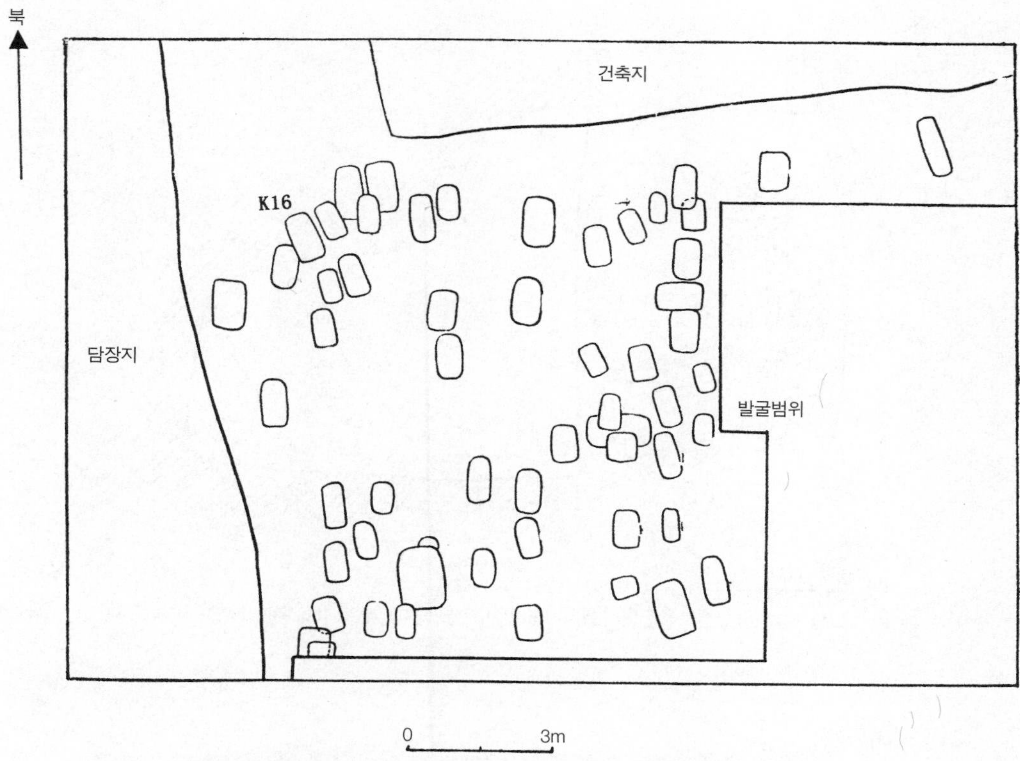

그림 87 후마 우촌고성 진나라 건축지 제사구덩이 분포도(『考古』 1988年 第10期에서)
K16. 인생구덩이

희생된 가축은 대다수가 옆으로 누운 자세이고, 비교적 완전하였고, 네 발이 하나로 묶였고, 머리가 가슴 사이에 끼어 있었다. 몸부림치는 모습의 것도 있었다. 제생의 어떤 것은 동제 그릇장식을 가진 것도 있고, 제생의 위에 옥제 벽璧, 황璜이 매장된 것도 있었다.

인생구덩이는 제생구덩이와 섞여 있었고, 역시 수혈의 구덩이이다. 우촌牛村고성의 남쪽에서 발견된 제사유적 한 곳의 인생구덩이(번호 K16)는 구덩이의 상부가 장방형으로 길이 1.22m, 너비 0.55~0.62m이고, 방향은 기본적으로 남북향이다. 구덩이는 어깨 아래 깊이 0.4m에서 남쪽으로 좁아져 한 변이 0.62m인 근방형을 이룬다. 깊이는 1m이다. 구덩이의 벽과 바닥은 모두 평평하게 다듬지 않았다. 인골은 옆으로 무릎을 꿇고 누운 자세로 두향은 북쪽이고, 동쪽을 바라본다. 상반신이 옆으로 경사져 구덩이 벽에 가깝게 붙었고, 팔은 가슴 부위에서 반쯤 굽혀 교차한다. 인골은 완전하게 남아 있다〈그림 88〉. 감정 결과 30세 내외의 남성이고, 죽은 후에 매장되었다. 연대는 기원전 450~420년 내외이다.[6]

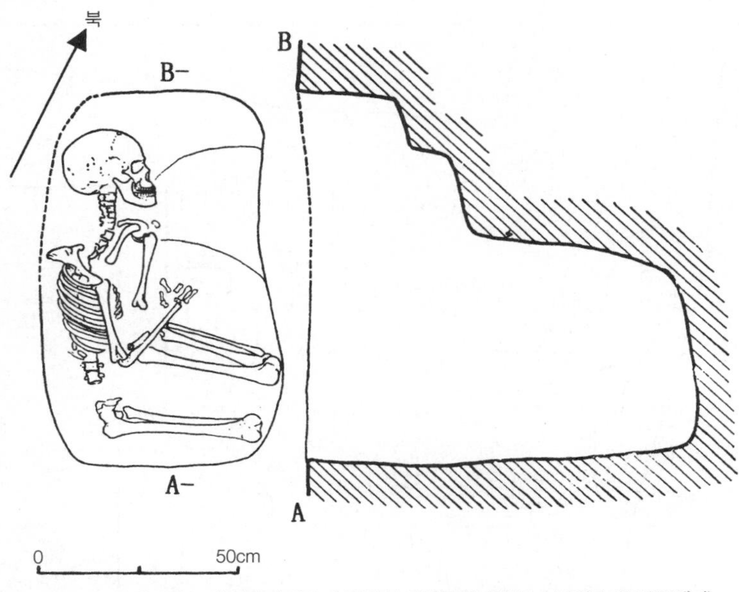

그림 88 후마 우촌고성 진나라 건축지 전면의 인생구덩이(『考古』 1988年 第10期에서)

후마 상마묘지

상마묘지는 진도 신전, 지금의 후마시 동쪽 회하澮河 남안에 위치한다. 1961～1987년에 모두 합해 1,387기의 동주무덤이 발굴되었는데, 전부 중 · 소형의 장방형구덩식무덤이다. 그 가운데 1261 · 1270 · 6005호 무덤 3기의 무덤매토에서 생인 각 1구가 발견되었다. 모두 장구도 없고, 부장품도 없다.

1261호 무덤의 생인은 무덤의 어깨 아래 0.4m 깊이의 매토에 매장되었다. 두향은 동쪽, 얼굴은 남쪽을 향한다. 반측신의 자세이고, 팔뼈가 원 위치에서 이탈되었다. 인골은 부패되었다. 감정 결과 18～20세의 남성이다. 1270호 무덤의 생인은 말과 함께 무덤구덩이 근처에 매장되었다. 생인은 팔다리가 해체되었고, 머리뼈와 어깨뼈가 말 엉덩이 바깥에 놓여 있고, 두 다리뼈와 나머지 아래턱뼈는 무덤구덩이의 어깨 아래 깊이 2.6m에서 발견되었다. 이 무덤의 매토는 교란되지 않았는데, 이는 생인이 해체된 후 매장된 것을 설명해 준

6 山西省考古研究所侯馬工作站 : 「山西侯馬牛村古城晋國祭祀建築遺址」, 『考古』 1988年 第10期. 山西省考古研究所侯馬工作站 : 「山西侯馬西高東周祭祀遺址」, 『文物』 2003年 第8期. 「晋國祭祀遺址發掘報告」, 『晋都新田』, 山西人民出版社, 1996年. 王克林 : 「侯馬東周社祀遺址的探討」, 『晋都新田』, 山西人民出版社, 1996年.

다. 감정 결과 13~14세의 소년이다. 6005호 무덤의 순인은 무덤구덩이어깨 아래 깊이 0.7m에 매장되었다. 두향은 동쪽이고, 얼굴은 위를 본다. 앙신직지의 자세이고, 팔이 배 위에서 교차한다. 다리뼈는 부패되었다. 이 3기의 무덤은 모두 소형무덤이다.

1270호 무덤의 무덤구덩이는 약간 커서 길이 2.72m, 너비 1.5m, 바닥 깊이 3.5m이다. 무덤주인은 하나의 덧널과 두 겹의 널을 가졌고, 감정 결과 56세 내외의 여성이다. 앙신직지의 자세이고, 머리에 골제 잠簪을 꽂고, 입에 옥제 결玦(패옥)을 물고 있다. 1261 · 6005호 2기의 소형무덤은 각각 널이 안치되었고, 인골의 자세와 부장품은 1270호 무덤과 유사하다. 감정 결과 1261호 무덤주인은 40세 내외의 남성이고, 6005호 무덤주인은 56세 내외의 여성이다. 이들 무덤의 연대는 모두 춘추 조기에 속한다.[7] 이 시기의 소형무덤에 살제의 인생이 보존되고 있음은 희귀한 예이다.

여타 문화구와 비교해 중원지구의 인생자료는 상대적으로 적다. 동주의 왕릉은 아직 발견되지 않았고, 인순의 사용 여부도 문헌에 기재된 것이 별로 없다. 인순의 사용이 문헌에 기록된 것은 진晋나라 경공景公에 한한다. 『좌전』 '성공成公 10년' 조에 다음의 기록이 있다.

> 六月丙午, 晋侯欲麥, 使甸人獻麥. …… 將食, 張, 如厠, 陷而卒. 小臣有晨夢負公以登天, 及日中, 負晋侯出諸厠, 遂以爲殉.

이 일은 기원전 581년에 발생하였다. 소신小臣 유有가 진나라 경공을 업고 허름한 화장실에 갔고, 경공이 조심하지 않아 빠져 죽었다. 소신 유는 그 허물을 벗어나기 어려워 따라 죽었다는 것이다. 소위 "새벽꿈에 공을 업고 등천하였다."라는 것은 자연스레 지어진 이야기이다. 소신 유의 유해는 진나라 경공의 무덤에 안치되었을 가능성이 있다.

고고학에서 발견된 삼진의 순인무덤은 수가 적지 않다. 춘추시기에 속하는 시기가 비교적 이른 것이 산서山西 장자현長子縣 우가파牛家坡 7호 무덤이고, 무덤주인의 신분이 가장 높은 것이 하남河南 급현及縣 산표진山彪鎭 위魏나라무덤, 휘현輝縣 고위촌固圍村 위나라무덤, 산서 태원太原 금승촌金勝村 진경晋卿무덤, 하북河北 한단邯鄲 조趙나라 왕릉 배장무덤이다. 이

7 山西省考古硏究所, 『上馬墓地』, 文物出版社, 1994年.

외 한단 백가촌百家村과 제촌齊村의 두 조나라묘지, 하남 섬현陝縣(지금의 삼문협三門峽) 후천촌後川村 동주묘지에서 일련의 순인무덤이 발견되었다.

장자 우가파 7호 무덤

1979년 발굴된 춘추시기의 무덤으로 순인은 3인이다〈그림 89〉.[8]

이 무덤은 한韓나라의 별도 상당上黨 부근에 위치한다. 묘제는 장방형구덩식의 덧널무덤이다. 무덤구덩이는 길이 6.42m, 너비 4.8m, 바닥 길이 5.74m, 너비 4.28m, 깊이 11.5m이다. 방향은 75°이다. 무덤바닥에 이중으로 된 덧널을 설치하였는데, 안덧널[內槨] 내부에 주칠의 그림이 있는 널이 있다. 무덤주인은 두향이 동쪽이고, 인골이 부패되어 매장 자세를 알 수 없다. 치아와 부장품으로 추측하면 성년여성에 속한다. 부장품은 청동 예기가 위주이고, 이와 함께 옥기, 칠기, 도기, 목기 등 모두 합해 553점이 있다. 부장된 5열의 정鼎과 여타 부장품으로 추정하면 무덤주인은 진나라 대부급의 부인이다.

순인은 3인으로 모두 널에 안치되었다. 2개의 널은 덧널의 남측에, 하나는 서단(발치)에 배치되었다. 순인은 모두 앙신직지의 자세이다. 1호 순인은 몸에 동제 구鉤(갈고리) 1점, 당로當盧(말머리꾸미개) 1점, 작은 동제 영鈴 2점을 지녔다. 2호 순인은 몸에 목제 소梳(얼레빗) 1점, 옥조각 1점을 지녔다. 3호 순인은 몸에 동제 대구帶鉤(허리띠고리)와 옥제 장식 각 1점을 차고 있다. 이외 덧널 북측과 주인의 널 앞(동단)에 목용木俑 4점을 부장하였다. 목용과 3구의 순인은 안덧널을 돌아가며 배치된 양상으로 '이위사자以衛死者'를 뜻한다. 이것은 지금까지 발견된 가장 이른 시기의 용俑으로 생인을 대체하여 매장한 실례이다.

주의를 기울여야 할 것은 이곳과 장치長治 분수령分水嶺이 멀지 않고, 그곳에서 발굴된 30여 기의 춘추 만기에서 전국 말기에 해당하는 무덤은 묘제와 부장된 청동 예기가 이 무덤과 근사하거나, 더욱 강구되었으나 순인이 발견되지 않는다는 것이다.[9] 이는 위, 조, 한 삼가가 진나라를 분할한 이후 한韓나라에는 인순제가 없어졌다는 것을 설명해 준다.

8 山西省考古研究所 : 「山西長子東周墓」, 『考古學報』 1984年 第4期.

9 장치 분수령에서 발굴된 30여 기의 동주무덤은 『考古學報』 1957年 第1期, 『考古』 1964年 第2期, 『考古學報』 1974年 第2期, 『文物』 1972年 第4期를 참조.

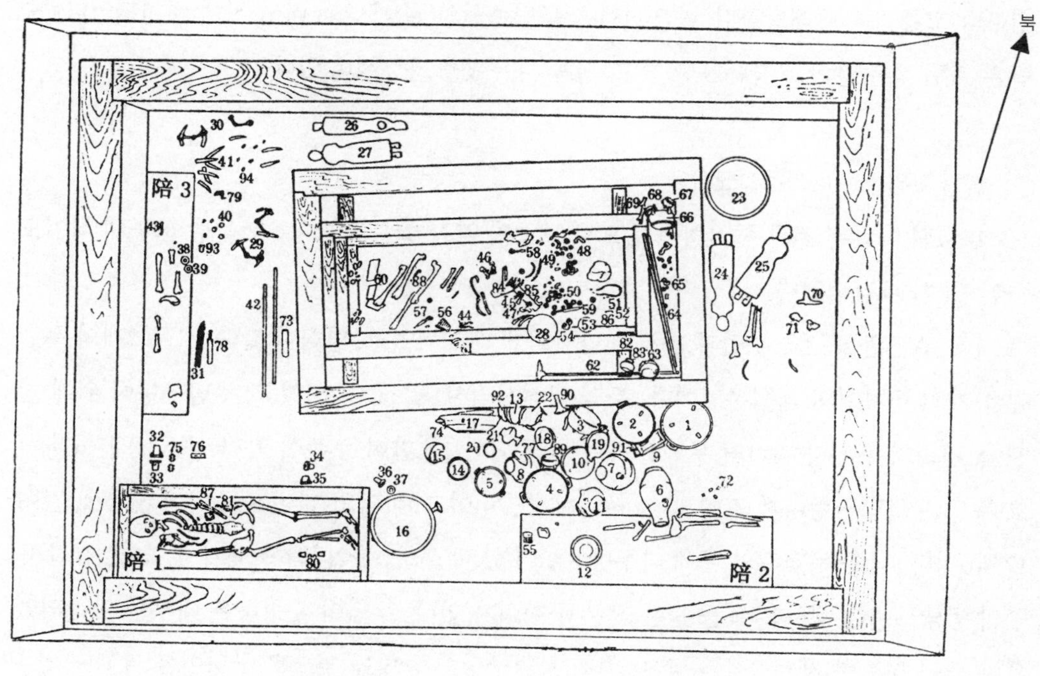

그림 89 장자 우가파 7호 춘추무덤(『考古學報』 1984年 第4期에서)
1~5 · 10 · 89. 정(鼎), 6~8. 호(壺), 9 · 91. 궤(簋), 11 · 12. 언(甗), 13 · 92. 분(盆), 14 · 15. 두(豆), 16 · 23. 감(鑒), 17 · 74. 반(盤), 18 · 77. 칠기 주(舟), 19. 칠기 편호(扁壺), 20 · 21. 도기 두(豆), 22. 화(盉), 24~27. 목용(木俑), 28. 칠기 합(盒), 29 · 30. 함(銜), 31. 촉(鏃), 32~39. 여(軎), 40. 말장식, 41. 골제 표(鑣), 42. 목곤(木棍), 43~45 · 81. 대구(帶鉤), 46 · 50. 옥제 패(佩), 51. 구슬, 52. 두발(頭發), 53. 경(鏡), 54 · 55. 목제 소(梳), 56. 악기, 57~59. 환수도(環首刀), 60. 목제 장식, 61. 옥제 황(璜), 62. 과(戈), 63 · 83. 개두(蓋豆), 64. 목제 수(殳), 65. 옥제 패(佩), 66. 돈(敦), 67 · 68. 역(鬲), 69. 녹각(鹿角), 70. 과(戈), 71. 소뼈, 72. 영(鈴), 73. 죽제 帘, 75. 장방형수레장식, 76. 수레장식, 78. 오리 머리 모양 장식, 79. 구식(扣飾), 80. 영(鈴), 82. 골제 비(匕), 84 · 85. 옥조각, 86. 석제 추(墜), 87. 당로(唐盧), 88. 골제 이작(耳勺), 90. 두(豆), 93. 단(鏄), 94. 골패(骨貝)(재질이 빠진 것은 모두 동제임)

급현 산표진 1호 무덤

1935년 발굴된 전국조기의 무덤으로 순인은 4인이다.[10]

이 무덤은 근방형의 구덩식덧널무덤으로 바닥의 길이 7.4m, 너비 7.1m, 깊이 11.49m이다. 덧널과 무덤구덩이벽 사이에 적석적탄積石積炭하였다. 일찍이 여러 차례 도굴되어 무덤주인의 인골이 교란되었고, 유물은 청동기 147점이 남아 있다. 그 가운데 열정列鼎 5점 및 수륙공전水陸攻戰용의 동제 부釜(솥), 주왕周王의 과戈와 도금된 채과蔡戈가 있다. 무덤주인은

10 郭寶鈞 : 『山彪鎭與琉璃閣』 4, 5면, 科學出版社, 1959年.

위나라 고급귀족에 해당한다. 순인 4인은 무덤주인의 널 바깥의 네 주위에 배치되었다. 순인은 모두 적은 양의 부장품을 가졌고, 널을 사용했을 가능성이 있다.

휘현 고위촌 위나라왕실묘지

1951년 발굴된 전국 중기의 무덤으로 보존이 약간 좋은 1·5·6호 무덤 모두에 적어도 순인 1구가 매장되었다.

1호 무덤은 2·3호 무덤과 동서로 나란하게 배열되었고, 형식이 같다. 모두 2개의 무덤길을 가진 中자형의 대형무덤이다. 무덤에 적석적사積石積沙가 되었고, 무덤구덩이 위에 침전寢殿건축지가 있다. 3기의 무덤은 모두 도굴되어 1호만이 보존이 약간 양호한 편이다. 1호 무덤은 무덤구덩이가 길이 18.8m, 너비 17.7m이고, 바닥의 길이 8m, 너비 6.65m, 깊이 17.4m이다. 남쪽 무덤길의 끝에 나무방[木室]이 있고, 그 안에 2대의 수레가 놓였다. 침전 유구의 동남부에는 제사용 옥을 묻은 작은 구덩이가 있다. 무덤의 부장품은 대부분 도굴되었으나 도기 정鼎 한 세트 9점이 남아 있다. 무덤구덩이 동벽에 옆으로 구덩이를 파고 순인 1인을 매장했다. 그에게서는 장구와 부장품이 발견되지 않았다. 순인은 원래 이 1인에 그치지 않은 것으로 추측된다. 2·3호 무덤은 아주 심하게 파괴되었지만 원래는 순인이 있었을 것이다.

이 3기의 대형무덤의 서측에는 2기의 배장陪葬무덤이 있는데, 남북으로 나란하게 배치되었고, 5·6호 무덤으로 번호가 부여되었다. 묘제는 서로 같고, 크기도 비슷하다. 무덤바닥의 길이와 너비는 각각 4m 내외이고, 깊이는 7m 정도이다. 무덤주인이 널과 덧널을 가져 그 신분은 왕릉에 배장된 위나라 고급귀족에 해당되는 것으로 보인다. 5호 무덤의 순인은 무덤구덩이 서벽 머리 쪽 감실에 매장되었다. 널을 가졌고, 앙신굴지의 자세이다. 머리는 도기 찰擦을 베고 있다. 6호 무덤의 순인은 무덤구덩이 동벽 쪽의 구덩이에 매장되었다. 부신의 자세이고, 인골의 아래에서 칠기껍질이 발견되었다. 몸에는 옥제 벽璧과 마馬(말) 각 1점을 지니고 있다.

태원 금승촌 진경무덤

진경무덤(M251)은 1987년 발굴된 춘추말기의 무덤으로 순인은 4인이다〈그림 90〉.[11]

이 무덤은 대형의 구덩식덧널무덤으로 무덤구덩이는 길이 11m, 너비 9.2m, 바닥 깊이

14m이다. 무덤구덩이에 적석적탄을 하였다. 무덤바닥에 세 겹의 널을 설치하였다. 무덤주인은 남성으로 65~75세 내외이다. 앙신직지의 자세이고, 두향은 108°이다. 주인널의 남, 서, 북 세 방향에 돌아가며 순장인의 널 4구를 배치했다. 각 널에는 1인의 순인을 안치했다. 순인은 모두 적은 양의 부장품을 가지거나 몸에 장신구를 차고 있다. 널의 위에 거마기, 병기와 악기가 부장되었다. 순인의 유골은 감정되지 않았으나 출토현상으로 분석하면 모두 비첩과 근신이다. 이 무덤의 부장품은 3,000여 점에 달한다. 그 가운데 청동기가 1,690점이고 나머지는 옥석기, 도기 등이다. 이 무덤 동북쪽에 곱자형의 수레구덩이가 있다. 구덩이에는 나무수레 13대, 말 44마리가 매장되었다. 발굴자는 이 무덤의 주인을 춘추 말기의 진나라 조경趙卿으로 추정하였으나 조앙趙鞅일 가능성도 있다.

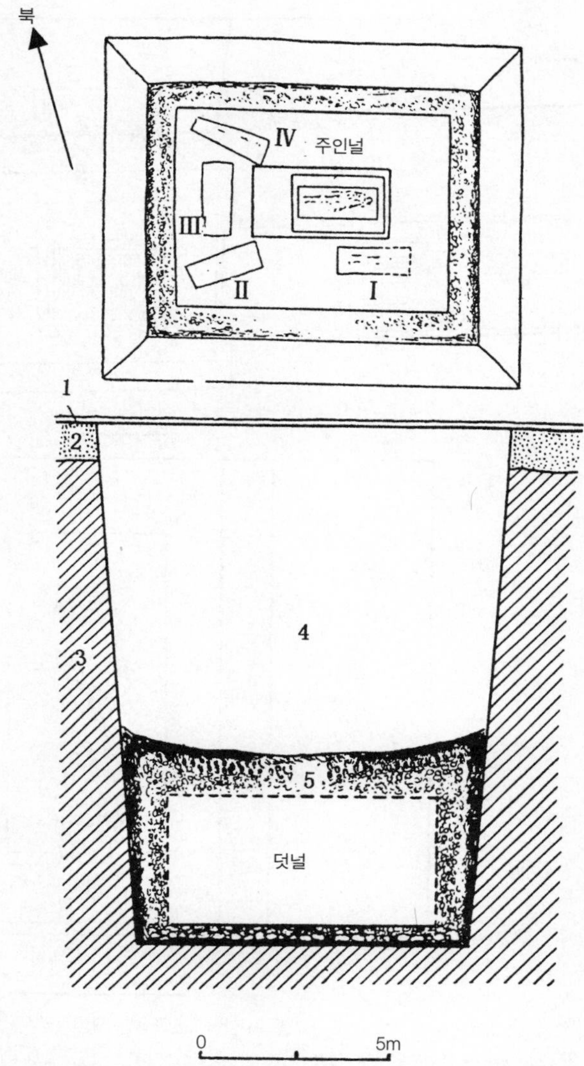

그림 90 태원 금승촌 진경무덤(M251)의 순인 널(『太原晉國趙卿墓』에서)
I ~IV. 순인 널

한단 조나라 왕릉 배장무덤

조나라 왕릉구는 하북성 한단시구 서북부에 있고 많은 분구가 지금까지 솟아 있다. 지

11 山西省考古硏究所 : 『太原晉國趙卿墓』 9~15면, 文物出版社, 1996年.

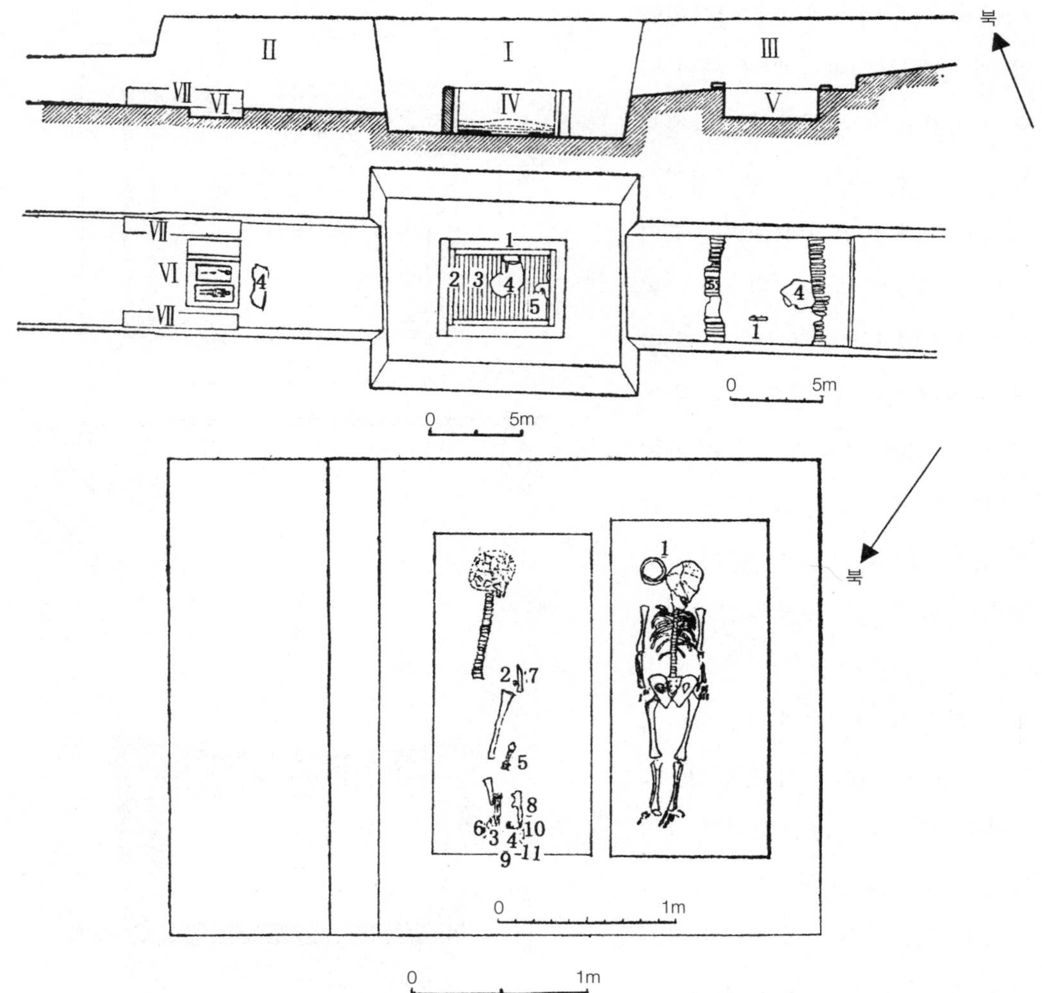

그림 91 한단 3호 조왕릉 배장무덤(『考古』 1982年 第6期에서)

상 : 평 · 단면도 Ⅰ. 무덤구덩이, Ⅱ. 서쪽 무덤길, Ⅲ. 동쪽 무덤길, Ⅳ. 덧널, Ⅴ. 수레구덩이, Ⅵ. 순장구덩이, Ⅶ. 판축토대, 1. 돌덧널, 2. 나무덧널, 3. 바닥판, 4. 돌덩이, 5. 덧널바닥

하 : 순장구덩이(Ⅵ)평면도 1. 동제 경(鏡), 2. 동제 인(印), 3. 동제 돌기장식, 4. 동제 촉(鏃), 5. 대구(帶鉤), 6. 손잡이장식, 7 · 8. 철제 삭(削), 9. 골제 추(錐), 10. 철기의 나무자루, 11. 동제 관(管) 모양 장식

금까지 발굴된 것은 3호 조나라 왕릉의 배장무덤 1기에 불과한데, 전국 중 · 만기에 속하고, 무덤에는 어린아이 2구가 순장되었다〈그림 91〉.[12]

이 무덤은 1978년 발굴된 것으로 2개의 무덤길을 가진 구덩식무덤이다. 무덤구덩이는

12 河北省文物管理處等 : 「河北邯鄲趙王陵」. 『考古』 1982年 第6期.

길이 14.5m, 너비 12.5m, 바닥 길이 12.6m, 너비 9.2m, 깊이 7.5m이다. 무덤구덩이 정중앙에 덧널이 설치되었다. 덧널은 안과 바깥 이중이다. 바깥덧널은 석축을 한 것이고 안덧널은 목재를 쌓은 것이다. 바깥덧널과 무덤구덩이벽 사이는 전부 판축하여 채웠다. 덧널의 내부는 이미 도굴되어 무덤주인의 인골과 장구는 모두 없어졌다. 무덤길은 경사식이고, 동쪽 무덤길은 길이 33.5m, 너비 7.2m인데, 덧널 가까이에 수레구덩이 하나가 있다. 구덩이에는 말 2마리와 동제 거마구가 매장되었다. 서쪽 무덤길은 길이 28m, 너비 6.8m이고, 덧널 가까이에 순장구덩이 하나가 있다. 구덩이는 길이 2.8m, 너비 2.5m, 깊이 0.5m이다. 구덩이에는 덧널이 설치되었다. 덧널의 내부에는 2개의 널이 나란하게 배치되었고, 각각에 1인이 매장되었다. 두향은 동쪽이고, 하나는 부신의 자세, 하나는 앙신의 자세이다. 인골은 대부분 부패되었다. 부신의 자세인 사람에게는 동제의 인장印章, 대구帶鉤와 촉鏃 각 1점, 철제 삭削(깎는 칼) 1점이 부장되었다. 앙신의 자세인 사람에게는 동제 경鏡(거울) 1점이 부장되었다. 치아로 판단하면 미성년의 아동이다.

이 무덤은 이미 여러 차례 도굴되어 청동 예기가 발견되지 않았고, 문자자료도 남아 있지 않아 확실하게 무덤주인의 신분을 가늠할 수 없다. 그러나 이 무덤이 3호 조나라 왕릉의 기단 아래에 위치하기 때문에 무덤주인은 조나라 왕릉에 배장된 조나라 왕실의 귀족 혹은 대신으로 추측할 수 있다.

한단 백가촌 조나라묘지

한단 서쪽의 백가촌, 제촌齊村 일대에 대규모의 조나라 국공國公묘지가 있다. 1957년과 1959년 백가촌에서 40여 기의 무덤이 발굴되었는데, 그 가운데 순인무덤이 5기(M1 · 3 · 20 · 25 · 57)이다. 제촌에서는 23기의 무덤이 발굴되었고, 거기에도 순인무덤이 몇 기 있으나 자료가 발표되지 않았다. 여기에서는 백가촌에서 발굴된 5기의 순인무덤을 소개하도록 한다.[13]

이 5기의 순인무덤은 이 묘지에서 비교적 큰 무덤으로 대부분 수레구덩이가 부속되었다. 무덤은 모두 구덩식의 덧널무덤이다. 무덤구덩이는 길이 4~7m, 너비 3~5m이고, 무덤주인은 앙신직지의 자세로 묻혔다. 부장품으로는 도기와 동기로 된 예기, 옥석기가 있다.

13 河北省文化局文物工作隊 : 「河北邯鄲百家村戰國墓」, 『考古』 1962年 第12期.

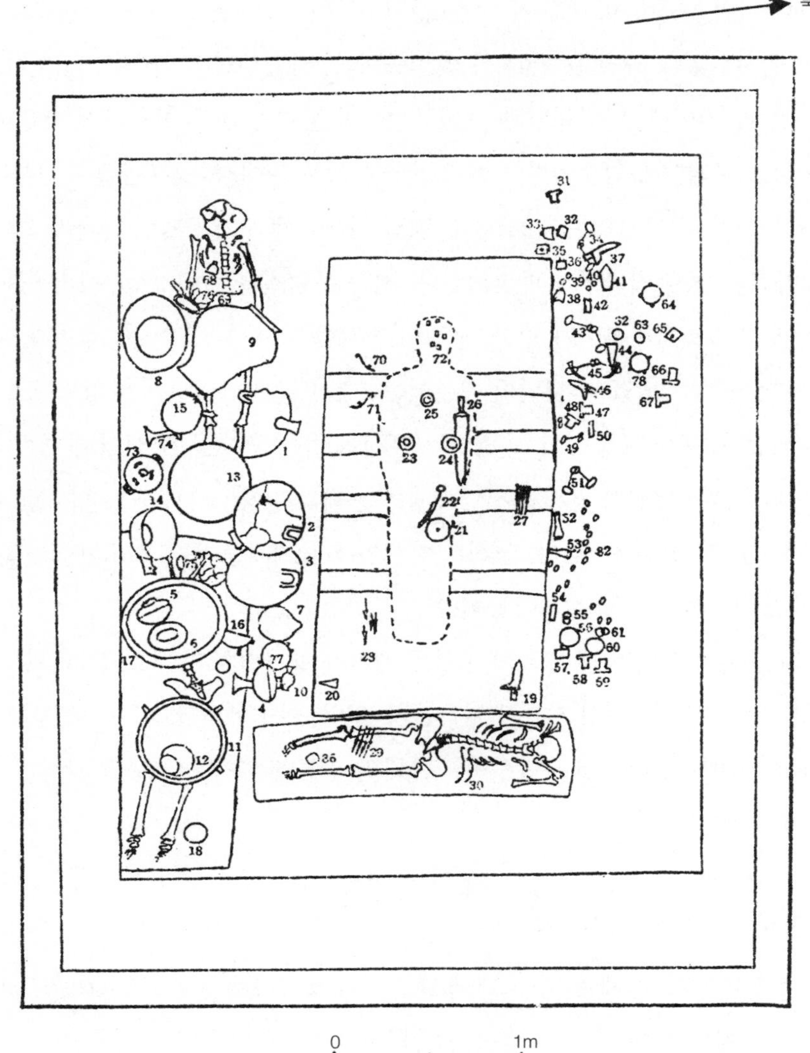

그림 92 한단 백가촌 3호 전국무덤(『考古』 1962年 第12期에서)

1~3. 도기 정(鼎), 4~6. 도기 두(豆), 7. 도기 이(匜), 8 · 9 · 12. 도기 호(壺), 10. 도기 작은 두(豆), 11. 도기 감(鑒), 13. 도기 반(盤), 14. 도기 분(盆), 15, 18. 도기 호개(壺蓋), 16 · 17. 동제 감(鑒), 19 · 37 · 46. 동제 과(戈), 20. 과존(戈鐏), 21. 동제 경(鏡), 22. 동제 삭(削), 23. 마노제 환(環), 24. 옥제 벽(璧), 25. 옥제 환(環), 26. 동제 검(劍), 27. 동제 각도(刻刀), 28 · 29. 동제 촉(鏃), 30 · 69~71. 동제 대구(帶鉤), 41. 동제 차축두, 32 · 36. 동제 구식(扣飾), 33 · 38. 동제 영(鈴), 34 · 43. 동제 함(銜), 35. 구멍 뚫린 방형돌, 39 · 40. 동제 환(環), 41. 동제 모(矛), 42. 골제 관(管), 44. 동제 모준(矛鐏), 45. 표(鑣)가 붙은 함(銜), 47~68. 동제 수레장식, 72~86. 동제 정(鼎), 비(匕), 도기 화(盉), 두(豆) 등

1호 무덤은 주인의 두향이 북쪽이고, 순인은 1인이다. 순인은 무덤주인의 널 우측 위 모서리에 놓였고, 두향은 북쪽, 굴지의 자세이다. 장구는 보이지 않고, 3점의 작은 대구帶鉤

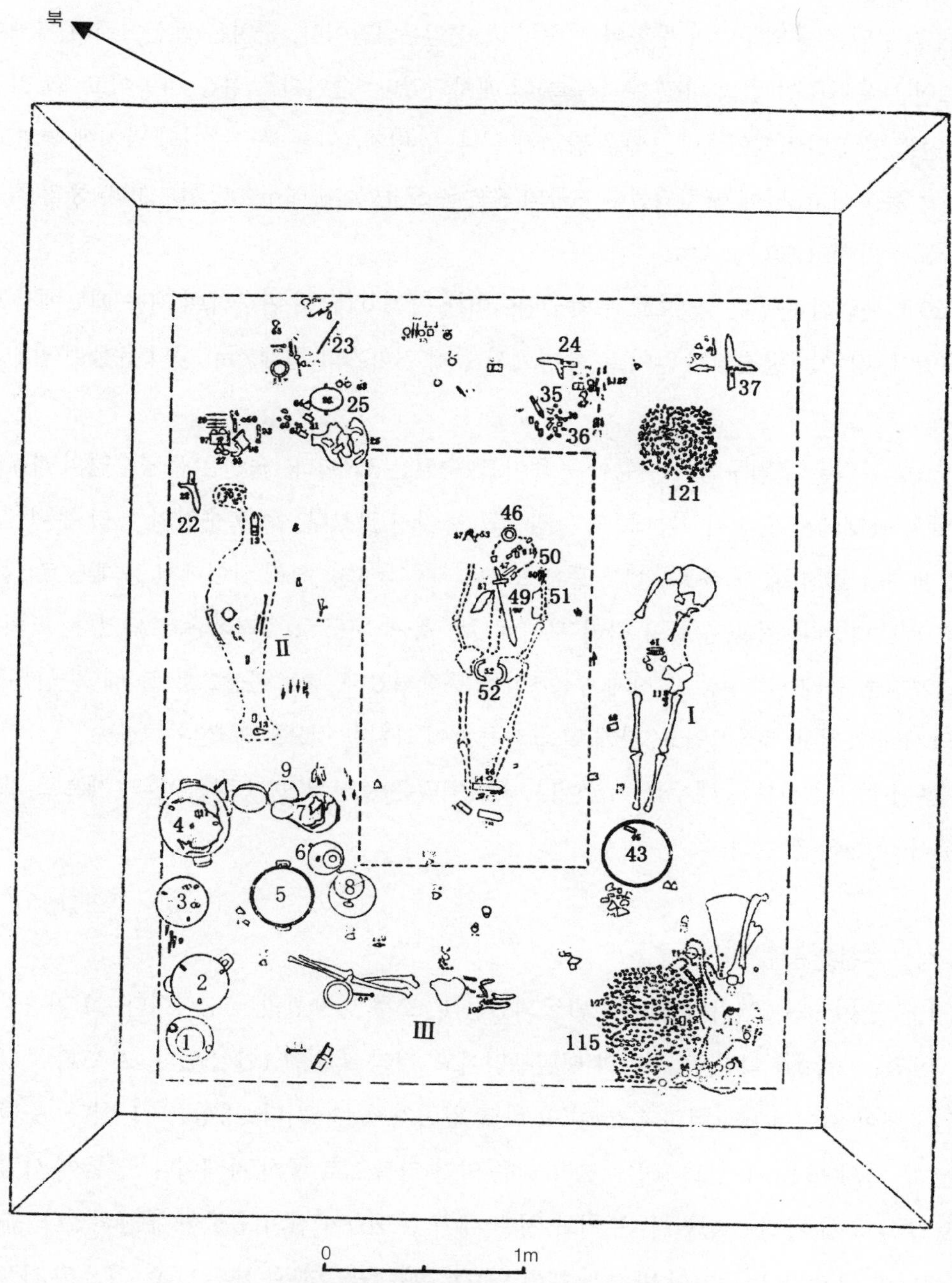

그림 93 한단 백가촌 57호 전국무덤(『考古』 1962年 第12期에서)

Ⅰ·Ⅱ·Ⅲ. 순인. 주요부장품 : 1. 동제 언(甗), 2~5. 동제 정(鼎), 6·9. 동제 두(豆), 7·8. 동제 호(壺), 22~24. 동제 과(戈), 25. 동제 이(匜), 35·37. 동제 극(戟), 36. 동제 모(矛), 43. 동제 반(盤), 46. 옥제 벽(璧), 49. 동제 검(劍), 50. 동제 대구(帶鉤), 51. 옥석조각, 52. 옥제 황(璜), 115. 구식(扣飾), 121. 골제 포(泡)

및 소수의 거마장식을 부장했다.

3호 무덤은 무덤주인의 두향이 서쪽이고, 순인은 3인이다. 순인은 앙신직지의 자세이고, 2인은 무덤주인 널의 바깥 우측(남쪽)에 배치되었다. 순인의 두향은 서쪽이고, 그 가운데 1인은 널에 안치되었으나, 1인은 장구가 없다. 나머지 1인은 무덤주인의 발치에 놓였고, 두향은 동쪽이고, 널에 안치되었다. 3구의 순인은 모두 동제 대구帶鉤, 환環(고리) 등의 적은 부장품을 가지고 있다〈그림 92〉.

20호 무덤의 순인은 1인으로 무덤구덩이어깨 아래 0.6m의 판축하여 채운 매토에서 발견되었다. 장구는 발견되지 않았고, 주변에서 동제 거마기와 철제 삭削 등의 유물이 발견되었다.

57호 무덤은 무덤주인의 두향이 동쪽이고, 순인은 3인이다. 순인은 무덤주인의 좌우측과 발치 아래에서 발견되었는데, 모두 장구는 보이지 않았다. 우측 순인의 머리 부위에서 수정제 주珠 19점이, 그 좌우측에서 동제 모矛와 과戈 각 1점, 허리 사이에서 동제 당로當盧 1점이 출토되었다. 좌측 순인의 허리 사이에서는 동제 대구帶鉤 2점이 출토되었다. 발치의 순인에게는 동제 환環 9점, 수정제 주珠 5점이 부장되었다. 출토현상으로 볼 때, 순인은 매장 당시에 완전한 복식이었고, 함께 널을 사용하여 안치한 것으로 보인다〈그림 93〉.

무덤주인의 신분은 대부급 이상이다. 3호 무덤은 부장된 도기 정鼎 9점의 세트로 보아 신분이 더 높은 것 같다.

섬현 후천촌 동주무덤

1956~1958년 105기의 무덤이 발굴되었는데, 모두 장방형의 구덩식이다. 그 가운데 2기(M2138 · M2124)가 약간 큰 중형의 덧널무덤이고, 각각에 순인 1인이 있다. 2138호 무덤은 무덤구덩이 길이 5.1m, 너비 4.3m이고, 바닥 깊이가 9.25m이다. 방향은 91°이다. 무덤주인은 두 겹의 널을 가졌고, 앙신으로 다리를 약간 좌측으로 굽힌 자세이다. 얼굴에 사람얼굴모양의 옥제 가면을 덮었다. 도기와 청동 예기 등 200여 점의 유물이 부장되었다. 순인은 덧널의 서부, 무덤주인의 발치 아래에 옆으로 배치되었고, 두향은 남쪽, 얼굴은 서쪽을 향한다. 앙신직지의 자세이고, 장구와 부장품이 없다〈그림 94〉. 2124호 무덤의 형식은 2138호 무덤과 유사하고 도기와 청동 예기 등 100여 점의 유물이 부장되었다. 순인은 덧널의 서북 모서리, 무덤주인의 우측 아래에 배치되었다. 앙신직지의 자세이고, 얼굴 위에서 옥석조각 13점이, 허리 부위에서 동제 대구帶鉤 1점이 출토되었다. 장구는 없다. 이들 무덤의 연

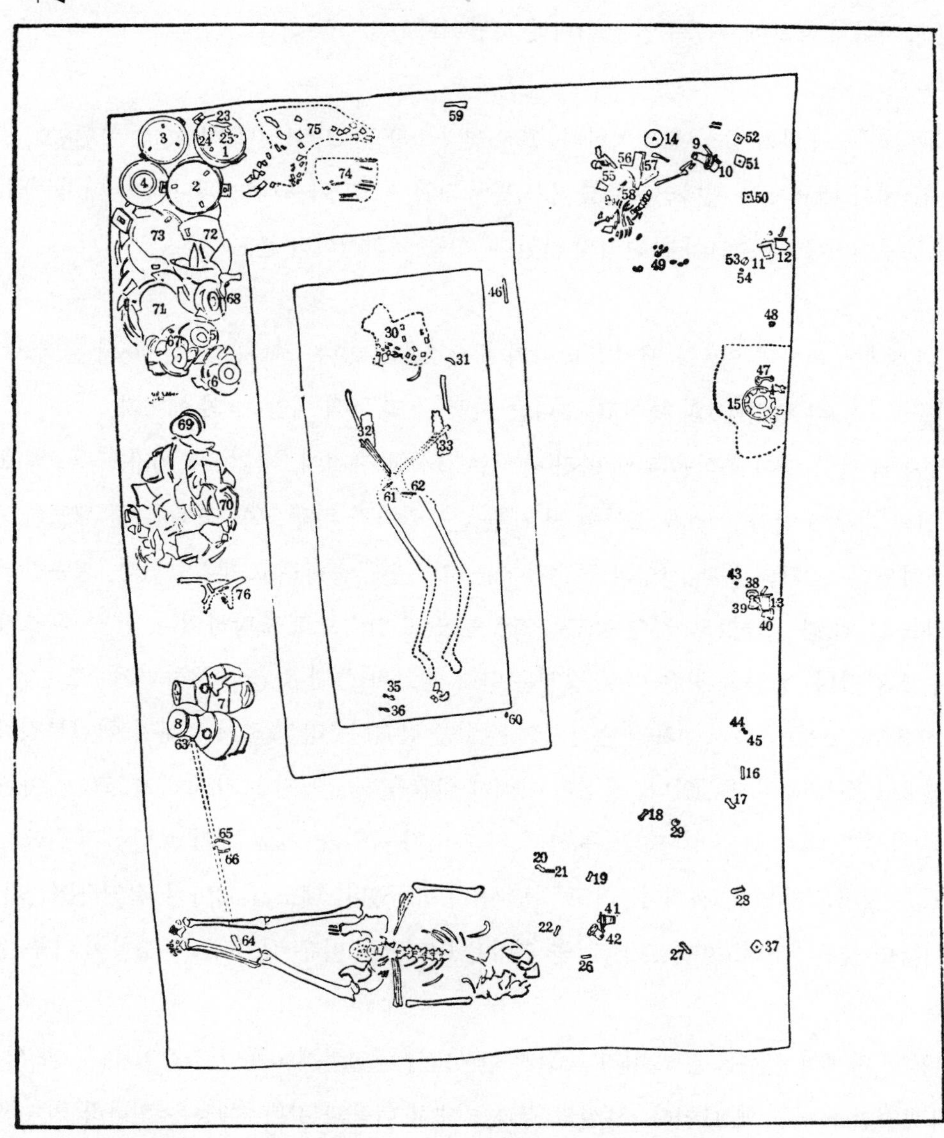

그림 94 섬현 후천 2138호 동주무덤 평면도(『陝縣東周秦漢墓』에서)

1~3. 동제 정(鼎), 4. 동제 돈(敦), 5 · 6. 동제 두(豆), 7 · 8. 동제 호(壺), 9~13. 동제 여(軎), 14. 동제 당로(唐盧), 15. 동제 바침, 16~22 · 26~28. 동제 반원관형기(半圓管形器), 23~25 · 31. 옥제 황(璜), 29. 방포(蚌泡), 30. 옥제 얼굴장식, 귀걸이, 32 · 33. 석제 장식, 35 · 36. 동제 대구(帶鉤), 37 · 50~52. 석제 종(琮), 38~42. 동제 여(軎), 43~45. 동제 환(環), 46 · 59. 동제 준(鐏), 47. 동제 함(銜), 48. 동제 둥근고리, 49 · 60. 조개, 53. 옥제 사다리꼴장식, 56 · 57. 동제 과(戈), 58. 원주형석기, 61 · 62. 석제 수악(手握), 63 · 64. 동제 함(銜)장식, 65 · 66. 동제 새머리장식, 67 · 68. 도기 두(豆), 69 · 70. 도기 호(壺), 71~73. 도기 정(鼎), 74. 석제 규(圭), 75. 옥석조각, 76. 녹각(鹿角)

대는 모두 전국 조기 후단계에 속한다.[14] 『사기 · 진본기秦本紀』에 의하면 이때 섬현은 위나라의 관할지이기 때문에 무덤주인은 위나라 사람이다.

괵虢나라는 중원의 중심에 위치한다. 1956년과 1990년, 1991년에 하남河南 섬현陝縣 상촌령上村嶺에서 대규모의 괵나라귀족묘지가 발굴되었다. 그 가운데는 괵나라의 태자무덤, 국군의 무덤이 있으나 순인이 발견되지 않았다. 이는 예외적이라 볼 수 있다.

문헌기재에 의하면 의義를 지키려고 따라 죽은 2례가 있다. 하나는 조삭趙朔의 문객門客 공손간구公孫杵臼와 정영程嬰의 예이고, 하나는 지백智伯의 문객 예양豫讓의 예이다.

공손간구와 정영이 조삭을 위해 따라 죽기로 결심한 사실이 『사기 · 조세가趙世家』에 보인다. 진의 대부 도안가屠岸賈가 조삭의 전 가족을 주멸하기 위해 고아 조무趙武를 체포하려고 수색하였다. 조가의 문객 정영과 공손간구는 고아를 구출하려고 계획하였다. 공손간구가 수색을 할 때 먼저 죽었고, 정영은 고아 조무를 안고 산속으로 도망하였다. 15년 후 조가의 원수를 갚았다. 원한을 갚은 이후 정영은 따라 죽고자 했던 뜻을 시행하면서 "조선맹趙宣孟(조삭의 부친 조순趙盾의 시호)과 공손간구의 원수를 갚았다."라고 하자 조무가 애걸복걸하며 말렸으나 뜻을 굽히지 않았다. 정영이 어떠한 대답을 하였는지 보기로 하자. 그는 "아니다. 공손간구는 내가 일을 성사하도록 하기 위해 먼저 죽었다. 지금 내가 보답하지 않으면 나의 일은 성사되지 않은 것이다."라고 하면서 자살하였다. 태도가 얼마나 결연하였는가! 지금 이름이 높은 『조씨고아趙氏孤兒』라는 연극은 여기에서 따온 것이다. 그 영향이 아주 깊다고 할 수 있다.

예양이 지백의 원수를 갚고 따라 죽고자 한 사건은 『전국책戰國策 · 조책일趙策一』과 『사기 · 자객열전刺客列傳』에 보인다. 사실의 경과는 대략 다음과 같다. 예양은 진나라 범范 씨 및 중행中行 씨의 일을 도왔으나 이름을 얻지 못하자 지백에게로 갔다. 조양자趙襄子가 한韓나라, 위魏나라와 함께 진나라를 멸하자 예양은 조양자를 모살하여 지백의 원한을 갚고자 결심하였다. 그는 몸에 옻칠을 하여 문둥이로 꾸미고, 수염과 눈썹을 밀어 용모를 변화시키고, 목탄을 삼켜 목소리를 바꾸고는 모살을 시도하였으나 발각되었다. 조양자 3년(기원전

14 中國社會科學院考古研究所 : 『陝縣東周秦漢墓』 第一部分, 科學出版社, 1994年.

455년) 예양이 조양자에게 잡혔다. "예양이 이르기를 '범 씨와 중행 씨 모두 나를 보통사람으로 대우해 주어 나는 보통사람으로 보답하였다. 그러나 지백은 나를 국사로 대우해 주어 나는 국사로서 보답을 한다.' 라고 하였다. ……이에 조양자가 그의 대의에 크게 감명하여 예양에게 자기 옷을 가져다주도록 하였다. 그러자 예양은 검을 뽑아 세 번 도약하여 그 옷을 찌르면서 '나는 지백의 은혜를 갚았다.' 라고 하고는 검을 거꾸로 찔러 자살하였다." 라고 한다. 이 얼마나 비통한 일인가!

앞에서 논의된 공손간구, 정양, 예양 그들은 모두 은혜를 입자 원수를 갚으면서 따라 죽었다. 당연히 주인과 같은 무덤에 매장되지 않았을 가능성이 있다.

춘추 중엽 이후 순인의 악습은 삼진지구에서도 반대에 부딪쳤다. 오랫동안 전해지고 있는 '결초보은結草報恩' 의 고사는 이에 대하여 잘 설명해 준다. 『좌전』 '선공先公 15년(기원전 594년)' 조에 다음의 기사가 있다.

> 初, 魏武子有嬖妾, 無子. 武子疾, 命顆曰 "必嫁是" 疾病, 則曰 "必以爲殉." 及卒, 顆嫁之, 曰 "疾病則亂, 吾從其治也" 及輔氏之役, 顆見勞人結草以亢杜回, 杜回顆而顚, 故獲之. 夜夢之曰 "余而所嫁婦人之父也, 尒用先人之治命, 余是以報."

진晋나라의 공실 위과魏顆가 그 부친의 병이 위독할 때에 들은 첩을 순장하라는 부탁을 따르지 않고, 처음에 병을 얻었을 때 첩을 시집보내라는 부탁을 따라 후에 보답을 받았다는 것이다. 이는 그가 사회상에서 인순을 반대하는 바뀐 조류를 따랐음을 설명해 준다. 위과의 인도적 행위는 당시 크게 영향을 주었다. 특히 그 부친의 첩 일가에게 그랬다. 이것이 뒤의 결초보은의 고사가 있게 하였다. 보輔 씨 땅에서의 싸움에서 위과는 한 노인이 풀을 묶어 진秦나라의 장군 두회杜回의 전진을 막으려는 모습을 보았는데, 두회가 과연 그것에 걸려서 넘어졌으므로 사로잡아 진나라의 침입에 엄청난 타격을 주었다. 이 노인이 부친 첩의 아버지라는 것이다. 이에서 사람들이 '결초보은結草報恩' 의 고사를 만든 것이다. 그 이야기는 위과의 무공을 찬양한 것이나 위과가 순사를 반대한 행위가 당시의 사람들에게 보편적인 옹호를 받았다는 것이 더 중요하다.

2. 북방문화구

북방문화구는 조趙나라의 북부, 중산中山나라, 연燕나라 및 더 북쪽의 방국부족을 포괄한다.

지리적 위치로 볼 때, 이곳은 유럽과 아시아 대륙의 북방유목민족 활동지구의 동쪽 경계이다. 유럽과 아시아 대륙 북방유목민족에게는 죽인 사람의 머리를 가지고 두개배頭蓋杯(머리뼈잔)를 만드는 풍속이 있었고, 그것이 여기에 거주했던 흉노匈奴, 유연柔然 및 전국시기 조나라에 전파되었다.[15] 전국 초기 "삼가가 지智 씨를 멸하고 분할할 때에 조양자는 지백에 대한 원망이 너무 큰 나머지 지백의 두개골에 옻칠을 해서 술잔으로 썼다."라고 하였다.[16] 이는 분명히 두개배 풍속의 영향을 받은 것이다. 본 문화구에서 유행한 사람의 머리를 잘라 두개배로 사용하는 풍속이 유행했는데 반하여 인생과 인순은 비교적 적게 보인다.

고고학 자료는 6례로서 하북 회래현懷來縣 북신보北辛堡, 평산현平山縣 방가촌訪駕村과 산서 정양현定襄縣 중곽촌中霍村 세 곳의 동주묘지 각각에 2례가 있다. 이 세 지점은 연나라 서북 변경지대, 선우鮮虞 중산나라와 조나라의 북부 융적戎狄문화구에 해당된다.

회래 북신보 전국무덤

1964년 2기가 발굴되었고, 각각에 생인이 2인, 순인이 4인이다. 연대는 전국 조기이다.[17]

2기는 모두 장방형의 구덩식무덤이다. 1호 무덤은 무덤구덩이가 길이 15.1m, 너비 5.1m(동단)와 3.44m(서단), 바닥 길이 14.2m, 너비 4.4m, 깊이 3.9m이다. 무덤구덩이 매토에 제생의 머리뼈와 팔다리뼈가 쌓여 있는데, 검사 결과 말, 소, 양 각 10여 마리이다. 무덤주인은 덧널 속에 하나의 칠을 한 널에 안치되었고, 두향은 동쪽이다. 부장품으로는 청동기가 세트를 이루고, 쌍환두雙環頭(두고리자루)의 단검短劍, 금반사金盤絲, 협夾(칼자루)형골기 등이 있다. 덧널의 서남쪽에 순인의 널 2개가 안치되었다. 널은 나란하게 배열되었다. 순

15 白鳥淸:「髑髏飮器使用的風習及其傳播」,『東洋學報』第20卷 第3, 4號, 1933年, 京都.

16『戰國策 · 趙策一』

17 河北省文化局文物工作隊:「河北懷來北辛堡戰國墓」,『考古』1966年 第5期.

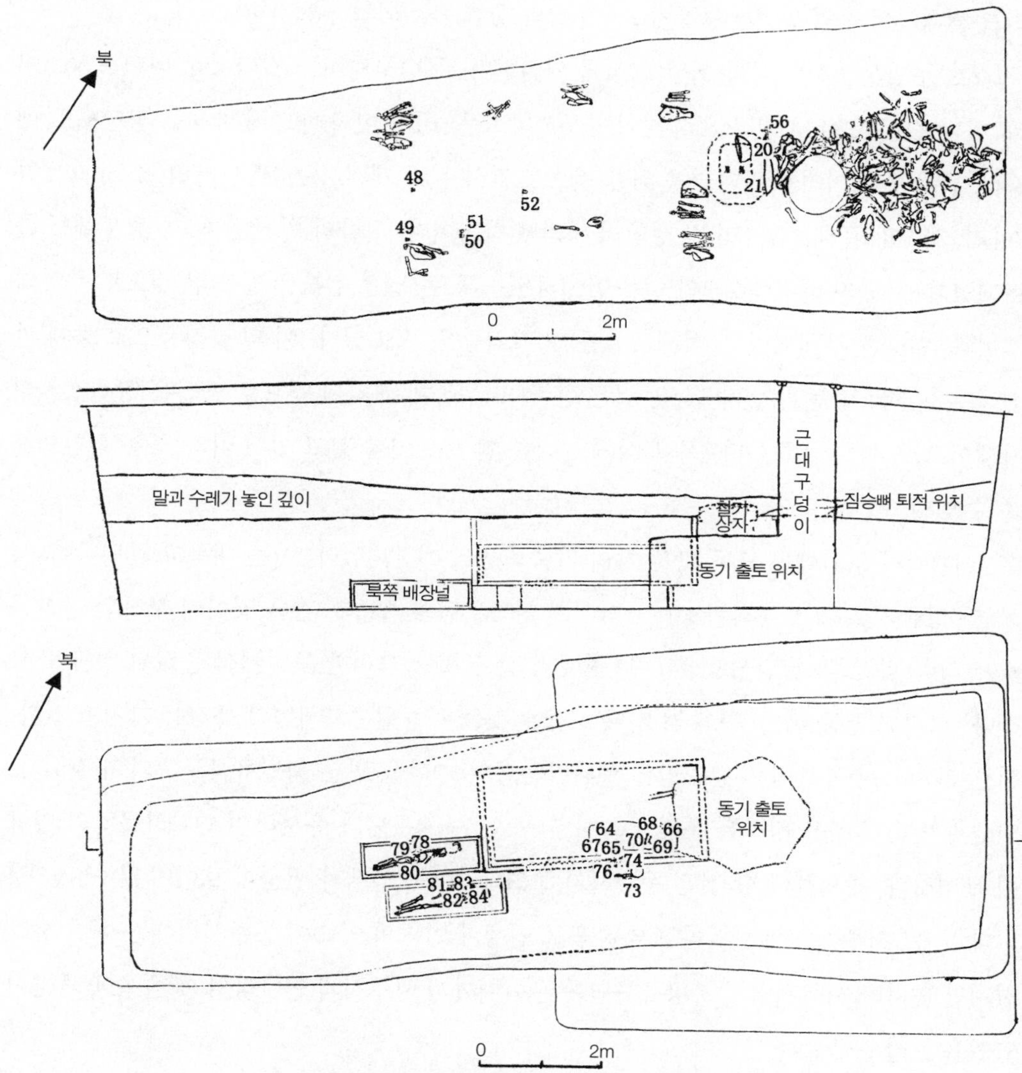

그림 95 회래 북신보 1호 춘추무덤(『考古』 1966年 第5期에서)

상 : 덧널 뚜껑 위의 짐승뼈, 칠기상자, 말뼈 등의 퇴적상황 20 · 21 · 48~52. 동제 여할(軎轄), 56. 동제 과(戈)

하 : 평 · 단면도 64. 협(夾)형골기, 65. 병(餠) 모양의 골제 절약(節約), 66 · 73. 녹송석제 장식, 67. 금제 환(環), 68 · 69. 동제 함(銜), 70. 마구, 74 · 78. 여석(礪石), 75 · 79~81. 동제 도(刀), 76 · 83. 동제 검(劍), 82. 동제 대구(帶鉤), 84. 조개껍질

인의 두향은 역시 동쪽이고, 앙신직지의 자세이다. 한 순인에게 환두도環頭刀(고리자루칼) 2점, 여석礪石 1점을 부장하였고, 나머지 한 순인에게는 환두도環頭刀, 단검短劍, 대구帶鉤 각 1점을 부장하였고, 그의 등 부위에서 뚜껑으로 쓰인 큰 말조개껍질이, 그 아래에서 양의 아래턱뼈 하나가 출토되었다. 덧널의 위에 생인 1인과 개 1마리가 매장되었다. 생인은 팔다

리를 해체하여 묻었고, 협夾형골기 2점이 그와 함께 출토되었다〈그림 95〉.

2호 무덤은 1호 무덤의 서남 12m에 위치한다. 무덤구덩이는 길이 6m, 너비 3.36m이고, 바닥 길이 4.9m, 너비 2.8m, 깊이 4.2m이다. 무덤구덩이의 매토에 제생을 삼층으로 매장하였다. 모두 머리와 팔다리를 취한 것으로 검사 결과 개체 수는 말 11마리, 소 5마리, 양 2마리, 개 1마리, 돼지 1마리 및 생인의 머리뼈 하나이다. 사람의 머리는 제2층 중부에서 출토되었다. 무덤의 바닥에 2개의 널을 안치하였는데, 큰 널은 검붉은 칠을 한 것으로 주인의 것이다. 인골은 부패되었고, 석제 주珠를 꿴 장식품을 차고 있다. 이 외 부장품으로 동제 과戈, 촉鏃, 금박金箔 등이 있다. 작은 널은 큰 널의 우측에 배치된 것으로 순인은 앙신직지의 자세이고, 두향은 동쪽이다. 목에 석제 주珠를 꿴 목걸이를 걸고 있어 따라 죽은 희첩으로 볼 수 있다.

이 2기의 무덤에는 모두 많은 양의 가축희생이 매장되었다. 이는 내몽고 찰뢰낙이札賚諾尒와 항금기杭錦旗 도홍파랍桃紅巴拉의 소수민족무덤의 습속과 같은 것이며 부장된 쌍환두雙環頭의 단검短劍과 금반사金盤絲, 협夾형골기 같은 것도 그러한 무덤에서 출토된 것과 유사하다. 그리고 청동 예기, 동제 과戈, 촉鏃 같은 것들은 중원문화계통의 특징을 가지고 있다. 이를 가지고 추측하면 무덤주인은 연나라문화의 영향을 받은 북방유목부족의 수장이다. 인생과 인순의 사용 정황은 북경 유리하 서주 연후燕侯무덤과 유사하여 연나라문화의 영향이 분명하다. 주의해야 할 것은 동주시기에 연나라에는 인생과 인순이 보이지 않는다는 것이다. 이는 서주시기에 연나라에서 유행한 인생과 인순의 악습이 동주시기에는 이미 사라졌지만 연나라 서북변경의 북방유목민족은 이때까지 서주시기 연나라의 옛 습속에 물들어 있었음을 설명해 준다.

평산 방가촌 중산나라무덤

1977~1982년 발굴된 2기의 무덤에서 모두 4인의 순인이 발견되었다. 춘추 말기에서 전국 초기의 무덤이다.

2기는 모두 장방형구덩식의 덧널무덤이다. 1기(M8002)는 무덤구덩이가 길이 4.35m, 너비 2.9m, 바닥 깊이 3.8m이고, 방향은 60°이다. 이층대가 있고, 덧널과 널을 구비하였다. 무덤주인의 인골은 이미 훼손되었다. 순인은 3인으로 서 · 북 · 남측의 이층대 위에서 발견되었다. 모두 널에 안치되었고, 앙신직지의 자세이다. 남측과 북측의 순인은 두향이 무덤

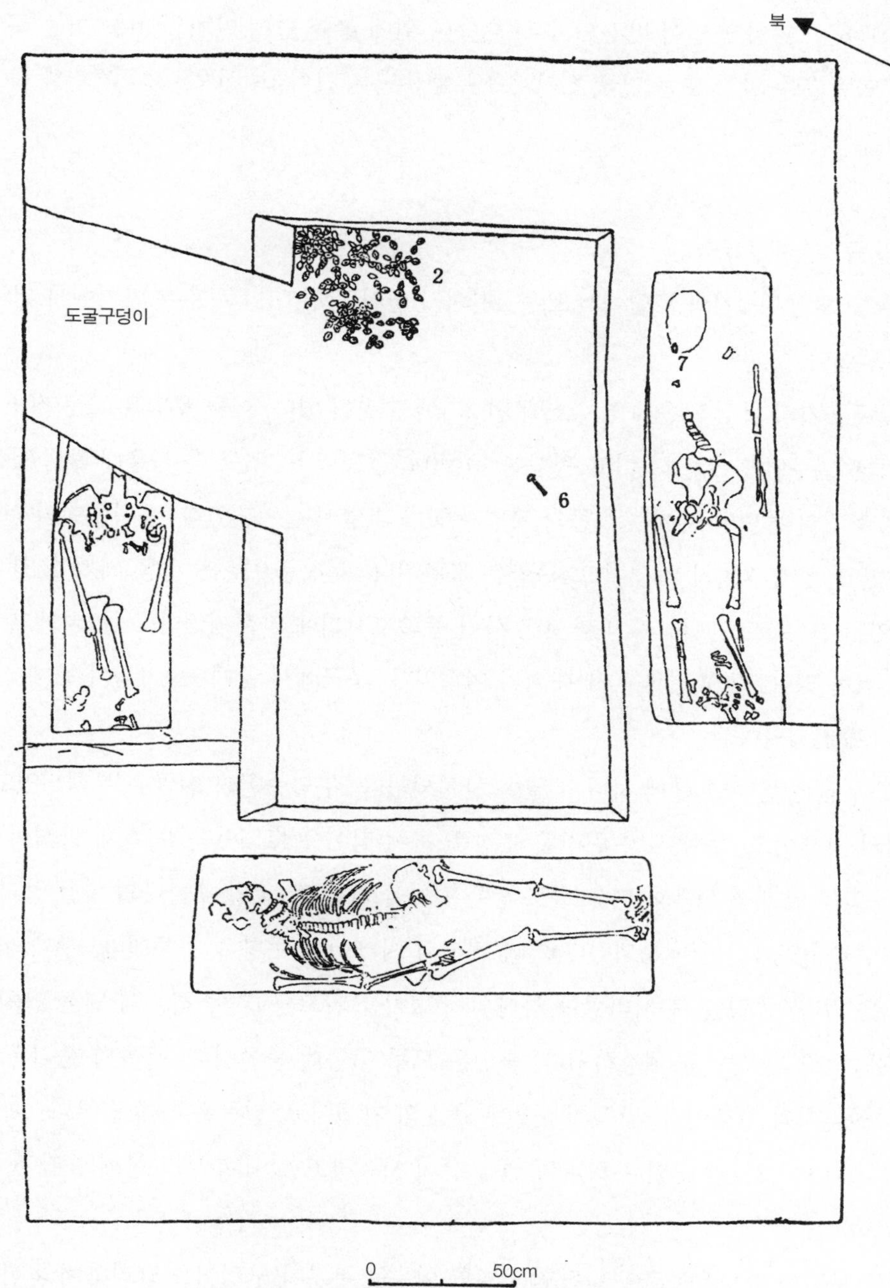

그림 96 평산 방가촌 8002호 동주무덤(『考古學集刊(五)』에서)
2. 돌과 조개, 6. 동제 할(轄), 7. 마노제 환(環)

주인과 일치하고, 서측 순인의 두향은 북쪽이다. 남측 순인은 마노제 주珠 1점을 가지고 있고, 나머지 2인에게는 부장품이 없다. 감정 결과 모두 20세 내외의 여성이다〈그림 96〉. 나머지 1기에서는 1인의 순인이 발견되었다. 이층대 위에 놓인 널에 안치되었다. 이들 무덤의 연대는 모두 춘추 말기 또는 전국 초기이고 무덤주인은 백적白狄 선우鮮虞가 건립한 중산나라의 귀족이다.[18]

정양 중곽촌 동주무덤

1995년 발굴된 2기의 무덤에서 모두 4인의 순인이 발견되었다. 춘추 만기에서 전국 조기의 무덤이다.[19]

발굴된 5기의 무덤 가운데 1 · 2호 무덤 2기에 순인이 있다. 이들 무덤은 모두 장방형의 구덩식돌덧널무덤[竪穴式石槨墓]이고, 방향은 40°이다. 돌덧널은 자연석을 사용해 쌓은 것이다.

1호 무덤의 돌덧널 안에는 이중의 덧널과 하나의 널이 설치되었다. 무덤주인의 인골은 부패되었고, 앙신직지의 자세이고, 두향은 북쪽이다. 부장품으로는 청동 예기 16점이 있다. 순인은 1인으로 안덧널과 바깥덧널 사이 동북모서리에 안치되었다. 머리뼈와 갈비뼈 일부만 남아 있다. 감정 결과 40세 내외의 여성이다. 부근에서 골제 표鑣 1점과 동제 절약節約 4점이 발견되었다.

2호 무덤은 돌덧널 안에 하나의 널이 안치되었다. 무덤주인의 인골은 부패되었고, 앙신직지의 자세이고, 두향은 북쪽이다. 부장품 천여 점이 출토되었는데, 옥제 장식이 위주이다. 주인의 널 바깥 남쪽에 따로 돌로 쌓은 덧널을 만들고, 그 안에 하나의 널을 안치하였다. 여기에 순인 1인이 매장되었다. 앙신직지의 자세이고 두향은 동쪽이다. 부패되었고, 부장품은 없다. 돌덧널 북벽 바깥에 하나의 구덩이를 파고, 거기에 하나의 널을 안치하였다. 널에는 2인의 순인을 매장하였다. 순인은 모두 두향이 동쪽이다. 북쪽의 순인은 남성으로 앙신직지의 자세이다. 남쪽의 순인은 측신의 자세이고, 얼굴은 남쪽을 본다. 모두 부장품이 없다. 이 2인의 순인은 하나의 널을 같이 사용하고 있어 부부가 함께 순장된 것 같다〈그림 97〉.

이들 무덤의 출토유물로 판단하면 세트를 이루는 부부가 구덩이를 달리하여 묻힌 합장

18 河北省文物研究所 : 「河北平山三汲古城調查與墓葬發掘」, 『考古學集刊(五)』, 中國社會科學出版社, 1987年. 陳應祺 : 「略談靈壽古城址所反映中山國的幾介問題」, 『中國考古學會第三次年會論文集』, 文物出版社, 1984年.

19 李有成 : 「定襄縣中藿村東周墓發掘簡報」, 『文物』 1997年 第5期.

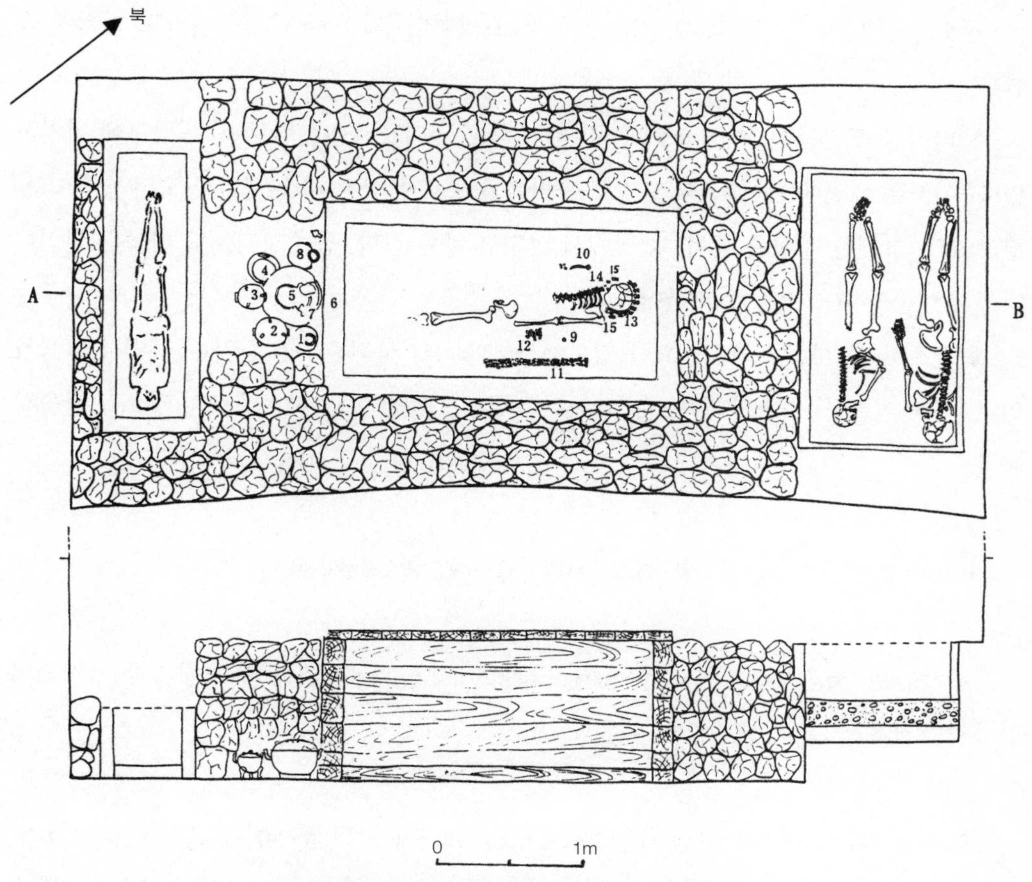

그림 97 정양현 중곽촌 2호 동주무덤(『文物』 1997年 第5期에서)

1. 동제 두(豆), 2·3. 동제 정(鼎), 4. 동제 역(鬲), 5. 동제 반(盤), 6. 동제 증(甑), 7. 동제 작(勺), 8. 동제 호(壺), 9. 동제 구(扣), 10. 동제 환수도(環首刀), 11. 요기(料器)(74매), 12. 옥제 펜구슬(712매), 13. 옥제 주(珠)(386매), 14. 옥제 함(琀), 15. 옥제 이추(耳墜)

무덤으로 1호 무덤의 주인이 남성이고, 2호 무덤의 주인이 여성이다. 돌덧널이라는 묘제는 원래 동주시기 북방 융적戎狄의 것이고, 부장된 청동 예기는 진晋나라문화의 특징이 농후한 것이다. 따라서 진나라문화와 이곳 융적문화의 융합을 나타낸다. 무덤주인은 진나라문화의 영향을 비교적 깊이 받은 융적의 귀족일 것이다.

3. 제노문화구

제노문화구는 지금의 산동성 경내의 제나라와 노나라 및 그 남부의 주邾·거莒·증

鄫·등滕·설薛나라 등 '사상泗上 12제후국'을 포괄한다. 자성子姓의 송宋나라도 여기에 속한다.

노나라를 포함하여 '사상 12제후국'은 대략 지금의 산동山東 남부 및 동남부에 위치하였다. 이곳은 예전에 동이東夷의 고지로 불리던 곳으로 은상 이래 인생과 인순의 습속이 유행하였다. 상세한 정황은 본서 제3장에서 설명한 바와 같다. 동주시기에도 이곳은 의연히 인생과 인순이 아주 유행한 지구이다.

문헌으로 볼 때, 동주의 중요한 헌부제사獻俘祭祀의 사건은 대다수가 이곳에서 발생하였다. 가장 이른 시기의 기록이 『춘추春秋』 '희공僖公 19년(기원전 641년)' 조의 것으로 다음과 같다.

夏六月, 宋公, 晋人, 邾子盟于曹南. 邾子會盟于邾. 己酉, 邾人執鄫子用之.

이 사건은 『좌전左傳』, 『공양전公羊傳』, 『곡량전谷梁傳』의 '희공 19년' 조에 모두 기재되어 있다. 『좌전』의 기록이 상세한데, 다음과 같다.

夏, 宋公使邾文公用鄫子于次睢之社, 浴以屬東夷. 司馬子魚曰 "古者六畜不相爲用, 小事不用大牲, 而况敢用人乎? 祭祀以爲人也, 民, 神之主也, 用人, 其誰饗之? 齊桓公存三亡國, 以屬諸侯, 義士犹曰薄德, 今一會而虐二國之君, 又用諸淫昏之鬼, 將以求霸, 不亦難乎? 得死爲幸!" (두예의 주에는 "이 차수次睢에는 요신妖神이 있다. 동이는 모두 사당을 세워 제사하였고, 살인하여 제사에 썼다."라고 하였다.)

춘추시대가 끝나고도 살인제사의 악습은 여전히 이 일대에서 끊이지 않았다. 『좌전』 '소공昭公 10년(기원전 532년)' 조에 다음의 기록이 있다.

秋七月, (魯季)平子伐莒, 取郠, 獻俘, 始用人于亳社. (두예의 주에는 "살인하여 은사殷社에 제사하였다."라고 하였다.)

또 '애공哀公 7년(기원전 488년)' 조에는 다음의 기록이 있다.

(魯季康子伐邾) 師宵掠, 以邾子益來, 獻于亳社.(두예의 주에는 "익益은 주邾나라 은공隱公이다. 박사亳社에 헌상했다는 것은 망국 은의 박사에 주자를 바쳤다는 뜻이다."라고 하였다.)

이상 인용한 문헌과 두예의 해석 가운데서 우리는 '사상 12제후'의 수좌가 노나라이고, 그 남쪽의 송나라는 동이의 옛 습속을 따른 원흉이고, 살제가 시행된 지점은 모두 각 나라의 은사임을 알 수 있다. 노나라와 송나라는 춘추시기의 대국이고, 그들의 인근에는 거莒나라, 주邾나라 등의 소국이 멋대로 침해하여 욕보이고 약탈하여 상대의 국군을 바치는 살제를 은사에서 거행하였다. 이런 극단적인 패도의 행실은 비록 당시 사람들의 반대에 부딪쳤지만 의연하게 고쳐지지 않고 지속되었다.

은사에서 헌부제가 시행된 외에도 제노문화구에서는 사신社神에 대한 혈제와 비를 비는 분왕焚尫의 습속이 유행하였다. 사신에 대한 혈제는 『관자管子 · 규도揆度』에 다음과 같은 기사가 보인다.

〈輕重之法〉曰 "自言能爲司馬, 不能爲司馬者, 殺其身以衅其鼓. 自言能治田土, 不能治田者, 殺其身以衅其社."

『관자』라는 책은 전국과 진한시대의 이야기가 혼재되어 있지만 거기에 반영된 것은 기본적으로 제나라와 노나라의 역사사실에 속한다. 『규도』에 인용된 '경중지법輕重之法'의 이 두 문장이 말하는 것이 근거이다. 앞 문장은 사람의 피를 북에 칠하는 흔고衅鼓를 설명한 것으로 『맹자孟子 · 양혜왕梁惠王』 등의 사서에 기재가 있다. 이런 종류의 우매한 방법은 오랜 유래를 가지고 있고, 유행한 기간도 길다. 그러나 본서에 논하는 살제인생의 의미와는 다르다. 뒤의 문장은 사람의 피를 사기에 칠하는 흔사衅社를 설명한 것으로 이는 당연히 사신에 대한 혈제를 말한다.

교제郊祭인 앉은뱅이를 불태워 비를 비는 '분왕구우焚尫求雨'의 습속은 『좌전』 '희공僖公 21년(기원전 639년)' 조에 기사가 있다.

夏, 大旱, 公欲焚巫尫(두예의 주에 "무巫는 여자 무당이고, 주로 비를 오도록 기도하는 자이다."라고 하였다), 臧文仲曰 "……巫尫何爲, 天欲殺之, 則如勿生, 若能爲旱, 焚之滋甚." 公從之.

'분왕구우' 는 은상시대에 아주 유행하였다. 일설에 의하면 다리가 부러지거나 굽혀진 앉은뱅이인 무왕巫尫을 불태워 비를 비는 것을 '교제烄祭' 라고 부른다고 한다. 갑골문에는 '烄妫', '烄婞㞢雨' 라는 복사가 있다. 妫, 婞는 여자 무당의 이름자이다. 이 말의 의미는 妫, 婞라는 앉은뱅이무당을 불태우면 과연 영험하여 비를 오게 한다는 것이다.[20] 노나라가 보유한 많은 은상의 습속은 이런 고로한 '교제' 를 사용하였음을 믿을 수 있게 한다. 그러나 사용된 여자무당은 앉은뱅이가 아닌 것으로 알려져 있다. 『좌전』에 기록된 위의 이 무왕을 불태우고자 한 기록에서는 장문중臧文仲의 반대가 있어 실행되지 않았지만 이후에도 폐지되지는 않은 것 같다. 그리고 동주시기가 막을 내릴 때까지도 노나라에서는 이런 악습이 정지되지 않은 것으로 보인다.

인순은 동방의 열국에서 비교적 성행하였다.

제나라는 동주의 열국 가운데 동방의 대국인데, 이곳에는 은주의 인순제가 깊이 뿌리 박고 있었고, 춘추시기에 이르기까지도 쇠퇴하지 않고 사용되었다. 문헌을 보면 제나라 환공桓公의 무덤과 제나라 선왕후宣王后 무염씨无鹽氏의 무덤에 대한 기사가 있다.[21]

제나라 환공의 무덤에 인순을 사용하였음은 『사기 · 제태공세가齊太公世家 · 정의正義』를 인용한 『괄지지括地志』에 있는 다음의 기사로 알 수 있다.

齊桓公墓在臨淄縣南二十日里于山上, ……一所二墳. 晋永嘉末, 人發之, 初得版, 次得水銀池, 有氣不得入. 經數日, 乃牽犬入中, 得金蠶數十薄, 珠襦, 玉匣, 繒綵, 軍器不可勝數. 又以人殉葬, 骸骨狼籍也.

제나라 선왕후무덤에 인순을 사용하였음은 명明나라 만력萬曆시기 심덕부沈德苻의 『야적편野获編』 권 29, 「반적叛賊 · 발총發塚」에 있는 다음의 기사로 알 수 있다.

20 丁山 : 『中國古代宗教與神話考』 478면, 龍門聯合書局, 1961年 참조.

21 유향(劉向)의 『열녀전(烈女傳)』에는 "제나라 종이춘이라는 사람은 제나라 무염읍의 여자로 선왕의 정비다." 라고 하였다.

嘉靖八年, 山東臨朐縣有大墓, 發之, 乃古無鹽后陵寢. 其中珍異最多, 俱未名之寶. 生縛女子四人列左右爲殉, 其尸得寶玉之氣, 尙未銷.

이 두 기사는 모두 후인이 기록한 것으로 줄거리에 신비한 색채가 가득하여 그것들이 제나라 환공의 무덤과 선왕후 무염씨의 무덤인지는 확실하지 않다. 그러나 고고학에서 발굴한 제나라의 귀족무덤에서는 일반적으로 순인이 보이기 때문에 제나라 환공과 선왕후의 무덤에 순인이 사용되었음은 믿을만하다.

제나라에서는 뒤에 서술할 정상正常에 이르기까지 순사가 유행하였고, 춘추시기에 발생된 따라 죽는 종사從死의 분위기가 극히 성행하였다. 제나라 대부 가거賈擧, 공손오公孫敖 등 11인이 함께 제나라 장공庄公을 위해 순사한 사실은 인순제 가운데 가장 유명한 예이다. 이 사건은『좌전』'양공襄公 25년(기원전 548년)' 조에 보인다.

夏五月, 崔杼弑齊庄公. ……賈擧, 州綽, 邴師, 公孫敖, 封具, 鐸父, 襄伊, 偻堙皆死. 祝佗父祭于高唐, 至復命, 不說弁而死于崔氏. 甲蒯侍漁者, 退謂其宰曰 "尒以帑免, 我將死." 其宰曰 "免, 是反子之義也." 與之皆死. 崔氏殺鬷蔑于平陰. 晏子立于崔氏之門外. 其人曰 "死乎?" 曰 "獨吾君也乎哉, 吾死也." 曰 "行乎?" 曰 "吾罪也乎哉, 吾亡也." 曰 "歸乎?" 曰 "君死安歸. 君民者, 豈以陵民, 社稷是主. 臣君者, 豈爲其口實, 社稷是養. 故君爲社稷死, 則死之. 爲社稷亡, 則亡之. 若爲已死而爲已亡, 非其私暱, 誰敢任之. 且人有君而弑之, 吾焉得之, 而焉得亡之. 將庸何歸." 門啓而入, 枕尸股而哭, 興, 三踊而出.

안영晏嬰은 당시 대정치가이며 사상가이다. 그는 국군이 사직을 위하여 죽는다면 신하는 마땅히 따라 죽어야 하고, 국군이 자기의 일로 죽으면 첩은 마땅히 따라 죽어야 하고, 신하는 꼭 따라 죽을 필요가 없다고 생각했다. 그가 볼 때 제나라 장공은 자기의 일로 죽었으므로 따라 죽을 필요가 없다는 것이다.

안영의 이런 이론은 당시로서는 진보적이었다. 안영은 항상 "국군이 사직을 위하여 죽는 것이 진정한 죽음이고, 사직을 위하여 망명한 것은 올바로 망명한 것이다."라고 주장하였다. 이런 견해가 있었기 때문에 당시 따라 죽는 분위기가 여기에서는 필연적으로 일어났다. 노나라 국공의 부친 문백文伯의 어머니 경강敬姜은 더욱더 분명하게 말하고 있다. 이는 『국어國語·노어魯語』의 다음 기사에 보인다.

公父文伯卒, 其母戒其妾曰 "吾聞之, 好內, 女死之. 好外, 士死之. 今吾子夭死, 吾惡其以好內聞也. 二三婦之辱共先者祀, 請無瘠色, 無洵涕, 無掐膺, 無扰容, 有降服, 無加服, 從禮而靜, 是昭吾子也."

『예기禮記·단궁하檀弓下』에도 커다란 의미에서는 위와 같은 기사가 보인다.

文伯之喪, 敬姜拒其床而不哭. 曰 "昔者吾有斯子也, 吾以將爲賢人也. 吾未嘗以就公室. 今及其死也, 朋友諸臣未有出涕者, 而內人皆行哭失聲, 斯子也, 必多曠于禮矣夫."

공부公夫 문백은 호색한이어서 그 어머니 경강이 아주 미워하였다. 그녀는 이러한 사람에 대해서는 신하가 동정할 필요가 없고, 더욱 그를 위하여 순사할 필요가 없다고 설득하였지만, 그 아들이 총애했던 2, 3명의 여인은 응당 따라 죽어야 한다고 생각했다. 산사람을 순장하거나 심지어 용인俑人을 묻는 것조차 반대한 공자[22]는 경강의 이런 논리에 대하여 격찬하였다. 이는 『공종자孔從子·기의편記義編』(『한시외전韓詩外傳』 권 1의 기재도 이와 비슷하다)에 보인다.

公夫文伯死, 室人有從死者. 其母怒而不哭. 相室諫之. 其母曰 "孔子天下之賢人也, 不用于魯, 退而去, 是子素宗之而不能隨, 今死而內人從死者二人焉. 若此于長子簿, 于婦人厚也." 夫子聞之曰 "季氏之婦, 尙賢哉."

언급된 것과 같이 순사는 신하와 첩의 응당한 본분이고, 특수한 정황에서는 주인이 신하와 첩에게 자기를 위하여 순사할 것을 요구하지 않아도 그들이 먼저 부탁하였다. 제나라

22 공자가 인순을 반대하고, 용인(俑人)을 쓰는 것조차 반대하였음은 『禮記·檀弓下』의 다음 기사에 보인다. "孔子謂, '爲明器者知喪道矣', 備物而不可用. 哀哉, 死者而用生者之器也, 不殆于用殉乎哉? 其曰明器, 神明之也. 涂車芻靈, 自古有之, 明器之道也. 孔子謂 '爲芻靈者善', 謂 '爲俑者不仁', 殆于用人乎哉?"

계환자季桓子가 총애하던 신하 정상正常에게 자신을 위해 순사할 필요가 없음을 명한 것이 전형적인 사례이다. 『좌전』 '애공哀公 3년(기원전 492년)' 조에 그 기사가 있다.

> 秋, 季孫有疾, 命正常曰 "無死. 南孺子之子, 男之, 則以告而立之. 女也, 則肥也可." (두예의 주에는 "계손季孫은 계환자季桓子이다. 정상正常은 환자의 총신寵臣으로 후사를 부탁받아 따라 죽지 않았다. 남유자南孺子는 계환자의 처이다. 아들을 낳을 것을 계환자에게 약속하여 신망을 얻었다. 비肥는 강자康子이다." 라고 하였다.)

계환자가 임종 시에 부탁한 중임 때문에 그의 총애하던 신하 정상은 따라 죽을 수가 없었다. 이러한 임무가 없었다면 정상은 따라 죽어야 할 운명이었다.

제나라의 풍속은 춘추중기에 이르러 당시 사람들의 반대에 부딪쳤음을 볼 수 있다. 『예기 · 단궁하』에 제나라의 대부 진자강陳子亢과 진존기陳尊己에 대한 기재에서 사람을 사용하는 순장을 제지한 고사가 그 전형적인 예이다. 원문을 초록하면 다음과 같다.

> 陳子車死于衛. 其妻與其家大夫謀以殉葬, 定而後陳子亢之, 以告曰 "夫子疾, 莫養于下, 請以殉葬." 子亢曰 "以殉葬, 非禮也. 雖然, 則彼疾, 當養者孰若妻與宰, 得已, 則吾欲已, 不得已, 則吾欲已二子者之爲之也." 于是不果用.
>
> 陳乾昔寢疾, 屬其兄弟, 而命其子尊己, 曰 "如我死, 則必大爲我棺, 使吾二婢子夾我," 陳乾石死, 其子曰 "以殉葬, 非禮也, 況又同棺乎!" 弗果殺.

이 두 가지 인순에 반대한 사례는 묘사와 서술이 생생하고 일찍부터 인구에 회자되어 지금까지도 흥미를 끌고 있다.

앞의 한 예는 제나라의 대부 진자거陳子車가 죽자 그 처가 가신의 우두머리와 함께 사람의 순장을 계획하고, 진자거의 동생 진자강이 돌아오기를 기다렸다. 진자강은 강제수단을 써서 제지할 수가 없어 '반간계' 를 쓰기로 하고, 먼저 "순장은 예가 아니다." 라고 말하여 그만두게 하였으나 그의 형수와 가신의 우두머리는 받아들이지 않았다. 다음 날 새벽 엄친을 봉양하러 나가 "당연히 병을 돌보아야 했던 사람은 처와 재상이 아니면 누구겠습니까?" 라는 큰 도리를 말하였다. 현대의 말로 설명하면 "지하로 동반해 함께 갈 사람이 필요하면 가장 적합한 사람이 친인인 그의 처와 가신의 우두머리"라는 말이다. 자거의 처 및 가신의 우두머리는 당연히 자승자박을 원하지 않아 일이 잘 처리되었다. 이것이 인순제의 위선적인 모습을 처음으로 철저하게 폭로한 기사이다.

뒤의 한 예는 진존기가 아버지의 명을 거역하고, 아버지의 첩을 순장하지 않았다는 고사로 줄거리는 진晋나라의 위과魏顆가 아버지의 첩을 순장하는 데 반대한 것과 같다(앞 절에 상세하게 설명함).

이 2례는 유가에서 인순에 반대하였다고 칭찬한 사건으로 야만적인 인순제가 이미 날이 가면 갈수록 사람들의 마음속에서 사라졌음을 알 수 있게 한다. 임치臨淄 낭가장郎家莊 1호 무덤에 도용陶俑이 처음으로 부장되기 시작한 것이 이를 설명해 준다.

제나라와 노나라 및 교동膠東과 노남魯南의 동이 여러 나라에는 일찍이 은상과 서주시기에 인생과 인순의 습속이 존재했고, 동주시기에 가서도 쇠퇴하지 않았다. 고고학에서 발견된 제나라의 순인무덤과 순인의 수는 모두 동방열국에서 수위를 차지한다. 순인무덤의 대다수는 임치 제나라고성 부근의 제나라 왕실의 무덤 혹은 여타 고급귀족의 무덤에서 발견되고, 연대는 대부분 춘추 말기에서 전국 조기에 해당된다. 주요한 것이 낭가장 1호 무덤, 국가촌國家村 1·2호 무덤, 제노석화을희창齊魯石化乙烯廠 4·5·6호 무덤, 치하점淄河店 2호 무덤, 전제田齊왕족무덤, 장구章丘 여랑산女郎山 1호 무덤이다.

임치 낭가장 1호 무덤

제나라의 고성 남쪽 0.5km에 위치한 것으로 1971~1972년 발굴되었다. 원래는 높이 약 10m의 분구가 있었고, 무덤구덩이는 길이 21m, 너비 19,5m이다. 무덤에 석축을 하였으며 일찍이 여러 차례 도굴되어 널과 덧널이 훼손되었고, 무덤주인의 인골은 불에 타서 누러버린 팔다리뼈만 몇 개가 남아 있다. 덧널 주위에는 구덩이를 파서 묻은 순장덧널 17기가 배치되었는데, 구덩이에는 모두 널과 덧널을 사용하고, 각 덧널에 1인을 매장하였다. 모두 앙신직지의 자세이고, 두향은 주인덧널을 향하여 둘러서 호위하는 모습이다〈그림 98〉. 순장덧널 모두에는 풍부한 부장품이 있는데, 각각이 동제 예기를 모방한 도제의 예기 1조, 도용陶俑 1조 및 귀중한 옥석제 진보와 수정제 주珠를 꿴 장식이 있다〈그림 99, 100〉. 감정이 가능한 인골은 전부 20~30세의 여성이다. 그녀들은 생전에 이 무덤주인의 희첩이다. 5호 순장덧널에는 순장된 주인 외에도 1인의 순인이, 15호 순장덧널에는 2인의 순인이 더 있었다. 이들에게는 모두 간단한 장신구가 부장되었고, 모두 청년의 여성이다. 이는 순장된 사람도 자기의 순인을 가지고 있음을 나타낸다.

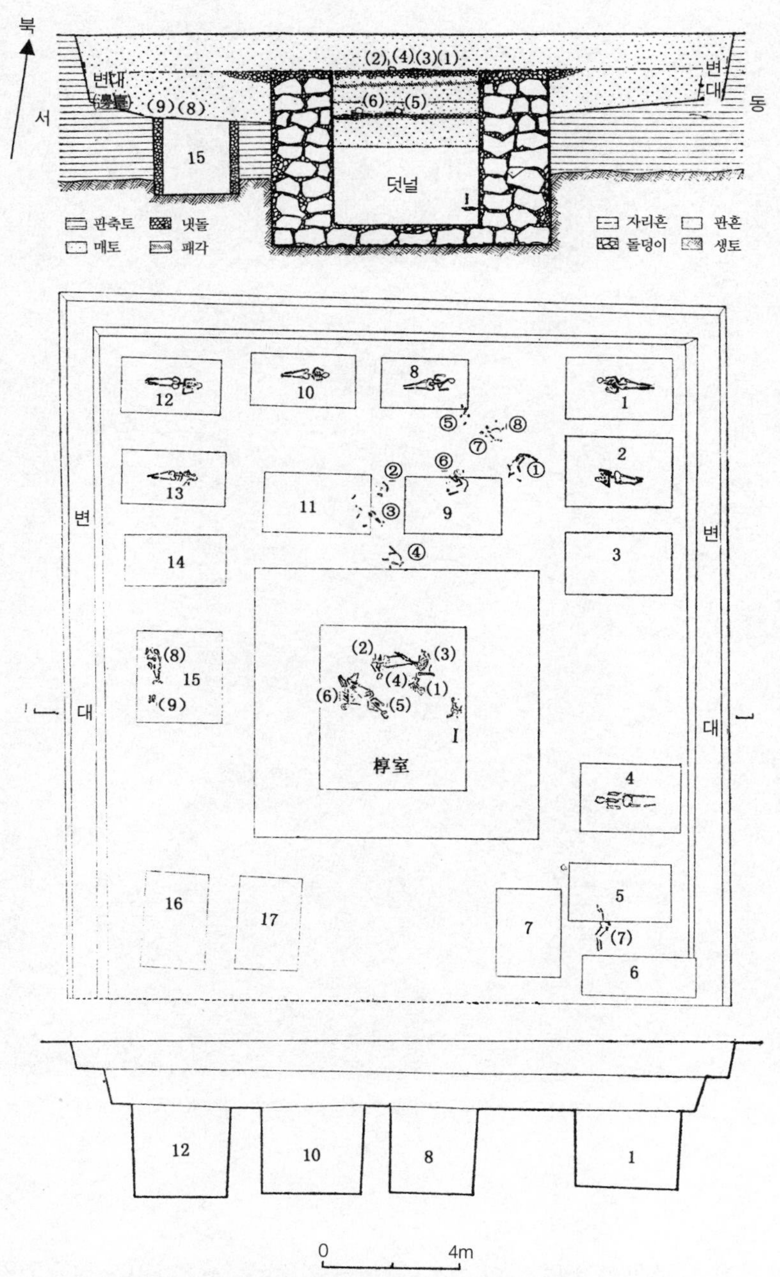

그림 98 임치 낭가장 1호 동주무덤 평·단면도(『考古學報』 1977年 第1期에서)

I. 무덤주인, 1~17. 배장구덩이(그 가운데 3·5~7·9·11·14~17은 도굴됨), (1)~(9). 순인·①~⑧ 순장된 개

그림 99 임치 낭가장 1호 동주무덤의 2호 종장구덩이(『考古學報』 1977年 第1期에서)

주목되는 것은 주인의 덧널 위의 매토에서 6구의 인골, 개 8마리가 발견되었는데, 소량의 도기와 장신구를 가지고 있는 이가 있다는 것이다. 이 6구의 인골에는 머리가 잘린 것,

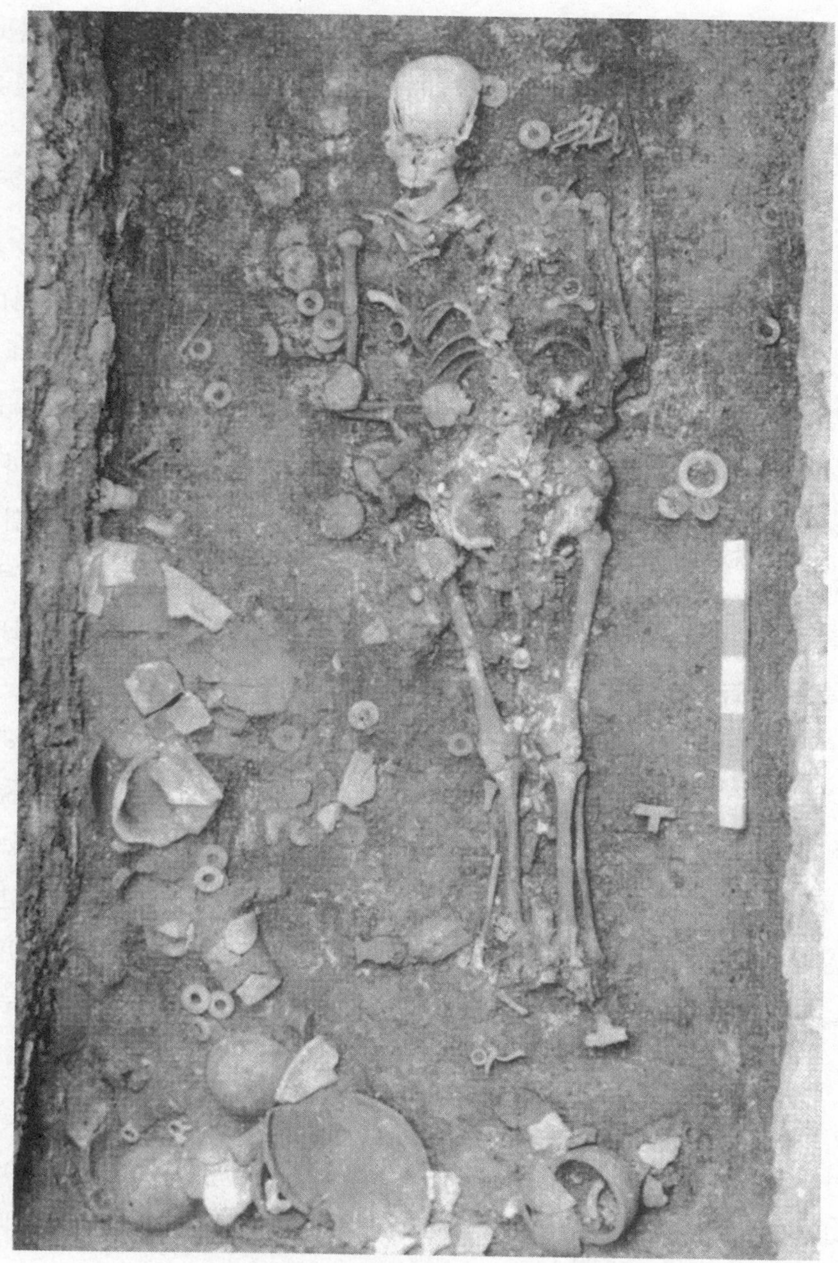

그림 100 임치 낭가장 1호 동주무덤의 8호 종장구덩이(『考古學報』 1977年 第1期에서)

팔다리가 해체된 것, 머리뼈만 있는 것, 줄에 묶여 산 채 매장된 것이 있다. 감정이 가능한 3구의 인골은 1인은 청년남성, 2인은 청년여성이다.[23] 이 6인의 성격은 머리가 잘리고 개와 함께 매장된 것으로 보아 인생인 것 같다. 발굴자의 연구에 의하면 이 무덤의 연대는 대략 춘추전국시기이다. 무덤의 구조 및 순장덧널로 보아 무덤주인은 제나라의 왕실 혹은 고급귀족으로 보인다.

임치 국가촌 1 · 2호 무덤

2003년 발굴되었다. 이들 무덤은 모두 제나라고성의 소성小城 서남모서리에서 2.4km 떨어진 곳에 위치한다. 남북으로 나란히 배치되었고, 서로간의 거리는 30여m이다. 1호 무덤이 북쪽, 2호 무덤이 남쪽에 배치되었다. 모두 경사무덤길을 가진 구덩식의 덧널무덤이다. 무덤은 남향이고, 무덤바닥 가까이에 이층대가 튀어나와 있다. 이층대 사주의 무덤구덩이 벽에 마포로 된 휘장을 걸었다. 덧널을 무덤구덩이 중앙에 설치하고, 그 주위에 석재와 말조개껍질을 섞어 채웠다. 덧널 안에 다시 하나의 덧널과 널을 설치하였다. 무덤주인의 인골은 이미 부패되었으나 앙신직지의 자세이고, 두향이 북쪽임은 알 수 있다. 덧널의 바깥에 돌아가며 순장구덩이를 설치하였다.

1호 무덤의 순장구덩이는 4기이고, 무덤구덩이의 서북모서리, 동남모서리와 양측에 나뉘어 배치되었다. 그 가운데 3기의 구덩이가 비교적 크고, 구덩이에는 각각 널이 들은 덧널을 설치하고, 1인을 매장하였다. 나머지 한 구덩이는 비교적 작고 널만 안치된 것으로 1인이 매장되었다. 순인의 인골은 이미 부패되었고, 앙신직지의 자세이다. 주인덧널 양측의 순인은 두향이 무덤주인과 같은 북쪽이다. 순인은 모두 옥석제 장신구를 차고 있다. 수정제 주珠를 꿴 것, 옥조각 장식, 활석제 주珠를 꿴 것, 요주料珠(유리구슬), 골제 주珠, 동제 대구帶鉤 등이 있다. 사람마다 가진 수량에는 약간 차이가 있다.

2호 무덤의 순인은 모두 17인이고, 널이 15구 안치되었다. 그 가운데 2개의 널에는 각각 2인이, 나머지에는 1인씩 매장되었다. 2인이 하나의 널에 안치된 것은 무덤구덩이 동남모서리와 서북모서리의 장방형구덩이에 배치되었다. 널은 얇은 목판으로 칸을 나누고, 각각에 1인을 안치한 것이고, 앙신직지의 자세이다. 무덤구덩이 동남모서리의 순인은 두향이 서쪽이고, 서북모서리 순인의 두향은 동쪽이다. 나머지 2구의 널은 주인의 덧널 동서 양측에 구덩이를 파지 않고 바로 배치되었다. 널의 순인은 인골이 흩어졌다. 그 나머지 11구의

23 山東省博物館 : 「臨淄郎家莊一號東周殉人墓」, 『考古學報』 1977年 第1期.

널은 모두 주인덧널의 북측에 판 각각의 장방형구덩이에 안치되었다. 구덩이는 길이 7.6m, 너비 2.1m이고, 깊이는 1m 정도 된다. 11구의 널에는 각각 1인이 매장되었다. 대다수가 앙신직지의 자세이고, 두향은 모두 무덤주인과 같다. 순인은 모두 장신구를 가지고 있는데, 마노제 환環과 주珠, 수정제 환環과 관管, 활석을 꿴 것, 활석 벽璧, 골제 주珠 등이 있다.

이 2기의 무덤은 일찍이 여러 차례 도굴되었지만 남아 있는 부장품이 500여 점으로 청동 예기, 도제 예기, 거마기, 병기, 악기 등이 있다. 발굴자는 무덤의 형식, 부장품의 특징 및 덧널 주위에 석재와 말조개껍질이 채워진 특성 등에 근거하여 전국 조기의 제나라무덤으로 추정하였다.[24] 순인이 모두 널에 안치되었고, 장신구를 패용하고 있는 점으로 미루어 모두 무덤주인 생전의 희첩과 가무악인歌舞樂人이다.

임치 제노석화을희창 4 · 5 · 6호 무덤

1984~1985년 발굴되었다. 제나라고성 서남 약 20km에 위치한다. 4 · 5호 무덤은 하나의 분구 속에서 발견된 것으로 경사무덤길을 가진 구덩식의 돌덧널무덤이다. 방향은 남향이고, 동서로 나란하게 서로 7m의 거리를 두고 배치되었다.

4호 무덤의 무덤구덩이는 길이 25.6m, 너비 24.5m, 깊이 7.5m이고, 무덤길의 길이는 49m이다. 무덤바닥 가까이에 이층대가 돌출되었고, 중간에 덧널을 설치하고, 그 네 주위에 자연석을 쌓으면서 자갈돌로 틈새를 메웠다. 덧널은 길이 6.9m, 너비 5.25m, 높이 3.2m이다. 덧널의 동, 서, 북 3면의 이층대 위에 19개의 장방형의 구덩이와 하나의 병기兵器구덩이를 팠다. 장방형의 구덩이 속에는 덧널과 널을 설치하였고, 각각 1인의 순인을 안치하였다. 순인은 모두 앙신직지의 자세이고, 두향은 주인의 덧널 방향이다. 몸에는 활석, 옥제 수髓, 수정제 주珠를 꿴 장신구를 휴대하고 있다. 이층대 위에는 동기를 모방한 도제의 예기와 악기를 많이 부장하였다.

5호 무덤에는 2개의 순장구덩이가 있다. 구덩이에는 덧널과 널이 설치되었고, 각각에 1인의 순인을 안치하였다.

6호 무덤이 그 주위에 위치하는데, 무덤구덩이의 길이 29.5m, 너비 28.25m, 깊이 7.6m이다. 남쪽 무덤길은 남아 있는 길이 12.5m이다. 덧널 사주의 이층대에 22개의 순장구덩이

24 王會田 : 「山東臨淄淸理兩座大型殉人戰國墓」, 『中國文物報』 2004年 1月 30日.

를 팠다. 그 가운데 17개에 각각 2인의 순인을 매장하였고, 나머지 5개의 구덩이에는 각각 순인 1인을 매장하여 순인의 총수는 39인이다. 순장구덩이는 평면이 방형이고, 각자가 하나의 널을 가졌으나 덧널은 함께 사용하였다. 순인은 수정과 활석을 꿴 장신구를 차고 있다.[25]

임치 치하점 2호 무덤

1990년 발굴되었다. 제나라고성 남쪽 7.5km에 위치하고 남쪽에 '전제왕릉田齊王陵'이 인접한다. 하나의 경사무덤길을 가진 근방형의 구덩식돌덧널무덤이다. 방향은 195°이다. 분구는 이미 훼손되었고, 무덤은 지상부와 지하부로 나뉜다. 지상부는 판축하여 조성된 것으로 남아 있는 무덤구덩이는 방형이고, 각 변의 길이가 16.3~16.5m이다. 지하부 역시 방형이고, 각 변의 길이가 15.6~15.9m이다. 파고들어간 깊이 4.5m에 돌출된 이층대가 있다. 이 이층대를 다시 파고 그 안에 덧널을 설치하였다. 이단으로 구성된 무덤구덩이의 아랫단 내부 크기는 각 변의 길이가 7~7.5m이고, 깊이는 5.5m이다. 그 가운데 덧널과 널을 설치하였는데, 덧널은 사주에 큰 석재를 쌓은 돌덧널이다. 돌덧널의 아래와 위에는 각목을 깔고 덮었다. 이층대 위의 사주에는 마포로 된 휘장을 걸었다. 여러 차례 도굴되어 무덤주인의 인골은 훼손되었으나 두향이 북쪽임은 알 수 있다. 무덤주인의 머리 쪽 이층대에 장방형의 순장구덩이를 팠다. 구덩이는 길이 10.6m, 너비 2.5m, 깊이 1.6m이다. 구덩이 안에는 4기의 덧널을 배열하였는데, 각각에는 널 3구씩을 안치하였다. 각 널에는 1인의 순인을 매장하여 순인의 총수는 12인이다. 순인은 모두 앙신직지의 자세이고, 두향은 주인의 덧널 쪽이다. 몸에 수정제 환環, 마노제 주珠, 골제 관管으로 구성된 목걸이 및 동제 대구帶鉤 등을 차고 있다. 12구의 순인 가운데 5구가 비교적 보존상태가 좋은데, 감정 결과 모두 어린 여성이다. 그 신분은 무덤주인의 희첩 혹은 가무악인이다〈그림 101〉.

이 무덤은 여러 차례 도굴되었으나 20여 대의 나무수레, 동기를 모방한 많은 도제 예기 및 '국초國楚'라는 명문이 있는 동제 과戈 1점이 출토되었다. 무덤의 북쪽에 말구덩이가 부가되었고, 순마는 69마리이다. 발굴자는 전국 조기 제경齊卿의 무덤으로 추정하였다.[26]

25 鄭同修·魏成敏:「臨博市齊魯石化乙烯廠東周墓」,『中國考古學年鑒(1986)』139, 140면, 文物出版社, 1988年.

26 山東省文物考古研究所:「山東臨博市臨淄區淄河店二號全國墓」,『考古』2000年 第10期.

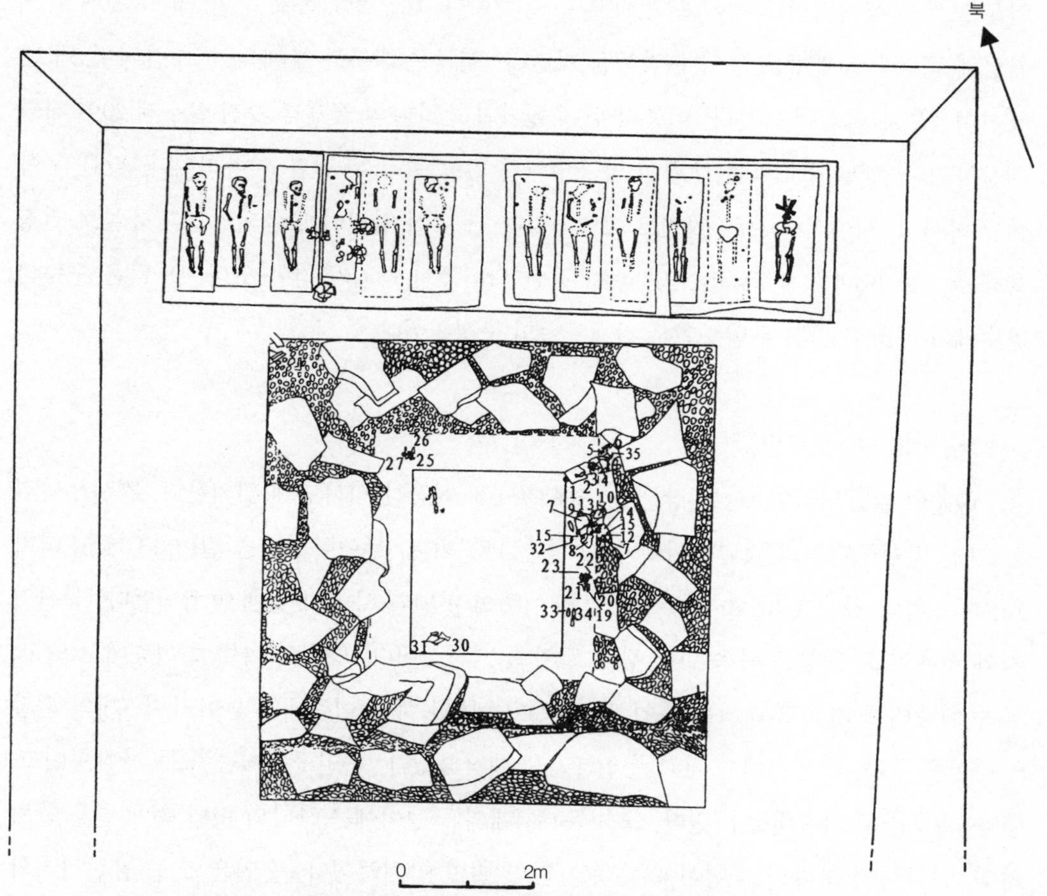

그림 101 임치 치하점 2호 전국무덤 순인 분포도(『考古』 2000年 第10期에서)
덧널 내부 : 1~4 · 7~10 · 18 · 35. 동제 유종(鈕鐘), 5 · 6. 동제 준(鐏), 11 · 34. 동제 수(殳), 12~14 · 19 · 20 · 24. 동제 과(戈), 1 · 5 · 17 · 23 · 32 · 33. 동제 모(矛), 16 · 21 · 22 · 25 · 26. 동제 극(戟), 27. 동제 촉(鏃), 28 · 29. 동제 검(劍), 30. 동편, 31. 동제 대구(帶鉤)(덧널 바깥의 부장품은 『考古』 2000年 第10期 49면 圖六을 참조)

임치 전제왕족무덤

1990년 발굴되었다. 제나라고성의 남쪽 교외 전제왕릉구田齊王陵區에 위치한다. 경사무덤길을 가진 대형의 구덩식덧널무덤이다. 무덤구덩이는 길이 16.5m, 너비 16.3m, 바닥 깊이 5.5m이다. 무덤구덩이 네 벽 및 바닥에 큰 석재를 깔고 쌓았다. 무덤주인은 하나의 덧널과 하나의 널을 가졌고, 인골은 이미 도굴로 훼손되었다. 덧널 뒤쪽의 이층대에 하나의 장방형구덩이를 팠다. 구덩이는 길이 10.6m, 너비 2.5m, 깊이 1.6m이다. 구덩이에는 12구의 순인을 매장하였다. 각각 하나의 널에 안치되었고, 3구의 널이 하나의 덧널을 공유한다. 순인은 모두 앙신직지의 자세이고, 두향은 덧널 쪽이다. 대구帶鉤, 옥제 수환髓環, 수정제 환環, 활석제 벽璧과 골제 소梳 등의 부장품을 가졌다. 인골은 대부분 부패되었고, 감정된 5구는 청년여성으로 비첩에 속한다. 이층대 위에 돌아가며 하나의 끌채를 가진 말수레 20여 대를 매장하였다. 덧널의 뒤에는 대형의 말구덩이가 있고, 순장된 말은 69마리이다. 말은 두향이 동쪽이고, 서에서 동으로 일렬로 배열되었다. 무덤이 일찍이 도굴되었으나 유물로 칠정육궤七鼎六簋(정 7개와 궤 6개 세트) 및 종鐘, 경磬(경쇠) 등의 악기가 남아 있다. 또 많은 수량의 말수레가 배장되었다. 무덤주인은 전제왕족의 구성원이다.[27]

장구 여랑산 1호 무덤

1990년 발굴되었다. 산동 장구현 수혜진綉惠鎭 여랑산 서사면에 위치한다. 경사무덤길을 가진 방형구덩식의 덧널무덤이다. 방향은 190°이다. 무덤구덩이는 길이 13.15m, 너비 12.58m, 바닥 깊이 3.3m이다. 무덤주인은 이중의 덧널과 하나의 널에 안치되었다. 앙신직지의 자세이고, 두향은 북쪽이다. 감정 결과 노년남성이다. 덧널의 사주에 이층대가 있고, 동쪽 이층대에 기물고器物庫를 두었고, 서측 이층대와 북측 이층대를 돌아가며 5개의 순장구덩이를 팠다. 구덩이에는 각각 순인 1인을 매장하였다. 순인구덩이는 모두 장방형이고, 흙을 쌓아 만든 이층대를 가졌다. 그 가운데 4개의 구덩이에는 하나의 덧널 속에 널을 안치하였고, 나머지 하나의 구덩이에는 덧널 없이 널만 안치하였다. 순인은 모두 앙신직지의 자세이고, 동기를 모방한 도제의 예기, 소량의 동기와 옥석과 수정제의 장신구가 부장되었다. 1호 순인에게는 한 세트의 그림이 그려진 무악도용舞樂陶俑이 부장되었다. 순인은 감정 결과 모두 20세 내외의 여성으로 그 신분은 무덤주인 생전의 비첩일 것이다〈그림 102〉. 이외 덧널의 뚜껑판 위에서 팔다리가 해체된 1구의 인골이 발견되었다. 무덤을 봉할 때 거행된 제사의 인생일 것이다. 발굴자의 연구에 의하면 이 무덤의 주인은 제나라 장수 광장匡章일 가능성이 있다고 한다.[28]

27 魏成敏 : 「臨淄又發現一座戰國大墓」, 『中國文物報』 1991年 7月 28日.

28 山東省文物考古研究所 : 「章丘綉惠女郎山一號戰國大墓發掘報告」, 『濟靑高級公路章丘工段考古發掘報告集』, 齊魯書社, 1993年. 李曰訓 : 「山東章丘女郎山戰國墓出土樂舞陶俑及有關問題」, 『文物』 1993年 第3期.

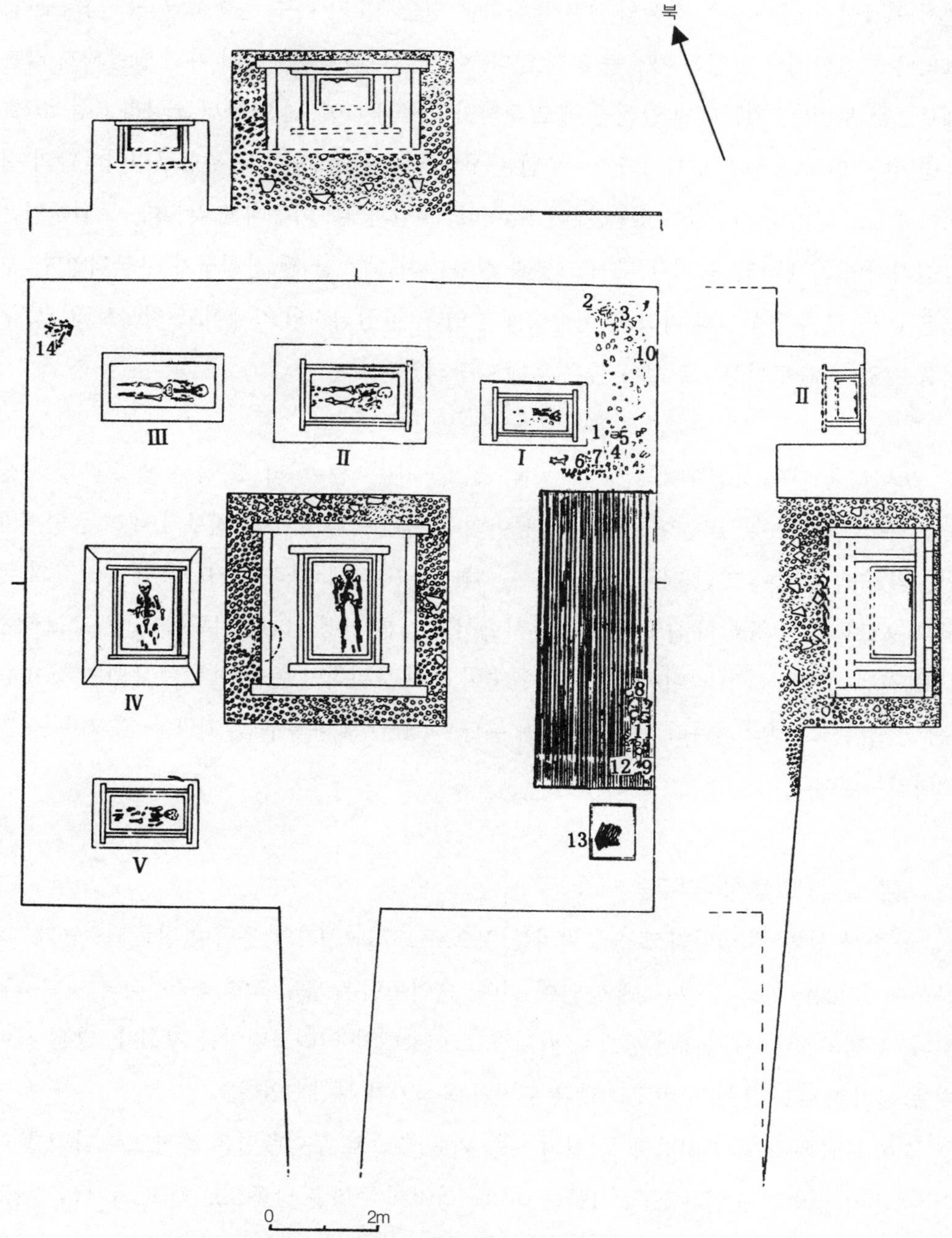

그림 102 장구 여랑산 1호 전국무덤 순인 분포도(『齊青高級公路長丘工段考古發掘報告』에서)
1 · 6 · 7. 짐승 모양 손잡이, 2 · 3. 도기 두(豆), 4 · 8. 도기 정(鼎), 5. 기좌(器座), 9. 채회 도기 호(壺), 10. 도기 이(匜), 11. 도기 돈(敦), 12. 도기 반(盤), 13 · 14 · 석제 편경(編磬)

노나라는 제나라 다음으로 큰 동방의 제후국으로 '사상 12제후국'의 으뜸이었다. 앞에서 언급한 노나라 종실 경강의 말은 노나라에 인순제도가 아주 성행하였음을 나타낸다. 그러나 고고학에서 발견된 자료는 많지 않다. 이는 노나라왕실무덤이 아직 발굴되지 않은 때문으로 보인다. 지금까지 알려진 예로 하나가 있는데, 1977년 조사된 노나라고성 202호 무덤이다. 연대는 춘추 조기이다. 이 무덤은 구덩식의 덧널무덤으로 무덤구덩이바닥의 길이가 2.8m, 너비 1.5m, 남아 있는 깊이 1m이다. 덧널과 널, 이층대를 갖췄다. 무덤주인은 앙신직지의 자세이고, 동기와 도기 그릇과 상아象牙제 주珠를 꿴 장신구가 부장되었다. 순인은 1인으로 무덤주인의 머리 쪽 이층대에 놓였다. 앙신직지의 자세이고, 장구도 없고, 부장품도 없다. 출토현상으로 보아 죽은 후에 매장되었다.[29]

노나라 남부와 동남부에는 주邾·등滕·설薛·거莒·증鄫나라 등 작은 제후국 및 자성子姓의 송宋나라가 있었다. 이곳은 원래 동이의 고지에 속하여 오래 전부터 내려온 인생과 인순의 습속이 남아 있던 지구이다. 『좌전』에는 송나라와 노나라가 거나라와 증나라의 국군과 포로를 잡아 동이의 습속에 따라 은사에서 살제를 거행했다는 기록이 있다. 고고학에서 발견된 바에 의하면 동이제국에서는 인순이 거의 보편적인 현상이다. 주목되는 것이 등주滕州 설나라고성의 설나라무덤, 임기臨沂 봉황령鳳凰嶺 우鄅나라무덤, 거남莒南과 기수沂水의 거나라무덤이다.

등주 설나라고성 설나라무덤

등주시 성 남쪽 설나라고성에 위치한 것으로 1978년 9기의 무덤이 발굴되었는데, 그 가운데 6기(M1·2·3·6·7·9)에 순인이 있다. 순인무덤은 모두 장방형구덩식의 덧널무덤이다. 무덤의 방향은 북에서 동으로 편재하고, 이층대와 허리구덩이를 가졌다. 많은 것이 청동 예기 세트를 갖췄고, 비교적 많은 도기와 옥석기가 부장되었다.

1호 무덤은 이중의 덧널과 두 겹의 널을 가진 것으로 무덤주인은 측신으로 다리를 약간 굽힌 자세이다. 순인은 2구로 1구는 허리구덩이에 두향을 남쪽으로 하고, 두 팔을 뒤로 하고, 두 다리는 구덩이가 작아 위로 꺾인 자세이다. 나머지 1구는 덧널의 북쪽에 안치되었

29 山東省文物考古硏究所等 : 『曲阜魯國故城』 92면, 圖版 叁一 : 2, 齊魯書社, 1982年.

고, 두향은 동쪽이고, 인골은 부패되었다.

2호 무덤 역시 이중의 덧널과 두 겹의 널을 가진 것으로 무덤주인의 인골은 부패되어 없다. 순인은 4구로 1구는 허리구덩이에 두향을 남쪽으로 하여 앙신직지의 자세로 매장되었다. 3구는 덧널의 남쪽에 쌓여 있는데, 3인의 머리뼈와 소량의 팔다리뼈가 남아 있다. 머리를 자른 후에 매장한 것 같다.

3호 무덤은 이중의 덧널과 하나의 널을 가진 것으로 무덤주인의 인골은 부패되어 없다. 순인은 1구로 허리구덩이에 매장되었고, 교란되었다. 9호 무덤은 이중의 덧널과 하나의 널을 가진 것으로 무덤주인의 인골은 부패되었다. 순인은 1구로 덧널 서쪽에 매장되었고, 두향은 북쪽, 자세는 측신굴지이다.

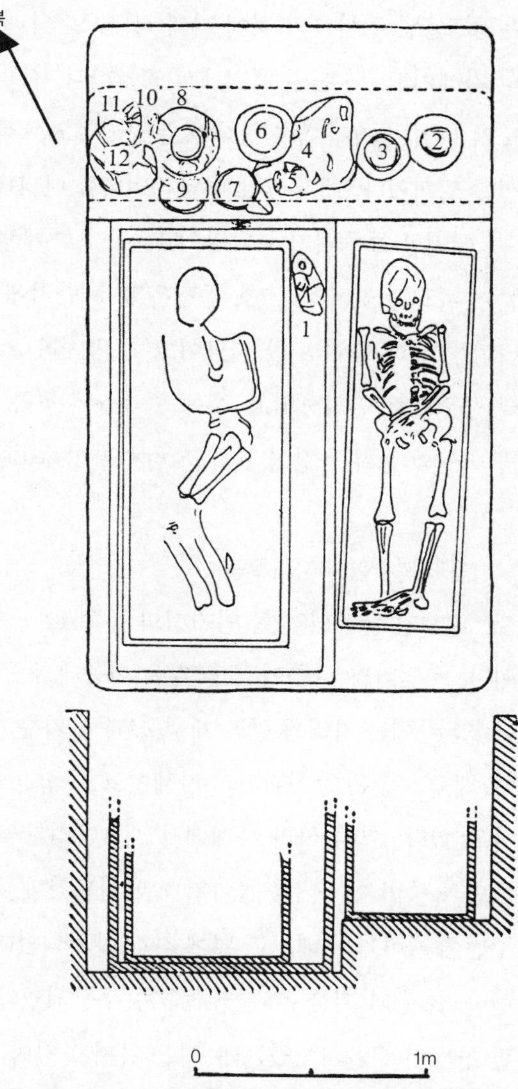

그림 103 등주 설나라고성 7호무덤(『考古學報』 1991年 第4期에서)
1. 동제 주(舟), 2·4·8·12. 도기 뇌(罍), 3·6·7. 도기 역(鬲). 5·9~11. 도기 두(豆)

6호 무덤은 하나의 덧널과 하나의 널을 가진 것으로 무덤주인은 앙신직지의 자세이다. 순인은 1구로 동쪽의 널과 덧널 사이에 매장되었고, 두향은 역시 북쪽이다. 팔다리가 교차하고, 줄로 묶은 모습이다.

이상 4기의 무덤 순인은 장구가 없고, 부장품도 없다. 주의를 기울여야 할 것이 7호 무덤의 바닥에서 2구의 인골이 출토된 점이다. 그 중 서측의 1인은 널과 덧널을 가졌고, 측신으로 다리를 약간 굽힌 자세이다. 감정 결과 성인남성이다. 동측의 1구는 널은 있으나 덧널은 없고, 널도 서쪽의 것에 비해 작다. 널 아래 무덤바닥은 서측보다 0.3m 높다. 앙신직지의 자세이고, 두 손이 배위에서 교차한다. 감정 결과 성년여성이다〈그림 103〉. 이 무덤에는 도기 11점이 머리 쪽 이층대에 부장되었고, 1점의 동제 주舟(배)가 서측의 널과 덧널 사이에서 출토되었다. 매장 자세가 남존여비를 나타내기에 희첩으로 따라 죽은 것 같다.

이러한 동주시기 설나라의 1 · 2 · 3호 무덤은 춘추 조 · 중기에 속하고, 무덤주인의 신분이 비교적 높다. 6 · 7호 무덤은 춘추 만기에 속하고, 무덤주인의 신분이 비교적 낮다. 설나라는 원래 동이의 한 지파이고, 동방 이인夷人의 지구에서 발생하여 상나라 사람들을 따라 중원으로 진입하였고, 후에 주나라의 동쪽 정벌에 의해 옛 땅을 분봉 받았기 때문에 동방 이인의 문화 특징이 강하고, 하夏와 이夷의 융합 흔적을 가지고 있다.[30]

임기 봉황령 우나라무덤

1972년 발굴되었다. 임기성의 동쪽 12km의 봉황령에 위치한다. 장방형의 구덩식무덤이다. 무덤바닥 사주에 흙을 쌓은 이층대를 두었고, 무덤의 바닥을 앞뒤 두 칸으로 나누었다. 앞 칸에는 자리를 깔고 제생(소)과 도기를 부장하였다. 뒤 칸의 중부에 덧널을 설치하였다. 무덤주인은 앙신직지의 자세이고, 두향은 동쪽이다. 성년남성으로 몸에 옥제 장신구를 차고 있다. 그의 허리 아래에서 개 1마리가 발견되었다. 14구의 순인이 무덤주인의 덧널 주변과 주변 이층대를 돌아가며 배치되었다. 그 가운데 Ⅰ~Ⅳ호 순인은 무덤주인의 덧널 주변에 돌아가며 배치된 널에 각각 안치되었다. 인골은 부패되었고, 모두 앙신직지의 자세이다. 소량의 기물 혹은 장신구가 부장되었다. Ⅴ · Ⅵ호 순인은 중간을 가르는 이층대를 판 구덩이에 안치되었는데, 널을 가지고 있다. 도굴구덩이에 의해 파괴되어 인골은 부패되었고, 유물도 남아 있지 않다. Ⅶ~ⅩⅣ호 순인은 주변 이층대에 돌아가며 판 구덩이에 안치되었다. 인골에 돗자리 흔적이 있고(Ⅸ · Ⅻ호에는 초본의 돗자리 흔적이 보이지 않는다), 인골은 대다수가 부패되었지만 Ⅶ호 순인은 왼쪽 팔뼈가 결실되었고, Ⅺ호 순인은 왼쪽 발이 결실되었고, Ⅻ호 순인은 발뼈가 꺾였다. Ⅶ · Ⅹ · Ⅻ · ⅩⅢ호 순인은 각각 동제 삭削 1점을 가지고 있고, 나머지는 모두 부장품이 없다〈그림 104〉.

순인의 안치 위치와 장구의 차이, 그리고 부장품의 많고 적음은 순인의 신분과는 달리

30 山東省濟寧市文物管理局 : 「薛國故城勘査和墓葬發掘報告」, 『考古學報』 1991年 第4期.

그림 104 임기 봉황령 동주무덤 평면도(『臨沂鳳凰嶺東周墓』에서)

무덤주인 : 1 · 11.옥제 결(玦). 2 · 3 · 8 · 9 · 13 · 14 · 18. 옥제 패(佩), 6. 옥제 환형패(環形佩), 7 · 10 · 16 · 17. 옥제 환(環), 12. 옥제 전(瑼). **부장품상자** : 1~6. 검과 칼집장식, 7~14. 도기 력(鬲), 15~27. 도기 옹(瓮), 28~36. 도기 홍(缸), 37~42. 도기 두(豆), 43~67. 도기 개(蓋). **순인 I** : 1. 골제 관(管), 2. 동제 삭(削), 3. 골제 요(料), 4. 목제 합(盒) 잔편. **순인 II** : 1. 옥제 결(玦), 2 · 3. 옥제 환(環). **순인III** : 1 · 2. 골제 관(管), 3 · 5. 동기편, 4. 유(卣), 6. 동제 삭(削), 7 · 9. 옥제 환(環), 8. 상아조각, 10. 정(鼎). **순인IV** : 1. 옥석제 구슬, 2. 모(矛). **순인VII** : 1. 동제 삭(削). **순인X** : 1. 동제 삭(削). **순인XII** : 1. 동제 삭(削). **순인IV 발치** : 1 · 3 · 10. 궤(簋), 2. 옥제 환(環), 4. 주(舟), 5 · 9. 정(鼎), 6 · 16. 동제 유(卣), 7. 영(鈴), 8. 화(盉), 11. 과(戈), 12. 근(斤), 13. 촉(鏃), 14. 반(盤), 15. 호(壺). **앞방** : 1~3 · 6. 검(劍), 4 · 5. 동제 칼집장식, 7~14. 도기 역(鬲), 15~27. 도기 옹(瓮), 28~36. 도기 관(罐), 37~42. 도기 두(豆), 43~67. 도기 개(蓋)(재질을 밝히지 않은 것은 동제)(순인 V · VI · VIII · IX · XI · XIV 는 부장품이 없음)

무덤주인과의 관계에 따른 것일 수 있다. I ~IV호 순인은 비첩, V · VI호 순인은 시종, VII ~ XIV호 순인은 노예인 것 같다. 그 가운데 VII · XI · XII호 순인이 발을 자르는 형벌인 월형刖刑을 받은 노예로 보인다. 이외 무덤구덩이 북변에 하나의 기물器物구덩이를 파고 그 안에 나무상자를 설치하였다. 상자 안에는 조를 이루는 청동 예기, 병기와 악기를 부장하였다. 무덤구덩이 서북쪽에는 하나의 수레구덩이를 팠으나 훼손되었다. 발굴자의 연구에 의하면 무덤주인은 춘추 만기에 동이족이 건립한 우나라의 국군이다.[31]

거남과 기수의 거나라무덤

거남의 거나라무덤은 거남 대점진大店鎭에 위치하고, 1979년 2기가 발굴되었다. 모두 동향의 경사무덤길을 가진 장방형구덩식의 덧널무덤이다.

1호 무덤의 무덤구덩이는 길이 11.3m, 너비 10.4m이다. 무덤구덩이를 덧널부와 기물부장부로 나누었고, 그 중간에는 판축한 간벽을 두었다. 덧널은 남측에, 기물부장부는 북측에 있다. 무덤주인의 덧널과 널은 덧널부의 중부에 설치되었다. 인골이 부패되었고, 덧널부의 부장품도 도굴되고, 칠을 한 널에서 칠초동검漆鞘銅劍(칠을 한 칼집을 가진 동검) 1점이 발견되었을 뿐이다. 이로 보아 무덤주인은 남성으로 추측되고, 동검이 놓인 위치로 보아 무덤주인의 두향은 서쪽이다. 10구의 순인은 덧널 밖에 배치되었는데, 모두 간단한 널에 안치되었다. 1구는 무덤주인의 발치(동측), 1구는 우측에 있고, 나머지 8구의 순인은 무덤주인의 머리 쪽에 있다. 순인은 모두 앙신직지의 자세이고, 머리가 서로를 향한다. 부장품은 발견되지 않았다. 인골은 부패되었고, 남아 있는 흔적으로 봐서는 성인이다. 기물부장부에서는 청동기, 도기가 출토되었고, 그 뒷부분에서 말 4마리분이 발견되었다. 말은 머리가 없어 제생에 해당된다. 시기는 춘추 말기에 속한다〈그림 105〉.

2호 무덤은 무덤구덩이가 길이 10m, 너비 9m이다. 무덤구덩이는 덧널부와 기물부장부로 나뉜다. 덧널부가 북쪽이고, 기물부장부가 남쪽이다. 무덤주인의 덧널과 널은 덧널부의 중부에 설치되었다. 인골은 부패되었고, 두향은 동쪽이다. 남아 있는 머리뼈와 일부의 팔다리뼈로 보아 남성인 것 같다. 10인의 순인은 덧널 바깥을 돌아가며 배치되었다. 순인은 각각 얇은 널을 사용하였다. 그 가운데 2인은 주인의 머리 쪽, 2인은 발치에 있고, 무덤주인의 좌우 양측에 각각 3구가 있다. 순인은 모두 앙신직지의 자세이고, 얼굴은 중간의 무덤주인을 향한다. 골격으로 관찰하면 순인 가운데 8인은 성년, 2인은 소년이다. 무덤주인

31 山東省竟石鐵路文物考古工作隊 : 『臨沂鳳凰嶺東周墓』, 齊魯書社, 1988年.

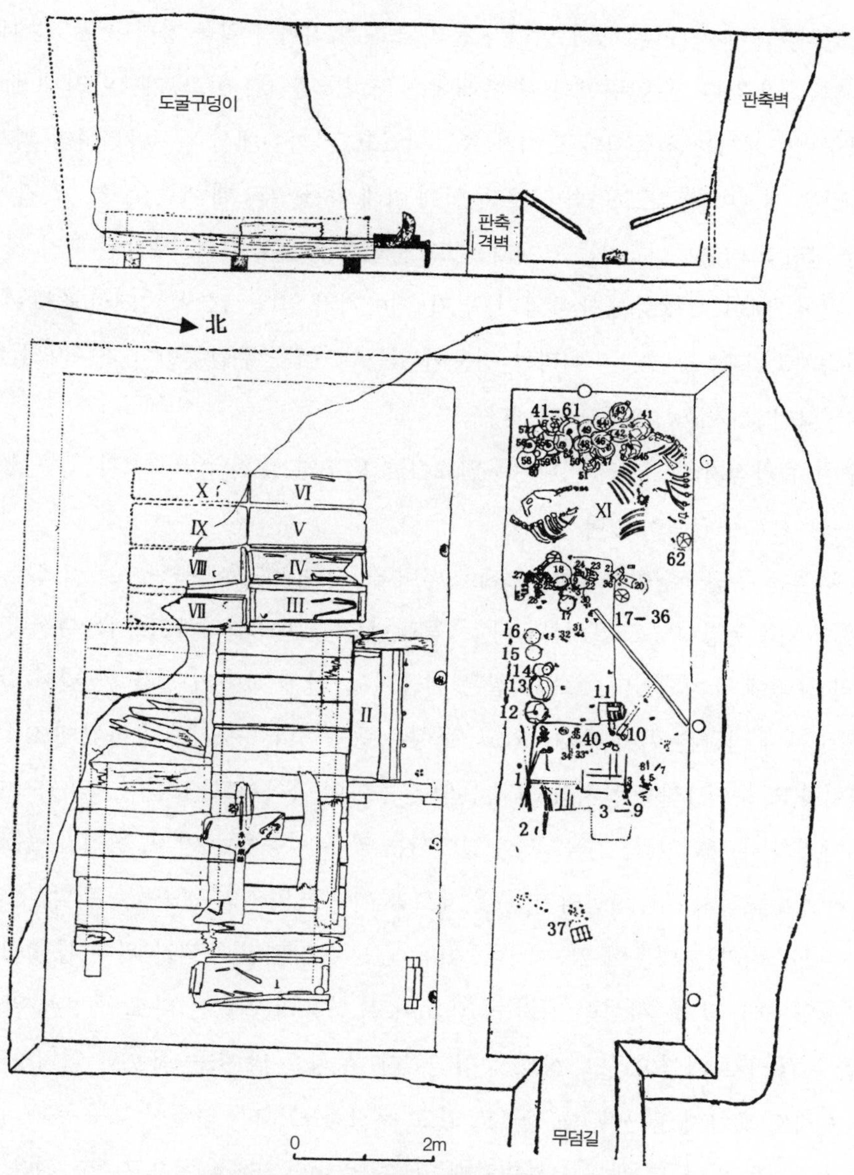

그림 105 거남 대점 1호 춘추무덤(『考古學報』 1978年 第3期에서)

Ⅰ~Ⅹ. 순인 Ⅺ. 순장된 말 4마리

1. 수레뚜껑, 2. 개궁모(蓋弓帽), 3. 여할(軎轄), 4. 쇄형기(鎖形器), 동제 관(管), 6~8 · 34. 화살촉, 9. 동제 모(矛), 10. 동제 통모(筒帽), 11. 동제 준(鐏), 12 · 13. 동제 정(鼎), 14. 동제 호(壺), 15~17. 동제 돈(敦), 18. 동제 궤(簋), 19. 도제 주(舟), 20~28. 유종(鈕鐘), 29. 동제 검(劍), 30~32. 절약(節約), 33. 동제 작은 모(帽), 35. 합혈(合頁), 36. 동제 봉황문장식, 37. 골패(骨貝), 40. 井자형동기, 41~47. 도기 정(鼎), 48~51 · 59. 도기 돈(敦), 52~58. 도기 호(壺), 60. 도기 관(罐), 61. 도기 언(甗), 62. 도기 두(豆)

머리 쪽과 양측의 8인은 동제 삭削을 가진 경우가 있고, 목제 소梳 등 간단한 부장품을 가졌다. 무덤주인 발치의 2인 가운데 1인은 목뼈와 장단지뼈 하단이 평평하여 생전에 월형을 받은 것 같다. 나머지 1인은 몸과 머리가 분리되고, 머리뼈가 위를 향하며 놓였는데, 지위가 가장 낮은 것 같다. 무덤주인의 널 아래에는 허리구덩이가 있고, 개 1마리가 매장되었다. 기물구덩이에서는 청동기와 도기가 출토되었고, 가까이에서 말 4마리분의 뼈가 출토되었다. 말은 제생이다. 2호 무덤이 1호 무덤에 비해 약간 일러 대략 춘추 중 · 만기이다.[32]

거남 대점의 대형무덤 2기는 묘제가 같고, 순인의 양상도 같다. 부장된 도기 정鼎은 크고 작은 것이 7점이고, 청동제의 예악기, 병기, 거마기가 있다. 2호 무덤에서 출토된 편종編鐘에 '거숙지중자평莒叔之仲子平' 이라는 명문이 있는데, 이는 무덤주인이 거나라의 중요 귀족 혹은 거나라의 봉군封君임을 나타낸다.

기수현 유가점자劉家店子의 거나라무덤 2기는 1978년 발굴되었다. 2기 모두 장방형의 구덩식무덤이고, 무덤길이 없다.

1호 무덤은 무덤구덩이가 길이 12.8m, 너비 8m이다. 바닥에 목판으로 축조한 으뜸덧널과 2개의 기물부장덧널을 설치하였다. 으뜸덧널은 중부에 위치하고, 기물부장덧널은 으뜸덧널의 양측에 배치되었다. 으뜸덧널은 이중이고, 안에 하나의 칠을 한 널이 안치되었다. 무덤주인의 인골은 이미 부패되었고, 두향은 동쪽이다. 덧널 발치 바깥에 1구의 얇은 널을 배치하고, 순인 1인을 안치하였다. 순인은 두향이 북쪽이고, 앙신직지의 자세이고, 소량의 거마기가 부장되었다. 기물부장덧널에서는 많은 청동제 예악기, 병기가 출토되었는데, 9점의 정鼎, 8점의 궤簋, 9점의 역鬲 및 세트를 이루는 악기인 편종編鐘, 편박編鎛이 있고, 기물에 '□公' 이라는 명문이 있는 것이 있다. 남쪽 부장덧널 뚜껑판 위에 삼층을 이루며 인골이 쌓였는데, 각 층 사이의 거리는 20cm이고, 하층의 인골은 바로 뚜껑판 위에 놓였다. 인골은 동서로 배열되었고, 상호 중첩되었다. 두향은 남 또는 북으로 일치하지 않고, 일정한 자세도 보이지 않는다. 또 장구도 없고, 부장품도 없다. 인골이 모두 부패되어 성분이 남아 있지 않았으므로 개체를 분명하게 알 수 없지만, 35~40인으로 추정된다. 출토현상으로 보아 주인의 널이 안치된 이후 거행된 제사의식에서 살해된 생인인 것 같다〈그림 106〉. 북쪽 부장덧널 위의 매토층은 여러 번 파괴되어 인골이 있었는지 알 수 없다.

2호 무덤의 방향과 구조는 1호 무덤과 마찬가지이다. 서로 약 8.7m 떨어져 있고, 발굴 전에 이미 파괴되었다. 수집된 일부의 청동기 및 옥석제의 장식으로 보아 2호 무덤주인과

32 山東省博物館 : 「莒南大店春秋時期莒國殉人墓」, 『考古學報』 1978年 第3期.

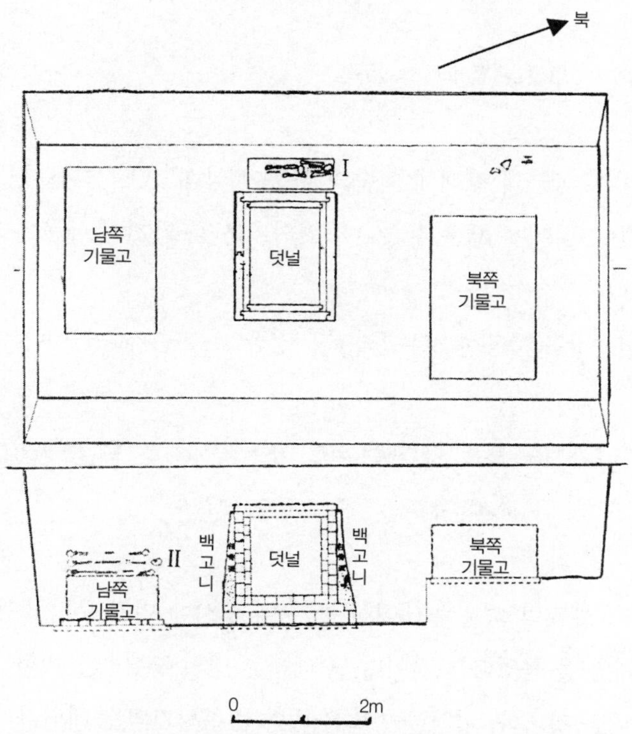

그림 106 기수 유가점 21호 춘추무덤 평 · 단면도(『文物』 1984年 第9期에서)
I. 묘광 내 서벽 충진토의 순인 1구, II. 남쪽 기물고 뚜껑 위의 삼층 순인(부패)(약 35~39구)

1호 무덤주인의 신분은 비슷하다. 발굴자는 묘제 및 출토된 예악기로 분석하여 1호 무덤주인을 거나라의 봉군, 2호 무덤주인을 그 부인으로 거남 대점에서 발굴된 2기의 거나라무덤 주인과 같은 신분으로 추정하였다.[33]

보도에 따르면 1975년 교동 내양萊陽의 앞, 하전촌河前村에서 5기의 동주시기 기己나라 무덤이 발굴되었고, 각 무덤에 모두 1인 또는 2인의 순인이 있다고 한다.[34]

문헌에 의하면 주邾나라와 송나라에서 인순이 아주 성행하였다. 『좌전』 '성공成公 2년(기원전 589년)' 조에 다음의 기록이 있다.

33 山東省文物考古研究所 : 「山東沂水劉家店子春秋墓發掘簡報」, 『文物』 1984年 第9期.
34 山東省兗石鐵路文物考古工作隊 : 『臨沂鳳凰嶺東周墓』 34, 37면, 齊魯書社, 1988年.

八月, 宋文公卒. 始厚葬, 用蜃炭, 益車馬, 始用殉.

송나라는 문공 이후 국군의 장례에 인순의 사용이 상례였다. 송나라는 기원전 286년 제나라에게 멸망당했고, 나라를 세운 후 300여 년의 역사를 가지기 때문에 그동안 인순장人殉葬을 하였을 것이다.

주나라 국군이 인순장을 사용한 것은 『좌전』 '정공定公 2년(기원전 507년)' 조에 보인다.

三年春二月辛卯, 邾子在門臺, 臨廷. 閽以瓶水沃廷. 邾子望見之, 怒. 閽曰 "夷射姑旋焉." 命執之, 不得. 滋怒, 自投于床, 廢于爐炭, 爛, 遂卒. 先葬以車五乘, 殉五人.

주나라 장공庄公이 화로의 숯불에 데어서 죽자 매장 시에 먼저 무덤구덩이에 수레 5대를 배열하고, 5인의 순인을 묻었다는 것이다. 수레는 주인의 출행을 준비한 것이고, 순인은 지하에서 시중을 준비한 것이다. 이러한 방법은 대략 춘추시기의 통례였다.

4. 초문화구

초문화구는 장강 중류의 초楚나라가 중심이고, 초나라의 세력이 강대해지고 확장됨에 따라 그 북변의 증曾·수隨·진陳·채蔡나라와 남변의 각 방국부족지역을 포괄한다.

초의 습속은 무귀巫鬼를 좋아하고, 음사淫祀를 중시했다. 동주시기 이전에 인생과 인순의 습속이 있었는지는 문헌과 고고학에서 증명되지 않는다. 동주시기에는 대략 제노지구의 영향을 받아 인생과 인순이 아주 유행하였다.

유명한 인생의 사례가 『춘추春秋』 '소공昭公 11년(기원전 531년)' 조에 보인다.

冬十月一日, 丁酉, 楚師滅蔡, 執蔡世子有以歸, 用之.(두예의 주에는 "죽여서 산에 제사하였다."라고 하였다.)

『좌전』에는 "은대자隱大子를 강산崗山에서 제물로 사용하였다."라고 하였다. 은대자는 즉 세자世子 유有이고, 살제의 거행지점이 강산임을 지적한다. 『공양전』과 『곡량전』의 문구는 『춘추』의 것과 같다. 단지 『공양전』에는 "성벽을 쌓는데 사용하였다."라고 하고 있다. 그리고 『곡량전』 범녕范寧의 집해集解에는 『좌전』 '희공僖公 19년' 조에 있는 주邾나라 문공이 증鄫나라 자작을 사로잡은 고사를 인용하여 "사람을 제물로 사용하여 사에 제사했다."라고 생각했다. 사신에 대한 제사에 사용하였든, 산신의 제사에 사용하였든 이와는 관계없이 모두 '여러 음혼지귀淫魂之鬼'에 제사하는 음사에 속하는 것이고, 그 살제의 방법은 대략 "코를 두드려 그 피를 빼내 사에 제사"하는 혈제이다.

앞에 인용한 초나라 영왕이 채나라 세자를 사로잡아 강산에 사용한 사건에 대해 초나라 우윤芋尹 신무우申無宇가 의義가 아니라고 비난하였다. 그는 "상서롭지 않다. 오생五牲도 쓰일 경우가 정해져 있어 쓰이는데 바뀌지 않거늘 하물며 제후를 희생으로 쓰는가! 왕은 반드시 이 일을 후회할 것이다."라고 하였다. 이는 살제를 행하는 제후의 야만적인 행위가 초나라 진보인사의 반대에 부딪쳤음을 설명해 준다.

1973년 발굴된 초나라 기남성紀南城의 남벽 수문의 목조건축 북단에서 1기의 원형구덩이가 발견되었다. 구덩이는 직경이 3.2m이고, 강물 아래에서 깊이 1.2m이다. 구덩이에는 1구의 인골, 마직제의 신발 3켤레, 목제 비篦(참빗) 1점, 소梳 1점, 승문의 목긴 관罐 1점이 매장되었고, 그 주변에서 말머리 하나와 여타의 짐승뼈 약간이 출토되었다. 시기는 목조건축과 같이 춘추 만기에 속한다. 발굴자는 구덩이에 매장된 인골을 전기생으로 인식하고 있다.[35] 전기생은 하남 용산문화에서 출현하여 은상시대에 널리 유행하였고, 서주시기 이후에는 다시 발견되지 않는다. 기남성 남벽 수문의 목조건축에서 발견된 인골은 전기생에 속하지 않는 다른 해석을 해야 할 것 같다.

장강 유역의 인순습속이 언제 시작되었을까는 아직 분명하지 않다. 문헌사료와 고고학 자료의 인순은 모두 춘추 중기 이후에 보인다. 유명한 것이 초나라 우윤芋尹 신해申亥가 초나라 영왕靈王에게 두 딸을 순인으로 바친 것이다. 이는 『좌전』 '소공昭公 13년(기원전 529년)' 조에 보인다.

35 湖北省博物館 :「楚都紀南城的勘查與發掘(上)」,『考古學報』 1982年 第3期.

夏五月癸亥, (楚靈)王縊于芋尹申亥氏, 申亥以其二女殉而葬之.

『사기 · 초세가楚世家』에 비교적 상세한 기재가 있다.

靈王于是獨山彷徨山中, 野人莫敢入王. ……芋尹申無字之子申亥曰 "吾父再犯王命, 王弗誅, 恩孰大焉!" 乃求王, 遇王飢于釐澤, 奉之以歸. 夏五月癸丑, 王死申亥家. 申亥以二女從死, 并葬之.

초나라 영왕靈王은 폭군으로 계파 간의 투쟁으로 인해 전복되어 밖으로 도망하였다. 신해는 그의 아버지 신무우申無宇를 살해하지 않은 은혜에 보답하려고, 그를 자기 집에 숨겨주고 접대하여 왔다. 얼마 지나지 않아 영왕이 분을 참지 못하여 자살하자 신해는 자기의 두 딸을 협박하여 이 폭군을 위해 순사시켰다.

국군의 총애를 얻기 위하여 총애 받던 신하와 희첩에서 장상과 문객에 이르기까지 국군의 면전에서 대신 죽는 체사替死 혹은 따라 죽는 종사從死를 허락받곤 하였다. 초나라에서는 이런 종류의 따라 죽기를 자원하는 분위기가 다른 제후국에 비해서 더욱 높았다. 문헌에서는 적어도 다음의 네 가지 예가 보인다.

첫 번째는 초나라 공왕共王이 총애하던 신하 안릉군安陵君으로 『전국책戰國策 · 초책일楚策一』에 보인다.

江乙說于安陵君曰 "君無咫尺之功, 骨肉之親, 處奠位, 受厚祿, 一國之衆, 見君不斂衽而拜, 抚委而服, 何以也?" 曰 "王過擧而已, 不然, 無以至此." 江乙曰 "以財交者, 財儘而交絶. 以色交者, 華落而愛渝. 是以嬖女不敝席, 寵臣不避軒. 今君擅楚國之勢, 而無以深自結于王, 窃爲君危之!" 安陵君曰 "然則奈何?" 江乙曰 "願君必請從死, 以身爲殉, 如是, 必長得重于楚國." 曰 "謹受令." ……于是楚王游于云夢, …… 有狂兕牂車依輪而至, 王親引弓而射, 一發而殪. 王抽旃旄而抑兕首, 仰天笑曰 "樂矣, 今日之游也, 寡人萬世千秋之後, 誰與樂此乎?" 安陵君泣數行而進曰 "臣入則編席, 出則陪乘, 大王萬世千秋之後, 臣願得以身試黃泉, 蓐螻蟻, 又何如得此樂而樂之." 王大悅, 乃封坛爲安陵君.

『설원說苑 · 권모權謨』에도 다음과 같이 같은 기재가 있다.

安陵纏顏色美壯, 得幸于楚共王. ……王顧謂安陵纏曰 "吾萬歲之後, 子將誰與斯樂乎?" 安陵纏乃逡巡而却, 泣下沾衿, 抱王曰 "萬歲之後, 臣將從爲殉, 安知樂之者誰?" 于是共王乃封安陵纏于車下三百戶.

『전국책』과 『설원』은 모두 서한시대 유향劉向이 지은 것이다. 두 책은 안릉군이 초나라 왕의 총애를 받은 사실을 강을江乙이 아주 상세하게 서술하였고, 줄거리가 약간만 다르고 결론은 동일하다. 안릉군으로 알려진 사람과 안릉전安陵纏은 동일인이 분명하지만 『설원』의 이 일은 초나라 공왕共王 때(기원전 590~560년)이고, 『전국책 · 초책』의 기사는 초나라 선왕宣王 때(기원전 369~240년)의 것이다. 이 문제에 관하여 학자들 사이에 논쟁이 있었다. 근대 무문원繆文遠의 고찰에 의하면 강을은 초나라 선왕 때에 벼슬을 하였고, 강을이 안릉군에게 말한 시기는 역시 선왕 때의 일이라고 한다.[36]

두 번째 예는 초나라 소왕昭王(기원전 515~490년)이 총애하던 월희越姬의 기사로 유향의 『열녀전烈女傳』 권 5에 보인다.

楚昭越姬者, 越王勾踐之女, 楚昭王之姬也. 昭王儻游, 蔡姬存在, 越姬參右. 王幸乘駟以馳逐, 遂登附社之後, 以望云夢之囿, 觀士大夫逐者, 既歐, 乃顧謂二姬曰 "樂乎?" 蔡姬對曰 "樂." 王曰 "吾願與子生若此, 死于若此." 蔡姬曰 "…… 固願生俱樂, 死同時." 王顧謂史書之 "蔡姬許從孤死矣." 乃復謂越姬. 越姬對曰 "…… 妾不敢聞命." ……居二十五年, 王救陳, 二姬從王, 病在軍中, ……越姬曰 "大哉君王之德以是, 妾願從王矣. 昔日之游, 淫樂也, 是以不敢許, 及君王復于禮, 國人皆將爲郡王死, 而况于妾乎? 請願先驅孤狸于地下." ……遂自殺. ……王夢于軍中, 蔡姬竟不能死.

초나라 소왕이 음악한 군주의 시절에는 월희가 따라 죽기를 원하지 않았지만, 그가 예로 돌아온 시절에는 그녀가 태도를 바꾸어 먼저 지하에 홀로 가기를 청원하면서 그의 병상 앞에서 자살하였다. 채희蔡姬는 반대로 더욱 죽을 수가 없었다. 유향은 2인에 대해 하나는 칭찬하고, 하나는 비난하여 한대의 유학자가 인순을 보는 시각을 대표한다고 할 수 있다.

세 번째 예는 초나라 소왕을 따라 성보城父에 주둔했던 초나라의 여러 장상將相이 연출한

36 繆文遠: 『〈戰國策〉考辨』 135면, 中華書局, 1984年.

일막의 연극으로 월희가 종사한 시기와 같은 시기이다. 이는 '몸 바쳐 신에게 기도하다(以身禱于神)' 라는 따라 죽는 연극으로 알려져 있다. 『사기 · 초세가』에 다음의 기사가 보인다.

> (楚昭王)二十七年(기원전 489년)春, 吳伐陳, 楚昭王救之, 軍城父. 十月, 昭王病于軍中, 有赤云如馬, 夾日而蜚. 昭王問周太師, 太師曰 "是害于楚王, 然可移于將相." 將相聞是言, 乃請自以身禱于神. 昭王曰 "將相, 孤之股肱也, 今移禍, 庸去是身乎!" 弗聽. 卜而河爲祟, 大夫請禱河. 昭王曰 "自吾先王受封, 望不過江, 漢, 而河非所獲罪也." 止不許.

이 덕분에 초나라 소왕은 실사구시實事求是의 정신을 조금 얻었지만 군대를 따라간 여러 장상은 모두 몸이 고기 배를 채웠다.

네 번째 예는 묵자墨者인 거자鉅子 맹승孟勝이 죽자, 제자 183인이 따랐다는 것이다. 『여씨춘추呂氏春秋 · 상덕上德』에 다음의 기사가 보인다.

> 墨者鉅子孟勝善荊之陽城君. 陽城君令守于國, 毁璜以爲符, 約曰 "符合聽之." 荊王薨, 群臣攻吳起兵于喪所, 陽城君與焉. 荊罪之. 陽城君走, 荊收其國. 孟勝曰 "受人之國, 與之有符, 今不見符, 而力不能禁, 不能死, 不可." 弟子徐弱諫孟勝曰 "死而有益于陽城君, 死之可矣. 無益也, 而絶墨者于世, 不可." 孟勝曰 "不然, 吾于陽城君也, 非師則友也, 非友則臣也, 不死, 自今以來, 求嚴師必不于墨者矣, 求賢友必不于墨者矣, 求良臣必不于墨者矣. 死之, 所以行墨者之義, 而繼其業者也. 我將屬鉅子于宋之田襄子. 田襄子賢者也, 何患墨者之絶世也." 徐弱曰 "若夫子之言, 弱請先死而徐路." 還, 歿頭前于孟勝. 因使二人傳鉅子于田襄子. 孟勝死, 弟子死之者白八十三人. 以致命于田襄子(고주高注에는 "구절에 '이인二人' 두 글자는 우연이다."라고 하였다.). 欲反死孟勝于荊, 田襄子止之曰 "孟子已傳鉅子于我矣". 不聽, 遂反死之.

맹승은 은혜에 보답하려고 양성군陽城君을 위하여 순사하였고, 맹승의 제자 183명은 사상 신앙에서 잇따라 맹승을 위하여 순사하였다. 두 가지 명을 전해 받은 거자鉅子의 제자들은 새로운 거자의 명을 상관하지 않고 폐기하고, 다시 돌이켜서 옛 거자를 위하여 순사하였다. 이 사건으로 보아 묵가墨家는 묵교墨教와 같은 것으로 그들의 종사관從死觀 교의에 따라서 많은 신도들을 헛되게 죽음으로 몰아간 것이 아닌가!

앞에 인용한 네 가지 예에서 세 번째 예가 당사자의 동의를 얻지 않은 죽음인 것 외에는 첫 번째, 두 번째, 네 번째의 예는 통쾌하게 죽음을 받아들였다. 첫 번째 예인 신해의 두 딸과 두 번째 예의 월희는 무덤주인과 같은 무덤에 묻혔을 것이다. 네 번째 예는 비교적 복잡하여 맹승을 잘못 믿은 양성군은 초나라 왕을 위하여 죽었으나, 실제 양성군은 함께 죽지 않았기에 맹승의 시체는 양성군과 함께 같은 무덤에 매장되지 않았다. 맹승의 제자 183명, 서로徐路에서 먼저 죽은 서약徐弱과 명을 전하고 돌아 온 2명의 제자는 맹승과 같은 무덤에 묻혔는지 알 수가 없다.

초문화구에서 발견된 순인무덤은 적지 않다. 자료가 발표된 초나라무덤으로는 하남河南 석천淅川 하사下寺 초나라왕실무덤, 신양信陽 장대관長臺關 4호 초나라무덤, 고시固始 후고퇴侯古堆 1호 무덤, 고시 백사자지白獅子地 초나라무덤, 신채新蔡 갈릉촌葛陵村 초나라무덤, 호북湖北 당양當陽 조가강曺家崗 5호 무덤, 조항趙巷 4호 무덤, 악성鄂城 백자판百子畈 3 · 4 · 5호 무덤과 장사長沙 유성교瀏城橋 1호 무덤이 있다. 이 외 안휘安徽 수현壽縣 채후蔡侯무덤, 하남河南 신야新野 증曾나라무덤, 호북 수현隨縣 뇌고돈擂鼓墩 1 · 2호 무덤은 모두 본 문화구의 유명한 초나라 부용국의 순인무덤이다.

석천 하사 초나라왕실무덤

1978년 대중형무덤 9기, 소형무덤 15기 및 대중형무덤에 부장된 수레구덩이 5기가 발굴되었다. 무덤은 단강수고丹江水庫 양안의 남북으로 달리는 용산龍山 척릉을 따라 분포한다. 무덤의 분포구는 세 구역으로 나뉜다. 남구에는 8 · 7 · 36호 무덤과 8호 수레구덩이가 분포한다. 중구에는 1~4호 무덤, 2호 무덤의 수레구덩이와 15기의 소형무덤이 분포한다. 북구에는 10 · 11호 2기의 무덤과 그에 소속된 각 1기의 수레구덩이가 분포한다〈그림 107〉.

이 9기의 대중형무덤은 전부 장방형구덩식의 덧널무덤이다. 무덤바닥에 덧널을 축조하고, 거기에는 많은 청동 예기, 병기와 악기 등을 부장하였다. 2호 무덤에서 출토된 청동기의 명문에 근거하여 많은 연구자들은 그 무덤주인을 영윤令尹 자경子庚, 즉 공자오公子午로 생각하고 있다. 그는 초나라 강왕康王 7년(기원전 552년)에 죽었다. 일부의 학자들은 무덤주인을 영윤 위자빙蔿子馮으로 보고 있다. 그는 초나라 강왕 12년(기원전 548년)에 죽었다. 1 · 3호 무덤주인은 2호 무덤주인의 두 부인이다. 전자라면 1호 무덤주인은 맹등희孟滕姬, 3호 무덤주인은 위중희鄬中姬가 된다. 두 부인과 2호 무덤주인은 구덩이를 달리하며 합장되었다.

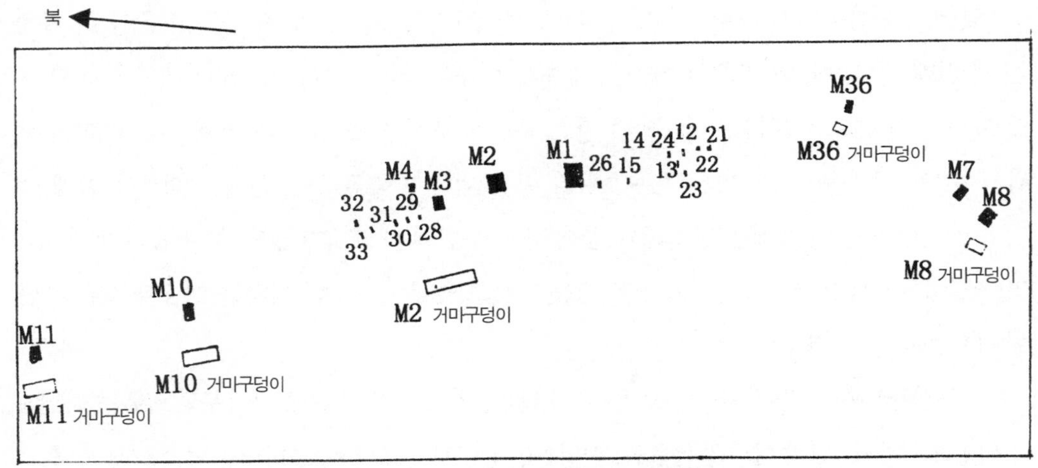

그림 107 석천 하사 춘추 초나라무덤 분포도(『淅川下寺春秋楚墓』에서)
M1 · M2(영윤 자경무덤 혹은 영윤 원자빙무덤), M3 · M4 · M7 · M8 · M36 · M10 · M11(대중형무덤), 기타는 소형무덤

4호 무덤주인도 여성일 가능성이 있는데, 그 지위는 1 · 3호 무덤주인보다 약간 낮은 것 같다. 남구의 3기 무덤과 북구 2기 무덤의 주인은 초나라 왕실의 성원이다. 남구 3기 무덤의 연대는 2호 무덤에 비해 약간 이르고, 북구 2기의 무덤은 2호 무덤에 비해 약간 늦다.[37]

주목을 끄는 것이 중 · 대형무덤 9기의 덧널에는 대다수가 하나는 크고 하나는 작은 나란하게 배열된 2개의 널이 있다는 것이다. 큰 널이 중앙에 있고, 작은 널이 그 옆에 배치되었다. 작은 널에서 인골이 확인된 것이 1 · 2 · 3 · 8 · 10 · 11호 무덤 6기이다. 발굴 시 무덤 매토에 판축층이 분명하였고, 두 차례에 걸친 판축의 흔적은 발견되지 않았다. 이는 덧널에 설치된 2개의 널이 한꺼번에 매납된 것을 나타낸다. 산서 영석 정개촌 상나라 말기무덤[38]과 섬서 보계 서주 어나라귀족무덤[39]의 실례를 참조하면, 작은 널에 안치된 사람은 순장자이다. 출토 시 크고 작은 널의 인골은 모두 부패되었고, 흔적만 남은 것도 있어 성별과 연령은 감정할 수 없다. 큰 널의 무덤주인은 일반적으로 출토 청동기의 명문으로 추정할 수 있으나 작은 널에 매장된 사람은 성별과 관련된 전용부장품이 결여되어 그 신분과 직능을 상

37 河南省文物研究所等 : 『淅川下寺春秋楚墓』, 文物出版社, 1991年.
38 山西省考古研究所等 : 「山西靈石旌介村商墓」, 『文物』 1986年 第11期.
39 盧連成 · 胡智生 : 『寶鷄強國墓地』, 文物出版社, 1988年.

식적으로 추측할 수 있을 뿐이다. 1·3호 무덤주인은 2호 무덤주인의 두 부인으로 인정되고, 무덤의 순인은 그 측근의 시녀로 짐작된다〈그림 108〉. 여타 4기 무덤의 순인은 신분을 알 수가 없다.

1~4호 무덤 주위의 15기 소형무덤은 모두 세장한 구덩식이다. 무덤구덩이는 위가 약간 좁고 아래가 넓은 것으로 일반적으로 바닥의 길이 1.8~2.3m, 너비 1m 내외이다. 다수가 바닥에 널을 안치하였는데(일부는 널이 없다), 널의 바닥에는 주사를 깔았다. 23호 무덤에는 하나의 널에 2인을 매장하였으나 모두 1인이 매장되었고, 그들은 앙신직지의 자세, 두향은 동쪽, 얼굴은 위를 향한다. 23호 무덤의 널 안 2인은 두향이 달라 하나는 동쪽, 하나는 서쪽이다. 소형무덤에는 일반적으로 부장품이 없고, 소수에 한두 점의 옥석제 장신구가 부장되었다. 비교적 돌출된 것이 24호 무덤으로 옥제 패牌(패찰) 4점과 옥석조각 4점이 부장되었고, 무덤구덩이가 비교적 크고 깊다.

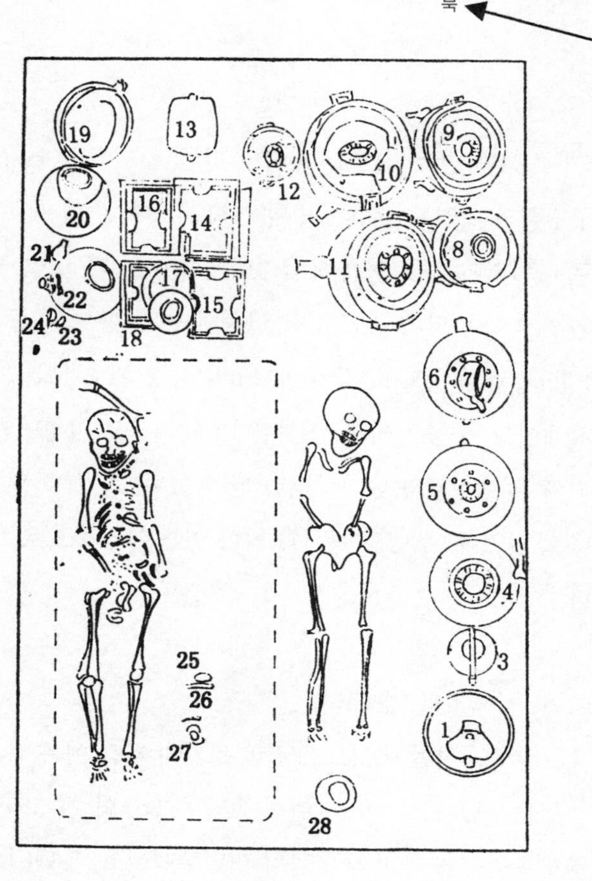

그림 108 석천 하사 3호 초나라무덤 덧널(『淅川下寺春秋楚墓』에서)
1. 동제 반(盤), 2. 동제 이(匜), 3. 동제 잠(蚕), 4·8~12. 동제 정(鼎), 5·6. 동제 욕부(浴缶), 7. 동제 두(斗), 13. 동제 합형기(盒形器), 14~16·18. 동제 보(簠), 17. 동제 잔(盞), 19. 동제 감(鑒), 20·22. 동제 존부(尊缶), 21. 동제 연호(鏈壺), 23·24. 동제 작(勺), 25. 동제 경(鏡), 26. 동제 삭(削), 27·29~51. 옥석과 요기(27·29~51은 남측 인골의 좌우에 위치하고 크기가 작아 그림에 그려지지 않음)

이런 소형무덤은 크기가 작고, 부장품이 빈약하여 9기의 대·중형무덤과 비교가 되지 않는다. 영윤 자경(혹은 영윤 자빙) 및 그 부인 무덤 가까이에 부장된 것은 당시 풍습이 노복은 주인을 따라 죽는 것을 추측할 수 있게 하기에 이런 소형무덤은 1·2·3호 무덤주인을 따라 죽은 사람들로 볼 수 있다.

신양 장대관 4호 초나라무덤

1991년 발굴되었다. 1957년 발굴된 1·2호 초나라무덤 남쪽 500m에 위치한다. 대형 구덩식의 덧널무덤이다. 방향은 112°이다. 덧널은 주검칸, 남쪽 옆칸, 북쪽 옆칸 세 부분으로 나뉘었다. 주검칸은 도굴이 엄중하여 널과 덧널에 칠한 칠의 흔적만 남아 있다. 주검칸의 서측에 바닥이 둥근 널을 안치하였다. 이 널은 중간에서 휘어 오목한데, 오목부는 길이 1.76m, 너비 0.32m, 깊이 0.12m이다. 안에 1구의 순인을 매장하였다. 순인은 앙신직지의 자세이고, 두향은 남쪽, 신장은 1.5m 이하로 미성년인 것 같다. 교란으로 인해 일부의 팔다리뼈, 엉덩이뼈와 손가락뼈만 남아 있다. 둥근 널 위에는 초본의 돗자리와 대자리 각각 하나로 덮었다. 무덤의 형식과 남아 있는 부장품으로 추정하면, 이 무덤은 춘추 만기에 속한다.[40]

고시 후고퇴 1호 무덤

1978년 발굴된 것으로 전국 조기의 약간 이른 시기이다. 순인은 17인이다.

이 무덤은 고시현의 현성 동남쪽 2km의 '후고퇴侯古堆'라는 산 위에 위치한다. 무덤은 경사무덤길을 가진 구덩식의 덧널무덤이고, 무덤길은 동쪽으로 나 있다. 분구는 높이 7m이다. 무덤구덩이는 길이 12m이다. 덧널의 밖에 돌과 모래를 섞어 쌓았고, 이중의 덧널을 가지고 있다. 안에는 칠을 한 널을 안치하였다. 무덤주인은 30세 내외의 여성이다. 바깥덧널 바깥과 안덧널과 바깥덧널 사이에 17구의 널을 가진 순인을 배치하였다. 그 가운데 6구는 안덧널과 바깥덧널 사이에, 11구는 바깥덧널 바깥 사주에 배치하였다. 나무널은 길이 108~190cm, 너비 50~54cm, 높이 40cm이다. 순인의 인골은 다수가 완전한데, 대부분 앙신직지의 자세이고, 일부가 부신의 자세이다〈그림 109〉. 일반적으로 도기, 옥기, 동제 대구帶鉤, 삭削 등이 부장되었는데, 수량은 일률적이지 않다. 감정 결과 순인의 연령은 모두 20~40세 사이이고, 성별을 알 수 있는 것은 남성이 5인, 여성이 9인이고, 나머지 3인은 알 수 없다. 출토유물 및 이곳에 대한 역사 조사, 이 무덤의 크기로 보아 주인은 초나라 봉군封君

40 河南省文物研究所 : 「信陽長臺關四號楚墓的發掘」, 『華夏考古』 1997年 第3期.

그림 109 고시 후고퇴 1호 무덤 덧널과 주변의 순인구덩이

의 부인이다.[41] 혹은 이 무덤에 초나라 세족인 파자성주鄱子成周가 스스로 만든 9점의 편종編鍾이 있고, 또 송나라 경공景公(기원전 516~451년)이 그의 누이 구오句吳부인을 시켜 만든 4점의 동제 보簠(곡물을 담는 사각형의 제기)가 있고, 이 일대는 오나라와 초나라의 쟁탈지역인 증曾나라의 지역이기 때문에 이 무덤은 '구오부인'의 무덤일 가능성이 있다.[42]

고시 백사자지 초나라무덤

2기의 무덤이 고시현 전와창磚瓦廠 백사자지 산 위에 분포한다. 남쪽의 후고퇴 1호 무덤

41 固始侯古堆一號墓發掘組:「河南固始侯古堆一號墓發掘簡報」,『文物』1981年 第1期. 郭建邦:「試論固始侯古大墓陪葬坑出土的代步工具 - 肩輿」,『中原文物』1981年 第1期.

42 歐潭生:「豫南考古新發現的重要意義」,『河南省考古學會論文選集』(『中原文物』特刊), 1981年.

과 500m 떨어져 있다. 그 가운데 1호 무덤은 1980년에 발굴되었고, 순인은 모두 13인이다. 무덤의 연대는 전국 조기의 약간 늦은 시기이다. 나머지 1기의 무덤은 1988년 발굴되었고, 순인은 1인이다. 연대는 전국 만기이다.

1호 무덤은 구덩식의 덧널무덤이다. 분구의 남아 있는 높이가 1.5m이다. 방향은 정동이다. 무덤구덩이는 길이 12m, 너비 11m, 바닥 깊이 7.6m이다. 이중의 덧널 안에 칠을 한 널이 안치되었다. 무덤주인의 인골은 부패되었고, 청동 예기, 병기와 거마기가 많이 부장되었다. 13구의 순인은 안과 밖의 덧널 사이와 바깥덧널 밖에 돌아가며 배치되었다. 각각 얇은 널에 안치되었다. 얇은 널은 대다수가 썩었고, 인골 역시 대다수가 부패되었다. 그 가운데 5구는 안팎의 덧널 사이에 안치되었고, 한 방향으로 열을 이루며 주인 널을 둘러싸고 있다. 남아 있는 인골의 흔적으로 보아 모두 측신의 자세이다. 나머지 8구는 바깥덧널 밖 사주에 배치되었다. 역시 모두 측신의 자세이다. 6호 널의 순인에게 목제 소梳 1점이 부장된 외에는 부장품이 발견되지 않았다. 감정된 덧널 바깥의 5구는 전부 40세 내외의 남성이다. 순인의 배치위치로 볼 때 안팎 덧널 사이 5구의 순인이 바깥 9구의 순인보다 신분이 높다. 무덤의 규모 및 청동 예기, 병기, 칠목기로 보아 무덤주인은 초나라 경대부 이상의 귀족이다.[43]

1988년 발굴된 1기는 대형구덩식의 덧널무덤이다. 덧널을 주검칸, 머리칸[頭廂], 옆칸[邊廂], 발치칸[脚廂]으로 나누고, 주검칸에 이중의 널을 안치하였다. 무덤주인의 인골은 부패되었고, 부장품이 풍부하다. 발치칸 안의 바깥 널 가까이에 하나의 순인널이 배치되었다. 널 안의 순인 1인은 인골이 부패되어 두 조각의 머리뼈만 남아 있다. 부장품은 보이지 않는다. 시기는 전국 만기에 속한다.[44]

신채 갈릉촌 초나라무덤

이 무덤은 신채현 서북 26km의 갈릉촌에 위치하는 것으로 경사무덤길을 가진 구덩식의 덧널무덤이다. 무덤길은 동향으로 나 있고, 무덤구덩이는 길이 25m, 너비 23m이다. 무덤구덩이 어깨부터 바닥까지의 네 벽은 9층의 계단을 이루면서 안으로 축소되었다. 덧널

43 信陽地區文物管理委員會等 : 「固始白獅子地一號和二號墓淸理簡報」, 『中原文物』 1981年 第4期.
44 詹漢淸 : 「固始發現一座大型戰國木槨墓」, 『中國文物報』 1988年 3月 18日.

은 근방형이고, 각 변의 길이가 10m 내외이다. 무덤구덩이 어깨에서 바닥까지의 깊이는 9m이다. 덧널의 중부에 주검칸을 두고, 그 사주에 옆칸을 돌렸다. 일찍이 도굴되어 장구, 인골, 부장품은 모두 교란되었다. 4개체의 인골편이 발견되었는데, 무덤주인 1구를 제외하면 3인의 순인이 있는 셈이다. 인골은 감정되지 않았다. 남아 있는 청동기, 칠목기, 옥석기와 죽간竹簡으로 추정하면 무덤은 전국 중기 초나라 국군의 무덤이다.[45]

당양 조가강 5호 무덤과 조항 4호 무덤

조가강 5호 무덤은 1984년 발굴된 춘추 만기의 것으로 순인이 2인이다. 조항 4호 무덤은 1988년 발굴된 춘추 중기의 약간 늦은 시기의 것으로 순인은 5인이다.

조가강 5호 무덤은 장방형구덩식의 덧널무덤이다. 무덤 주위에 유물부장구덩이가 있고, 무덤구덩이는 길이 9.07m, 너비 8.4m, 깊이 7.6m이다. 방향은 94°이다. 덧널의 높이는 2.3m이다. 덧널에는 하나의 주인 널과 2개의 배장陪葬널을 나란하게 배열하였다. 주인의 널은 이중이고, 검붉은 칠을 한 정교하게 제작된 것이다. 두 배장널은 주인 널의 좌측에 붙였고, 비교적 작다. 형태는 주인의 안쪽 널과 같다. 3개의 널에는 각각 1구의 인골이 안치되었으나 모두 부패되었고, 흩어졌다. 계측에 근거하면 무덤주인은 신장이 약 1.7m로 남성인 것 같고, 배장된 피장자는 모두 신장이 1.6m로 여성인 것 같다〈그림 110〉.

이 무덤은 일찍이 도굴되었으나 4점의 동제 정鼎, 수殳(몽둥이), 모矛, 피갑皮甲(가죽 갑옷) 등의 병기 및 2점의 '왕손박사(작)채희식궤王孫雹乍(作)蔡姬食簋' 라는 명문이 새겨진 동제 궤簋가 남아 있었다. 명문으로 보아 무덤주인은 초나라 경대부급의 귀족이다.[46]

당양 조항 4호 무덤은 대형구덩식의 덧널무덤이다. 방향은 268°이다. 덧널의 안에 이중의 널을 안치하였고, 무덤주인은 앙신직지의 자세이고, 50세 이상의 남성이다. 덧널 동남모서리에 1구의 순인널(V)을, 덧널 바깥 동측 및 동남모서리에 4구의 순인널(Ⅰ~Ⅳ)을 배치하였다. 5구의 널은 모두 매달아 내리는 현저관懸底棺이고, 각각에 1구의 순인을 안치하였다. 대자리로 사체를 감쌌고, 몸에는 마직물을 착용하였다. V호 널의 순인은 심하게 부패되었고, 나머지는 보존이 비교적 양호한데, 감정 결과 청소년여성으로 연령은 14~24

45 宋國定等 : 「新蔡發現一座大型楚墓」, 『中國文物報』 1994年 10月 23日.
46 湖北省宜昌地區博物館 : 「當陽曺家崗5號楚墓」, 『考古學報』 1988年 第4期.

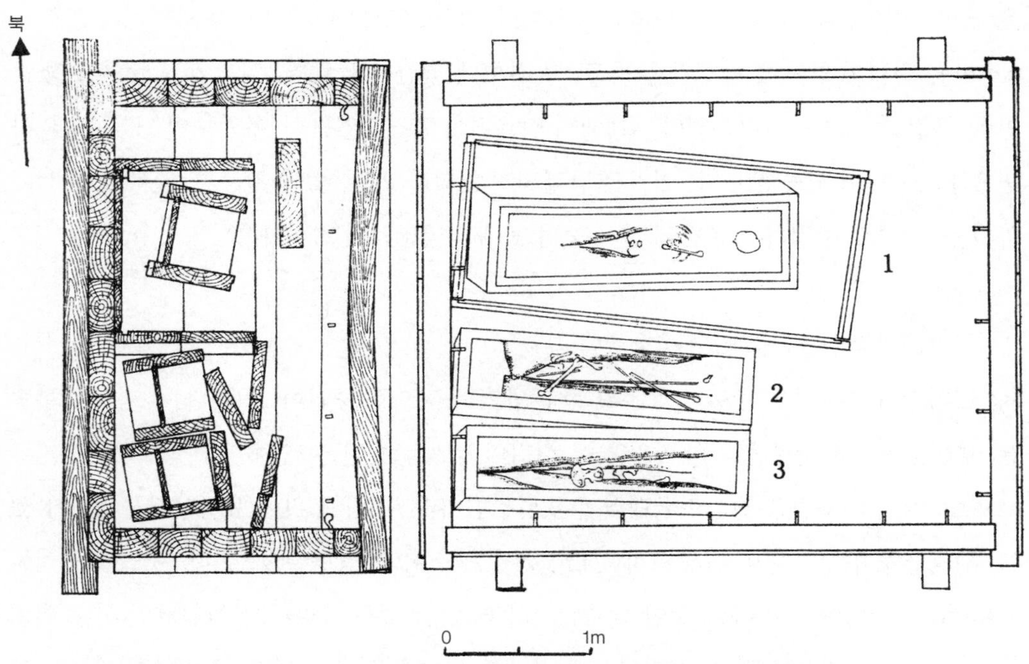

그림 110 당양 조가강 5호 초나라무덤 덧널 평 · 단면도(『考古學報』 1988年 第4期에서)
1. 주인 널, 2 · 3. 순인 널

세 사이이다. 신분은 모두 무덤주인 생전의 비첩인 것 같다〈그림 111〉. 연대는 대략 춘추 중 · 만기의 약간 늦은 시기이다. 무덤주인의 신분은 조가강 5호 무덤의 주인과 비슷하여 초나라 대부인 것 같다.

악성 백자판 3 · 4 · 5호 무덤

1978년 발굴된 전국 중기의 약간 늦은 시기 무덤으로 순인은 5인이다.

3기의 무덤은 모두 구덩식의 덧널무덤이다. 3호 무덤은 하나의 무덤길을 가졌고, 4 · 5호 무덤은 무덤길이 없다. 모두 동향이다. 구조와 크기는 비슷하여 무덤구덩이의 길이가 7m 정도, 너비 5~6m, 바닥 깊이 5m 내외이다. 무덤바닥에 이층대를 두었다. 덧널은 5칸으로 나뉘고 중간의 주인 널은 두 겹이다. 네 변의 곁칸에 부장품을 배치하였다. 무덤주인은 앙신직지의 자세이고, 대자리로 감쌌다. 부장품으로는 도기 정鼎 7점, 호壺 4점, 궤簋 2점, 대敦(기장을 담는 제기) 2점 및 비교적 많은 수량의 목칠기와 동제 거마기가 있다. 순인은 모두 얇은 널에 안치되어 곁칸에 배치되었다. 3호 무덤의 1구 순인은 발치 곁칸에, 4 · 5호

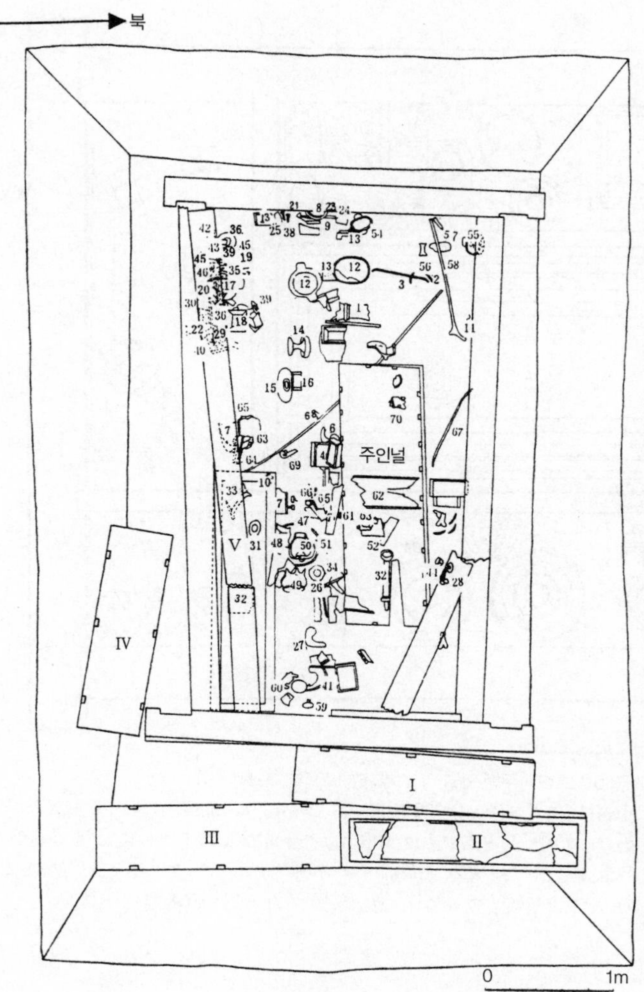

그림 111 당양 조항 4호 초나라무덤(『文物』 1990年 第10期에서)

1·8·63. 칠기 방호(方壺), 2·3·23·29·35. 죽제 궁(弓), 4~6·13·33·40·52·63. 마갑편, 7. 칠기 슬(瑟), 8·14·15·20·37·39. 칠기 두(豆), 9. 칠기 곤(棍), 10. 목제 주(珠), 11. 금속편, 12·17·36·54·55. 칠기 궤(簋), 16. 칠기 개(蓋), 19. 목제 작은 곤(棍), 21·69. 현납(弦納), 24. 목제 비(柲), 25·43·46. 동제 장식편, 26~28·31·34·41·45·60·70. 찰갑편, 30. 동제 과(戈), 32. 진묘수(鎭墓獸), 38. 동제 거할(車轄), 42. 옥제 결(玦), 44. 옥제 종(琮), 47. 동제 반(盤) 다리, 48·53. 동제 구형기(扣形器), 49. 도기 두(豆), 50. 동제 이(匜), 51. 동제 반(盤), 56. 도기 두(豆) 손잡이, 57. 적석(積石), 58. 목제 괴장(拐杖), 59. 현납주(弦納柱), 61. 동제 반배(盤杯), 66. 나무조각, 67. 목제 궁(弓), 68. 병기간(兵器杆), 71. 목제 비(篦), 72. 목제 소(梳), I~V. 순인 널

무덤의 각 2인의 순인은 발치 곁칸과 좌우 곁칸에 배치되었다〈그림 112〉. 순인의 인골은 부패되어 매장 자세를 알 수 없지만 모두 도기 배杯, 동제 대구帶鉤 등 소량의 부장품을 가지고 있다. 무덤주인의 신분은 경대부급일 가능성이 있다.[47]

장사 유성교 1호 무덤

1971년 발굴된 전국 조기의 비교적 늦은 시기 무덤으로 순인은 1인이다.

47 湖北省鄂城縣博物館 : 「鄂城楚墓」, 『考古學報』 1983年 第2期.

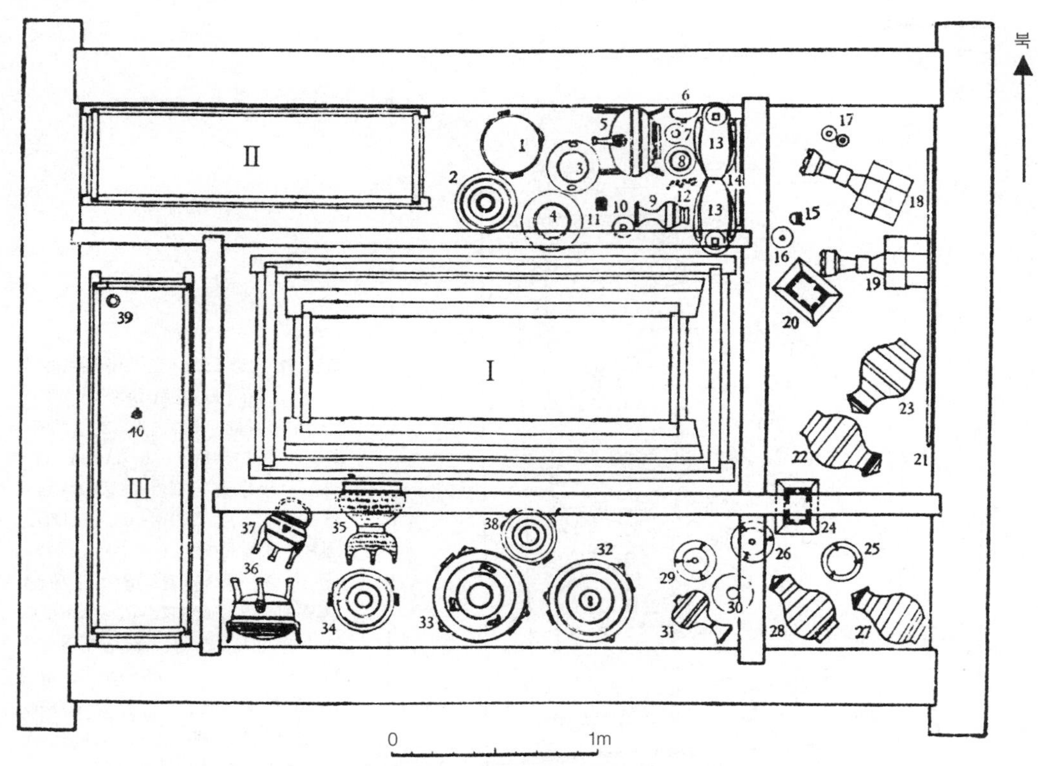

그림 112 악성 백자판 5호 초나라무덤 덧널(『考古學報』 1983年 第2期에서)

Ⅰ. 주인 널, Ⅱ·Ⅲ. 순인 널, 1·2. 정(鼎)과 그 개(蓋), 3. 도기 뇌(罍), 4. 도기 관(罐), 5·32~34·36·38. 도기 정(鼎), 6. 도기 두개(豆蓋), 7·10 호개(壺蓋), 8·9. 도기 높은 손잡이 호(壺), 11·15. 목제 소(梳), 12. 과실, 13. 칠기 비조(飛鳥)(한 쌍), 14. 칠기 검독(劍櫝), 16. 동제 개(蓋), 17. 옥제 벽(璧), 18·19. 진묘수(鎭墓獸), 20·24. 도기 보(簠), 21. 목제 조(俎), 22·23·27·28. 도기 호(壺), 25·26·29. 도기 돈(敦), 30·31. 도기 유개두(帶蓋豆), 35. 도기 언(甗), 37. 도기 초호(鐎壺), 39. 자기 배(杯), 40. 동제 대구(帶鉤)

이 무덤은 장방형구덩식의 덧널무덤이다. 무덤구덩이는 길이 5.84m, 너비 4m, 깊이 7m이다. 동향이다. 무덤바닥에 이중의 덧널을 설치하였고, 그 안에 하나의 칠을 한 널을 안치하였다. 무덤주인은 앙신직지의 자세이고, 인골은 부패되었다. 바깥덧널과 안덧널 사이의 동, 남, 서 3면 공간에 3개의 곁칸을 설치하고, 부장유물 260여 점을 배치하였다. 무덤주인의 신분을 알려주는 유물로는 도기 역鬲, 정鼎 각 10점, 궤簋 6점 및 많은 병기, 악기와 칠목기가 있다. 무덤주인의 신분은 경대부 이상이다.

서측 곁칸에는 1구의 작은 널을 횡으로 안치하였다. 길이 190cm, 너비 47cm이고 한쪽의 높이가 57cm, 나머지 한쪽의 높이가 54cm, 널판의 두께는 6cm이다. 널 바깥은 새끼줄로 묶었다. 이 널에 순인을 안치한 것으로 보인다.

수현 서문 채후무덤

수현 서문西門에서 1955년 발굴된 춘추 만기의 무덤으로 순인은 1인 이상이다.

이 무덤은 구덩식의 덧널무덤으로 무덤구덩이는 길이 8.45m, 너비 7.1m이고 칠을 한 널을 가지고 있다. 무덤은 여러 차례 도굴되어 심하게 교란되었다. 무덤바닥 남동모서리는 교란되지 않았는데, 여기서 1구의 순인이 발견되었다. 장구는 보이지 않는다. 무덤이 비록 여러 차례 도굴되었으나 많은 수의 청동 예기, 병기와 옥기가 출토되었다.[48] 여러 해에 걸친 논의 결과 무덤주인은 채나라 소후昭侯(기원전 491년 사망)로 판단되고 있다.

신야 소서관 증나라무덤

신야 소서관小西關에서 1971년 발굴된 춘추 조기의 무덤으로 순인은 1인이다.

장방형구덩식의 덧널무덤으로 무덤구덩이는 길이 3.8m, 너비 2.5m이다. 북벽에 이층대가 있다. 무덤주인은 널과 덧널을 가졌고, 무덤구덩이 서측에 배치되었다. 앙신직지의 자세이고, 두향은 북쪽이다. 인골이 부패되어 성별은 알 수 없다. 부장품으로는 동제 예기가 여러 종류이고, 그 가운데는 정鼎 1점과 언甗 1점이 있다. 언에는 '증자중曾子中' 등의 명문이 있다. 순인 1구는 무덤주인의 동측에 덧널이 없는 비교적 작은 널에 안치되었다. 역시 앙신직지의 자세이고, 두향은 북쪽이다. 인골은 부패되어 성별은 알 수 없다. 이 외 소량의 거마기가 부장되었다.[49]

수현 뇌고돈 1호 무덤

1979년 발굴된 전국 조기의 무덤으로 순인은 21인이다.

이 무덤은 대형의 덧널무덤으로 홍색의 사암에 축조되었다. 남아 있는 무덤구덩이는 길이 21m, 너비 16.5m이고 남향이다. 덧널의 위 및 사주에는 목탄을 채우고, 청고니青膏泥로 덮고, 다시 석판으로 덮었다. 덧널은 북, 동, 중, 서 4칸으로 구성되었다. 주인의 널은 동쪽 칸에 있고, 같은 칸에 8구의 순인널과 개를 매장한 널을 배치했다. 서쪽 칸에 나머지 13구의 순인널을 안치하였다〈그림 113〉. 주인의 널은 두 겹이고, 모두에 검붉은 칠의 그림이

48 安徽省文物管理委員會等 : 『壽縣蔡侯墓出土遺物』 5면, 科學出版社, 1955年.

49 鄭杰祥 : 「河南新野發現的曾國銅器」, 『文物』 1973年 第5期.

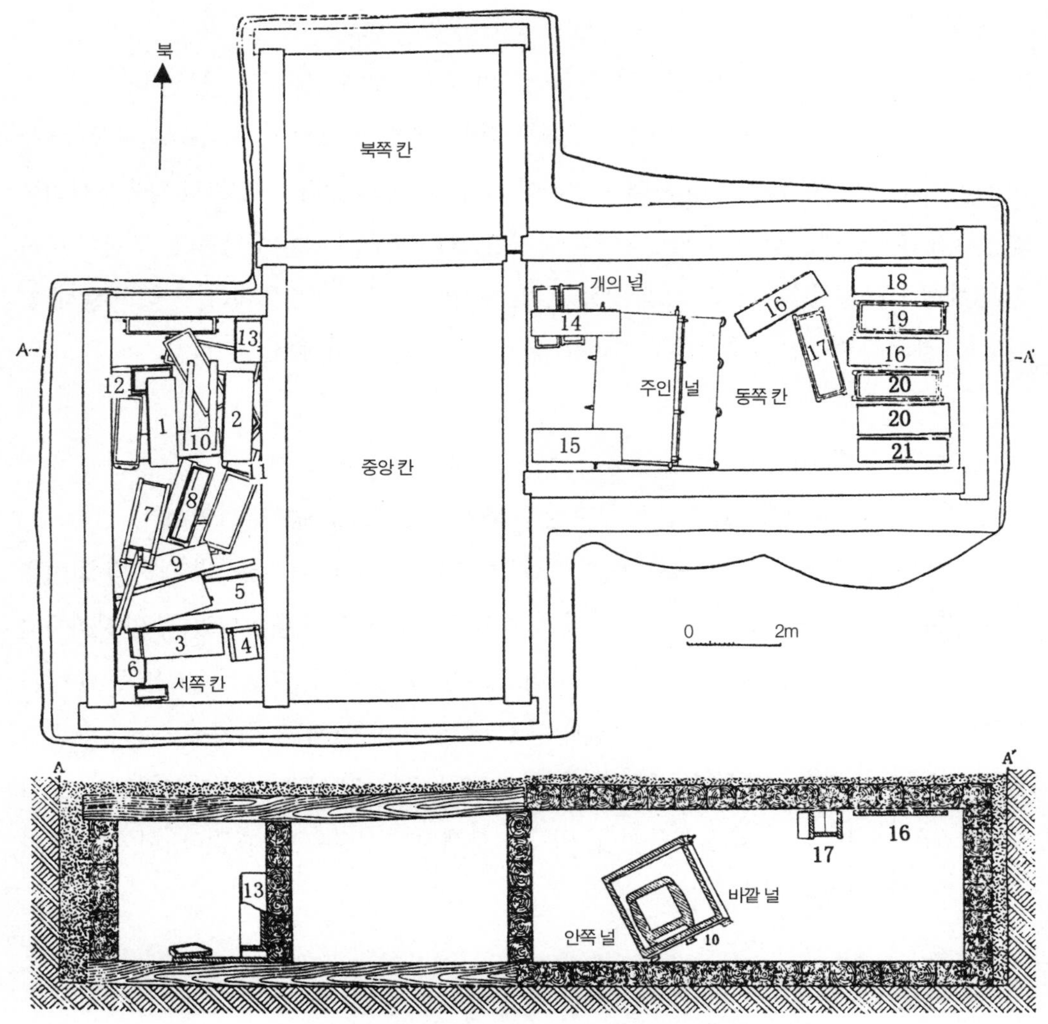

그림 113 증후을무덤 덧널 및 동 · 서칸의 순인 널(『曾侯乙墓』에서)
1~13. 서쪽 칸 순인 널 ,14~21. 동쪽 칸 순인 널

있다. 무덤주인의 인골은 감정 결과 45세 내외의 남성이다. 순인널은 길이 190~200cm, 너비 65~80cm, 높이 60~80cm이고, 채색을 하였다. 각각 대자리로 사체를 감싼 1인이 안치되었다. 소량의 옥기와 목제 소梳, 비篦 등이 부장되었다. 순인의 인골은 감정 결과 전부 13~25세의 여성이다. 무덤주인과 같은 칸에 배치된 순인 8인은 처첩에 속하는 것 같고, 서쪽 곁칸의 13인은 음악을 연주하던 하인인 악기樂伎인 것 같다. 무덤에서는 풍부한 유물이 출토되었는데, 대부분의 청동기에 '증후을曾侯乙' 이라는 이름이 있어 무덤주인이 사용하던

용기임을 알려준다. 따라서 '증후을무덤' 이라고 부른다.[50] 초나라 왕 염장박酓章鎛의 명문이 있는 것이 같이 출토되었기 때문에 이 무덤은 기원전 433년 혹은 그 약간 뒤에 축조된 것이다.

수현 뇌고돈 2호 무덤.

묘제는 1호 무덤과 같지만 크기가 비교적 작다. 남아 있는 무덤구덩이는 길이 7.3m, 너비 6.9m이다. 중앙에 칠로 그림을 그린 널 1구가 안치되었는데, 무덤주인의 것이다. 인골은 부패되었다. 주인 널 아래에서 작은 순인널 1구가 발견되었다. 인골은 역시 부패되었다. 이 무덤에는 청동제 예악기가 아주 많이 부장되었는데, 편종編鐘이 한 세트 36점이고, 9점의 정鼎과 8점의 궤簋가 있고, 병기는 발견되지 않았다. 연대는 1호 무덤에 비해 약간 늦고, 증후부인의 무덤으로 짐작된다.[51]

이상의 예는 발표된 초문화구의 10여 기 순인무덤이다. 무덤주인의 신분은 대체적으로 제후급에 속하는 것이 석천 하사 초나라왕무덤, 수현 채후무덤, 수현 뇌고돈 1·2호 무덤이고, 봉군급에 속하는 것이 고시 후고퇴 1호 무덤, 악성 백자판 3·4·5호 무덤 및 신야 소서관의 증나라무덤이다. 이로써 추정하면 동주시기 초문화구의 제후, 봉군, 상경, 대부의 무덤에는 일반적으로 모두 순인이 있다고 할 수 있다. 순인은 모두 얇은 널에 안치되었고, 간단한 부장품을 가졌고, 신분은 모두 무덤주인 생전의 처첩과 측근이다. 이 외 석천 하사 초나라왕실묘지의 발굴에 대한 연구에 따르면 초나라 왕실의 순인은 무덤주인과 같은 무덤 속에 묻힌 사람이 소수이고, 더욱 많은 순인이 무덤주인과 다른 무덤에 묻혔다고 한다. 후자의 순인은 지금 얼마나 많은지 해결할 수 없어 이후의 연구에서 유의하여야 할 것 같다.

50 湖北省博物館:『曾侯乙墓』, 文物出版社, 1989年.

51 湖北省博物館等:「湖北隨縣擂鼓墩二號墓發掘簡報」,『文物』1985年 第1期.

5. 오월문화구

오월문화구는 오나라와 월나라, 회수淮水 유역과 장강長江 하류의 영성嬴姓과 언성偃姓인 여러 소국 및 그 동남의 방국부족을 포괄한다.

고문헌에 본 문화구에 속하는 일련의 변방지역에서 사람을 먹는 '담인啖人'과 장자를 살해해 먹는 '살식장자殺食長子'의 야만적인 습속이 유행했음을 보여준다. 죽여서 먹기 전에는 곡물의 풍수를 기원하는 종교의식이 거행되었을 것이다. 이후 사람을 먹는 풍조가 사라졌지만, 살인제사의 의식은 계속 전해져 역사상 엽두제의 습속을 형성하였다. 『초사楚史·초혼招魂』, 『묵자墨子·노문魯問』, 『묵자·절장하』, 『열자列子·탕문湯問』, 『후한서後漢書·남만전南蠻傳』, 진장화晋張華의 『박물지博物志』 등의 문헌에 모두 이러한 기재가 보인다. 내용의 상세함과 간단함이 차이가 있고, 유행한 지점을 지적함에 있어서도 각 문헌이 약간의 차이가 있다. '초나라의 남쪽'이라는 설이 있고 '초나라의 동쪽'이라는 설이 있다. 총괄하면 대략 본 문화구의 산간벽지 혹은 바닷가의 지역에 해당된다. 유감스러운 것은 앞에 인용한 여러 문헌이 모두 명확한 시기를 언급하지 않았고, 상세하게 설명하지 않거나 괴기한 이야기와 뒤섞여 있다는 점이다. 또한 고고학 자료도 이러한 것에 대한 실증을 하지 못한다는 점이다. 따라서 이 지구에 있어서 인생의 원류에 대해서는 지금까지 분명하게 설명할 방법이 없다.

오월문화구에 인순이 있었음은 『시자尸子』라는 문헌에 처음 보인다.

> 夫吳越之國, 以臣妾爲殉, 中國聞而非之.

『사기史記·순경열전荀卿列傳』의 집해集解를 인용한 유향의 『별록別錄』에는 "시자 서書는 진晋나라 사람으로 이름은 교佼이다. 진秦나라 재상 상앙商鞅의 손님으로 있었다. 재상 상앙이 법제, 전제, 세제 등의 개혁으로 민을 다스리려고 하다 왕실의 반감을 사 처형을 받게 되자 함께 처형될까 두려워 촉蜀으로 망명하였다. 거기에서 20편의 책을 지었는데, 글자가 6만에 달한다."라고 하였다. 『한서漢書·예문지藝文志』에는 잡가雜家로 들어가 있다. 『수서隋書·경적지經籍志』에는 저록 20권이 있고, 9편이 망실되었고, 위魏 황초黃初 중에 속간된 바 있다고 운위하고 있다. 남송南宋 우무尤袤의 『수초당서목遂初堂書目』에 목록이 있고, 원명元明

시기에 이르러 전실되었다. 지금은 청淸나라 사람 장종원章宗源, 손성연孫星衍, 왕계배汪繼培 등의 집본輯本에 보인다. 이 책이 시간이 지나면서 망실되고 적은 분량만 남아 있으나, 시교尸佼는 당시 사람으로서 그때의 일을 들은 바대로, 본 바대로 기록한 것이다. 단지 겨우 16 글자만 남아 그 상세한 내용을 알 수 없음이 애석하다. 그것이 명확하게 지적하는 것은 당시 중원 제후국에서는 인순의 습속이 쇠미해진 시기이지만, 오월에 소속된 지역에서는 아직 신하와 첩을 순장하는 악습이 유행하였음이다. 기록이 믿을만한 것은 고고학 자료가 인증을 하기 때문이다.

『시자』 이외에 『오월춘추吳越春秋』, 『월절서越絶書』에도 관련된 기록이 있다. 『오월춘추 · 백가잡설百家雜說』의 다음 기록이 그것이다.

吳王闔閭, 崇食厚葬, 生埋美人, 多藏寶物, 數百年後, 靈鶴翻于林壑, 神虎嘯于山丘.

또 같은 책 『합려내전闔閭內傳』에 다음의 기록이 있다.

吳王有女騰王 ……(女)乃自殺, 闔閭痛之, 葬于國西閶門外, 鑿池積土, 文石爲槨. ……乃舞白鶴于吳市中, 令萬民隨而觀之. 逐使男女俱入羨門, 因發機以掩之. 殺生以送死, 國人罪之.

『월절서 · 외전기오지전外傳記吳地傳』의 기재도 대략 유사하다.

『오월춘추』와 『월절서』는 한위漢魏시기의 사람인 채척采摭이 민간의 전승을 모아 편찬한 것으로 기재된 많은 것이 불확실하고, 믿을 만한 근가가 별로 없어 청나라의 유학자 한이旱已는 위서僞書로 보았다.[52] 필자는 두 책이 비록 위작이지만 주어서 모은 잡설에도 혹 실제가 있을 수 있고, 그것들이 고고학 자료로 인증되기에 참고할 가치가 있다고 생각한다.

고고학에서 발굴된 순인무덤으로는 단도丹徒 오吳나라왕릉, 회양淮陽 고장高莊과 비주邳 구녀돈九女墩의 서徐나라귀족묘지가 있다.

52 (淸)姚除恒 : 「古今僞書考」, 『古籍考辨叢刊(第一集)』 310~311면, 中華書局, 1955年.

단도 오나라왕릉

오나라왕릉구는 단도 대항大港 연돈산烟墩山 서에서 간벽진諫壁鎭의 연강沿江에 이르는 산지에 분포한다. 동에서 서로 배열된 무덤 가운데 춘추시기 오나라왕릉은 서부에 있고, 일찍이 모두 도굴되었다. 근년에 정리된 몇 기의 능에서 인순, 인생과 제생이 발견되었다. 자료가 발표된 것은 3기이다. 북산정北山頂무덤은 1984년 발굴된 것으로 생인이 2구, 순인이 1구이다. 청룡산마자青龍山磨子무덤이라고도 부르는 청룡서산青龍西山무덤은 1989년 발굴된 것으로 순인이 2구, 순마가 3마리이다. 양산粮山 2호 무덤은 1979년 발굴된 것으로 순인이 1구이다. 이들 무덤에서 발견된 것을 합하면 순인이 4구, 생인이 2구, 순마가 3마리이다. 무덤의 연대는 모두 춘추중기의 늦은 시기이다.

북산정무덤은 높고 큰 봉토를 가진 토돈무덤이다. 토돈의 아래 '刀' 자형의 무덤구덩이가 있다. 으뜸덧널과 곁덧널(원보고에는 '무덤길' 이라 하였다) 두 부분으로 나눠진다. 으뜸덧널은 길이 5.8m, 너비 4.5m, 깊이 1.4m 내외이다. 곁덧널은 으뜸덧널의 서벽에 북쪽으로 편재해 붙었고, 길이 5.8m, 너비 2.35m, 깊이 1.2m이다. 방향은 270°이다. 곁덧널의 무덤구덩이 양측에 평탄한 제사대祭祀臺가 있고, 그 위에 각각 생인 1구가 매장되었다. 생인은 부패되어 약간의 팔다리뼈만 남아 있다. 북측의 생인은 두향이 정북이고 동제 삭削, 작은 도刀와 세 발 달린 감鑒(거울용 대야)이 부장되었다. 남측 생인은 두향이 210°이고, 머리 부위에서 수정제 주珠 세 알이 발견되었다. 발굴자는 부장품을 가지고 하나는 남성, 하나는 여성으로 추측하였다. 이들은 무덤에 주인을 하장할 때 거행된 제사의식의 인생이다. 곁덧널에서는 많은 유물이 3층으로 나뉘어 출토되었다. 상층에서는 26점의 동제 개궁모蓋弓帽(수레 뚜껑의 살대 끝장식), 중층에서는 순인 1구가 출토되었다. 순인은 인골이 완전하게 보존되었고, 사체를 사직품絲織品으로 감쌌다. 앙신직지의 자세이고, 신장은 1.6m, 두향은 동쪽이다. 감정 결과 여성이고, 나이는 대략 30세이다. 하층에는 많은 청동 예기, 병기, 악기, 거마기 등이 배치되었다. 으뜸덧널은 심하게 도굴되어 소량의 칠목기, 도기와 동기 파편이 남아 있었다. 무덤주인의 인골은 이미 훼손되었다. 발굴자는 명문이 있는 동기와 지리 위치에 근거하여 무덤주인을 오나라 왕 여매余昧(기원전 527년 죽음)로 추정하였다.[53]

53 江蘇省丹徒考古隊 :「江蘇丹徒北山頂春秋墓發掘報告」,『東南文化』1988年 第3, 4合期. 張敏 :「吳王余昧墓的發掘及其意義」,『東南文化』1988年 第3, 4合期.

청룡서산무덤은 '강남지구 춘추시기 제일 대묘'라고 부르는 것이다. 지상에 높고 큰 토돈을 쌓았고, 토돈의 아래 경사무덤길을 가진 구덩식돌방[竪穴式石室]을 축조하였다. 돌방은 길이 12m, 너비 7m, 깊이 5.5m이다. 무덤길은 서향으로 길이 13m, 너비 4.3m이다. 무덤길 입구 양측에 각각 1구의 순인을 매장하였다. 순인의 인골은 보존이 완전하고, 감정 결과 하나는 남자, 하나는 여자였다. 나이는 모두 17세 내외이다. 무덤길 내부에 많은 인문印文의 경질도기硬質陶器를 배열하였고, 무덤방 입구에 산 말 3마리를 횡으로 진열했다. 무덤방은 불에 탔으나 다행히 동제 예기, 병기, 거마기 80여 점이 남아 있다. 발굴자는 출토유물에 근거하여 춘추시기의 비교적 늦은 시기 오나라왕무덤으로 추정하면서 오나라 왕 수몽壽夢(기원전 561년에 죽음)인 것 같다고 하였다.[54]

양산 2호 무덤은 지상에 거대한 봉토를 가진 토돈무덤으로 토돈의 아래에 장방형의 구덩식돌방을 축조한 것이다. 무덤 위는 길이 12m, 너비 7m이고, 바닥은 길이 9.8m, 너비 5.9m, 깊이 9m이다. 무덤주인의 두향은 북쪽이고, 인골은 이미 부패되었으나 신장이 약 1.6m임은 알 수 있다. 몸에 옥제 장신구를 차고 있다. 장구는 부패되었고, 많은 원시자기原始瓷器와 소량의 동기를 부장하였다. 서측 이층석대의 중부에서 어린아이 인골 1구가 발견되었다. 인골은 앙신직지의 자세이고, 신장은 1.25m이고, 장구는 보이지 않는다. 순인이다. 머리뼈 앞에서 4점의 원시자기 완碗이 발견되었는데, 순인의 부장품이다. 발치에서 1점의 도기 정鼎 및 제생으로 사용된 말의 머리뼈, 이빨과 다리뼈가 발견되었다. 무덤주인은 오나라의 귀족인 것 같다.[55]

회양 고장순인무덤

1978년 발굴된 전국 조기 후단계의 무덤으로 순인은 14구이다.

이 무덤은 장방형구덩식의 덧널무덤이다. 무덤구덩이는 길이 10.5m, 너비 9m이고, 바닥이 약간 좁고, 깊이는 3.9m이다. 방향은 285°이다. 무덤바닥 중부에 허리구덩이가 있고, 거기에 개 1마리가 매장되었다. 동북부에 덧널을 설치하였는데, 내부를 3개의 주검칸으로 나눴다. 머리 쪽에 상자를 설치하였고, 유물은 덧널 바깥 남쪽에 부장하였다. 일찍이 도굴

54 肖夢龍:「吳國王陵區初探」,『東南文化』 1990年 第4期.
55 劉建國:「江蘇丹徒粮山春秋石穴墓」,『考古與文物』 1987年 第4期.

되었다. 중앙 주검칸에 칠을 한 널의 흔적이 남아 있고, 인골은 남아 있지 않다. 남아 있는 순인은 14구로 그 가운데 11구(Ⅰ~Ⅺ호)는 덧널 안에, 3구(Ⅻ~XⅣ호)는 덧널 밖에 배치되었다. 모두 교란되어 원상을 알 수 없다. 출토 시 Ⅰ호 순인은 머리 쪽 상자 안에 있었는데, 머리뼈 및 팔다리뼈 일부만 남아 있었고, 머리뼈 주변에서 3점의 동제 과戈가 발견되었다. Ⅱ호 순인은 남쪽 주검칸에서 발견되었고 널을 가지고 있다. 인골은 아래턱뼈, 일부의 팔다리뼈와 치아가 남아 있었다. 부장품으로는 작은 옥제 관管과 패佩(드리개)가 있고, 감정 결과 청년여성으로 희첩으로 따라 죽은 자인 것 같다. Ⅲ~Ⅺ호 순인은 북쪽 주검칸에서 발견되었다. 널을 가지지 않았고, 그 가운데 Ⅶ~Ⅸ호는 어린아이, 기타는 성년이다. 일반적으로 옥제 배杯, 골각제 소梳, 대구帶鉤 등 소량의 유물이 부장되었다. Ⅶ~ⅩⅣ호 순인은 일부의 머리뼈와 팔다리뼈가 부장유물과 섞여서 남아 있고, 성별은 알 수 없고, 역시 널을 가지지 않았다. 무덤이 비록 일찍이 도굴되었으나 청동기 176점, 도자기 37점이 출토되었다. 주요한 청동기로는 11점의 정鼎, 18점의 반盤, 4점의 감鑒, 2점의 화盉(조미하는 그릇), 1점의 언甗, 1점의 굉觥(뿔잔), 1점의 분盆, 7점의 이匜(주전자모양 용기) 및 과戈, 촉鏃, 거마기 등이 있다. 연대는 대략 전국 조기 후단계이다〈그림 114〉.[56]

회양은 옛날에 회이淮夷의 땅에 속했다가 춘추시기에는 오나라에, 전국 초기에는 초나라에 속했다. 『사기·월세가越世家』에 의하면 구천句踐이 오나라를 평정한 후 "회의 위쪽 땅을 초와" 분할하였다고 하였고, 단지 "당시에 월나라 병사가 회강의 동쪽을 횡행하였다."라고 하여 이곳이 월나라 사람들이 활동하던 지역임을 설명해 준다. 고장무덤에서 출토된 유물은 초나라의 특징을 가진 것이 있고, 월나라의 특징을 가진 것도 있다. 그러면 무덤주인이 초나라 사람인가 아니면 월나라 사람인가? 아직 논단하기가 어렵고, 이 무덤의 바닥에 허리구덩이가 설치되고, 많은 순인이 매장된 특징은 산동 거남 대점과 기수 유가점자의 거나라귀족무덤(앞의 제3절에서 상세하게 설명 함)과 아주 유사하다. 역사적으로 보아 소북蘇北과 노남魯南지구는 모두 동이가 활동하던 지역이고, 은상 이래로 사람을 사용하여 사社에 제사하고, 사람을 순장하는 비율이 다른 지구보다 높기 때문에 고장순인무덤 주인은 동이의 영향을 깊이 받은 초나라 사람이거나 월나라 사람일 것이다.

56 淮陽市博物館:「淮陽高莊戰國墓」,『考古學報』1988年 第2期.

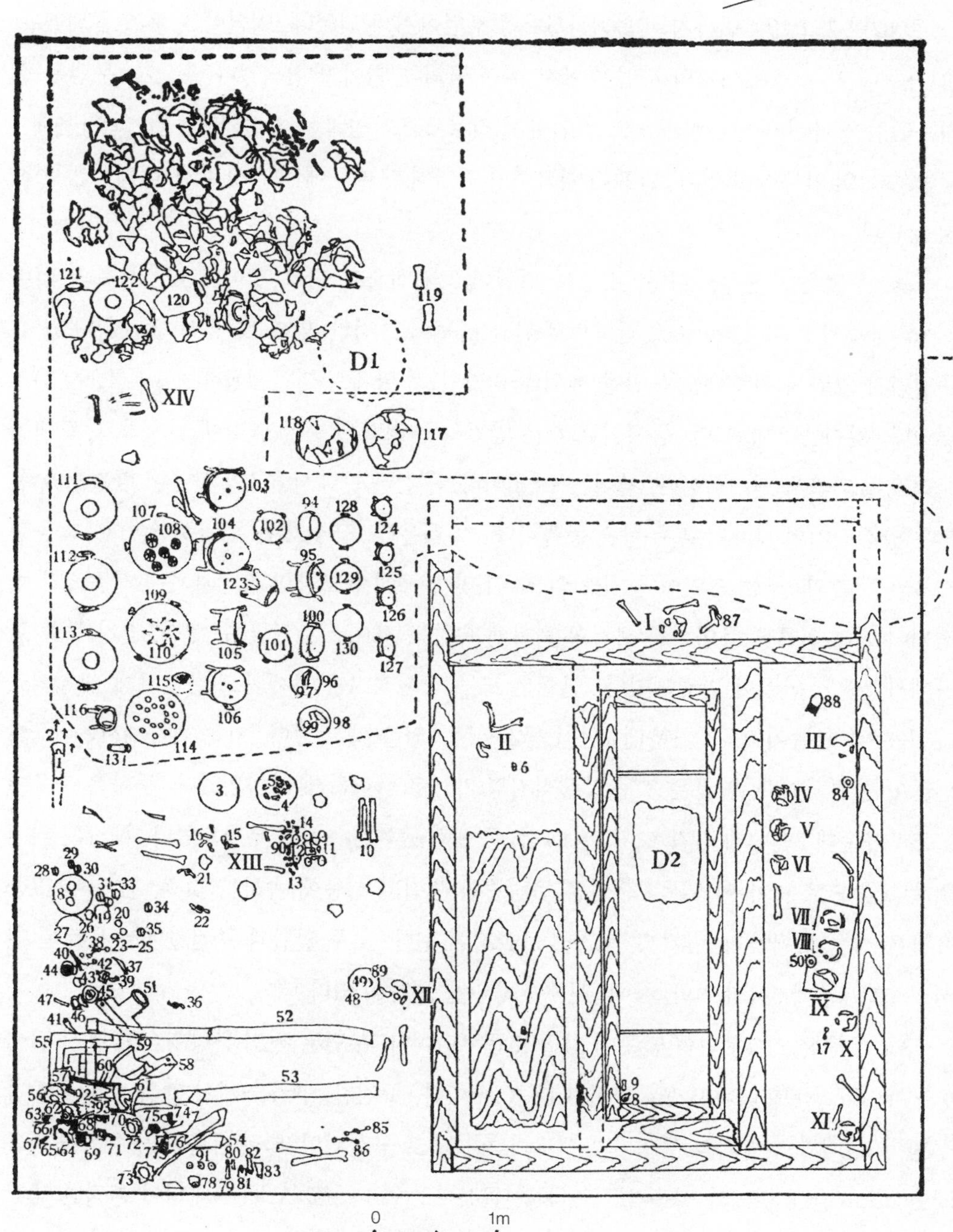

그림 114 회양 고장 전국무덤(『考古學報』 1988年 第2期에서)

Ⅰ～XIV. 순인, D1 · D2. 도굴구덩이(점선 범위 내는 발굴 전에 농민이 파낸 부분으로 여기서 출토된 유물의 위치는 그 농민의 기억에 의해 복원. 무덤에서는 청동 예기, 용기, 병기, 거마기 생산공구 모두 176건과 도자기 57건이고, 이 외 옥석기, 목기, 골각기 등이 출토되었다)

비주 구녀돈 서나라귀족묘지

1982년부터 1997년까지 계속해서 5기의 무덤이 발굴되었다. 일찍이 모두 도굴되었고, 그 가운데 2·3·6호 3기의 무덤 속에서 여러 구의 순인이 발견되었다. 4·5호 무덤은 경사무덤길을 가진 구덩식의 무덤으로 안에서 각각 2구의 인골이 발견되었는데, 그 가운데 1구는 순인일 가능성이 있다. 발표된 자료[57]가 간략하기 때문에 여기서 이에 대해서는 논하지 않는다.

2호 무덤은 토돈무덤이다. 덧널은 평면이 凸자형으로 남북 길이 7.3m, 북측의 너비 6.8m, 남측의 너비 7.3m이고, 남북으로 칸을 나누어 주검칸, 앞칸 및 동서 곁칸을 두었다. 주검칸과 앞칸의 사주에는 목판을 세워 둘러막았고, 위에 뚜껑판(목판이 썩어 흔적만 남음)을 덮었다. 깊이는 2.9m이다. 동서의 곁칸은 앞칸의 둘러막은 목판 바깥에 위치하고, 갈대돗자리로 둘러싼 구덩이식이다. 깊이는 1.6m이다. 주검칸 안에서 6구의 인골이 발견되었다. 모두 앙신직지의 자세이고, 두향은 동쪽이다. 그 가운데 1구(YG4)는 무덤주인이다. 그 동측의 3구, 서측의 2구는 순인이다. 순인의 몸 위 및 부근에 옥조각의 장식과 수정제 주珠가 발견되어 이 순인들은 무덤주인 생전의 희첩에 속하는 것으로 추정할 수 있다. 앞칸 동쪽 곁칸에서 2구의 인골이 발견되었다. 인골은 모두 앙신직지의 자세이고 나란하게 배열되었다. 두향은 북쪽이고, 그 가운데 1인이 동제 삭削 1점을 차고 있다. 서쪽 곁칸에서는 3구의 인골이 발견되었다. 인골은 모두 앙신직지의 자세로 나란하게 배치되었다. 두향은 북쪽이고, 그 가운데 2인에게 각각 도기 관罐 1점, 동제 삭削(추錐?) 1점이 부장되었다. 매장된 위치 및 부장품으로 보아 이 5구의 순인은 무덤주인 생전의 시종에 속하는 것 같다. 남아 있는 유물은 청동제 예악기, 병기 및 도기 등 142점이 된다. 모두 앞칸과 주검칸에서 출토된 것이고, 그 가운데 6점의 편박編鎛에 '사소叡巢' 라는 명문이 있다.[58]

3호 무덤은 2호 무덤의 남쪽에 있는 토돈무덤이다. 무덤은 평면 근방형이고 동서 길이 9.8~11.6m, 남북 너비 9.5m, 깊이 3.1~3.2m이다. 주검칸, 앞칸, 2개의 곁칸, 2개의 순장구덩이, 병기와 거마기의 구덩이와 생토의 제사대로 구성되었다. 주검칸의 사주는 흙벽을 쌓았고, 그 안에 덧널과 널을 설치했다. 인골은 2구(YG1·2)로 모두 부패되어 흔적만 남았

57 徐州博物館等:「江蘇邳州市九女墩春秋墓發掘簡報」,『考古』 2003年 第9期.

58 南京博物院等:「江蘇邳州市九女墩二號墩發掘簡報」,『考古』 1999年 第11期.

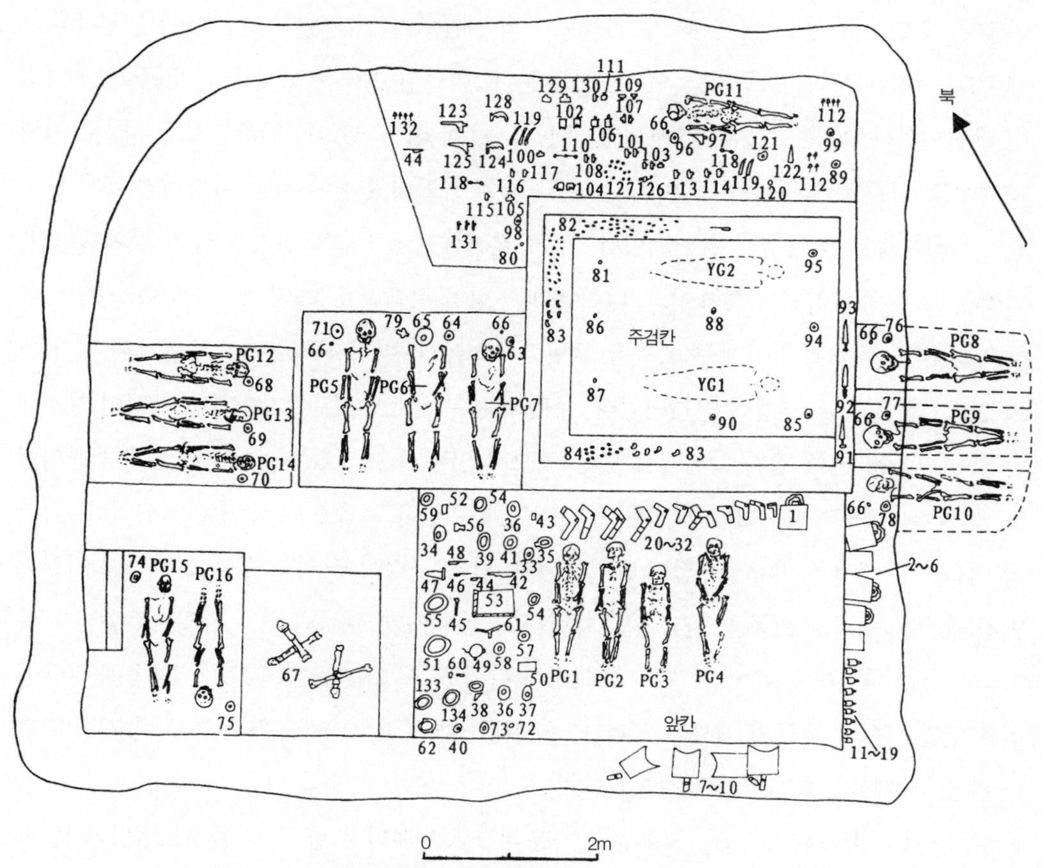

그림 115 비주 구녀돈 3호 무덤(『考古』 2002年 第5期에서)

YG1 · YG2. 주검칸의 인골, PG1~16. 주검칸 주위의 순인, 1~6. 동제 박종(鎛鐘), 7~10. 동제 용종(甬鐘), 11~19. 동제 유종(鈕鐘), 20~32. 석제 편경(編磬), 33 · 34 · 36 · 37 · 65. 동제 반(盤), 35 · 133 · 134. 동제 분형정(盆形鼎), 38. 동제 역(鬲), 39. 동제 관형정(罐形鼎), 40 · 63 · 68~71 · 74~78 · 89 · 95 · 96 · 98 · 99. 인문경질도기 관(罐), 41. 동제 짐승머리정(獸首鼎), 42. 동제 거(鋸), 43. 동제 서(鋤), 44 · 46 · 48. 동제 삭(削), 45. 동제 착(鑿), 49. 동제 용머리화(龍首盉), 50. 동제 방형기(方形器), 51. 동제 뇌(罍), 52. 동제 분(鐼), 53. 동제 노반(爐盤), 54 · 56~59. 동제 두(豆), 55. 동제 부(缶), 60. 동제 장(杖) 장식, 61. 녹각장식, 62. 동제 탕정(湯鼎), 64. 동제 제량호(提梁壺), 66. 도제 방륜(紡輪), 67. 짐승뼈, 72. 석제 고퇴두(鼓槌頭), 73 · 79. 도제 역(鬲), 80. 수정제 환(環), 81 · 86 · 87. 옥제 벽(璧), 82. 바다조개, 83. 옥제 황(璜), 94. 옥제 꿴 구슬, 85. 도제 분(盆), 88 · 90. 옥제 환(環), 91~93. 동제 검(劍), 94. 도제 관(罐), 97 · 123 · 125. 동제 과(戈), 100~109 · 111 · 113~117. 동제 수레장식, 110 · 118. 동제 함(銜), 112 · 132. 동제 촉(鏃), 119. 각제 표(鑣), 120. 동제 원환(圓環), 121. 동제 연환(連環), 122. 동제 준(鐏), 124 · 128. 동제 구(鉤), 126. 동제 대구(帶具), 127. 동제 주(珠), 129 · 130. 동제 산(鏟), 131. 동제 개궁모(盖弓帽)

다. 앙신직지의 자세이고, 두향은 동쪽인 것 같다. 널 안에 동제 검劍, 옥제 벽璧, 황璜, 꿴 구슬, 바다조개 및 도기 관罐 등 39점(건)의 유물이 남아 있었다. 앞칸은 주검칸 남쪽에 위치하고 안에서 4구의 인골(PG1~4)이 발견되었다. 인골은 모두 앙신직지의 자세이고, 나란하게 배치되었고, 두향은 북쪽(주검칸 쪽)이다. 인골의 위에 악기인 박종鎛鐘, 편경編磬이 놓였고, 우측에 동제 예기 등 75점의 유물을 쌓아 놓았다. 주검칸 북쪽에 병기와 거마기 178점을 쌓아 놓은 구덩이가 있고, 거기에서도 1구(PG11)의 인골이 발견되었다. 인골은 측신굴지의 자세이고, 두향은 서쪽, 얼굴은 남쪽(주검칸)을 본다. 머리 주변에서 도기 관罐, 방륜紡輪 각 1점이 발견되었다. 동쪽 곁칸에는 3구의 인골(PG8~10)이 배치되었다. 인골은 모두 앙신직지의 자세이고, 나란하게 두향을 서쪽(주검칸)으로 하여 배열되었다. 각각의 머리 주변에서 도기 관罐 1점과 방륜紡輪 1점이 발견되었다. 서쪽 곁칸에도 3구(PG5~7)의 인골이 배치되었다. 인골은 모두 앙신직지의 자세이고, 나란하게 두향을 북쪽으로 하여 배치되었다. 중간 1구(PG6)의 머리 부위에서 동제 존尊, 분盆, 호壺 각 1점이, 나머지 2구의 머리 주변에서 각각 도기 관罐 1점, 방륜紡輪 1점이 발견되었다. 무덤의 서부에서 발견된 2기의 순장구덩이 가운데 북쪽 구덩이는 서쪽 곁칸 가까이에 있는 것으로 안에서 3구(PG12~14)의 인골이 발견되었다. 인골은 모두 앙신직지의 자세이고, 나란하게 두향을 북쪽으로 하여 배치되었다. 각각의 머리 주변에서 도기 관罐 1점이 발견되었다. 남쪽 구덩이에서는 2구(PG15 · 16)의 인골이 발견되었다. 인골은 모두 앙신직지의 자세이고, 나란하게 배치되었다. 1구는 두향이 북쪽이고, 1구는 두향이 남쪽이다. 머리 주변에서 각각 도기 1점이 출토되었다. 남쪽 순장구덩이와 앞칸 사이에 생토의 제사대가 있다. 제사대는 높이 1.3m이고, 위에 불에 탄 흔적이 있는 많은 동물뼈가 쌓여 있었다〈그림 115〉.[59]

무덤에서 발견된 모두 18구의 인골 가운데 2구가 덧널과 널 속에 안치되었다. 이들은 남성 하나와 여성 하나로 평면도로 볼 때 2인의 간격이 넓어 나란한 2개의 널에 안치되었을 가능성이 있다. 남쪽 널이 비교적 커서 남성인 무덤주인의 것이고, 북쪽 널이 비교적 작아 따라 죽은 희첩인 것으로 보인다. 주검칸을 둘러싼 16구의 사체는 전부 돗자리로 감싸 묻었고, 머리 주변에 도기 관罐, 방륜紡輪 등이 놓였고, 매장 자세가 일치한다. 따라서 신분은 차이가 크지 않을 가능성이 있고, 대략 모두 악기樂伎와 시종에 속하는 것 같다. 성별과 연령이 감정되지 않았기 때문에 지금으로서는 더 진전된 해석을 할 수 없다.

6호 무덤은 2호 무덤의 동편에 위치하는 것으로 경사무덤길을 가진 구덩식의 덧널무덤이다. 방향은 110°이다. 무덤구덩이바닥의 덧널 사주에 이층대를 두었다. 덧널은 길이 6.2m, 너비 3.8m, 깊이 25m이다. 덧널은 심하게 도굴되어 중부에 칠을 한 널이 있었음을 알 수 있을 뿐이다. 북쪽에서 말뼈가 많이 발견되었고, 주인의 인골은 남아 있지 않았다.

59 孔令遠 · 陳永淸 : 江蘇邳州市九女墩三號墩的發掘」,『考古』 2002年 第5期.

주인 널 남쪽에서 1구의 순장자 널이, 동쪽에서 2구의 순장자 널이 발견되었는데, 모두 직접 무덤바닥에 주인의 널과 평행하며 0.7m의 간격을 두고 놓였다. 주인의 널 북쪽은 심하게 도굴되었으나 흔적으로 추측할 때, 1구의 순장자 널이 있었던 것 같다. 남아 있는 3구의 순장자 널은 모두 칠을 한 널이고, 널에는 각각 인골 1구가 있다. 남쪽 널의 인골은 가늘고 작아 어린아이인 것 같고, 부장품이 발견되지 않았다. 동쪽 2구 널의 인골은 부패가 심하여 성년임을 알 수 있을 뿐이고, 소량의 도기와 동기가 부장되었다. 무덤길 중부의 양측에 각각 하나의 장방형구덩이가 있다. 거기에는 각각 1구의 칠을 한 널이 안치되었고, 널에서는 각각 인골 1구가 발견되었다. 남측 널의 인골은 보존이 양호한 것으로 앙신직지의 자세이고, 두향은 동쪽, 성년남성이다. 발치에 여석礪石, 동제 도刀 등이 놓였다. 북측 널의 인골은 부패되었으나 앙신직지의 자세, 두향이 동쪽임은 알 수 있고, 성별은 알 수 없다. 발치에서 1점의 동제 도刀가 발견되었다. 무덤에는 37점의 도자기가 남아 있고, 1점의 동기 파편에 '공□왕지손工□王之孫' 이란 명문이 새겨져 있다.[60]

무덤에서 발견된 5구의 순인은 모두 칠을 한 널에 안치되었고, 주인 널 남측의 순인이 어린아이이고, 부장품이 없어 신분을 추측하기가 어렵지만 나머지 4구의 순인은 모두 소량의 유물이 부장되었고, 3구 모두에게 타원형의 도기편을 부장하였고, 매장위치도 구별되고 있어 주인 널 주변의 순장자의 신분은 무덤길 양측 순장자의 신분보다 약간 높음을 알 수 있다.

발굴자는 구녀돈 5기의 무덤에 대하여 역사적 지리위치 및 출토된 동제 정鼎의 명문을 분석하여 이들 무덤의 주인은 모두 춘추시기 서나라의 고급귀족이고, 그 가운데 서나라의 왕 혹은 왕실의 성원이 있을 가능성이 있다고 하였다. 기원전 512년 오나라가 서나라를 멸망시켰기 때문에 이 5기 무덤의 연대는 대략 이 해에서 멀지 않은 시기일 것이다.

6. 파촉전문화구

본 문화구의 범위는 지금의 서남지구인 천川, 검黔, 전滇 세 지역으로 동주시기에는 파

60 徐州博物館等 : 「江蘇邳州市九女墩春秋墓發掘簡報」, 『考古』 2003年 第9期.

巴·촉蜀·전滇나라 및 여타 부족이 있었다.

『후한서·남만서남이전南蠻西南夷傳·파촉남부만전巴蜀南部蠻傳』의 기재에 의하면 파나라 사람의 시조 "늠군廩君이 죽어 그 혼백이 백호가 되어 세상에 나왔다. 파씨巴氏가 호랑이에게 사람 피를 먹이니 이에 따라 사람을 쓰는 사당제사가 되었다."라고 하였다. 이는 파문화구의 상고시대에 사람을 사용하여 조상에게 제사하는 습속이 있었음을 설명해 준다. 사천지구에서는 적지 않은 파촉문화의 큰돌무덤[大石墓]과 돌판무덤[石板墓]이 발굴되고 무덤에서는 다수의 인골, 많은 것은 수십 구의 인골이 보이곤 하는데, 모아서 묻은 무덤인 총장叢葬으로 보인다. 그 가운데는 1회에 묻은 것이 있고, 여러 차례에 걸쳐 묻은 것도 있고, 살이 썩은 다음 뼈를 추려 묻은 세골장洗骨葬도 있다. 그들의 신분, 혈연 관계 및 순사의 성격이었는지는 아직 알 수 없다. 고고학에서의 발견도 인생과 인순의 유적이 인정되는데, 운남雲南 검천劍川 오봉산鰲鳳山 청동기시대 무덤과 운남 전지滇池 일대의 전滇나라무덤이 그것이다.

(1) 검천 오봉산청동기문화무덤의 인생과 인순

운남 검천 오봉산청동기문화묘지는 1980년 발굴되었다. 117기의 조기 움무덤[土坑墓] 가운데는 성년남녀를 1회에 같이 묻은 합장무덤 5기가 있다. 이 가운데 남자 1인과 여자 1인을 합장한 것이 4기이고, 1인의 남자와 2인의 여자를 합장한 것이 1기이다. 남녀를 하나의 널에 안치한 것은 남성은 앙신직지의 자세이고, 여성은 측신굴지의 자세이다. 각각을 소개하면 다음과 같다.[61]

오봉산 50호 무덤

무덤구덩이가 길이 2.1m, 너비 1m, 깊이 1.3m이다. 널이 1구 안치되었고, 널에는 한꺼번에 매장된 2구의 인골이 들어 있다. 두향은 156°이다. 노년남성은 앙신직지의 자세로 우측에 있고, 중년여성은 측신굴지의 자세로 좌측에 배치되어 얼굴이 남성을 향한다. 남성의 머리 위와 우측 어깨 근처에서 동제 검劍 2점, 검초劍鞘(칼집) 4점, 월鉞 1점이 발견되었다〈그림 116의 좌〉.

61 雲南省文物考古硏究所 : 「劍川鰲風山古墓發掘報告」, 『考古學報』 1990年 第2期.

오봉산 53호 무덤

무덤구덩이는 길이 2.05m, 너비 0.98m, 깊이 0.6m이고, 널 1구가 안치되었다. 널에는 한꺼번에 매장된 2구의 인골이 들어 있다. 두향은 156°이다. 성년남성은 앙신직지의 자세로 우측에 있고, 왼손 부위에서 동제 탁鐲(팔찌) 3점과 동제 계지戒指(반지) 4점이 출토되었다. 성년여성은 측신굴지의 자세로 좌측에 배치되어 남성을 보고 있다. 2인의 머리 위에서 동제 과戈, 석제 추墜(추), 돼지 아래턱뼈가 출토되었고, 여성에게서 동제 잠簪이, 남성에게서 동제 탁鐲, 동제 계지戒指와 녹송석 주珠를 꿴 목걸이가 출토되었다〈그림 116의 우〉.

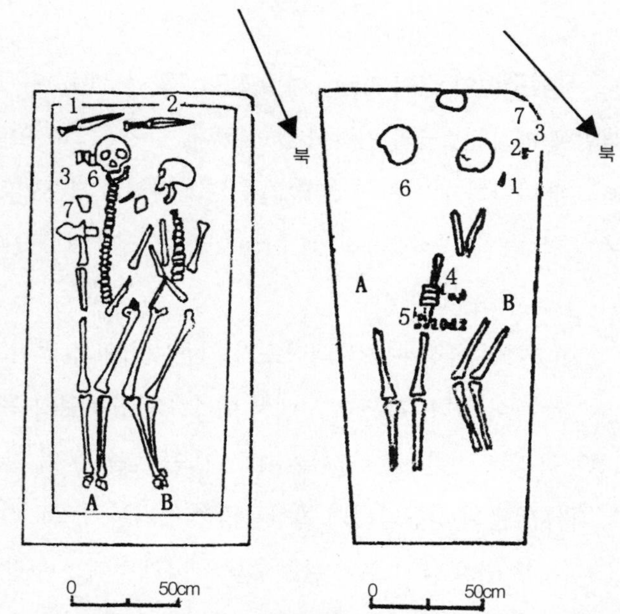

그림 116 검천 오봉산청동문화무덤(『考古學報』 1990年 第2期에서)
좌 : 50호 무덤 1 · 2. 동제 검(劍), 3. 동제 월(鉞), 4. 동제 검초(劍鞘)
우 : 53호 무덤 . 동제 과(戈), 2. 석제 추(墜), 3. 동제 잠(簪), 4. 동제 탁(鐲), 5. 동제 계지(戒指), 6. 목걸이, 7. 돼지 아래턱

오봉산 200호 무덤

무덤구덩이는 길이 2.75m, 너비 1.6m, 깊이 0.7m이다. 하나의 덧널 속에 목판으로 칸을 나눈 널이 안치되었다. 널에는 한꺼번에 매장된 인골 3구가 들어 있다. 두향은 모두 200°이다. 우측 칸에는 성인남성 1구가 앙신직지의 자세로 매장되었다. 좌측 칸에서는 측신굴지의 자세인 성인여성 2구의 인골이 발견되었다. 부장품은 보이지 않는다.

오봉산 59호 무덤

무덤구덩이 길이 2.1m, 너비 0.5m, 깊이 0.3m이다. 널 1구가 안치되었다. 널에는 한꺼번에 매장된 2구의 인골이 중첩되어 있다. 두향은 150°이다. 남성이 위에, 여성이 아래에 있고, 모두 앙신직지의 자세이다. 머리 위에서 동제 장식품과 도기 관罐이 출토되었다.

오봉산 158호 무덤

무덤구덩이 길이 3.5m, 너비 1.7m, 깊이 2.05m이다. 널 1구가 안치되었다. 널에는 한꺼번에 매장된 2구의 인골이 들어 있다. 두향은 210°이다. 노년남성이 우측에, 중년여성이 좌측에 나란하게 배치되었다. 모두 앙신직지의 자세이다. 이들의 머리 위에서 자루를 가진 동제 검劍 1점, 장식품 1점, 요주料珠 196점, 돼지 아래턱뼈 1점이 출토되었다.

이 5기의 합장무덤은 대다수가 남존여비의 장법이고, 남성의 부장품이 여성의 것보다 많은 특징이 있다. 같은 묘지에서 이 5기 합장무덤의 무덤구덩이가 비교적 크고, 부장품이 많은 특징도 있다(200호 무덤은 예외). 이는 감숙 무위 황랑랑대, 영정 진위가 제가문화묘지 등에서 발굴된 성년남녀의 합장무덤[62]과 기본적으로 같다. 무덤에서 출토된 '안불랍식安佛拉式'의 두 귀가 달린 도기 관罐과 돼지 아래턱뼈를 부장하는 습속은 감청甘青지구 제가문화의 영향을 받았을 가능성이 있다. 발굴자는 두 지구의 문화가 서로 유사하여 역사상 저강족氐羌族의 남천南遷과 관련이 있을 것으로 생각하였다. 오봉산 5기의 남녀 합장무덤은 제가문화에 존재한 처첩순부 장례습속의 재현이다. 방사성탄소연대의 보정에 의하면 이 5기의 합장무덤 연대는 대략 춘추 말기에서 전국 조기에 해당된다. 당시의 검천과 영랑寧蒗지구와 아롱강雅礱江유역은 착도이筰都夷가 저주하던 곳이기에 죽은 자는 남천한 저氐인과 본지의 토착민이 융합 동화해서 형성된 착도이 사람으로 추정된다.

(2) 운남 전나라무덤에서 발견된 인생과 인순

운남 전지 일대의 전나라무덤에는 고고학에서 얻어진 인생과 인순의 자료가 비교적 많다. 주요한 것이 진녕晋寧 석채산石寨山, 정공呈貢 천자묘天子廟와 강천江川 이가산李家山 세 곳의 조기 전나라무덤이다. 조기무덤의 부장품은 대다수가 전문화의 특징을 농후하게 가지고 있고, 초나라문화 요소를 일부 포함하고 있다. 시기는 대략 장교庄蹻가 전으로 들어 온

62 甘肅省博物館 :「甘肅武威皇娘娘臺遺址發掘報告」,『考古學報』1960年 第2期. 甘肅省博物館 :「武威皇娘娘臺遺址第四次發掘」,『考古學報』1978年 第4期. 中國社會科學院考古研究所甘肅工作隊 :「甘肅永靖秦魏家齊家文化墓地」,『考古學報』1975年 第2期.

시기(기원전 277년) 전후에서 후한後漢 광무제光武帝 원봉元封 2년(기원전 109년) "익주군益州郡을 설치하고 전滇에 왕인王印을 사여"(『사기 · 서남이열전西南夷列傳』)하기 이전까지이다. 전과 중원의 관계가 발생한 것은 주로 한대이지만 인생과 인순을 반영하는 자료는 전문화의 특징이 농후한 유물에 집중되어 이전 전나라에 인생과 인순의 습속이 있었고, 주로 전나라 조기에 시행되었음을 설명한다. 이 시기는 중원으로 봐서는 전국시기이기 때문에 필자는 이 장에서 이를 소개하고자 한다.

전인의 인생습속은 전나라무덤에서 출토된 청동으로 주조한 기물의 도상에 표현되어 있다. 기물의 도상은 가장 많은 것이 전쟁에서 적을 포로로 잡아 수급을 바치거나 살인하여 제사하는 모습이다. 이 외 문헌과 민족지자료의 연구를 결합하면 전나라에 엽두제의 습속과 헌부제사의 습속이 유행했음을 추정할 수 있다.

전쟁이 제재로 된 도상에는 한쪽은 상투로 튼 머리가 특징인 전나라 사람이, 나머지 한쪽은 땋아 내린 머리가 특징인 곤명昆明 사람이 나온다. 전나라 사람은 승자이고, 곤명 사람은 패자로서 전나라의 정벌, 포로, 노역과 살육의 대상이었다. 그 가운데 다음과 같은 머리를 베는 것과 포로의 실물 도상이 포함되어 있다.

1. 2점의 동제 모矛(石 M3 : 112, 石 M1 : 84)의 양측에 두 손에 쇠고랑을 차고 매달린 곤명 사람의 모습이 있다.[63]

2. 1점의 그림과 문자가 새겨진 동기 편(石 M13 : 61)에 곤명 사람의 머리를 각종의 희생 가축, 노예 등 재산과 함께 나란하게 조각하였다.[64]

3. 1점의 동제 부斧(石 M1)에 곤명 사람의 머리를 화문花紋으로 새겼다.[65]

4. 여러 점의 조개를 저장하는 그릇인 저패기貯貝器(石 M6 : 1, M13 : 356), 동제 식패飾牌(石 M13 : 109, M3 : 72)[66]와 동제 부斧(李 M13 : 21)[67]에 전사기마戰士騎馬가 오른손에 모矛를 잡고,

63 雲南省博物館 : 『雲南晋寧石寨山古墓發掘報告』 35면, 圖版貳壹, 文物出版社, 1959年.

64 『雲南靑銅器論叢』編輯組 : 『雲南靑銅器論叢』 69면, 圖一, 文物出版社, 1981年.

65 雲南省博物館 : 「雲南晋寧石寨山古蹟址及墓葬」, 『考古學報』 1959年 第1期, 56면, 圖一五.

66 雲南省博物館 : 『雲南晋寧石寨山古墓發掘報告』 74, 75, 89면, 圖版 肆捌~伍壹, 捌参 : 2, 文物出版社, 1959年. 雲南省博物館 : 「雲南晋寧石寨山古墓群出土銅鐵器補遺」, 『文物』 1964年 第12期, 41, 42면, 圖版 伍 : 2.

67 雲南省博物館 : 「雲南江川李家山古墓群發掘報告」, 『考古學報』 1975年 第2期, 128면, 圖版 参参 : 1.

왼손에 사람 머리를 들고 돌아오는 모습이 주출되어 있다.

곤명 사람의 수급을 사냥하여 얻는 것은 적을 죽인 공에 대한 보답을 받는다는 의미 이외에 엽두제의 습속이 함께 연계되어 내려온 것으로 생각된다. 석채산과 이가산에서 출토된 청동제의 종교성 고상식건축에서는 방의 다락에서 사람 머리를 바쳐 올리는 조각상[68]이 발견되곤 하는데, 그 모습은 이런 문제에 대해 해명해 준다. 엽두습속은 원시인이 생존에 필요한 토지와 농작물을 얻으려는 자연에 대한 숭배로서 당시 세계의 원시부락에 아직 남아 있었던 것이다.

운남 서맹西盟의 와족佤族은 중국의 근대에까지 엽두의 습속이 보존된 민족이다. 해방 초기의 조사에 따르면 서맹 와족의 원시종교 교리는 곡물의 생장을 담당하는 여신이 사구포司歐布이고, 그녀에 대한 제사가 그들 제사의례의 중심이었다. 파종과 수확의 계절에는 먼저 각 부락이 모두 사람머리를 사용한 혈제를 시행하였고, 이를 곡신穀神 사구포에게 봉헌함으로서 그녀의 보우 아래 곡물의 풍수를 청하였다. 사람 머리를 사냥할 때는 먼저 닭으로 점을 쳐 사람 머리를 사냥할 군사의 우두머리를 뽑았고, 빌미를 만들어 다른 씨족, 부락에 대한 전쟁을 발동하거나 암중에 습격하였다. 사냥해 온 사람 머리는 마을 주변의 나무와 대나무로 축조한 사당인 목방木房 혹은 목붕木崩에 바쳤다. 목방 혹은 목붕은 사구포여신이 거주하는 곳이고, 목고木鼓(나무북)의 신 극락극克洛克이 거주하는 곳이기도 하다. 이때 나무북을 만들고, 나무와 대나무로 사당을 건축하는 것은 모든 씨족이 참가하는 중요한 행사였다. 이것이 나중에 촌락을 위한 연중의 중요한 단체적인 세시풍속으로 발전하였다. 인제人祭는 극락극과 사구포를 위하여 함께 분향하는 희생으로 편성되었다. 잘라진 사람 머리를 안위하기 위하여 소를 사용한 희생이 필요하였고, 매년 와족의 달력상 1월부터 6월 사이가 소를 잡아 희생하고, 사람머리로 제사하는 시기였다. 희생된 사람의 머리뼈는 마을 밖의 삼림에 방치되었고, 이곳에 전문적으로 사람 머리를 모아 놓고 표시하는 인두장人頭桩을 설치하였다. 소고기는 마을의 성원들이 함께 모여 나누어 먹었다.[69] 석채산에서 출토된

68 雲南省博物館 : 『雲南晋寧石寨山古墓發掘報告』 92, 93면, 文物出版社, 1959年. 雲南省博物館 : 「雲南江川李家山古墓群發掘報告」, 『考古學報』 1975年 第2期, 圖版 十肆 : 1.

69 宋恩常 : 『雲南少數民族社會與家庭形態調査研究』 第1輯, 雲南大學歷史硏究所民族組, 1975年.

그림 117 진녕 석채산 12호 전나라무덤 출토 통형 저패기

엽두 도상, 목방의 모형은 와족의 엽두제 습속을 형상적으로 설명해 준다.

전나라의 헌부제사 습속은 석채산에서 출토된 3점의 청동제 저패기 뚜껑에 주조된 살인제사 장면이 실증해 준다.

12호 무덤 출토 통형 저패기(M12 : 26)

뚜껑의 살인제사 장면〈그림 117〉에 사람 수가 가장 많아 129인이 있다. 내용이 복잡하고, 주제는 나무기둥에 살인제사를 올리는 모습이다(동으로 주조되었기 때문에 동제 기둥으로 오인되곤 한다). 제사를 지내는 자는 한 전나라 사람으로 남성이고, 고상식가옥의 높은 대좌에 앉아 있다. 나머지 8인이 열을 지어 양쪽에 앉아 있다. 나무기둥은 고상식가옥의 전면 광장에 세워지고, 기둥에 2마리의 휘감은 반룡蟠龍과 한 마리의 뱀을 물고 있는 사람 모습이 부

그림 118 석채산 12호 전나라무덤 저패기 위의 살인제사 조각
좌 : 호랑이(결실)와 휘감은 뱀을 조각한 나무기둥(사의 상징물)
우 : 입석에 포박되어 대기하고 있는 인생

조되었다. 나무기둥의 주변에는 하나의 큰 돌이 세워졌고, 그 위에 한 사람을 묶어 놓았다〈그림 118〉. 그 주변에 또 발에 형구인 족쇄를 찬 '곤명 사람'이 하나 있다. 이 2인은 이 제사의 인생에 해당된다. 제사장면의 뒤에는 2명의 기마전사가 한 포로를 압송하고 있고, 또 5명의 나체인 어린아이가 얽힌 채 묶여 있는데, 약탈되어 온 것 같다.[70]

1호 무덤 출토 북모양 저패기(M1 : 57)

뚜껑의 살인제사장면〈그림 119〉 배치는 M12 : 26과 거의 같다. 단지 고상식가옥이 없을 뿐이다. 전체 인물은 47인이고, 하나의 가마가 중심이다. 4명의 전나라 남자가 어깨에 멘 가마 위에 전나라 여인 하나가 앉아 있다. 도끼를 잡은 한 사람이 선도하고, 4명이 가마 양쪽에서 수행하고 있다. 광장의 가운데에는 기둥이 하나 세워져 있는데, 기둥에는 휘감고 있는 뱀이 부조되었고, 꼭대기에는 호랑이가 조각되었다. 제사에 사용될 사람은 4명으로 모두 머리를 땋아 내린 곤명 사람이다. 1인은 발에 족쇄를 차고 있고, 1인은 뒤로 결박되었고, 1인은 큰 돌에 결박되어 있고〈그림 120〉, 1인은 2인에게 끌려오고 있다. 전나라 무사 하나가 이를 감시하고 있다.[71]

20호 무덤 출토 통형 저패기(M20 : 1)

뚜껑의 살인제사장면은 중간에 3개의 동제 북을 쌓은 기둥(하나의 나무기둥에 3개의 동제 북을 쌓은 모습으로 조각한 것 같다.)이 경계가 되고 있다. 전체 장면의 인물은 2조로 나뉘었다. 우측에 16인이 있다. 어깨에 메는 가마 하나가 있고, 가마에는 전나라의 귀족부녀가 앉았

70 雲南省博物館 : 『雲南晋寧石寨山古墓發掘報告』 75, 76면, 圖版伍貳～伍伍, 文物出版社, 1959年. 내용의 서술은 汪于生 : 「"滇人"的經濟生活和社會生活 - 晋寧石寨山文物硏究之一」, 『雲南靑銅論叢』 61면, 文物出版社, 1981年과 易學鍾 : 「晋寧石寨山12號墓貯貝器上人物雕像考釋」, 『考古學報』 1978年 第4期를 참조.

71 雲南省博物館 : 「雲南晋寧石寨山古蹟址及墓葬」, 『考古學報』 1959年 第1期, 55면, 圖版伍.

그림 119 진녕 석채산 1호 전나라무덤 출토 북모양 저패기

고, 가마를 멘 4인은 전나라 남자이다. 좌측에는 18인이 있는데, 하나는 목패木牌를 세우고 있고, 거기에 하나가 묶여 있다. 이는 곤명의 남자로 머리가 목패에 묶였다. 목패의 정면에는 여러 명의 전나라 여자가 있는데, 포대를 메기도 하고, 바구니를 들기도 하였다. 그 가운데 하나의 바구니에는 사람 머리 하나가 들어 있고, 여타는 알 수 없다.[72]

72 雲南省博物館 : 『雲南晋寧石寨山古墓發掘報告』 76, 77면, 圖版伍陸, 伍柒, 文物出版社, 1959年.

그림 120 석채산 1호 전나라무덤 저패기의 살인제사 조각
좌 : 호랑이, 반룡, 악어(?)를 조각한 나무기둥(사의 상징물)
우 : 입석에 포박되어 대기하고 있는 인생

이 외 강천 이가산 24호 무덤에서 출토된 1점의 부조가 된 대구帶鉤장식(M24 : 90)은 대지를 휘감은 뱀이 세운 기둥의 중심이고, 그 아랫면에 소 1마리가 있고, 소뿔에 한 사람이 거꾸로 매달려 있다. 이 소와 거꾸로 매달린 사람은 제사장에 들어갈 희생이다.[73]

연구자들은 앞의 3점 저패기뚜껑에 부조된 인물의 표현은 전나라의 살인제사장면이라는 데에 의견이 일치하고 있다. 이것이 문제는 아니지만 어떤 제사냐는 데에는 여러 가지 해석이 있다. 세 장면에는 세워진 나무기둥이 있고, 주제인(혹은 사제자) 및 우생과 인생의 정황이 다소 다른 것으로 보아 필자는 이 세 장면의 주요 내용을 헌부제사의식으로 생각한다. 사社는 바로 토지이고 사직이기에 원시민족은 모두 사에 대하여 극히 숭배하였다. 사의 상징물로는 혹은 흙더미로, 혹은 선돌로, 혹은 세운 나무기둥, 혹은 오래된 큰 나무를 이용하였다. 원시인은 이런 상징물에 대하여 각종의 미신적인 숭배활동을 거행하였고, 거기에 심령을 기탁하였다.[74] 전나라무덤에서 출토된 제사도상은 대다수가 나무기둥이 중심이므로 전나라 사람은 나무기둥을 사의 상징물로 삼았음을 설명해 준다. 평시의 제사는 일반적으로 소를 희생으로 삼았으나 융중한 제사(정벌과 같은)에는 인생을 함께 사용하였다. 제사에 사용된 인생은 모두 곤명 사람의 모습이다. 이는 포로를 인생으로 사용하였음을 증명한다.

1986년 필자는 사천에 가서 팽현彭縣의 시골마을을 답사하면서 여러 마을의 어귀에 있는 오래된 큰 나무의 가지에 많은 홍록색의 포가 걸려 있고, 나무 아래에는 분향하고 소지한 흔적이 있는 것을 보았다. 이 큰 나무는 마을 사람들이 거행하는 제사의 대상인 사의 상징물인 나무의 신 수신樹神에게 빌어서 전체 마을의 평안을 보우하고자 하는 것이다. 이런

73 雲南省博物館 : 「雲南江川李家山古墓群發掘報告」, 『考古學報』 1975年 第2期, 128면, 圖三三 : 1.
74 丁山 : 『中國古代宗教與神話考』 30, 126면, 龍門聯合書局, 1961年.

종류의 오래된 제사습속은 거의 1980년대까지도 중국의 내지에서도 목도되고 있었다.

전나라가 인순을 사용하였음은 기본적으로 확정적이다. 전나라무덤은 일반적으로 보존이 잘 되지 않았고, 장구가 없고, 인골도 부패되어 남아 있지 않아 인순의 추정은 대단히 곤란하다. 지금까지 파악된 자료에 근거하면 대략 아래의 몇 예를 들 수 있다.

정공 천자묘 41호 무덤

천자묘는 전나라무덤 가운데 가장 큰 것으로 구덩식의 덧널무덤이다. 전나라유물을 가장 많이 부장하였고, 보존이 비교적 양호하다. 무덤바닥에 물이 차서 뻘이 채워짐으로써 발굴자는 무덤주인의 널 범위에서 2개의 사람 갈비뼈와 1개의 사람 이빨을 습득하였고, 덧널 서북모서리에서 한 사람의 머리뼈와 하나의 아래턱뼈, 그리고 4개의 이빨을 찾았을 뿐이다. 체질인류학자의 감정 결과 이 인골과 이빨은 적어도 2개체로 나눠진다고 한다. 한 사람은 성인으로 무덤주인일 것이다. 나머지 한 사람은 어린아이로 순인인 것 같다. 무덤의 연대는 대략 전국 만기에 상당한다.[75]

곤명 상마촌 오대산 1호 무덤

곤명 상마촌上馬村 오대산五臺山 1호 무덤은 묘지에서 가장 큰 무덤으로 전문화의 유물이 가장 많이 부장되었다. 무덤에 장구는 이미 존재하지 않았으나 무덤주인은 약간의 치아와 팔다리뼈가 남아 있는데, 앙신직지의 자세이다. 무덤주인 발치에 3개의 머리뼈와 교란된 일련의 뼈가 남아 있었다. 이들은 순인 혹은 무덤주인 생전에 사냥한 전쟁포로의 머리일 것이다. 연대는 대략 전국 중 · 만기에 상당한다.[76]

강천 이가산 2 · 11호 무덤.

11호 무덤은 대형무덤에 속하는 것으로 전문화유물이 풍부하게 부장되었다. 2호 무덤은 비교적 작고, 전나라식의 동제 모矛 3점 및 대구帶鉤 장식이 부장되었다. 이들 무덤 모두의 주인 발치에서 한 무더기의 뼈가 발견되었는데, 그 가운데는 머리뼈 조각, 팔다리뼈, 갈

75 昆明市文物管理委員會 : 「呈貢天子廟滇墓」, 『考古學報』 1985年 第4期.
76 雲南省博物館文物工作隊 : 「昆明上馬村五臺山古墓淸理簡報」, 『考古』 1984年 第3期.

비뻐, 이빨 등이 있다. 출토상태로 보아 무덤주인을 매장할 때 임의로 집어넣은 것이다. 연대는 전국 만기에 상당한다.[77]

진녕 석채산 8 · 9호 무덤

석채산 전족의 묘지에서 가장 작은 2기의 무덤이다. 전나라왕무덤(6호 무덤)의 동북쪽 가까이에 위치하고 모두 동서향이다. 무덤에 각 1인이 매장되었는데, 앙신직지의 자세이다. 8호 무덤의 인골은 우측 다리가 결실되었고, 동제 모矛 및 소량의 도기, 오수전五銖錢, 철제 도刀, 삭削이 부장되어 남성인 것 같다. 9호 무덤의 인골은 목과 허리가 절단되어 세 부분으로 나뉘었는데, 팔다리를 해체하고 매장한 것으로 보인다. 동제 모矛 및 도기 여러 점이 부장되었다. 발굴보고에서는 이들 무덤의 피장자가 전나라 왕이나 귀족의 하인, 즉 6호 무덤이 전나라 왕 혹은 귀족 무덤이라면 그의 순장자로 생각하였다.[78] 연대는 서한 후기까지 내려간다.

진녕 석채산 21호 무덤

무덤에서 2구의 인골이 발견되었다. 발굴보고는 그 가운데 1인이 순인일 가능성이 있다고 하였다. 연대는 대략 전국 만기에 상당한다.

앞에 열거한 몇 예의 판단은 확실하지 않지만 전나라에서 인생의 습속이 성행했음을 확인할 수 있고, 때문에 전나라에서 인순이 같이 사용되었음을 추론하는 것이 필자의 입장이다.

7. 진문화구

진秦문화구는 섬감陝甘지구 진나라 고지 및 전국 말기에 진나라의 영향이 미친 점령지

77 雲南省博物館 : 「雲南江川李家山古墓群發掘報告」, 『考古學報』 1975年 第2期.

78 雲南省博物館 : 『雲南晉寧石寨山古墓發掘報告』 134면, 文物出版社, 1959年.

역을 포괄한다.

진나라의 선대는 영성嬴姓의 부족으로 서융西戎과 잡거하였다. 서주가 무너지자 진나라 양공襄公이 주나라를 구하는 공을 세워 평왕平王이 봉지를 내리고, 제후로 봉하였다. 따라서 진나라는 제후국 가운데 문화가 낙후한 제후국이었다. 춘추시기 이전에는 이 부족에게 인순과 인생의 습속이 존재하지 않았지만 춘추시기에 이르러 동방제후국의 영향을 받아 인생과 인순이 개시되어 유행하였다.

문헌에 보이는 인생은 상제上帝에 대한 사당제사, 하신河神에 대한 제사, 여자 무당을 불태워 비를 비는 습속 각 한 예가 있다.

첫째는 상제에 대한 사당제사이다. 『사기 · 진본기秦本記』 '목공穆公 15년(기원전 645년)' 조에 다음의 기사가 있다.

繆公虜晋君以歸, 令于國, "齊宿, 吾將以晋君祠上帝." 周天子聞之, 曰 "晋我同姓, 爲請晋君, 夷吾姝亦爲繆公夫人." 夫人聞之, 乃哀絰跣, 曰 "妾兄弟不能相救, 以辱君命." 繆公曰 "我得晋君以爲功, 今天子爲請, 夫人是忧." 乃與晋君盟, 許歸之, 更舍上舍, 而饋之七牢. 十一月, 歸晋君夷吾.

주나라 천자와 목공의 부인이 친히 나아가 사정하지 않았다면 진군晋君 이오夷吾는 상제의 사당제사에 사용될 액운을 피하기 어려웠을 것이다.

두 번째는 하신에 대한 제사이다. 『사기 · 육국연표』에 다음의 기사가 보인다.

秦寧公八年(기원전 417년), 城塹河瀕. 初以君主妻河.

『태평어람太平御覽』 권 882, '신귀부이神鬼部二' 에 인용된 『풍속통風俗通』에는 다음의 기사가 있다.

秦昭王伐蜀, 令李冰爲守. 江水有神, 歲取童女二人爲婦. 主者自出錢百萬以行娉.

앞의 사료는 진나라에 사람을 사용하여 하신에게 제사하는 것이 전국시기 초에 시작되었음을 알려준다. 당나라 사마정司馬貞의 『사기색은史記索隱』에는 진나라의 '군주처하君主妻

河' 습속이 위魏나라의 습속 '하백취부河伯取婦'의 영향을 받은 것으로 인정하였는데, 믿을 수 있다. 진나라에서 하신에 대한 제사를 위해 보내진 민간의 여자는 진晋나라로 올라가면 '군주君主'이고, "군주는 공녀이다."라고 하였으니 대략 하신의 환심을 얻기 위한 것이다. 뒤의 사료는 하신에 대한 제사의 누습이 진나라의 점령구역에서 광범하게 유행하였음을 보여준다.

세 번째는 여자 무당을 불태워 비를 구하는 것이다. 『예기 · 단궁하』에 다음의 기사가 보인다.

> 歲旱, 穆公君召縣子而問然曰 "天久不雨, 吾欲暴尫而奚若?", 曰 "天久不雨, 而暴人之疾子, 虐, 毋乃不可與." "然則吾欲暴巫而奚若?" 曰 "天則不雨, 而望之愚婦人, 于以求之, 毋乃已疏乎?"

고사의 줄거리는 노나라 희공이 무왕巫尫을 불태우고자 한 것(본장 제3절에 상세하게 설명)과 마찬가지로 반대에 부딪쳤다. 이는 춘추시기의 진나라가 어느 정도 은상 이래로 존재한 여자 무당을 불태워 비를 비는 악습의 영향을 받았음을 설명해 준다.

고고학에서 발견된 진나라에서 사람을 사용한 제사유구는 섬서 봉상鳳翔 진도秦都 옹성雍城의 진나라 침묘건축군寢廟建築群 유적에서 보이는 것으로 연대는 대략 춘추 중 · 만기이다.

옹성 진나라 침묘건축군

1981년부터 1984년에 발굴되었고, 길이 160여m, 너비 90m의 범위에 다양한 종류의 제사구덩이 181기가 발견되었다. 그 가운데 소구덩이[牛坑]가 86기, 양구덩이가 55기, 소와 양을 함께 매장한 구덩이가 1기, 나무수레구덩이가 2기, 인생구덩이가 8기, 인생과 양생을 함께 묻은 구덩이가 1기, 제사에 사용된 고기 혹은 희생의 피를 묻은 구덩이가 28기이다. 이들 제사구덩이는 모두 남북향의 구덩식이고, 동서로 배열되었고, 절대 다수가 침묘寢廟의 중정中庭에 분포하고, 소수가 동서 두 곁채 남쪽의 공지에 분포하는데, 조침건축朝寢建築 및 동쪽 곁채 안에서 발견된 것도 있다. 소와 양을 희생한 구덩이에는 완전한 소와 양을 묻은 것도 있고, 해체하고 절단하여 묻은 것도 있고, 머리 또는 넓적다리만 매장한 것도 있다. 일부의 양구덩이에 묻힌 것은 개일 가능성도 있다. 8기의 인생구덩이는 각각에 생인 1인을 매장하였다. 팔다리를 해체하여 묻거나 머리만 묻은 것으로 모두 장구는 없고, 일부 유골에서는 주사의 흔적이 발견되었다. 그 가운데 153호 구덩이의 생인은 무릎을 꿇은 자세로 완전한 다리뼈와 허리뼈를 가지고 있으나, 머리뼈가 일부 잔존하고, 팔뼈는 없다. 주변에서 옥제 황璜, 골제 벽璧 각 1점이 발견되었다. 146호 구덩이는 사람과 양을 함께 묻은 구덩이로 생인은 몸체만 잔존하고, 머리가 없고, 유골에 주사의 흔적이 있다. 양은 부패되어 골관절 약간만 발견되었다.[79]

발굴 자료는 진나라의 침묘에 대한 제사에는 희생과 옥을 묻는 의례를 행했고, 희생은 소와 양이 위주이고, 인생은 수가 많지 않았음을 설명해 준다.

진나라의 인순제는 진나라 양공襄公(기원전 777~766년)이 뜻을 이룬 후부터 시작되었을 가능성이 있다. 감숙甘肅 예현禮縣 대보산大堡山 진공능원秦公陵園 및 그 부근 원정산圓頂山 진나라귀족묘지의 발굴 자료는 이를 실증해 준다.

예현 대보산 진공능원

진공능원은 예현의 동쪽에 있는 영흥향永興鄕 조평촌趙坪村 대보산에 위치한다. 1974년 발굴된 능원에서 2기의 대형무덤(M2 · 3으로 번호가 부여됨) 및 거기에 부장된 1기의 수레구덩이(이는 발굴되지 않음)가 발견되었다. 또 능원 북부에서 9기의 중 · 소형무덤이 발굴되었다. 보도에 의하면 2호 무덤은 생인이 12구, 순인이 7구이고, 3호 무덤은 생인이 7구, 순인이 1구 이상이다. 9기의 중 · 소형무덤에는 무덤구덩이 벽 한쪽에 벽감을 파고 순인을 거기에 안치한 것이 있다. 수레구덩이에는 목제의 수레 12대, 산 말 48마리를 매장하였는데, 도굴이 심해서인지 순인은 보이지 않았다. 2기 대형무덤의 생인과 순인의 상황[80]을 소개하면 다음과 같다.

2호 무덤은 동서 2개의 경사무덤길을 가진 구덩식의 덧널무덤이다. 전체 길이 88m, 깊이 15.1m이다. 무덤구덩이 사주에는 이층대를 두었다. 덧널, 칠을 한 널과 주인의 인골은 이미 부패되었다. 흔적으로 보아 무덤주인은 앙신직지의 자세이고 두향이 서쪽임을 알 수

79 陝西省雍城考古工作隊 : 「鳳翔馬家莊一號建築群遺址發掘簡報」, 『文物』 1985年 第2期. 陝西省雍城考古工作隊 : 「鳳翔馬家莊一號建築遺址遺址第一次發掘簡報」, 『考古與文物』 1982年 第5期.

80 戴春陽 : 「禮縣大堡子秦公墓地及有關問題」, 『文物』 2000年 第5期.

있다. 무덤바닥 중앙에 허리구덩이를 파고, 거기에 개 1마리를 매장하였고, 옥제 종琮(홀) 1점을 부장하였다. 이층대의 동, 북, 남 3면에 순인 7구를 매장하였다. 순인은 널을 가졌고, 칠을 한 널도 있다. 몸에는 적은 양의 옥제 장식을 패용하였다. 서쪽 무덤길은 8단의 계단식 경사무덤길인데, 깊이 1.25m에 생인 12구와 개 1마리를 매장하였다. 생인은 굴지의 자세이고, 두향은 모두 동에서 서쪽을 향한다. 생인 가운데는 고통스러워 발버둥치는 모습도 있어 산 채로 매장된 것 같다. 자세가 정연하고, 머리에 구멍이 뚫린 것도 있는데, 이는 죽여서 묻은 것 같다. 출토현상으로 보아 생인의 대다수는 청소년이고, 1점의 옥제 결玦을 가지고 있는 것도 있으나 모두 장구는 없고, 부장품이 없는 것도 많다. 동쪽 무덤길의 정황은 발표되지 않았다.

3호 무덤은 2호 무덤과 기본적으로 같다. 동쪽과 서쪽 2개의 경사무덤길을 가진 구덩식의 덧널무덤이다. 전체 길이는 115m이고, 깊이는 16.5m이다. 덧널 사주에 이층대가 있다. 덧널, 칠을 한 널과 무덤주인의 인골은 모두 부패되었으나 무덤주인이 앙신직지의 자세이고, 두향이 서쪽임은 알 수 있다. 목 부위에서 많은 양의 호박제 주珠가 발견되었다. 허리구덩이에 개 1마리와 옥제 종琮 1점을 매장하였다. 북쪽 이층대에 순인 1구가 있다. 기타 3면의 이층대 부분은 심하게 도굴되어 상세한 정황을 알 수 없다. 서쪽 무덤길의 경사면 상부는 여러 단으로 된 계단상을 이루는데, 그 매토에 생인 7구, 개 1마리가 매장되었다. 동쪽 무덤길의 정황은 보도되지 않았다.

발굴자는 2기의 대형무덤이 하나의 능원에 위치하고, 각자가 자체의 수레구덩이 1기를 가지고 있는 점, 무덤형식, 부장유물과 동기의 명문에 근거한 추정으로 2호와 3호 무덤이 진공부부가 별도의 무덤구덩이를 사용한 합장무덤으로 보이고, 2호 무덤주인은 진나라 양공襄公일 가능성이 있다고 하였다.

예현 원정산 진나라귀족묘지

원정산은 서한수西漢水 남안에 대보산과 남북으로 서로 마주보고 있다. 1998년 이곳에서 3기의 춘추시기 진나라무덤(M1~M3)과 1기의 수레구덩이가 발굴되었다. 보도에 의하면 1호 무덤에 순인이 3구, 2호 무덤에 순인이 7구, 3호 무덤에 순인 1구, 수레구덩이에 순인이 1구 있다고 한다.[81]

1 · 3호 무덤은 모두 장방형의 구덩식으로 동서향이다. 무덤바닥 남북 양측에 이층대

를 설치하였고, 그 위에 벽면 안으로 벽감을 파고 순인을 매장했다. 장구는 덧널과 내부 널이고, 무덤주인의 인골은 부패되었다. 부장품의 배치로 보아 무덤주인의 두향은 서쪽이다.

1호 무덤 북벽에는 벽감을 2개 파고, 각각에 순인 1인을 매장했다. 동쪽 벽감이 비교적 크고, 순인(X1)은 칠을 한 널을 가졌다. 측신굴지의 자세이고, 두향은 서쪽, 얼굴은 북쪽을 본다. 석제 주珠를 꿴 장식, 장식편, 어魚, 골제 어魚, 바다조개를 패용하고, 입에 원주상圓柱狀의 석제 장식을 물고 있다. 서쪽 벽감은 비교적 작고, 순인(X3)은 널을 가지지 않았다. 다리뼈만 남았는데, 두향은 서쪽이고, 앙신직지의 자세이다. 석제 관管, 옥조각을 패용하고, 입에 역시 원주상의 석제 장식을 물고 있다. 남벽의 벽감은 하나로 순인 1인(X2)이 매장되었다. 칠한 널에 안치되었고, 측신굴지의 자세이고, 두향은 서쪽이고, 얼굴은 남쪽을 본다. 옥제 비匕, 결玦, 석제 장식을 패용하였고, 입에 원주상의 석제 장식을 물고 있다. 무덤바닥에 허리구덩이를 설치하였고, 거기에 개 1마리를 매장하였다. 개의 목 부위에서 동제 영鈴 1점이 발견되었다〈그림 121〉.

3호 무덤은 북벽에만 벽감 하나를 파고 순인 1인을 매장하였다. 널이 없고, 사체를 초본의 돗자리로 감싼 흔적이 있다. 앙신직지의 자세이고, 두향은 서쪽, 얼굴은 남쪽을 본다. 석제 규圭(홀), 장식을 패용하고, 왼손에 부서진 옥제 결玦을 쥐고 있다. 2호 무덤은 1호 무덤에 근접하여 있는데, 발굴보고에는 순인 7구가 있다고 운위하였으나 구체적으로 알려지지 않았다. 묘제와 순장 상황은 1호 무덤과 유사할 것으로 짐작된다.

수레구덩이는 길이 18.8m, 너비 3.15m, 깊이 4m이고 방향은 86°이다. 구덩이에 수레 5대와 말 16마리가 매장되었다. 3대의 수레는 4마리의 말이 몰고, 2대의 수레는 2마리의 말이 모는 것이다. 서단의 1호 수레의 수레칸에는 마부인 순인 1인이 있다. 두향은 서쪽이고, 측신굴지의 자세이다〈그림 122〉.

발굴자는 묘제와 출토 동기에 근거하여 1·2호 무덤은 춘추 조기의 진나라 귀족부부가 다른 무덤구덩이에 묻힌 합장무덤으로 추정하였다. 3호 무덤주인은 남성이고, 역시 춘추 조기의 귀족이다.

사서에는 진나라의 순인제도가 진나라 무공武公 12년(기원전 678년)에 시작되었다고 기

81 甘肅省文物考古研究所等 : 禮縣圓頂山春秋秦墓」, 『文物』 2002年 第2期.

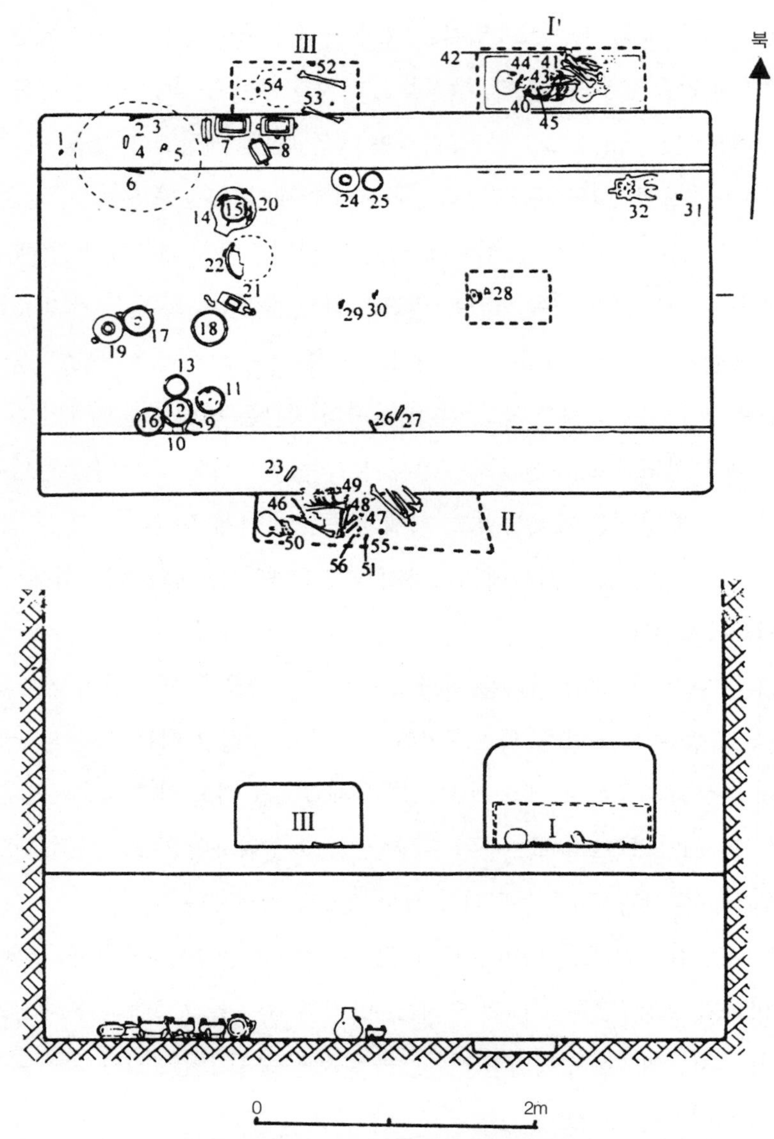

그림 121 예현 원정산(98) 1호 진나라무덤(『文物』 2002年 第2期에서)

1. 옥제 장식, 2~4 · 6 · 20 · 23 · 26 · 27 · 29 석제 규(圭), 5 · 28 · 31. 동제 영(鈴), 9 · 10. 동제 방합(方盒), 11. 동제 유개정(帶蓋鼎), 12 · 13 · 16 · 18 · 25. 동제 정(鼎), 14. 동제 이(匜), 15. 동제 화(鉌), 17 · 19. 궤(簋), 21. 동제 화(盉), 22. 동제 반(盤), 24. 동제 원호(圓壺), 30 · 40 · 44 · 50 · 54. 석제 원주상 장식, 32. 동제 관식(棺飾), 41. 석제 어(魚), 42. 골제 어(魚), 43 · 45. 조개, 꿴 구슬, 46. 옥제 비(匕), 47 · 56. 옥제 사릉상(四棱狀)장식, 48. 옥제 결(玦), 49 · 53. 옥조각, 51. 석제 사릉상장식, 52. 석제 관(管), Ⅰ~Ⅲ. 순인

록하고 있다. 바로 『사기 · 진본기』의 다음 기사이다.

> 武公卒, 葬雍平陽. 初以人從死, 從死者六十六人.

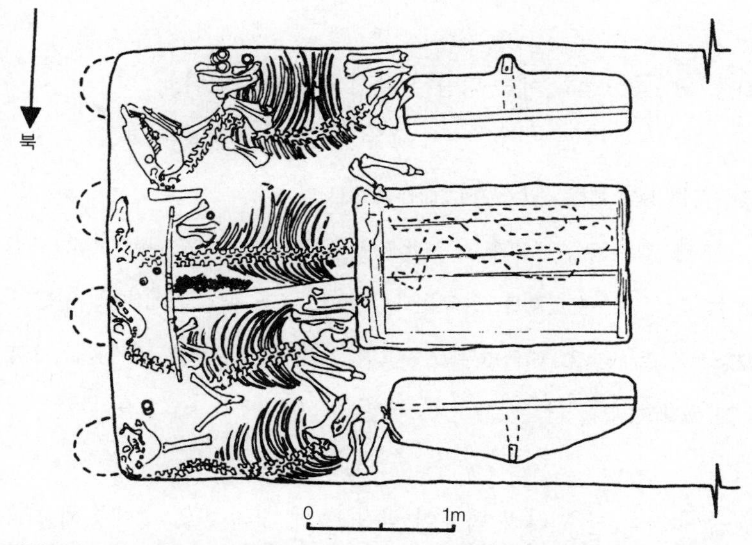

그림 122 예현 원정산 진나라무덤 수레구덩이의 1호 수레(수레 1대, 말 4마리, 순인 1인)(『文物』 2002年 第2期에서)

고고학에서 발견된 인순의 실례는 『사기』의 이 기사에 비해 100여 년이 앞선다. 따라서 진나라에서 인순의 사용이 무공 때 개시되었다고 할 수 없다. 덕공德公, 선공宣公, 성공成公 3세를 지나면서 인순의 수량이 모두 적지 않았을 것이고, 목공에 이르러 최고봉에 도달하였다. 이때 사용된 인순의 수는 177인에 이른다. 이 수량은 당시 열국에서 수위에 해당된다. 진나라의 암식奄息, 중행仲行, 감호鍼虎 세 대신이 종사의 행렬에 들어간 것은 나라를 놀라게 하였고, 영향이 아주 컸다. 『좌전』과 『사기』에 이에 대한 기술이 있다.

『좌전』 '문공文公 6년' 조에 다음의 기사가 있다.

> 秦伯任好(則穆公)卒, 以子車氏之三子奄息, 仲行, 鍼虎爲殉, 皆秦之良也. 國人哀之. 爲之賦〈黃鳥〉. (두예의 주에는 "저거子車는 진나라의 대부다."라 하였다).

『사기 · 진본기』에는 다음의 기사가 있다.

> 三十九年(기원전 621년), 秦穆公, 葬雍. 從死者百七十七人, 秦之良臣子輿氏三人, 名曰奄息, 仲行, 鍼虎, 亦在從死之中. 秦人哀之, 爲作歌〈黃鳥〉之詩.

『시詩 · 진풍秦風 · 황조黃鳥』에는 다음과 같이 기록하고 있다.

〈黃鳥〉, 哀三良也, 國人刺穆公以人從死, 而作是詩也.

交交黃鳥, 止于棘. 誰從穆公, 子車奄息. 維此奄息, 百夫之特, 臨其穴, 揣揣其慄. 彼蒼者天, 歼我良人, 如何贖兮, 人百其身. 交交黃鳥, 止于桑. 誰從穆公, 子車仲行. 維此仲行, 百夫之防, 臨其穴, 揣揣其慄. 彼蒼者天, 歼我良人, 如何贖兮, 人百其身. 交交黃鳥, 止于楚. 誰從穆公, 子車鍼虎. 維此鍼虎, 百夫之御, 臨其穴, 揣揣其慄. 彼蒼者天, 歼我良人, 如何贖兮, 人百其身.

시구는 슬픔에 가득 찬 진나라 백성이 삼량三良에 대해 한없이 애통해 하고, 진나라 목공에 대해서는 분노를 나타내고 있다. 진나라 국군의 잔혹한 폭정의 통치 아래에서 백성들은 대부분 이렇게 의사표현을 할 수밖에 없었을 것이다. 한대에 이르러 사마천이 쓴 『사기 · 진본기』에는 진나라 목공의 명령으로 삼량이 종사할 때를 '군자君子'의 이름을 빌려 이 무정함에 대한 비난을 금치 않았다. 다음의 기사가 그것이다.

君子曰 "秦穆公廣地益國, 東服强晋, 西霸戎夷, 然不爲諸侯盟主, 亦宜哉. 死而弃民, 收其良臣而從死. 且先王崩, 尙犹遺德垂法, 况奪之善人良臣百姓所哀者乎! 是以知秦不能復東征也."

진나라 목공의 능력 및 국력은 당시 제후국의 맹주였지만 그는 "죽으면서 백성을 버리고, 훌륭한 신하를 얻었으나 종사시켜" 팔다리를 잃고, 백성의 마음이 떠나 진나라가 다시 더 동쪽을 정벌할 수 없도록 하였다는 것이다.

단지 주목해야 할 것은 삼량의 종사가 진나라 목공이 죽음에 임박했을 때 돌연히 결정되었다는 것이다. 삼량의 죽음은 당시 종사사상의 압제 아래에서 조성된 것이다. 『사기 · 진본기 · 정의正義』를 인용하여 응소應劭는 다음과 같이 말하였다.

秦穆公與君臣飮酒酣, 公曰 "生共樂, 死共世哀." 于是奄息, 仲行, 鍼虎許諾. 及公薨, 皆從死, 〈黃鳥〉詩所爲作也.

응소는 동한 말의 경학자經學者로 그의 말은 당시의 것이다.

진나라 목공을 따라 죽은 177인이 그의 무덤 속에 매장되었는지, 그 주변의 다른 무덤구덩이에 묻혔는지에 대해 어떤 추측도 할 수 없다. 『사기 · 진본기 · 정의』를 인용한 『괄지지』에 이르기를 "진나라 목공의 무덤은 기주岐州 옹현雍縣 동남 이리에 있다. 삼량의 무덤은 기주 옹현에서 일리 떨어진 고성 안에 있다."라고 하였다. 삼량의 무덤은 진나라 목공의 무덤에서 대략 0.5km 떨어져 있다는 것이다. 따라서 다른 무덤에 묻힌 것이 되고, 기타 174인은 진나라 목공의 무덤 속 혹은 그 주변에 매장되었을 가능성이 있다. 고고학에서 발견된 1호 진공무덤은 이에 대해 증명해 주는 자료를 제공한다.

옹성 1호 진공무덤

진도 옹성雍城(지금의 봉상鳳翔) 남쪽 교외 남지휘향南指揮鄕에 있다. 이 무덤은 2개의 무덤길을 가진 中자형의 구덩식의 덧널무덤이다. 전체 길이 300m이고, 무덤구덩이는 길이 59.4m, 너비 38.45m, 깊이 24m로 지금까지 발견된 춘추전국시대 무덤 가운데 가장 규모가 큰 것이다. 발굴은 10년(1977~1986년)에 걸쳐 시행되었다. 일찍이 도굴되어 부장유물은 거의 없어졌지만 인생 20구, 인순 166구가 완전하게 남아 있다. 남아 있는 석제 경磬에 예서로 크게 새긴 "천자 언희는 공공과 환공을 계승하였다(天子匽喜, 龔桓是嗣)."라는 명문이 있어 무덤주인은 공공龔公 또는 공공共公을 계승한 환공桓公 이후의 진나라 국군 경공景公(기원전 537년 죽음)으로 추정된다.

20구의 인생은 사지를 해체한 후 판축한 매토에 매장하였다. 따라서 매장이 완료된 후 거행된 제사의식에 사용된 인생이다. 순인 166구는 1구당 하나의 널을 가졌고, 덧널 바닥과 그 사주에 순서대로 배열되었다. 널은 두 종류이다. 하나는 장방형의 상자형으로 모두 94구가 이 형태에 속한다. 각목을 쌓아 만든 것으로 길이 2.35m, 너비 1.5m, 높이 1.4m이고, 다수가 검붉은 칠을 한 널이다. 순인은 새끼줄로 묶거나 구부려 매장한 모습이다. 틀속에 마구 집어넣은 후 장방형의 상자에 수습하여 넣어 매장하였다. 나머지 한 종류는 비교적 작은 목갑木匣 형태로 72구가 이 모습이다. 두께 4cm 내외의 얇은 나무판으로 만들었고, 일반적으로 길이 2m, 너비 0.7m, 높이 1m이다. 장방형인 상자형에 매장된 순인은 대다수가 소량의 부장품을 가졌는데, 금제 주珠를 꿰거나 녹송석 주珠를 꿴 장신구를 패용하고 있다. 그 신분은 희첩, 근신, 혹은 장인[工匠]인 것 같다. 얇은 상자형에 매장된 순인은 대다

수가 부장품이 없고, 소수에게 소량의 유물이 부장되었다. 그 신분은 집안의 노예인 것 같다.[82]

옹성 진공능원 주변 무덤

진공능원 주변의 일반적인 진나라무덤에서도 인순을 사용한 무덤이 발견되곤 한다.

1976년 팔기둔八旗屯에서 진나라무덤 40기와 수레구덩이 4기가 발굴되었다. 그 가운데 순인무덤이 8기이고, 순인은 모두 합해 20구이다. 수레구덩이 1기에서도 순인 1구가 발견되었다.[83]

1977년 고장高莊에서 진나라무덤 46기가 발굴되었다. 그 가운데 순인무덤은 4기이고, 순인은 모두 합해 6인이다.[84]

1980년 남지휘서촌南指揮西村의 구도溝道에서 진나라무덤 42기, 수레구덩이 2기가 발굴되었다. 그 가운데 순인무덤이 1기(M163)이고, 순인은 1구이다. 수레구덩이 1기에서도 순인 1구가 발견되었다.[85]

1983년 팔기둔 서도구西道溝에서 진나라무덤 26기와 수레구덩이 1기가 발굴되었다. 그 가운데 순인무덤이 1기(M3)이고, 순인은 5구이다. 수레구덩이에서도 순인 1구가 발견되었다.[86]

설명한 순인무덤과 순인수레구덩이는 서촌 163호 무덤이 전국시기에 속하는 외에 대부분 춘추 만기에서 전국 조기에 속한다. 순인은 예현 춘추 조기무덤에서 사용된 것과 같이 벽감에 배치한 것이 있고, 동방열국에서 채용한 덧널의 내부 주인 널의 주변과 이층대에 배치하는 방법이 출현하였다.

1976년과 1977년 발굴된 팔기둔과 고장 진나라무덤의 순인은 대다수가 벽감에 배치되었다. 벽감 하나마다 1인, 혹은 2인이 들어갔고, 한 무덤에 일반적으로 2개의 벽감이 설치

82 韓偉：「鳳翔秦公陵園鈷探與試掘簡報」, 『文物』 1983年 第7期. 韓偉 · 焦南峰：「秦都雍城考古發掘研究綜述」, 『考古與文物』 1988年 第5, 6期. 韓偉：「秦國史 鈎沉」, 『文物天地』 1988年 第5期.

83 吳鎭烽 · 尙志儒：「陝西鳳翔八旗屯秦墓葬發掘簡報」, 『文物資料叢刊(三)』, 文物出版社, 1980年.

84 吳鎭烽 · 尙志儒：「陝西鳳翔高莊秦墓發掘簡報」, 『考古與文物』 1981年 第1期.

85 李自智 · 尙志儒：「陝西鳳翔西村戰國秦墓發掘簡報」, 『考古與文物』 1986年 第1期.

86 尙志儒 · 趙叢蒼：「陝西鳳翔八旗屯西溝道秦墓發掘簡報」, 『文博』 1986年 第3期.

되었다. 예컨대 팔기둔 2호 무덤은 양측 이층대 위에 벽 속으로 파고 막은 벽감에 순인 1구를 배치하였다. 이 외 우측 벽감 순인 발치 아래에서 순생(개?) 1마리가 발견되었다. 순인은 측신굴지의 자세이고, 두향은 서쪽으로 무덤주인의 두향과 같다〈그림 123〉. 팔기둔 102호 무덤은 양측 이층대 위에 벽 속으로 파고 막은 각각 하나의 벽감이 있다. 우측 벽감에 순인 2구를 배치하였는데, 두향은 동쪽으로 무덤주인과 반대이다. 좌측 벽감에는 순인 2구를 교차시키며 뒤섞어 배치하였다. 순인은 모두 측신굴지의 자세이고, 1인만이 영성한 장식품을 가지고 있다〈그림 124〉. 진나라무덤 가운데 많게는 5개의 벽감을 가진 것이 있다. 예컨대 팔기둔 B구 32호 무덤

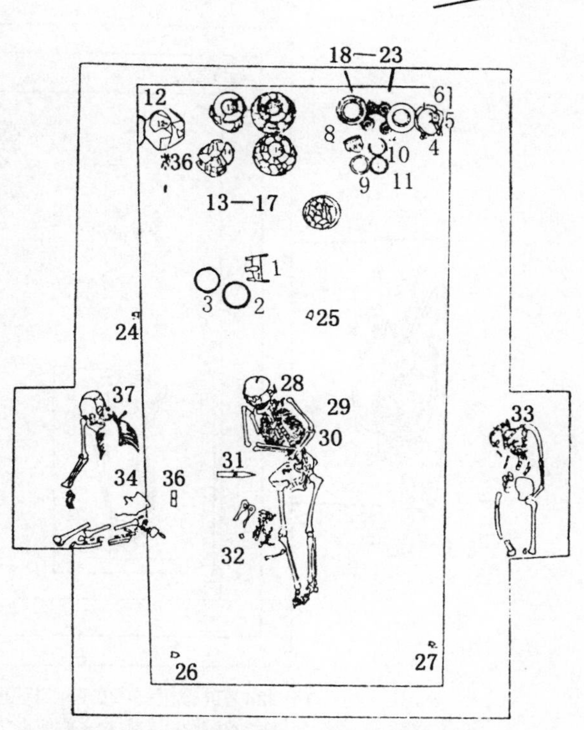

그림 123 봉상 팔기둔 2호 진나라무덤(『文物資料叢刊(三)』에서)
1~3. 동제 정(鼎), 4. 동제 궤(簋) ,5. 동제 반(盤), 6. 동제 이(匜), 7. 동제 언(甗), 8~11. 도기 역(鬲), 12~23. 관(罐), 24~27. 동제 영(鈴), 28. 옥제 결(玦), 29. 옥제 함(琀), 30. 옥제 장식, 31. 옥제 황(璜), 32. 골제 휴(觿), 33. 마포(麻布), 34~36. 석제 규(圭), 37. 녹송석제 새(塞)

은 5개의 벽감이 설치되었는데, 무덤주인이 있는 무덤구덩이 양측벽에 설치한 각 2개는 서로 대칭되게 배치되었다. 나머지 하나는 무덤주인 발치의 이층대 위의 무덤구덩이벽에 설치되었다. 벽감마다 상자형의 널 하나를 안치하였고, 널에는 각각 1구의 순인이 매장되었다. 순인은 다수가 벽감에 배치되었으나 벽감과 덧널 내부에 나누어 배치한 것도 있다. 후자의 예가 고장 18호 무덤이다〈그림 125〉. 무덤의 판축토대에 배치된 것도 있는데, 고장 10호 무덤이 그 예이다. 판축토대는 무덤바닥 네 모서리에 설치되었고, 높이 0.5m이다. 2구의 순인널을 안치하기에는 좁아 토대의 서쪽인 머리 쪽 무덤구덩이벽을 깊이 0.38m, 높이 1.4m로 파서 전체 길이 2.3m, 너비 1.76m의 평평한 토대를 만든 것이다. 토대의 위에 나란하게 2구의 널을 안치하였고, 각각에 순인 1구를 매장하였다. 모두 측신굴지의 자세이고,

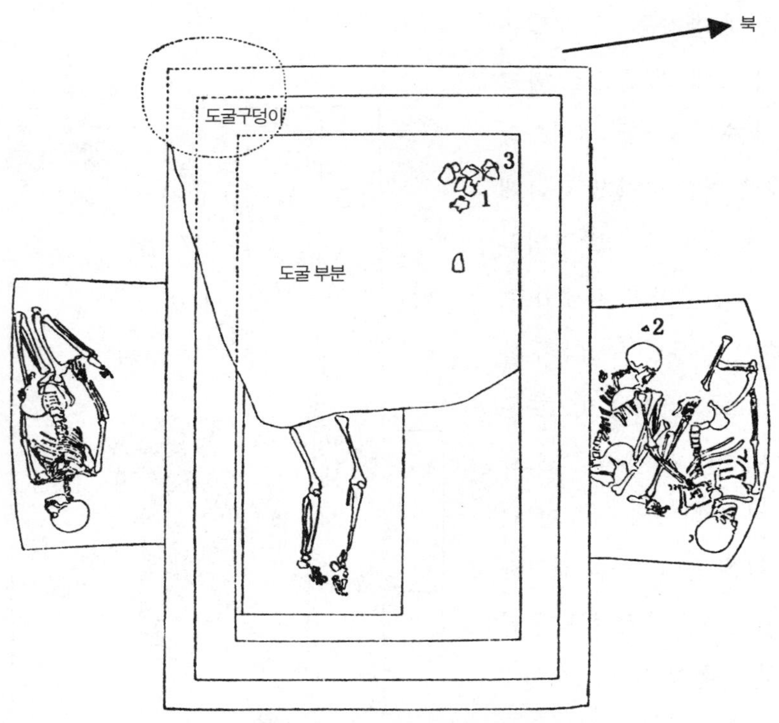

그림 124 봉상 팔기둔 102호 진나라무덤(『文物資料叢刊(三)』에서)
1. 도기 관(罐) 조각, 2. 옥제 결(玦) 조각, 3. 옥제 환(環)

소량의 장신구가 수반되었다. 덧널 동측에는 2개의 널이 나란하게 배치되었다. 북쪽에 있는 것이 주인의 널이고, 남벽 쪽에 있는 것이 따라 죽은 자의 널이다. 따라 죽은 자의 신분은 판축토대의 순인보다 높다〈그림 126〉.

순인은 일반적으로 옥제 결玦, 벽璧, 석제 규圭 등 소량의 장신구를 패용하였다. 입에는 옥조각, 석재조각, 혹은 말조개를 물고 있다. 출토 시 인골은 대다수가 완전하였는데, 현상으로 보아 죽인 후에 묻은 것이다. 순인의 신분은 유골의 대다수가 감정되지 않아 알 수 없다. 순인이 모두 간단한 널에 안치되고, 소량의 장신구를 가진 것으로 보아 대략 비첩과 시종인 것 같다. 비교적 특수한 경우가 팔기둔 B구 104호 무덤으로 무덤구덩이의 매토에서 2구의 인골이 발견되었다. 이들은 상자형의 간단한 널도 가지지 않았고, 부장유물도 없다. 인골의 주변에 4개의 돌덩이가 배치되었고, 두 층의 매토 네 모서리에서 제생인 양과 소의 뼈가 발견되었다. 이 2구의 인골은 생인일 가능성이 큰 것으로 보인다. 이러한 판단이 잘못되지 않았다면 이 무덤의 생인이 가장 늦은 시기의 실례가 아닐까 한다.

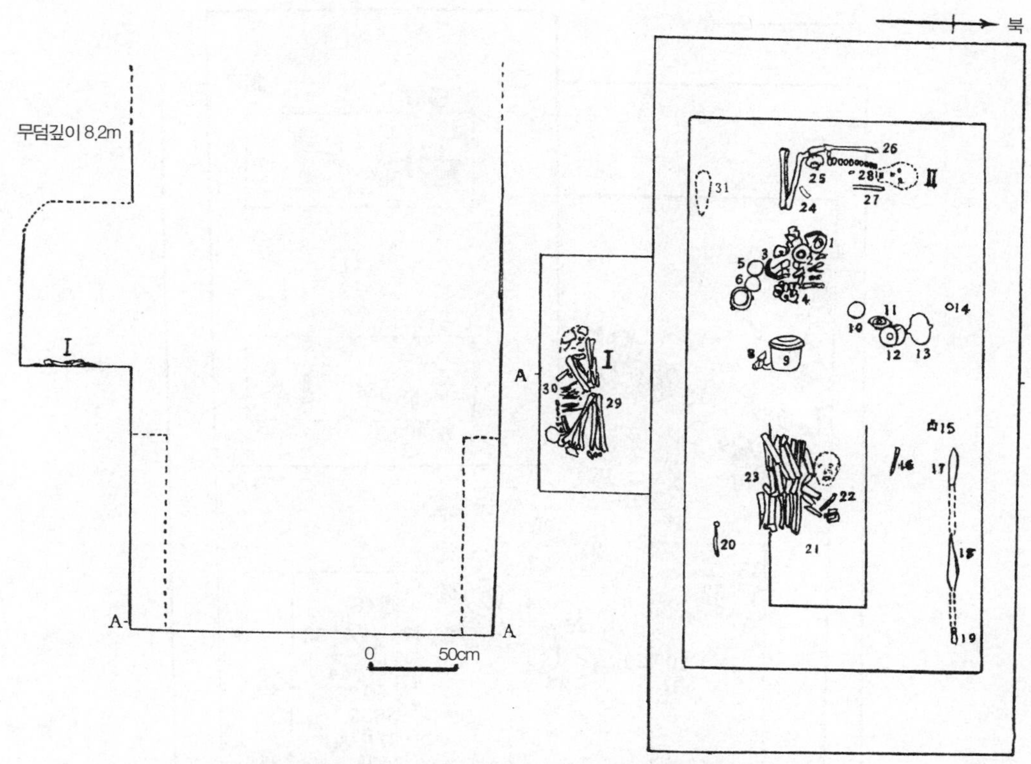

그림 125 봉상 고장 18호 진나라무덤 평 · 단면도(『考古與文物』 1981年 第1期에서)

Ⅰ · Ⅱ · Ⅲ. 순인, 1. 도기 반이(盤匜), 2 · 4. 도기 호(壺), 3. 도기 언(甗), 5 · 6. 도기 정(鼎), 7. 동제 부(釜), 8 · 9. 도기 균(囷), 10. 도기 두(豆), 11 · 12. 도기 궤(簋), 13. 동제 주(舟), 14. 동제 포(泡), 15. 동제 영(鈴), 16. 동제 과(戈), 17. 동제 검(劍), 18. 동제 모(矛), 19. 모준(矛鐏), 20. 동제 삭(削), 21 · 26 · 27 · 29. 동제 금구(襟鉤), 22. 여석(礪石), 23. 석제 규(圭), 24. 석제 황(璜), 25. 도제 관(罐), 28 · 30. 석제 장식, 31. 곡식

1980년 남지휘 서촌에서 발굴된 163호 무덤은 장방형구덩식의 덧널무덤으로 방향은 278°이다. 무덤은 완전하게 도굴되어 널, 덧널, 인골이 훼손되고, 4구의 순인만 남아 있었다. 그 가운데 1구는 덧널 서북모서리에 배치되었고, 교란되어 팔다리뼈만 보였다. 나머지 3구는 북 · 서 · 남쪽의 벽감에 배치되었는데, 모두 널에 안치되었다. 측신굴지로 무릎을 굽힌 자세이고, 각각이 소량의 부장품과 장신구를 가지고 있다. 연대는 전국 중기이다. 같은 묘지 1호 수레구덩이는 평면이 사다리꼴로 안에 수레 1대, 말 2마리, 마부 1인이 매장되었다. 수레는 동쪽으로 향하고, 마부는 수레칸 아래 얕은 구덩이의 간단한 목갑에 매장되었는데, 두향은 서쪽, 얼굴이 북쪽을 바라보는 측신굴지의 자세이다. 부장품은 없다. 연대는 전국 조기에 속한다.

1983년 서도구에서 발굴된 3호 무덤은 장방형구덩식의 덧널무덤으로 방향은 289°이

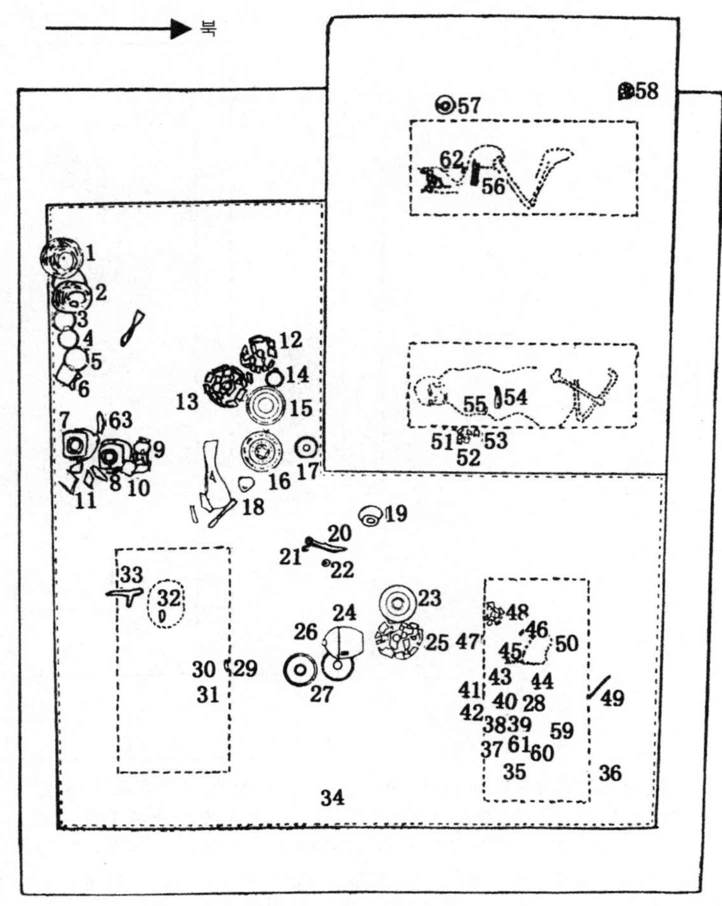

그림 126 봉상 고장 10호 진나라무덤(『考古與文物』 1981年 第1期에서)

1·2·23·25·26·52. 도기 균(囷), 3~5. 동제 정(鼎), 6. 동제 언(甗), 7·8. 도기 호(壺), 9·10. 동제 호(壺), 11·17. 동제 우(盂), 12·13. 도기 궤(簋), 14·18. 동제 주(舟), 15·16. 도기 언개(甗蓋), 19·48·51·57·58. 도기 관(罐), 20·28·39·48·49·54·56. 동제 삭(削), 21. 옥제 금구(襟鉤), 22. 옥제 결(玦), 24·34~37·42·50·61. 펜 구슬, 27. 도제 거륜(車輪), 29·32·41·44·59·60. 옥제 황(璜), 30·55·62. 동제 대구(帶鉤), 31. 석제 장식, 33. 동제 과(戈), 38. 여석(礪石), 40. 옥제 포(泡), 43. 금제 금구(襟鉤), 45·46. 도제 주상(柱狀)장식, 47. 도기 이(匜), 53. 동제 영(鈴), 63. 석제 규(圭)

다. 덧널은 무덤구덩이 아래 이층대와 밀착되게 설치되었다. 덧널의 안에 널이 있고, 무덤 주인의 인골은 부패되었다. 일찍이 도굴되어 유물은 하나도 남아 있지 않았다. 단지 5구의 순인이 남아 있을 뿐이다. 순인은 이층대 위를 돌아가며 판 구덩이에 매장되었다. 사체는 나무껍질과 나뭇가지를 사용해 덮었는데, 모두 죽인 후에 묻었다. 그 가운데 남쪽 이층대의 2구는 모두 측신굴지의 자세이다. 1구(Ⅰ)는 두향이 서쪽, 얼굴은 남쪽을 보고, 허리 사이에 1점의 동제 대구帶鉤를 차고 있다. 나머지 1구(Ⅱ)는 두향이 동쪽이고, 얼굴은 북쪽을

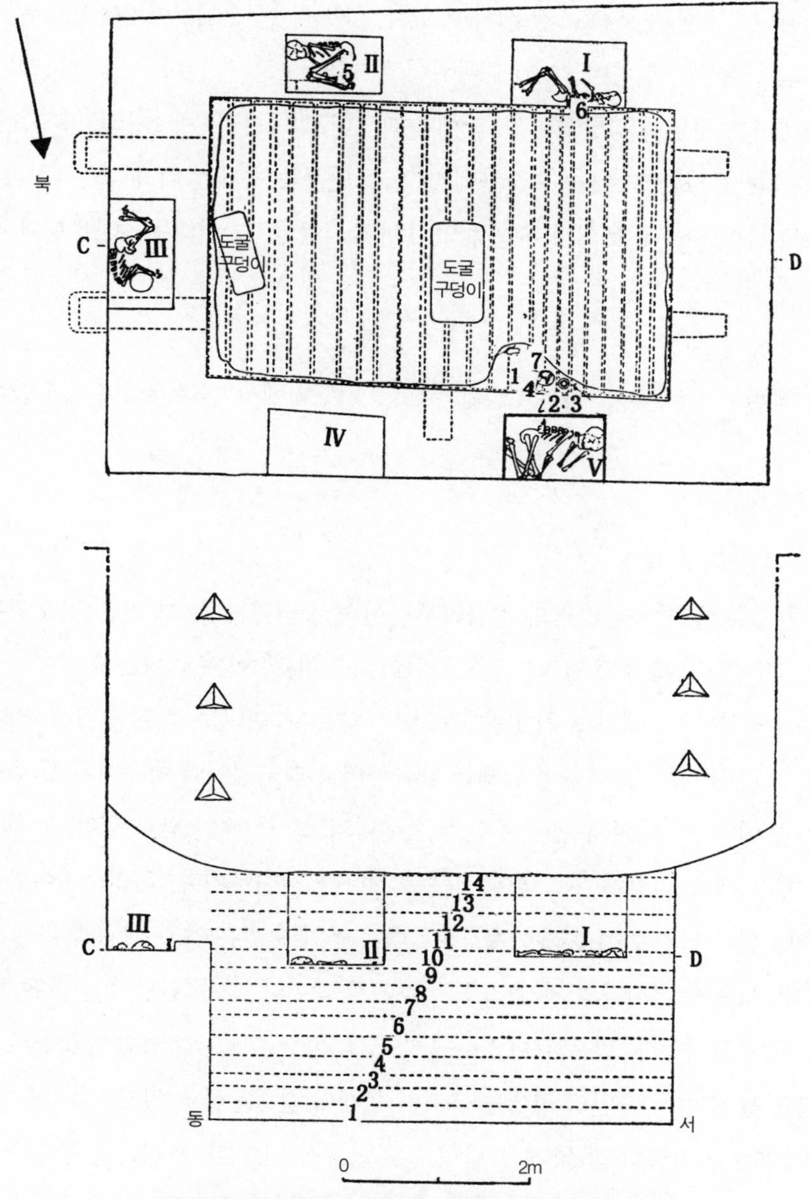

그림 127 봉상 서도구 3호 진나라무덤(『文博』 1986年 第3期에서)
평면도 : Ⅰ~Ⅴ. 순인, 1. 동제 이(匜), 2 · 3. 도기 관(罐), 4. 석제 규(圭), 5. 동제 삭(削), 6 · 7. 동제 대구(帶鉤)
단면도 : 1~14. 덧널 남벽 목판

보며 동제 삭削 2점이 부장되었다. 동쪽 이층대의 1구(Ⅲ)는 부신굴지의 자세이고, 두향은 북쪽, 얼굴은 아래를 향한다. 머리를 감싸고 있고, 목이 오그라들었으며 부장품은 없다. 북측 이층대의 2구 가운데 1구(Ⅴ)는 측신굴지의 자세이고, 두향은 서쪽, 얼굴은 북쪽을 향한다. 허리 사이에 동제 대구帶鉤 1점을 차고 있다. 나머지 1구(IV)는 어린아이로 부패되었고, 부장품이 없다. 4구는 연령이 약 20세 내외이고, 성별은 알 수 없다〈그림 127〉. 이 묘지의 1호 수레구덩이는 평면이 장방형이고, 안에 수레 1대, 말 4마리, 개 1마리, 마부 1인을 매장하였다. 수레는 동향이고, 개는 수레칸에 놓였고, 마부는 수레칸 아래 얕은 구덩이에 두향을 서쪽으로 하여 남쪽을 보면서 부장품 없이 매장되었다. 그 연대는 3호 무덤과 같이 전국 조기에 속한다.

이 외 호현戶縣 송촌宋村, 함양咸陽 임가취任家嘴 등지에서 진나라의 순인무덤이 발견되었다.

호현 송촌 진나라무덤

1974년 호현 송촌에서 일련의 진나라무덤이 발굴되었는데, 그 가운데 순인무덤이 여러 기이다. 지금까지 발표된 자료는 3호 무덤이 유일하다. 이 무덤에는 순인이 4구가 있고, 부속된 수레구덩이 1기에서 순인 1구가 또 발견되었다. 연대는 춘추 조기에 속한다. 장방형구덩식의 덧널무덤으로 서주의 묘제를 답습하여 허리구덩이와 이층대가 설치되었다. 덧널에 널이 들어 있고, 널의 무덤주인 인골은 부패되고 머리뼈만 남아 있다. 두향은 동쪽이다. 청동 예기 세트 14점이 부장되어 신분은 진나라 경대부이다. 허리구덩이와 무덤주인 발치 이층대 위에 각각 개 1마리가 매장되었다. 4구의 순인은 양측 이층대 위에 나뉘어 배치되었는데, 모두 앙신직지의 자세이고, 두향은 동쪽이다. 모두 간단한 검붉은 칠을 한 상자형의 널에 안치되었다. 널은 길이 1.6~1.75m, 너비 0.37~0.47m, 높이 0.26m로 덧널 뚜껑판과 같은 높이이다. 순인의 입에는 옥제와 석제의 결玦을 물고 있고, 각각에 동제 영鈴 1점이 부장되었다. 인골의 감정 결과 남성 청소년과 노년으로 그 신분은 무덤주인 생전의 시종인 것 같다〈그림 128〉. 무덤 동변에서 부장된 수레구덩이 1기가 발견되었다. 구덩이에서는 말 12마리, 마부 1인, 개 1마리 및 거마기, 병기, 도기 등이 출토되었다.[87]

87 陝西省文物管理委員會秦墓發掘組:「陝西戶縣宋莊春秋秦墓葬發掘簡報」,『文物』1975年 第10期.

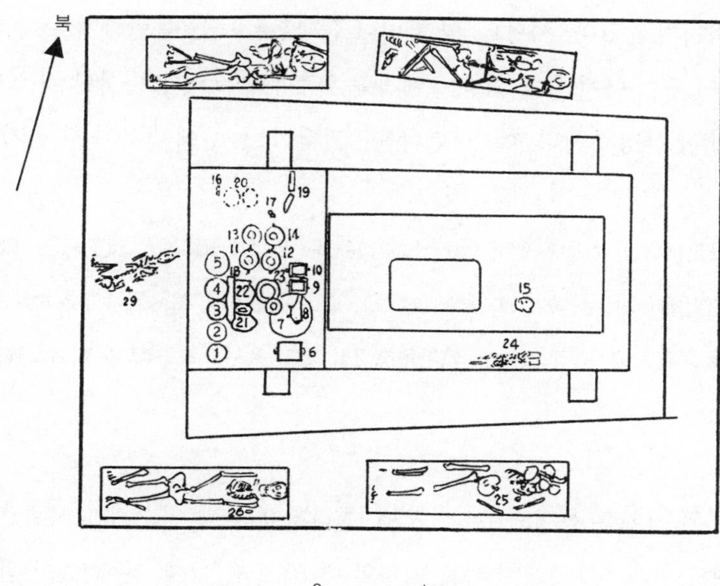

그림 128 호현 송촌 3호 진나라무덤(『文物』 1975年 第10期에서)
1~5. 정(鼎), 6. 언(甗), 7. 반(盤), 8. 이(匜), 9・10. 호(壺), 11~14. 궤(簋), 15. 머리뼈조각, 16・17. 관상(管狀)골기, 18. 옥제 규(圭), 19. 옥제 과(戈), 20. 칠기 인흔(印痕), 21・22. 도기 관(罐), 23. 역형관(鬲形罐), 24. 거마기, 25~29. 동제 영(鈴)

함양 임가취 진나라무덤

1984년 발굴된 전국 중기의 무덤으로 순인은 2구이다.

구덩식의 덧널무덤으로 서향이다. 무덤구덩이에 하나의 덧널과 널이 설치되었는데, 파괴되었고, 무덤주인의 인골은 훼손되었다. 잔존하는 것은 북벽에서 발견된 벽감 하나로 안에 하나의 얇은 널이 안치되었다. 널의 안에서 순인 1구가 발견되었다. 순인은 상반신만 남아 있다. 측신의 자세이고, 두향은 서쪽이다. 입을 크게 벌리고, 몸부림치며 반항하는 모습이다. 감정 결과 성년남성이었다. 이 외 덧널 바깥 머리 쪽에서 1구의 어린아이 인골이 발견되었다. 두향은 북쪽이고, 뼈에 홍색이 도포되었다. 교란되었고, 희생된 소와 함께 배열되어 인생으로 보인다.[88]

진나라 헌공獻公 원년(기원전 384년) "종사를 금지시켰다."라고 『진본기』에 언급되었으

88 咸陽市博物館 : 「咸陽任家嘴殉人秦墓清理簡報」, 『考古與文物』 1986年 第6期.

나 실제는 멈춰지지 않았다. 시황始皇의 할머니 선태후宣太后는 음탕하기로 이름 높다. 그녀는 소왕昭王 42년 병이 나서 죽게 되자 총애하던 위추부魏醜夫에게 순사할 것을 명했는데, 이것이 이에 대해 잘 설명해 준다. 이는 『전국책 · 진책이秦策二』에 다음과 같이 기재되었다.

秦先太且爰(魏)醜夫. 太后病, 將死, 出令曰 "爲我葬, 必以魏子爲殉." 魏子患之. 庸芮爲魏子說太后, 曰 "以死者爲有知乎?" 太后曰 "無知也." 曰 "若太后之神靈, 明知死者之無知矣, 何爲空以生所爰, 葬于無知之死人哉? 若死者有知, 先王積怒之日久矣, 太后救過不贍, 何暇乃私魏醜夫乎?" 太后曰 "善." 乃止.

이 고사는 두 가지를 설명해 준다. 첫째, 진나라에 아직 인순제가 성행하였기 때문에 선태후가 총애하던 위추부에게 순사를 명령할 수 있었다. 둘째, 용예庸芮가 감히 선태후에게 간하여 저지시킨 것은 인순제가 당시에 강렬한 반대에 부딪쳤음을 설명해 준다. 그러나 진나라의 인순제는 헌공이 종사를 금지한다는 명령을 내리고, 선태후가 위추부를 순사시키지 않았음에도 그치지 않았다. 고고학에서 발굴된 자료에 근거하면 전국 후기에도 진나라의 인순제는 계속 본토에서 시행되었고, 진나라가 점령한 지역의 진나라 사람의 무덤에서도 시행되었다. 산서 후마侯馬 교촌喬村에서 발견된 순인이 있는 도랑돌림무덤[圍溝墓]이 주목된다.

후마 교촌 도랑돌림무덤

진도晋都 신전新田, 지금의 후마시 동회하東澮河 북안에 위치한다. 1959~1990년 이곳에서 1,000여 기의 전국무덤이 발굴되었고, 그 가운데 도랑돌림무덤이 37기였다. 이들 도랑돌림무덤에서는 거의 20개의 도랑에서 순인이 발견되었는데, 무덤마다 1~8인으로 균등하지 않았고, 가장 많은 것이 2호 무덤으로 순인은 모두 18인이다. 합하면 순인은 모두 60여 인이 넘는다. 순인은 대다수가 부장품이 없고, 팔다리가 해체되거나 결박된 채 매장되었다.[89]

도랑돌림무덤은 매장시설과 도랑 두 부분으로 구성되었다. 매장시설은 대부분 중 · 소

89 吳振祿 : 「侯馬喬村墓地述要」, 『晋都新田』, 山西人民出版社, 1996年.

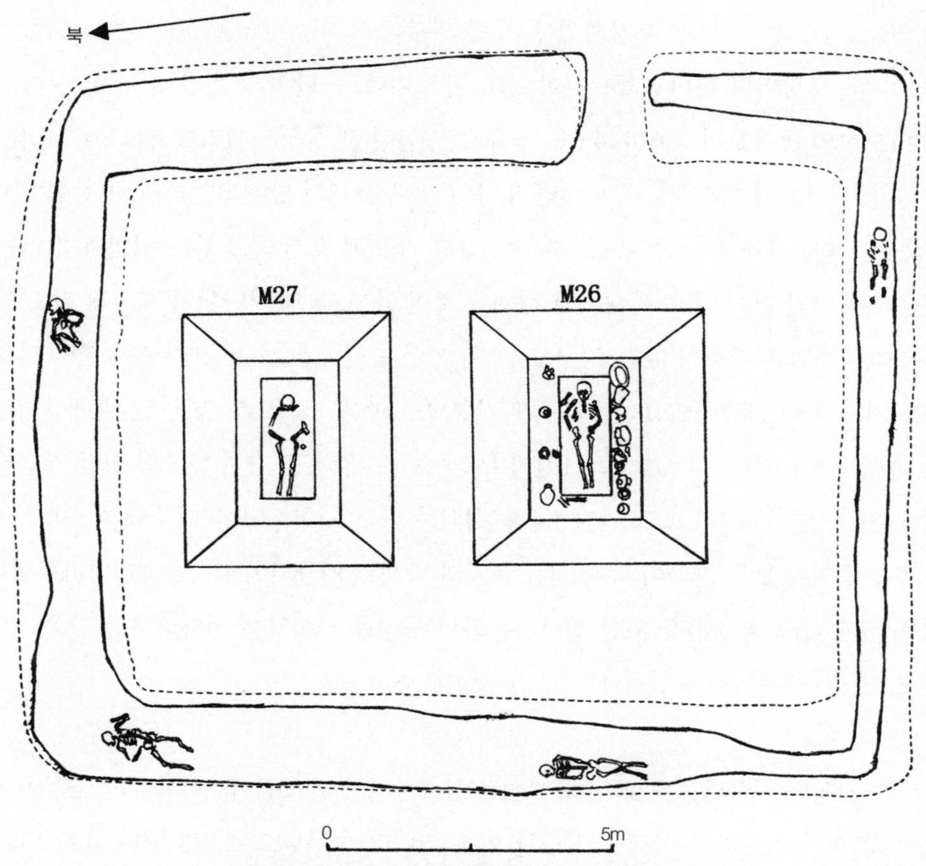

그림 129 후마 교촌 26 · 27호 진나라무덤(『文物』 1960年 第8 · 9期에서)

형의 장방형구덩식무덤 혹은 토굴무덤[洞室墓]으로 다수가 2기의 무덤이 평행하게 배열된 것으로 부부가 무덤구덩이를 달리하며 매장된 합장무덤이다. 매장시설은 전국시기에 유행한 묘제와 구별되지 않는다. 매장시설의 사주를 돌아가는 좁고 얕은 도랑을 팠고, 거기에 순인을 매장하였다. 도랑의 평면은 장방형 혹은 방형이고, 사면에 합해지지 않는 부분이 있는데, 이는 거기가 출구로 된 것이고, 출구를 내지 않은 것도 있다. 도랑의 축조는 규정되지 않아 많은 것의 모퉁이가 둥글게 돌아간다. 상부가 넓고 아래가 좁으며, 도랑바닥의 높이도 일정하지 않고, 도랑 내부의 흙에는 판축흔적이 없다. 1959년 발굴된 26 · 27호 무덤과 1969년 발굴된 2호 무덤이 대표적인데 후자를 예로 들면 다음과 같다.

2호 도랑돌림무덤에는 매장시설이 2개다. 모두 장방형구덩식의 덧널무덤으로 널과 덧널을 갖췄고, 옥제 장식품, 금장식의 철제 대구帶鉤, 은장식의 동제 대구帶鉤, 마노제 환環,

동제 인印(도장), 옥제 인印을 부장하였다. 도랑 외부의 크기는 길이 10.5～13.3m, 도랑의 너비 1～1.4m, 도랑바닥 너비 0.8m, 깊이 2.7m 정도이다. 순인 18구 가운데 3구는 상하로 중첩되어 도랑의 동북모서리에서, 4구는 상하로 중첩된 채 동남모서리에서, 그 나머지는 서북모서리, 서남모서리와 북, 서, 남 3면 도랑의 내부 흙에서 발견되었는데, 매장된 깊이는 일정하지 않다. 자세는 앙신, 측신, 부신이 있고, 두향과 얼굴의 방향도 일치하지 않는다. 머리뼈가 깨어진 것이 있고, 팔다리가 해체된 것이 있고, 뼈가 절단되어 결실된 것도 있다. 순인은 대다수가 부장품이 없고, 장구도 없다. 어떤 순인(奴10, 청년여성)은 목에 형구인 쇠칼[鐵鉗]을 차고 있다. 또 1구(奴18)는 척추가 기형으로 굽은 노인으로 얇은 널에 매장되었고, 몸체 아래에 작은 철제 구鉤(갈고리) 1점이 부장되었다. 감정을 거친 16구의 인골 가운데 남성이 10인, 여성이 6인이고, 노년인 1구를 제외하면 모두 청장년이다.[90] 교촌 도랑돌림무덤은 무덤주인이 모두 만곡이 특히 심한 굴지의 자세로 매장되어 관중關中 진나라무덤에서 보이는 것과 같고, 부장유물 또한 진나라문화의 특성을 구비하여 진나라가 삼진을 점령한 이후의 진나라무덤으로 추정된다.

1959년과 1969년 발굴된 교촌 도랑돌림무덤 자료가 발표된 후, 학자들의 관심이 집중되었고, 그것이 진나라가 삼진을 점령한 이후 진나라의 무덤으로 밝혀졌다. 1992년 하남 삼문협三門峽 화전창火電廠에서 또 8기의 도랑돌림무덤이 발견되었다. 그 가운데 2기의 매장시설을 하나의 도랑으로 돌린 것이 6기(즉 3조)이고, 하나의 매장시설에 하나의 도랑을 돌린 것이 2기이다. 발굴자는 삼문협 도랑돌림무덤의 연대를 진말한초秦末漢初에 속하는 것으로 추정하였고, 매장시설과 도랑이 동시에 축조되었음을 확인함과 동시에 도랑 내부의 흙과 유물(순인의 뼈를 포함)이 매장시설보다 늦다고 하였다. 그 증거는 다음과 같다. 매장시설의 매토는 판축을 하였으나 도랑에 채워진 흙은 판축이 되지 않은 부드러운 것이고, 도랑의 내부 유물은 이 채워진 흙 중간의 깊이가 일정하지 않는 위치에서 출토되었고, 도랑바닥에서 출토되는 것이 적다는 것은 그것들이 매장시설과 동시일 가능성이 없음을 나타낸다는 것이다. 도랑이 있음은 매장시설에 높은 분구가 덮였었으나 근래에 이 분구의 흙이 채토되었을 가능성을 알려준다. 즉 도랑은 무덤의 범위를 표시하기 위해서 판 그 경계일 가능성

90 山西省文物工作委員會 :「侯馬戰國奴隸殉葬墓的發掘」,『文物』1972年 第1期.

이 있다. 이 파낸 도랑에는 원래 매토가 이뤄지지 않았으나 나중에 자연적으로 혹은 인위적인 원인으로 점차 흙이 쌓였고, 인골(혹은 사체), 짐승뼈와 여타 유물은 이러한 과정에 점차 혼입되거나 매입되었기 때문에 깊고 낮은 층위 차가 형성되었다. 이 묘지 9102호 무덤 도랑에 채워진 흙에서는 한 무제武帝가 주조한 바 있는 오수전五銖錢이 발견되어 이를 증명한다.[91] 필자는 이 보고서 작성자의 의견이 정확하고, 고개를 돌려 다시 후마 교촌 도랑돌림무덤을 검사하면 정황이 극히 유사하므로 소위 도랑의 '순인'은 순전히 오해라고 생각한다. 오해가 출현한 원인은 교촌 도랑에 채워진 흙이 비교적 깨끗하고, 후세의 유물이라고 확정할 수 있는 것이 보이지 않았기 때문이다. 혹은 발굴 시 의문사항에 대한 관찰이 소홀하였기 때문이다. 교촌묘지의 발굴자는 1996년의 글에서도 도랑에 매장된 자가 '순인'이라는 주장을 견지하고 있는데,[92] 믿을 만한 근거를 가지고 있을 가능성이 있어 본문에서는 아직도 구설을 따랐으나 신설을 채택하여 참고하였다. 당사자가 실사구시로 서로 믿을 수 있도록 문제를 해결하기 바란다.

앞에서 교촌의 진나라 도랑돌림무덤에 대해 순인인가 아닌가의 문제에 대하여 서로 다른 두 입장을 서술한 목적은 독자들의 연구에 참고가 되기 위해서이다. 진나라 점령구역인 육국의 진나라무덤에는 진나라의 사람을 순장하는 방법이 영향을 주지 못했다.

명확한 실례가 1953년 낙양洛陽 서교西郊 소구燒溝에서 발굴된 일련의 전국 만기무덤이다. 그 가운데 640호 무덤에 1구의 순인이 있다. 이 무덤은 보통의 장방형구덩식무덤으로 무덤구덩이바닥이 길이 2.6m, 너비 1.68m, 깊이 4.98m이다. 바닥 중부에 1구의 널을 안치하였고, 무덤주인은 굴지의 자세이다. 순인은 매토에서 발견되었고, 부신직지의 자세이다. 장구도 없고, 부장품도 없다.[93] 무덤주인에게 부장된 도기 정鼎, 두豆, 호壺의 형식적 특징으로 보아 이 순인무덤은 진나라가 동주를 침공한 이후의 진나라무덤이다.

진시황은 삼진을 공멸시킨 몇 년 후 자기가 역산릉驪山陵을 영건하였다. 죽은 후에 순장된 궁인과 장인의 "수가 만이다."라고 한다. 만약 진나라에 인순제가 성행하지 않았거나 혹은 인순제가 쇠퇴하고 있었다면 이런 종류의 듣는 사람으로 하여금 깜짝 놀라게 하는 참극

91 三門峽市文物工作隊 : 「三門峽市火電廠秦人墓發掘簡報」, 『華夏考古』 1993年 第4期.
92 吳振祿 : 「侯馬喬村墓地述要」, 『晋都新田』, 山西人民出版社, 1996年.
93 王仲殊 : 「洛陽燒溝附近的戰國墓葬」, 『考古學報』 第8册, 1954年.

은 출현하지 않았을 가능성이 크다. 진이세秦二世 호해가 일만에 달하는 무고한 사람을 살해하여 순장하였다는 것은 진나라 인순제의 악습이 발전된 것에 불과한 것이 아닌가 한다.

제7장

진한에서 명청까지의 인생

진한秦漢 이래 중국은 통일된 다민족국가를 건립하여 한족漢族이 주체가 된 거주구는 봉건제사회로 진입하였고, 소수민족이 주체가 된 거주구는 일반적으로 원시사회가 해체되거나 계급사회가 막 출현한 단계이다. 국내에 민족 간의 투쟁과 융합이 끊이지 않았고, 풍속습관이 서로 영향을 주고받아 인생과 인순의 습속도 상당히 복잡한 정황이 출현하였다. 이 시기의 인순에 관하여는 제8장에서 전문적으로 논의하기로 하고, 본장에서는 단지 인생에 대해서만 설명하도록 한다.

이 시기의 인생은 총체적으로 보아 쇠퇴하고 소실되어 가는 추세이다. 단지 특정한 시간대 혹은 특정한 환경에서 때때로 발생하였고, 인생이 사용된 범위는 대체적으로 헌부제사獻俘祭社라고도 부르는 헌부제묘獻俘祭廟, 살구제전殺仇祭奠과 '음사淫祀' 등 세 종류이다. 생인의 신분은 '헌부제묘'가 명확하게 전쟁포로인 이외에는 다른 두 종류는 아주 복잡하다. 원수가 있고, 산 사람을 구입한 경우도 있고, 잡아 온 외지인도 있다. 그러나 자세하게 살피면 그들 모두는 조기의 인생이 포로가 위주였던 것에서 기원한 흔적을 찾을 수 있다.[1]

1 顧德融:「中國古代人殉, 人牲的身分探析」, 『中國史研究』 1982年 第2期 참조.

1. 헌부제묘(또는 헌부제사)

헌부제묘(또는 헌부제사)의 전통은 일찍이 은주시대에 아주 유행한 것으로 진한 이후에도 쇠퇴하지 않고 계속되었지만 헌부의 형식에 있어서 커다란 변화가 있었다.

진한 이후 각 시대의 헌부제묘 축하의식인 경전慶典은 일반적으로 관군의 개선 후 황제가 친히 주재하여 승전을 축하하고, 적의 항복을 받는 의식이었다. 경전은 형식적이지만 그 의미는 중대하였다. 그것이 황권을 제고시키고, 국위를 선양하는 큰 기회였기 때문이다. 경전에서 황제는 잡아온 포로를 관병에게 처치하도록 하였다. 일반적으로 말해 자기의 죄를 인정하여 '복죄伏罪' 하는 이족정권의 수장 혹은 지방에 할거하던 정권의 수장에 대하여는 황제가 '관용寬容' 을 베풀고 죽이지 않았다. 때에 따라서는 정치적 고려를 통해서 원래의 직책으로 복귀시키거나 새로운 관직을 수여하였고, 일반의 전쟁포로는 석방하여 귀가시키거나 노예로 삼았다. 살해하여 제사에 사용하는 것은 몇몇 잘못을 회개하지 않고, 항복하지 않고 거역하는, 즉 '호오불전怙惡不悛' 하고 '위항불항違抗不降' 하는 적방의 두목에 한하였다. 단지 농민군 혹은 기타 반역도는 관용이란 말이 없었고, 대다수가 매섭게 징벌하였고, 살제의 수단도 가장 잔혹하였다. 진한 이후 관에서 편찬한 사서에는 이에 대한 전문적인 기재가 있는데, 송나라와 명나라의 '헌부' 과정에 대한 기재가 아주 구체적이다. 여기서 송나라와 명나라 두 시대의 예를 살펴보도록 하자.

송나라 태조 조광윤趙匡胤이 십국十國의 할거하던 정권을 정벌하는 과정에 당나라 때의 황제가 친정한 군례軍禮를 계승하여 포로에게 항복을 받는 '수항헌부受降獻俘' 의식을 제정하여 십국의 통치 집단을 송나라정권에 대한 태도 여하에 따라 나누어 징벌 혹은 사면을 실시하였다. 그 가운데 개보開寶 4년(971년) 남한南漢을 평정한 후 태묘太廟에서 거행된 항복을 받은 헌부의식이 가장 융숭하였다. 『송서宋書 · 예지禮志 · 군례軍禮』의 '수항헌부' 조에 다음과 같이 기록되었다.

> 嶺南平, 劉鋹就擒, 詔有司撰獻俘禮. 鋹至, 上御明德門, 列仗衛, 諸軍, 百官常服班樓前. 別設獻俘位于東西街之南, 北向. 其將校位于獻俘位前, 北上西向. 有司率武士系鋹等白練, 露布前引. ……俟告禮畢, 于西南門出, 乘馬押至太社, 如上儀. 乃押至樓南御路之西, 下馬立俟. 獻俘將校, 戎服帶刀, ……斋刑部尚書詣樓前跪奏以所獻俘付有司. 上召鋹詰責, 鋹伏地待罪. 詔誅其臣龔澄樞等, 特釋鋹

縛, 與其弟保興等罪. ……百官稱賀畢, 放仗如儀.

유창劉鋹과 그 동생 보흥保興은 자기의 죄를 인정하는 태도가 좋아 죄를 사하고 관직이 수여되었다. 남한의 대신 공징추龔澄樞, 이탁李托, 설숭예薛崇譽는 헌부 후에 천추문千秋門 밖에서 참살되었다.

명나라의 헌부의식은 대체로 위 당나라와 송나라의 제도를 답습하였으나 세부적인 면에서는 더욱 장황하였다. 『명사明史 · 예지禮志 · 군례軍禮』의 '주개헌부奏凱獻俘' 조에 다음과 같이 기록되었다.

先期, 大都督以露布聞. 內使監陳御座于午門樓上前楹, 設奏凱樂位于樓前, 協律郎位于奏凱東北, 司樂位于協律郎南. 又設獻俘位于樓前少南, 獻俘將校位于其北, 刑部尙書奏位于將校北, 皆向北. 又設刑部尙書受俘位于獻俘位西, 東向. ……皇帝常服升樓, 侍衛如上儀. 大將于樓前就位, 四拜. 諸將隨之, 退, 就侍立位. 贊奏凱樂, 協律郎執麾引樂工就位, 司樂跪請奏凱樂. …… 樂止, 贊宣露布. ……宣訖, 付中書省頒示天下. 將校引俘至位, 刑部尙書跪奏曰 "某官某以某處所獻俘, 請付所司." 奏訖, 退復位. 其就刑者立于西廂, 東向, 以付刑官. 其宥罪者, 樓上承制官宣旨, 有敕釋縛. 樓下承旨, 釋訖, 贊禮贊所釋之俘謝恩, 皆四拜三呼, 將校以所釋俘退 …….

명나라에서 행해진 헌부에 주로 사용한 것은 농민군 두령과 반역의 두령으로 『명사』에는 적어도 3차례가 언급되었다. 1차는 가정嘉靖 33년 10월 왕삼王三이 영도한 농민군 포로의 헌부제사이고, 두 번째는 만력萬曆 12년 정월 운남雲南 롱천태족隴川傣族의 수장 악봉岳鳳과 그 처 족속의 헌부제사이고, 세 번째는 천계天啓 2년 사천四川 번우방樊友邦 등과 산동山東 백련교白蓮教 두령 서홍유徐鴻儒 등의 헌부제사이다.

2. 살구제전

'살구제전'은 원수를 죽여 피해자의 망혼에 바치는 것이다. 일반적으로 원수를 잡아 피해자의 무덤이나 영위 앞에서 죽이는 것으로 수급을 잘라 내고, 심장과 간 등 오장을 빼내 피해자의 망혼을 위하여 제사의식을 거행하는 것이다. 역대 관찬과 사찬의 저술에서 보면 한나라와 당나라 시기에는 일반적으로 수급으로 제사하였으나, 송 · 원 · 명 · 청나라 때에는 심장으로 제사하였다.

살구제전은 복수심이라는 나쁜 심리에서 발생하여 발전되었다. 계급의 대립, 민족의 충돌 및 혈연 관계, 주인과 노복의 관계, 스승과 제자 관계, 옛 친구 관계 등등으로 인한 복수 행위는 모두 살구제전의 발생을 이끌어 냈다. 계급의 대립, 혹은 민족의 충돌에 기인한 살구제전 행위는 일반적으로 정치투쟁과 연계되어 있고, 규모가 비교적 크고, 영향도 비교적 컸다. 혈연 관계, 주인과 노복의 관계, 스승과 제자의 관계, 옛 친구 관계에 기인한 살구제전 행위는 일반적으로 한 가족(혹은 한 종족), 몇 사람 혹은 개인의 행동으로 영향이 비교적 적었지만 피해는 크게 남겼다.

계급대립 혹은 민족충돌에 기인한 살구제전은 역사에서 끊이지 않았는데, 몇 예를 들어 보면 다음과 같다.

『한서漢書 · 왕망전하王莽傳下』 '천봉天鳳 4년(기원 17년)' 조에 다음의 기사가 있다.

琅邪女子, 呂母, 子爲縣吏, 爲宰所寃殺. 母散家財, 以酤酒買兵弩, 陰厚貧窮少年, 得百餘人, 遂功海谷縣, 殺其宰以祭子墓.

이것이 중국 역사상 제일 첫 번째의 부녀가 영도한 농민무장봉기이다. 표면적으로 보아 여呂 씨 어미가 의거를 일으킨 동기는 자식의 복수를 위한 것이지만 실제 행동은 자기의 이해득실을 훨씬 초과한 것으로 분명히 계급복수 행위에 속한다. 중국 역대 농민봉기 대다수가 발생된 동기는 혈친의 복수이지만 일이 발생한 후에는 계급 간 복수로 계속 발전하여 요원의 불길처럼 번졌다.

『자치통감自治統監 · 당기唐記』에 기록된 신룡神龍 2년(706년) 초의 기록으로 다음이 있다.

韋玄貞流欽州而卒. 蠻酋寧承基兄弟逼取其女, 妻崔氏不與, 承基等殺之, 及其四男洵, 浩, 洞, 泚. 上命廣州都督周仁軌使將兵二万討之. 承基等亡入海, 仁軌追斬之, 以其首祭崔氏墓, 殺掠其部衆殆盡.

『구당서舊唐書 · 온조전溫造傳』에 당나라 문종文宗 '태화太和 4년(830년)' 조에 다음 기록이 있다.

山南西道節度使李絳被叛軍殺害, 文宗詔溫造繼任. 溫造到任後, 兵發圍剿叛軍, 叛軍被打敗, 溫造 "親刃絳者斬一百斷, 號令者斬三斷, 余幷斬首. 內一百首祭李絳, 三十首祭王景延, 趙存約等, 幷設尸于江." 2

『송사宋史 · 충의전일忠義傳一』의 송나라 인종仁宗 때의 일로 다음 기록이 있다.

王則在貝州叛亂, 其部將生擒宋北京指使馬遂, '支解之'. 不久, 宋官兵擒獲, "殺遂者驍捷卒石慶, 使其子剖心而祭之". 又, 王則部將郝用殺貝州通判董元亭, "賊平, 獲郝用, 斬以祭元亭".

『죄유록罪惟錄 · 반역전叛逆傳』에 다음의 기록이 있다.

明太祖反元時, 苗族首領張英, 劉震來附. 未幾復叛, 殺參政胡大海, 後被生擒, "太祖命懸大海上, 刺英, 震心血以祭之".

『산서통지山西通志 · 열녀록십팔烈女錄十八 · 역대정렬歷代貞烈』에는 명나라 보덕保德 때의 일로 다음 기록이 있다.

經略陳奇瑜, 多姬侍. 會闖變, 遷大族實咸陽. 寄瑜家當遷, 賊將郝安才與奇瑜仆謀誘致止之. 姬張氏名耐者, 州民一孝女, 見奇瑜不反, 惧辱身, 飲毒死, 後寄瑜嗾唐通殺安才, 取仆首以祭姬.

앞에 인용한 사례는 당 · 송 · 명나라 왕조가 지방에서 반란을 일으킨 농민봉기군과 남방소수민족을 진압하고는 잔혹한 살제의식을 채용하곤 하였음을 설명해 준다.

이와 관련된 고고학 자료는 상대적으로 적다. 그것은 살구제전이 대부분 유적을 남기

2 『新唐書 · 溫造傳』, 『自治統監 · 唐記六十』에 기재된 것은 『舊唐書 · 溫造傳』과 기본적으로 같다.

지 않았기 때문, 즉 유적이 있어도 확인할 수 없기 때문이다. 그러나 2개의 고고학 실례가 찾아진다. 하나는 낙양洛陽 동관東關에서 발견된 동한東漢의 살순殺殉무덤이고, 나머지 하나는 섬서陝西 봉상鳳翔 교구郊區에서 발견된 당唐나라의 살순묘지이다.

낙양 동관 동한살순무덤

낙양박물관이 1971년 발굴하였다. 이 무덤은 거마車馬방을 가진 대형의 벽돌무덤(磚築墓)이다. 무덤문 터널천장의 제1층 판축계단 아래에서 암매장된 인골 10구가 발견되었다. 인골은 보존상태가 양호하고, 서로 중첩되어 종횡으로 교차하고 있다. 앙신직지의 자세도 있고, 부신으로 감긴 자세도 있다. 장구는 없고, 부장품도 없다. 출토현상으로 추단하면 한꺼번에 강제로 산 채 매장된 것이다. 감정 결과 그 가운데는 5~6세의 아이가 4구, 10~15세의 소년이 2구, 30~40세의 성년이 4구이고, 대략 남녀가 각각 5구이다. 살순된 사체 아래에서는 온

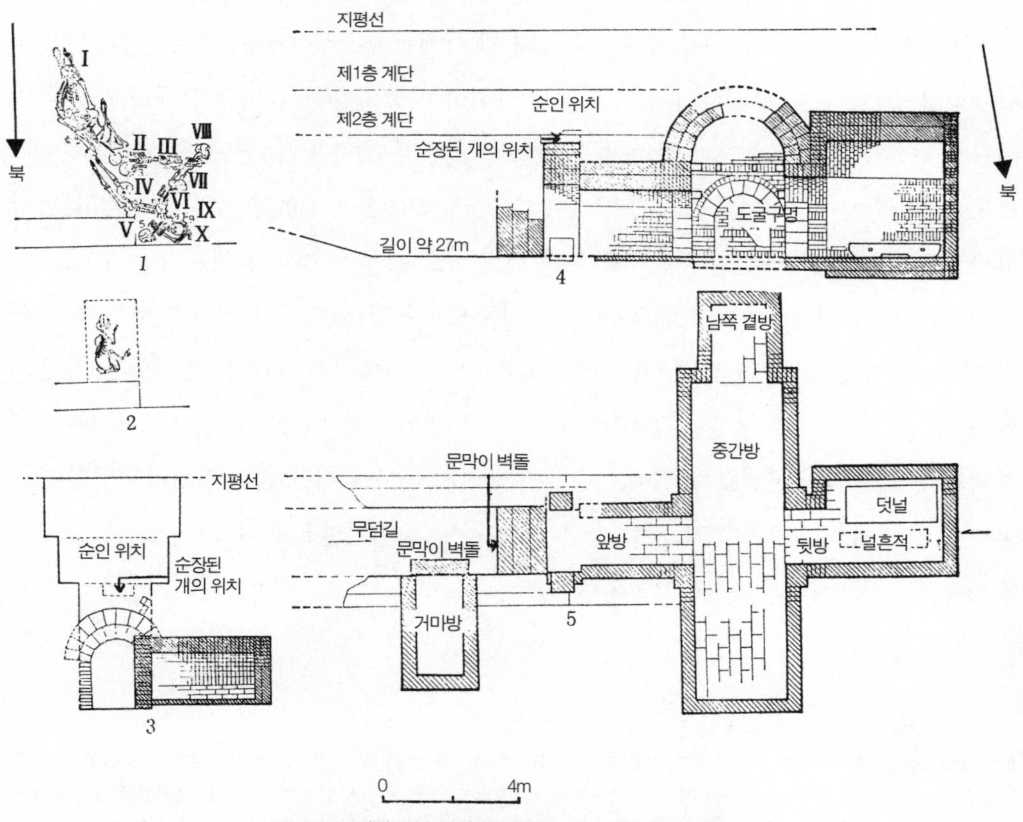

그림 130 낙양 동관 동한살순무덤(『文物』 1973年 第2期에서)
1. 순인 인골 분포 상태, 2. 개뼈, 3. 무덤문 및 거마방 단면도, 4. 무덤 종단면도, 5. 무덤 평면도

전한 개뼈가 발견되었다. 개는 몸을 굽히고 옆으로 누운 자세로 산 채 매장된 것 같다〈그림 130〉. 무덤방 중앙에서 출토된 옥의玉衣, 주칠로 그림을 그린 널과 덧널 및 나머지 부장품으로 보아 무덤주인은 동한 만기의 고급귀족으로 황실의 성원일 가능성이 있다. 동한 만기에 이렇게 강제로 죽여 순장하는 현상은 드문 예로 지금까지 확실한 판단을 어렵게 하고 있다.[3] 필자는 당시 낙양에 전면적인 전란이 있었다는 커다란 역사적인 배경을 고려하면, 이 무덤에 출현한 살순현상은 계급 간의 복수로서 살구제전과 관련이 있다고 생각한다.

봉상 교구 당나라살순묘지

섬서 봉상 교구 당나라 때 살순묘지는 옹성고고대雍城考古隊가 1983~1990년 발굴하였다. 발굴된 364기의 수隋나라(소량)와 당나라 무덤 가운데 53기의 당나라무덤에서 무덤주인의 인골 이외에 살순된 사체의 인골이 발견되었다. 일반적으로 하나의 무덤에 살순이 1인이나, 한 무덤에서 2~6인의 살순자가 발견된 경우도 있고, 많게는 13인에 달하는 것도 있다. 살순된 사람의 총 수는 148개체이다. 살순된 사체의 인골은 대다수가 무덤길 매토, 무덤구덩이 매토, 천장 위 매토의 여러 층위에 나뉘어 매장되었다. 소량의 잔해가 무덤방 안에서 발견되었고, 무덤주인의 널 뚜껑 위에서 발견된 것도 있다. 살순된 사람은 남녀가 있고, 노소도 있으나 청장년남성이 가장 많다. 그들은 모두 장구가 없고, 부장품도 없고, 매장자세도 일정하지 않다. 완전한 골격을 갖춘 것도 있으나, 많은 것이 몸체와 머리가 다른 곳에 흩어져 위치하였다. 머리뼈와 팔다리뼈가 불완전 한 것, 팔다리가 해체된 것, 머리가 잘린 것, 발이 잘린 것, 손이 잘린 것, 발에 족쇄를 찬 것, 사체가 한 단으로 엉켜있는 것 등이 있다. 출토현상으로 보면 살순된 자의 대다수는 살해된 후에 매장되었고, 소수가 산 채 매장되었다. 기술적인 문제로 감정이 진행되지 않았기 때문에 이 53기의 당나라무덤의 주인 및 살순된 자의 족속은 아직 확정할 방법이 없다. 발굴자의 연구에 의하면 이들 무덤의 절대 다수가 중당中唐시기 속한다고 한다.[4]

3 余扶危 · 賀官保 : 「洛陽東關東漢殉人墓」, 『文物』 1973年 第2期.

4 「我國數次發現隋唐殉人墓葬」, 『人民日報』 1986年 5月 13日 第3版. 「鳳翔縣發掘一批中唐時期的殉人墓葬」, 『中國歷史學年鑑』 259면, 人民出版社, 1985年. 雍城考古隊 : 「陝西鳳翔縣城南郊唐墓群發掘簡報」, 『考古與文物』 1989年 第5期. 趙叢蒼 : 「從鳳翔城郊隋唐殉人墓看中國古代殉人制度的發掘與演變」, 『漢唐陵墓制度』 國際學術硏討會論文, 西安 2003年. 인용한 논문은 발표된 시간 순서대로이다. 발표된 발굴 무덤의 수와 살순인의 수는 약간 다른데, 본문에 인용한 발굴 무덤 수와 살순인의 수는 2003년

필자는 초보적으로 수나라와 당나라의 번진藩鎭에는 군웅이 할거하여 전란이 끊이지 않았다고 생각한다. 봉상 일대는 당나라 때 번진의 관병이 회흘回紇의 병사, 돌궐突厥의 병사와 전쟁을 하던 곳이기에 무덤에서 발견된 살제에 사용된 인생은 이런 역사배경과 관련이 있다. 보도에 의하면 이런 무덤 가운데 18기의 무덤주인이 갑옷을 입은 채 매장되었다고 하는데, 이는 전사한 당나라의 군관일 가능성이 있음을 나타낸다. 따라서 살제에 사용된 인생은 그들의 적이었던 회흘의 병사 혹은 돌궐의 병사인 포로일 가능성이 크다. 무덤주인의 가까이에 있는 자는 그를 대신해서 원수를 갚으려고 잡은 적병을 무덤 속 사자에게 살제로 바친 것으로 파악된다. 이러한 판단에 오류가 없다면 이는 민족충돌로 인해 발생된 살구제전 행위가 된다.

일반적으로 말해 계급대립 혹은 민족충돌에 기인한 살구제전 행위는 대다수가 격동의 시기와 나라가 바뀌는 시기에 발생하였다. 앞에서 본 봉상의 중당시기 무덤은 전형적인 민족충돌의 사례이다. 계급의 원한을 갚으려고 일어난 사례는 명나라 말 농민봉기군이 북경을 함락하자 숭정崇禎황제가 자진한 후에 발생된 일련의 꿰어서 살제를 한 농민군의 행위가 전형적인 예이다.

명나라를 전복시킨 농민봉기군에게 명나라 조정황실에 충성한 관리들은 '불공대천不共戴天의 원수' 일 뿐이었다. 그들에게는 당연히 난폭한 반격이 진행되었다. 포획된 농민군의 포로들은 집단적으로 숭정황제의 영위 앞 혹은 장릉長陵 앞의 살제에 사용되었다.

담길옥譚吉璁의 『숙송록肅松錄』 권 1에 다음의 기록이 있다.

> (崇禎)甲申四年, 密雲副將張滅率所部兵至昌平城下, ……五月朔日攻城, ……斬級百余, 生擒賊一百二十名, …… 又次日赴長陵祭奠. 縛賊渠李道春, 周祥磔之. 以僞官劉愷澤等四人獻俘于崇禎皇帝陵墓之側, 亦磔之, 具文哭奠焉.[5]

왕선겸王先謙의 『동화록東華錄』 권 1에는 다음과 같은 기록이 있다.

조총창(趙叢蒼) 논문의 숫자를 근거로 하였다.

5 (淸)周孔陽의 『歷代陵寢備考』 卷五十에서 인용.

(順治元年五月)己酉, 宣府巡撫李鑒捕斬僞權將軍黃應選, 僞防禦史李允桂等十五人, 以祭明崇禎帝.

이렇게 죽이기 전에 수치스런 폭행을 한 것은 제사에 사용된 자가 내심으로 굴복하여 철저하게 절망적인 심리상태가 되도록 하기 위함이다.

혈연 관계, 주인과 노복의 관계, 제자와 스승의 관계, 옛 친구 관계에서 기인한 살구제전행위는 중국의 봉건시대에 그치지 않고 지속되었다. 여러 정황 아래 이런 살구제전은 사회의 견책을 받지 않았을 뿐 아니라 오히려 칭찬과 격려를 받았다. 역대 봉건통치자는 유가사상을 선양하여 천하를 다스렸다. 따라서 삼강오륜에 의지하였고, 그 뒷면으로는 오히려 혈친복수의 풍습과 행위를 본받도록 부추겼다. 아들의 부친을 위한 살구제전은 사회에 공인된 '미덕' 이었다. 동한시기에 발생된 고사 두 가지를 들어보도록 하자.

『후한서後漢書 · 소장부족손불위전蘇章附族孫不韋傳』에 다음의 기록이 있다.

(不韋父謙, 與魏郡李暠有隙), 暠爲司隷校尉, 收謙詰掠, 死獄中, 暠又因刑其尸, 以報昔怨. 不韋時年十八, 征讓公車, 會謙見殺, 不韋載喪歸鄕里, 瘞而不葬, 仰天嘆曰 "伍子胥獨何人也!" 乃藏母于武都山中, 遂變名性, 盡以家材募劍客, 邀暠于諸陵間, 不剋. 會暠遷大司農, 時又校芻廥, 在寺北垣下, 不韋與親從兄弟潛入廥中, 夜則鑿地, 晝則逃伏, 如此經月, 遂得傍達暠之寢室, 出其床下. 値暠在厠, 因殺其妻幷及小兒, 留書而去. 暠大涼惧, 乃布棘于室, 以板籍地, 一夕九徙, 雖家人莫知其處. 每出, 輒劍戟隨身, 壯士自衛. 不韋知暠有備, 乃日夜飛馳, 徑到魏郡, 掘其父阜塚, 斷取阜頭, 以祭父墳. …… 弘農張奐睦于蘇氏, 而武威段熲與暠素善, 後奐熲有隙. 及熲爲司隷, 以禮辟不韋, 不韋惧之, 稱病不讓. 熲旣積憤于奐, 因發怒, 乃追究不韋前報暠事, …… 卽時收執(不韋), 幷其一門六十余人盡誅滅之, 諸蘇以是衰敗. 及段熲爲陽球所誅, 天下以爲蘇氏之報焉..

또 『후한서 · 열녀전烈女傳 · 허승처許升妻』에 다음의 기록이 있다.

吳許升妻子, 呂氏之女也, 字榮 …… (升)被本州辟命, 行至壽春, 道爲盜所害. 剌史尹耀報盜得之. 榮迎喪于路, 聞而讓州, 請甘心仇人. 耀聽之. 榮乃手斷其頭, 以祭升靈.

이러한 혈친의 복수 행위는 극도로 발전되어 대대로 내려오는 원수를 만들었다. 세대가 내려오면서 서로 보복하였고, 아버지와 할아버지의 원수에 대한 보복은 일생의 으뜸가는 대사였다. 동한시기에 이런 풍조가 극도로 성행하였다. 『삼국지三國志 · 위서魏書 · 한기전韓曁傳』에는 다음과 같은 기록이 있다.

韓曁字公至, 南陽堵陽人也. 同縣豪右陳茂譖曁父兄, 幾至大辟. 曁讓不以爲言, 庸賃積資, 陽詰死士, 逐追呼尋禽茂, 以首祭父墓, 由是顯名.

이런 종류의 상황은 각 시대에 자주 보인다. 근 · 현대에 이르러서도 중국의 민간에서, 특히 광동廣東과 복건福建에서 종족 간에 흉기를 가지고 싸우는 데서 기인한 혈친의 복수 시에 발생하였다. 갑 쪽의 족인이 을 쪽의 족인에게 살해되면 갑 쪽은 천만백배로 보복하였고, 일단 포획된 을 쪽의 사람은 왕왕 살해된 사람의 무덤 앞에 잡혀 와서 피살된 사람 친속의 칼에 격살되었고, 그의 심장이 꺼내어져 제사에 사용되었다.

변경의 소수민족에게 아직 남아 있는 '타원가打寃家'의 유속은 이러한 성격에 속한다.

이 외 다른 살구제전의 행위도 아주 유행하였다.

관리가 뇌물을 받아먹어 법을 어기고, 지주가 협잡하여 강탈하고, 인명을 초개 같이 여겨 발생된 피해를 입은 사람의 친구와 친척이 원한을 품으면 위험을 무릅쓰고 직접 복수를 하여 탐관을 죽이고, 지주를 살해하여 피해인의 제전에 바쳤다. 앞에서 언급한 낭사여자琅邪女子 여 씨 어미가 원수를 갚을 때 빈곤한 사람에게 은덕을 베풀어 현의 장관을 살해한 것은 이러한 성격을 가지고 있다. 『수호전水滸傳』 제68회의 송강宋江이 증두시曾頭市를 야습하여 토호 사문공史文恭을 생포하고, 배를 갈라 심장을 꺼아서 양산의 첫째 두령 조개晁蓋의 제전에 바친 것도 이런 종류에 속한다.

다음 봉건사회의 불합리한 혼인은 많은 간살奸殺과 정살情殺을 조성하였고, 피해인의 친척과 친구는 왕왕 '이에는 이로'라는 잔혹한 수단으로 간부와 음부를 살해하여 피해인의 제전에 바쳤다. 널리 알려진 『수호전』 제26회, 무송武松이 반금련潘金蓮과 서문경西門慶을 살해하여 그의 형 무대랑武大郎의 제전에 바친 것이 가장 전형적인 사례이다. 『수호전』은 일반적으로 시내암施耐庵이 지은 것이고, 나관중羅貫中이 순서를 배열한 것으로 알려져 있다. 2인은 모두 원나라 말기에서 명나라 초기의 사람이다. 따라서 고사의 줄거리로 보아 이는 작자가 『선화유사宣和遺事』 및 관련된 활자본에 있는 고사를 기초로 하여 다시 창작해서 만든 책이다. 고사에서 말하는 것은 북송 말년의 일이지만 실제 그들이 생활하던 시기의 사회현상이다.[6] 현재 통용되고 있는 70회본은 청나라 초 금성탄金聖嘆이 평어로 고치고, 주해를 달아 첨삭한 것이다. 따라서 『수호전』의 살구제전 행위는 송 · 원 · 명 · 청나라 전체 역사의 사회현상을 담고 있는 것으로 볼 수 있다.

3. 음사

은주 이전에는 소위 음사란 없었다. 춘추 후기 천지산천은 모두 인간의 등급과 관계하여 구분되었고, 소위 천자는 천지, 오악, 사독에 제사하는 데 제한이 없었고, 제후는 그가 관할하고 있는 산천에 제사하였고, 대부는 '오사五祀' 를 지냈다. 그러한 범위 내에 있지 않으면 "제사 지내지 않을 곳에 제사하는 것" 으로 '음사' 라 불렀다.[7]

제나라의 대부 사마자어司馬子魚는 음사에서 제사하는 대상을 '여러 음혼지귀淫魂之鬼'[8] 라고 생각하고 반대한 바 있다. 이러한 반대가 있었으나 사실상 음사에 대한 제사는 그치지 않았고, 또 그것이 진한시대에도 있었다. 『한서 · 교사지郊祀志』에 의하면 음사는 일찍이 진시황 이래로 퍼져나갔고, 한나라 무제는 더욱 귀신의 사를 공경하였고, 평제 때에 이르러는 귀신의 음사를 숭배하는 곳이 천지육종天地六宗 이하로부터 여러 소신小神에 이르기까지 무릇 1,700개소가 되었다고 한다. 진한 때의 음사에 대한 제사에는 일반적으로 희생을 사용하였고, 음사에 사람을 써서 제사한 것은 대략 원래 동이의 구지였던 곳의 차수次睢의 사社가 남아 전해지고 있을 뿐이다.

『속한서續漢書 · 군국지郡國志』 '낭아국琅玡國 임기臨沂' 조 유소劉昭의 주를 인용하여 『박물기博物記』에는 "현의 동쪽 경계 차수에는 대총사大叢社가 있는데, 사람들이 식인사食人社라고 부르는, 즉 차수의 사이다." 라고 하였다. 『좌전』 '희공僖公 19년' 조에는 "여름, 송나라

6 『水滸』 70回 본권 글머리의 「關于本書的作者」, 作家出版社, 1957年 참조.

7 『禮記 · 曲禮下』

8 『左傳』 '僖公十七年' 條.

(양)공이 주邾나라 문공에게 증鄫나라 군주를 차수의 사에서 제물로 사용하도록 했다."라고 하는 것과 비교된다. 두예의 고증에 의하면 '차수의 사'는 '박사亳社'이고, 또한 은사殷社이다. 은상 이래 이곳에서는 사社에서 사람을 죽여 제사하는 악습이 홍성했던 것이다. 이곳에서 멀지 않은 동산銅山 구만丘灣의 은나라 때의 사사祀社유적에서 살인제사의 유구가 발견되어[9] 이를 실증한다. 『예문유취藝文類聚』 권 39 『예부禮部 · 사직社稷』에 인용된 오집지吳輯之의 『종정기從征記』에는 "임기의 넓은 구릉 사이에 차수리사次睢里社가 있고, 항시 사람제사를 지낸다. 양공이 주나라 문공에게 증나라 군주를 제물로 사용하게 한 곳이다. 빈한한 자를 고용하여 제계를 명하고, 제사 때 사의 앞에 결박하여 두는데, 희생을 보는 것 같고, 위魏나라 초에 폐지되었다."라고 하였다. 이들에서 차수의 사에서의 살인제사 악습은 그 유래가 깊어 적어도 은나라 때부터 시작하여 서주와 동주, 진나라와 한나라를 거쳐 삼국시대 초기까지 기본적으로 폐지되지 않았음을 알 수 있다.

남방에서 음사는 더욱 엄중하였다. 『한서 · 지리지』에는 강남 초월楚越의 지역에 "무귀巫鬼를 믿고, 음사를 중하게 여긴다."라고 하였고, 한위 이후에도 여전히 끊이지 않았고, 송나라 때에 이르러서는 호광湖廣, 사천四川, 절강浙江, 복건福建, 광동廣東 등지에서 음사에 사람제사를 지내는 악습이 상당히 유행하였다. 관부가 비록 한두 번 금지령을 내렸으나 주효하지 않았다. 아래에서 몇 가지를 채록하여 그 일부를 살펴보도록 한다.

청나라 서송徐松의 『송회요집고宋會要輯稿 · 형법刑法』에 다음의 기록이 있다.

淳化元年(990년)八月二十七日峽州長揚縣民向祚與兄向收, 共受富人錢十貫, 俾之采生. 巴峽之俗, 殺人爲犧牲以祀鬼. 以錢募人求之, 謂之采生. 祚與其兄謀殺縣民李祈女, 割截耳鼻, 斷支節, 以與富人. 爲鄕民所告, 抵罪.

(孝宗淳熙四年 : 1177년)五月六日臣僚言"楚俗淫祠, 其來尙矣"……遂至用人以祭, 每遇閏歲, 此風扰炽.

(寧宗嘉泰二年 : 1202년)十二月九日權知万州越師作言"峽路民居險遠, 素習夷風, ……其俗不以道, 千富祀諸魂淫之鬼, 往往用人".

9 南京博物院 : 「銅山丘灣古遺址發掘簡報」, 『考古』 1972年 第5期.

송나라 진순陳淳의 『북계자의北溪字義』 권 하 '귀신鬼神' 조에 다음의 기록이 있다.

湖南風俗, 淫祀尤炽, 多用人祭鬼, 或村民裒錢賣人以祭, 或捉行路人以祭.

송나라 마단림馬端臨의 『문헌통고文獻通考 · 교사고郊社考』 '잡사음사雜祠淫祠' 조에 다음의 기록이 있다.

(高宗紹興二十三年 : 1153년)將作監主簿孫祖壽言 "……間者禁止淫祠不爲不至, 而愚民無知, 至于殺人以祭巫鬼, 篤信不疑. 湖廣夔峽自昔爲甚, 近世此風又寖行于他路, 往往陰遣其道, 越境千里, 嘗致生人, 以販奴婢爲名, 每至歲閏, 屠害益繁, 雖異姓至親亦不遑恤, 今浙東又有殺人而祭海神者, 四川又有殺人而祭鹽井者. 守今不嚴禁之, 生人實被其害".

『동도사략東都事略 · 태종본기太宗本紀』에 다음의 기사가 있다.

(雍熙二年 : 985년)閏九月, 詔曰 "嶺南之俗, ……其殺人祭鬼, 病不求醫, 僧置妻孥, 宜化夷, 使之悛革.

『송사宋史 · 태종기太宗記』에 다음의 기사가 있다.

(淳化元年 : 990년) 八月, 禁嶺南殺人祀鬼.

『영양현지寧洋縣志 · 신사지新事志 · 선석仙釋』에 다음의 기사가 있다.

曹四公, 集寧里鄉寮人. ……元祐間(1086~1093), 鄉有神, 歲以童男童女祀, 里人患之. 公往謁廬山君, 學禁祝, 起方術. ……神惧求活, 許其栖水尾潭中, 後不爲歷.[10]

10 傳衣凌輯 : 「閩俗異聞錄」, 『福建文博』 1984年 第1期(總6期).

남방의 '음사'가 오랫동안 쇠퇴하지 않은 것은 역사상 남방에 거주했던 오호烏滸와 월요越僚의 여러 민족과 밀접한 관계가 있다. 이들 민족의 엽두제 습속과 장자를 죽여 제사하는(먹는) 습속은 비록 사회에 변화가 발생했지만 풍속과 습관의 영향은 아주 깊어 장기간 유행하였다. 남방의 음사는 송나라 사람이 '여러 혼음지귀魂淫之鬼에 대한 제사'[11]라 부른 것으로 동한시기 사람들이 차수의 사를 '여러 음혼지귀에 대한 제사'라 한 것과 같은 의미이기 때문에 이들 사이에는 연원관계가 있을 수 있다.

명나라와 청나라 시대에도 음사에 살인을 하여 제사하는 습속이 남아 있었다. 명나라 홍무洪武 27년 산동에서는 "일조日照 민강民江 백아伯兒의 어미가 병이 들자, 고기를 베어 치료를 하였으나 낫지 않았다. 번악藩岳의 신에게 기도를 하였는데, 어미의 병을 낫게 해달라고 아들을 죽여 제사하였다. 어미의 병이 나았으나 세 살의 아이는 이미 죽었다."[12]라고 한다. 『대명률大明律』의 "살인을 해서 요술로써 사람을 현혹시키는" 것을 금지시킨 금령禁令[13]도 이를 증명한다. 근 · 현대까지도 민간에서는 혼음지귀에 대한 제사습속이 있어 간혹 사람을 죽여 제사하는 학살사건이 발생하였다.

서남소수민족에서는 일찍이 엽두제 습속과 살인하여 귀鬼에게 제사하는 습속이 유행하였고, 그 성격은 일종의 '음사'에 속하는 것이었다. 와족佤族의 민간전설에 의하면 "17대에서 20대 사람 이전까지 와족의 선대가 이동하던 중에 홍수의 재앙을 만나면 사람 머리를 잘라 제물로 제사지냈다."라고 한다. 또 하나의 전설은 더욱 오래된 것으로 "하늘에서 내리는 커다란 재앙을 만나면 사람과 생축이 대량으로 죽고, 곡식이 오랫동안 자라지 않아 사람들은 각종의 짐승 머리로 귀신에게 구함을 받으려고 제사하는데, 모두 영험이 없으면 나중에는 사람 머리를 잘라 제물로 귀신에게 제사하여 재난을 면할 수 있었다."[14]라고 한다. 말하자면 와족이 머리를 잘라 귀에게 제사하는 습속은 이미 삼사백 년의 역사를 가졌다는 것이다. 이런 습속은 자연계에 대한 우매한 무지에서 발생한 것으로 혈족의 복수와 관련될 가능성이 있다.

사천四川 양산凉山 흑이黑彝는 중병을 만나 의원의 치료가 듣지 않으면 때때로 살인하여

11 『宋會要輯稿 · 刑法二』 第七册, 6497면, 中華書局影印本, 1957年.

12 『明外史 · 沈得四傳』을 인용한 蔡尚思 : 『中國傳統思想總批判』 50면, 棠棣出版社, 1950年.

13 『大明律集解附例』 卷十九 「刑律」.

14 『佤族社會歷史調查(一)』 50면, 雲南人民出版社, 1983年.

귀에게 제사하였다. 조사에 의하면 "해방 전 석보夕普 웅현雄縣의 흑이족黑彝族은 중병에 걸리면 많은 소와 양을 제사에 바친다. 병을 고치지 못하면 무당인 필마畢摩가 점을 친다. 그가 천상에서 사람을 요구한다고 말하면 여자 노예인 여합서女呷西 한 명을 죽여서 강물에 던져버린다."라고 한다. 포타현布拖縣 길적가吉狄家 흑이는 일찍부터 3명의 어린 노예 소합서小呷西를 죽여 귀에게 제사하였다.[15] 교통이 폐쇄된 소수민족지구에서는 유사한 사례가 아직까지도 때때로 발생하는데, 여기에서 일일이 열거하지는 않는다.

15 王恒杰 : 「從解放前彝族奴隸制度看殷周奴隸社會」, 『考古』 1974年 第4期.

제8장

진한에서 명청까지의 인순

제7장의 서두에서 우리는 진한시대 이래 역사의 복잡성을 들면서 인생과 인순의 방면에서도 상당히 복잡한 상황이 출현하였음을 알아보았다. 인생은 앞의 제7장에서 언급하였으므로 여기서는 인순에 대해 논의하고자 한다.

이 시기의 인순은 한족이 주로 거주하는 지역에서는 총체적으로 쇠퇴하는 단계라고 말할 수 있다. 그러나 종법윤리사상과 전통관습세력의 영향 때문에 인순의 자원이었던 노비는 많은 수가 존재하였고, 각 족속 사이에 인순의 악습이 침투되어 그 악습은 시종 중국대륙에서 소실되지 않고, 각 시기마다, 혹은 각 지역마다의 궁벽한 곳에서는 꽤 유행하였다. 문헌기록에 근거하여 진한부터 명청까지 인순의 과다 및 그 표현형식을 파악하면 대략 4개의 단계로 구분할 수 있다.

제1단계 : 진과 서한 – 인순이 일시적으로 성행하다 쇠퇴하던 시기.

제2단계 : 동한과 위진남북조 시기 – 인순이 다시 되살아난 시기.

제3단계 : 수나라와 당나라 – 인순이 또 쇠퇴하던 시기.

제4단계 : 송 · 원 · 명 · 청나라 – 인순이 다시 부활하여 만연하던 시기.

이 4개 단계의 구분을 전체적으로 볼 때, 그 사이에는 대단히 복잡한 요소와 미묘한 변화가 개재되어 있다. 따라서 아래에서는 앞의 순서에 따라 논의하고자 한다.

1. 진과 서한

우리는 제6장에서 진나라의 인순을 소개하면서 그 기원은 비교적 늦은 시기이나 출현하자마자 빠르고 맹렬하게 발전되어 크게 보아 '뒤에 난 뿔이 우뚝한' 지세가 되었고, 진나라 헌공獻公이 따라 죽는 일을 금지하였으나 실제는 멈추어지지 않았음을 알아보았다. 진나라의 종말기에 이르러 진시황릉에 "장인 만여 인을 생매장하였다."라는 공전절후의 기록이 출현하였는데, 이는 진나라의 인순제가 악성적으로 발전한 결과이다. 이 장에서 우리는 이 문제에 대해서 계속해서 검토하도록 한다.

진시황릉은 도대체 얼마나 많은 사람을 순장하였는가? 사서의 기록은 서로 차이가 있는데, 대략 아래의 몇 가지 기사에 인순의 수가 기록되었다.

『사기史記 · 진시황본기秦始皇本紀』의 기록은 다음과 같다.

(始皇三十七年)九月, 葬始皇驪山. ……二世日"先帝后宮非有子者, 出焉不宜" 皆令從死, 死者甚衆. 葬旣已下, 或言工匠爲機, 葬皆知之, 藏重卽泄. 大事畢, 已葬, 閉中羨, 下外羨門, 盡閉工匠藏者, 無復出者.

『한서漢書 · 초원왕전부유향전楚元王傳附劉向傳』의 기록은 다음과 같다.

秦始皇帝葬于驪山之下, ……多殺宮人, 生埋工匠, 計以万數.

『태평어람太平御覽』 권 560에 인용된 『황람皇覽 · 총묘기塚墓記』의 기록은 다음과 같다.

秦始皇塚在驪山, ……后宮無子者皆殉, 從死者甚衆. 恐工匠知之, 殺工匠于藏中.

이 기록들이 증명하는 것은 진시황릉에 순장된 사람은 두 부류라는 것이다. 한 부류는 궁인宮人이고, 나머지 한 부류는 장인이다. 선진시기에 아직 성장하지 않은 궁인 일부를 순장한 사실이 파악되지만 진시황무덤에서는 아직 성장하지 않은 궁인 모두를 순장한 것인데도 사서에서 비난하지 않았다. 무덤을 축조한 장인을 매장한 것은 더욱 전대미문의 이야기에 속한다. 장인을 매장한 원인은 단지 그들이 무덤 속의 진귀한 부장품에 대해 누설하는 것을 방지하기 위해서다. 이것은 선진시기의 순인과 서로 부합되지 않는다. 은나라와 주나라의 인순은 인간세계의 주인과 노복 관계를 저승세계에 재현하는 것이기에 그 대상은 대부분 무덤주인 생전의 근친, 근신과 근시였다. 진이세는 시황의 후궁 가운데 자식이 없는 자는 모두 따라 죽게 하였다. 이는 선진시기 인순제도에서 벗어난 것이다. 무덤을 축조한 장인을 전부 무덤 속에 매장한 것도 선례가 되어 후대에 커다란 영향을 미쳤다. 진나라와 한나라 및 그 이후 인순은 인간세계의 주인과 노복의 관계를 저승세계에 재현하는 것이 아니거나, 혹은 다 그렇지는 않았다. 그리고 궁인과 여타의 사람에 대해서는 극히 잔혹한 징벌이었다 – 일종의 사형으로 변한 것이다.

진이세가 개창한 이런 두 부류의 순인은 각각 얼마나 많았을까? 『사기』와 『황람』은 모두 명확하게 언급하지 않았다. 『한서』의 '합해서 일만' 은 유향劉向이 성제成帝에게 박장薄葬을 간언한 상소의 한 구절로 문자를 수식하기 위해 나온 약간 과장된 것이기 때문에 반드시 '일만' 인을 순장한 것은 아닐 것이고, 대략 수천 인을 순장한 것으로 보는 것이 합당할 것으로 추측된다. 진상이 어떠한지는 진시황릉이 발굴되었을 때 다시 검증될 것이다. 궁인과 장인이 순장된 외에도 많은 진시황의 공자, 공주가 핍박을 받아 따라 죽었고, 주살되었다. 『사기 · 이사열전李斯列傳』에 다음의 기록이 있다.

> (二世卽位) 公子高欲奔, 恐收族, 乃上書曰 "……臣請從死, 願葬驪山之足, 唯上幸哀怜之" 書上, 胡亥大悅, ……可其書, 賜錢十萬以葬.

공자 고高의 무덤은 진시황릉 부근에 있는 것으로 보인다. 당시 주살된 여러 공자, 공주 및 대신의 수는 아주 많았다. 기록에 있는 것만 해도 적어도 대신 몽념蒙恬, 몽의蒙毅, 태자 부소扶蘇, 공자 장여곤將閭昆의 동생 3인이 있고, 이외 "여섯 공자가 사社에서 도륙되었고",[1] "공자 12인이 함양시咸陽市에서 죽었고, 10인의 공주가 사에서 죽었다."[2]라고 한다. 이렇게

1 『史記 · 秦始皇本紀』.

2 『史記 · 李斯列傳』.

주살된 대신, 공자, 공주 가운데는 몽념, 몽의, 부소 등과 같이 다른 곳에 묻힌 경우도 있고, 진시황릉 주변에 매장되었을 가능성도 있는데, 고고학의 발견은 이에 대해 중요한 단서를 제공한다.

1976년 진시황능원 동쪽 담장 밖 350m에서 17기의 진나라무덤이 발견되었다. 무덤은 동서향이고, 북에서 남으로 가며 일렬로 배열되었다. 그 가운데 8기가 발굴되었다. 모두 경사무덤길을 가진 '甲' 자형의 무덤이고, 무덤바닥에는 하나의 덧널 속에 하나의 널을 안치하였다. 널 바닥에는 초목과 회를 깔았고, 18호 무덤의 널에서는 단지 1점의 동제 단검短劍만 출토되었을 뿐이나 나머지 7기 무덤의 널에는 각각 1인이 매장되었고, 모두에 비교적 많은 도기와 소량의 동기, 금은제품, 옥제 장식품이 부장되었다. 출토 시 인골은 대부분 교란되었는데, 몸과 머리가 분리된 것, 뼈에 동제 촉鏃이 박힌 것이 있었다. 인골의 감정 결과 5명의 남성과 2명의 여성이고, 그 가운데 20세 내외의 여성 1인이 있고, 나머지 6구는 모두 30세 내외였다. 무덤이 자리한 위치, 죽은 자가 살해된 점, 유물의 특징 등으로 판단하면 이들 무덤의 주인은 주살된 진시황의 여러 공자와 공주로 추정된다.[3]

진이세가 많은 사람을 죽여 순장을 시행한 후 17년이 지나지 않아 또 제나라 전횡田橫의 무리 500인이 따라 죽는 사건이 발생하였다. 그 전체 과정은 다음의 『사기 · 전담열전田儋列傳』에 보인다.

> 漢滅項籍, ……田横惧誅, 而與其徒屬五百余人入海, 居島中. 高帝 ……迺使使赦田横罪而召之. ……曰"田横來, 大者王, 小者迺侯耳. 不來, 且擧兵加誅焉". 田横迺與其客二人乘傳讓雒陽. 未至三十里, 至尸鄉厩置. 横謝使者曰"……横始與漢王俱南面稱孤, 今漢王爲天子, 而横迺爲亡虏而北面事之, 其耻固已甚矣. 且吾亨人之兄, 與其弟幷肩而事其主, 縱彼畏天子之詔, 不敢動我, 我獨不愧于心乎? ……" 遂自剄, 令客奉其頭, 從使者馳奏之高帝. 高帝 ……爲之流涕, 而拜其二客爲都尉, 發卒二千人, 以王者禮葬田横. 旣葬, 二客穿其塚旁孔, 皆自剄, 下從之. 高帝聞之, 迺大惊, 以田横之客皆賢. 吾聞其余尙五百人在海中, 使使召之. 至則聞田横死, 亦皆自殺.

전횡은 원래 전국시기 제나라의 종실로, 진을 쫓아 난을 일으키지 않고 영토를 할양받

3 秦俑考古隊:「臨潼上焦村秦墓淸里簡報」,『考古與文物』1980年 第2期.

아 복귀하고자 하여 유방劉邦의 적이 되었고, 유방의 사신 역식기酈食其를 삶아 죽인 인물이다. 유방이 항우項羽를 전멸시킨 후, 조서를 내려 귀의하라고 하였으나, 이전의 행위가 부끄러워 포로가 되었고, 또 식기의 동생 역고酈高의 보복이 두려워 낙양에 도달할 때(유방이 낙양에 주둔할 때임) 흔쾌히 자살하였다. 전횡의 자살은 정에 이끌렸음이 원인이다. 그 무리 오백여 인과 전횡을 따라 수종하여 낙양에 오던 2명을 포함한 모두는 주인을 위하여 순사하였다. 그들의 비장한 행동은 묵자의 거자 맹승의 무리 183인이 따라 죽은 것과 비교해 미치지 못할 것이 없지 않은가!

진시황릉의 순장과 한나라 초 전횡의 무리 오백여 인의 따라 죽음은 중국 고대 인순 수량의 최고가 된다. 이 이후에는 따라 죽어 순장되는 종순제從殉制 및 거기서 파생된 따라 죽는 종사從死의 풍조가 줄어들게 되었다.

서한 초년 사회경제가 피폐해지고, 인구가 크게 격감하여 최고통치자는 부득이 '검소와 절약을 숭상' 하게 되었는데, 이는 객관적으로 보아 인순제의 시행에 대해 제한작용을 일으켰다. 문제文帝와 경제景帝 이후 사회경제의 발전과 사상의식의 변화는 더 나아가 인순제의 쇠락을 촉진시켰다. 한나라 무제武帝 때 동중서董仲舒의 상소에 "노비를 없애고 마음대로 죽일 수 있는 위세를 없애야 합니다."[4]라 한 것은 인순제에 대한 일차적인 커다란 충격이 아닐 수 없다. 문헌기록에서 보면 늦어도 한나라 선제宣帝 때 이미 임의로 사람을 순장하는 것을 윤허하지 않았다. 『한서 · 경십삼왕전景十三王傳 · 조경숙왕전趙敬肅王傳』에 말하기를 조무왕趙繆王 유원劉元이 "병들어 죽게 되자 음악을 연주하던 노비인 악노비樂奴婢로 하여금 따라 죽도록 하는 영을 내렸다. 핍박받아 자살한 자가 무릇 16인이다."라고 하였다. 그 결과 그는 제후국에서 제외되는 처벌을 받았다. 비록 유원이 그러한 벌을 받은 데는 실제 이외의 여러 가지 많은 죄가 있었기 때문이지만 악노비를 핍박하여 따라 죽게 한 것이 주요한 원인의 하나이다.

여기서 지적해야 할 것은 법령으로 윤허하지 않아도 인순행위는 소실되지 않았고, 특권을 가진 통치계급은 여러 가지 변칙수단을 사용하였다는 것이다. 예컨대 '자원自願' 을 구실로 하여 비첩과 시종을 핍박하여 따라 죽도록 하였다. 『한서 · 무오자전武五子傳』의 기재에 의하면 한 무제의 아들 연왕燕王 유단劉旦은 반역죄를 범하여 자살하였는데, "단을 따

4 『漢書 · 食貨志』.

라 자살한 왕후와 부인이 20여 인이다."라고 한다. 또 광릉왕廣陵王 유서劉胥는 죄가 두려워 자살하였는데, "여덟째 아들 곽소군郭昭君 등 2인이 모두 자살하였다."라고 한다. 이는 '자원해서 따라 죽는' 형식을 채용한 것이다. 또 『한서 · 곽광전霍光傳』에 의하면 소제昭帝를 보필한 대신 곽광이 죽자 선제宣帝가 그 장례에 "모두 수레를 타는 제도인 승여제도乘輿制度와 같게 하고" 장례물품 가운데 '전나무 외장外臧덧널 15구'를 하사하였다 한다. '외장덧널'이 무엇인가는 안주顔注를 인용하여 복건服虔이 이르기를 "외장덧널은 바로 덧널[臧槨] 바깥에 있는 것으로 비첩을 매장하는 것이다. 혹은 부엌과 마구간인 주기廚廐에 속한다고 한다."라고 하였다. 앞의 해석을 따르면 곽광의 무덤에 따라 죽은 비첩 15인을 묻은 것이 된다. 그들은 15구의 외장덧널에 안치된 것으로, 이는 비첩이 은혜에 보답하기 위해 따라 죽어 순장되는 형식을 채용한 것이다. 진장화晋張華의 『박물지博物志』 권 7에 나오는 두 조의 기록이 주의를 기울일만한 것이다.

> 漢末, 關中大亂, 有發前漢宮人塚者, 宮人犹話, 旣出, 平服如舊. 魏郭后愛念之, 彔置宮內, 常在左右, 聞漢時宮中事, 說之了了, 皆有次緒. 郭后崩, 哭泣過哀, 遂死.[5]
>
> 漢末發范朋友奴塚, 奴犹話. 朋友, 霍光女婿, 說光家事廢立之际多與『漢書』相似.

이 두 조의 자료는 괴이한 이야기에 속하고 믿을 만한 근거가 없다. 그러나 앞에서 예를 든 연왕 유단, 대신 곽광 두 사례와 연계시켜 보면 궁인宮人과 부리던 하인의 따라 죽음을 윤허 받은 것이 된다. 한나라에서 폐지되었으나 특권층은 아직 강제로 따라 죽게 하는 수단을 채택하고 있는 것이다.

총괄하면 서한왕조 통치구의 인순은 많지 않았다. 필자의 통계에 의하면 거의 오십여 년 간 발굴된 제후왕과 열후의 무덤이 100여 기 내외인데, 무덤에서 순인이 발견된 것은 단지 서주徐州 사자산獅子山 초楚왕무덤과 서주 화산火山 유화劉和무덤뿐이다. 이는 서한 인순장의 개별적인 현상으로 소멸되어 가는 추세를 알려준다.

5 서진 간보의 『搜神記』 卷一五의 기재도 이와 같다. 『晋書 · 五行志』 "魏明帝太和三年"조와 『三國志 · 魏書 · 明帝記』의 주를 인용한 고개지의 『啓蒙注』에도 유사한 기재가 있다. 단지 모두 "魏時人有開周王塚者, 得殉葬女子"라고 운운하고 있을 뿐이다.

서주 사자산 초왕무덤

사자산 초왕무덤은 1994~1995년 발굴되었다. 규모가 광대하고, 구조가 특이한 암굴무덤[崖洞墓]으로 북쪽에서 남쪽을 향한다. 남북 총 길이는 117m이다. 무덤길 북쪽에 무덤방 12개, 순장구덩이 1개를 축조하였다. 무덤은 일찍이 도굴되었으나 2,000여 점의 유물이 남아 있었고, 무덤주인은 금루옥의金縷玉衣(금실로 꿴 옥제 옷)를 입고 있어 문제와 경제 시기 초왕의 하나로 인정된다. 순장구덩이는 바깥 무덤길 끝의 동벽 아래에 위치한다. 구덩이는 길이 4m, 너비 1.6m이다. 구덩이에 1구의 칠을 한 널이 안치되었으나 부패되었다. 순인은 감정 결과 40여 세의 남성이다. 부장품으로는 옥제 벽璧, 황璜, 침枕(베게), 철제 검劍, 모矛, 동제 패牌, 경鏡과 동제의 '식관감이 새겨진 인(飤官監印)' 등 411점이 출토되었다. 연결길[甬道](돌로 막은 것으로 '간도間道' 라고 불림) 동벽의 두 무덤방에서 순인의 흔적이 발견되었다. E4방은 길이 4.55m, 너비 1.48m, 높이 1.75m 이다. 공심空心벽돌로 막았고, 그 속에 나무문을 설비하였다. 순인의 인골은 부패되고 치아만 남아 있다. 부장품으로는 옥제 무인舞人, 휴觿(송곳), 계심패鷄心珮(노리개), 형珩(패옥), 칠규새七竅塞(얼굴에 있는 7개의 구멍을 막는 마개) 등의 옥기와 동제 경鏡, 대구帶鉤 등이 있다. 부장품으로 추측하면 순인은 여성이다. E5방은 E4의 북쪽에 위치한다. 크기는 길이 4.68m, 너비 1.5m, 높이 1.91m이다. 공심벽돌로 막았고, 그 안에 나무문이 설비되었다. 방에 옥을 상감하고 칠을 한 널이 안치되었으나 심하게 도굴되었다. 인골은 훼손되었고, 도제 어魚, 기하형의 옥편 및 도기조각 약간이 출토되었다. 여성으로 추측되고 신분은 E4의 순인보다 높다.[6]

서주 화산 유화무덤

1996년 발굴된 것으로 서주 북쪽 교외에 위치하는 암굴무덤이다. 무덤주인은 은루옥의銀縷玉衣를 착용하였고, 옥제 침枕, 칠규새七竅塞 외에도 200여 점의 유물이 출토되었다. 무덤주인이 유화라는 것은 출토된 동제 인印에 의해 확인되었다. 순인은 서쪽 무덤방 북쪽의 곁방[側室]에서 발견되었다. 칠을 한 널에 안치되었고, 인골의 두향은 남쪽, 남성이고, 몸에 철제 검劍을 차고, 동제 경鏡을 가지고 있다. 널 바깥에 조합이 완전한 도기를 부장했다. 묘

6 獅子山楚王陵考古發掘隊 : 「徐州獅子山西漢楚王陵發掘簡報」, 『文物』 1998年 第8期. 韋正等 : 「江蘇徐州市獅子山西漢墓的發掘與收穫」, 『考古』 1998年 第8期.

제와 출토유물로 보아 무덤주인 유화는 서한 문제와 경제 시기 초왕의 가족성원이 확실하다.[7]

이상 2기 무덤의 4구 순인은 모두 고급의 장구와 진귀한 부장품을 가지고 있어 그 신분은 절대 일반 노복이나 시녀가 아니라 그들을 부리던 사람일 가능성이 크다. 몸에 '식관감' 동제 인印을 착용한 순인은 그 신분이 초왕의 음식을 관장하던 관원이 확실하다. 유화 무덤의 순인은 병기를 패용하고 있어 유화의 측근시위인 것 같다. 초왕무덤의 여성 2인은 초왕이 총애하던 희첩일 것이다. 당시의 풍조로 보아 그들은 모두 자원하여 따라 죽었을 가능성이 있다.

서한시기 인순습속이 보존된 곳으로는 북방의 흉노匈奴와 영남에 할거하던 남월국南越國 정권이 있다.

흉노는 중국 북방의 오래된 민족으로 선진시기 "세세로 전해오며 얻을 수 없어 남겨진" 부족으로서 한나라 초에 이르러 모돈립冒頓立이 단독으로 이름을 세상에 알렸다. 『사기 · 흉노열전匈奴列傳』, 『한서 · 흉노전상匈奴傳上』에는 모두 "장사지내는 데 널과 덧널을 쓰고, 금은으로 옷을 치장하였으나 봉분을 하거나 나무를 심는 일이 없으며 상복도 입지 않았다. 선우單于가 죽으면 근신과 애첩을 순장하는데, 많을 때는 따라 죽은 이가 수십에서 백인에 달한다."[8]라고 하였다.

전에 소련고고학자가 외몽고外蒙古 낙안산諾顔山에서 일련의 흉노무덤을 발굴하였는데, 1호 무덤에서 발변發辮(딴 머리) 21개가 발견되었고, 6호 무덤에서 85개가 발견되었다. 발변의 거칠고 세밀함과 길고 짧음이 일치하지 않으나 모두 부장유물과 함께 동반되었다. 발굴자의 연구에 의하면 발변은 순장된 비빈妃嬪의 흔적이다.[9]

판단에 착오가 없다면 『사기』와 『한서』의 기재가 사실임을 증명한다. 그러나 근년에 중국의 고고학 연구자들이 내몽고 서부에서 발굴한 전국과 진한시기의 옛 무덤에서는 오

7 耿建軍 · 盛儲彬 : 「徐州漢代考古又有重大發現 - 徐州漢皇族墓出土銀縷玉衣等文物」, 『中國文物報』 1996年 10月 20日.

8 『漢書 · 匈奴傳上』에 대한 안사고의 주에서는 "或數十人, 或百人"이라 하였고, 『史記 · 匈奴列傳』에는 "多至數千百人"이라 하였는데, 이후의 사람들이 약간 잘못 전하고 있다.

9 С.И. 魯登科 : 『匈奴人之文化和諸顔山墓葬』 第十章, 번역문은 『西北歷史資料』 1983年 第1期에 있다.

르도스식 청동기가 출토되어 발굴자는 흉노의 무덤으로 확정하였는데, 보편적으로 말과 양 등의 축생을 매장하는 제사가 사용되었으나 순인은 발견되지 않았다.[10] 이는 순인이 다른 무덤에 묻혔거나 가장 상층의 귀족에 한해서만 사용되었을 가능성을 알려준다. 지금까지 발굴되지 않은 이 정도 크기의 대형무덤이 있기 때문에 흉노의 인순에 대한 실증은 더 많은 고고학의 발견을 기다려야 할 것이다.

남월왕국 상층통치자가 상주시기 순인제도를 모방하였음이 1970년대와 1980년대에 앞뒤로 발굴된 광주廣州 남월왕南越王무덤과 광서廣西 귀현貴縣(지금의 귀항시貴港市) 나박만羅泊灣무덤에서 실증되었다.

광주 남월왕무덤

1983년 발굴되었고 15구의 순인이 발견되었다. 연대는 한나라 무제 원삭元朔 말 또는 원수元狩 초(기원 122년)이다.[11]

남월왕무덤은 지금까지 발견된 영남의 가장 큰 한무덤이다. 전체 무덤방은 광주 상강산象崗山의 깊은 곳에 자리하고, 무덤바닥에서 산꼭대기까지 거리가 약 20m이다. 무덤방은 전부 큰 돌판을 쌓아 축조하였고, 무덤길은 남쪽에 나 있다. 방향은 177°이다. 무덤방은 앞뒤 두 부분으로 구성되었고, 모두 7개의 방으로 나뉘었다. 앞부분은 앞방[前室], 동쪽 덧방[耳室], 서쪽 덧방으로 구성되었고, 평면이 횡장방형이다. 뒷부분은 4개의 방으로 주검방[主室], 동쪽 곁방[側室], 서쪽 곁방, 뒤의 부장방[後藏室]으로 구성되었다. 주검방에 하나의 덧널이 설치되었고 그 안의 검붉은 칠의 널 속에 주인이 안치되었다. 무덤주인은 옥의를 입고 있고, 가슴에 옥제 패식佩飾 및 금, 은, 유리 등의 재질인 구슬을 꿴 목걸이를 걸었다. 허리 양측에서 10점의 철제 단검短劍이, 유체 위에서 사체를 덮은 옥제 벽璧이, 몸체 위에서 9매의 인장이 출토되었다. 인장 가운데 '문제행새文帝行璽' 라고 새겨진 용뉴금인龍鈕金印(용꼭지의 금제 인), '태자泰子' 가 새겨진 구뉴금인龜鈕金印(거북꼭지의 금제 인)과 '조매趙昧' 가 새겨진 옥제 인印이 있어 무덤주인은 제2대 남월왕이 확실하다.

주인과 함께 같이 매장된 사람은 15인이다. 서쪽 덧방(고방), 뒤의 부장방(음식물저장실)

10 田廣金 · 郭素新 : 『鄂尒多斯式靑銅器』, 文物出版社, 1986年.

11 廣州市文物管理委員會等 : 『西漢南越王墓』, 文物出版社, 1991年.

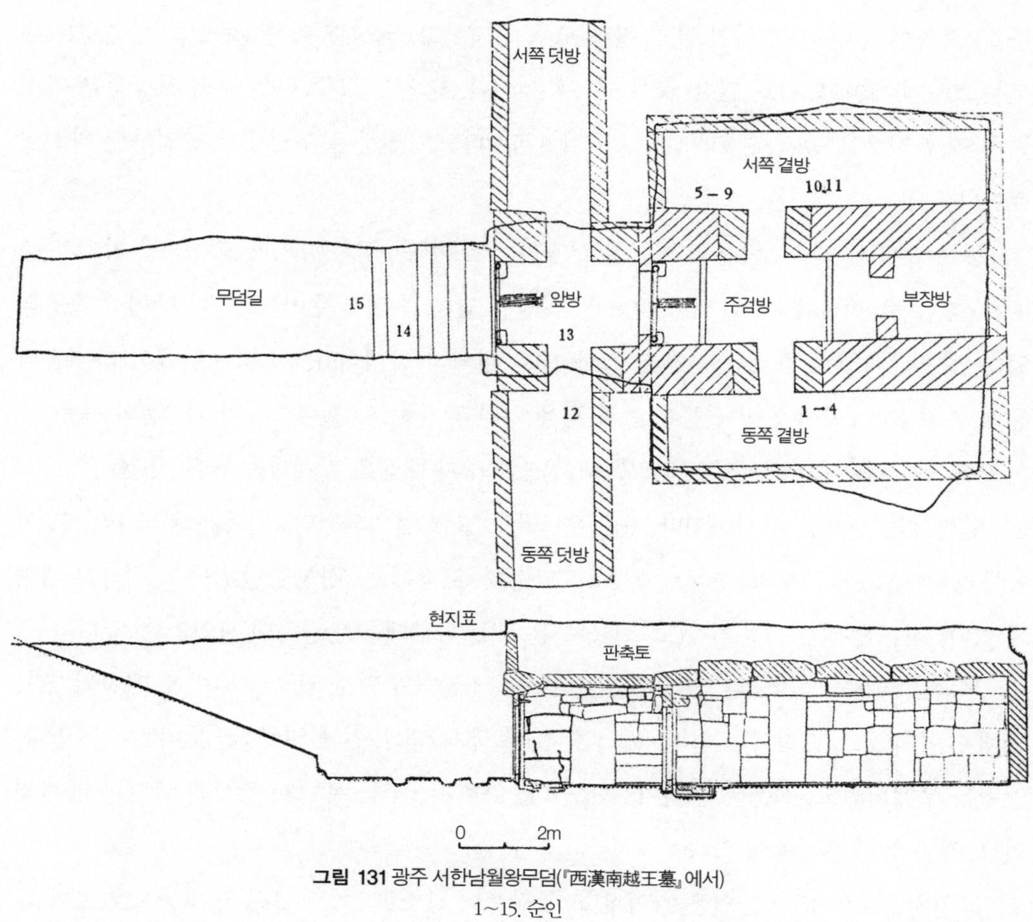

그림 131 광주 서한남월왕무덤(『西漢南越王墓』에서)
1~15. 순인

에서 인순이 발견되지 않았을 뿐, 동서의 곁방, 동쪽 덧방, 앞방, 무덤길 가운데에서 모두 순인이 발견되었다. 동쪽 곁방은 비첩이 묻힌 곳이다. 출토된 '우부인새右夫人璽'는 구뉴금인이고, '좌부인左夫人', '태부인泰夫人', '[부部]부인夫人'이 새겨진 것은 도금한 구뉴동인龜鈕銅印(거북꼭지의 동제 인)으로 판정되어 적어도 4인의 순인이 있었음을 알 수 있다. 순인은 모두 칠을 한 널, 화려한 패용장식과 진귀한 부장품을 가졌다. 무덤방에 일찍이 물이 들어와 유물이 이동되었고, 장구와 유골은 심하게 부식되었다. 단지 '좌부인'의 인골만 남아 있는데, 감정 결과 25세 내외의 여성이다.

서쪽 곁방은 부엌의 역할을 하는 방으로 소, 돼지, 닭 등 생축의 뼈와 찌고 데우는 식기가 쌓여 있었다. 순인은 7구로 모두 목판 위에 안치되었고, 장구가 없다. 그 가운데 5구는 남반부에 배치되었는데, 앙신직지의 자세이고, 사방향으로 평평하게 놓였다. 나머지 2구는 그 북쪽에 있다. 초보적인 감정 결과 모두 성인이고, 남성과 여성 모두 있고, 연령은 대부분 20~30세이고, 가장 많은 것이 35~40세이다. 순인은 모두 적은 양의 부장품을 가졌는데, 일반적으로 동제 경鏡과 대구帶鉤 각 1점이다. 그 신분은 부엌에서 작업하던 하인일 것이다.

동쪽 덧방은 연음오락용의 도구를 부장한 장소이다. 종鐘, 경磬, 구조句鑃 등 악기와 통筒(원통형 그릇), 방鈁(네모난 술그릇), 호壺 등의 술을 담는 주요 그릇이 모두 이 방에서 출토되었다. 순인은 1구로 초보적인 감정 결과 18세 내외의 남성이다. 그의 주변에서 타격용의 동제 추鎚(망치) 1점이 있어 신분은 종과 경을 치던 악기樂伎인 것 같다. 이 외 2점의 목용木俑이 종과 방, 호의 사이에서 출토되었는데, 음악연주자 대신으로 제작해 넣은 것 같다.

앞방에는 수레를 배치하였다. 순인은 1구로 널에 안치되었다. 인골은 부패되었고, 어뉴동인魚鈕銅印(물고기꼭지의 동제 인)을 차고 있는데, 도장에는 '경항령인景巷令印' 이라고 새겨져 있다. 적은 양의 부장품이 있고, 그 신분은 왕실의 수레를 관장하던 관인인 것 같다.

무덤문 밖에서도 2구의 순인이 발견되었다. 1구는 무덤문 입구 무덤방에 배치되었다. 널에 안치되었고, 17점의 도기 대옹大甕(큰 독)과 동제 장식, 철제 대구帶鉤 등이 부장되었다. 인골은 부패되었고, 신분은 문지기로 보인다. 나머지 1구는 무덤길 경사의 끝단에 배치되었고, 적은 양의 부장품이 있다.

남월왕무덤의 15구 순인은 널이 없고 부장품이 간소한 점, 배열된 위치 등으로 보아 남월왕 생전의 희첩, 시종과 잡역을 하던 하인으로 추정할 수 있다〈그림 131〉.

귀현 나박만 한무덤

1976년 발굴된 1호 무덤에서 10구의 순인이, 1979년 발굴된 2호 무덤에서 1구의 순인이 발견되었다. 모두 무제시기에 속한다.[12]

귀현 나박만 1호 무덤은 남아 있는 분구가 높이 7m, 저경 60m이다. 봉토 아래에 무덤길을 가진 장방형구덩식의 덧널무덤이 축조되었다. 무덤의 남쪽에 수레구덩이가 설치되었다. 방향은 156°이다. 무덤구덩이는 길이 12.5m, 앞부분의 너비 5m, 뒷부분의 너비 8m이다. 무덤바닥이 2층으로 나뉘고, 위층에 목제의 덧널이 설치되었고, 아래층은 순인구덩이

12 廣西壯族自治區博物館 : 『廣西貴縣羅泊灣漢墓』, 文物出版社, 1988年.

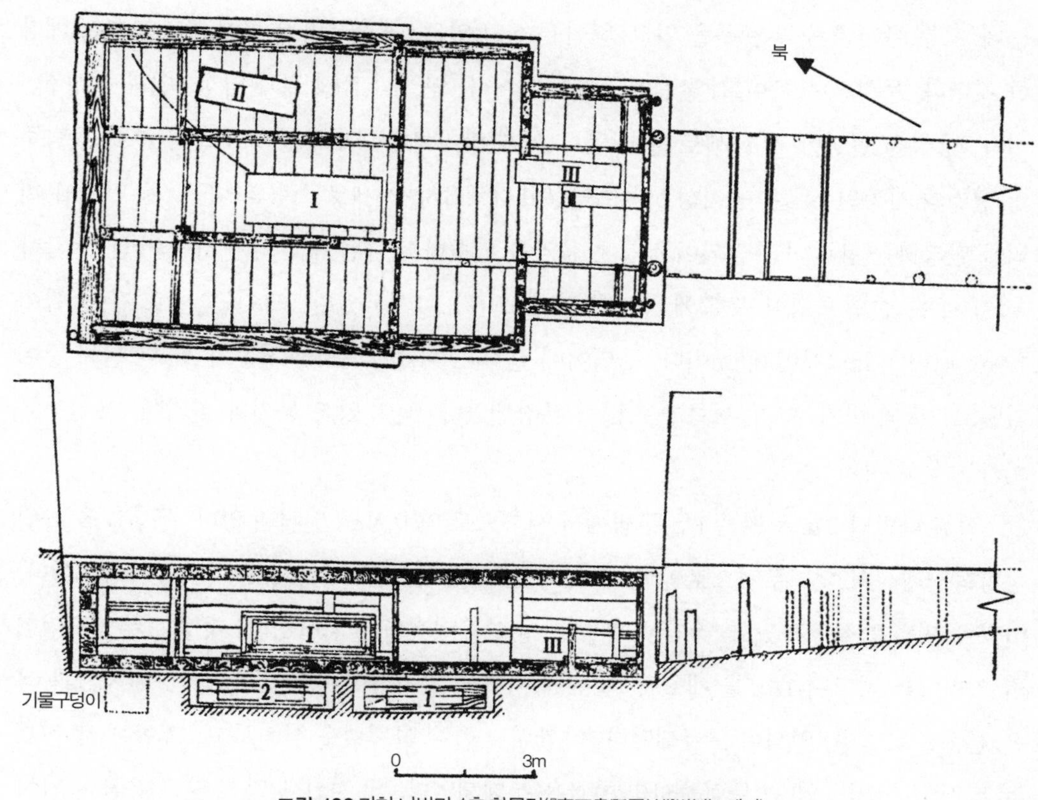

그림 132 귀현 나박만 1호 한무덤(『廣西貴縣羅泊灣漢墓』에서)
I. 주인 널, II · III. 종장된 사람 널, 1 · 2. 순인 널

와 부장구덩이로 구성되었다. 덧널은 앞칸, 중간칸, 뒤칸으로 나뉘고, 뒤칸은 또 약간 작은 칸으로 나눠져 있다. 무덤은 일찍이 도굴되어 덧널 안에 유물이 거의 남아 있지 않았다. 뒤칸(주검칸) 앞부분 중앙에 주인의 널이, 그 동측의 곁칸에 2구의 따라 죽은 순장자 널(그 가운데 1구는 물에 떠서 앞칸으로 이동 됨)이 배치되었다. 주인은 칠한 두 겹의 널에 안치되었다. 인골은 남아 있지 않았다. 2구의 따라 죽은 순장자 널 역시 검붉은 칠을 한 것이나 비교적 작고, 인골이 남아 있지 않았다. 옥제 벽璧, 목제 소梳, 비篦, 척尺(자), 복두뉴옥인覆斗鈕玉印(방대형 꼭지의 옥제 인) 등의 부장품이 남아 있다. 2구의 따라 죽은 자 널이 주인 널의 동측 곁칸에 배치된 것은 광주 남월왕무덤의 네 부인 널이 동쪽 곁방에 배치된 것과 같아 모두 비첩을 매장했던 것으로 보인다. 덧널의 바닥판 아래에서 순장구덩이 7개가 발견되었는데, 모두 장방형이다. 각 구덩이마다 1구의 널이 안치되었다. 그 가운데 3구는 장방형인 상자형이고, 4구는 통나무를 파서 만든 것이다. 크기는 비슷하다. 순인의 인골은 잘 보존되어 있었

는데, 모두 무늬를 수놓은 옷을 입고, 버선을 신고 있고, 대자리 혹은 초본으로 감싸서 매장한 것이다. 두향은 북쪽이고, 앙신직지의 자세이다. 인골의 감정 결과 남성 1인과 여성 6인이다. 남성은 연령이 약 13세로 철제 검劍, 목제 장杖(지팡이)이 부장되어 그 신분이 무덤주인 생전의 시종인 것 같다. 여성 6인은 연령이 대략 16~26세로 소량의 대구帶鉤, 악기와 머리를 단장하는 용품이 부장되어 신분은 음악을 연주하고 춤을 추던 악무기樂舞伎인 것 같다 〈그림 132〉. 순인구덩이 북쪽에 부장구덩이 2기가 설치되었다. 크기는 서로 같아 길이 1.9m, 너비 1.2m, 깊이 0.8m이다. 구덩이에 한식漢式과 월식越式의 청동기 200여 점이 쌓여 있었고, 이 외 병기, 도기, 칠목기도 많이 부장되었다. 적지 않은 동기와 칠기에 '포산布山' 이라는 두 글자가 있다.

귀현 나박만 2호 무덤은 1호 무덤에서 서쪽으로 약 0.5km 떨어져 있다. 무덤길을 가진 장방형구덩식의 덧널무덤으로 남향이다. 무덤구덩이는 길이 12.72m, 너비 4.9~6m이다. 바닥에 덧널을 설치하였고, 바닥 목판 아래 순인구덩이를 설치하였다. 덧널과 무덤구덩이 벽 사이에는 백고니白膏泥를 채웠다. 덧널에 격벽을 설치하여 주검칸, 머리칸, 발치칸과 좌우 곁칸을 나눴다. 일찍이 도굴되었다. 바깥덧널 안에 안덧널을 설치하고, 그 안에 세 겹으로 된 널을 안치하였다. 무덤주인의 인골은 부패되었다. 네 곁칸에 많지 않은 유물이 남아 있는데, '부인夫人' 이라 새겨진 옥제 인印, '가색부家嗇夫' 라고 새긴 봉니封泥(문서나 귀중품을 봉하는데 쓴 토제 도장), 옥제 벽璧, 장식 및 월식의 동제 정鼎, 제통提筒(들고 나니는 등통) 등 진귀한 것이 있다. 순인구덩이는 바깥덧널 중앙의 바닥에 설치되었다. 네 벽은 목판으로 결구하였고, 길이 1.42m, 너비 0.79m, 깊이 0.3m로 장구를 상징한다. 순인의 인골은 부패되어 치아 7개만 남았고, 칠기 염奩(화장 상자)과 이배耳杯(손잡이잔) 등의 부장품이 출토되었다. 치아의 감정 결과 1개체로 판정되었고, 연령은 약 20세이다. 인골이 존재하지 않기 때문에 성별은 알 수 없다. 1호 무덤의 순인구덩이 실례로 볼 때, 이 사람 역시 순인이다.

이 2기 무덤의 묘제, 부장품의 배열 위치, 각 칸의 용도 및 순인의 양상은 모두 남월왕 무덤과 유사하고, 시기도 근접한다. 따라서 남월왕국시기 남월왕에 봉작封爵된 서구군西甌君부부무덤으로 추정된다.[13]

13 黃展岳 :「關于貴縣羅泊灣漢墓的墓主問題」, 『南方民族考古』 第二輯, 四川科學技術出版社, 1989年.

남월왕국 상층 통치자가 상주시대의 인순제도를 따랐음은 그들이 이런 야만적이고 낙후된 습속을 버리기를 원치 않았음을 설명해 준다. 『사기 · 남월열전南越列傳』에 기록된 제3대 남월왕이 "제멋대로 사람을 죽이고 그것을 즐겼으므로 한나라에 들어가 천자를 뵈면 한나라 법에 따라 벌을 받을까 두려워" 한 것은 남월왕국이 비교적 많은 은주의 제도를 보유하였음을 드러낸다. 동쪽 덧방의 예악기 중간에 2점의 목용이 부장된 것은 남월국 통치자가 인순제를 시행하는 동시에 용인俑人으로 순인을 대체할 필요성을 인식하고 있었음을 설명해 준다. 남월왕국의 일반관리무덤에는 단지 도용陶俑이나 목용이 발견될 뿐 인순은 보이지 않는다. 따라서 남월왕국의 인순은 국군과 봉군에 한하였음을 알 수 있다.

2. 동한과 위진남북조

동한 호강대족豪强大族 세력의 끊임없는 팽창, 지주장원경제地主莊園經濟의 계속된 발전, 봉건종속관계의 더욱 진전된 강화, 북방소수민족의 흥기는 위진남북조기라는 400여 년에 달하는 기간의 할거와 분열의 국면을 이끌어냈다. 봉건종속관계의 강화와 북방민족 인순습속의 침투는 인순습속이 다시 창조되는 사회조건이 되었고, 서한 중기 이후 점차 형성된 유가의 정절사상이 동한시기에는 주도적인 지위를 점거하게 되었는데, 이는 인순이 다시 반등하는 기초가 되었다.

『후한서後漢書』를 시작으로 하여 역대 관찬의 정사에는 대부분 『열녀전列女傳』을 삽입하여 부녀의 정절貞節을 표창하는 데 사용하였다. 정절의 의미는 유향의 『열녀전』과 반소班昭의 『여계女誡』에 분명하게 설명되어 있다. 즉 부녀에게 '삼종사덕三從四德' 과 여인은 두 번 시집가지 않는다는 '부무이괄婦無二适' 을 요구하는 것이다. 이 사상이 일단 인순습속과 서로 결합되자 처첩은 남편을 위해 순절하는 것으로 편성되었다. 이는 사실상 인순이다. 봉건통치계급은 부녀에게 정절을 요구하는 것을 합법화하여 엄호함으로써 '자원自願', '사순賜殉', 혹은 강제수단을 채용하는 방식으로 살인하여 순장하는 목적을 달성하였다.

삼국시대 오吳나라의 왕 손권孫權, 서진西晉의 대관료 석숭石崇 및 서북에 할거하던 전량前凉의 황제 장천석張天錫이 모두 자신의 직권을 이용하여 부녀를 따라 죽도록 핍박하였다.

『삼국지三國志 · 오서吳書 · 진무전陳武傳』의 주에 인용된 『강표전江表傳』에 이르기를 동오

東吳의 장군 진무陳武가 죽자 "(손)권이 명하여 그 애첩을 순장하였다."라고 한다.

『진서晋書·열녀전列女傳』에서는 "장천석의 첩 염閻씨와 설薛씨는 누구인지 모르는데, 천석의 총애를 받았다. 천석이 병이 나 눕게 되자 말하기를 '너희 2인은 장차 나에게 어떻게 보답할 것인가? 내가 죽은 후 한 사람의 첩으로 어찌 해야 하는가!' 하자 모두 답하기를 '만약 존께서 말씀이 없으시면 첩은 기꺼이 죽음을 청하여 지하에서 술을 따를 것이지 다른 뜻이 없음을 맹서합니다.' 라고 하였다. 이후 그의 병이 심해지자 두 첩은 목매 자살하였다. 천석의 병이 낫자 이를 추모하여 부인의 예로 장례를 지냈다."[14]라고 한다.

진나라 왕가王嘉의 『십유기拾遺記』에는 "석계륜石季倫의 애비愛婢는 이름이 상풍翔風으로 위나라 말 호중胡中에서 얻었을 때 나이가 10살이었고, 데려다 집에서 길렀다. 15살이 되자 그 용모가 비할 데가 없었다. ……석숭이 떠보는 말로 '내가 100년이 지난 후 죽기 전 빛나는 해를 가리키면 너는 순사하거라.' 라고 하자 답하기를 '살아서 사랑받고 죽음으로 이별함은 사랑받지 않은 것만 못합니다. 첩이 순장될 기회를 얻는다면 몸이 어찌 썩을 수 있겠습니까? 라고 하였다."[15]라는 기록이 있다. 석숭이 패퇴한 후 상풍은 약속을 실천하였을 가능성이 크다.

심지어 이런 예도 있다. 서진에 간보干寶의 어미라는 자가 있었는데, 간보의 아비가 "먼저 총애하던 시비를 아주 심하게 시기하였다. 아비가 죽자 어미는 그 무덤 속으로 그녀를 산 채 밀어 넣었다."[16]라고 하는 순장의 사례도 발생하였다.

동한의 왕충王充은 후장을 비판하면서 당시 부호의 집이 "혹은 가산을 탕진하면서 죽은 자의 널을 치장하고, 죽어서 순장되는 것을 살아있을 때 그의 뜻이라고 한다."[17]라고 하였다. 삼국시대 위나라의 목병유沐幷濾는 "삶에 연연하여 죽음을 두려워하는 무리"가 '살인하여 순장함' 을 책하였다.[18] 이들은 모두 동한과 위진시기에 순장이 다시 반등하고 있음을 증명한다.

동한과 위진시기에 중국 동북과 북방의 부여족夫餘族과 선비족鮮卑族에서 인순제가 성

14 『十六國春秋·前涼錄四』의 기재도 대략 같다.
15 『拾遺記』卷九, 百子全書本.
16 『晋書·干寶傳』.
17 『論衡·薄葬』.
18 『三國志·魏書·常林傳』 주에 인용된 『魏略·沐幷傳』.

행하였다.

부여는 동이족 계통으로 『후한서 · 동이전東夷傳』의 기재에 "부여국은 현도의 북쪽 천리에 있다. 남쪽으로는 고구려, 동쪽으로는 읍루, 서쪽으로는 선비와 접하고, 북쪽에 약수弱水가 있다."라고 하였다. 그 활동무대는 대략 지금의 눈강嫩江과 송화강松花江 유역이다. 동한 초년 부여는 한나라 조정과 관계를 갖기 시작하여 한나라 조정의 제도를 앙모한 동이 국가의 하나이다. 동한 정부는 항상 한나라 조정 황제와 제후가 향유하였던 옥의玉衣를 제작하여 대략 지금의 금주錦州 부근인 현토군玄菟郡에 두어 부여국왕이 죽으면 장례복식으로 쓰도록 한 것이 기록으로 남아 있다. 소위 "장사지내는 데 덧널이 있고, 널이 없다. 살인하여 순장하는데, 많으면 백 명이다. 그 왕의 장사에는 옥갑玉匣을 사용하기에 한나라 조정은 옥갑을 현토군에 주어 미리 준비시켜 왕이 사망하면 사용하도록 하였다."라고 한다. 『삼국지三國志 · 위서魏書 · 동이전東夷傳 · 부여전夫餘傳』, 『진서晋書 · 부여전夫餘傳』에 모두 유사한 기록이 있다. 이는 동한시기와 위진시기에 부여에서 인순이 성행하였음을 설명해 준다. 고대 부여거주구의 고고학 조사가 많지 않아 부여의 인순정황은 아직까지 고고학에서 발견된 것이 없어 검증할 수 없음이 아쉽다.

지금의 요서遼西와 내몽고內蒙古 남부 일대에서 활동하던 선비족鮮卑族 모용부慕容部, 탁발부托跋部에도 인순제가 아주 유행하였다. 『십육국춘추十六國春秋 · 후연록구後燕錄九』 '희후熙后소부씨小符氏' 조의 기재에 의하면 후연제後燕帝 모용희慕容熙의 황후인 부훈영符訓英이 사망하자 모용희는 그의 형수 고양왕비高陽王妃 장張 씨를 순장하려고 하였다. 희가 무고한 장씨에게 죄명을 씌우기를 "수의와 신발을 훼손시켰고, 고풍스런 양탄자에 벌레가 끼도록 하였으니 따라 죽어야 한다고 하였다. 셋째 딸이 머리를 조아리고 애원하며 구해주기를 청하였으나 희가 윤허하지 않았다."라고 한다. 장 씨와 소부후는 동서관계에 속하는데, 이런 관계의 사람이 순장된 경우는 없다. 모용희는 장 씨를 모용 황실 내부 정치투쟁의 희생물로 삼아 보복한 것이다. 장 씨가 소부후에게 순장된 것은 형수를 제수에게 순장시킨 것으로 인순의 역사에서 아주 희귀한 예이다.

모용부가 나라를 세우는 기간에 그 서부에 거주하던 탁발부도 역시 싹트고 있었다. 탁발규托跋珪가 국호를 위魏로 하고 도읍을 성락盛樂(지금 내몽고의 화림격이和林格尒 북쪽)으로 정한 때(386년)부터 위의 효문제孝文帝 원굉元宏이 낙양으로 천도한 때(484년)까지 탁발의 위나라는 선비의 옛 습속을 따라 인순제를 실행하였다. 『위서』에 기재된 것을 보면 적어도 세

가지 예가 있다.

화발和跋의 처 유劉 씨 : 화발은 대代의 사람으로 대대로 부락을 영도하였는데, 탁발이 위나라를 세운 후 귀순하였다. 성격이 거만하고, 사치 음탕하였고, 주변의 충고를 듣지 않았다. 사냥 도중에 탁발규에게 참살되었는데, "처 유 씨가 자살하여 따라 죽었다."라고 한다.[19]

왕낙아王洛兒의 처 주周 씨 : 왕낙아는 탁발 본부종족의 한 지파 사람으로 명원제明元帝의 신임을 받았다. 영흥永興 5년(413년)에 그가 죽자 황제가 온명비기溫明秘器(옻나무 상자 바닥에 거울을 붙여 시체를 덮음)를 온량거轀輬車(사람이 누어서 탈 수 있는 수레, 장의용 수레)에 실어 하사하면서 "친히 네 번 임하여 애통해 했다. 그리고 그 처 주 씨를 낙아와 합장시켰다."라고 한다.[20]

숙손준叔孫俊의 처 환桓 씨 : 숙손준 역시 탁발 본부종족의 한 지파로 지위는 왕낙아와 같다. 태상泰常 원년(416년) 그가 죽자 명원제가 역시 온명비기를 온량거에 실어 하사하고 친히 임하여 조문하면서 "그 처 환 씨에게 말하기를 '살아서 남편과 함께 영화를 누렸으니 같은 무덤에 들어가는 것이 옳다. 순장될 것인지 임의로 하라' 라고 하자 환 씨가 목매 죽어 합장하였다."라고 한다.[21]

여기서 열거한 연나라의 인순 예 하나와 북위의 인순 예 세 가지에서 순장된 장 · 유 · 주 · 환 씨는 모두 한족의 여인일 가능성이 있다. 이러한 정황은 선비족이 끊임없이 본족의 내부에서 인순제를 실행함과 동시에 그들의 배우자인 한족의 여인을 강박하여 따라 죽게 하였음을 알려준다.

선비족의 인순습속은 북조의 통치구에 커다란 영향을 주었다. 북제北齊 고징高澄은 그의 부친 고환高歡의 무덤을 축조하면서 수많은 장인을 무덤 속의 구덩이에 죽여 넣었다. 『자치통감資治通鑑』 권 160 '양무제梁武帝 태청太淸 원년(547년)' 조에 "태청 원년 8월 갑신일에 고징이 제나라 헌무왕獻武王(고환)을 장사하는데, 장수漳水 서쪽에 가짜 무덤을 만들고, 안고산安鼓山 석굴불사石窟佛寺의 주변을 몰래 파서 진짜 무덤을 만들어 널을 들여보내고 막으면서 그 장인들을 살해했다. 제나라가 망하자 한 장인의 아들이 이를 알고 무덤을 파서 금을 꺼내 도망하였다."라는 기재가 있다. 십육국과 북조시기에 무덤을 도굴하는 풍조가 아

19 『魏書 · 和跋傳』.
20 『魏書 · 王洛兒傳』.
21 『魏書 · 叔孫建傳』.

주 성행하였고, 최고통치자는 대다수가 가짜 무덤을 여러 곳에 만들고, 자기의 진짜 무덤은 비밀리에 축조하였고, 무덤을 축조하는 장인이 기밀을 누설할까 싶어 진이세가 장인을 무덤 속에 살해하여 묻은 것과 같은 방법을 쓰곤 하였다. 고환의 무덤과 유사한 사례가 반드시 더 있을 터이지만 사료로 남아 있지 않기 때문에 지금 그 상세한 내용을 알 수 없다.

『태평광기太平廣記』 권 382에 인용된 『법원주림法苑珠林』에는 "북제 때 성이 양梁 씨인 토착인이 있었는데, 아주 부자였다. 죽게 되자 그 처에게 말하기를 '내 평생 말을 모는 노비와 말을 총애하였는바, 오래 동안 사용하여 내 뜻을 알고 있으니 내가 죽으면 순장하라' 라고 하였다."라는 기록이 있다. 노비와 말을 산채로 순장하는 것은 북방유목민족의 원시적인 장례습속으로 북제의 토착인 양 씨는 한화된 선비족이 아닐 것이다.

남조에서는 인순의 기록이 보이지 않고, 북조에서도 적은 것으로 보아 인순습속이 쇠퇴한 상태임을 짐작하게 한다.

3. 수와 당

수나라와 당나라 시기는 중국 봉건전제주의의 전성기이다. 한족이 주체가 되어 통일된 다민족국가 정권이 비교적 공고해지고, 유교의 정절사상이 비교적 박약하였고, 변경소수민족의 인순습속이 광대한 한족지구에서는 커다란 영향을 미칠 수 없었다. 수당시대의 인순은 전면적으로 쇠퇴하거나 소멸되어가는 상태였다고 할 수 있다. 우연한 발생도 일반적으로 황실 내부에 한정되었다. 사서에 기재된 것은 수나라 양성왕襄城王 양각楊恪의 비 유柳 씨와 당나라 무종武宗의 재인才人 왕王 씨의 예만 보인다.

먼저 『수서隋書・열녀전列女傳』에 다음의 기록이 있다.

襄城王恪妃(柳氏)[22]者, ……煬帝嗣位, 恪復徙邊, 帝令使者殺之于道. 恪與辭決. 妃曰 "若王死, 妾誓不獨生". 于是相對慟哭. 恪既死, 棺斂訖, 妃謂使者曰 "妾誓與楊氏同穴. 若身死之後得不別埋,

22 『山西通志』 권 179 「歷代貞烈」에는 수나라 양성왕 양각의 비 유 씨는 순주자사(循州剌史) 유단(劉旦)의 딸이라고 하였다. 光緒十八年本.

君之惠也". 遂撫棺號慟, 自經而卒.

이런 인순은 황실 내부의 정치투쟁 결과로서, 어느 시기에나 유사한 정황이 있었으므로 당시의 제도로 조성된 것은 아니다. 따라서 수나라에는 기본적으로 인순습속이 존재하지 않았다고 할 수 있다.

당나라의 인순사례는 『신당서新唐書 · 무종왕현비전武宗王賢妃傳』에 보이는 다음의 기사가 있다.

帝疾, 才人侍左右. 帝熟視曰 "吾氣奄奄, 情虑秏盡, 顧與汝辭". 答曰 "陛下大福未艾, 安語不祥". 帝曰 "脫如我言, 奈何?" 對曰 "陛下萬歲後, 妾得以殉". 帝不復言, 及大漸, 才人自經幄下.

이 외 수나라와 당나라 무덤에서 가끔 남녀를 하나의 널에 합장한 현상이 발견되는데, 서안 백록원白鹿原 61호 수나라무덤,[23] 산서 홍조현洪趙縣 방퇴촌坊堆村 1호 당나라무덤[24]과 같은 것이다. 남녀를 하나의 널에 합장하는 현상은 송나라와 원나라시대에 더욱 많다. 여러 시대에 걸쳐 남편과 부인을 하나의 널에 합장하는 현상이 나타나는 것은 우연한 것이 아니라 처첩이 남편을 따라 죽는 순인무덤에 속하는 것으로 보인다.

수나라와 당나라 시기 중국소수민족 가운데 지금 서장西藏고원의 토번吐藩은 원시적인 노비와 말을 산 채로 순장하는 풍습을 실행하였다.『구당서舊唐書 · 토번전상吐藩傳上』에 다음의 기록이 있다.

其贊晋死, 以人殉葬, 衣服珍玩及嘗所乘馬弓劍之流, 皆悉埋之.[25]

당나라 유원정劉元鼎의 『사토번경견기략使吐藩經見記略』(『전당문全唐文』 권 76)에는 다음과 같은 기재가 있다.

23 兪偉超 : 「西安白鹿原墓葬發掘報告」, 『考古學報』 1956年 第3期.

24 山西省文物管理委員會 : 「山西洪趙縣坊堆村古遺址墓群清理簡報」, 『文物參考資料』 1955年 第4期.

25 『新唐書 · 土蕃傳上』에도 대략 같은 기록이 있다.

山多栢, 陂皆丘墓, 旁作屋, 赭涂之, 繪白虎, 皆虜貴人有戰功者, 生衣其衣, 死以旌勇, 殉死者瘞其旁.

또 『구당서 · 서남만西南蠻 · 동여국전東女國傳)』에 다음의 기록이 있다.

國王將葬, 其大臣妾屬殉死者數十人.

문헌에 기재된 토번에서 노비와 말을 산채로 순장하는 습속은 근래의 고고학 작업에서 실증되었다. 보도에 따르면 앙인현昂仁縣 포마촌布馬村, 조미현措美縣 '납살타인拉薩朵仁' 제단과 아동현亞東縣 파리진帕里鎭 등지의 토번왕족 초기무덤에서 보인다.

앙인 포마촌 토번무덤

1990년 서장문관회보사대西藏文管會普查隊가 앙인현 경내에서 여러 곳의 토번무덤을 시굴하였는데, 그 가운데 포마촌 1호 무덤이 가장 주목을 끌었다. 이 무덤은 좁은 돌판을 돌린 원형봉토분이고 내부에서 5구의 인골이 발견되었다. 또 무덤 주변의 부장구덩이에서 2구의 인골이 출토되었다. 무덤 속 5구의 인골 가운데 무덤구덩이 중간에 위치하는 2구의 노년남녀는 완전하게 보존되었고, 굴지의 자세로 나란하게 배치되었다. 그리고 머리 위에 도기가 부장되었다. 가까이에 1구의 아이 인골이 있고, 서남모서리에 놓인 도기 관罐 속에 머리뼈 1구가 들어 있었고, 그 머리뼈 아래에 장식품 1점이 부장되었다. 그것의 턱뼈에는 톱으로 자른 흔적이 있다. 동북모서리에 소년의 인골 1구가 있는데, 다리뼈 일부만 남아 소와 양의 어깨뼈와 뒤섞여 있었다. 무덤 밖 부장구덩이의 인골 2구는 모두 장년남성이다. 1구는 중앙에 소와 양의 뼈와 뒤섞여 있었고, 나머지 1구는 매토에 한 마리의 개와 세트로 매장된 것이다. 발굴자의 연구에 의하면 무덤 속 2구의 노년남녀는 무덤주인으로 합장되었고, 그들 주변의 아이는 무덤주인의 가족을 합장한 것일 가능성이 있고, 여타는 순장자일 가능성이 있다고 한다. 여타 4구는 기본적으로 인생과 인순으로 인정할 수 있다는 것이다.[26]

조미 납살타인제단

'납살타인' 제단은 조미현 찰찰향扎扎鄕 동쪽 12km의 초원에 위치한다. 제단의 동측에서 돌무지무덤떼가 발견되었는데, 남북 2개의 지구로 나뉜다. 북구에서 5기의 무덤과 2기의 인생구덩이가 1991년 발굴되었다. 2기의 인생구덩이는 모두 가장 높은 1호 돌무지무덤 남측에 위치하고, 구덩이 위에 직경 1.5m로 둥글게 돌무지를 쌓았다. 돌무지 아래에 구덩이를 팠는데, 구덩이는 모두 길이 0.9m, 너비 0.8m, 깊이 0.5m이다. 1호 구덩이에는 성년 남성 1인이 매장되었는데, 몸과 머리가 분리 되었고, 머리가 위로 향하고 있다. 주변에서 작은 철제 환環과 조条가 발견되었다. 이는 분명히 머리가 잘린 채 매장된 사람이다. 2호 구덩이에는 성년여성 1인이 매장되었다. 굴지의 자세이고 목 부위에 녹색의 유리구슬을 걸고 있다. 2기 구덩이의 위치와 출토상황으로 보아 2구의 인골은 1호 돌무지무덤의 제사에서 죽인 인생 혹은 따라 죽은 자이다.[27]

아동 파리진 토번무덤

아동 파리진에 토번의 무덤이 밀집해서 분포하는 것이 1990년 조사되었다. 큰 무덤은 모두 작은 무덤이 주위를 둘러싸고 있다. 비교적 큰 돌무지무덤의 둘레에는 대다수가 둥글게 석렬 또는 백토를 쌓아 돌렸다. 무덤 부근에 집을 건조한 것도 있어 앞에 인용한 유원정의 『사토번경견기략』에 서술된 것과 유사하다. 큰 무덤에도 순인이 매장된 것으로 짐작되고, 둘러싼 작은 무덤도 순인의 무덤일 가능성이 있다.[28] 토번에서 노비와 말의 순장이 성행하였다는 조사자의 추측은 대체적으로 믿을 만하다.

북방의 돌궐突厥에서도 인순제가 시행되었을 가능성이 있다. 이는 당나라로 들어와 벼슬을 받은 돌궐의 사람에게서 방증된다. 『구당서舊唐書 · 돌궐전突厥傳』의 기재에 의하면 당나라 태종太宗 때, 당나라 조정에 충성을 다한 돌궐 사람인 장수 아사나사이阿史那社尒와 계

26 西藏自治區文管會文物普查隊 : 「西藏昂仁縣古墓群的調查與試掘」, 『南方民族考古』 第4輯, 1991年. 霍巍 : 「西藏昂仁古墓群的調查發掘與吐蕃時期喪葬習俗研究」, 『南方民族考古』 第4輯, 1991年.

27 索朗旺堆 · 何强 : 「措美縣 '拉薩朵仁' 祭壇遺址及墓葬」, 『中國考古學年鑒(1992)』, 文物出版社, 1994年. 何强 : 「 '拉薩朵仁' 吐蕃祭壇與墓葬的調查及分析」, 『文物』 1995年 第1期.

28 何强 : 「亞東縣帕里鎭吐蕃墓群」, 『中國考古學年鑒(1991)』, 文物出版社, 1992年.

필하필契苾何必은 당나라 태종의 병이 악화되자 간곡하게 따라 죽을 것을 청하였다. 본족에 이러한 습속이 없었다면 그들은 이런 요구를 하지 않았을 것이다.

4. 송·원·명·청나라

송·원·명·청나라 시기에는 수나라와 당나라 때 인순이 쇠퇴하였음에도 불구하고 이를 따르지 아니하고, 통치계급이 순난殉難과 순절殉節을 추행하여 다시 일어났고, 더욱이 북방소수민족 인순전통의 영향으로 인순의 악습이 어느 곳에나 만연하였고, 청나라 왕조가 멸망한 이후의 시기까지도 인순의 풍습이 없어지지 않았다.[29] 대체적으로 말해 이 시기 한족이 중심인 왕조의 통치구에서는 인순이 주로 순난과 순절의 형식으로 표현되었다. 요遼나라와 금金나라 및 북방소수민족의 거주구에서는 조기에는 일반적으로 원시적인 노마를 산채 순장하는 것으로 표현되는 장법이 사용되었으나 만기에 이르러서는 한족의 영향을 받아 그 형식과 일치하는 경향을 보인다. 남방소수민족에게서는 인순의 발생이 드물었다.

(1) 순난과 순절

순난과 순절의 원래 뜻은 국가의 위난 시에 생명을 바치는 것(순난)과 절개를 지키고자 생명을 희생하는 것(순절)이다. 한대에 유가의 '삼강오상三綱五常' 사상이 출현한 이후 순난과 순절의 함의는 점차 신하가 임금을 위해 죽고, 처가 남편을 위해 죽고, 아들이 아비를 위

29 신해혁명 이후에도 인순제가 일부 지구에서 완고하게 남아 있었다. 왕덕건(王德乾) 등이 편찬한 『南皮縣志 · 列女 · 貞烈』(成文出版社, 1968年 영인본)에 의하면 1920년부터 1932년까지 13년간 남피현에서 6명의 부녀가 남편을 따라 순사하였다. 그녀들은 전이주(田以柱)의 처 왕 씨(1920년), 장도경(張道卿)의 처 남 씨(1922년), 장약관(張若寬)의 처 정 씨(1925년), 주숭휘(周崇輝)의 처 서 씨, 기공욱(祈功煜)의 처 마 씨, 윤도(尹濤)의 처 왕 씨(1932년)이다. 이경야(李經野) 등이 편찬한 『續修曲阜縣志 · 列女』에는 민국 초년에 발생한 곡부의 인순 두 예를 실었다. 한 예는 고구여(高九如)의 처 안 씨이고, 나머지 하나는 주보량(朱葆良)의 처 위 씨이다. 모두 지아비가 죽자 따라 죽어 순장되었다. 북경 『人民日報』 1974년 2월 28일 보도에 곡부의 여성 민병이 한 17세의 여성이 결혼할 지아비가 죽자 순사하였다고 세운 열녀비의 '三綱五常' 이란 글자를 지웠다고 하였다. 이러한 순사가 역시 민국기간에도 발생한 것이다. 필자의 조사에 의하면 양무파(洋務派)의 두령 장지동(張之洞)(남피인, 1922년 죽음)과 북양군벌(北洋軍閥) 두령 아들 풍국장(馮國璋)(河間人, 1933년 죽음)이 모두 동남동녀를 순장하였다. 이들 모두는 민국시기에 기남(冀南), 노중(魯中) 등지에서 인순습속이 아직 존재했음을 설명해 준다.

해 죽고, 하인이 주인을 위해 죽는 것의 전용어가 되었다. 그러나 진한부터 수당에 이르는 기간에는 임금의 순난과 신하의 순절은 있었으나 아비와 주인의 순난과 처첩과 하인의 순절은 많지 않았다. 송나라와 명나라는 중국이 봉건사회로 진입한 후기단계로 계급간의 모순과 민족 간의 모순이 더욱 복잡해짐과 함께 '삼강오상' 사상의 기초 아래 의절과 정렬을 핵심으로 한 정주리학程朱理學(주자학)이 출현하였고, 이때에 이르러 순난과 순절이 아주 중시됨과 함께 행동상의 실천이 요구되었다. 이리하여 국왕의 순난, 후와 비 그리고 신하와 자식의 순절, 대신의 순난, 처첩과 하인의 순절이 이 시기 통치계급이 제창하는 풍조가 되었다. 북송 말년의 '정강지난靖康之難', 남송 말년의 '근왕勤王', 명나라 때의 어변御邊, 왜란倭亂 및 청나라 때 태평천국太平天國의 난을 비롯한 여타 농민봉기의 진압 등 모두에서 많은 대신의 순난, 처첩과 하인의 순절이 발생하였다. 그 가운데 규모가 가장 크고 순절한 사람의 수가 가장 많은 것이 명나라 말의 '갑신순난甲申殉難' 이다.

'갑신순난' 은 이자성李自成이 영도한 농민봉기군이 북경을 공격하여 점령하자 숭정崇禎황제 주유검朱由檢이 목매 자살하였고, 명나라 조정에 충성한 신민이 따라서 순사한 사건을 말한다. 자금성 안에서 주유검이 죽음에 임하기 전 황후와 비빈을 핍박하여 자진케 하였고, 주유검이 죽은 후 사례감司禮監 왕승은王承恩이 따라 죽었고, 궁인으로 물에 뛰어들어 따라 죽은 자가 일이백 인이다. 자금성 밖에서는 대학사大學士 범경문范景文을 비롯해 그를 따라 죽은 자가 수십 인이고, 더욱이 그들의 처첩, 자녀, 하인으로서 따라 죽은 자가 수백 인이 넘는다.

『명사기사본말明史記事本末』의 작자 곡응태谷應泰의 통계에 의하면 염문閻門에서 함께 죽은 자로 중윤中允 유리순劉理順, 신락후新樂侯 유문병劉文炳, 혜안백惠安伯 장경진張慶臻, 선성백宣城伯 위시춘衛時春, 부마駙馬 공영고巩永固, 금오金吾 고문채高文采가 있고, 아비와 자식이 함께 죽은 경우로는 소사구小司寇 맹조상孟兆祥, 유생儒生 장세희張世禧 · 원경천袁景倩이 있고, 어미와 처자가 함께 죽은 경우로는 추부랑樞部郎 성덕成德 · 김현金鉉이 있고, 처첩이 따라 죽은 경우는 대학사 범경문, 좌유덕左諭德 마세기馬世奇가 있다. 또 왕위汪偉의 검토에 따르면 어사御史 진양모陳良謨, 훈승우勛丞于 등교滕蛟, 유생 강만리江萬里가 확인된다. 혼자서 자진해서 죽은 자로는 대사농大司農 예원로倪元璐, 중승中丞 시방요施邦曜, 어사 이방화李邦華, 연위延尉 능의거凌義渠, 소사마少司馬 왕가언王家彦, 태상경太常卿 오린정吳麟征, 서자庶子 주봉상周鳳翔, 급간給諫 오감래吳甘來, 어사 왕장王章 · 진순덕陳順德 · 조찬趙讚, 태부사승太仆寺丞 신가윤申佳胤, 이

부랑吏部郞 허직許直, 금의위지휘錦衣衛指揮 왕국흥王國興 · 이약규李若珪, 양성백襄城伯 이국정李國楨, 병마兵馬 요성姚成, 중서中書 송천현宋天顯 · 등지소滕之所 · 완문귀阮文貴, 백호百戶 왕모王某, 지사知事 진정달陳貞達, 경력經歷 장응선張應選 · 모유장毛維張, 채용菜傭 상지경湯之琼이 있으며, 이외 난을 듣고 굶어 죽은 장주長州 제생諸生 허염許琰 등등이 있다.

'갑신순란' 전후 이자성 봉기군의 엄중한 타격을 받게 된 명나라 황실의 번왕과 지방관리도 죽음에 직면하여 함부로 의절과 정렬을 기도하였다는 추문이 누누이 발생하였다. 예컨대 숭정 14년(1641년) 이자성이 산서山西 중부현中部縣을 공격하자 지현知縣 주신첩朱新堞(주원장의 8대손)이 "죽기를 맹서하자 처 노盧 씨, 첩 설薛 · 풍馮 씨가 먼저 죽기를 청하였고, 이를 허락하자 몇 살 안 된 딸을 등에 업고 목매 자살하였다."[30]라고 한다. 같은 해 농민군이 낙양을 공격하여 참복왕斬福王 주상순朱常洵을 체포하자 "한때 궁을 돌보던 내관들이 의를 쫓아 칼을 품고 목숨을 던진 자가 백여 인"[31]이라 한다. 17년(1644년) 3월, 농민군이 보정保定을 함락하자 어사 금육동金毓峒이 "우물에 뛰어들어 죽자 처 왕王 씨가 자결하였다." 육동의 조카 진손振孫은 농민군에 의해 팔다리가 찢기는 형벌을 받았고, "육동의 며느리 진陳 씨는 나이가 18세였는데, 조모 장張 씨, 어미 양楊 씨, 제수 상常 씨와 함께 한꺼번에 우물에 뛰어들어 죽었다. 장씨는 손자를 안고 뛰어 내렸고, 시비 4인이 뒤따라 뛰어내렸다."[32]라고 한다.

청나라로 진입한 이후에도 순난과 순절은 연속하여 일어났다. 넓게는 변강 대리大吏에서, 좁게는 지역마다의 현관縣官에서 전사, 혹은 피살로 인해 그들의 처첩과 자녀가 따라 죽었다. 예컨대 강희康熙 19년(1680년) 남평왕南平王 상지신常之信의 부장 이천직李天稙이 반좌로 사형을 받자 "함께 죽은 자가 108인이다. ……죽음을 받을 때, 그 처 서舒 씨, ……손에 예리한 칼을 잡고 두 딸을 앞으로 불러 말하기를 '너희는 불행하게 내 집에서 태어나 명이 길지 못하다. 치욕을 당하며 사는 것이 깨끗하게 죽는 것만 못하다.' 라고 하면서 칼로 각각의 머리를 찔러 죽였다. 또 여러 시첩을 둘러보며 말하기를 '장부께서는 죽음으로 우리에게 보답하였으니 우리도 죽음으로 남편께 보답해야 하지 않는가? 라고 하고 규중의 여자 10인에게 자결을 명하자 모두 당상에서 자살하였다."[33]라고 한다. 또 옹정擁正 8년(1730년) 오

30 『明史 · 諸王傳二』.

31 「明福王朱常洵壙志」, 『中原文物』 1987年 第3期.

32 『明史記事本末 · 甲申之變』

33 「清人逸事」, 『清朝夜事大觀』 卷五(第三册), 上海書店, 1981年.

몽만烏蒙蠻의 반란 때 파주도사첨서巴州都司簽書 유곤력劉崑力이 전사하자 그의 처 장張 씨가 두 딸에게 이르기를 "나와 너희가 적에게 욕을 먹지 않겠느냐?"라고 하고 손칼로 두 딸을 찔러 죽이고 자살하였다. 첩 오吳 씨 또한 자진하였다[34]고 한다.

이러한 순절자 및 유사한 순장자가 『명사明史 · 충의전忠義傳』, 『명사 · 열녀전列女傳』, 『청사淸史 · 충의전忠義傳』, 『청사고淸史稿 · 열녀전列女傳』에 많이 실려 있는데, 이는 그들과 순난이 서로 관련이 있으며 조정에서 정표旌表를 내리는 중점대상이었기 때문에 비교적 상세하게 기록되어 있다.

우리는 순절이 순난과 함께 관련되어서만 발생했다고 한다면 그 영향이 크지 않았을 것이라고 이해한다. 불행하게도 송나라와 원나라 이후 순절은 처첩이 남편을 따라서 죽는 잔혹한 예교禮敎로 성립되어, 통치계급 내부에서 시작되어 민간으로 흘러 들어가 커다란 해독을 끼쳤고, 그 피해가 극심하였다.

원래 정주리학이 출현하기 이전에 부녀의 순절은 일반적으로 궁정 내부에서만 발생하였다. 『송사宋史 · 후비전后妃傳』의 기재에 의하면 고종高宗의 재인 "이李 · 왕王 씨가 함께 맑고 아름다웠다. 순희淳熙 말 상황(고종)이 총애하였다. 고종이 붕어하자 헌성후宪聖后(고종의 황후 오吳씨)는 두 재인을 볼 때마다 분을 참지 못했다. 효종孝宗이 즉위하자 고명을 따라 자결하도록 허락했다. 전례가 있는 제도가 아니다."라고 하였다. 남송 초년에 이르러서도 궁비순절의 사례는 많이 보이지 않는다.

명나라 초기에 이르러 주원장은 공개적으로 자기가 폐기한 궁비를 순장하는 제도를 회복시켰다. 태조太祖, 성조成祖, 인종仁宗, 선종宣宗, 대종大宗(경제) 5조를 거치는 100여 년간 모두 많은 궁비를 순장하였고, 외번의 제왕이 죽으면 대다수가 궁비를 순장하다가 영종英宗이 죽음에 임했을 때 조서를 남겨 폐지시켰다(제9장에 상세하게 설명함). 명나라 황실에서 궁비의 순장제가 회복된 기간에 관료사대부는 서로 경쟁하여 비첩을 순장함으로서 그 풍습이 전국에 골고루 퍼지게 되었다. 궁비가 순사하면 시호를 추증하였고, 관료사대부의 잉첩이 순사하면 시호를 내렸다(일률적으로 '정렬' 이란 시호를 내렸다). 명나라 만력萬曆시기의 사람 심덕부沈德符가 지은 『야적편野获編』에 보이는 것들이 대표적이다.

명나라 초기 홍무洪武 연간에 중서성평장정사中書省平章政事 이사제李思齊가 죽자 첩 정鄭

34 查郎阿等 : 『四川通志』 卷172 「義烈」, 淸嘉慶二十年刊本.

씨가 따라 죽어 순장하고, 시호를 정렬이라 하였다. 연산호위지휘사燕山護衛指揮使 비덕費德이 죽자 첩 주朱 씨가 따라 죽어 순장하고 덕인德人으로 추증하고, 정렬이란 시호를 내렸다. 선덕宣德 연간에 안륙후安陸侯 오복吳復이 죽자 첩 양楊 씨가 따라 죽어 순장하고, 시호를 정렬이라 하였다. 도지휘사都指揮使 왕숙王俶이 죽자 첩 시時 씨가 따라 죽어 순장하고, 역시 정렬이란 시호를 내렸다. 선종 이후에 이르러 따라 죽어 순장된 잉첩이 너무 많아 남에게 자랑할 만한 가치가 없어졌고, 이때부터 존귀와 영예를 나타내는 시호의 사여는 일반적으로 칭찬과 장려를 나타내는 고명을 내리는 사고賜誥로 바뀌었다. 대동지휘사大同指揮使 범안范安이 죽자 첩 양楊 씨가 목매 죽어 순장되고, 공인恭人이라 추증하고 고명을 내렸으나 시호는 없었다. 이후 모두 이 제도를 따르게 되었다.[35] 이때 사환仕宦가문의 잉첩은 따라 죽어 순장되는 것이 이미 보편적이었다고 추정할 수 있다.

비록 영종英宗이 조서를 내려 법률로 궁비의 순장제를 금지시켰지만 사환가문의 잉첩媵妾에게 따라 죽게 명하여 순장하는 풍조는 여기에 수렴되지 않았다. 봉건전제와 잔혹한 예교의 이중적인 압력 아래에서 순절의 풍습은 신속하게 전국으로 퍼졌고, 민간의 부녀에게 전에 없었던 재난이 조성되었다. 『유림외사儒林外史』 제48회에 기술된 휘주徽州 유생 왕옥휘王玉輝가 종용하여 셋째 딸이 음식을 먹지 않고 죽어 지아비를 위해 순장된 것은 청나라 역사상에서 유명한 일로 알려져 있다. 셋째 딸이 지아비를 따라 죽은 후 그는 "잘 죽었다! 잘 죽었다!" 라고 하면서 앙천대소하였다. 이는 "굶어 죽는 것은 작은 일이고, 절개를 잃는 것은 큰 일" 이라는 모습의 한 폭 풍속화로 남아 우리들에게 정주리학의 죄악을 보여준다.

여기서 설명해야 할 것이 부녀의 정절이 법률로 규정되지 않았다는 것이다. 순절풍습이 성행한 명나라와 청나라의 법률은 단지 사환가문의 원배元配라고도 하는 봉호를 받은 부인인 명부命婦에게만 수절을 요구하였다. 『황명제서皇明制書 · 이부직장吏部職掌』에는 "평범한 부인이 지아비 때문에 봉작封爵을 얻으면 재가를 허용하지 않는다. 준수하지 않으면 받은 고칙誥敕을 추탈하고 단죄하여 이혼시킨다." 라고 기재되어 있다. 늙은 백성의 처에 대해서는 비교적 관대하여 수절을 격려할 뿐 재가에 대한 어떤 제재도 없었다. 『명회전明會典』에는 "민간의 과부는 삼십 이전에 지아비를 잃고 수절하여 오십 이후까지 개가하지 않는 자는 문려門閭를 정표하고 본가에 부역을 면제해 준다." 라고 하였다.

35 (明)沈德符 : 『野荻編』 卷一三 「禮部 · 臣下妾諡」.

청나라의 부녀에 대한 정절의 요구는 명나라와 기본적으로 같다. "예부禮部에서 효부, 효녀, 열부, 열녀, 수절, 순절, 미혼수절을 표창하는 품격을 관장하는데, 해마다 모으면 도합 수천 인이다."[36]라고 하였다.

잔혹한 예교의 속박 아래 많은 부녀들이 수절을 본분으로 보았고, 지아비에 대해서는 부녀의 도를 다하고, 그가 죽은 후 노부모를 부양하고, 그를 위해서 제사를 지낼 후사를 이어야하는 무고한 직책을 짊어지고 있었다. 그녀들의 생활은 사회적으로 가장 아래층에 속했고, 봉건사회를 위해 잔혹한 희생을 하였다. 민간의 부녀가 비록 재가할 수는 있었지만 사회의 비난과 경멸을 받았고, 결함이 있는 사람으로 여겨져 대다수가 단지 그러한 등급의 남자가 찾을 뿐으로 형편이 수절하는 것에 비할 수가 없었다. 이렇게 생리적으로, 심리적으로 부녀를 학대한 예교의 결과는 필연적으로 수많은 부녀를 순절의 길로 가도록 내몰았다. 명나라와 청나라 두 시대에 각지의 봉건지주가 지방지를 편찬하였는데, 그마다 그 속에는 장황하게 정절을 표창하는 것이 주요 내용인 「열녀」라는 항목이 들어가 있는 것이 이를 가장 잘 증명해 준다.

순절의 방식은 아주 다양한데, 가장 많이 보이는 것이 지아비가 죽으면 따라 죽어 순장되는 것과 미혼인 지아비(약혼자)가 죽으면 따라 죽어 순장되는 것으로 지방지에서 '열녀烈女', '여정女貞', '열부烈婦', '정부貞婦' 라고 불렀다. 지아비(아직 미혼인 지아비를 포함)가 죽으면 따라 죽어 순장되는 것은 우리가 설명한 바 있는 인순이고, 그 의미는 상나라와 주나라 이래의 인순과 구별되지 않는다. 정주리학에서 '순절' 로 쓰는 것은 보기 흉한 것을 가리고 덮어 숨기는 것일 뿐이다. 가장 자주 보이는 따라 죽는 방식은 지아비(결혼할 대상 포함)가 죽으면 목매 자살하여 합장을 쟁취하는 것이고, 널을 들이받아 죽는 방식, 굶어 죽는 방식, 독을 먹고 죽는 방식도 있다. 이 외 먼저 가장의 지지를 널리 구한 후에 친인에게 이별을 고하고, 조용히 목매 자살하는 것이 있다.

다음의 기사는 『천주부지泉州府志』[37]에 기록된 명나라 말에 발생된 두 가지 사례이다.

晋江永寧衛歐陽觀妻姚氏, 夫卒, 姚以死殉, 語夫兄鰲山, 哭奠七旬. 鰲山知其志坚, 許之, 及期, 告諸

36 『清史稿 · 列女傳 · 序』.

37 黃任等 : 『泉州府志』 卷70 「列女五 · 貞烈一」, 청나라 건릉(乾隆) 28년 편수, 1984年 影印本.

妯娌曰“我今日得從夫九泉矣”拜翁姑族人外戚, 自經死, 顔面如生.

同安李氏, 李師說女, 十九歸劉德昭. 再歲德昭歿, 氏誓以身殉. 德昭之叔義而許之, 已拜姑, 又拜妯娌, 沐浴更衣, 懸梯自經以死.

구양오산歐陽鰲山이나 유덕소劉德昭의 숙부와 같은 적잖은 예교 숭배자들이 부녀들의 선혈로 자기의 '오사모烏紗帽'를 붉게 물들인 것은 그 인품을 개돼지보다 못하게 여긴 것이 아닌가!

예전에 청나라 장인이 널이나 덧널을 제작하는데, 따라 죽은 후 지아비와 함께 하나의 널(혹은 덧널)에 묻히는 것이 요구되어 크게 만들곤 하였다. 조사된 지방지로 볼 때 이런 풍조는 산서, 섬서, 하남, 산동 등지에서 유행하였다. 이러한 사례 가운데 일부를 뽑아보면 다음과 같다.

『산서통지山西通志』 권 179「열녀列女 · 역대정렬歷代貞烈」의 기사는 다음과 같다.[38]

(元 大寧)越氏曰哇兒, 年二十, 夫蕭某病劇, 謂哇兒曰'我死汝年少, 若之何?' 氏曰'君幸自寬, 脫不諱, 妾不獨生也' 遂命匠制巨棺, 夫歿則自縊死, 同棺殮葬.

(明)□縣黃甫氏蕭奈妻, 奈卒, 棺斂具, 氏謂匠曰“斲棺令可容二人”潛自縊.

『하남통지河南通志』 권 67「열녀상列女上」에 다음의 기사가 있다.[39]

(元)孟志剛妻衣氏, 汴梁人. 志剛儒士, 家貧, 無子, 及卒, 衣給匠者曰“棺可寬大, 吾夫有遺衣服欲盡置其中”. 匠者然之. 是夕, 祭其夫, 自縊死.

(明)晋嵩妻張氏, 太康人. 夫卒, 張痛哭不言, 乃私命匠造棺必大. 迨夫殮華. 遂自縊同棺而葬. 成化中旌表之.

38 曾國荃等 : 『山西通志』 清光緒十八年刊本.

39 田文鏡等 : 『河南通志』 清擁正十三年編修, 同治八年重補刊本.

『섬서통지陝西通志』 권 66 「열녀일列女一」에 다음의 기사가 있다.[40]

(明)關氏, 生員濮仕通妻, 長安人. 仕通故, 氏哀毁骨立見. 爲仕通治槨, 謂其姑曰 "大之容兩棺可也". 伺間自縊. 死後啓篋, 見所制衣衾皆兩, 乃知其志素定云.

『곡부현지曲阜縣志』 권 96 「열녀列女 열부烈婦」에는 다음의 기사가 있다.[41]

(明)王綸妻孔媛, 字德卿. 明宿州訓導諗之女. 聰慧知讀書. 适綸, 未逾年綸沒歿. 女袖綸所讀書自縊死. 同棺而葬.

처와 첩이 지아비를 따라 죽어 하나의 널에 묻히는 것은 일찍이 상나라에서 출현하였다. 고고학 발굴에서 확인된 것으로는 하북河北 고성藁城 대서촌臺西村 상나라무덤[42]과 산서 영석靈石 정개촌旌介村 상나라무덤[43]이 있다. 산서, 하남, 산동, 북경 등의 당나라부터 청나라에 이르는 무덤에서도 발견된다. 예컨대 1986년 발굴된 하남 서평현西平縣 주호촌朱湖村 당나라무덤,[44] 1950년 발굴된 하남 백사白沙 2호 송나라무덤,[45] 1952년 발굴된 산서 태원太原 남평두南坪頭 1·2호 송나라무덤,[46] 1988년 발굴된 산동 장구章丘 영가부永家埠 82호 송나라무덤,[47] 1965년 발굴된 산서 신강新絳 채리촌寨里村 원나라무덤[48]과 1988년 발굴된 북경 통현通縣 우보둔牛堡屯 청나라무덤[49]이 있다. 출토 시 성년남녀 2구의 인골이 함께 남아 있어 동시에 입관되어 매장된 것으로 판단된다. 이에 대해 전염병이 발생하여 우연히 부부가 동시에 병을 얻었을 가능성도 있으나 그러한 경우는 그리 많지 않을 것이다. 앞에서 인용하여 설명한 지방지의 기재와 대조하면 이렇게 남녀를 하나의 널에 합장한 다수는 처첩이

40 沈靑崖等 : 『陝西通志』 淸擁正十三年刊本.
41 潘相 : 『曲阜縣志』, 淸乾隆三十九年刊本. 李經野等 : 『續修曲阜縣志』, 1934年 鉛印, 臺北成文出版社 1968年 影印本.
42 河北省文物考古硏究所 : 『藁城臺西商代遺址』, 文物出版社, 1985年. 자료는 본서 제4장에 있음.
43 山西省考古硏究所 : 「山西靈石旌介村商墓」, 『文物』 1986年 第11期.
44 駐馬店地區文化局等 : 「西平唐墓發掘簡報」, 『中原文物』 1988年 第1期.
45 宿白 : 『白沙宋墓』 63면, 文物出版社, 1957年.
46 山西省文物管理委員會 : 「太原市南坪頭宋墓淸理簡報」, 『文物參考資料』 1956年 第3期.
47 山東省文物考古硏究所 : 『濟靑高級公路章丘工段考古發掘報告集』 94면, 圖六八, 齊魯書社, 1993年.
48 山西省文物工作委員會侯馬工作站 : 「山西新絳寨里村元墓」, 『考古』 1966年 第1期.

지아비를 위해 순절하여 함께 묻힌 무덤이다.

심지어는 산 채로 몸을 태우는 의식인 활분의식活焚儀式을 거행한 경우가 있다. 예컨대 "호주湖州 호胡 씨의 딸은 항주杭州 어느 반潘 씨에게 시집을 갔다. 얼마 지나지 않아 반 씨가 병이나 죽었다. 강희康熙 신미辛未 6월 감실에 앉아서 사람을 불러 불을 들고 오게 하였고, 갑작스럽게 감실천장에 불을 붙이자 오색향기가 피어나고, 연기가 사방으로 퍼졌다. 이를 남녀 수백 인이 전송하였다."[50]라는 기록이 있다. 이렇게 자신을 태워 지아비에게 순장되는 누습으로는 고대 인도에서 아주 유행한 '사티Sati' 라고 부르는 것이 있다. 인도의 서부 라자스탄에서는 지금도 이것이 행해지고 있다.[51] 청나라 초기 호주 호 씨 딸이 스스로 불태워 지아비에게 순장된 것은 인도 '사티' 와 유사점이 많다. 비록 이와 무관하다 하더라도 그러한 행동의 사상과 신념 및 발생의 사회적 기초는 대체로 같은 것이다.

생전에 먹을 것과 입을 것이 풍족하지 못하여 죽은 후 제대로 된 장례를 치를 수가 없을 때 죽은 지아비와 함께하기 위해 스스로 불살라 죽는 참사의 경우도 있다. 예컨대 복건 장포현漳浦縣에서 "허유장許惟長의 처 곽郭 씨는 ……시어머니를 극진히 모셨다. 반달 정도 지나 유가 죽자 부모는 습속에 따라 화장을 하였다. 곽 씨는 불이 타오르길 기다려 불에 뛰어들어 죽었다. 마을 사람들이 의로운 일이라 하여 함께 무덤에 묻었다."[52]라고 한다. 또 명나라 때 복건 포성浦城에서 "범모도范毛桃의 처 관管 씨는 지아비의 집이 가난하였으나 집안일에 게으르지 않았다. 지아비가 죽자 가난하여 널을 구할 수가 없었다. 주변 사람들이 사체를 불태우자 씨는 서럽게 곡을 하고, 타오르는 불속으로 뛰어들어 지아비의 시체를 끌어안고 자진하였다. 마을사람이 소문을 듣고 패방을 세우고 정표旌表하였다."[53]라고 한다. 정표의 목적은 지아비의 올바른 장례를 치를 수 없는 부녀가 지아비와 함께 불에 타 죽는 길을 가도록 더욱더 격려한 것에 지나지 않는다. 이것이 예교의 참다운 뜻인가!

봉건지주가 과부의 수절을 강박하고 순절을 포상하는 미혹 아래 어떤 지역에서는 심지어 열녀와 정부가 그 집안 번영의 발판이 되는 경우로 발전하기도 했다. 청나라 사람 시가

49 周良 · 景民 : 「通縣出土清人于尸」, 『北京晚報』 1988年 6月 21日.

50 吳陳琰 : 『曠園雜志』. 蔡尙思 : 『中國傳統思想總批判』 97면, 棠棣出版社, 1950年에서 인용함.

51 「參考消食」 1985年 5月 30日 第3版, 上海 『新民晚報』 1987年 10月 2日 第8版, 『北京晚報』 1987年 10月 11日 第6版 참조.

52 陳壽祺等 : 『福建通志』 卷255 「漳浦縣 · 明節烈」, 同治 7年 刊本.

53 陳壽祺等 : 『福建通志』 卷257 「漳浦縣 · 明節烈」, 同治 7年 刊本.

재施可齋의 『민잡기閩雜記』 권 8에 다음의 기사가 있다.

福州舊俗, 以家有烈女貞婦爲榮, 愚民遂有搭台死節之事. 女有不願, 家人或詬辱罵, 甚至有鞭撻使從者.

유정섭兪正燮의 『계사류고癸巳類稿』에 있는 다음의 시가 탄식을 느끼게 한다.[54]

閩風生女半不擧, 長大期之作烈女. 婿死無端女亦亡, 鴆酒在尊繩在梁. 女兒貪生奈逼迫, 斷腸幽怨填胸臆. 族人歡笑女兒死, 請旌籍以傳姓氏. 三丈華表朝樹門, 夜聞新鬼求返魂.

젊은 여자를 지아비에게 순장되도록 핍박하여 혹은 독이 든 술을 마시고, 혹은 들보에 목을 매고, 혹은 높은 곳에서 뛰어내리고, 혹은 목을 따고, 혹은 쇠를 삼키고, 혹은 물에 뛰어들어 죽게 하여 집안사람은 "이를 기화로 영광을 맞게 되고", "정표를 전하는 성씨"로 된 것이다. 이백 년 전의 고증학자 유정섭 선생은 약자의 편을 들어 "아아, 남아는 충의로써 자기 책임을 다하면 되나 부녀의 정렬이 어찌 남자의 영광인가!"라고 외쳤다.

남편(혹은 미혼의 남편)을 따라 죽어 순장되는 '순절' 방식 이외에 수절守節 행위가 좌절을 받거나 수절의 책임을 완료한 후의 기간에 더욱더 그녀들은 죽음으로 내몰렸다 – 이로 인해 수절은 순절로 승화된다. 필자가 본 지방지를 대략 분류해 보면 다음의 12가지 정황이 그녀들이 순절의 길을 가도록 핍박하였음을 알 수 있다.

1. 지아비가 죽어 시부모에게 효도를 다하고 수절을 하는데, 그들이 죽어 자기의 책임을 다한 경우

2. 지아비가 죽어 고아를 돌보며 수절하는데, 그가 죽어 자기의 책임을 다한 경우

3. 지아비가 죽고 고아를 돌보며 수절하는데(지아비의 형제가 없고, 혹은 양자가 없으면), 고아를 혼인시켜 지아비의 제사를 잇게 하여 자기의 책임을 다한 경우

4. 지아비가 죽고 배 속에 자식이 있는 경우

54 (淸)兪正燮 : 『癸巳類稿』 卷13 「烈女說」 495면, 商務印書館, 1957年版.

5. 지아비가 죽고 친족이 다시 시집가기를 핍박하였으나 자기가 이에 대항할 수 없을 경우

6. 아직 결혼하지 않은 지아비를 위해 수절하는데, 부모가 다시 시집가기를 명했으나 따르지 않은 경우

7. 지아비가 죽어 수절하는데, 우연히 강도에게 강간을 당한 경우

8. 지아비가 죽어 수절하는데, 나쁜 놈에게 희롱을 당한 경우

9. 아직 결혼하지 않은 지아비가 행방불명되어 집안사람들이 다시 배우자의 선택을 바랐으나 따르지 않은 경우

10. 지아비가 그녀를 팔았으나 따르지 않은 경우

11. 사람들(농민군, 도적, 비적, 연고가 없는 자)의 포로가 되어 간하려 하였으나 따르지 않은 경우

12. 사회의 소란으로 정절의 위협을 받는 경우

이 12가지의 순절형식은 진정한 인순과는 뜻이 다르다. 이는 중국 봉건사회 후기 특유의 순절행위로 우리는 '변형된 인순' 이라 부른다. 이 '변형된 인순' 은 죽는 방법이 더욱 많아 목매 죽는 것 외에 왕왕 돌에 부딪혀 죽고, 절벽에서 뛰어내려 죽고, 기둥에 부딪혀 죽고, 물에 뛰어들어 죽고, 우물에 뛰어들어 죽고, 칼로 찔러 죽는 등등 참혹한 행동을 채택하였다. 표면적으로 보아 그들은 모두 종신 동안 수절을 자원한 것이나 순절의 길로 내몰린 것은 완전히 핍박받아 이루어진 피동적인 것이다. 그러나 약간 더 분석을 한다면 실상은 모두 그렇지는 않다. 앞의 종류 1~4는 노인을 부양, 고아를 돌봄, 유복자 등의 원인인 자기의 책임을 다하지 못하면 따라 죽어 순장되는 일을 잠시 멈추고 일단 시부모가 돌아가시고, 고아가 죽고, 유복자를 낳은 것을 그녀의 남편에게 책임을 다한 것으로 인식하고 따라 죽어 순장되는 자원의 뜻이 있다. 이러한 정황은 '완기순절緩期殉節' 이라 부른다. 5~12까지의 종류는 표면적으로 보면 확실히 수절을 자원한 것이지만, 더욱 깊이 탐구한다면 정황은 복잡한 것 같다. 청나라 초 사계좌查繼佐가 지은 『죄유록罪惟錄·규의전閨懿傳·부열婦烈』 뒤의 평론에서 "열烈은 일시적인 것이고, 정貞은 종신 동안 이루어진 것이기에 비교하기가 어려운 것 같다. 단 오랫동안 부녀의 도리를 다하거나 시와 예를 아는 집에서 태어나서 도적에게 당해 절개를 잃어 죽는 것은 집이 가난하여 어쩔 수 없는 경우와는 달라 일시적인

것이라도 고귀한 것이다."라고 하였다. 한평생 수절을 허락한 것과 한 번에 죽어 수절을 얻는 것이 같지 않다는 아주 간결한 표현이 아닌가! 시와 예를 아는 집에서 생활한 과부가 도적을 막지 못하여 죽을 때까지 절개를 지키지 못한 경우는 오랫동안 부녀의 도리를 다 할 수 있었던 것으로 수절의 임무를 완성한 것이다. 그러나 가난한 집의 과부는 생활상에서 심리적 고통을 겪지 않아도 되었을지는 모르나 역으로 구실을 찾지 않는 편이 나았다. 이는 아주 완벽하게 자아를 훼멸시키고 사람을 속임으로서 살기 어려운 사회를 벗어나려 한 것을 지적한 것이 아닌가! 필자는 수절이 순절로 가게 된 진정한 원인이 이것이라고 생각한다. 당연히 우리는 삼강오상이 교教라는 이름으로 대단히 큰 무형의 족쇄가 되어, 확실히 수많은 부녀를 속박하였고, 일부 부녀는 그 피해의 깊음을 자각하지 못하고, 인성이 굴절되고, 심령이 부식되고, 심리가 기형적으로 변하여 내심 깊은 곳에 극히 강렬한 지괴감과 숙명론이 가득 차 사람들이 그녀를 사람으로 보지 않고, 그녀 또한 자기를 사람으로 생각하지 않아 수많은 비애, 냉소, 한, 어리석음에서 발출된 괴이한 사건이 일어나게 되었음을 부인할 수 없다. 아래에서 손이 닿는 대로 뽑은 몇 개의 기사로 생각해 볼 수 있다.

도종의陶宗儀의 『철경록輟耕錄』 권 4 「현렬賢烈」의 기록에 명나라 초 "대석병戴石屛 선생이 때를 만나지 못하고 우강寓江의 우안에서 떠돌 때 무녕武寧에 있는 부자집 주인이 그의 재주를 사랑하여 딸을 시집보냈다. 이삼 년을 같이 살다 홀연히 예전으로 돌아가고 싶은 욕심이 생겼는데, 처가 그 이유를 묻자 예전에 이미 아내를 얻었다고 했다. 사색이 된 처는 아버지를 찾았고, 그녀의 아버지가 크게 노하였으나 처는 완곡하게 설명하고는 염구奩具를 갖추어 남편에게 보내고 말하기를 '재주 많음이 아깝고, 명이 짧음이 슬프다. 당신을 머무르게 할 방법이 없다. ……당신이 만약 여기에 다시 온다면 서로 잊지 말고 잔을 잡아 술을 따르고 나의 봉분에 뿌려주세요.' 라고 하였다. 지아비가 떠나자 물에 뛰어들어 죽었다."라고 한다.

사계좌의 『죄유록』 권 28 「규의열전閨懿列傳」 '여정女貞' 조에는 명나라 "남명낭藍明娘은 복건福建 진강晋江 사람이다. 그 어미는 과부로 살았고, 효경 열녀전에 전하는데, 같은 마을 황상린黃祥麟과 결혼해 아이를 가졌다. 상린이 일찍 죽자 명랑은 어미에게 상린이 독자이므로 그의 어미를 보필하기 위해 돌아가고 싶다고 말하였다. 어미가 허락하지 않자 상복 입을 것을 청하였다. 또 허락하지 않았다. 밤에 남편의 이름을 여러 번 부르고, 새벽에 머리를 감고 빗은 다음, 머리카락을 괴상하게 자르고는 문을 닫고 자살하였다. 몸에 흰 비단을 두루 두르고, 허리띠에 붉은 글씨의 편지를 남겼는데, 가는 글씨로 '남자는 내 시신 가까이 오지 말 것이며, 여자는 나의 옷고름을 풀지 마라.' 라고 썼다. 이때 나이 16세이다." 라는 기록이 있다.

마찬가지의 책 '열부列婦' 조에는 명나라 "여순한麗循閑의 처 나羅 씨는 화용華容 사람으로 얼굴이 못생겨 버림을 받았다. 오래되어 순한이 병이 들자 이백여 일을 탕약 시중을 들었다. 남편이 일어나지 않았어도 나 씨는 그를 버리지 않았고, 반드시 남편을 따라 죽을 것을 맹서했다. 이윽고 남편이 죽자 널의 옆에서 자진하였고, 집안사람들이 같은 무덤구덩이에 장사지내고 봉분을 올렸다." 라는 기록이 있다.

『천주부지』 권 70 「열녀오列女五 · 정렬일貞烈一」에는 명나라 "진강晋江 장張 씨의 아들 미혼의 처 시施 씨는 이름이 내랑來娘으로 영록강보榮祿剛甫로 추증된 사람이다. 여인이 듣기에 지아비가 악질이 걸려 부모와 시부모가 함께 개가할 것을 의논하였다. 씨가 듣고 자진하였다. 부숙상夫叔狀 원제창元際昌이 시를 지어 조문하였다." 라는 기록이 있다.

『산서통지』 권 179 「역대정렬歷代貞烈」에 명나라 대주代州 "진광선陳光先의 처 장張 씨는 나이가 21세이다. 광선이 갑자기 도사수행을 하려고 집을 나가면서 씨에게 시집가길 부탁했다. 씨가 울면서 맹서하길 '첩이 종신 동안 당신의 두건과 머리 시중을 들 수 없다고 명하는 것은 몸을 욕보여 당신을 더욱 수치스럽게 하는 것이다' 고 하였다. 광선이 수일이 지나도 돌아올 뜻이 없자 굶어서 죽었다. 읍령邑令 육수선陸壽先이 이 일을 듣고 정표하라고 전하였다." 라는 기록이 있다.

『사천통지』 권 173 「열녀列女 · 의렬義烈」에는 청나라 기주부夔州府 무산현巫山縣 "한韓 씨는 종구품 한능장韓錂長의 딸로 자는 연고蓮姑이고, 어려서 첨詹 씨의 아들 고杲와 혼약하였다. 자라서 고가 빈둥거리고 일을 제대로 하지 않았고, 멀리 가서 소식이 없었다. 부모가 다시 약혼할 것을 명했다. 그녀는 조석으로 울다가 시비와 함께 밖으로 외출하여 허리띠를 풀어 자진하였다." 라는 기록이 있다.

『섬서통지』 권 66 「열녀일列女一」에는 명나라 "장張 씨는 임동臨潼 이만고李萬庫의 처이다. 서문 밖에 살았는데, 폭우가 역산驪山 아래 내리자 초가가 무너졌다. 시아비가 먼저 나무로 올라가고, 손을 내려 장씨를 당겼으나 장씨가 따르지 않고 떨어져 죽었다." 라는 기록이 있다.

유사한 예가 너무 많아 들을 수가 없다. 단지 이 7례로 보더라도 그녀들의 남자는 색마

도 있고, 무리한도 있고, 정을 끊은 자도 있고, 악질에 걸린 자도 있지만 그녀들은 아무 원망을 하지 않고 '헤어지기를 서운해' 할 뿐이었다. 이렇게 맹목적으로 지정된 '지아비' 라는 남성을 자기 생명의 지주로 여겼고, 지아비를 제외한 어느 이성도 접촉하려 하지 않았다. 생명이 위급할 때 시아버지가 손을 뻗어 구하려 하였으나 듣지 않는 정도였다. 삼강오상의 윤리교육이 중국부녀의 영혼을 부식시킨 것이 어느 정도인가 알 수 있다.

현재 명나라와 청나라의 순절한 부녀의 수가 얼마인가 통계를 내기는 곤란하다. 다행히 두 시대 관이나 지방의 문서자료가 아주 많이 있어 열람할 수 있으나 한 개인의 능력으로는 처리할 수가 없다. 우리는 여기서 단지 많은 분량의 지방지 가운데 몇 부를 선별하여 거칠게나마 작은 통계를 내 보도록 한다. 지방지 가운데 지아비가 죽자 따라 죽어 순장된 것과 순절의 기간에 순사한 것(즉 앞의 12가지 종류의 사람)은 모두 하나로 혼합되어 혹은 '열부', 혹은 '절렬節烈', '의열義烈', '정렬貞烈', '열녀' 로 칭하여 일치하지 않고, 편목도 다르지만 중심 내용은 한 가지이다. 여기의 작은 통계는 이런 편목에 근거해서 얻은 것이다.

『복건통지』 권 251~258「열녀 · 정렬」에 수록된 것

명나라 719인

청나라 2,668인(동치 6년까지)

『사천통지』 권 170~179「열녀 · 의열」에 수록된 것

명나라 365인

청나라 2,720인(가경 19년까지)

『산서통지』 권 179~183「열녀 · 정렬」에 수록된 것

명나라 677인

청나라 2,072인(광서 17년까지)

『천주부지』 권 170~171「열녀 · 정렬」에 수록된 것

명나라 184인(정덕에서 숭정까지 모두 138년간)

청나라 160인(순치에서 옹정까지 모두 91년간)

『흡현지歙縣志』 권 11, 14「열녀 · 절렬」[55]에 수록된 것

55 石國柱等 : 『歙縣志』, 1937年 編纂, 成文出版社, 1975年 影印本.

명나라 184인

청나라 227인

『곡부현지 · 열녀 · 절렬』에 수록된 것

명나라 9인

청나라 28인

『성도현지成都縣志 · 열녀 · 의열』[56]에 수록된 것

명나라 10인

청나라 29인

여기서 지적해야 할 것은 청나라 지방지에 수록된 명나라의 순절부녀는 원래 명나라 순절부녀의 일부이고, 청나라 순절부녀의 수록 표준은 각 지방마다 다르다는 것이다. 『천주부지』와 『흡현지』에 수록된 것은 비교적 다양하여 다수가 지아비(미혼자 포함)가 죽자 따라 죽은 순장자를 포함한 것이지만 『곡부현지』와 『성도현지』에는 기본적으로 지방관이 정표한 부녀만 수록하였다. 따라서 앞에 열거한 숫자는 명나라와 청나라 핵심지구의 실제 순절인 수의 과학적 근거가 될 수 없다. 다만 여기에서 우리는 명나라와 청나라에서 순절의 풍조가 얼마나 참혹하였는지를 알 수 있을 뿐이다. 추측해서 말하면 명나라와 청나라의 순절부녀는 일백만 명 이상일 것이고, 그 가운데 지아비(미혼자 포함)가 죽자 따라 죽어 순장된 것이 약 삼 분의 일에서 이 분의 일을 차지한다고 할 수 있다.

(2) 변경 소수민족의 인순

정주리학의 '정절' 예교가 중원왕조통치구에서 존숭을 받아 인순이 순절의 형식으로 다시 부활하여 만연한 시기에 즈음하여 변방에 거주하는 소수민족, 특히 북방의 거란契丹, 여진女眞, 몽고蒙古와 만족滿族은 원시사회가 해체되고 초기계급사회가 형성된 단계이다. 세계의 수많은 원시민족과 마찬가지로 그들 모두는 자체의 인순전통이 있었다.

중국 북방의 거란과 여진족은 앞뒤로 요遼나라와 금金나라 왕조를 건립하여 한족이 주

56 衷只鑒等 : 『成都縣志』, 淸同治十二年刊本.

체인 북과 남의 송나라 정권과 대치하였다. 그들의 입국 전에서 입국 초까지에는 모두 원시적인 노비와 말을 산 채 순장하는 생순노마生殉奴馬의 습속이 존재하였다. 요나라 태조 야율아보기耶律阿保機가 죽자 목협산木叶山에 장사하였는데, 황후 술율述律 씨가 묘소에 주재하며 빼어난 신료 100인이 자신을 죽여서 무덤 속에 순장하려는 것이라고 생각했다. 그녀가 따라 죽어 순장될 준비를 하였으나 "후사가 아직 어리고 국가에 주인이 없다."라는 이유로 "친척과 백관이 힘써 간하기에" "오른팔을 잘라 관에 넣어"[57] 따라 죽어 순장되는 뜻을 나타냈다. 이는 거란 초기에 많은 원시적인 장례습속을 보유하고 있음을 알려준다. 이렇게 몸체의 일부를 친인의 무덤에 바치는 장법은 민족학에서 '할체장의割體葬儀'라고 부른다.[58] 이후 한족의 영향을 받아 인순제는 고급귀족에게서도 실행되었다. 『요사遼史・성종본기成宗本紀』에서 통화統和 원년 2월 "경종景宗황제를 건릉乾陵에 장사지내는데, 가까운 시랑侍朗, 음식을 관장하는 령인伶人 달노撻魯를 순장하였다."라고 하였다. 귀족부녀가 죽은 지아비를 위해 순사한 것으로는 야율술자耶律術者의 처 소蕭 씨, 야율중耶律中의 처 소蕭 씨가 있다. 『요사遼史・열녀전』에 다음의 기사가 있다.

> 術者死. 氏極哀毁. 旣葬, 謂所親曰 "夫婦之道, 如陰陽表里. 無陽則陰下能立. 無表則里無所附. 妾今不幸失所夫, 且生必有死, 理之自然. 術者早歲登朝, 有才不壽, 天禍妾身, 罹此酷罰, 復何依恃, 倘死者可見, 則從. 不可見, 則當如俱" 侍婢慰勉, 竟無回意, 自刃而卒.

술자의 처 소 씨가 순사하면서 말한 것으로 볼 때 이 시기 요나라 인순제의 성격에 변화가 발생하였음을 알 수 있다. 술자의 처 소 씨는 엄격한 유문의 곤범壼范이기에 이곳에는 조기 거란의 습성이 절반을 차지하고 있었음을 짐작할 수 있다. 이때 거란 귀족부녀는 이미 상당히 한화되었음을 알 수 있는 것이다.

거란 이후 이를 계승하여 일어난 여진족은 금나라를 세우기 전후 생순노마의 풍조가 극히 성행하였다. 북송北宋 우문무소宇文懋昭의 『대금국지大金國志・초흥풍토初興風土』에는 "죽은 자를 매장하는데 널과 덧널이 없다. 귀한 자의 장례에는 총애하던 노비를 산 채 말에

57 『自治通鑒』卷二七五「後唐記四・明宗天成二年」, 『遼史・后妃傳』.

58 본서 「인생과 인순의 기원」 참조.

태우고 불에 태워 순장한다."라고 하였다. 금나라 후기에는 한족 유학의 영향을 받아 생순노마의 습속은 점차 순절의 색채를 띠게 되었다.

말을 타고 달리는 북쪽 사막의 몽고귀족에게 생순노마는 일상적인 것이었다. 『마하파라유기馬可波羅游記』의 기재에 의하면 칭기즈칸[成吉思汗] 및 그 이후 여러 칸은 모두 알타이Altai 대산大山에 장사지냈다. 매장 시에는 칸이 생전에 타던 말을 산 채 순장하였다. 이는 칸이 저승세계에서 계속해서 이를 향유하라고 제공된 것이다. 칭기즈칸에게는 양마를 산 채 순장한 외에 귀족의 미녀 40인을 순장하였다. 영구를 기마무사가 호송하는데, 길에서 보이는 사람을 살해하여 죽은 자가 만여 인이라 한다. 몽가한蒙哥汗이 죽었을 때 길에서 보여 피살된 사람은 무려 이만 인에 달한다고 한다.[59]

몽고귀족의 생순노마는 지나가는 행인을 살해하는 야만적인 습속으로 남아 이어졌으나 원나라의 기록으로는 남아 있지 않고, 『마하파라유기』에서 수집된 자료 또한 대부분이 소문을 듣고 쓴 것이다. 이 때문에 이 문제에 대한 국내외 학자들의 의견이 분분하다.[60] 우리는 원나라 사람들이 선조의 야만적인 습속을 숨겼을 가능성이 있다고 생각한다. 명나라 때 몽고와 같은 계통인 달단韃靼의 귀족에게 이 옛 습속이 보편적으로 유행하였음은 몽고귀족에게 생순노마의 습속이 있었음을 확실하게 한다. 칭기즈칸 및 그 이후 칸들의 장례 때 비록 살인한 숫자가 『마하파라유기』에 기록된 것보다 적었다 하더라도 연도의 사람들을 살해해서 순장했다는 것은 다수의 학자들이 긍정하고 있다. 우리는 이러한 시각에 찬성하고, 또한 몽고족이 중원으로 들어와 주인이 된 이후에도 원나라 황제가 "연도에서 살인해 순장 하는 것"을 재고하지 않았고, 점차적으로 과거의 생순노마 습속은 순절을 함의하는 인순으로 대체되었다고 생각한다.

명나라와 북방의 달단은 계속해서 전쟁을 하였다. 만력萬曆 연간 소대향蕭大享이 달단으로 출사했을 때 지은 『북로풍속北虜風俗』이란 책의 「매장埋葬」편에 "초, 노왕虜王과 태길台吉이 죽었는데, 역시 널을 비롯한 장구葬具가 약소하고, 평상시의 옷인 갑옷류를 입고, 함께 궁벽한 들판에 매장되었다. 죽은 날 그가 총애하던 하인과 첩, 노마를 살해하여 진나라 목

59 張星烺 譯 : 『馬可波羅游記』 107, 108면, 商務印書館, 1936年. 馮承鈞 譯 : 『馬可波羅行記』 上册 第68章, 商務印書館, 1955年. 陳開俊等 譯 : 『馬可波羅游記』 第一卷, 第五十一章, 福建科技出版社, 1981年.

60 馮承均 : 『馬可波羅行記』 上册, 第六十八章, 商務印書館, 1935年 참조.

공이 순장한 것과 같이 하였다."라고 하였다. 라마교가 전입된 이후 화장으로 다시 바꾸면서 생순노마를 바꿔 "죽은 자가 총애한 양마와 갑옷을 라마에게 바쳐 사례했다. ……총애하던 사람은 비록 다 죽이지 않았으나 자신의 생모 이외에는 아직 아들을 위해 거두어들였다."라고 한다. 아직 원시적인 생순노마의 의미가 고쳐지지 않고 남아 있었던 것이다.

명나라 후기에 형성된 만주족의 전신은 건주여진建州女眞이다. 여진족에게 성행했던 생순노마의 습속은 만주족에게 전해졌을 가능성이 있다. 16세기 말 노이합적努尔哈赤이 여진의 각부를 통일하자 생순노마의 습속은 점차 단순한 인순제로 대체되었다. 한왕汗王과 패륵貝勒 등 고급귀족에게 궁비와 하인의 순장제가 유행하였고, 일반 부자는 첩 하나를 순장자로 미리 정했다(제9장에 자세하게 설명). 강희 12년 영을 내려 "팔기八旗 포의좌령包衣佐領 이하는 하인을 주인에게 순장하는 것을 금지하였다."[61] 이후 청나라 황실 내부의 장례에서 인순에 관한 기사가 발견되지 않는다. 그러나 만주족의 원거주지에서 부유한 자가 첩 하나를 죽여 순장하는 습속이 계속된 기간은 더 길었을 가능성이 있다.

남방소수민족 거주구에서는 역사적으로 무귀巫鬼를 믿고, 항시 음사淫祀를 지내는데 살인하여 제사하는 것이 유행하였으나 산 사람을 사용한 경우는 잘 보이지 않는다. 그러나 산발적이지만 인순사례는 때때로 발생해서 근대에 이르기까지 남아 있었다. 운남소수민족사회역사조사조雲南少數民族社會歷史調査組의 조사에 의하면 운남雲南 덕굉德宏 경파족景頗族은 백년 전만 하더라도 노예인 준准을 순장하는 일이 많이 있었다. 예컨대 농천방隴川邦 와조도瓦早堵의 고조高祖 조유早柔의 시기에 그의 모친 위도衛堵가 죽어 봉분을 쌓을 때 노예 마간麻干을 죽여 위도의 무덤 주변에 매장하였다. 제2대 산궁山宮 공륙功陸이 죽자 한 명의 준을 살해하여 순장하였다. 노서潞西 농병弄丙 제1대 산궁 공대리功代利가 죽자 한 명의 준을 순장하였다. 해방 후 인순을 사용하는 장례는 끊어졌으나 상징적인 순장의식은 아직 남아 있다. 그 의식은 산궁이 죽은 후에 노예에게 명하여, 그가 생전에 사용한 도구를 담은 대나무바구니를 등에 짊어진 생전에 타던 말을 끌게 하는데, 산궁의 시체를 염장하는 널의 재료가 뒤따르고, 무당이 귀鬼에게 주문을 외어 그 노예가 장차 저승세계에서 시중을 들 것임을 알도록 하였다고 한다.[62]

61 王先謙 : 『東華錄』, 康熙十二年條.
62 雲南少數民族社會歷史調査組 :. 『雲南德宏傣族景頗族自治州社會概況 - 景頗族調査材料之三, 之四』, 人大民委協公室編, 1958

광서廣西 장족壯族 토관土官도 가끔 장례에 인순을 사용하였다. 광서 『대신현지大新縣志(초고)』에 의하면 1931년 광서 뇌평현雷平縣(지금의 대신현大新縣) 토관 이소李玿의 딸아이가 병들어 죽자 2명의 노예를 순장하였다고 한다.[63]

유사한 예가 있으나 여기서 장황하게 설명하지 않도록 한다.

年.

63 黃增慶 · 張一民 : 「關于壯族是否經過奴隸社會的探討」, 1984年 第4次 百越史討論會 論文에서 인용.

제 9장

명청 황실의 궁비 순장제

명나라와 청나라의 궁비宮妃순장제는 그 성격이 은주시기의 인순과 구별하기 어렵다. 단지 순장의 범위가 황실의 비빈妃嬪에 한한 것이 다르다. 이 야만적인 습속은 일반적으로 원시사회가 해체되고 계급과 국가가 출현한 초기에 성행하였다. 중국에서는 인순이 은주시기에 성행하였고, 진한秦漢 이후에는 기본적으로 소실되었다. 명나라 초년 황실에서는 태조太祖, 성조成祖, 인종仁宗, 선종宣宗, 경제景帝 5대의 황제가 죽은 후 궁비의 순장이 공개적으로 시행되었고, 외번外藩의 여러 왕이 죽었을 때 궁비를 순장하는 경우도 있었다. 만주滿洲 애신각라爱新覺羅부족이 중국의 주인이 된 이후 짧은 기간에도 황제 및 친왕親王 패륵貝勒 등 고급귀족 사이에 광범하게 순장제가 유행하였다. 이러한 것에 대한 자료는 관찬의 사서에는 전문적으로 기록되지 않았으나 명나라와 청나라의 각종 사서에는 보는 바대로 취하여 이를 정리하고 한편으로 묶은 것들이 흔하게 보인다.

여기서 설명되어야 할 것이 본문에서는 명나라와 청나라 황실(혹은 황족) 중에 정상적으로 사망하여 제도에 따라 궁비의 순장을 향유한 것에 한하여 설명한다는 점이다. 비정상적으로 사망한 사람에게 종순從殉된 것은 앞에서 설명한 숭정황제 주유검이 자진하자 사례감 왕승은이 따라 죽어 순장되었고, 궁인이 어하御河에 뛰어들어 따라 죽은 자가 이백여 인[1]이라 했는데, 이것과 관료지주의 처첩으로서 종순된 자는 여기에 포함하지 않는다.

1 『明史 · 庄烈帝本紀二』, 또 같은 책「后妃傳二」.

1. 명나라 황실의 궁비순장

(1) 종순궁비의 숫자와 신분

명나라 초기 5대의 황제 각각에게는 적지 않은 궁비가 순장되었음에도 명나라 사료에는 간결하게 설명되었을 뿐만 아니라 배장된 비빈과 순장된 비빈을 함께 취급하고 있다. 따라서 여기서는 이 두 종류의 다르게 죽은 비빈을 먼저 나누고 난 후, 종순된 비빈의 숫자를 확정하고자 한다.

태조의 종순궁비

『명사明史 · 후비전일后妃傳一』과 『자치통감강목삼편自治通鑒綱目三編』(권 8)에 이르기를 "태조가 붕어하자 궁인 여러 명이 따라 죽었다."라고 한 데에서는 따라 죽은 사람의 수를 알 수 없다. 『대명회전大明會典』에는 이르기를 "효릉孝陵에 40명의 비빈, 단지 2인의 비를 능의 동서에 장사하였고 나머지 모두는 함께 종장從葬하였다."라고 하였다.[2] 심덕부의 『만력야적편萬曆野获編 · 궁위宮闈 · 영종경비상례英宗敬妃喪禮』(권 3)에는 다음과 같이 비교적 상세하게 기록되어 있다.

太祖孝陵, 凡妃嬪四十人, 俱身殉從葬, 僅二人長陵之東西, 盖洪武中先歿者.

『야적편』에 기재된 사람 수는 『명회전』과 같은 숫자이지만 그 가운데 2인은 "홍무洪武 시기에 먼저 죽은 자" 임을 지적하고 있다. 종순이 "산사람을 무덤주인이 죽으면 죽여서 함께 묻는 것" 이라는 원칙에 따르면 이 2인은 배장된 것이지 순장된 것이 아니므로 태조의 순장궁비는 38인이 된다.

성조의 종순궁비

『명사 · 후빈전일』과 『자치통감강목삼편』에는 성조가 '순장의 사용' 이라는 말만 보이

2 『大明會典』 第六册, 卷90 「禮部 · 陵寢」, 萬曆十五年刊本, 이하 인용하는 이 책은 모두 같은 간본이고 같은 권임.

고 순장인 수는 밝히지 않았다. 『대명회전』에는 "장릉長陵 16비, 함께 종장하다."라고 하였다. 『가정사전嘉靖祀典』과 『야적편野荻編』,[3] 사계좌查繼佐의 『죄유록罪惟錄』,[4] 장일규張一葵의 『장안객화長安客話』[5]의 기록은 『명회전』과 같다. 단지 조선朝鮮 『이조실록李朝實錄』에 약간의 다른 기록이 있다. 「세종장헌대왕실록일世宗庄宪大王實錄一」[6]에 다음의 기록이 있다.

> 六年(明成祖永樂二十二年)十月戊午, 使臣言"及(永樂)帝之崩, 宮人殉葬者三十余人".
>
> 七年(明仁宗洪熙元年)十月甲戌, 許稠啓曰"今太宗皇帝之崩, 殉以宮女十五人".

같은 『실록』에서 하나는 '30여 인', 하나는 '15인' 이라 한 것은 모두 사신使臣이 들은 소문이 같지 않기 때문이다. 이는 당시 궁정의 규칙이 엄밀하고 내정이 밖으로 알려진 것이 적어서 사신이 정확한 정보를 얻기가 곤란하였기 때문으로 이해할 수 있다. 성조에게 순장된 궁비의 숫자는 명나라 관찬과 사찬의 사료에 기재된 16인으로 추정된다.

인종의 종순궁비

『명사 · 후비전일』, 『자치통감강목삼편』에는 인종이 '순장의 사용' 이라는 말만 있고, 순장인의 수는 밝히지 않았다. 『명회전』에는 "헌릉獻陵 7비, 셋은 금산金山에 장사하고, 나머지는 함께 종장하다."라고 하였다. 『명선종실록明宣宗實錄』(권 3)에서는 홍희洪熙 원년 헌릉獻陵의 종순궁비에게 시호를 추증하면서 "황제의 서모 귀비貴妃 곽郭 씨를 공숙恭肅으로, 숙비淑妃 왕王 씨를 정혜貞惠, 여비麗妃 왕王 씨를 혜안惠安, 순비順妃 담潭 씨를 공희恭僖, 충비充妃 황黃 씨를 공정恭貞이라 하였다."라고 한다. 『야적편보유野狄編補遺 · 인묘순장제비仁廟殉葬諸妃』에도 선종이 추증하여 시호를 내린 다섯 비후를 기술하였는데 더 덧붙여서 "또 먼저 관위를 내린 장張 씨 순비, 이李 씨 여비를 더하여 함께 잠저潛邸 가까이에 묻은 자가 모두 7인이다."라고 하였다. 종순의 준칙에 따르면 이 2인은 제외되고 인종에게는 5인의 궁비를 순장한 것이 된다.

3 (明)沈德符 : 『野荻編』 卷三 「宮闈」, "英宗敬妃喪禮", "謝韓二公論選妃" 條.
4 (淸)查繼佐 : 『罪惟錄』 卷十六 「陵志」, 四部叢刊三編本.
5 (明)張一葵 : 『長安客話』 卷四 "諸王公主墳" 條, 北京古籍出版社, 1980年.
6 吳晗 輯本 『朝鮮王朝實錄中的中國史料』, 上編卷四, 中華書局, 1984年.

선종의 종순궁비

『명회전』에는 "경릉景陵 8비, 하나는 금산에 장사하고, 나머지는 함께 종장하다."라고 하였다. 『명사·후비전일』에는 "정통正統 원년 8월 황제의 서모 혜비惠妃 하何 씨를 귀비로 하고, 단정端靜이라 시호하였다. 조趙 씨를 순비로 하고 순정順靜, 오吳 씨를 혜비로 하고 정순貞順, 초焦 씨를 숙비로 하고 장정庄靜, 조曹 씨를 경비敬妃로 하고 장순庄順, 서徐 씨를 순비로 하고 정혜貞惠, 원袁 씨를 여비로 하고 공정恭定, 제諸 씨를 공비恭妃로 하고 정정貞靜, 이李 씨를 충비充妃로 하고, 공순恭順, 하何 씨를 성비成妃로 하고 숙희肅僖라고 시호하였다. 책문冊文에는 이르기를 '몸을 맡겨 의를 지키고, 황상의 손님으로 용어龍馭를 따르니 마땅히 아름다운 칭호를 내리고 절행을 표창한다.' 라고 하였다. 모두 선제에게 순장된 궁비이다."라고 하였다. 『명영종실록明英宗實錄』(권 3)에 기재된 것은 인용한 것과 같고, 다만 추증하여 시호를 내린 시간을 '선덕宣德 10년 3월 경자更子' 라고 하였다. 책문의 어투로 보아 이 10명의 궁비는 모두 선종이 죽었을 때 종순된 것이니 이 두 문헌으로 추정하면 선종에게 순장된 궁비는 모두 10인이다.

경제의 종순궁비

『명사·후비전일』에서 "경제가 성왕郕王에 의해 돌아가셨으나 여전히 그 제도를 사용하였다."라고 하였다. 같은 책에서 '경제폐후왕씨景帝廢后汪氏' 조에서는 "경제가 돌아가시자 영종英宗이 그 후궁 당唐 씨 등을 순장하였다."라고 하였다. 『죄유록·능지陵志』에서는 "대종代宗이 돌아가신 후 이내 성왕이 항복하였고, 서산西山에 장사하고, 능陵으로 부르지 않았다. 당 씨 등 여러 비빈을 처음으로 붉은 비단을 써서 순장하였다."라고 하였다. 경제를 따라 죽어 순장된 궁비도 여러 명이다.

이 기간에 외번의 왕이 죽으면 일반적으로 궁비를 순장하였음이 『명사·제왕전諸王傳』에 적지 않게 보이는데, 진왕秦王 주상朱樉 등 9인이 바로 그들이다.

진민왕秦愍王 주상은 태조의 둘째 아들이다. "비 원元은 하남왕河南王 왕보보王保保의 여동생이고, 차비次妃는 영하왕寧河王 등유邓愈의 딸이다. 상이 죽자(홍무 28년, 1395년) 왕비를 순장했다."라고 한다.[7]

주헌왕朱憲王 주유돈朱有燉(태조의 다섯째 아들 주숙朱橚의 아들)이 정통正統 4년(1439년) 죽자

"비 공鞏 씨, 부인 시施·구歐·진陳·장張·한韓·이李 씨 모두 순사하였다. 조서를 내려 비에게 정렬, 6명의 부인에게 정순이라고 시호하였다."라고 한다.[8]

촉정왕蜀靖王 주유육朱有堉(태조의 열한 번째 아들 주춘朱椿의 손자)이 선덕宣德 6년(1431년) 죽자 "비 이李 씨, 시희侍姬 황黃 씨 모두 자결하여 순장하였다."라고 한다.

촉화왕蜀和王 주열소朱悅燦(주춘의 다섯째 아들)가 천순天順 5년(1461년)에 죽자 "계비 서徐 씨는 나이가 26세인데, 굶어 죽어 정절靜節이라 시호하였다."라고 한다.

진공왕晋恭王 주강朱棡(태조의 셋째 아들)의 손자 "중위中尉 지烓知烓가 병이 심해지자 숙인淑人 하賀 씨가 수은 한 국자를 삼키려 하자 주위에서 빼앗아 구하였다. 음식을 먹지 않아 지烓와 같이 죽었다. ……세종世宗이 특명을 내려 정표하고, 시호를 정렬이라 하였다."라고 한다.

당정왕唐靖王 주경경朱琼烴(태조의 스물세 번째 아들 주경朱桱의 아들)이 "선덕 원년 죽자 비 고高 씨가 자결하여 순장하였다. 조서를 내려 정왕비靖王妃로 봉하였다."라고 한다.

영정왕郢靖王 주련朱棟은 태조의 스물네 번째 아들이다. 영락 12년 죽었다. "왕비 곽郭 씨는 무정후武定侯 영英의 딸이다. 왕이 죽고 한 달을 넘기자 통곡하며 말하기를 '미망인으로 아들이 없으니 누구를 믿고 살겠는가?' 라고 하고 거울을 당겨 얼굴을 보고 궁인에게 '딸이 성장함을 기다려 어머니가 알게 하십시오.' 라고 부탁하고 자살하였다."라고 한다.

월정왕越靖王 주염용朱瞻墉은 인종의 셋째 아들이다. 정통 4년 죽자 "비 오吳 씨가 순사하여 시호를 정충貞忠이라 하였다."라고 한다.

위공왕衛恭王 주염연朱瞻埏은 인종의 열 번째 아들이다. 정통 3년 죽자 "비 양楊 씨가 순사하여 정렬이란 시호를 하사하였다."라고 한다.

이외 『하남통지河南通志·열녀일列女一』에 도공왕悼恭王 등 4인에게 비와 부인을 순장한 것이 보인다. 그 가운데 주헌왕 주유돈은 앞의 『제왕전』 기사와 같고, 나머지 3인은 다음과 같다.

7 『野狄編』 卷三「宮闈」, "帝王娶外國女" 條.

8 『罪惟錄·諸王列傳』 "朱定王橚" 조에는 "돈이 죽어 '비 공 씨를 순장하고, 부인 축씨 등 몇 사람이 역시 함께 죽었다."라고 하였다. 『河南通志·列女上』(淸同治八年重補刊本)에는 "주헌왕비 공씨, 상부(祥符)사람이다. 정통 초에 왕이 죽자 자결하였다. 상께서 그 행동을 가상하게 여겨 정렬이란 시호를 하사하였다. 부인 우·대·한·구·진·이 씨 6명이 같은 날 사절하여 함께 정순으로 시호하였다. 헌원(宪園)에 부장하였다."라고 하였다. 6명 부인의 성씨는 『明史·諸王傳』의 기재와 약간 다르다.

도공왕이 선덕宣德 때 죽자 비 장張 씨가 스스로 죽어 순장하고, 정렬이란 시호를 하사하였다.

주간왕周簡王 주유작朱有爝(주유돈의 동생)이 경태景泰 3년 죽자 희姬 좌左 씨가 그날 방에서 자진하였다.

회정왕懷靖王이 천순天順 말에 죽자 부인 채蔡 씨가 자진하였고, "황상께서 그 절개를 가상히 여겨 특별히 사자를 보내 제사하였다."라고 한다.

앞에서 열거한 종순궁비의 사적을 알 수 있는 것이 별로 없다. 다수가 아직 성장하지 않은 일반 비빈과 궁녀로서 지위가 비교적 높거나 자녀를 가진 경우는 적을 것으로 짐작된다. 앞에서 인용한 선종의 비 10인 가운데 단 1인만이 생전의 비妃로서 사후에 귀비로 추봉되었고, 나머지 모두는 대략 생전에 궁녀였다. 인종에게 순장된 5명의 비 가운데 먼저 언급된 곽 씨는 생전에 귀비였고, 또 황자 3명을 낳았다. 이런 사람이 순장되는 것은 드문 경우이다. 『야적편보유 · 인묘순장제비』에서는 "귀비가 등회왕滕懷王 · 양장왕梁庄王 · 위공왕衛恭王을 낳아 삼주三朱의 집이기에 순장 당할 예가 아니지만 황상의 은혜를 입고 자살하여 천상으로 따라간 것을 어찌 받아들여야 하는가!"라고 하였다. 귀비는 내정의 소실 가운데 최고의 휘호徽號이기에 인종의 귀비 곽 씨는 아마 명나라의 종순궁비 가운데 휘호가 가장 높은 사람일 것이다.

(2) 궁비종순의 전말

앞에서 인용한 사료로 보아 명나라의 종순궁비는 다수가 자원한 것처럼 보인다. 이에 대하여 구체적으로 분석해 보도록 하자. 먼저 알아야 할 것이 궁비의 종순은 명나라 통치가가 제정한 야만적인 제도로서 "각 관부가 모두 그러하였고, 특히 조정만 그러한 것이 아니다."[9]라는 것이다. 봉건전제시대에 있어서 비빈과 궁인은 황제와 번왕藩王 개인에 속하였고, 황제와 번왕은 그녀들에 대해 생사여탈권을 가졌고, 더하여 제도적인 탄압도 있었

9 (淸)趙翼 : 『二十二史 劄記』 卷三二 「明宮人殉葬之制」.

다. 궁비가 시중을 든 황제와 번왕이 일단 사망한다는 것은 그녀들이 스스로 죽어야 할 때라는 것을 의미했다. 사후에 대한 어떠한 고려(시호를 추증하거나 유족에 대한 보상)와 핍박으로 종순되었음은 '자원' 한 것이 아니라는 그녀들의 심정을 이해할 수 있도록 한다. 사관이 선택하거나 편집한 많은 것이 '자원' 의 사례로 정표한 것인데, 이것이 종순의 많은 것이 자원이라는 가상이 조성된 중요 원인이다. 돌이켜 보면 사관은 '자원' 의 사례로 기술하기를 즐겨했고, 계속해서 감추어 진상을 노출시키기를 꺼려했다. 『명사 · 후비전일』의 '경제폐후왕씨景帝廢后汪氏' 조에 "경제가 돌아가시자 영종이 그 후궁 당唐 씨 등을 순장하기로 의논한 후이다. 이현李賢이 말하기를 '비는 이미 유폐되었습니다. 하물며 어린 두 아이가 있어 더욱 불쌍합니다.' 라고 하자 황제가 그쳤다."라고 한다. 이는 분명하게 종순궁비가 임시회의에서 정해졌고, 경제가 황후에서 폐한 왕 씨는 "현명하고 덕이 있어" 경제가 죽었을 때 '성왕비郕王妃' 로 불려 종순자의 명단에 포함되었으나 다행히 그녀에게 두 어린 딸이 있어서 면제되었다는 것을 분명히 한다.

궁비종순의 방식은 명나라 관찬 사서나 지방지에 상세하게 기술되지 않았고, 있다 하더라도 목매 자살하는 '자경自經', 굶어 죽는 '불식사不食死' 정도이다. 사계좌의 『죄유록 · 능지』에서 경제가 죽었을 때 "당唐 씨 등 여러 비빈을 처음으로 붉은 비단을 써서 순장하였다."라고 하였는데, 이것이 비교적 일반적인 방식으로 추측된다. 종순 의식을 거행한 것은 성조 주록朱棣에게 순장된 여러 비의 예가 있다. 『이조세종장헌대왕실록일』에 다음의 기사가 그것이다.

> 甲辰(조선 세종 6년, 명나라 영락 22년, 1424년)十月戊午 "使臣言, 前後選獻韓氏等女, 皆殉大行皇帝, ……及帝之崩, 宮人殉葬者三十余人. 當死之日, 皆餉之于庭, 餉綴, 俱引升堂, 哭聲震殿閣. 堂上置小木床, 使立其上, 桂繩圍于其床, 以頭納其中. 遂去其上, 皆雉頸而死. 韓氏臨死, 顧謂金黑(한씨의 노모 - 지은이 인용)曰 '娘, 吾去! 娘, 吾去! ……' 語未竟, 旁有宦者去床, 乃與崔氏俱死. 諸死者之初升堂也, 仁宗親入辭訣. ……"

비록 기술이 간략하여 불만스럽지만 주요 줄거리는 분명하다. 그 과정은 대략 다음과 같다. 죽여 보내는 날은 하루이다. 그녀들이 정원에서 모였는데, 이때 궁중의 여자들이 잇달아 앞으로 와서 송별선물을 주었다. 그 후 그녀들은 (태감에게) 끌려 영당靈堂으로 갔다. 이렇게 죽음으로 생이별을 할 때, 그녀들이 대성통곡하는 소리가 전각을 흔들었다. 태감이 먼저 당상에 올라 그녀들을 위해 곱고 작은 나무상을 안치하고, 상 위에 새끼줄을 걸어 내리고, 그녀들을 각자의 나무상 위에 서도록 하고, 목을 새끼 고리 속으로 집어넣고는 액순縊殉을 집행하는 태감이 나무상의 옆에 섰다. 이때, 새 황제는 영당의 위에서 내려다보고 위문을 표시하였다. 새 황제가 떠날 때를 기다려 액순을 집행하는 태감이 작은 나무상을 잡아 빼자 목을 매인 궁비의 두 다리는 허공에 떠 있게 되고, 새끼 고리가 줄어들어 순식간에 기절하고, 죽은 모습은 목을 길게 늘인 꿩같이 되었다. 정상이 아주 처참하였다.

이 기사에서 우리가 이해할 수 있는 것은 조선에서 공녀로 보낸 궁비는 대다수가 종순의 명운을 피하기 어려웠을 것이라는 것이다. 영락 22년 주록에게 순사된 궁비 가운데는 2인의 조선여성이 보인다. 하나는 한韓 씨로 대략 궁녀인 것 같고, 하나는 최崔 씨로 미인美人에 봉해진 사람이다. 당시 인종이 대당 위에서 볼 때, 한 씨는 고국으로 돌아갈 것을 명하여 부모의 시중을 들도록 관용을 베풀기를 간절히 애원하였으나 결국 그렇게 되지 않았다.

종순궁비의 목을 매 죽인 후 그녀들은 생전의 신분에 따라 다른 재질의 널에 안치되었고, 순서에 따라 황제의 능 속에 매입되어 순장되었다. 먼저 죽은 궁비를 이때에 능묘로 옮겨 배장하기도 하였다. 이는 인종의 헌릉에 부장祔葬된 7인 가운데 5인이 순장된 것이고, 2인이 먼저 죽어 배장된 것에서 알 수 있다. 종순궁비 가운데 다른 곳에 매장된 사람이 있을 수 있는가? 필자는 이러할 가능성은 별로 없다고 생각한다. 동시에 단체로 종순된 사람은 전부 종순된 황제의 능에 매장되었지 일부 종순자를 다른 곳에 매장할 이유가 없기 때문이다. 소위 "하나는 금산에 장사하였다.", "셋은 금산에 장사하였다."라고 하는 것은 황제보다 먼저 혹은 나중에 사망한 여러 비의 무덤으로 짐작할 수 있다. 이 점에 관하여는 『가정사전嘉靖祀典』에서 추정할 수 있다. 이 책 「가정십오년예부제신상언嘉靖十五年禮部諸臣上言」에 다음의 기사가 있다.

> 帝后合葬, 諸妃陪葬, 古今經常之制. 英宗遺詔 "皇妃他日宜合葬, 惠妃亦當遷來, 以後諸妃此制祔葬" 聖訓俱在. 今『會典』止載睿皇后錢氏合葬裕陵, 諸妃竟無陪葬者. 茂陵亦無陪葬, 莫考其故. 臣等竊以諸妃陪葬, 義則不當由隧. 宜于外垣之內, 寶山城之外, 明樓之前, 左右相向, 以此而祔, 庶合禮制. 從之.[10]

이 기사는 가정 이전에는 여러 비가 배장된 장지가 고정되지 않아 황제의 능원에 묻을 수도 있고, 다른 곳(예컨대 금산)에 장사할 수도 있었음을 설명해 준다. 가정 때에 여러 비를 배장하는 장지를 통일하기로 규정하여 다시 황제의 능원 내부로 옮겨 매장하고, 그곳에는 다시 무덤을 쓰지 않았다. 그리고 무덤을 쓰는 곳은 "바깥 담장의 안쪽, 황제의 능이 있는 보산성寶山城의 바깥으로 명루明樓의 앞에 좌우가 마주보게 하여 순서대로 부장하였다."라는 것이다. 장일규의 『장안객화』 권 4의 '제왕공주분諸王公主墳' 조에서 세종 가정 때에 시행된 여러 비의 배장장지가 인종 때까지 이어졌다고 한 것은 착오이다. 명나라와 청나라 사람들은 가끔 여러 비의 배장과 종순을 구별하지 않았기 때문에 당시 사람의 기재에서는 명나라 십삼릉十三陵에 있는 일련의 배장무덤을 모두 종순된 궁비의 무덤이라고 인식하곤 하였다. 그리고 거기에 가장 큰 영향을 미친 것이 동정東井과 서정西井 두 무덤구역이다. 고염무顧炎武의 『창평산수기昌平山水記』와 양빈梁份의 『제릉도설帝陵圖說』에서는 모두 동정과 서정이 성조 장릉의 16비가 종장된 곳으로 생각하였다. 고고학자가 현지조사를 실시한 결과 이들 배장무덤은 생전에 총애를 받고, 죽은 후에는 배장능구에 묻힌 여러 귀비의 무덤이지 종순궁비가 아니라고 판단하였는데,[11] 이것이 정확한 것으로 보인다.

종순궁비의 절개를 표창하기 위하여 황위를 이은 황제는 선대황제의 종순궁비에게 시호를 '서황모庶皇母'로 추증하였고, "세시歲時로 본 능의 향전에 음식을 바치고, 이름을 표시하여 본 제사에 덧붙여 지내는 첨제沾祭를 지냈다."[12]라고 한다. "번저국藩邸國의 왕과 군왕에게 순장자가 있으면 조정에 시호를 하사해 달라고 청하였다."[13] 왕과 합장되는 경우도 있었다.[14] 궁비의 순장제가 시작되었을 때 종순궁비의 남아 있는 가족은 어떤 보상을 얻을 수 있었다. 건문建文과 영락永樂 연간에 태조 종순궁비의 출신 집은 금의위錦衣衛 천백호로 세습되는 특혜를 주었다. 『명사 · 후비전일』에는 이에 대한 기사가 있다.

太祖崩, 宮人多從死者. 建文, 永樂時, 相繼優恤. 如張鳳, 李衡, 趙福, 張璧, 汪賓諸家. 皆自錦衣衛

10 (清)朱孔陽 : 『歷代陵寢備考』卷四八에서 인용.

11 王岩 · 王秀玲 : 「明十三陵的陪葬墓 - 兼論東西二井陪葬墓的墓主人」, 『考古』 1986年 第6期.

12 『野狄編』卷一三 「禮部一」, "臣下妾諡" 條. 같은 책 卷三 "謝韓二公論選妃" 條.

13 『野狄編』卷一三 「禮部一」, "臣下妾諡" 條.

14 『野狄編』卷三 「宮闈」, "帝王娶外國女" 條.

所試百戶, 散騎帶刀舍人進千百戶, 人謂之 "太祖朝天女戶".

태조 종순궁비 38인 중에 보상을 받은 것은 이 5인의 집뿐이고, 여타는 대략 종순궁비이기 때문에 "누구인지 알 수 없다."라고 하여 보상을 받지 못했다. 보상을 받은 이 5집의 '태조조천여호太祖朝天女戶' 가 얼마나 오랫동안 특혜를 받았는지는 명나라 사료에 기재된 것이 없다. 이후에 '성조조천여호', '인종조천여호' …… 등이 보이지 않는 것으로 보아 오랫동안 시행되지는 않은 것 같고, 단지 건문과 영락 연간에만 허용된 것으로 추측되므로 소위 '세습世襲' 은 맞지 않는 말로 보인다.

(3) 궁비종순제의 폐지

명나라 궁비종순제가 지속된 것은 5대 동안이고 영종이 임종에 앞서 영을 내려 폐지시켰다. 이는 『명영종실록』, 『명사 · 후비전일』, 『자치통감강목삼편』, 『죄유록 · 영종본기英宗本記』 등 사서에 모두 기록되어 있다. 이 사건에 대해 『명사』를 찬술한 사관이 『영종후기英宗後記』에서 평론하기를 "(영종) 전후 재위 24년이고, 심한 패정稗政이 없었다. ……궁비순장을 파한 즉 그 성덕盛德의 일이 후세 법으로 되었다."라고 하였다. 이 평론은 공정한 것이다. 야만적인 궁비순장제가 폐지된 이 사건으로 영종은 후대 사람들에게 기억될 만한 가치가 있었던 것이다.

명나라 영종이 유조遺詔로 궁비종순제를 폐지한 것은 본래 주헌왕 주유돈이 올린 상소에서 깨우침을 얻은 것이다. 이 점은 주유돈이 죽은 후에 영종이 그의 동생 간왕簡王 유작有爝에게 내린 조서에서 증명이 된다. 『명사 · 제왕전일諸王傳一』에 다음의 기사가 있다.

(周宪王)有燉, 正統四年薨, 無子. 帝(英宗)賜書有爝曰 "周王在日, 嘗奏身後務從儉約, 以省民力. 妃 夫人以河不必從死. 年少有父母者遣歸".

애석하게도 주유돈의 염원은 자기가 죽은 후에 이뤄지지 않았다. 영종이 내린 글이 도착하기 이전에 왕을 계승한 주유작이 제도에 따라 명을 내려 주유돈의 "비 공 씨, 부인 시 · 구 · 진 · 장 · 한 · 이 씨 모두 순사시킨" 것이다. 이 때문에 영종은 단지 "조서를 내려

비를 정렬로, 여섯 부인을 정순으로 시호"하였을 뿐이다. 이 사건에 영종이 느낀 바가 있어 죽음에 임했을 때(1464년) 조서를 내려 궁비종순제를 폐지시켰다. 이 시기는 주유돈이 상소를 올린 후 25년이 경과한 때이다.

2. 청나라 황실의 궁비순장

(1) 종순궁비의 숫자와 신분

만주 애신각라부족이 언제부터 인순을 시작하였는지는 사료가 부족하여 알 수가 없다. 지금까지 찾을 수 있는 사료는 상한이 후금後金의 한汗 노이합적努尒哈赤시기이다. 『만주실록滿洲實錄』, 『청실록清實錄』, 『청사고清史稿』, 왕선겸王先謙의 『동화록東華錄』 및 여타 사서의 기재에는 청나라 태조 노이합적, 그의 황후 효자고황후孝慈高皇后, 태종太宗 황태극皇太極, 세조世祖 복림福臨 및 패륵 악탁岳托, 예친왕睿親王 다이곤多尒袞 등 고급귀족에게 궁비 혹은 남성 하인을 함께 순장하였다고 한다.

태조 노이합적이 천명天命 10년(1625년) 죽자 대비 오랍납나烏拉納喇 씨를 순장하였다. 또 2명의 서비庶妃 아길근阿吉根과 대인찰代因札 역시 순장하였다.[15]

태조의 황후 효자고황후 엽혁납나葉赫納喇 씨가 계묘년(1603년)에 죽자 네 비녀가 종순되고, 소와 말 일백 마리로 제사하였다.[16]

태종 황태극이 숭덕崇德 8년(1643년) 죽자 장경章京 돈달리敦達里와 안달리安達里가 종순하였다.[17]

세조 복림이 순치順治 18년(1661년) 죽자 비 연악棟鄂 씨가 순사하였고,[18] 일등아달합합번一等阿達哈哈番 시위가 전달하고 그곳에서 따라 순장되어 충렬이라 시호하였다.[19]

15 『滿洲實錄』 413, 414면, 臺灣華文書局, 1964年 影印本. 『清太祖高皇帝實錄』 129면, 臺灣華文書局, 1964年 影印本.

16 『滿洲實錄』 120, 121면,

17 王先謙 : 『東華錄』 崇德八年.

18 『清史稿 · 世祖貞妃傳』.

19 王先謙 : 『東華錄』 康熙元年.

숭덕崇德 4년(1639년) 양무대장군揚武大將軍 패륵 악탁이 죽자 처 복금福金을 순장하였다.[20]

순치順治 8년(1651년) 예친왕 다이곤이 죽자 시녀 오이고니吳尒庫尼를 순장하였다.[21]

여기서 열거한 예들은 노이합적이 즉위한 이전의 후금국의 시기부터 만주부족이 궁비 순장제를 시행하였음을 설명해 준다. 종순의 대상은 일반궁비 이외에도 대비, 정비인 복진福晋, 참령 또는 좌령인 장경章京과 시위가 있다. 종순자의 신분이 일치하지 않는 것은 청나라 황실의 인순제가 불완전하였음을 설명해 준다. 이렇게 알려진 종순자의 명단 가운데 신분이 가장 높은 사람이 태조의 대비 오랍납나 씨이다.

이에 대해서는『만주실록』 권 8의 한문체 기록이 상세하다.

> 后(納喇氏, 烏納國滿泰貝勒女)饒豊姿, 然心懷嫉妒, 每致帝不懌, 雖有機知, 終爲帝之明所制. 留之恐爲亂階, 預遺言又諸王曰"後吾終, 必令殉之"諸王以帝遺言告后, 后遲疑未決. 諸王曰"先帝有命, 雖欲不從, 不可得也"后遂服禮衣, 盡以珠寶飾之, 泣謂諸王曰"吾自十二歲事先帝, 錦衣玉食, 已二十六年. 吾不忍離, 故相從于地下. 吾二幼子多尒袞, 多鐸, 當善撫之"諸王泣而對曰"二幼弟, 吾等若不友愛, 亡父也, 豈有不善撫之埋"于是, 后于十二日辛亥辰時自盡, 壽三十七. 乃與帝同殮, 巳時出宮安厝于沈陽城內西北角. 又有二妃阿吉根, 福因札亦殉之.

대비 오랍납나 씨는 아제격阿濟格, 다이곤, 다탁多鐸의 생모로 노이합적 만년의 16명 여자 가운데 가장 총애를 받은 사람이다. 3명의 황자를 낳았고, 황후에 버금가는 대비로서 순장되었다. 이는 중국사에서 없는 일이고, 세계역사상에서도 거의 볼 수가 없는 일이다. 원래 노이합적이 죽었을 때, 왕들 사이에는 한위汗位를 계승하는 투쟁이 발생하였다. 경쟁자는 효자황후孝慈皇后 소생의 황태극, 원비元妃 동가씨佟佳氏가 낳은 대선代善과 대비 오랍납나에게서 출생한 다이곤(15세)이 가장 실력이 있었다. 노이합적이 편애했기 때문에 당시 다이곤 및 그 형제 다탁은 이미 정백正白과 양백鑲白 이기二旗를 영유하였고, 또 생모 오랍납나 씨가 배후가 된 세력이 강대하여 한위를 차지할 최고의 유력자였다. 이것을 황태극이 용인할

20 王先謙 : 『東華錄』 崇德四年.
21 王先謙 : 『東華錄』 順治八年.

수 없었다. 오랍납나 씨의 편을 배제하고는 누구도 한위를 가질 수가 없는 것이 큰 문제여서 소위 노이합적이 "제왕諸王에게 이미 유언을 내렸다." 라고 하는 것은 이런 정세아래서 만들어진 것이다. 제왕에게 내린 '유언' 을 빌미로 륵勒이 영을 내려 오랍납나 씨를 순사시키고, 황태극이 한위를 차지하는 평탄한 길을 닦은 것이다. 궁비순장제는 이렇게 정권투쟁에서 중대한 작용을 하였다. 바로 장년의 대비 오랍납나 씨가 후금 한위 쟁탈전의 희생품이 된 것은 지금도 계속 사람으로 하여금 춥지 않은데도 벌벌 떨게 하는 것이 아닌가!

(2) 궁비순장의 전말

청나라 황실 궁비순장제의 경과는 관찬과 지방 사료에 기재되지 않았다. 우리는 안휘 동성桐城 사람 방공건方拱乾이 지은 『영고탑지寧古塔志』가운데서 한두 가지를 알 수 있을 뿐이다. 『영고탑지』의 작자는 강희 초년 만주 사람의 거주지인 지금의 흑룡강성黑龍江省 영안현寧安縣의 영고탑으로 갔다가 돌아온 후 그들의 풍속을 회고록으로 썼다. 이 책의 '풍속風俗' 조에 다음의 기록이 있다.

> 男子死, 必以一妾殉. 當殉者必于主前定之. 不容辭不容僭也. 當殉不哭, 艶粧坐炕上, 主婦率皆下拜而享之. 及時, 以弓弦扣弦而殞之. 當不肯殉, 則群起而搤之死矣.

이 사료에 기재된 것은 대략 만주 사람들의 민간 순장풍습이다. 순장의 대상은 첩이다. 천총天聰 8년(1634년) 반포된 '상제예喪祭例' 는 이와 약간 다르다. 왕성겸의 『동화록』에 다음의 기사가 보인다.

> (天聰八年, 1634년)二月任戌定喪祭例. "妻願殉夫葬者, 許之, 仍予表揚. 逼侍妾殉者, 妻坐死".

여기서 말하는 것은 "처가 남편에게 순장되길 원하면 허락" 하지만 첩을 핍박하여 대신 순장할 수 없다는 것이다. 이것은 만주의 인순제가 이미 상당히 오랜 역사를 가진 것으로 볼 수 있게 한다. 초기의 순장 대상은 처였지만 나중에는 처가 남편에게 순장되길 원치 않으면 첩을 핍박하여 대신 순장하는 상황이 자주 발생하였다는 것이다. 한인 방공건이 속사

정을 모르고, 표면적으로만 관찰하여 "반드시 첩 하나를 순장한다."라고 쓴 것이다. 황태극이 의욕적으로 옛 습속을 회복시키려고 하여 천총 8년 '상제예'가 규정되었다 이 규정은 처가 첩을 핍박하여 순사시키는 것에 대한 구속력이 있도록 한 것이지만, 실제는 처첩 모두의 순사를 고무시키는 작용을 하였다. 무엇이 '핍박'이고, 무엇이 '자원'인가? 절대 권력을 가진 사람이 말하는 것에는 소위라는 것이 없다. '핍박'은 그들이 있는 곳 어느 곳에나 있는 것이고, '자원'이란 말을 그대로 따르면 소수의 노예와 희첩이 주인에게 순장되는 것을 당연하게 여기고, 기꺼이 스스로 원한다는 것이다. 돈달리와 안달리가 황태극을 따라 죽은 것이 전형적인 예이다. 왕선겸의 『동화록』에 다음의 기사가 있다.

(崇德八年皇太極死)章京敦達里, 安達里二人願殉. 敦達里, 滿洲人, 幼事太宗, 後分隸肅親王豪格. 及太宗賓天後, 敦達里以幼蒙恩, 不忍永離, 遂以身殉. ……安達里, 葉赫人, 自來歸時, 先帝怜而養之, 由微織沐殊恩, 授官職, 亦淸殉.

당시의 사회조건 아래에서 주인과 함께 죽어 배장되는 것을 진심으로 원하게 된 것을 이해할 수 있다. 주인이 볼 때 노비는 '그들의 사유재산'이고 노비가 볼 때 주인은 생존의 지주였다.

『영고탑기』에 기술된 '구현이운扣弦而殞(활시위를 당겨 죽이는)' 식으로 살해하여 순장하는 방식은 원시적인 것으로 만주 사람이 실행한 인순의 초기형식이다. 만주 사람이 중원으로 입주한 이후 청나라 황실 친왕 패륵이 죽으면 대기하는 종순자에 대해 거리낌 없이 이런 살순방식을 사용했다. 그러나 앞에서 열거한 종순사례로 보아서는 주로 자진의 방식을 채용하였다.

청나라의 '종순대기자'는 일반적으로 시호를 추증하여 표창을 표시하였다. 또 자원하여 종순한 것에 대해서는 끊임없이 시호를 추가로 사여하였고, 가족에게 특혜를 주어 노비가 주인에 대해 충성을 다한 것에 대해 포상하였다. 돈달리와 안달리가 종순한 이후 여러 왕 패륵은 즉시 토론하여 보상을 하였는데, "안달리가 주군을 잊지 않고, 충성을 다하는 마음이 가상하여 갑나장경甲喇章京을 증여하고, 자손에게 영원히 부역을 면해주고, 혹시 무거운 범죄를 저지르면 사면의 대상자는 즉시 석방하고, 그렇지 않은 자는 형을 감한다는 등이다. 또 관작을 세습하고 바꾸지 않는다."라고 하였다. 안달리에 대하여는 "우록장경牛錄

章京에 매록장경梅錄章京을 더하여 증여하고, 자손이 세습한다. 부역을 면하고, 죄를 용서하는 것은 돈달리와 같이 한다."라고 하였다.[22]

순장자의 매장장소는 통일된 규정이 없었을 가능성이 있다. 태조대비 오랍납나 씨는 태조와 함께 안치되었을 것이나 사료에서 증명되지 않아 확인할 수 있는 방법이 없다. 세조의 비 연악 씨, 패륵 악탁의 처 복금은 합장의 형식을 취했을 가능성이 있다. 여타는 주인 무덤의 부근에 매장되었을 가능성이 있다. 이에 대한 것은 고고학의 검증을 기다린다.

(3) 궁비종순제의 폐지

만주 애신각라 황실이 중원으로 입주한 이후 얼마 지나지 않아 한인 관리가 순장제의 시행에 대해 의가 아님을 주장하게 되었다. 강희 때 예과급사禮科給事 가운데 주배朱裵가 상소를 올려 신금申禁을 청한 것이 『청사고 · 유건전부주배전劉揵傳附朱裵傳』에 다음과 같은 기사로 보인다.

> 滿洲俗尙殉葬, 裵疏請申禁. 若言"泥信幽明, 未有如此之甚者. 夫以主命責問奴仆, 或畏威而不敢不從, 或懷德而不忍不從, 二者俱不可爲訓. 好生惡死, 人之常情. 損軀輕生, 非盛世所宜有" 疏入, 報可.

대략 주배가 상소를 올린 것이 원인이 되어 강희 황제가 조서를 내려 종순제의 폐지를 재촉한 것이다. 왕선겸의 『동화록』에 의하면 강희 12년(1673년) 6월 "명하여 팔기八旗 포의좌령包衣佐領 이하는 하인을 주인에게 순장하는 것을 금한다."라고 하였다.

비록 이러한 조서의 명령이 황제와 친왕 패륵 등 고급귀족에게는 해당되지 않았지만 청나라 사료를 검토해 보면 청나라 황실에서는 이때부터 인순을 사용하는 일이 발생하지 않았다. 이는 사회의 커다란 발전이라 할 수 있다.

명나라에서 공개적으로 시행한 순장제는 중국역사에 있어서 야만적이고 추악한 일면

22 모두 王先謙 : 『東華錄』 天聰八年條에 보인다.

을 보여준다. 이러한 중국역사의 도태는 봉건사회 말기 통치계급의 부패와 몰락을 반영한다. 명나라 최고통치자가 시행하고 고무시킴으로써 관료, 권신, 벼슬아치, 부호가 서로 경쟁하여 "노비를 주인에게, 처첩을 지아비에게 순장" 하는 것이 당시 사회의 미덕으로 받들어져 많은 젊은 부녀의 생명이 쉽게 내버려진 것은 아닌가! 영종의 유조로 궁비순장제가 폐지된 이후 공개적으로 핍박하여 이루어진 순장이 약간 적어졌지만 '자원' 이라는 순사의 가상을 만들어서 예전대로 하는 것은 저지를 받지 않았다. 명나라 왕조가 끝날 때까지 처첩순부의 현상이 광범하게 존재한 것이다.

만주족은 정식으로 명나라 후기에 형성되었는데, 송 · 요 · 금 · 원 · 명나라 때의 여진은 이 만주족의 선대이다. 송나라와 금나라 시기의 여진귀족과 원나라, 명나라 시기의 몽고귀족은 모두 산 채로 노비와 말을 불태우는 생분(순)노마生焚(殉)奴馬의 습속이 성행했다.[23] 명나라 초 백두산과 흑룡강 일대인 건주建州에 거주한 여진부女眞部는 기본적으로 원시사회 말기의 군사민주제단계로서 수렵으로 생활하였다. 송나라와 금나라로부터 명나라까지 몽고족은 만주족과 밀접한 관계를 유지하였기 때문에 만주족의 전신 건주여진에게 생분노마의 습속이 유행했을 가능성이 있다. 16세기 말 노이합적이 지금 동북의 대부분에 분포하던 여진 각부를 통일하여 강대한 후금국後金國을 건립하여 명나라와 서로 쟁투한 시기의 만주사회는 대략 봉건농노제단계로 진입하였고, 생분(순)노마의 습속은 점차 '문명' 적인 궁비순장제로 대체되었다. 중원으로 입주한 이후 사회의 진보와 한문화의 영향으로 청나라 통치자는 한쪽으로는 순장제를 폐지하도록 명령하였고, 한쪽으로는 행동으로 처첩의 '자원' 순부를 표창하고 용인하였다. 따라서 청나라가 끝날 때까지 인순제는 근본적으로 없어지지 않았다.

23 (北宋)宇文懋昭 『大金國志』卷三九 "初興風土" 條. 馮承鈞 譯 : 『馬可波羅行紀』 第一卷, 第六八章. (明)蕭大亨『北虜風俗』 "埋葬" 條.

제 10장

결론 - 인생·인순과 중국 고대사회

중국의 인생과 인순의 습속은 원시사회 만기에 시작되어 상주진한商周秦漢을 거쳐 신해혁명辛亥革命 전후에 이르기까지 중국역사의 각 발전단계를 뛰어넘어 오랫동안 지속되어 왔다. 이는 세계사의 여타 국가나 민족에게서 찾아볼 수 없는 현상이다. 도대체 어떤 요소가 중국에 인생과 인순이 장기간에 걸쳐 조성되도록 하였을까? 인생과 인순의 발생, 발전과 쇠락은 중국의 역사사회와 어떤 관련이 있을까? 독자들이 이 책의 앞에서 서술한 몇 개의 장을 본 후에 이 문제를 제기하여 필자가 이를 서술하는 것은 본서의 맺음말로서의 의견이 필요함이 첫째이고, 동시에 이 문제를 분명하게 하는 것이 혹 중국전통사상의 청산, 고대문화에 대한 반성, 직면한 사상조류에 대한 참고가 되지 않을까 하는 것이 두 번째 이유이다.

1. 선사시대 - 인생 · 인순의 발생

본서 제2장에서 우리는 다음과 같은 것을 지적하였다. 지모신에 대한 원시적인 숭배로서 살인제사는 황하 유역에서는 앙소문화시기에 이미 출현했을 가능성이 있고, 가장 이른 시기의 실례는 요녕 객좌현 동산취 홍산문화 제사유적으로 파악된다. 인순의 출현은 인생에 비해 약간 늦어 그 기원은 대략 부계씨족제가 확립된 이후이다. 그것의 발생은 사유재산의 출현과 밀접한 관련이 있고, 처음에는 처첩순부妻妾殉夫, 혹은 여기에 아이 순장을 겸한 것으로 표현되었다. 지금까지 인정된 가장 이른 시기의 실례는 감숙의 두 제가문화묘지와 내몽고 주개구문화 묘지에서 조사된 성년남녀합장무덤, 그리고 강소 신기 화청 대문구문화 묘지의 부녀와 영아를 순장한 무덤이다.

우리는 고고학에서 발견된 중국 선사시대의 인생과 인순의 현상이 모건과 엥겔스의 사회발전사학설과 부합되는 것으로 생각한다. 모건은 『고대사회古代社會』에서 인류의 사회발전은 생활재료가 무엇이냐에 따라 이루어진다고 하면서 몽매蒙昧(미개), 야만野蠻, 문명文明이라는 세 단계로 나누었다. 마르크스와 엥겔스는 모건의 인류문화발전학설에 기초하여 더욱 발전된 사회발전의 삼단계설을 제시하였다. 또한 인생의 출현과 포로의 처리를 인류의 야만시기에 있어서 중요한 활동의 하나로 인식하였다. 마르크스는 『모건의 『고대사회』에 대한 적요』에서 "포로의 처리경과를 야만시기의 삼 단계에 상응하는 세 개의 연관된 단계로 파악하고, 야만시기의 제1단계의 시기는 포로을 화형火刑에 처하였고, 제2단계의 시기에는 신령에게 공헌하는 희생으로 사용하였고, 제3단계의 시기에는 노예로 부렸다."[1]라고 지적하였다. 현재의 구분에 따르면 마르크스가 말한 제2단계의 시기는 원시사회 후기가 된다.

황하 중 · 하류에 분포하는 앙소문화는 원시 서경농업이 기초로써 중국고고학자들은 중국 원시사회후기의 모계씨족사회가 번영한 단계에 속하며 주체적인 문화가 형성된 것으로 인식하고 있다. 홍산문화의 연대는 대략 앙소문화 중 · 만기에 상당하고, 사회경제는 농업이 위주이고, 농업에 대한 의존이 절실하여 비교적 일찍부터 포로를 신령에게 공헌하는 희생으로 생각하는 의식이 출현하도록 하였다. 인순은 가장 이른 시기에 처첩순부의 형식으로 출현하였다. 이것이 필수적으로 요구하는 것이 일부다처제의 기초이다. 엥겔스는 『가족, 사유재산과 국가의 기원』에서 일부다처를 야만시기 이른 시기에 있어서 일종의 혼인형태로 간주하였는데, 현재의 시기구분에 따르면 부권제가 확립된 후의 원시사회 말기가 된다. 앙소문화에 이어서 발전된 용산문화 및 여타 이에 근접하는 제가문화는 부권제의 확립, 사유재산의 발생에 겸하여 계급국가로 발전하는 과도기에 해당한다.[2] 중국고고학에서 발견된 조기 인생과 인순의 표본은 마르크스 이론에 대한 중요한 실물 자료를 제공한

1 馬克斯Marx : 『摩尒根『古代社會』一書摘要』 151면, 人民出版社, 1978年.

2 中國社會科學院考古研究所 : 『新中國的考古發現和研究』 68면, 文物出版社, 1984年.

다. 영아까지 순장하는 것은 옛날의 '염승무술' 과 관련이 있을 가능성이 있다.

2. 은상시대 – 인생 · 인순의 발전

고고학의 발견에 근거하면 중국에서 인생과 인순의 전성단계는 상나라 후기이다. 일반적으로 인생과 인순의 대규모 출현은 계급국가의 출현과 연계되어 일어났고, 또 그것이 인생의 대량 사용을 부채질했다고 인식하고 있다. 후가장 서북강 은나라 왕릉과 공공제사장의 발굴 자료가 증명하는 것은 다음과 같다.

은허 전기의 제사구덩이가 가장 많고, 피살된 인생의 대다수가 머리가 잘린 청년남성이다. 은허무덤의 인생 또한 전기의 대형무덤에 가장 많고, 많은 것이 머리가 잘린 청장년의 남성과 소년남성이다. 전기의 중형무덤에서도 인생이 발견되었다. 이에 상응하여 갑골각사甲骨刻辭의 연구는 무정시기에 인생의 수가 가장 많고, 살제도 가장 빈번하였음을 증명한다. 은허 후기에 이르러 왕릉구공공제사장의 인생 수량이 크게 감소하였고, 살제의 횟수도 많지 않다. 또한 발견된 인생은 대다수가 성년여성과 아이이다. 전기에 발견되던 청장년남성은 이 시기에는 극히 적게 발견된다. 은허 후기의 대형무덤에서도 인생의 수량이 비교적 적고, 발견된 대다수가 소년이다. 중형무덤에서는 인생이 보이지 않는다. 갑골각사의 인생에 대한 기재도 은허 후기에 인생의 사용이 점차적으로 감소하였고, 제을과 제신의 시기에 이르러서는 인생이 희소해졌음을 증명한다.

은허 전기와 후기에 있어서 인생 사용의 이러한 변화는 은나라 통치계급의 사람의 가치에 대한 인식변화를 반영한다. 인생의 자원은 포로이다. 은허 전기 인생의 성행은 당시에 강력한 무장을 갖춘 대규모의 전쟁이 발동되었음을 설명한다. 이 외에도 포로가 노예로 전화된 후 재부의 생산에 제공되는 잉여가치가 적었음을 설명해 준다. 이런 정황은 노예제국가 시작단계의 중요한 특징이다. 은허 후기 인생의 감소는 또 부인과 아동의 사용으로 변화한다. 이는 청장년 포로의 상당수가 생산노예로 전화되었음을 짐작하게 한다. 이것은 노예제국가가 상승단계로 나아갔음을 표지하는 것이다.

상나라 인순의 변화 또한 이 문제를 설명해 준다. 은상의 조기에는 인순이 많지 않고, 중기 이후에 발전되어 만기에 심화된다. 인순의 대상은 원시사회 말기에 발생된 처첩을 순장하는 것에서 점차 대신, 근시를 순장하는 것으로 확대된다. 인순의 이런 변화는 국가가 출현하면서 계급대립의 희생품으로 인순이 성립되었음과 함께 본족의 내부에서도 사람과 사람 사이에 불평등관계가 격화되었음을 설명해 준다. 앞에서 설명한 논리에 큰 오류가 없다면 은상 노예제국가는 이미 은허 조기에 성립되기 시작하여 은허 후기에는 발전단계로 진입하였음을 부인할 수 없다.

상나라사회의 생산수준과 인간관계에 대한 인생과 인순의 작용을 논의함에 있어서 우리는 사상의식 형태의 범주에서 인생과 인순이 일종의 종교적인 미신활동이라는 점에 주의를 기울여야 한다. 인생과 인순의 발생, 발전과 쇠락이 사회생산 및 인간관계와 밀접한 상관관계를 가지고 있음은 물론, 사회 사상의식과 종교 관념의 인생과 인순에 대한 작용도 홀시할 수 없다.

『예기禮記·표기表記』에서는 "은나라 사람은 신을 존중하여 백성을 이끌어 신을 섬기게 하고, 귀鬼(조상)를 먼저하고 예禮를 뒤로 하였다."라고 하고 있다. '존신尊神' 하는 사상의식이 상나라 사람의 행위를 지배했고, 열광적인 종교정서의 규제 아래 상나라 사람은 신령에 대해 아무것도 아끼지 않고 봉헌하였다. 그들의 봉헌은 가축을 희생하고, 도구를 사용하고, 심지어는 사람을 사용하기도 했다. 지금의 어떤 한족 농촌과 일부의 소수민족지구에서 우리는 마찬가지의 정황을 볼 수 있다. 그들은 신에게 제사하여 복을 비는데, 장기간 저축한 것이 아무것도 아니게 되더라도, 즉 이로 인해 집안형편이 몰락하더라도 애석해 하지 않는다. 이렇게 아무것도 아끼지 않고 신을 섬기는 종교에 대한 열광적인 행위는 그 지역의 생산력 수준을 극단적으로 저하시키고, 과학과 문화의 발달을 극단적으로 저해한다.

상나라 사람의 '신의 존중'에 대해서도 이러한 방향에서 고려하면 이에 상반되지 않는다고 할 수 있다. 당연히 종교미신의 많고 적음과 그것이 있느냐 없느냐가 사회생산, 과학과 문화의 발전 수준과 일정하게 반비례를 이루지 않는다. 그것에는 더욱 더 복잡한 사회적 요소가 개재되었고, 어떤 곳에 종교미신이 농후하다고 해서 그곳의 생산력과 과학과 문화가 낙후되었다고 할 수 없다. 단지 긍정할 수 있는 것은 사회의 발전 수준이 비교적 높은 민족은 일반적으로 미신에 대한 믿음이 제한적이고, 대부분이 축적된 재부의 일부만을 소비하여 자기의 가산을 탕진하지 않고, 그것으로 인해 그들의 생활 수준이 저하되는 것을 기꺼워하지 않는다는 것이다. 사회발전 수준이 낮은 민족은 집안이 망해가면서 신을 섬기는 우매한 행동을 한다. 바로 상나라 초기의 사회발전 수준이 그렇게 높지 않았기 때문에 열광적으로 신을 존중하는 관념이 높았고, 그들이 재부를 상당히 많이 소비하더라도, 또 인력을 많이 낭비하더라도 애석해 하지 않았던 것이다.

낭비된 재부는 다시 생산될 수 있지만, 인력의 낭비는 만회할 방법이 없다. 이러한 가장 현실적인 문제가 나중에는 상나라 사람들이 우매하게 자기가 생산하고, 자기에게 노역을 제공하는 사람(노예)을 임의로 써버리지 않게 된 것이다. 어떻게 하면 "만회할 방법이 없는 것"을 걱정하지 않고 신을 존중하는 목적을 이룰 수가 있을까? 당연히 포로의 사용이다. 포로의 사용은 낭비로 계산되지 않을 뿐만 아니라 은나라 왕 세력의 확장에 유리하였다. 이것이 우리가 상나라 인생의 주요 자원이 포로라는 것을 견지하도록 한다. 또한 은나라 말기에 인생현상이 분명하게 감소하고, 청동기의 생산이 크게 증가하였는데, 이는 은나라 말기의 사회생산, 과학과 문화가 이미 일정한 수준으로 발전하여 일부의 포로가 노예로 전화된 결과라고 생각한다.

인순이 가지는 의미는 인생과는 다르다. 국가가 출현함에 따라 순인은 계급대립의 희생품으로 되었다. 오랫동안 인순은 현세의 주인과 하인의 관계를 저승에서도 지속한다는 의미를 이어왔다. 상나라 사람이 이렇게 보았고, 이후에 인순을 시행한 사람들 또한 그렇게 보았다. 이렇게 농후한 종교미신의식은 사회생산력의 높고 낮음과 아무런 관계가 없다. 우리는 순인이 사람들이 말하는 노예사회의 잔재로 볼 필요성이 없다.

은상시기는 인순제의 전성시대이지만 인순의 수량은 한정적이다. 은허는 인순이 가장 많이 발견된 곳으로 발굴되어 발표된 은나라무덤 1,500여 기에서 모두 363구의 순인이 발견되었다. 은나라 왕무덤에 순인이 비교적 많은 외에 귀족무덤에는 일반적으로 몇 사람만 사용하였고, 다수가 청년여성, 소년아동과 기타 생산에 종사하지 않는 사람을 사용하였다. 이는 은나라 왕실 및 귀족이 단지 자신의 근친 일부와 노예의 일부만을 순인으로 사용하였음을 설명해 준다. 이와 함께 순인을 사용하는 사람의 가정생활에 영향을 주지 않고, 더욱이 집안을 몰락시키지 않았고, 은상사회의 발전에 장애가 되지 않았음을 알려 준다.

3. 서주와 동주 – 인생 · 인순의 쇠퇴

서주에 인생이 있고 없고는 은상에서 있고 없는 것과 계승관계는 아닐까? 이 문제에 대한 논쟁은 오랫동안 있어 왔다. 본서 제5장에서 서술을 통하여 우리가 파악한 것은 서주에는 기본적으로 대규모의 포로를 살해하여 제사하는 현상이 없었고, 중대한 사전祀典에는 인생을 사용하였으나 수량은 많지 않았다는 것이다. 상나라와 주나라는 같은 부락의 방邦에서 기원한 것이 아니고, 풍습도 각각 달랐다는 것이 사실이다. 단지 주나라는 은나라에 비해 후진적인 민족이었고, 주나라의 문화는 대체로 은나라의 것을 답습하였다. 공자가 말하기를 "주나라는 은나라의 제도를 계승했으니 덜어내고 더한 것을 알 수 있다."[3]라고 하였다. 이는 주나라가 상나라문화를 고치기도 하고 이어가기도 하였음을 알려주는데, 더 중요한 것이 서로 계승적인 면이 있다는 점이다. 이는 주나라에서 중대한 사전에 소량의 인생을 사용한 것이 은나라 유민이 있던 곳에서 답습된 결과로 볼 수 있게 한다. 서주에 대규모의 포로살해가 유행하지 않은 것은 은나라 말기에 이미 포로살해가 많지 않은 것의 연속선상에 있다. 이러한 현상은 사회가 앞으로 향해 발전한 필연의 결과이지 주나라 사람이 은나라 사람에 비해 천성적으로 인자했기 때문이 아니다.

인순제에 있어서도 마찬가지로 은나라와 주나라 사이의 계승성을 나타낸다. 주나라의 선대에는 원래 인순의 습속이 존재하지 않았으나 은나라 말기에 이르러 인순현상이 경하涇河와 위하渭河 유역의 주나라 본토에 출현하기 시작했다. 이른 시기 주나라 순인무덤의 묘제, 부장품의 종류와 기형 및 순인의 배치상황은 모두 은나라 순인무덤과 같아 우리가 주나라 선대의 인순습속이 그들이 은나라와 대항하는 과정에서 받아들인 것임을 인식하도록 한다. 주나라가 은나라를 멸망시킨 후에도 인순제는 은나라 통치구 및 그 사방의 방국에서 계속 유행하였고, 주나라의 본토 및 일부 새로운 점령지역에서도 시행되었다.

은나라 말기와 주나라 초기에 인생은 점점 쇠락하고, 인순은 지속적으로 발전한다. 이런 현상은 은나라문화를 주나라가 계승한 것과 관련이 있고, 더욱 중요한 것은 사회의 발전변화에 의한 결과임을 확연하게 한다. 이 시기에 포로는 이미 대부분 노예로 전화되었고, 따라서 대규모의 포로를 죽여 사묘에 제사하는 현상이 더 이상 존재하지 않았음은 부인할 수 없는 사실이다. 인순제가 서주시기에도 발전하였음은 서주시기에 계급관계가 견고하게 확립되었고, 주인과 하인의 명분이 정해졌음을 나타낸다. 은나라시기에 중국에 처음으로 출현한 계급국가가 서주시기에는 이미 공고한 발전단계에 접어든 것이다.

동주는 고대중국역사에 있어서 제1차 대변혁의 시대로서 인생과 인순제의 계속 시행

3 『論語 · 爲政』.

과 이를 반대하는 두 조류가 반복해서 경쟁하던 시기이기도 하다. 이 시기 인생과 인순의 수량은 서주와 비교하여 하강하였을 가능성이 있다. 단지 인생의 사용 범위와 인순 대상이 서주와 비교하여 확대된 것으로 보인다. 헌부제사의 광범한 유행은 적지 않은 대신과 의사義士를 순사殉死의 행렬로 말아 넣어 동주 인생과 인순의 특징이 되었다. 변혁이 시대의 조류를 바꾸었다. 옛날의 만물에 영혼이 있다는 관념은 인간의 등급관계에 비추어 시작된 커다란 조정이 진행됨으로써 과거의 자연숭배는 의인화숭배로 진화하였다. 소위 '오악사독五岳四瀆' 은 인격화된 모습으로 비유되었다. 명산대천과 위대한 조상에게 봉헌하는 제물로 과거에 걸핏하면 사용하던 인생이 기본적으로 동물희생의 사용으로 바뀌었다. 제후국 사이의 겸병과 복수 심리에 기인하여 광범위하게 유행한 헌부제사獻俘祭社도 이때 사람들의 반대에 부딪쳤다. 『좌전左傳』에 남아 있는 3조의 기재를 보면 제齊나라 대부 사마자어司馬子魚, 노魯나라 대부 장무중臧武仲과 초楚나라 대부 신무우申無宇가 당시 헌부제사를 반대한 대표적인 인물이다. 『좌전』의 이 3조 기록은 원문이 길지 않은데, 옮겨 적으면 다음과 같다.

僖公十九年(기원전 641년) "夏, 宋公使邾文公用鄫子于次睢之社, 欲以屬東夷. 司馬子魚曰 '古者六畜不相爲用, 小事不用大牲, 而況敢用人乎? 祭祀爲人也, 民, 神之主也, 用人, 其誰饗之? 齊桓公存三亡國, 以屬諸侯, 義士扰曰薄德, 今日會而虐二國之君, 又用諸淫魂之鬼, 將以求霸, 不亦難乎? 得死爲幸!' "

昭公十年(기원전 532년) "秋, 七月, (魯)平子伐莒, 取郠, 獻俘, 始用人于亳社. 臧武仲在齊聞之曰 '周公其不饗 魯祭乎? 周公饗 義, 魯無義. 詩曰 德音孔昭, 視民不佻. 佻之謂甚矣, 而壹用之, 將誰福哉' "

昭公十一年(기원전 531년) "冬, 十一月, 楚子滅蔡, 用隱大子于崗山. 申無宇曰 '不祥! 五牲不相爲用, 況用諸侯乎? 王必海之' "

이 3조의 기재에서 춘추시기의 선진적인 사상이 예의로 나라를 다스리고 분봉제를 유지시키는 것이었음을 알 수 있다. 겸병과 능멸에 대한 반대는 당연히 제후의 사社에 대한 제사를 반대했다. 유가의 서적에서 찬송하는 말투로 이들의 주장을 기록하였음은 그들의 사상이 이와 서로 통하는 것이고, 인생을 반대하는 입장에 서 있었음을 나타낸다. 장무중과 신무우는 공자와 같은 시기의 인물로 유가학파에 속한다고 말할 수는 없다.

이 3조의 기재는 또 반대하고 또 반대해도 살제가 여전히 지속되었음을 설명해 준다. 특히 앞에서 인용한 『좌전』에 언급된 '차수次雎의 사社'와 '박사亳社'가 있던 곳은 원래 동이의 고지에 속하여 은상 이래로 살인제사 습속이 유행하였고, 동주시기에도 아직 없어지지 않았다. 총괄적으로 보면 춘추시기의 헌부제사는 단지 적방의 수장을 살제에 사용하는 것에 국한되었고, 전체 포로를 사용하지는 않았다. 이 시대의 진보와 선진적인 사상의 승리라고 말하지 않을 수 없다. 전국시기 헌부제사 및 여타 인생사용의 정황 모두가 아주 크게 감소한 것이 이 점을 증명한다.

인순제 문제에 있어서도 마찬가지로 다른 두 종류의 사상 간 대립이 표출되었다.

하나는 각 나라의 제후왕, 봉군, 상경, 대부가 서로 경쟁하며 인순을 사용한 것으로 『묵자墨子·절장하節葬下』에서 "천자(손이양孫詒讓의 『한고閑詁』에는 '천자 아래 제후 두 글자가 당연히 있었을 것이다'라고 하였다)의 살순殺殉은 많은 것은 수백, 적은 것은 수십이고, 장군과 대부의 살순은 많은 것은 수십, 적은 것은 몇 사람이다."라고 한 것과 같다. 고문헌에 기재된 것으로도 진秦나라 무공武公과 목공穆公, 제나라 환공桓公, 송나라 문공文公, 진晋나라 경공景公, 초나라 영왕靈王, 주邾나라 장공庄公, 오나라 합려闔閭 등 제후왕이 보인다. 순인이 적으면 몇몇 또는 수십 인, 많으면 백여 인이 넘는다. 고고학에서 발견된 동주무덤 가운데 비교적 보존이 양호하고, 무덤주인의 신분이 대체로 제후, 봉군, 상경, 대부로 인정되는 것에서는 일반적으로 순인이 발견된다. 순인의 신분은 근친, 신하와 집안의 하인이지만 이 외에도 적지 않은 대신과 의사가 순사의 행렬로 말려들었다. 종사는 당시 통치계급의 최고 품덕의 준칙이었다. 적지 않은 장상과 희첩이 국군의 총애와 신망을 얻기 위해 대신 죽거나 종사從死를 허락받곤 하였다. 주인이 비첩 혹은 속하가 자기를 위하여 순사할 것을 요구하지 않아도 앞서서 부탁한 것이다.

나머지 하나는 인순제가 이미 사회상에서 강렬한 반대에 부딪친 것이다. 본서 제6장에서 게시한 진晋나라 공실의 위과魏顆가 부친의 첩을 순장하는 것에 반대하여 진秦나라 장수 두회杜回에 반격한 전투에서 부친 첩의 부친 망혼에게 보답을 받았다는 '결초結草하여 두회의 말을 넘어트리게' 하여 은혜를 갚은 고사가 기원전 594년에 발생한 것이 춘추 중기에 이미 인순제에 대해 사회상에서 보편적인 불만이 야기되었음을 설명해 준다. 제6장에서 우리는 공자의 제자인 제나라 진자강陳子亢이 순장에 반대하였고, 제나라 대부 진존기陳尊己가 부친의 첩을 순장하는 것에 반대한 것을 제시하였는데, 이것들이 마찬가지로 이 문제에 대해 설명해 준다. 이렇게 인순제에 반대하는 투쟁에서 유가의 태도는 결연하였다. 순자荀子는 "산사람을 죽여서 죽은 자에게 보내는 것을 도적놈이라고 이른다."[4]라고 통렬하게 배척하였는데, 이 얼마나 격렬한 언급인가! 공자의 태도는 분명하였다. 『예기禮記·단궁하檀弓下』에 기술된 그의 첫 대화를 보면 다음과 같다.

孔子謂 "爲明器者之喪道矣", 備物而不可用. 哀哉, 死者而用生者之器也, 不殆于用殉乎哉? 其曰明器, 神明之也. 涂車芻靈, 自古有之, 明器之道也. 孔子謂 "爲芻靈者善", 謂"爲俑者不仁", 殆于用人乎哉?

마찬가지로 언급한 것이 『맹자孟子·양혜왕梁惠王』에 보인다.

仲尼曰 "始作俑者, 其無後乎!" 爲其象人而用之也.

공자가 비록 장례에 인순의 사용, 혹은 '흙을 빚어 수레의 형상을 만든 도거涂車'와 '풀을 묶어서 사람의 형상을 만든 추령芻靈'을 부장하는 역사에 대해 바뀐 인식을 하였지만 우리는 여기에서 그가 인순을 반대하였다고 할 수도 없고, 찬성하였다고 할 수도 없다. 공자의 인순에 대한 반대가 철저하지 않았던 것이다. 우리는 제6장에서 경강敬姜의 순장에 대한 관념을 주목하였다. 그녀는 "(군주)가 처첩을 총애했다면 처첩이 순장되어야 하고, 정사를 잘 돌보았으면 선비가 순장되어야한다."라고 하였다. 경강의 순장관은 공자에게 높은 찬양을 받았는데, 치켜세우며 말하기를 "계씨의 부인은 현인을 숭상한 것이다."[5]라고 하였다. 공자 학설의 핵심은 '극기복례克己復禮'와 "군君은 임금다워야 하고, 신臣은 신하다워야 하고, 부父는 아비다워야 하고, 자子는 아들다워야 한다."라는 종법등급宗法等級의 관념이다. 그는 강제로 사람을 순장하는 것은 반대하였으나 '예禮'와 합치되는 자원한 종순從殉은 반대하지 않았다.

선진의 제자諸子 가운데 누가 공개적으로 인순제를 고취시켰는지 말하기는 어렵다. 묵

4 『荀子·禮論』.

5 『國語·論語』, 『禮記·檀弓下』, 『漢詩外傳』卷一, 『孔從子·記義篇』에 모두 큰 의미에서 유사한 기재가 있다.

자가 절장節葬을 주장하면서도 순장을 인정하였고, 묵가 내부 묵자거墨者鉅 및 제자 183인이 종순한 사건이 발생한 것으로 보아 우리는 동주시기에 적지 않은 대신, 의사가 순사행렬에 말려드는 풍조가 혹시 묵가의 이런 사상과 관련된 것은 아닐까 한다.

그러나 인순제가 폐지되고, 종순의 풍조가 제지된 것은 필경 시대의 요구로써 동주시기 몇 백 년 동안의 경쟁은 전국만기에 이르러서는 진秦나라를 제외한 관동關東 여섯 나라에서 인순제가 이미 쇠미한 단계로 접어들었기에 유가사상 및 여타 선진적인 사상의 승리라고 말하지 않을 수 없다.

4. 진한에서 명청시대 및 주변 민족의 인생 · 인순

진나라와 한나라 및 그 이후 한족이 주체가 된 거주지역에서는 기본적으로 봉건사회로 진입하여 인생과 인순이 총체적으로 봐서는 쇠퇴하는 단계이다. 그러나 진나라와 한나라 이후의 시기에서 어떤 지역의 궁벽한 곳에서는 이 고로한 야만적인 인생과 인순의 습속이 때때로 출현하였다. 어떨 때는 적나라하게 부활되기도 하였고, 어떨 때는 각종의 변형된 형식으로 출현하기도 하였다. 전자로는 봉상鳳翔에서 조사된 당나라 중기 무덤의 매토에서 발견된 전쟁포로를 살해하여 제사를 지낸 살제전부殺祭戰俘와 명나라와 청나라의 궁비순장제가 있다. 후자로는 살구제전殺仇祭奠, 음사淫祀, 처첩의 지아비를 위한 순절殉節이 있다. 인생과 인순의 완고한 생명력은 중국의 만장한 봉건사회와 함께 한 것이 아닌가! 이는 아주 두렵고, 현실적으로는 추악한 악습으로 중국역사에 있어서 어두운 일면이다. 그것이 장기간 존재한 것은 우리들로 하여금 침통하게 반성하도록 한다. 다시 생각해 보면 인생과 인순이 장기간 존재한 원인은 여러 가지 요소가 개제되었다. 그 가운데 가장 중요한 것이 다음의 세 가지가 아닌가 한다.

첫째, 중국은 세계사에서 유일하게 문명전통이 중단되지 않은 나라로 장기간 형성된 전통관습세력이 '고대문명古代文明'의 사회심리와 '종법등급질서宗法等級秩序'의 도덕규범을 숭상하였다. 이는 세계사에 흔하게 볼 수 없는 현상이다.

'문명전통'을 '중단 없이' 유지시킨 것은 유가이다. 춘추시대 말기 공자가 대표하는 유가는 "군은 임금다워야 하고, 신은 신하다워야 하고, 부는 아비다워야 하고, 자는 아들다워야 한다." 및 "신하는 임금을 섬기고, 아들은 아비를 섬기고, 처는 남편을 섬긴다."라는 사상을 처음으로 제창하여 종법등급질서의 도덕준칙을 옹호하면서 '예치禮治' 와 '인자애인仁者愛人' 을 종지로 삼았다. 인생과 인순의 문제에 대해서 유가는 특히 반대의 태도를 보였다. 한나라 무제 때 동중서董仲舒는 공자와 맹자의 도道인 종법윤리 부분을 뽑고 연역하여 "군위신강君爲臣綱, 부위자강父爲子綱, 부위부강夫爲婦綱"이라는 삼강三綱과 음양오행설陰陽五行說에 부회시켜 '충효예의신忠孝禮義信' 이라는 오상五常을 만들었다.[6] 동한 이래로 이 '삼강오상' 은 유가사상과 전통문화의 핵심으로 되어 봉건사회사상에 있어서 장기간에 걸쳐 주도적인 지위를 차지하였고, 역대 봉건왕조의 존숭을 받았다. 또 이 '삼강오상' 은 점차적으로 "신하는 임금을 위해 죽고, 처는 지아비를 위해 죽고, 아들은 아비를 위해 죽고, 하인은 주인을 위해 죽는다."라는 논리의 전용사가 되었다. 살구제전, 부녀종사의 강제 등 인순과 인생의 활동은 이러한 명분 아래에서 유행하였지만 정말로 실행된 숫자는 많지 않다. 북송 말기에 이르러 정고程顧와 정호程顥는 '삼강오상' 을 절대화 해야 한다고 하면서 '삼강오상' 을 하늘의 이치로 보고, "천리를 따르면 사람의 욕심이 없어진다."라고 처음으로 제창하고, "굶어 죽는 것은 극히 작은 일이나 절개를 잃는 것은 극히 큰 일이다."라고 선양하였다.[7] 더 나중에 남송의 주희朱熹는 역사에서 '정주리학程朱理學' 혹은 '송명리학宋明理學' 이라고 부르기도 하고, 유교儒教라고 부르는 것을 집대성하였다. 정주리학은 봉건사회 통치계급이 유지되고, 통치를 강화하는 데에 있어서 아주 적합한 이론이었기에 명나라와 청나라 왕조도 유학을 정종으로 존중함으로써 관방철학官方哲學이 되었다. 또한 현실생활에서 이의 실천을 강제로 요구하였다. 따라서 절개를 지키고 의를 위해 죽는다는 '수절사의守節死義' 명분을 빌린 인순제의 재난이 중국대륙에 만연하게 되었다. 청나라 초기 동성파桐城派의 거두 방포方苞가 말하기를 "정사正史 및 군국지郡國志를 상고하면 부인으로 절개를 지키고 의를 좇아 죽은 자가 주나라와 진나라 이전에는 얼마 없고, 한나라와 당나라 또한 매우 적다. 북송 이후는 일일이 열거할 수 없을 정도로 많다."[8]라고 하였다. 우리의 연구와 완전히 부합된다고 할 수 있다. 민남閩南은 주희가 장기간에 걸쳐 강학을 한 곳으로 '이학명방理

6 『春秋繁露 · 基義』.
7 『二程遺書』卷二二下.
8 『望溪集 · 曹氏女婦貞烈傳叙』.

學名邦' 이란 영예를 얻었고, 안휘 흡현歙縣은 이학理學을 존숭한 동성파의 근거지이다. 이 두 곳에서 지아비를 따라 종순된 부녀의 수량이 다른 지역에 비해 훨씬 많은데(제8장에 설명), 이는 정주리학이 끼친 피해가 얼마나 깊은가를 설명해 준다. 근래 백 년 동안 중국의 반봉건, 반예교의 주요 대상이 '이理' 로써 살인을 한 정주리학이었던 이유가 바로 여기에 있다.

중국은 세계에서 유일하게 문명전통이 중단되지 않은 나라로서 은주 이래로 헌부제묘(사) 습속이 오랫동안 이어져 왔다. 유가가 제시한 종법윤리사상 즉 존비尊卑의 서열 및 혈친관계가 장기간의 봉건사회에 있어서 일찍부터 영구적이고 절대적인, 그리고 지고무상한 원칙이었다. 혈친의 원수를 갚고, 그 원수를 죽여 제사하는 것은 당연한 이치가 되었다. 중국봉건사회가 장기간에 걸쳐 정체되고, 유일신신앙이 아직 확립되지 않음에 따라 원시적인 자연숭배가 장기간에 걸쳐 쇠퇴하지 않았다. 이것이 사람을 죽여 음혼지귀淫魂之鬼에 제사하는 '부사浮祀' 가 장기간 존재한 이유이다.

둘째, 중국에서는 다처제도多妻制度와 노비제도奴婢制度가 중화인민공화국 직전까지 성행하여 많은 처와 노비를 축적하는 현상이 도처에서 보인다. 계급사회에 있어서 본부인을 제외하고 소첩小妾의 많은 수가 비녀와 가난한 집안 출신의 여자였고, 그녀들의 사회지위는 소수가 바뀌었을 뿐 대부분 노비와 별다른 차이가 없었다. 소첩과 노비는 사회의 가장 저층을 이루었고, 최저한도 인간으로서의 권리도 박탈당한 천민이었다. 주인이 마음대로 사역을 시키고, 유린하였고, 주인이 죽으면 순장되어야 했다. 선진시대에만 비첩과 노비의 순장이 있었다고 말할 수는 없다. 진한 이후에도 비록 법률이 허용하지 않았지만 '자원' 의 순사가 고무되고 지지를 받았다. 그리고 순사자의 신분은 대부분 비첩과 노비였다. 따라서 우리는 비첩과 노비가 많이 존재한 것이 인순제가 장기간 유지된 근원이라고 생각할 수 있다.

본서 제7장과 제8장에서 우리는 진한 이래의 인순자 신분을 알 수 있는 것들을 열거하였다. 그들은 진시황릉의 궁인과 장인, 한나라 초의 전횡田横의 무리, 연왕燕王 단旦의 후부인后夫人, 광릉왕廣陵王 유서劉胥의 여덟째 아들 곽소군郭昭君 등, 조왕趙王 유원劉元의 악노비樂奴婢, 삼국시대 손오孫吳 진무陳武의 첩, 서진 간보干寶 부친의 비婢, 석숭石崇의 비 상풍翔風, 전량 장천석張天錫의 첩 염 씨와 설 씨, 수나라 양성왕襄城王 양각楊恪의 비 유 씨, 당나라 무종武宗의 재인才人 왕 씨, 송나라 고종高宗의 재인 이 씨와 왕 씨 등등이다. 광주 남월왕南越王무덤과 귀현 서구군西甌君부부무덤의 순인은 출토된 인장과 순인의 배열위치로 보아 비첩과 노비에 속한다. 정주리학이 출현한 이후 순절도 비첩이 위주였다. 명나라의 황실에서는 비빈, 벼슬아치 가문에서는 잉첩을 사용하였다. 민간에서 사용된 인순자의 신분은 비교적 복잡하여 비첩과 노비 외에도 본부인과 미혼의 소녀가 있다. 이러한 종순자는 모두 정주리학이 끼친 해독의 희생품이다.

진한 이래로 변경지역에 거주한 흉노, 부여, 선비, 토번, 여진, 몽고, 만주족도 순인을 사용하였고, 그들의 신분도 대체로 비첩과 노비이다.

봉건통치가가 비첩과 노비를 순장에 사용한 것은 당연히 잔혹한 계급적 박해이다. 그들이 인순을 사용한 것은 봉건적 지배를 유지시키는 데 손상을 주지 않고, 또한 통치가 집안의 모순을 완화시키는 작용을 하였기 때문이다. 이것이 대부분의 봉건통치가가 이 방법을 즐긴 진정한 원인이고, 올바르냐 그르냐에 대한 그들의 주관적인 의식과는 관계가 없다.

진한 이래의 노비 숫자와 관련해서는 역대의 호구에 대한 자료의 많은 것이 충실하지 않아 정밀한 통계를 내기가 어렵다. 고금의 사학자들이 십여만, 수십만, 일이백만 등 사람마다 다르게 보아 여러 설이 있다. 어떤 통계냐에 관계없이 그들은 모두 중국의 봉건사회에 수많은 노비가 존재했음에는 인식을 같이하고 있다.

인구증가의 각도에서 보면 노비와 자유민의 비례는 시간이 흐르면서 감소하였지만 노비의 총수는 진나라와 한나라 때보다 떨어지지 않았다. 명나라와 청나라로 말하면 명나라 때에 노비의 수량이 훨씬 많았고, 광범하게 사용하였음을 역사가들이 공인하고 있다. 신행慎行의 『곡산필진谷山筆塵』(권 5)에서는 가정嘉靖시기의 이름난 재상 서가徐價의 집안사람이 수천에 달한다고 하였다. 고염무顧炎武의 『일지록日志錄·노부奴仆』에서는 "노예가 많기로는 오吳지역이 심하였다. ……벼슬아치의 가문에서는 일이천 인이 있는 경우가 있다."라고 하였다. 일반적인 지주의 가문에는 왕왕 "젊은 노비가 천을 헤아린다."[9]라고 하였다. 청나라의 노비도 많았다. 학자들의 연구에 의하면 노이합적努尒合赤의 통치시기에 노예가 사오십만이었던 것이 황태극皇太極의 시기에는 이백만 내외로 증가하였다[10]고 하는데, 명나라를 정복하는 과정 중에 노비의 수량이 크게 증가하게 된 것이다. 청나라 중엽 이후 국내외의 민주화사조로 인한 충격으로 노비제도는 점차적으로 붕괴되기 시작하여 청나라 말엽에 이르러서는 노비의 숫자가 대략 10만 정도였다. 우리의 계산으로는 명나라와 청나라 두 시대

9 吳晗 『明代的奴隷和奴變』, 「灯下集」 76면, 三聯書店, 1979年 참조. 南炳文 : 「從"三言"看明代奴仆」, 『歷史研究』 1985年 第6期.

10 韋慶遠等 : 『淸代奴婢制度』 15면, 中國人民大學出版社, 1982年.

에 지아비를 따라 순사(여타 절렬節烈을 포함)한 부녀는 대략 오륙십 만이고 매년 평균은 일천 인으로 추측된다. 명나라와 청나라 봉건통치자는 이를 하나도 애석해하지 않았다.

셋째, 중국은 하나의 다민족국가로서 역사상 국내 각 민족 사이의 군사대항과 경제문화의 교류가 중단 없이 진행되어 자연스럽게 풍속과 습관이 상호 영향을 주었다.

진나라와 한나라 때부터 흉노, 부여, 선비, 돌궐, 토번, 거란, 여진이 앞뒤로 중국 북부를 차지하고 있었고, 서남부에도 국부적으로 지방정권이 건립되었다. 뒤이어 몽고족과 만주족이 통일된 다민족국가를 건립하였다. 그들이 한족과 접촉하는 과정의 시기는 원시사회가 해체되고, 계급사회가 막 출현하던 단계였다. 그들은 인생과 인순이 추악한 습속으로 인정되어 완전하게 벗어나지 않은 상태에서 한족지구로 이동해 들어오게 되어 그 습속이 중국에 침투되고, 재발하는 작용을 하였다. 위진남북조시기와 송 · 원 · 명 · 청나라시기 중국의 소수민족이 빈번하게 안으로 들어와 한족과 끊임없이 융합함으로써 한족지구에 인순현상이 이 시기 동안 분명하게 상승하였다. 이러한 현상은 민족의 이동과 융합이 중국 한족지구에서 인순이 장기간 연속해서 존재하게 된 외부 요인임을 나타낸다.

소수민족은 한족과의 경제문화교류와 마찬가지로 인순습속을 교류함으로써 그들 원래의 비교적 원시적인 인순습속이 결과적으로 대부분 한족의 인순습속에 융합되었다. 예컨대 부여 국왕의 살인순장, 한족에서 사여한 옥의장례복식이 그러하고, 선비 모용부가 건립한 북연과 탁발부가 건립한 북위가 나라를 세운 후의 인순제가 강제로 비첩을 종순시키는 한인의 형식을 모방한 것도 그러하다. 그리고 요나라를 건립한 거란족, 금나라를 건립한 여진족, 중원으로 입주하여 원나라를 건립한 몽고족과 청나라를 건립한 만주족도 한족과 접촉하기 이전에는 원시적인 생순노마의 장법이었으나 중국에서 정권을 건립하여 한족과 같이 거주한 이후에는 원래의 장법을 바꾸어 한족의 인순방식을 실행하였다(원나라 황실은 예외). 정주리학이 흥기한 이후 일부 한화된 소수민족의 귀족부녀가 왕왕 절렬이라는 이름 아래 순사한 것도 마찬가지이다.

〈별표 1〉 안양 은허 상무덤의 인생과 인순(순생과 제생, 수레구덩이 포함)

번호 2. 후가장 서북강 서구 M1002

1935년 발굴. 4개의 무덤길. 남 무덤길은 경사무덤길. 동, 서, 북 무덤길은 경사지고 계단상. 모두 지면에서 직접 무덤바닥으로 연결됨. 무덤구덩이는 길이 19m, 너비 18m, 깊이 10.8m임. 덧널은 평면 방형. 유물은 전부 도굴됨. 덧널 위에 교란되지 않은 제사 유구가 발견됨. 도기의 위에서 짐승뼈 3구(소, 양, 돼지로 추정)가 나란하게 출토됨. 이를 돗자리로 덮고, 9개의 사람 머리뼈를 놓음. 무덤구덩이 매토에서 사람 머리뼈 1개와 약간의 부서진 뼈가 발견됨. 은허 후기. 도굴됨.(梁思永 · 高去尋, 『侯家莊 · 1002號大墓』 18~21면, 1965年)

번호 3. 후가장 서북강 서구 M1003

1935년 발굴. 4개의 무덤길. 무덤구덩이 크기 길이 18.1m, 너비 17.9m, 깊이 11m. 덧널 평면 방형. 허리구덩이에 1구의 굴지 인골. 무덤구덩이어깨 하 4.6m에서 사람 머리뼈 1개 발견. 은허 후기. 도굴.(梁思永 · 高去尋, 『侯家莊 · 1003號大墓』 36면, 1967年)

번호 4. 후가장 서북강 서구 M1004

1935년 발굴. 4개의 무덤길. 남 무덤길이 가장 길어 32m. 경사무덤길로 지면에서 바로 무덤바닥에 연결. 동, 서, 북 무덤길은 경사진 계단상으로 지면에서 덧널 위의 이층대로 연결됨. 무덤구덩이는 길이 17.9m, 너비 15.9m, 깊이 12.2m. 덧널 평면 장방형. 도굴 극심. 남 무덤길 끝 덧널과 접한 부분에서 교란되지 않은 큰 방정 1쌍(소뼈가 들은 것, 사슴뼈가 들은 것 각 1점), 석제 경 1조 3점 출토. 무덤구덩이의 교란토에서 사람 머리뼈 5개와 개 1마리 출토. 북 무덤길 매토에서 사람 머리뼈 7개 출토(일부 머리뼈에 목뼈가 붙어 있음). 무덤의 동측에 1기의 배장구덩이. 거기에 전신을 갖춘 인골 매장, 부장품이 있음. 허리구덩이에 개 1마리 매장. 은허 후기. 도굴.(梁思永 · 高去尋, 『侯家莊 · 1004號大墓』 26~30면, 1970年)

번호 5. 후가장 서북강 서구 M1217

1935년 발굴. 4개의 경사 무덤길. 남, 북, 동 무덤길의 덧널 가까이 길이 10m에서 각각 더 넓어졌음. 서 무덤길은 계단상이고 덧널과 21m 떨어진 곳에서 90° 방향으로 북쪽으로 틀어 지면에 닿음. 덧널 평면 방형. 도굴 극심하나 바닥에 닿지는 않음.(梁思永 · 高去尋, 『侯家莊 · 1217號大墓』, 1968年)

번호 6. 후가장 서북강 동구 M1400

1935년 발굴. 4개의 무덤길, 亞자형 무덤. 깊이 12m. 정식보고 미발표.(胡厚宣 『殷墟發掘』 87면, 學習生活出版社, 1955年)

번호 7. 후가장 서북강 서구 M1500

1935년 발굴. 4개의 무덤길. 북 무덤길 중부 동서 양벽에 계단이 있어 지면과 바로 연결됨. 덧널 평면 방형. 일찍이 여러 차례 도굴되었으나 남 무덤길과 서 무덤길에 일련의 유물이 남음. 무덤구덩이 매토에서 순인무덤과 인생 머리뼈가 발견됨. 2기의 순인무덤은 무덤구덩이 남벽 동단과 남 무덤길 동벽의 연결점에서 발견. 도굴로 훼손. 무덤구덩이 매토에서 사람 머리뼈 114개 발견, 그 중 111개가 매토 속에, 3개가 도굴구덩이에 있었음. 판축토에 매장된 111개의 머리뼈는 이층으로 나뉨. 하층(깊이 9.8~10.3m)에 72개가 분산. 상층(깊이 1.73~9.8m)에 39개가 북 무덤길의 입구 및 그 부근 매토에 집중되었음. 머리는 위로 향하고 얼굴은 덧널을 보는 자세. 은허 후기.(梁思永 · 高去尋, 『侯家莊 · 1500號大墓』, 1974年)

번호 8. 후가장 서북강 서구 M1550

1935년 발굴. 4개의 무덤길. 덧널 평면 방형, 깊이 10.9m. 무덤바닥 네 모서리에 4개의 작은 방형구덩이 있음. 구덩이에 각 1인 매장. 중부 허리구덩이에 1인, 개 1마리 매장. 북 무덤길의 덧널 가까이에 여러 행의 머리뼈, 한 행에 10개. 덧널 위와 같은 레벨의 이층대 위에 가축 희생의 넓적다리뼈. 은허 전기. 도굴.(梁思永 · 高去尋, 『侯家莊 · 1550號大墓』, 1976年)

번호 9. 후가장 서북강 동구 M1129

1935년 발굴. 남북 2개의 무덤길. 덧널 평면 방형. 보고서 미발간.(胡厚宣, 『殷墟發掘』 88면, 學習生活出版社, 1955年에 언급)

번호 10. 후가장 서북강 동구 M1443

1935년 발굴. 남북 2개 무덤길. 덧널 평면 장방형. 깊이 8,4m. 보고서 미발간.(胡厚宣, 『殷墟發掘』 88면, 學習生活出版社, 1955年에 언급)

번호 11(실례 2). 무관촌 북지(서북강 동구) 50M1

1950년 발굴. M1400의 동측에 위치. 원번호 WKGM1. 남북 2개 무덤길. 무덤구덩이 길이 14m, 너비 12m, 깊이 7.2m. 허리구덩이에 전신을 갖춘 1인 매장. 이층대에 전신을 갖춘 41인, 개 4마리, 원숭이 1마리, 사슴 1마리, 기타 동물 9마리 매장. 무덤구덩이의 매토에서 29개 머리뼈 발견. 북 무덤길에 말 16마리, 개 4마리, 남 무덤길에 전신을 갖춘 1인, 말 12마리, 개 1마리 매장. 은허 전기. 도굴.(郭寶均, 「1950年春殷墟發掘報告」, 『中國考古學報』 第5册, 1951年과 『考古』 1977年 第1期, 31면 附錄「武官村大墓南墓道的發掘」 참조)

번호 12(실례 3). 무관촌 북지(서북강 동구) M260(모무母戊무덤)

1984년 발굴. 하나의 무덤길. 남향. 무덤구덩이 상부 길이 9.6m, 너비 8.1m, 깊이 1.2m. 무덤바닥 길이 6.35m, 너비 5m, 깊이 8.1m. 무덤구덩이어깨에 소년남성 1인을 부신직지, 두향 남쪽으로 매장, 구덩이가 부정확 함. 무덤길 중부에 무덤구덩이의 어깨 아래 약 35cm에 사람머리뼈 22개를 매장하였는데, 얼굴 방향이 같지 않고 집중 분포함. 깊이 7m의 무덤구덩이 매토에서 6구의 머리가 없는 몸체가 발견. 덧널 벽 부근에 전신을 갖춘 5인 매장, 교란이 심함. 무덤바닥 방형구덩이에 전신을 갖춘 4인 매장, 널이 있음. 바닥과 무덤구덩이 매토에서 말, 소, 양, 돼지, 개의 뼈가 많이 발견됨. 덧널과 무덤길 양측에서 3기의 제사구덩이 발견. 그 중 2기에 각 머리가 없는 몸체 8구 매장, 나머지 1기는 미발굴. 은허 전기. 도굴.(中國社會科學院考古硏究所安陽工作隊, 「殷墟259,260號墓發掘報告」, 『考古學報』 1987年 第1期)

번호 13. 후가장 북지(서북강 서구) 78M1

1978년 발굴. 남향한 하나의 무덤길. M1003호 남에 위치. 무덤길이 M1217호 동쪽 무덤길에 의해 파괴됨. 무덤바닥 길이 7.7m, 너비 5.3m, 깊이 7.2m. 무덤 교란. 교란토에서 인골, 짐승뼈 다수 발견. 발굴된 유골의 통계는 무덤주인을 제외하고 순인이 78인임. 덧널의 순생으로는 말, 소, 돼지, 개가, 무덤길의 순생으로는 말, 사슴이 있으나 모두 파손되어 개체를 알 수 없음. 은허 전기. 도굴.(中國社會科學院考古硏究所安陽工作隊, 「安陽侯家莊北地一號墓發掘簡報」, 『考古集刊(二)』 36면, 中國社會科學出版社, 1982年)

번호 14. 무관촌 북지(서북강 동구) M259

1984년 발굴. M260 동측 약 40m에 위치. 중형무덤. 무덤구덩이 길이 3.5m, 너비 1.6m. 무덤바닥 길이 3.9m, 너비 2.2m, 깊이 3m. 이층대 위에서 사람 머리뼈 14개 발견. 정연하게 배치, 모두 성년, 그 중 1인 머리뼈는 동제 언甗 속에서 출토. 1구는 아동으로 머리뼈가 몸체뼈 아래에 깔려서 출토. 무덤구덩이 교란토에서 사람의 머리뼈, 팔다리뼈가 출토되었으나 파손되어 개체 파악 불가. 이층대에 개 6마리의 뼈, 소 넓적다리뼈 1 등 짐승뼈 출토. 무덤의 동서 양측에서 각각 1기의 제사구덩이 발견. 동쪽 구덩이에 사람의 머리뼈 6개, 서쪽 구덩이에 몸체뼈 8구 매장. 은허 전기. 도굴.(中國社會科學院考古硏究所安陽工作隊, 「殷墟259, 260號墓發掘報告」, 『考古學報』 1987年 第1期)

번호 15. 무관촌 북지(서북강 동구) 59M1

1959년 발굴. 중형무덤. 무덤구덩이 길이 3.75m, 너비 2m, 바닥 깊이 5.4m. 방향 353°. 양측 이층대에 각 1인 매장. 두향은 모두 무덤주인과 일치(북향). 동측 이층대 위에서 사람 머리뼈 4개, 개 1마리 출토. 출토현상으로 보아 양측 순인은 널에 안치. 순인의 신분은 무덤주인 생전의 시종. 머리뼈 4개는 살인제사의 인생. 위치로 보아 그 몸체는 북변의 제사구덩이에 있을 것임〈그림 36 참조〉. 이층대 위의 개는 머리뼈와 섞여 있음. 이는 제생임. 은허 전기. 도굴.(中國社會科學院考古硏究所安陽工作隊, 「安陽武官村北的一座殷墓」, 『考古』 1979年 第3期)

번호 16. 고루장 후강 서구 M1.

1933년 발굴. 남북 2개의 무덤길. 남 무덤길은 경사무덤길. 북 무덤길은 13층 계단식. 무덤구덩이 길이 7m, 너비 6.2m, 바닥 깊이 8.5m. 허리구덩이에 개 1마리 매장, 목에 동제 영鈴을 걸고 있음. 도굴로 인해 구덩이 밖으로 대부분 이동됨. 무덤구덩이 매토에서 사람 머리뼈 28개 발견. 1개는 완전하고 27개는 파손. 다수에서 목을 베인 흔적이 발견됨. 어떤 것은 척추 일부가 남아 있음. 남 무덤길 교란토에서 148개의 파손된 몸체뼈가 발견됨. 무덤구덩이 매토의 머리뼈와 남 무덤길의 몸체뼈가 같은 개체에 속하는 것으로 보임. 살인제사 후에 나누어 두 곳에 매장한 것으로 보임. 이 무덤의 실제 생인은 28인임. 은허 전기. 도굴.(石璋如, 「河南安陽後崗的殷墓」, 『中央研究院歷史語言研究所集刊』 第13本, 21면, 1948年 외에 『六同別錄』上册, 1945年)

번호 17. 고루장 후강 M32 〈그림 73〉

1971년 발굴. 남북 2개의 무덤길. 무덤구덩이 길이 5.3m, 너비 3.1m, 바닥 깊이 6.1m. 허리구덩이에 전신을 갖춘 1인 매장, 두향 남쪽, 다리를 굽힘, 다리 아래에 1점의 도기 분盆 부장. 그 아래 주변에서 개 1마리 발견. 북 무덤길에서 개 1마리 발견. 은허 전기. 도굴.(中國社會科學院考古研究所安陽工作隊, 「1971年度安陽後崗發掘簡報」, 『考古』 1972年 第3期. 여기에는 순인 5인으로 오기함)

번호 18. 고루장 후강 M48

1971년 발굴. 남북 2개의 무덤길. 무덤구덩이 길이 7.9m, 너비 5.55m, 바닥 깊이 8.5m. 무덤구덩이 교란토에서 머리뼈 2개, 허리구덩이 교란토에서 2인의 아래턱뼈, 북 무덤길 교란토에서 사람 머리뼈 1개 발견. 은허 전기. 도굴.(中國社會科學院考古研究所安陽工作隊, 「1971年度安陽後崗發掘簡報」, 『考古』 1972年 第3期. 여기에는 순인 8인으로 오기함)

번호 19. 고루장 후강 M47

1971년 발굴. 남쪽 하나의 무덤길. 무덤바닥 길이 4.75m, 너비 3.1m, 깊이 5.5m. 허리구덩이에서 전신을 갖춘 1인의 유골, 무덤바닥 서남모서리에서 개 1마리의 뼈 발견. 은허 전기. 도굴.(中國社會科學院考古研究所安陽工作隊, 「1971年度安陽後崗發掘簡報」, 『考古』 1972年 第3期)

번호 20(실례 4). 대사공촌 M576

1980년 발굴. 남북 2개의 무덤길. 무덤구덩이 길이 4.36m, 너비 2.4m, 바닥 깊이 5.94m. 무덤구덩이 매토에서 사람 머리뼈 4개, 허리구덩이에서 사람 1인분의 뼈, 허리구덩이 북쪽의 작은 구덩이에서 개 1마리의 뼈, 덧널 서벽 결칸(그 바닥과 덧널 뚜껑판이 같은 레벨)에서 1인의 팔다리뼈, 북벽 가까이 무덤구덩이 매토에서 팔다리가 완전하지 않은 머리가 없는 사람뼈 1구, 동벽 가까이 무덤구덩이 매토에서 전신을 갖춘 3인의 뼈 발견. 남 무덤길(경사무덤길) 선단에 나란한 3기의 작은 구덩이 발견. 각 구덩이에 동제 과戈를 잡은 1인 매장. 서쪽 작은 구덩이에서 또 전신을 갖춘 1인의 뼈 출토. 3기의 작은 구덩이 북변 평탄부에서 1인의 머리뼈 발견. 은허 후기. 도굴.(中國社會科學院考古研究所, 『殷墟的發見與研究』 133면, 科學出版社, 1994年)

번호 21. 대사공촌 M116

1959~1961년 발굴. 북쪽 하나의 무덤길. 무덤구덩이 길이 3m, 너비 1.9m, 깊이 7.5m. 경사무덤길의

덧널 가까이에 5층의 계단 설치. 계단 위에 붉고 검은 두 색깔의 그림 흔적이 있음. 도안은 알 수 없음. 4층 계단 동단에서 큰 복골 1편 발견. 덧널 4주에 이층대 흔적. 무덤바닥에서 주사의 흔적 발견. 허리구덩이는 보이지 않음. 장구, 인골, 부장품이 없음. 무덤구덩이를 판 후 아직 매장을 하지 않은 가묘일 가능성.(中國社會科學院考古研究所, 『殷墟發掘報告』 203면, 文物出版社, 1987年)

번호 22. 대사공촌 M123

1959~1961년 발굴. 북쪽 하나의 무덤길. M116호와 20cm 거리를 두고 나란하게 배치. 완전 도굴.(中國社會科學院考古研究所, 『殷墟發掘報告』 203면, 文物出版社, 1987年)

번호 23. 은허 서구 M93

1969~1977년 발굴. 남쪽 하나의 무덤길. 무덤바닥 길이 5.4m, 너비 4.1m, 깊이 5.8m. 허리구덩이에서 전신을 갖춘 1인의 뼈 발견. 은허 후기. 도굴.(中國社會科學院考古研究所安陽工作隊, 「1969~1977年殷墟西區發掘報告」, 『考古學報』 1979年 第1期)

번호 24. 은허 서구 M698

1969~1977년 발굴. 남쪽 하나의 무덤길. 무덤바닥 길이 4.8m, 너비 3.5m, 깊이 7.8m. 무덤길에 1기의 수레구덩이, 수레 1대, 말 2마리, 사람 1인 매장. 무덤길 시작부에 말 1마리 매장. 은허 후기. 도굴.(中國社會科學院考古研究所安陽工作隊, 「1969~1977年殷墟西區發掘報告」, 『考古學報』 1979年 第1期)

번호 25. 은허 서구 M699

1969~1977년 발굴. 남쪽 하나의 무덤길. 무덤바닥 길이 4.4m, 너비 3.2m, 깊이 7.3m. 동, 남, 서 3면의 이층대에 각 1인 매장. 동쪽 사람 두향 남쪽, 남쪽 사람 두향 서쪽, 서쪽 사람 두향 북쪽. 무덤길 북단에 2인 매장. 두향 동쪽. 5구의 인골은 모두 앙신직지의 자세. 뼈에 주사의 흔적이 있고 모두 미성년. 덧널 내에서 말 넓적다리뼈 발견. 은허 후기. 도굴.(中國社會科學院考古研究所安陽工作隊, 「1969~1977年殷墟西區發掘報告」, 『考古學報』 1979年 第1期)

번호 26. 은허 서구 M700

1969~1977년 발굴. 남쪽 하나의 무덤길. 무덤바닥 길이 3.9m, 너비 3.1m, 깊이 7.4m. 이층대에서 전신을 갖춘 2인의 뼈, 무덤길 북단에서 전신을 갖춘 1인의 뼈 발견. 뼈가 이동됨. 말 넓적다리뼈가 발견됨. 은허 후기. 도굴.(中國社會科學院考古研究所安陽工作隊, 「1969~1977年殷墟西區發掘報告」, 『考古學報』 1979年 第1期)

번호 27(실례 5). 은허 서구 M701

1969~1977년 발굴. 남쪽 하나의 무덤길. 무덤바닥 길이 4.6m, 너비 3.1m, 깊이 5.6m. 무덤길 북단에 9인 매장. 모두 부신이고 미성년. 무덤구덩이 매토에서 청년남성 1인의 뼈 발견. 서측 이층대에 2인 매장. 이 외 소 넓적다리뼈 몇 개와 척추가 도기 관罐에 채워져 있었음. 은허 후기. 도굴.(中國社會科學院考

古研究所安陽工作隊, 「1969~1977年殷墟西區發掘報告」, 『考古學報』 1979年 第1期)

번호 28. 소둔촌 북지 M5(부호婦好무덤)

1976년 발굴. 중형무덤. 무덤구덩이 길이 5.6m, 너비 4m, 깊이 7.5m. 방향 10°. 허리구덩이에 1인, 개 1마리, 무덤 양 측벽 감실에 3인, 덧널 위에 4인, 개 5마리 매장. 무덤바닥에서 8개체의 인골 출토. 은허 전기. 미도굴.(中國社會科學院考古研究所, 『殷墟婦好墓』, 文物出版社, 1981年)

번호 29. 소둔촌 북지 M17

1978년 발굴. 중형무덤. 무덤구덩이 길이 3.1m, 너비 1.8m, 바닥 깊이 2.8m. 덧널과 널 사이 양측에 각각 1인 매장. 모두 앙신직지이고 미성년. 1인에게는 옥제 어魚 부장. 허리구덩이에 개 1마리 매장. 무덤구덩이 매토에 개 1마리와 개 머리 1개, 머리측 이층대 위에 양 넓적다리 1개 매장하고 주위에 도기 두豆 1점을 부장. 은허 전기. 미도굴.(中國社會科學院考古研究所安陽工作隊, 「安陽小屯村北的兩座殷代墓」, 『考古學報』 1981年 第4期)

번호 30(실례 6). 소둔촌 북지 M18

1978년 발굴. 중형무덤. 무덤구덩이 길이 3.1m, 너비 2.3m, 바닥 깊이 5.6m. 덧널과 널 사이 4인 매장. 모두 남자 청소년. 무덤구덩이 매토에 1인 매장. 성년남자. 허리구덩이에 개 1마리 매장. 무덤바닥 서북모서리에 개 1마리, 머리 측 이층대 위에 돼지 넓적다리 1개 매장, 그 주변에 도기 고觚와 작爵 부장. 또 소 넓적다리 1개 매장, 주변에 도기 두豆 부장. 은허 전기. 미도굴.(中國社會科學院考古研究所安陽工作隊, 「安陽小屯村北的兩座殷代墓」, 『考古學報』 1981年 第4期)

번호 31(실례 7). 소둔 을7 건축지 남조 M232

1934년 발굴. 중형무덤. 무덤구덩이 길이 3.4m, 너비 2.3m, 잔존 바닥 깊이 2m. 북향. 덧널과 널 사이에 전신을 갖춘 8인 매장. 원권을 이루며 배열. 부장품 있음. 허리구덩이에 개 1마리, 무덤구덩이 매토에 개 3마리 매장. 은허 전기. 미도굴.(石章如 『小屯 · 南組墓葬附北組墓補遺』 17면, 中央研究院歷史語言研究所, 1973年)

번호 32(실례 8). 화원장 M54

2001년 발굴. 중형무덤. 무덤구덩이 길이 5.04m, 너비 3.23~3,3m, 바닥 길이 6.03m. 너비 4.15~4.4m, 깊이 7.3m. 방향 360°. 무덤바닥 사주에 토축 이층대, 일곽 일관. 중앙에 허리구덩이. 동 이층대 바닥에 순인 3구, 서 이층대 바닥에 순인 1구, 덧널과 널 사이의 동, 서, 남 3변에 각각 순인 2구, 무덤구덩이 매토에 사람 머리 2개, 남 이층대 속에 사람 머리 3개 매장. 무덤구덩이 매토에 개 9마리, 북, 서, 남 이층대 속에 개 5마리 매장. 허리구덩이에 개 1마리 매장. 동제 술鉞, 환두도環頭刀 부장. 환두도에 '아장亞長' 이란 명문. 무덤주인은 상나라 '장長' 족의 군사수장으로 추정됨. 은허 전기 후단계. 미도굴.(中國社會科學院考古研究所安陽工作隊, 「河南安陽市花園莊54號商代墓葬」, 『考古』 2004年 第1期)

번호 33. 고루장 후강 서구 H321B

1933년 발굴. 중형무덤. 무덤바닥 길이 3.6m, 너비 2.45m, 깊이 5m. 발치 이층대에 1인 매장, 엎어 놓음, 뼈에 주사. 우측 이층대에 1인 매장, 엎어 놓음, 아이이고 입에 녹송석 1개를 물고 있음. 허리구덩이에 개 1마리 매장. 교란토에서 개 1마리분의 뼈, 4무더기의 새뼈 출토. 은허 전기. 도굴.(石章如, 「河南安陽後崗的殷墓」, 『中央研究院歷史語言研究所集刊』 第13本, 21면, 1948년과 『六同別錄』上册, 1945年)

번호 34. 고루장 후강 M6

1971년 발굴. 무덤바닥 길이 3.1m, 너비 1.7m, 깊이 3.8m. 방향 9°. 양측 이층대 위에 각 1인 매장. 은허 전기. 도굴.(中國社會科學院考古研究所安陽工作隊, 「1971年度安陽後崗發掘簡報」, 『考古』 1972年 第3期)

번호 35. 고루장 후강 M11

1971년 발굴. 무덤바닥 길이 3.3m, 너비 1.9m, 깊이 4.8m. 방향 18°. 무덤 교란토에 인골 흔적. 은허 전기. 도굴.(中國社會科學院考古研究所安陽工作隊, 「1971年度安陽後崗發掘簡報」, 『考古』 1972年 第3期)

번호 36(실례 9). 고루장 후강 M16

1971년 발굴. 무덤바닥 길이 2.8m, 너비 1.3m, 깊이 4.7m. 방향 9°. 무덤바닥에 널 흔적. 우(서)측 이층대에서 인골 1구 출토. 다리뼈가 결심됨. 은허 전기. 미도굴.(中國社會科學院考古研究所安陽工作隊, 「1971年度安陽後崗發掘簡報」, 『考古』 1972年 第3期)

번호 37. 고루장 후강 M17

1971년 발굴. 무덤바닥 길이 3.6m, 너비 1.7m, 깊이 5.4m. 방향 11°. 우(서)측 이층대에서 전신을 갖춘 인골 1구 출토. 넓적다리와 치아가 남음. 발치 측 이층대에서 아동의 인골 1구 출토, 다리뼈가 약간 굽음. 은허 전기. 도굴.(中國社會科學院考古研究所安陽工作隊, 「1971年度安陽後崗發掘簡報」, 『考古』 1972年 第3期)

번호 38. 고루장 후강 M20

1971년 발굴. 무덤바닥 길이 4m, 너비 2.8m, 깊이 7m. 방향 12°. 좌측 이층대에 1인, 우측 이층대에 3인 매장, 모두 두향은 무덤주인(북쪽)과 일치. 그 중 2인이 아이. 머리 측 이층대에서 소 넓적다리뼈, 양 넓적다리뼈, 돼지 넓적다리뼈 각각 1개 출토. 덧널 위의 중앙에 개 1마리, 무덤구덩이 매토에 개 1마리 매장. 두향은 남쪽. 은허 전기. 도굴.(中國社會科學院考古研究所安陽工作隊, 「1971年度安陽後崗發掘簡報」, 『考古』 1972年 第3期)

번호 39. 고루장 후강 M21

1971년 발굴. 무덤바닥 길이 3.7m, 너비 2.4m, 깊이 5.5m. 방향 13°. 남북 양측 이층대 위에 각 1인 매장, 두향은 동쪽. 무덤구덩이 매토에 개 1마리 매장, 두향은 북쪽. 은허 전기. 도굴.(中國社會科學院考古研究所安陽工作隊, 「1971年度安陽後崗發掘簡報」, 『考古』 1972年 第3期)

번호 40. 고루장 후강 M27

1971년 발굴. 무덤바닥 길이 2.5m, 너비 1.4m, 깊이 3.8m. 방향 10°. 이층대 위에 전신을 갖춘 1인 매장. 은허 전기. 도굴.(中國社會科學院考古硏究所安陽工作隊, 「1971年度安陽後崗發掘簡報」, 『考古』 1972年 第3期)

번호 41. 고루장 후강 M41

1971년 발굴. 무덤바닥 길이 2.8m, 너비 1.5m, 깊이 3.7m. 방향 18°. 이층대 위에 전신을 갖춘 1인 매장. 은허 전기. 도굴.(中國社會科學院考古硏究所安陽工作隊, 「1971年度安陽後崗發掘簡報」, 『考古』 1972年 第3期)

번호 42. 대사공촌 M170

1953년 발굴. 무덤바닥 길이 2.6m, 너비 1m, 깊이 4.7m. 방향 17°. 우측 벽감에 1인 매장, 측신, 양팔을 등 뒤로, 두 다리 흩어짐. 은허 후기. 미도굴.(馬得志等, 「1953年安陽大司空村發掘報告」, 『考古學報』 第9册, 1955年)

번호 43. 대사공촌 M171

1953년 발굴. 무덤바닥 길이 3.3m, 너비 1.5m, 깊이 5.4m. 방향 188°. 무덤바닥과 1.7m 떨어진 무덤구덩이 매토에서 전신을 갖춘 1인의 뼈 출토, 부신, 조개 4매를 가짐. 은허 후기. 도굴.(馬得志等, 「1953年安陽大司空村發掘報告」, 『考古學報』 第9册, 1955年)

번호 44. 대사공촌 M256

1953년 발굴. 무덤바닥 길이 2.8m, 너비 1.4m, 깊이 3.2m. 방향 96°. 우측 이층대 위에서 전신을 갖춘 1인의 뼈 출토, 부신, 미성년, 주변에 여석礪石 1점 부장. 은허 전기. 미도굴.(馬得志等, 「1953年安陽大司空村發掘報告」, 『考古學報』 第9册, 1955年)

번호 45. 대사공촌 M267

1953년 발굴. 무덤바닥 길이 3m, 너비 1.6m, 깊이 1.6m. 방향 20°. 우측 이층대 위에서 전신을 갖춘 1인의 뼈 출토, 부신, 팔뼈 부패, 다리 만곡. 은허 전기. 도굴.(馬得志等, 「1953年安陽大司空村發掘報告」, 『考古學報』 第9册, 1955年)

번호 46. 대사공촌 M312

1953년 발굴. 무덤바닥 길이 3.3m, 너비 1.8m, 깊이 4.6m. 방향 9°. 양측 이층대 위에서 각 1인의 뼈 출토, 부신. 무덤구덩이 매토에서 머리뼈 1개 출토, 횡으로 놓임. 모두 미성년. 은허 전기. 도굴.(馬得志等, 「1953年安陽大司空村發掘報告」, 『考古學報』 第9册, 1955年)

번호 47. 대사공촌 M53

1962년 발굴. 무덤바닥 길이 2.9m, 너비 1.4m. 북향. 무덤주인 발치 동서 양측 이층대 위에서 전신을 갖춘 각 1인의 뼈 출토, 신직측신申直側身, 두향 남쪽. 그 중 1인 주변에서 구갑편 1점 출토, 순인은 점을 치는 자. 무덤주인 머리 측(북) 이층대 위에서 소 넓적다리뼈, 양 넓적다리뼈 각 1개 출토. 은허 후기 말. 미도굴.(中國社會科學院考古研究所安陽發掘隊, 「1962年安陽大司空村發掘簡報」, 『考古』 1964年 第8期)

번호 48. 대사공촌 M323

1959년 발굴. 무덤바닥 길이 2.8m, 너비 1.2m, 깊이 4.2m. 방향 100°. 무덤구덩이 매토에서 아이의 뼈 1구 발견, 머리뼈와 다리뼈만 남음, 두향 동쪽, 위를 보는 자세, 머리는 아래, 발은 위로 함. 인생임. 은허 후기. 미도굴.(中國社會科學院考古研究所, 『殷墟發掘報告(1959~1961年)』 212면, 文物出版社, 1987年)

번호 49. 대사공촌 동남 M663

1983년 발굴. 중형무덤. 무덤구덩이 길이 3.3m, 너비 2m, 바닥 깊이 5.3m. 방향 95°. 서측 이층대에서 부패된 인골 1구 발견, 두향은 북쪽. 남측 이층대에서 부패된 인골 1구 발견, 두향은 동쪽. 북측과 남측 덧널과 널 사이에 각 1인 매장, 두향은 모두 동쪽, 인골 부패, 세워서 묻은 것[縱葬]으로 보임, 얼굴은 무덤주인을 향함. 허리구덩이에 개 1마리 매장, 두향은 서쪽. 이층대 위에서 뼈가 가는 2구체의 인골 발견, 소년으로 보임. 은허 전기의 늦은 시기. 미도굴.(中國社會科學院考古研究所安陽工作隊, 「安陽大司空村東南的一座殷墓」, 『考古』 1988年 第10期)

번호 50. 대사공촌 M539

1980년 발굴. 중형무덤. 무덤구덩이 길이 3.3m, 너비 1.45m, 깊이 1.4m. 무덤바닥 길이 3.66m, 너비 1.52~1.63m, 깊이 3.64m. 방향 97°. 무덤주인 발치(서) 널 바깥에 1인 매장, 두향 남쪽, 앙신, 상체가 동쪽으로 휨, 소년. 허리구덩이에 개 1마리 매장, 구부린 자세, 두향 서쪽. 은허 전기. 미도굴.(中國社會科學院考古研究所安陽工作隊, 「1980年河南安陽大司空村M539發掘簡報」, 『考古』 1992年 第6期)

번호 51. 대사공촌 북지 M68

1987년 발굴. 무덤구덩이 길이 2.7m, 너비 1.4m, 바닥 깊이 3.5m. 방향 100°. 좌측(남) 이층대 위에 1인 매장, 측신직지, 남쪽을 바라봄, 장구 없음. 이 순인의 위 20cm에 개 1마리 매장. 은허 후기의 늦은 시기. 도굴.(中國社會科學院考古研究所安陽工作隊, 「1984~1988年安陽大司空村北地殷代墓葬發掘報告」, 『考古學報』 1994年 第4期)

번호 52. 소둔 서지 M233

1958년 발굴. 무덤바닥 길이 2.55m, 너비 1m, 깊이 4.66m. 방향 90°. 좌측(남) 이층대 위에 전신을 갖춘 1인 매장, 부신직지, 두향 동쪽. 은허 후기. 미도굴.(中國社會科學院考古研究所, 『殷墟發掘報告』 212면, 文物出版社, 1987年)

번호 53. 소둔 서지 M258

1958년 발굴. 무덤바닥 길이 3.5m, 너비 2.2m, 깊이 3.7m. 방향 358°. 무덤구덩이어깨 아래 매토에서 아이뼈 발견, 다리뼈 없음. 양측과 머리측 이층대 위에 각각 1인 매장, 모두 부패되어 매장 자세는 불명. 모두 부장품 없음. 은허 후기. 미도굴.(中國社會科學院考古研究所, 『殷墟發掘報告』 212면, 文物出版社, 1987年)

번호 54. 은허 서구 M166

1969~1977년 발굴. 무덤바닥 길이 2.6m, 너비 1m, 깊이 3.6m. 방향 190°. 좌측(서) 이층대에 전신을 갖춘 1인 매장, 굴지, 얼굴은 아래를 향함, 소년. 은허 후기. 도굴.(中國社會科學院考古研究所安陽工作隊, 「1969~1977年殷墟西區發掘報告」, 『考古學報』 1979年 第1期)

번호 55. 은허 서구 M216

1969~1977년 발굴. 무덤바닥 길이 3m, 너비 1.4m, 깊이 5.9m. 방향 15°. 우측(동) 이층대에 전신을 갖춘 1인 매장, 청년남성. 좌측(서) 이층대에 말 1마리 매장. 은허 후기. 도굴.(中國社會科學院考古研究所安陽工作隊, 「1969~1977年殷墟西區發掘報告」, 『考古學報』 1979年 第1期)

번호 56. 은허 서구 M217

1969~1977년 발굴. 무덤바닥 길이 3.3m, 너비 1.6m, 깊이 4.5m. 방향 15°. 허리구덩이에 전신을 갖춘 1인 매장, 청년남성. 그 외 개 1마리 매장. 발치 측에 전신을 갖춘 1인 매장. 우측 이층대에 말 1마리 매장. 은허 후기. 도굴.(中國社會科學院考古研究所安陽工作隊, 「1969~1977年殷墟西區發掘報告」, 『考古學報』 1979年 第1期)

번호 57. 은허 서구 M358

1969~1977년 발굴. 무덤바닥 길이 2.2m, 너비 1.2m, 깊이 2.9m. 방향 190°. 바닥에서 사람 머리뼈 2개 발견, 하나는 청년남성, 하나는 미성년. 은허 전기. 도굴.(中國社會科學院考古研究所安陽工作隊, 「1969~1977年殷墟西區發掘報告」, 『考古學報』 1979年 第1期)

번호 58. 은허 서구 M629

1969~1977년 발굴. 무덤바닥 길이 3m, 너비 1.4m, 깊이 2.8m. 방향 358°. 좌측 이층대에 전신을 갖춘 1인 매장, 앙신직지, 청년여성. 발치 측 이층대에 전신을 갖춘 1인 매장, 측신직지, 소년남성. 머리 측 이층대에서 양 넓적다리뼈 출토. 허리구덩이에 개 1마리, 무덤구덩이 매토에 개 2마리 매장. 은허 후기. 미도굴.(中國社會科學院考古研究所安陽工作隊, 「1969~1977年殷墟西區發掘報告」, 『考古學報』 1979年 第1期)

번호 59. 은허 서구 M703

1969~1977년 발굴. 무덤바닥 길이 3.2m, 너비 1.7m, 깊이 3m. 방향 110°. 무덤바닥에 전신을 갖춘 1인 매장. 허리구덩이에 개 1마리 매장. 도굴로 인해 유물이 없어 연대 판단 불가.(中國社會科學院考古研究所安陽工作隊, 「1969~1977年殷墟西區發掘報告」, 『考古學報』 1979年 第1期)

번호 60. 은허 서구 M708

1969~1977년 발굴. 무덤바닥 길이 3.3m, 너비 1.8m, 깊이 7.4m. 방향 15°. 무덤주인 발치 측 널 밖 남측 이층대에 전신을 갖춘 소년 1인 매장. 은허 후기. 도굴.(中國社會科學院考古研究所安陽工作隊, 「1969~

1977年殷墟西區發掘報告」, 『考古學報』 1979年 第1期)

번호 61. 은허 서구 M767

1969~1977년 발굴. 무덤바닥 길이 3.8m, 너비 2.2m, 깊이 7.6m. 방향 7°. 머리 측 이층대에 전신을 갖춘 소년 1인 매장. 무덤구덩이 매토에 개 4마리 매장. 소 넓적다리뼈 있음. 유물 모두 도굴되어 연대 판단 불가.(中國社會科學院考古研究所安陽工作隊, 「1969~1977年殷墟西區發掘報告」, 『考古學報』 1979年 第1期)

번호 62. 은허 서구 M785

1969~1977년 발굴. 무덤바닥 길이 3.2m, 너비 1.5m, 깊이 3.6m. 방향 17°. 허리구덩이에 개 1마리 매장. 양측 이층대에 각각 전신을 갖춘 1인 매장, 부신직지, 두향은 무덤주인과 일치, 좌측은 성년남성, 우측은 소년. 무덤구덩이 매토에 목에 동제 영鈴을 건 개 1마리 매장. 은허 후기. 도굴.(中國社會科學院考古研究所安陽工作隊, 「1969~1977年殷墟西區發掘報告」, 『考古學報』 1979年 第1期)

번호 63. 은허 서구 M800

1969~1977년 발굴. 무덤바닥 길이 3.3m, 너비 1.5m, 깊이 3.7m. 방향 8°. 덧널 위에 전신을 갖춘 1인 매장. 허리구덩이에 개 1마리 매장. 무덤구덩이 매토에 개 1마리 매장. 은허 후기. 도굴.(中國社會科學院考古研究所安陽工作隊, 「1969~1977年殷墟西區發掘報告」, 『考古學報』 1979年 第1期)

번호 64. 은허 서구 M907

1969~1977년 발굴. 무덤바닥 길이 2.3m, 너비 1.1m, 남은 깊이 1.4m. 방향 100°. 무덤주인 좌측에 전신을 갖춘 1인 매장, 부신, 두향 무덤주인과 일치, 부패. 은허 후기. 미도굴.(中國社會科學院考古研究所安陽工作隊, 「1969~1977年殷墟西區發掘報告」, 『考古學報』 1979年 第1期)

번호 65. 은허 서구 M1024

1969~1977년 발굴. 무덤바닥 길이 3.1m, 너비 1.5m, 깊이 3.3m. 방향 15°. 허리구덩이에 개 1마리 매장. 발치 측 이층대에 전신을 갖춘 소년 1인 매장, 측신굴지. 이 외 소 넓적다리뼈 있음. 은허 후기. 도굴.(中國社會科學院考古研究所安陽工作隊, 「1969~1977年殷墟西區發掘報告」, 『考古學報』 1979年 第1期)

번호 66(실례 10). 은허 서구 M1713

1984년 발굴. 중형무덤. 무덤바닥 길이 3m, 너비 1.56m, 깊이 6.5m. 방향 177°. 북 이층대에 1인 매장, 부신, 두향 서쪽, 우측 어깨 위에 구멍 뚫린 조개 부장. 무덤주인 널 밖 동측에 2인을 중첩되게 매장, 두향 남쪽. 3인 모두 장구가 없음. 덧널 앞쪽 끝에서 소 넓적다리뼈 1, 양 넓적다리뼈 1개 발견. 서 이층대에서 소 엉덩이뼈 발견. 무덤구덩이 매토에 개 1마리 매장. 은허 후기. 미도굴.(中國社會科學院考古研究所安陽工作隊, 「安陽殷墟西區1713號墓的發掘」, 『考古』 1986年 第8期)

번호 67. 사반마촌四盤磨村 M6

1950년 발굴. 무덤바닥 길이 2.4m, 너비 1.17m, 깊이 4.5m. 방향 188°. 무덤구덩이어깨 아래 1.2m의 매토에서 아이 인골 1구 발견, 두향 동쪽, 부신으로 무릎을 굽히고 두 다리를 위로 올림, 두 손은 뒤에 둠. 은허 후기. 도굴.(郭寶均, 「1950年春殷墟發掘報告」, 『中國考古學報』 第5冊, 1951年)

번호 68. 사반마촌 M7

1950년 발굴. 무덤의 크기 설명 없음. 무덤구덩이어깨 1.1m의 매토에서 아동 인골 1구 발견, 부신, 우측 팔 불완전, 좌측 팔 등 뒤로 함. 은허 후기. 도굴.(郭寶均, 「1950年春殷墟發掘報告」, 『中國考古學報』 第5冊, 1951年)

번호 69. 사반마촌 M8

1950년 발굴. 무덤바닥 길이 2.6m, 너비 1m, 깊이 4.9m. 방향 186°. 무덤구덩이어깨 아래 1.2m의 매토에서 아이 인골 1구 발견, 두향 북쪽, 부신, 신장 0.65m, 손발이 발견되지 않음. 은허 후기. 도굴.(郭寶均, 「1950年春殷墟發掘報告」, 『中國考古學報』 第5冊, 1951年)

번호 70. 사반마촌 M15

1950년 발굴. 무덤바닥 길이 2.4m, 너비 1.4m, 깊이 4.4m. 방향 186°. 무덤구덩이어깨 아래 1.2m의 매토에서 아이 인골 1구 발견, 머리뼈 발견되지 않음. 굴지로 옆으로 누움, 주변에서 홍도 관罐과 짐승뼈 2개 발견. 유물이 도굴되어 연대 판단 불가.(郭寶均, 「1950年春殷墟發掘報告」, 『中國考古學報』 第5冊, 1951年)

* 번호 67~70은 모두 무덤구덩이어깨 아래 1.1~1.2m에 어린아이 1인을 매장한 것으로 연대가 서로 근접한다. 이는 당시 여기에 거주한 한 가족의 장례습속을 나타내고 있을 가능성이 있다. 이렇게 살해된 어린아이는 죽은 무덤주인에게 거행한 제사에 사용되었거나 경사스런 날에 희생된 인생일 것이다.

번호 71. 남구南區 설가장薛家莊 M1

1983년 발굴. 무덤바닥 길이 3.7m, 너비 2.1m, 깊이 4.4m. 방향 10°. 이층대 위에 1인 매장, 장구와 부장품 없음. 매토에 2인 매장. 은허 전기. 도굴.(中國社會科學院考古研究所安陽工作隊, 「安陽薛家莊東南殷墓發掘簡報」, 『考古』 1986年 第12期)

번호 72. 남구 설가장 M3

1983년 발굴. 무덤바닥 길이 2.8m, 너비 1.6m, 깊이 5.2m. 방향 8°. 매토에 개 2마리 매장. 동측 이층대에 전신을 갖춘 키 1.5m의 여성 1인 매장. 인골 아래 면에 나무판 흔적이 있어 널을 사용한 것으로 보이나 부장품은 없음. 남측 이층대에 개 2마리, 서측 이층대와 허리구덩이에 각각 개 1마리 매장. 무덤에 모두 개 6마리와 1인 순장. 은허 전기. 미도굴.(中國社會科學院考古研究所安陽工作隊, 「安陽薛家莊東南殷墓發掘簡報」, 『考古』 1986年 第12期)

번호 73. 남구 곽가장 M172

1982~1992년 발굴. 하나의 무덤길. 남향. 무덤구덩이 길이 5m, 너비 2.65~2.85m, 깊이 4.8m. 여러 차례 도굴. 무덤주인 인골과 장구 남아 있지 않음. 유물 소량만 남음. 무덤길 북단 아래 바닥에 장방형구

덩이 3기 배치, 방향 모두 285°. 구덩이에 각각 순인 1인 매장, 모두 두향 서쪽, 부신. 구덩이에 나무판 흔적이 있어 널을 사용한 것으로 추측됨. 북쪽 구덩이 인골 키 1.26m, 소년남성으로 부장품 없음. 나머지 두 구덩이의 순인은 모두 성년이고, 손위에서 각각 소량의 방포蚌泡, 바다조개, 대합조개껍질 등이 발견됨. 은허 후기.(中國社會科學院考古研究所, 『安陽殷墟郭家莊商代墓葬』, 中國大百科全書出版社, 1998年)

번호 74. 남구 곽가장 M34

1982~1992년 발굴. 무덤구덩이 길이 3m, 너비 1.1m, 깊이 2.2m. 방향 187°. 널 내 무덤주인 부신의 자세. 서 이층대에 순인 1인 매장, 두향 남쪽, 부신, 장구와 부장품 발견되지 않음. 허리구덩이에 개 1마리 매장. 머리측 널 내에서 소 넓적다리뼈 발견. 은허 후기. 미도굴.(中國社會科學院考古研究所, 『安陽殷墟郭家莊商代墓葬』, 中國大百科全書出版社, 1998年)

번호 75. 남구 곽가장 M45

1982~1992년 발굴. 무덤구덩이 길이 2.9m, 너비 1.4m, 깊이 3m. 방향 5°. 널과 덧널, 인골이 모두 흩어짐. 단 무덤주인 두향이 북쪽임은 알 수 있음. 동 이층대에 순인 1인 매장, 두향 북쪽, 부신. 매토에 개 1마리, 허리구덩이에 개 1마리 매장. 은허 후기. 도굴.(中國社會科學院考古研究所, 『安陽殷墟郭家莊商代墓葬』, 中國大百科全書出版社, 1998年)

번호 76. 남구 곽가장 M160

1990년 발굴. 중형무덤. 무덤바닥 길이 4.5m, 너비 2.9m, 깊이 8m. 방향 105°. 서측 이층대에 1인 매장, 두향 남쪽. 덧널과 널 사이 양측에 각 1인 매장, 모두 두향 서쪽, 직지. 허리구덩이에 1인 매장, 발버둥치는 모습, 산 채 묶여서 매장된 것으로 추측. 이 외 개 3마리 매장, 그 중 한 마리는 매토에 두향을 동쪽으로, 한 마리는 덧널 뚜껑판 위에서, 한 마리는 허리구덩이에 매장된 사람 아래에서 두향을 서쪽으로 하여 출토됨. 이 무덤의 서남 30m에 2기의 수레구덩이가 있음. 방향은 105°, 이 무덤에 소속된 것일 가능성이 있음. 이 무덤은 부호무덤(번호 28)의 발견 이후 또 하나의 중요한 발견으로 인정됨. 은허 후기. 미도굴.(中國社會科學院考古研究所, 『安陽殷墟郭家莊商代墓葬』, 中國大百科全書出版社, 1998年)

번호 77. 남구 곽가장 M170

1982~1992년 발굴. 중형무덤. 무덤구덩이 길이 4m, 너비 2m, 깊이 5.5m. 방향 10/190°. 도굴 엄중. 장구, 인골 교란. 유물 소량만 남음. 순인 3인, 1인은 동 이층대에서, 두향을 남쪽으로, 2인은 서 이층대에서 두향을 남쪽으로 하고 출토됨, 매장 자세는 모두 알 수 없음. 은허 후기. 도굴.(中國社會科學院考古研究所, 『安陽殷墟郭家莊商代墓葬』, 中國大百科全書出版社, 1998年)

번호 78. 남구 곽가장 M184

1982~1992년 발굴. 무덤구덩이 길이 3.5m, 너비 2.2m, 깊이 3.8m. 방향 190°. 무덤주인 두향 남쪽. 유물이 많지 않음. 북 이층대에 순인 1인 매장, 두향 동쪽, 매장 자세는 알 수 없음. 은허 후기. 도굴.(中國

社會科學院考古硏究所, 『安陽殷墟郭家莊商代墓葬』, 中國大百科全書出版社, 1998年)

번호 79. 남구 곽가장 M190

1982~1992년 발굴. 무덤구덩이 길이 3.25m, 너비 1.95m, 깊이 3.9m. 방향 10°. 널과 덧널, 무덤주인 인골 교란. 무덤주인 두향 북쪽. 매장 자세는 알 수 없음. 남 이층대에 순인 1인 매장, 두향 남쪽, 부신. 은허 후기. 도굴.(中國社會科學院考古硏究所,『安陽殷墟郭家莊商代墓葬』, 中國大百科全書出版社, 1998年)

번호 80. 남구 곽가장 M230

1982~1992년 발굴. 무덤구덩이 길이 2.7m, 너비 1.4m, 깊이 4.35m. 방향 0°. 덧널과 널 내의 무덤주인 인골 교란. 무덤주인 두향 북쪽. 매장 자세는 알 수 없음. 서 이층대에 순인 1인 매장, 두향 북쪽, 부신. 은허 후기. 도굴.(中國社會科學院考古硏究所, 『安陽殷墟郭家莊商代墓葬』, 中國大百科全書出版社, 1998年)

* 이상 곽가장 8기의 순인무덤의 순인은 대부분 키가 1.5m 이하의 소년이고 매장자세는 모두 부신으로 보임.

번호 81. 남구 곽가장 동남 M26

1995년 발굴. 무덤구덩이 길이 3.55m, 너비 2.25m, 바닥 깊이 4.9m. 방향 105°. 널과 덧널 사이 양측에 각 1인 매장, 전신을 갖추고 직지, 성년, 부패됨, 두향 동쪽, 부장품 없음. 개 2마리 매장, 1마리는 매토에, 1마리는 허리구덩이에서 출토, 은허 전기. 미도굴.(中國社會科學院考古硏究所安陽工作隊, 「河南安陽郭家莊東南26號墓」, 『考古』 1998年 第10期)

번호 82. 남구 유가장 남지 M1

1985년 발굴. 주인 널 바깥에 소년 1인 매장, 두 발이 교차하며 묶임. 은허 전기.(安陽市博物館, 「安陽鐵西劉家莊南殷代墓葬發掘簡報」, 『中原文物』 1986年 第3期)

번호 83. 남구 유가장 남지 M2

1985년 발굴. 무덤바닥 깊이 6.2m. 주인 널 바깥에 성년 1인 매장, 앙신직지, 두 손이 등 뒤에서 교차하여 묶인 모습. 은허 전기.(安陽市博物館, 「安陽鐵西劉家莊南殷代墓葬發掘簡報」, 『中原文物』 1986年 第3期)

번호 84(실례 11). 남구 유가장 남지 M13

1985년 발굴. 무덤바닥 길이 2.8m. 너비 1.4m, 남은 깊이 2.7m. 방향 97°. 홍색을 칠한 주인 널의 중앙에 한 명의 노년여성이 앙신직지, 두향 동쪽으로 안치됨. 그 우측에 붙어 비교적 작은 흑칠의 널이 있고, 거기에 청년남성이 측신직지, 두향 서쪽, 주인을 바라보며 매장됨. 주인 널의 내외에 모두 부장품이 있고 순인 널에는 부장품이 없음. 허리구덩이에 개 1마리가 매장됨. 은허 전기. 미도굴.(安陽市博物館, 「安陽鐵西劉家莊南殷代墓葬發掘簡報」, 『中原文物』 1986年 第3期)

번호 85. 남구 유가장 남지 M15

1985년 발굴. 주인 널 바깥에 남성 1인 매장, 부신, 두 다리가 교차하여 묶임.(安陽市博物館, 「安陽鐵西劉家莊南殷代墓葬發掘簡報」, 『中原文物』 1986年 第3期)

번호 86. 남구 유가장 남지 M42

1985년 발굴. 무덤바닥 길이 3.95m. 너비 1.95m, 깊이 4.5m. 동향. 주인 널 발치측 이층대 위에 전신을 갖춘 2인 매장, 두향 반대, 다리가 교차하며 중첩, 장구와 부장품 없음, 1인은 앙신의 미성년, 1인은 부신의 성년남성. 우측 이층대에 전신을 갖춘 성년여성 1인 매장, 앙신직지, 두향 동쪽, 널이 있음, 부장품 없음. 좌측 이층대에 머리가 없는 소 몸체뼈 매장. 은허 후기. 도굴.(安陽市博物館, 「安陽鐵西劉家莊南殷代墓葬發掘簡報」, 『中原文物』 1986年 第3期)

번호 87. 남구 유가장 남지 M57

1985년 발굴. 무덤바닥 길이 3.1m. 너비 1.55m, 깊이 4.15m. 동향. 주인 널 발치 측(서) 이층대 위에 전신을 갖춘 소녀 1인 매장, 앙신직지, 북쪽을 바라 봄, 장구와 부장품 없음. 은허 후기.(安陽市博物館, 「安陽鐵西劉家莊南殷代墓葬發掘簡報」, 『中原文物』 1986年 第3期)

번호 88. 남구 유가장 남지 순인무덤 7기

1985년 발굴. 「安陽鐵西劉家莊南殷代墓葬發掘簡報」에는 "이번 발굴된 62기의 소형무덤 중에 13기에 순인이 있다. 순인은 모두 20인이고 순인 3인인 것이 1기(M42), 순인 2인인 것이 4기, 나머지 9기는 각각 순인이 1인이다(계산 착오 - 실제 순인무덤은 14기). 인골의 감정결과 남녀가 모두 있다."라고 하였다. 개보에 구체적으로 서술한 순인무덤은 6기(번호 74~79)이고, 순인은 모두 8인이다. 7기의 무덤 12인의 순인에 대해서는 보고되지 않았다.(安陽市博物館, 「安陽鐵西劉家莊南殷代墓葬發掘簡報」, 『中原文物』 1986年 第3期)

번호 89. 남구 유가장 북지 M9

1983~1986년 발굴. 중형무덤. 무덤바닥 길이 3.36m. 너비 1.8m, 깊이 5.9m. 방향 100°. 덧널 뚜껑판 위에 개 1마리 매장. 덧널 내에 2개의 널 배치. 북측 큰 널은 검붉은 홍칠의 널이고, 인골은 부패, 감정을 거치지 않았으나 성년남성으로 추측됨. 남측 작은 널은 검붉은 흑칠의 널이고, 인골은 여성으로 감정됨. 무덤주인의 희첩(발굴자가 2차에 걸친 천장으로 인정하여 명확하지 않다). 발치 측(서) 이층대와 덧널 뚜껑판 위에 순인 1인이 두향을 남쪽, 얼굴을 위로 보며 앙신직지로 매장, 감정결과 성년남성. 머리 측(동) 이층대와 덧널 뚜껑판 위에 소머리 1개를 매장. 우측 이층대와 덧널 뚜껑판 위에 양 머리 1개와 소 넓적다리 하나를 매장. 무덤에서 출토된 부장품은 78점이고, 그 가운데 청동 예기가 16점, 병기가 14점임. 여러 점의 청동기에 '거부계舉父癸'라는 명문이 주조되어 있음. 은허 후기. 미도굴.(安陽市文物工作隊, 「1983-1986年安陽劉家莊南殷代墓葬發掘報告」, 『華夏考古』 1997年 第2期. 필자는 孟宪武, 「殷墟南區墓葬發掘綜述」 가운데 M3을 이 무덤으로 알고 있다. 이는 『中原文物』 1986年 第3期에 보인다.)

번호 90. 남구 매원장 M5

1980년 발굴. 무덤바닥 길이 3.5m, 너비 1.74m, 남향. 양측 이층대에 각각 전신을 갖춘 1인 매장, 두향은 무덤주인과 같이 남쪽이나 좌우의 아래쪽에 편재해 있다. 동측 1인은 부신직지, 서측 1인은 부신이고, 다리가 약간 굽음. 2인 모두 두 손이 배 아래 깔려 있고 얼굴은 주인 널을 바라봄. 감정 결과 모두 성년남성. 북쪽 이층대에 1인이 매장, 부신굴지, 두 손을 엉덩이뼈 위에 둠, 성년여성. 3인 모두 장구와 부장품이 없음. 도굴.(安陽市博物館, 「殷墟梅園莊幾座殉人墓葬的發掘」, 『中原文物』 1986年 第3期)

번호 91. 남구 매원장 M6

1980년 발굴. 무덤주인 두향 동쪽. 양측 이층대에 각각 전신을 갖춘 1인 매장, 두향은 무덤주인과 일치, 단지 좌우의 아래쪽에 편재해 있음. 서측 1인은 부신직지, 두 손이 엉덩이뼈 아래에 깔려 있음, 성년여성. 동측 1인은 역시 부신직지, 발치가 북벽에 가까움, 감정 결과 소년. 2인 모두 장구와 부장품이 없음. 매토에서 개 1마리가 발견. 도굴.(安陽市博物館, 「殷墟梅園莊幾座殉人墓葬的發掘」, 『中原文物』 1986年 第3期)

번호 92(실례 12). 남구 매원장 M7

1980년 발굴. 무덤바닥 길이 3.4m, 너비 1.75m, 깊이 5m. 남향. 양측 이층대에 각각 1인 매장, 두향은 무덤주인과 같이 남쪽, 단지 좌우 아래로 편재함. 얼굴은 무덤주인을 바라봄, 측신, 다리를 약간 굽힘. 모두 성년여성. 주인 널 바깥 발치 측에 아이 2인 매장, 두향이 다르고, 부신직지, 두 넓적다리가 교차하며 중첩됨. 모두 장구와 부장품이 없음. 도굴.(安陽市博物館, 「殷墟梅園莊幾座殉人墓葬的發掘」, 『中原文物』 1986年 第3期)

번호 93. 은허 남구 매원장 M8

1980년 발굴. 무덤주인 두향 남쪽. 주인 널 우측(동) 이층대에 전신을 갖춘 1인 매장, 두향 무덤주인과 같이 남쪽, 약간 아래에 위치, 얼굴은 무덤주인 방향, 부신직지, 성년여성. 장구와 부장품 없음. 도굴.(安陽市博物館, 「殷墟梅園莊幾座殉人墓葬的發掘」, 『中原文物』 1986年 第3期)

번호 94. 은허 남구 매원장 M118

1987년 발굴. 무덤바닥 길이 3.7m, 너비 1.72~1.8m, 깊이 4.7m. 방향 100°. 덧널과 널 사이 좌측(동)에 순인 1인 매장, 부패되어 성격 불명. 허리구덩이에 개 1마리 매장.(中國社會科學院考古研究所安陽工作隊, 「1987年秋安陽梅園莊南地殷墓的發掘」, 『考古』 1991年 第2期)

번호 95. 대사공촌 순인수레구덩이 3기

175호 수레구덩이. 1953년 발굴. 구덩이에 수레 1대, 말 2마리, 1인 매장.(馬得志等, 「1953年安陽大司空村發掘報告」, 『考古學報』 第9冊, 1955年)

292호 수레구덩이. 1966년 발굴. 구덩이에 수레 1대, 말 2마리, 1인 매장.(中國社會科學院考古研究所, 『殷墟的發見與研究』 133면, 科學出版社, 1994年)

755호 수레구덩이. 1985년 발굴. 구덩이에 수레 1대, 말 2마리, 1인 매장. 도굴.(中國社會科學院考古研究所, 『殷墟的發見與研究』 133면, 科學出版社, 1994年)

번호 96. 고루장 후강 3호 순인말구덩이〈그림 74〉

1971년 발굴. 구덩이 길이 3.45m, 너비 1.9m, 깊이 3.6m. 서향. 구덩이에 말 2마리와 2인 매장. 아래에 돗자리를 깜. 말 두향 서쪽, 등이 북쪽, 옆으로 누임. 2인은 말의 배 아래에 누임, 측신, 두향은 북쪽, 얼굴은 서쪽을 보게 함, 무릎을 꿇고 포복하는 모습. 이 말구덩이는 2개의 무덤길을 가진 대형무덤(미발굴)의 남쪽 무덤길 남단에 위치하여 그 무덤의 배장구덩이일 가능성이 있음. 미도굴.(中國社會科學院考古研究所安陽工作隊,「1971年度安陽後崗發掘簡報」,『考古』 1972年 第3期)

번호 97. 서구 효민둔孝民屯 순인수레구덩이 3기

계속해서 발굴된 7기의 수레구덩이는 모두 대중형무덤의 부근(일부는 무덤길)에서 발견됨. 그 가운데 3기에 순인이 있음.

1호 수레구덩이. 1959년 발굴, 구덩이에 수레 1대, 말 2마리, 1인 매장. 상세한 것은 실례 13〈그림 61〉을 볼 것.(「安陽殷墟孝民屯的兩座車馬坑」,『考古』 1977年 第1期)

7호 수레구덩이〈그림 75〉. 1959년 발굴. 구덩이에 수레 1대, 말 2마리, 1인 매장. 미도굴.(「安陽新發現的殷代車馬坑」,『考古』 1972年 第4期)

698호 수레구덩이. 1969～1977년 발굴. M698 남쪽 무덤길 내에 위치. 구덩이에 수레 1대, 말 2마리, 1인 매장. 은허 후기. 도굴.(中國社會科學院考古研究所安陽工作隊,「1969～1977年殷墟西區發掘報告」,『考古學報』 1979年 第1期)

번호 98. 남구 곽가장 순인수레구덩이(말구덩이와 양구덩이 포함) 4기

1987년 가을과 1989년 가을 곽가장 M160과 M170의 서남변에서 7기의 수레구덩이가 발굴됨. 그 중 1기의 수레구덩이, 2기의 말구덩이, 1기의 양구덩이에 순인이 있음.

52호 수레구덩이. 1987년 발굴, 구덩이에 수레 1대, 말 2마리, 1인 매장. 상세한 것은 실례 14〈그림 62〉를 볼 것. 은허 후기. 미도굴.

51호 말구덩이. 1987년 발굴. 구덩이에 말 2마리, 1인 매장. 은허 후기. 미도굴.

143호 말구덩이. 1989년 발굴. 구덩이에 말 2마리, 3인 매장. 은허 후기. 미도굴.

148호 양구덩이. 1989년 발굴. 구덩이에 양 2마리, 1인 매장. 은허 후기. 미도굴.

발굴자는 52호 수레구덩이와 51호 말구덩이는 172호 무덤의 배장구덩이로, 143호 말구덩이와 148호 양구덩이는 160호 무덤의 배장구덩이로 보고 있음.(中國社會科學院考古研究所,『安陽殷墟郭家莊商代墓葬』, 中國大百科全書出版社, 1998年)

번호 99. 남구 유가장 북지 348호 수레구덩이

1992년 발굴, 구덩이에 수레 1대, 말 2마리, 1인 매장. 은허 후기. 미도굴.(劉一曼,「安陽殷劉家莊北地車馬坑」,『中國考古學年鑒(1993)』 177면, 文物出版社, 1995年)

번호 100. 남구 매원장 순인수레구덩이 3기

1호 수레구덩이. 1993년 발굴, 구덩이에 수레 1대, 말 2마리, 1인 매장. 은허 후기. 미도굴.(安陽市文物工作隊, 「安陽梅園莊殷代車馬坑發掘報告」, 『華夏考古』 1997年 第2期)

40호 수레구덩이. 1995년 발굴. 구덩이에 수레 1대, 말 2마리, 1인 매장. 은허 후기. 미도굴.(中國社會科學院考古研究所安陽工作隊, 「河南安陽市梅園莊的殷代車馬坑」, 『考古』 1998年 第10期)

41호 수레구덩이. 1995년 발굴. 구덩이에 수레 1대, 말 2마리, 1인 매장. 은허 후기. 미도굴.(中國社會科學院考古研究所安陽工作隊, 「河南安陽市梅園莊的殷代車馬坑」, 『考古』 1998年 第10期)

〈별표 2〉 안양 은허 이외 상나라무덤의 인생과 인순(순생과 제생 포함) 유적

번호 101. 하남 휘현 유리각 M150

1951년 발굴. 남북 2개의 무덤길. 무덤구덩이바닥 길이 7.4m, 너비 5.2m, 깊이 8.2m. 방향 15°. 허리구덩이에 전신을 갖춘 1인 매장, 무릎을 꿇고 측신, 그 위에서 도기 역鬲, 두豆와 궤簋 출토. 동측 이층대에 전신을 갖춘 1인 매장, 부신, 석제 어魚형 장식을 차고 있음. 서측 이층대에 전신을 갖춘 2인 매장. 북측 이층대에서 소 넓적다리뼈 1개와 도기 두豆 1점 출토. 덧널 남단에 전신을 갖춘 1인과 개 1마리 매장. 사람은 부신, 두향 서쪽, 인골 부패. 무덤구덩이 매토에서 사람 머리뼈 5개, 개 2마리 출토. 북 무덤길은 발굴되지 않음. 은허 전기. 도굴(中國科學院考古研究所, 『輝縣發掘報告』 15~18면, 科學出版社, 1956年)

번호 102. 하남 휘현 유리각 M141

1951년 발굴. 중형무덤. 무덤구덩이바닥 길이 6.1m, 너비 4.7m, 깊이 4.1m, 방향 15°. 도굴 교란토에서 사람 머리뼈 1개, 개 1마리분과 개 아래턱뼈 2개 발견. 은허 전기. 도굴.(中國科學院考古研究所, 『輝縣發掘報告』 16면, 科學出版社, 1956年)

번호 103. 하남 휘현 유리각 M147

1951년 발굴. 중형무덤. 무덤구덩이바닥 길이 5.2m, 너비 4.2m, 깊이 3.8m. 방향 15°. 덧널 말단 교란부에 사람의 머리뼈 6개와 약간의 넓적다리뼈 흔적 발견. 양측 이층대에 각각 개 1마리 매장, 무덤구덩이어깨 아래 0.9m의 매토에 전신을 갖춘 1인 매장, 두향 북쪽, 서옥형의 옥장식과 구멍이 있는 석제 부斧를 가짐. 은허 전기. 도굴.(中國科學院考古研究所, 『輝縣發掘報告』 16면, 科學出版社, 1956年)

번호 104. 하남 휘현 유리각 M45

1951년 발굴. 무덤구덩이바닥 길이 3.2m, 너비 2.5m. 무덤주인 인골 주변에서 2인의 뼈 출토. 은허전기. 도굴.(郭寶均, 『山彪鎭與琉璃閣』 69면, 科學出版社, 1959年)

번호 105. 정주 인민공원 M15

1954년 발굴. 무덤구덩이 길이 3.05m, 너비 1.35~1.4m, 깊이 1.05m. 방향 95°. 무덤구덩이바닥에 덧널 설치, 4주에 흙으로 쌓은 이층대 설치, 덧널 안에 널 안치. 널 아래 허리구덩이에 개 1마리, 석제 산鏟 1점 매장. 널 안 무덤주인은 앙신굴지 자세, 인골 아래 면에 주사 흔적 있음. 널 바깥 동북부에 청년 여성 1인 매장, 인골 완전, 측신굴지, 얼굴은 무덤주인을 향함, 양팔 위로 굽힘, 좌측 넓적다리 굴절, 자세가 자연스럽지 않음, 장구와 부장품 없음. 무덤의 부장품이 비교적 풍부, 동제 과戈, 술鉥, 옥제 과戈, 황璜 등이 있음. 이리강 후기. 미도굴.(河南省文物考古研究所, 『鄭州商城』 889면, 文物出版社, 2001年)

번호 106. 정주 백가장白家莊 M3

1955년 발굴. 무덤구덩이 길이 2.9m, 너비 1.17m, 깊이 2.13m. 방향 351°. 서측 이층대에 순인 1인 매장, 머리뼈와 일부 팔다리뼈만 남음, 부신, 두향은 무덤주인과 일치(북). 허리구덩이에 개 1마리 매장. 이리강 후기.(河南省文物考古研究所, 『鄭州商城』, 文物出版社, 2001年)

번호 107(실례 15). 정주 상성 97M6

1997년 발굴. 상성 내부 동북모서리에 위치. 무덤구덩이바닥 길이 2.4m, 너비 1.1m, 깊이 0.3m. 방향 110°. 3인 합장, 모두 부신직지. 중간 무덤주인 성년남성, 우측 청년여성, 좌측 소년. 청동기, 골제 촉鏃 등 142점의 유물 부장. 이리강 전기. 미도굴.(河南省文物考古研究所, 「鄭州商城新發見的幾座商墓」, 『文物』 2003年 第4期)

번호 108. 낙양 동교 동대사 M101

1952년 발굴. 하나의 무덤길, 북향하다 동으로 꺾임. 무덤구덩이 길이 3.87m, 너비 2.67m, 바닥 깊이 7.8m. 무덤구덩이의 무덤길 연접부 두 벽에 각각 하나의 덧방 배치. 무덤구덩이바닥 중앙에 허리구덩이. 4주에 이층대를 둠. 도굴 엄중. 간신히 동측, 북측 이층대에 각각 순인 1인이 남음. 모두 굴지, 판축토에 눌려 파손됨. 은허 후기 후단계.(郭寶均等, 「1952年秋季洛陽東郊發掘報告」, 『考古學報』 第9冊, 1955年)

번호 109. 낙양 동교 동대사 M104

1952년 발굴. 하나의 무덤길, 남향하다 동으로 꺾임. 무덤구덩이 길이 5m, 너비 2.95m, 바닥 깊이 8.4m. 형식이 M101과 같음. 도굴되어 비어 있었음. 은허 후기 후단계.(郭寶均等, 「1952年秋季洛陽東郊發掘報告」, 『考古學報』 第9冊, 1955年)

번호 110. 낙양 동교 파가로구擺駕路口 M1

1952년 발굴. 하나의 무덤길, 북향하다 동으로 꺾임. 무덤구덩이 길이 5.26m, 너비 3.05m, 바닥 깊이 8.3m. 형식이 동대사 M101과 같음. 도굴되어 비어 있었음. 허리구덩이 주변에서 개뼈 몇 개 발견. 은말주초.(郭寶均等, 「1952年秋季洛陽東郊發掘報告」, 『考古學報』 第9冊, 1955年)

번호 111. 낙양 동교 파가로구 M2

1952년 발굴. 하나의 무덤길, 남향하다 동으로 꺾임. 무덤구덩이 길이 4m, 너비 3m, 바닥 깊이 7.25m. 이층대 네 모서리에 그림이 있는 포의 흔적 있음. 도굴 엄중, 장구와 인골 완전 멸실, 소량의 개뼈, 동기와 도기가 남음. 은허 후기 후단계.(郭寶均等, 「1952年秋季洛陽東郊發掘報告」, 『考古學報』 第9冊, 1955年)

번호 112. 낙양 동교 파가로구 M3

1952년 발굴. 하나의 무덤길. M1의 남쪽 2m에 위치. 형식 유사. 파괴 엄중, 완전히 파지 않음. 은허 후기 후단계.(郭寶均等, 「1952年秋季洛陽東郊發掘報告」, 『考古學報』 第9冊, 1955年)

번호 113. 원곡 상성 M16

1988년 발굴. 중형무덤. 무덤구덩이 잔존 길이 2.86m, 너비 1.67m, 잔존 깊이 1.15m. 방향 4°. 무덤구덩이에 흙을 쌓은 이층대 설치. 널 있음. 무덤주인 두향 북쪽, 앙신직지, 장년 남성. 동측 이층대 순인 1인 매장, 두향 북쪽, 무덤주인을 바라 봄, 측신 굴지, 두 손이 결박됨, 청년여성, 머리에 골제 잠簪을 꽂음. 주변에서 도기 관罐 1점 출토, 장구 없음. 무덤주인 부장품은 서측 이층대에 배열, 동기, 옥제 자루 장식 등이 있음.(中國歷史博物館考古部, 『垣曲商城』, 科學出版社, 1996年)

번호 114. 하북 고성 대서촌 M14

1973~1974년 발굴. 무덤구덩이바닥 길이 2.6m, 너비 1.1m, 잔존 깊이 0.93m. 방향 194°. 무덤주인 두향 남쪽, 45세 내외 남성, 부신직지. 동측 이층대에 1인 매장, 20세 내외 여성, 앙신직지, 두향 남쪽, 손과 다리가 교차, 결박된 모습, 장구는 발견되지 않음, 골제 잠簪, 비匕, 조개껍질 각 1점 부장. 주인 널 양단 바깥에 각각 개 1마리 매장. 이리강 후기. 미도굴.(河北省文物考古硏究所, 『藁城臺西商代遺址』, 文物出版社, 1985年)

번호 115. 하북 고성 대서촌 M22

1973~1974년 발굴. 무덤구덩이바닥 길이 2.68m, 너비 1.21m, 잔존 깊이 0.72m. 방향 210°. 무덤주인 25세 내외 남성, 두향 남쪽. 동측 이층대에 1인 매장, 25세 내외의 남성, 장구와 부장품 없음. 허리구덩이에 개 1마리 매장. 은허 전기. 미도굴.(河北省文物考古硏究所, 『藁城臺西商代遺址』, 文物出版社, 1985年)

번호 116(실례 16). 하북 고성 대서촌 M35

1973~1974년 발굴. 무덤구덩이바닥 길이 2.44m, 너비 1m, 깊이 1.3m. 방향 122°. 칠을 한 널 안에서 2구의 인골 출토, 두향 동쪽. 남쪽 사람은 앙신직지, 50세 내외 남성. 북쪽 사람은 측신직지, 두 다리 결박, 두 손을 가슴 앞에 모음, 25세 내외 여성. 허리구덩이에 개 1마리 매장. 은허 전기.(자료는 河北省文物考古硏究所, 『藁城臺西商代遺址』, 文物出版社, 1985年)

번호 117. 하북 고성 대서촌 M36

1973~1974년 발굴. 무덤구덩이바닥 길이 2.9m, 너비 1.5m, 깊이 2.7m. 방향 110°. 널을 두 칸으로 구분, 각각에서 인골 1구 출토, 두향은 모두 동쪽. 남쪽 칸이 비교적 큼, 40~50세 남성, 앙신직지, 북쪽 칸이 비교적 작음, 여성 인골, 연령은 남성과 비슷, 측신굴지, 손발 결박, 얼굴 남자 향함. 은허 전기. 미도굴.(河北省文物考古硏究所, 『藁城臺西商代遺址』, 文物出版社, 1985年)

번호 118. 하북 고성 대서촌 M38

1973~1974년 발굴. 무덤구덩이바닥 길이 1.95m, 너비 0.73m, 잔존 깊이 0.65m. 방향 114°. 주인 널에 검붉은 흑칠, 30세 내외 여성 매장, 두향 동쪽. 북측 이층대에 1인 매장, 18세 내외 남성, 부신직지, 작은 널을 가짐, 부장품 없음. 무덤구덩이 매토에서 개 2마리, 허리구덩이에 개 1마리 매장. 은허 전기.

미도굴.(河北省文物考古研究所,『藁城臺西商代遺址』, 文物出版社, 1985年)

번호 119. 하북 고성 대서촌 M74

1973~1974년 발굴. 무덤구덩이바닥 길이 2.35m, 너비 1.28m, 깊이 1.55m. 방향 212°. 주인 널과 인골 부패, 두향 남쪽. 동측 이층대에 1인 매장, 다리 결박, 성별, 연령 감정 안 됨, 장구 보이지 않음, 부장품 없음. 허리구덩이에 개 1마리 매장. 은허 전기. 미도굴.(河北省文物考古研究所,『藁城臺西商代遺址』, 文物出版社, 1985年)

번호 120(실례 17). 하북 고성 대서촌 M85

1973~1974년 발굴. 무덤구덩이바닥 길이 3m, 너비 1.5m, 깊이 2.3m. 방향 200°. 칠을 한 널에 2인 안치, 두향 남쪽. 서측 사람 부신직지, 25세 내외 남성. 동측 사람 측신굴지, 손발이 묶임, 얼굴 서측 방향, 20세 내외 남성. 서측 이층대에 작은 널 하나 있음, 널에 인골 1구, 부신장, 35세 내외 남성, 부장품 없음. 칠을 한 널 바깥 양측에 각각 개 2마리, 널 바깥 발치에 개 1마리, 허리구덩이에 개 1마리, 모두 개 6마리 매장. 은허전기. 미도굴.(河北省文物考古研究所,『藁城臺西商代遺址』, 文物出版社, 1985年)

번호 121. 하북 고성 대서촌 M101

1973~1974년 발굴. 무덤구덩이바닥 길이 2.8m, 너비 1.56, 깊이 2.5m. 바닥에 2인 매장, 교란되어 이동되고 부패되어 일부만 남음. 출토현상으로 보아 1인은 무덤주인, 1인은 순인. 이 외 개 1마리 매장. 은허전기. 도굴.(河北省文物考古研究所,『藁城臺西商代遺址』, 文物出版社, 1985年)

번호 122. 하북 고성 대서촌 M102

1973~1974년 발굴. 무덤구덩이바닥 길이 2.62m, 너비 1.14, 깊이 2.6m. 방향 109°. 하나의 널에 2인을 나란하게 안치, 두향 동쪽. 좌측 사람 앙신직지, 30~35세 남성. 우측 사람 측신굴지, 다리 결박, 얼굴을 좌측 사람 향함, 약 30세로 성별은 미감정. 허리구덩이에 개 1마리 매장. 동측 이층대에서 돼지뼈, 양 어깨뼈, 물소뿔 등 출토. 은허 전기. 미도굴.(河北省文物考古研究所,『藁城臺西商代遺址』, 文物出版社, 1985年)

번호 123. 하북 고성 대서촌 M103

1973~1974년 발굴. 무덤구덩이바닥 길이 2.72m, 너비 1.27m, 잔존 깊이 0.72m. 방향 195°. 주인 널 검붉은 흑칠, 안에 약 30세 남성 안치, 두향 남쪽. 덧널 뚜껑판 위에 1인 매장, 부신직지, 청년남성. 서측 이층대에 1인 매장, 15세 내외 남성, 부신직지, 무릎 이하가 잘려 나감. 정강이뼈 단면에 칼의 흔적, 장구 없음, 부장품 없음. 허리구덩이에 개 1마리, 순인 좌측에 개 1마리, 이층대 서남모서리에 개 2마리 모두 4마리 매장. 이리강 후기. 미도굴.(河北省文物考古研究所,『藁城臺西商代遺址』, 文物出版社, 1985年)

번호 124. 하북 고성 대서촌 M112

1972년 발굴. 무덤구덩이바닥 길이 3m, 너비 2m, 깊이 5m. 주인 널 방향 서향. 머리 측 이층대에 인골

1인분이 흩어짐. 무덤 안에서 철제 날을 가진 동제 술鉞 등 26점의 유물 출토. 이리강 후기. 도굴 교란.(河北省文物考古研究所, 『藁城臺西商代遺址』, 文物出版社, 1985年)

번호 125(실례 17). 산동 청주(익도) 소부둔 M1

1965년 발굴. 4개 무덤길. 무덤구덩이 길이 15m, 너비 10.7m, 바닥 깊이 8.3m. 허리구덩이에 1인, 개 1마리 매장. 전기구덩이에 1인 매장. 이층대에 전신을 갖춘 7인 매장, 3개의 널에 나누어 안치, 부장품 있음. 남 무덤길 끝에 전신을 갖춘 14인과 25개의 사람 머리 매장, 모두 아이. 은허후기. 도굴.(山東省博物館, 「山東益都蘇埠屯第一號奴隸殉葬墓」, 『文物』 1972年 第8期)

번호 126. 산동 청주 소부둔 M2

1965년 발굴. 하나의 무덤길. 규모가 M1에 비해 작음, 구조는 유사. 무덤길에 사람 머리 9개 매장, 무덤 바닥 이층대 네 모서리에 각각 사람 머리 1개 매장, 창과 방패 각 1점이 출토.(山東省博物館, 「三十年來山東省文物考古工作」, 『文物考古工作三十年』, 文物出版社, 1979年)

번호 127. 산동 청주 소부둔 M8

1986년 발굴. 1개 무덤길. 남향. 무덤구덩이 길이 7.5m, 너비 6.5m, 바닥 깊이 4.46m. M1 북쪽 약 95m에 위치. 이층대와 허리구덩이 있음. 바깥덧널 내에 일곽일관, 무덤주인 인골 부패, 두향과 매장자세는 불명. 덧널 위에 개 1마리, 동측 이층대에 개 1마리 매장, 모두 두향은 북쪽. 인순과 인생의 흔적은 발견되지 않음. 상나라의 대형무덤으로서는 예외적임. 청동기와 도기 등 312점의 유물 부장. 10여 점 이상의 동기에 주조된 '융融' 자 명문이 있어 발굴자는 융씨족의 부호로 추정. 은나라 후기. 미도굴.(山東省文物考古研究所等, 「青州蘇埠屯商代墓發掘報告」, 『海岱考古』 第一輯, 1989年)

번호 128. 산동 청주 소부둔 M11

1986년 발굴. 1개 무덤길. 남향. 무덤구덩이 길이 5.9m, 너비 4.2m, 바닥 깊이 5.4m. M1 서남 약 70m에 위치. 흙을 쌓은 이층대, 허리구덩이 있음. 덧널에 널 하나 안치. 무덤주인 인골 도굴로 훼손. 허리구덩이에 개 1마리 매장. 덧널 서북모서리에서 도기 가斝 1점 출토. 은나라 후기 후단계.(山東省文物考古研究所等, 「青州蘇埠屯商代墓發掘報告」, 『海岱考古』 第一輯, 1989年)

번호 129. 산동 청주 소부둔 M7

1986년 발굴. 중형무덤. 무덤구덩이 길이 3.65m, 너비 2.6m, 바닥 깊이 2.9m. 방향 10°. 널과 덧널, 이층대, 허리구덩이가 있음. '아추亞醜' 라는 명문이 새겨진 청동기 부장. 무덤주인 앙신직지, 두향 북쪽, 부패. 순인 3인, 모두 장구 없음. 그 중 1인 서측 이층대 중앙에 위치, 측신직지, 두향 북쪽, 어깨 부위에 바다조개 3매 부장. 동측 이층대 남단 1인, 앙신직지, 두향 북쪽, 허리에 동죽조개껍질 가짐. 나머지 1인 남측 이층대 동단에 위치한 아동, 동측 이층대 순인과 교차, 측신직지, 두향 서쪽, 부장품 없음. 허리구덩이에 개 1마리 매장, 덧널 뚜껑판에서 소넓적다리 2마리분 출토. 은나라말기. 미도굴.(山東省文物

考古硏究所等, 「青州蘇埠屯商代墓發掘報告」, 『海岱考古』第一輯, 1989年)

번호 130. 산동 등주 전장대촌前掌大村 북 M4

1991년 발굴. 남북 2개 무덤길. 무덤구덩이 길이 9.18m, 너비 5.54m, 바닥 깊이 5.1m. 무덤의 위에 건축지 있음. 무덤 도굴 엄중. 이곽일관二槨一棺의 흔적 및 동제 거마구, 조개를 상감한 칠기 패식, 석제 경磬 등 유물이 남음. 안덧널과 널 사이에 개순장구덩이 있음, 구덩이에 개뼈가 흩어져 있음. 무덤 동측에 4기의 작은 무덤이 배치, 무덤에 각각 미성년 1인 매장, 장구가 없고 부장품 없음. 후에 조상 제사를 위한 인생구덩이에 해당. 상나라 말기. 미도굴.(中國社會科學院考古硏究所山東工作隊, 「滕州前掌大商代墓葬」, 『考古學報』 1992年 第3期)

번호 131. 산동 등주 전장대촌 북 M3

1991년 발굴. 1개 무덤길. 남향. 무덤구덩이가 M4의 남측 무덤길 파괴. 무덤구덩이 길이 8m, 너비 3.3~3.4m, 바닥 깊이 3.6m. 이층대, 이곽일관二槨一棺 있음, 무덤주인 직지로 약간 옆으로 누임, 40세 내외의 여성. 무덤 도굴 엄중, 북측 이층대에서 소넓적다리뼈 출토. 바깥덧널 서남모서리에 한 무더기의 교란된 인골 있음, 거기에서 동제 포泡, 골제 추錐 등 유물 출토. 교란된 인골에서 3개체 이상이 식별됨, 순인임. 상나라 말기. 미도굴.(中國社會科學院考古硏究所山東工作隊, 「滕州前掌大商代墓葬」, 『考古學報』1992年 第3期)

* 이 두 기의 무덤주인은 친족 관계로 보임.

번호 132. 산동 등주 전장대촌 남 M11

1994년 발굴. 중형무덤. 무덤구덩이바닥 길이 3.8m, 너비 1.96~2.06m, 깊이 3.34m. 남북향. 이층대, 허리구덩이, 덧널과 널 있음. 무덤주인 몸 아래에 주사를 도포. 청동기, 옥기 등을 많이 부장. 동측 이층대에 순인 1인 매장, 측신굴지, 두 손을 뒤로 결박함, 머리에 소량의 장식품 있음. 상말주초. 미도굴.(中國社會科學院考古硏究所, 「滕州前掌大遺址重要發現」, 『中國文物報』 1995年 1月 8日)

번호 133. 산동 장구 녕가부 M61

1988년 발굴. 무덤구덩이 길이 3.2m, 너비 1.35~1.9m, 바닥 깊이 1.76m. 방향 98°. 이층대, 허리구덩이, 덧널과 널 있음. 허리구덩이에 개 1마리 매장. 무덤주인 발치(서) 이층대 위에서 아이 인골 1구 발견, 앙신굴지, 두향 남쪽, 장구 없음, 부장품 없음. 상나라 말기. 미도굴.(山東省文物考古硏究所, 『濟青高級公路章丘工段考古發掘報告集』 44~45면, 齊魯書社, 1993年)

번호 134. 산동 혜민현 대곽촌 M1

1973년 발굴. 구덩식무덤. 무덤에서 순인 1인, 개 1마리 발견. 수집된 청동기의 연대는 상나라 만기에 해당.(山東惠民縣文化館, 「山東惠民縣發現商代青銅器」, 『考古』 1974年 第3期)

번호 135. 하남 나산현 천호촌 M8

1979~1980년 발굴. 중형무덤. 무덤구덩이 길이 5.2m, 너비 3.2m, 바닥 깊이 4.4m. 방향 338°. 덧널 위에 2인 매장, 각각 얇은 칠을 한 널을 가짐, 부장품 없음. 덧널에서 개 1마리, 소 넓적다리뼈, 말 넓적다리뼈 발견. 은허 전기. 미도굴.(河南省信陽地區文管會等, 「羅山天湖商周墓地」, 『考古學報』 1986年 第2期)

번호 136. 하남 나산현 천호촌 M11

1979~1980년 발굴. 중형무덤. 무덤구덩이 길이 3.6m, 너비 2.2m, 바닥 깊이 4.2m. 방향 350°. 덧널과 널 사이에 1인 매장 흔적, 부장품 없음. 은허 전기. 미도굴.(河南省信陽地區文管會等, 「羅山天湖商周墓地」, 『考古學報』 1986年 第2期)

번호 137. 하남 나산현 천호촌 M12

1979~1980년 발굴. 중형무덤. 무덤구덩이 길이 4.3m, 너비 2.3m, 바닥 깊이 5m. 방향 10°. 덧널 안 널 바깥 우측에 1인 매장 흔적, 장구와 부장품 없음. 허리구덩이에 목에 동제 영鈴을 건 개 1마리 매장. 은허 전기. 미도굴.(河南省信陽地區文管會等, 「羅山天湖商周墓地」, 『考古學報』 1986年 第2期)

번호 138. 하남 나산현 천호촌 M28

1979~1980년 발굴. 중형무덤. 무덤구덩이 길이 3.6m, 너비 2.2m, 바닥 깊이 4.2m. 방향 20°. 덧널 뚜껑판 위에 3구의 인골 흔적, 동서향으로 등거리 배열, 장구와 부장품 없음. 허리구덩이에 개 1마리 매장. 은허 전기. 미도굴.(河南省信陽地區文管會等, 「羅山天湖商周墓地」, 『考古學報』 1986年 第2期)

번호 139. 하남 나산현 천호촌 M41

1979~1980년 발굴. 중형무덤. 무덤구덩이 길이 5.2m, 너비 3.8m, 바닥 깊이 6.4m. 방향 35°. 덧널 뚜껑판 위에 1구의 인골 흔적, 장구와 부장품 없음. 은허 후기. 미도굴.(河南省信陽地區文管會等, 「羅山天湖商周墓地」, 『考古學報』 1986年 第2期)

번호 140(실례 18). 호북 반룡성 이가취 M2

1974년 발굴. 중형무덤. 무덤구덩이바닥 길이 3.77m, 너비 3.4m, 잔존 깊이 1.41m. 방향 20°. 이곽일관二槨一棺, 널의 무덤주인 인골 부패. 순인 3구, 1인 바깥덧널 위 북쪽에 위치, 다리뼈 흩어짐. 나머지 2인은 서측 바깥덧널과 안덧널 사이에 위치, 그 중 1인은 성년, 두향 북쪽, 앙신, 다리뼈 발견되지 않음. 나머지 1인 아이, 두향 남쪽, 성인의 뼈 아래에 놓임, 몸체뼈와 팔다리뼈가 불완전. 장구와 부장품 없음. 이 둘은 원래 덧널 천장판 위에 매장되었을 가능성이 있음. 허리구덩이에 개 1마리 매장. 이리강 후기. 미도굴.(湖北省文物考古研究所, 『盤龍城』 156면, 文物出版社, 2001年)

번호 141. 산서 영석현 정개촌 M1

1985년 발굴. 중형무덤. 무덤구덩이바닥 길이 4.05m, 너비 2.5m, 잔존 깊이 4m. 방향 190°. 덧널에 3개의 널 병렬 배치. 널에 각각 인골 1구, 두향 남쪽. 중간 널 남성, 앙신직지. 양쪽 널 여성, 측신, 얼굴이 중간 널을 향함. 부장품 대다수가 덧널 뚜껑판 위의 남성 머리 위와 발치에 배치. 여성에게는 몸을 장식한 옥제 장식 몇몇만 있음. 중간 널 발치에 순인 1인, 두향 서쪽, 측신, 얼굴은 무덤주인을 향함, 장구가 발견되지 않음, 부장품 없음. 허리구덩이에 개 1마리 매장. 덧널 양측 매토에 개 2마리, 소머리 1개 매장. 개 목에 동제 영鈴, 산 채 매장. 은나라 말기. 미도굴.(山西省考古研究所等, 「山西靈石旌介村商墓」, 『文物』 1986年 第11期)

번호 142. 산서 영석현 정개촌 M2

1985년 발굴. 중형무덤. M1의 북쪽 4m에 위치. 무덤구덩이바닥 길이 3.4m, 너비 2.2m, 깊이 6m. 방향 110°. 덧널 내 2개 널 병렬 배치. 널 하나는 중간, 남성, 앙신직지. 나머지 널 하나 우측 편재, 여성, 측신직지, 얼굴 방향 남성. 무덤바닥에서 0.9m 위치의 매토에서 1인 인골 발견, 앙신직지, 두향 동쪽, 가슴에 조개 하나, 머리뼈 분리, 장구 발견되지 않음, 제사에 피살된 희생. 덧널 바깥 머리 측에 소 넓적다리뼈 1개 매장. 허리구덩이에 개 1마리 매장. 은나라 말기. 미도굴.(山西省考古研究所等, 「山西靈石旌介村商墓」, 『文物』 1986年 第11期)

번호 143. 산서 석루 도화장 상무덤

1959년 발굴. 무덤구덩이바닥 길이 2.5m, 너비 1.7m, 깊이 1.4m. 교란된 후 조사. 무덤바닥에서 2구의 인골 발견, 1구는 중앙에 위치한 무덤주인, 나머지 1구는 이층대 위에 배치한 순인. 무덤에서 청동기, 옥기 아주 풍부하게 출토. 은나라 말기.(謝青山 · 楊紹舜, 「山西呂梁縣石樓鎭又發現銅器」, 『文物』 1960年 第7期)

번호 144. 서안 노우파 M1

1986년 발굴. 무덤구덩이바닥 길이 3.76m, 너비 2.32m, 깊이 1.74m. 방향 60°. 무덤구덩이어깨 깊이 1m에서 무덤구덩이바닥 사이에서 계속 교란된 인골이 출토됨. 감정 결과 무덤주인 1인을 제외하고 11개체 분량. 11인은 순인. 그 가운데 1구는 이층대 위에서 발견, 나머지는 배치 위치 불명. 은허 전기. 도굴. 자료는 西北大學考古專業, 『老牛坡』, 陝西人民出版社, 2001年 참조.

번호 145. 서안 노우파 M2

1986년 발굴. 무덤구덩이바닥 길이 3.9m, 너비 2.23m, 깊이 2.2m. 방향 58°. 무덤구덩이 내에 인골 흩어짐, 상호 중첩, 감정 결과 무덤주인 1인을 제외하고 4개체 분량. 4인은 순인. 그 가운데 1구는 허리구덩이에 배치한 것이 확인, 나머지 3구는 배치 위치 불명. 은허전기. 도굴.(西北大學考古專業, 『老牛坡』, 陝西人民出版社, 2001年)

번호 146. 서안 노우파 M4

1986년 발굴. 무덤구덩이바닥 길이 2.35m, 너비 1.1m, 잔존 깊이 0.3m. 방향 50°. 무덤구덩이바닥 네 벽에 목판 흔적. 중앙에 남성 인골 1구. 그 위의 우측에 또 1구의 인골, 측신굴지, 얼굴이 남성을 향함,

감정결과 청년여성. 허리구덩이에 개 1마리 매장. 은허 전기. 미도굴.(西北大學考古專業, 『老牛坡』, 陝西人民出版社, 2001年)

번호 147. 서안 노우파 M5

1986년 발굴. 중형무덤. 무덤구덩이바닥 길이 4.3m, 너비 2.78m, 깊이 2.89m. 방향 66°. 무덤에서 14구의 인골 발견. 널에 1구, 두향 동쪽. 교란토에서 1구, 도굴구덩이에서 1구 발견. 좌측 이층대에서 1구 발견, 신장 1.52m, 앙신직지, 두향 동쪽. 좌측 곁칸에서 3구, 우측 곁칸에서 6구 발견, 모두 부패. 허리구덩이에서 1구 발견, 측신굴지, 두향 동쪽. 14인 가운데 널의 1인을 제외하면 모두 순장자. 은허 전기. 도굴.(西北大學考古專業, 『老牛坡』, 陝西人民出版社, 2001年)

번호 148. 서안 노우파 M6

1986년 발굴. 무덤구덩이바닥 길이 3.8m, 너비 2.15m, 깊이 1.35m. 방향 20°. 무덤에 인골이 무질서하게 쌓인 채 발견, 감정 결과 적어도 7개체분이고 대다수가 남성, 연령대가 다양. 무덤주인 1인을 제외하고 나머지 6구는 순인. 허리구덩이와 네모서리구덩이에 각각 개 1마리 매장. 은허 전기. 도굴.(西北大學考古專業, 『老牛坡』, 陝西人民出版社, 2001年)

번호 149. 서안 노우파 M7

1986년 발굴. 무덤구덩이바닥 길이 3.35m, 너비 2.12m, 깊이 1.61m. 방향 60°. 무덤 교란 파괴, 이층대 위에서 순인 인골 3구 발견되었을 뿐. 그 중 2구는 북측 이층대, 두향 모두 동북쪽, 2인은 상하로 중첩되어 쌓임, 하나는 측신, 하나는 직지. 나머지 1구는 동측 이층대에서 발견, 두향 서북쪽, 앙신직지. 3인 모두 장구와 부장품이 없음. 감정 결과 13~15세의 소년남녀. 은허전기. 자료는 西北大學考古專業, 『老牛坡』, 陝西人民出版社, 2001年 참조.

번호 150. 서안 노우파 M8

1986년 발굴. 중형무덤. 무덤구덩이바닥 길이 3.45m, 너비 2.54m, 깊이 2.85m. 방향 66°. 무덤은 덧널, 널, 이층대, 허리구덩이, 다리구덩이[脚坑]로 구성. 매토에서 사람 머리뼈 2개, 널에서 사람 머리뼈 1개, 좌우의 곁칸에서 각각 사람머리뼈 3개, 허리구덩이에서 10~12세의 아동 이빨 몇 개, 다리구덩이에서 파손된 인골 발견. 감정 결과 모두 10개체분, 1구는 무덤주인, 나머지 9구는 순장자와 제사에 공헌된 인생. 은허 전기. 도굴.(西北大學考古專業, 『老牛坡』, 陝西人民出版社, 2001年)

번호 151. 서안 노우파 M10

1986년 발굴. 무덤구덩이바닥 길이 2.55m, 너비 1.07m, 잔존 깊이 0.25m. 방향 36°. 무덤구덩이바닥 네 벽에 목판 흔적. 1인이 중앙, 머리뼈 일부만 남음, 성별 불명. 나머지 1인 우측에 배치, 측신굴지, 감정 결과 50세 내외의 남성. 허리구덩이, 머리구덩이[頭坑], 발치구덩이[足坑]에 각각 개 1마리 매장. 은허 전기. 미도굴.(西北大學考古專業, 『老牛坡』, 陝西人民出版社, 2001年)

번호 152. 서안 노우파 M11

1986년 발굴. 중형무덤. 무덤구덩이바닥 길이 4.7m, 너비 2.9m, 깊이 2.4m. 방향 62°. 덧널을 주검칸, 좌우 곁칸으로 나눔, 이층대, 허리구덩이, 네 모서리구덩이 있음. 매토에서 사람 머리뼈 3개, 주검칸에서 사람 머리뼈 1개, 좌우 곁칸 각각에서 교란된 인골 2구, 허리구덩이에서 부신굴지의 인골 1구, 서북 모서리구덩이에서 사람 머리뼈 1개, 여타 모서리구덩이와 덧널 내에서 교란된 사람 팔다리뼈 발견. 감정 결과 모두 10개체 분량, 1구는 무덤주인, 나머지 9구는 순장자와 제사에 공헌된 인생. 은허 전기. 도굴.(西北大學考古專業, 『老牛坡』, 陝西人民出版社, 2001年)

번호 153. 서안 노우파 M16

1986년 발굴. 무덤구덩이바닥 길이 2.5m, 너비 1.2m, 잔존 깊이 0.3m. 방향 68°. 도굴 엄중, 인골 교란되어 무덤구덩이바닥 서반부에 집중된 채 출토, 3개의 사람머리뼈, 2개의 아래턱뼈가 있음. 감정 결과 4개의 개체, 하나는 무덤주인, 나머지 3인은 순인. 허리구덩이에 개 1마리 매장. 은허 전기.(西北大學考古專業, 『老牛坡』, 陝西人民出版社, 2001年)

번호 154. 서안 노우파 M18

1986년 발굴. 무덤구덩이바닥 길이 2.5m, 너비 1.24m, 잔존 깊이 0.6m. 방향 65°. 이미 도굴, 인골 교란. 감정 결과 3개의 개체, 하나는 무덤주인, 나머지 2인은 순인. 은허 전기.(西北大學考古專業, 『老牛坡』, 陝西人民出版社, 2001年)

번호 155. 서안 노우파 M19

1986년 발굴. 무덤구덩이바닥 길이 2.2m, 너비 1.05m, 잔존 깊이 0.48m. 방향 50°. 무덤구덩이바닥에서 인골 2구가 두향을 반대로 해서 출토. 좌측인 부신직지, 두향 동북향, 감정 결과 35~40세의 여성. 우측인 측신굴지, 두향 서남쪽, 얼굴을 좌측인을 향함, 감정 결과 20세 내외의 여성. 매장현상으로 보아 좌측이 무덤주인, 우측이 순인. 허리구덩이에 개 1마리 매장. 은허 전기. 미도굴.(西北大學考古專業, 『老牛坡』, 陝西人民出版社, 2001年)

번호 156. 서안 노우파 M20

1986년 발굴. 무덤구덩이바닥 길이 2.85m, 너비 1.4m, 잔존 깊이 0.25m. 방향 43°. 도굴 엄중, 인골 모두 교란. 뼈에 흑색이 염색된 것이 있음. 감정 결과 4개체 분량. 하나는 무덤주인, 3인은 순인. 허리구덩이와 네 모서리구덩이에 각각 개 1마리 매장. 은허 전기.(西北大學考古專業, 『老牛坡』, 陝西人民出版社, 2001年)

번호 157. 서안 노우파 M23

1986년 발굴. 무덤구덩이바닥 길이 3.15m, 너비 2.04m, 깊이 1.47m. 방향 35°. 도굴 엄중, 교란된 매토에서 약간의 사람 머리뼈, 몸체뼈, 팔다리뼈 등이 발견. 감정 결과 2인 남성의 인골, 1인 무덤주인, 1인

순인으로 추측. 은허 전기.(西北大學考古專業,『老牛坡』, 陝西人民出版社, 2001年)

번호 158. 서안 노우파 M24

1986년 발굴. 중형무덤. 무덤구덩이바닥 길이 3.26m, 너비 1.83m, 깊이 1.66m. 방향 56°. 덧널을 주검칸, 좌우 곁칸으로 나눔, 이층대와 네 모서리구덩이 있음. 널에 인골 1구, 무덤주인. 좌측 곁칸에 인골 2구, 우측 곁칸에 인골 3구. 5인 모두 두향과 장구가 다름. 인골이 불완전한 것이 있고, 모두 순장자. 네 모서리구덩이에서 짐승뼈 출토. 은허 전기. 도굴.(西北大學考古專業,『老牛坡』, 陝西人民出版社, 2001年)

번호 159(실례 21). 서안 노우파 M25

1986년 발굴. 중형무덤. 무덤구덩이바닥 길이 4.8m, 너비 2.8m, 깊이 1.8m. 방향 62°. 매토에서 머리가 잘린 인골 1구 발견. 덧널을 주검칸, 좌우 곁칸으로 나눔. 인골 이미 교란되었으나 주검칸에 1인, 우측 곁칸에 4인, 좌측 곁칸에 3인, 허리구덩이에 1인이 있었음을 추정할 수 있음. 두향은 모두 동쪽, 성별과 매장자세는 불명. 네 모서리구덩이에서 동물뼈 출토. 은허 전기. 도굴.(西北大學考古專業,『老牛坡』, 陝西人民出版社, 2001年)

번호 160. 서안 노우파 M26

1986년 발굴. 무덤구덩이바닥 길이 3m, 너비 1.6m, 잔존 깊이 0.25m. 방향 98°. 3구의 인골이 덧널 내에 배치, 두향 일치. 1인은 무덤주인, 2인은 순인. 무덤주인 중앙, 부패. 좌측 순인 측신직지, 우측 순인 측신굴지, 모두 얼굴은 무덤구덩이 벽 방향. 감정 결과 좌측 남성, 우측 여성, 평균 50세 내외. 은허 전기.(西北大學考古專業,『老牛坡』, 陝西人民出版社, 2001年)

번호 161. 서안 노우파 M30

1986년 발굴. 무덤구덩이바닥 길이 2.6m, 너비 1.35m, 깊이 0.75m. 방향 23°. 구덩이에 말, 개, 사람을 일렬로 배열, 말이 앞(북), 개가 중간, 사람이 뒤(남)에 배치. 모두 죽인 후에 매장. 사람은 측신굴지, 두 정강이가 가슴에 눌림. 감정 결과 13~15세의 남성, 장구와 부장품 없음. 이 소년은 개를 데리고 말을 사육하던 노복. 이 구덩이는 어떤 무덤의 순장구덩이 혹은 제사구덩이임. 주인 무덤은 확인되지 않음. 은허 전기. 미도굴.(西北大學考古專業,『老牛坡』, 陝西人民出版社, 2001年)

번호 162. 서안 노우파 M30

1986년 발굴. 중형무덤. 무덤구덩이바닥 길이 5.1m, 너비 3.48m, 잔존 깊이 1.5m. 방향 48°. 바깥덧널에 안덧널과 널 하나 안치. 허리구덩이에 1인, 개 1마리 매장, 사람을 위, 개를 아래에 둠. 사람 측신굴지, 손에 동제 술鉞을 잡음(나무자루는 부패). 도굴 심함. 교란된 매토에서 사람 머리뼈 12개가 뒤섞여 발견됨. 또 허리구덩이에서 1구의 인골이 발견됨. 1인은 무덤주인이고 나머지 12인은 순장인과 제사에 피살된 생인. 은허 전기. 도굴.(西北大學考古專業,『老牛坡』, 陝西人民出版社, 2001年)

번호 163. 서안 노우파 M44

1986년 발굴. 무덤구덩이바닥 길이 2.4m, 너비 0.95m, 잔존 깊이 0.2m. 방향 151°. 무덤구덩이 아래 네 벽에 목판 흔적. 인골 3구. 1구 중앙, 앙신직지, 무덤주인. 좌측인 측신굴지, 얼굴 방향 무덤주인, 무덤주인 넓적다리 좌측에 구부리고 있음. 우측인 부신굴지, 얼굴 방향 아래, 무덤주인 우측 넓적다리 아래에 위치, 몸 아래에서 동전 5매 발견. 허리구덩이에 개 1마리 매장, 석제 과戈 1점 출토. 무덤에 부장품이 비교적 많음. 은허 전기. 미도굴.(西北大學考古專業, 『老牛坡』, 陝西人民出版社, 2001年)

번호 164. 빈현 단경촌斷涇村 M4

1995년 발굴. 무덤구덩이바닥 길이 5.36m, 너비 4.38m, 깊이 4.56m. 방향 317°. 동벽 바닥 가까이에 이층대 남김. 무덤구덩이바닥 중앙에 일곽일관一槨一棺 설치. 덧널 네 주위에 덧널을 설치한 이후에 흙을 쌓은 이층대가 돌아감. 널안 무덤주인 주위 도굴, 두 정강이뼈만 남음, 널 아래에 허리구덩이와 다리구덩이 각 1개 있음. 허리구덩이에 개 1마리, 닭 1마리 매장. 다리구덩이에 순인 1인 매장, 두향 북쪽, 얼굴 위를 봄, 다리를 굽히고 꿇어앉은 자세. 흙으로 쌓은 이층대 위에 순인 1인, 생인 1인 매장. 순인은 동측 이층대 위에 배치, 부신, 두향 북쪽, 몸 위에 초본류의 돗자리를 덮음, 주변에서 동제 포泡 5매 출토, 등에 작은 동제 도刀 1점 부장. 생인은 팔다리를 해체한 후 남측과 북측 이층대 위에 나누어 매장. 은허 후기. 도굴.(中國社會科學院考古學研究所涇渭工作隊, 「陝西彬縣斷涇遺址發掘報告」, 『考古學報』 1999年 第1期)

후기

본서는 졸저『중국고대의 인생과 인순中國古代的人牲人殉』을 수정하고 보완하여 펴낸 것이다. 수정하고 보완한 분량이 비교적 많고, 전체의 책은 신석기시대부터 명청왕조에 이르기까지 중국고대사 전체를 통괄하고 있으므로 이에 합당한 이름으로 바꾸었고, 원래의 32절판을 16절판으로 고쳤다.

이번에 수정·보완하게 된 이유는 두 가지이다. 첫째는 원래의 책이 1990년 출간된 이후 절판되어 적지 않은 친구들과 그 책의 출간을 알지 못했던 애호가들이 계속해서 편지를 보내 책을 찾았으나 나는 그들의 요구를 만족시킬 수 없어서 항상 마음이 걸렸다. 비록 2000년 일본학자 佐藤三千夫가 원서를 일본글로 번역하여 일본에서 출간하였으나 국내의 학자들이 보기에는 어려움이 많았다. 둘째는 원서에는 1987년까지의 인생과 인순에 대한 고고학 자료를 수록하였으나 이후 새로운 자료가 계속 발견됨으로써 중국 고대 인생과 인순의 연구에 유리한 조건이 제공되어 원서에서의 어떤 부분에 대한 의견을 더욱 심화시키거나 수정해야 할 중요한 지침이 마련되었기 때문이다. 나의 이 두 가지 문제에 대한 대책으로 문물출판사 張慶玲 동지의 찬동과 지지를 얻어 수정과 보완 작업을 순조롭게 진행하여 이 책을 다시 펴낼 수 있었다. 이에 여기서 충심으로 감사를 드린다.

전체 책의 앞부분 5개의 장은 비교적 많이 수정·보완을 하였다. 보태진 새로운 자료는 원서에서 언급되었던 것도 있고, 원서에서 언급되지 않았던 새로운 지점의 것도 있다. 자료가 보태진 장절이 비교적 많고, 문자의 수정도 비교적 많았다. 선사시대 인생과 인순에 대한 판별은 아주 곤란한 일이어서 학자들 사이에 논쟁거리가 되고 있다. 나는 이 방면에 대한 현지에서의 조사경험이 부족하고, 이론수준이 높지 않아 단지 진지하게 원보고서를 읽고, 여러 방향으로 논쟁에서 든 논거의 장단점을 주의 깊게 살펴 마지막으로 좋은 것을 택하여 그를 따랐으나 받아들이지 않은 의견에 대하여도 감히 단연코 아니라고 할 수가 없어서 '의사' 라는 단어를 사용한 절을 분리하여 해당 유적을 서술하였고, 각 유적 설명의 말미에 덧붙여 약간의 검토를 하였다. 그 목적은 논자와 독자들의 연구에 참고자료를 제공함으로써 이러한 하나의 학술적인 문제가 더 좋은 방향으로 해결될 수 있기를 기대하고자 하는 것이다. 상주의 고고학 자료가 많이 보태졌다. 일반적으로 말해 상주시기 인생과 인순유적의 판별은 그렇게 크게 어렵지 않았다. 발굴보고서의 작성자들 대다수가 풍부한 조사경험이 있는 야외고고학자들이기 때문에 나는 기본적으로 그들이 발표한 자료 및 그 연구 성과에 근거하고, 거기에 약간 덧붙여 설명함으로써 독자가 비교적 완전하게 이해할 수 있도록 하였다. 문헌에 기재된 선진시기의 인생과 인순 자료는 모두 찾아 읽고, 관련된 장절에 삽입하였는데, 누락된 것이 별로 없을 것으로 짐작된다. 진한 이후 고고학에서 발견된 인생과 인순 자료는 비교적 적어 주로 역사문헌에 의존하여 서술하였다. 이러한 시기 인생과 인순의 표현형식과 사용범위는 모두 선진시기의 것과는 다르다. 인생의 사용은 주로 조정에서 거행된 헌부제묘獻俘祭廟(혹은 헌부제사獻俘祭社), 민간에서 유행한 살구제전殺仇祭奠과 '여러 음혼지귀淫魂之鬼' 에 대한 살인제사로 나타났다. 인순은 신하의 순난殉難과 처첩과 하인의 순절殉節이 돌출되게 나타났다. 순난과 순절은 오래지 않아 극히 악독한 영향을 미쳤다. 이런 종류의 자료는 역대 관에서 편찬한 사서와 지방지에 빠지지 않고 실려 있어 한 개인의 힘으로는 전부 열람하고 집성할 수가 없는 실정이다. 따라서 나는 단지 이용이 가능한 것을 골라 그 가운데 일부를 열람하고, 몇 사례를 발췌하여 간단한 통계를 냈는데, 그 피해가 극심함을 감지할 수 있었다. 전체 책의 마지막 장은 총결로서 인생 인순과 중국 고대사회와의 관계를 종합적으로 논술하였다. 여기에서는 인생 인순이 장기간 존재한 것과 중국 전통문화와의 관계를 주안점으로 해서 깊이 검토하여 이렇게 사람의 도리를 무시한 문화현상을 크게 비난하였다. 이는 우리가 전통문화를 올바르게 보아야 하고, 전통문화 가운데의 찌꺼기를 버려야 함을 알려준다. 내가 이 절을 쓰게 된 개인적인 욕심이 바로 이것이다.

과거 상당히 많은 사람이 중국고대의 인생과 인순에 대하여 전문적인 연구를 수행하였다. 이에 비하면 본서의 논의는 단지 초보적인 상식에 불과할 뿐이다. 본서에 오류가 많을 줄로 아는데, 이를 고쳐가며 독자들이 읽어주길 바란다.

본서에 인용된 고고학 자료는 2004년 6월까지 발표된 것이다. 인용된 그림은 대여섯 개의 그림을 제외하면 전부 공개발표된 것이니 이는 모두 그들이 노력한 성과이다. 영문의 번역은 莫潤先 동지가 맡아 주었다. 이에 여기서 재삼 감사드린다.

저자

2004년 10월 5일

북경 목서원木樨園 우소寓所에서

주요 참고문헌

1. 사서와 지방지

『曲阜縣志』, 清乾隆三十九年刊本.

『廣西通志』, 清嘉慶六年刊本.

『國語』, 天聖明道本, 民國元年鴻寶齋石印.

『貴州府志』, 清乾隆二十八年編修, 1984年影印本.

『貴州通志』, 民國三十七年刊本.

『大明會典』, 萬曆十五年刊本.

『滿洲實錄』, 臺灣華文書局, 1960年影印本.

『明史』, 中華書局標点本, 1974年版.

『福建通志』, 清同治七年刊本.

『史記』, 中華書局標点本, 1973年版.

『四川通志』, 清嘉慶二十年刊本.

『山西通志』, 清擁正十三年刊本.

『三國志』, 中華書局標点本, 1975年版.

『陝西通志』, 清擁正十三年刊本.

『續修曲阜縣志』, 民國二十三年鉛印, 成文出版社, 1968年影印本.

『宋史』, 中華書局標点本, 1977年版.

『宋會要輯稿』, 中華書局標点本, 1957年版.

『十六國春秋』, 光緒三十二年藝文書局刊本.

『禮記』, 『十三經注疏』本, 中華書局, 1980年版.

『魏書』, 中華書局標点本, 1974年版.

『儀禮』, 『十三經注疏』本, 中華書局, 1980年版.

『戰國策』, 剡川姚氏本, 民國元年鴻寶齋石印.

『朝鮮李朝實錄中的中國史料』, 吳晗輯本上編.

『周禮』, 『十三經注疏』本, 中華書局, 1980年版.

『清史稿』, 中華書局標点本, 1977年版.

『春秋左傳』, 『十三經注疏』本, 中華書局, 1980年版.

『河南通志』, 淸擁正十三年編修, 淸同治八年重補刊本.

『漢書』, 中華書局標点本, 1975年版.

『後漢書』, 中華書局標点本, 1973年版.

『歙縣志』, 民國二十六年纂修, 成文出版社, 1975年影印本.

明 · 沈德符 : 『萬曆野獲編』, 中華書局, 1959年版.

淸 · 查繼佐 : 『罪惟錄』, 四部叢刊三編本.

淸 · 王先謙 : 『東華錄』, 淸光緒十三年上海圖書集成局鉛印本.

淸 · 趙翼 : 『二十二史劄記』, 北京市中國書店, 1987年影印本.

2. 발굴보고 및 관련 논저

『民族問題五種叢書』雲南省編輯委員會 : 『佤族社會歷史調査』, 雲南人民出版社, 1983年.

『世界上古史網』編寫組 : 『世界上古史網』, 人民出版社, 1979年.

郭寶鈞 : 『山彪鎭與琉璃閣』, 科學出版社, 1959年.

郭寶鈞 : 『浚縣辛村』, 科學出版社, 1964年.

廣西壯族自治區博物館 : 『廣西貴縣羅泊灣漢墓』, 文物出版社, 1988年.

廣州市文物管理委員會等 : 『西漢南越王墓』, 文物出版社, 1991年.

喬治 · 彼得 · 穆達克 : 『我們當代的原始民族』, 童恩正譯, 四川民族硏究所, 1980年.

南京博物院 : 『東方文明之光』, 海南國際新聞出版社, 1996年.

南京博物院 :『花廳』, 文物出版社, 2003年.

拉法格 : 『宗教和資本』, 王子野譯, 三聯書店, 1963年.

內蒙古自治區文物考古研究所等 : 『朱開溝』, 文物出版社, 2000年.

盧連成 · 胡智生 : 『寶鷄弓魚國墓地』, 文物出版社, 1988年.

馬克思 : 『摩尒根〈古代社會〉一書摘要』, 人民出版社, 1978年.

文物出版社編 : 『新中國考古五十年』, 文物出版社, 1999年.

文物出版社編輯部編：『文物考古工作三十年』, 文物出版社, 1979年.

北京市文物研究所：『琉璃河西周燕國墓地(1973-1977』, 文物出版社, 1995年.

山東大學歷史系考古專業：『泗水尹家城』, 文物出版社, 1990年.

山東省文物考古研究所：『大汶口續集』, 科學出版社, 1997年.

山東省文物考古研究所：『齊青高級公路章丘工段考古發掘報告』, 齊魯書社, 1993年.

山東省文物考古研究所：『海岱考古』 第一輯, 山東大學出版社, 1989年.

山東省文物考古研究所等：『曲阜魯國故城』, 齊魯書社, 1982年.

山東省文物管理處等：『大汶口』, 文物出版社, 1974年.

山東省博物館等：『鄒縣野店』, 文物出版社, 1985年.

山東省兗石鐵路文物考古工作隊：『臨沂鳳凰嶺東周墓』, 齊魯書社, 1987年.

山西省考古研究所：『上馬墓地』, 文物出版社, 1994年.

山西省考古研究所等：『太原晋國趙卿墓』, 文物出版社, 1996年.

山西省考古研究所侯馬工作站：『晋都新田』, 山西人民出版社, 1996年.

上海市文物管理委員會：『福泉山』, 文物出版社, 2000年.

西北大學歷史系考古專業：『老牛坡』, 陝西人民出版社, 2002年.

石章如：『小屯・殷墟建築遺存』, 中央研究院歷史語言研究所, 1959年.

石章如：『小屯・殷墟墓葬之四, 乙區基址上下的墓葬』, 中央研究院歷史語言研究所, 1976年.

石章如：『小屯・殷墟墓葬之三, 南組墓葬附北組墓補遺』, 中央研究院歷史語言研究所, 1973年.

石章如：『小屯・殷墟墓葬之二, 中組墓葬』, 中央研究院歷史語言研究所, 1972年.

石章如：『小屯・殷墟墓葬之一, 北組墓葬』, 中央研究院歷史語言研究所, 1961年.

陝西省考古研究所：『高家堡戈國墓』, 三秦出版社, 1994年.

宋恩常：『雲南少數民族社會與家政形態調查研究』, 雲南大學歷史研究所民族組, 1975年.

安徽省文物管理委員會等：『壽縣蔡侯墓出土遺物』, 科學出版社, 1955年.

梁思永・高去尋：『侯家莊・1001號大墓』 上下二册, 中央研究院歷史語言研究所, 1962年.

梁思永・高去尋：『侯家莊・1002號大墓』 上下二册, 中央研究院歷史語言研究所, 1965年.

梁思永・高去尋：『侯家莊・1003號大墓』 上下二册, 中央研究院歷史語言研究所, 1967年.

梁思永・高去尋：『侯家莊・1004號大墓』 上下二册, 中央研究院歷史語言研究所, 1970年.

梁思永・高去尋：『侯家莊・1217號大墓』 上下二册, 中央研究院歷史語言研究所, 1968年.

梁思永・高去尋：『侯家莊・1500號大墓』上下二册, 中央研究院歷史語言研究所, 1974年.

梁思永・高去尋：『侯家莊・1550號大墓』上下二册, 中央研究院歷史語言研究所, 1976年.

雲南省博物館：『雲南晋寧石寨山古墓葬發掘報告』, 文物出版社, 1959年.

恩格斯：『家庭, 社有材和國家的起源』,『馬克思恩格斯選集』第四卷, 人民出版社, 1972年.

李學勤：『東周與秦代文明』, 文物出版社, 1984年.

丁山：『中國古代宗教與神話考』, 龍門聯合書局, 1961年.

朱天順：『原始宗教』, 上海人民出版社, 1964年.

中國科學院考古研究所：『輝縣發掘報告』, 科學出版社, 1956年.

中國科學院考古研究所：『灃西發掘報告』, 文物出版社, 1962年.

中國科學院考古研究所等：『西安半坡』, 文物出版社, 1963年.

中國社會科學院考古研究所：『山東王因』, 科學出版社, 2000年.

中國社會科學院考古研究所：『陜縣東周秦漢墓』, 科學出版社, 1994年.

中國社會科學院考古研究所：『新中國的考古發現和研究』, 文物出版社, 1984年.

中國社會科學院考古研究所：『偃師二里頭』, 中國大百科全書出版社, 1999年.

中國社會科學院考古研究所：『殷墟婦好墓』, 文物出版社, 1981年.

中國社會科學院考古研究所：『殷墟的發現與研究』, 科學出版社, 1994年.

中國社會科學院考古研究所：『張家坡西周墓地』, 中國大百科全書出版社, 1999年.

中國社會科學院歷史研究所・考古研究所：『安陽殷墟人骨研究』, 文物出版社, 1985年.

中國歷史博物館考古部等：『垣曲商城』, 科學出版社, 1996年.

青海省文物管理處考古隊等：『青海柳灣』, 文物出版社, 1984年.

河南省文物考古研究所等：『淅川下寺春秋楚墓』, 文物出版社, 1991年.

河南省文物局文物工作隊：『鄭州二里崗』, 科學出版社, 1959年.

河南省文物研究所：『鄭州商城』上中下三册, 文物出版社, 2001年.

河南省文物研究所：『鄭州商城考古新發現與研究』, 中州古籍出版社, 1993年.

河南省文物研究所等：『登封王城崗與陽城』, 文物出版社, 1992年.

夏鼐主編：『中國大百科全書・考古學』, 中國大百科全書出版社, 1986年.

河北省文物研究所：『藁城臺西商代遺址』, 文物出版社, 1985年.

湖北省文物考古研究所：『盤龍省』, 文物出版社, 2001年.

湖北省博物館 : 『曾侯乙墓』, 文物出版社, 1989年.

胡厚宣 : 『殷墟發掘』, 學習生活出版社, 1955年.

3. 정기간행물

『江漢考古』

『考古』(『考古通訊』포함)

『考古與文物』

『考古學報』(『中國考古學報』포함)

『考古學集刊』

『古文字研究』

『南方民族考古』

『東南文化』

『文物』(『文物參考資料』포함)

『文物資料叢刊』, 第一期～第十期, 1977～1987年.

『文博』

『中國考古學年鑒』

『中國文物報』

『中央研究院歷史語言研究所集刊』

『中原文物』(『河南文博通訊』포함)

『華夏考古』

Abstract

ON ANCIENT CHINESE HUMAN IMMOLATION

The present book begins with a comprehensive discussion on the origin of human immolation (in lieu of a preface) and a definition of this practice. There were two categories of human victims : those offered to spirits and those buried with the dead. The former category refers to human sacrifices to late ancestors (human spirits), divinities and all natural objects. The victims are mainly prisoners of war or the slaves transformed from them. In the Old World, human sacrifice was first brought about in agricultural tribes, and prevailed principally in the final stage of primitive society and the incipient stage of civilized society. The latter category refers to the human victims buried alive with deceased clan chiefs, family heads, slave owners and feudal loads. This practice was once a common social phenomenon in antiquity, prevailing in the whole historical times from the last phase of primitive society to the initial stage of class society. The human victims were basically close relatives, subjects and servants of the dead. The purpose of this mortuary human immolation was to pursue the continuation of the master - and - subject relationship of this world into the nether one.

The main body of the book consists of nine chapters. Chapters Ⅰ to Ⅷ introduce human immolation in different times from the Neolithic Age through the Shang, Zhou, Qin and Han periods down to the Ming and Qing dynasties, with equal attention paid to both archaeological data and literal records. The Shang period comes first in the quantity of this sort of archaeological data and in the richness of their contents. The Yin Ruins at Anyang are the most important locality, though a number of discoveries are obtained from the other territory under the Yin king's dominion and adjacent local states. Concerning the Zhou perple, human immolation may have not existed among their early generations. It was accepted from the Yin people in the east in the period of contact and confrontation between the two ethnic groups, but only a few examples have been discovered in the Zhou archaeological material, far rarer than those remaining of the Yin-Shang period. During the Eastern Zhou period with struggles between states arising one after another, human immolation was developed to a certain extent, with the burial of human victims for accompanying their deceased masters practiced rather extensively, especially among the easterners in the Qi State and the westerners in the Qin State. As the then states differed from each other in social and historical aspects as well as in the tradition of human immolation, there was variety in the observance and frequency of this practice. From the Qin-Han period onward, the related archaeological data decrease distinctly, and researches in this field are carried out mainly upon records in historical documents. The practical from and scope of human immolation were different from those in the Shang-Zhou period. Human sacrifice was mainly practiced when the royal family held ceremonies of killing prisoners of war for sacrificing to their late ancestors or to the gods of earth and grain. Among the common people, there prevailed killing personal enemies for sacrificing to the spirits of murdered close relatives and killing human victims for sacrificing to supernatural beings. Mortuary human victimization was represented by officials giving their lives out of royalty to the deceased emperor and wives, concubines and servants going to death in defense of their virtue. These practices were variances of human immolation under given historical conditions in ancient China, and exerted extremely bad influence upon the Chinese society of modern times.

Chapter IX sums up all the preceding discussion and expounds the relationship of human immolation with ancient Chinese society. It points out that this custom in China began from late primitive society, passed through the Shang, Zhou, Qin and

Han periods and lasted down to the time around the Revolution of 1911. Covering all developmental stage of China's history, its long duration and profound influence were incomparable in any country and ethnic group all over the world. The long existence of human immolation in China was due to many causes, mainly three: First, the Confucianism, especially the Neo-Confucianism, which was revered as the orthodox school of Confucianism from the Song period, took the three cardinal guides and the five constant virtues to be heavenly principles. It advocated that "death of starvation is a trifle while disloyalty, a great event", which exerted a profound pernicious influence. Second, the polygamous and servant-enslaving systems were all along in vogue. The existence of concubines and male and female servants in great numbers constituted the roots of the long practices of human immolation. Third, China is a multi-nationality country, exchange and confrontation between nationalities have never ceased, and their customs have always influenced upon each other. Thus the migration and amalgamation of ethnic groups functioned as external causes of the long continuation of human immolation within this and that member of the Chinese nation.

옮긴이의 글

신라와 가야의 고총에서 순장은 보편적인 장법으로 인식되고 있다. 그동안 발굴된 신라와 가야의 고총에서는 대부분 순장이 확인되거나 그 흔적이 남아 있기 때문이다. 따라서 신라와 가야 고총과 그것이 축조되던 사회에 대한 해석에 순장의 이해는 아주 중요한 요소가 된다. 이러한 관점에서 보면 우리의 고총사회에 대한 인식을 위해 중국의 순장에 대한 이해가 필요함은 아무리 강조해도 지나치지 않을 것이다. 이 책을 옮겨서 펴내는 이유가 여기에 있다.

이 책의 원제목은『古代人牲人殉通論』이다. 책은 원래 1991년『中國古代的人牲人殉』이라는 제목으로 출간된 것을 지은이가 2004년 다시 고쳐 쓰면서 바꾼 것이다. 1991년판은 2000년 일본에서『中國古代の殉葬習俗-“人間犠牲”(人牲・人殉)の研究』라는 제목의 일본어로 번역되어 소개되었고, 한국의 독자들은 대략 이 번역본을 읽고 중국의 순장을 이해한 것으로 보인다. 옮긴이도 지은이의 글을 대한 것이 바로 그 책이었다. 여기에 옮긴 책은 지은이의 후기에 서술한 바와 같이 지은이가 고쳐 쓰면서 많은 자료가 첨가되었고, 새로운 견해가 부가되었다. 그리고 일본어 번역본에는 원래의 책에 소개되어 있던 진한秦漢 이후의 글에 대해서는 번역을 하지 않아 중국의 인생과 인순에 대한 전체적인 흐름을 읽을 수 없었다.

인생人牲과 인순人殉이라는 말은 우리에게는 약간 낯선 단어이다. 인생은 사람을 제물로 여겨 제사에 바친 것을 말하고, 인순은 우리가 이해하는 순장殉葬으로 죽은 이가 저세상에서 사용할 인력을 함께 보내는 것을 말한다고 할 수 있다. 우리의 고대유적에서 인생이 발견될 가능성은 있으나 아직 명확한 실례가 보이지 않으므로 우리는 그러한 제사가 있었다고 할 수는 없을 것 같다. 그러나 우리는 여기서 인순이라고 한 순장에 대해서는 아주 익숙하다. 책을 옮기면서 제목을 『중국의 사람을 죽여 바친 제사와 순장』이라고 한 것은 우리가 이 책의 제목을 보고 바로 이해할 수 있도록 하기 위함이었으나 잘못된 이해를 할까 우려되는 바도 없지 않다.

중국의 고고학과 관련된 글을 옮기면서 항상 문제에 부딪치는 것이 전문용어의 문제이다. 여기서는 이를 해결하기 위하여 특히 기물 등에 대해서는 중국에서 사용하고 있는 한자어를 그대로 사용하고, 그 용어가 처음 나오는 곳에 우리말로 풀어 이해할 수 있도록 하였다. 옮긴 우리말이 과연 적당한가는 많이 의심되는데, 앞으로 풀어가야 할 문제가 아닌가 한다. 모쪼록 이 책이 우리의 고총사회를 비롯한 고고학 전반에 걸친 해석과 학문적 발전에 도움이 되었으면 한다.

책을 옮겨 펴낼 수 있도록 선택해주고 재정적인 지원을 해준 것은 (재)한빛무화재연구원이다. 김기봉 원장을 비롯한 한빛문화재연구원의 식구들이 없었다면 이 책은 나오지 않을 것이다. 이 지면을 빌어 그들에게 감사를 표한다. 특히 행정적인 지원과 잔무를 도맡아 처리해 준 한빛문화재연구원 여수경과 정상수 연구원에게 깊은 감사를 표한다. 이 외 글을 옮길 때 경북대학교 대학원 박사과정 수업을 하면서 경북대학교박물관의 이재환 선생과 (재)신라문화유산연구원의 황보은숙 연구원이 글자 하나하나에 대한 조언을 해 주었고, 어려운 고문을 옮기는 데에는 (재)중원문화재연구원의 진소래 연구원의 도움이 있었다. 이들의 도움도 잊을 수가 없을 것이다. 마지막으로 출판을 맡아준 학연문화사의 권혁재 사장님과 윤석우 선생님, 그리고 그 식구들에게 감사드리며 글을 맺는다.

2011년 3월 1일
上黨의 潭岩硏室에서 김용성

찾아보기

ㄱ

가斝 · 142
가마쿠라[鎌倉] · 18
가무악인歌舞樂人 · 247
가색부家嗇夫 · 350
가이스Gais · 11
간구澗溝 · 28
간보干寶 · 352
감鑒 · 280
감호鏚虎 · 305
갑골문甲骨文 · 114
갑골복사甲骨卜辭 · 84
갑신순난甲申殉難 · 360
강羌인 · 116
강왕康王 · 194, 265
강정康丁 · 92
강희 · 394
개蓋 · 88
개궁모盖弓帽 · 280
개포蓋布 · 61
개희생[狗牲]구덩이 · 79
객성장客省莊 · 28, 184, 185
거나라무덤 · 256
거남 · 256
거란契丹 · 373
거莒나라 · 237
거마車馬방 · 327
거숙지중자평莒叔之仲子平 · 258
건주여진建州女眞 · 376
검초劍鞘 · 288
결玦 · 217
결초보은結草報恩 · 229
겸鎌 · 162
경鏡 · 223
경磬 · 250
경강敬姜 · 240
경공景公 · 217, 269, 307
경릉景陵 · 383
경사무덤길(斜坡墓道) · 194
경제景帝 · 342, 383
경종景宗 · 374
경중지법輕重之法 · 237
경파족景頗族 · 376
경항령인景巷令印 · 348
경후敬侯 · 214
곁방[側室] · 346
곁칸[邊廂] · 155
계심패鷄心珮 · 344
계지戒指 · 289
계笄 · 112
계필하필契苾何必 · 358
계환자季桓子 · 241
고觚 · 88
고공古公 단부亶父 · 176
고루장高樓莊 · 108
고루장 후강 · 145
고상식건축 · 292
고양왕비高陽王妃 · 353
고위촌 · 220
고장高莊 · 308
고장순인무덤 · 281
고징高澄 · 354
고환高歡 · 354, 355
곡옥 진후묘지 · 182
곤명昆明 · 291
공공共公 · 307
공공龔公 · 307
공륙功陸 · 376
공손간구公孫杆臼 · 228
공손오公孫敖 · 239
공심空心벽돌 · 344
공왕共王 · 262
공유公劉 · 156, 176
공자 · 240
공자오公子午 · 265
공□왕지손工□王之孫 · 287
과戈 · 87
과나라묘지 · 196
과씨戈氏 · 197
곽가장郭家莊 · 130, 149, 200
곽소군郭昭君 · 343
관管 · 54, 134
관罐 · 21
관이도호貫耳陶壺 · 64
광장匡章 · 250
괵나라귀족묘지 · 228
괵나라묘지 · 206
괵묘馘墓 · 90
굉觥 · 282
교郊 · 27

교窔 · 117
교烄 · 149
교구 · 328
교사郊祀 · 178
교장구窖藏區 · 28
교제郊祭 · 237
교제烄祭 · 238
교촌 · 316
교혈窖穴 · 83
구 · 318
구갑龜甲 · 58
구궤장軀跪葬 · 90
구녀돈 서나라귀족묘지 · 284
구뉴금인龜鈕金印 · 346
구뉴동인龜鈕銅印 · 347
구덩식[竪穴式] · 49
구덩식돌덧널무덤[竪穴式石槨墓] · 234
구덩식돌방[竪穴式石室] · 281
구덩식무덤[竪穴式墓] · 54
구덩이[土坑] · 28, 133
구덩이무덤[灰坑葬] · 28
구만丘灣 · 30, 120
구오句吳부인 · 269
구조句鑃 · 348
구천句踐 · 282
구촌口村 · 151
구현이운扣弦而殞 · 393
국가촌 · 246
국공國公묘지 · 223
국사國社 · 211
국초國楚 · 248
군주처하君主妻河 · 179, 213, 299
굴지屈肢 · 18
궁弓 · 90
궁비宮妃순장제 · 380
궁인宮人 · 339
궤좌跪坐 · 72
귀방鬼方 · 154
규圭 · 303
규복취간刲腹取肝 · 20
그리스인 · 12
극락극克洛克 · 292
근왕勤王 · 360
금루옥의金縷玉衣 · 344
금반사金盤絲 · 230
금산金山 · 382
금승촌 진경무덤 · 220
금위군禁衛軍 · 134
금육동金毓峒 · 361
기岐 · 156
기己나라무덤 · 259
기남성紀南城 · 261
기물고器物庫 · 250
기물器物구덩이 · 97, 256
기물부장덧널 · 258
기산岐山 · 176
기수 · 256
기조基槽 · 122
기弃 · 176
길가메시Gi-lgamesh · 17

ㄴ

나가 제단 · 54
나무방[木室] · 220
나박만 · 348
낙성落成 · 87
낙안산諾顏山 · 345
남명낭藍明娘 · 370
남월국南越國 · 345
남월왕무덤 · 346
남존여비 · 163
남지휘서촌南指揮西村 · 308
남평두南坪頭 · 366
납살타인제단 · 358
낭가장 · 242
내랑來娘 · 371
네모서리구덩이[四隅角坑] · 155
노나라고성 · 252
노魯나라무덤 · 207
노우파 · 155, 163, 165
노이합적努尒哈赤 · 390
뇌고돈 · 275, 277
뇌罍 · 142
뇌牢 · 171
뇌우일벌牢又一伐 · 118
뉴기니 · 20
뉴사우스웨일스 · 20
늠신廩辛 · 92
늠정廩丁 · 86

ㄷ

다이곤 · 391
다인총장多人叢葬 · 27
다코다인 · 20
단검短劍 · 230
단경촌 · 156
단도 오나라왕릉 · 280
단장單葬무덤 · 31
단지입관斷指入棺 · 20

달노挞魯 · 374
달단韃靼 · 375
담인啖人 · 278
당나라살순묘지 · 328
당로當盧 · 218
당호촌 · 182
대구帶鉤 · 218
대敦 · 272
대돈자묘지 · 62
대령大鈴 · 194
대뢰大牢 · 171
대리功代利 · 376
대문구묘지 · 58
대문구문화大汶口文化 · 27, 5858
대문구문화 묘지 · 49
대보산大堡山 · 301
대사공촌 · 109, 138
대사大社 · 211
대서 · 122
대서촌 · 152, 157
대석병戴石屏 · 370
대옹大甕 · 348
대인찰代因札 · 390
대장촌大張村 · 27
대점진大店鎭 · 256
대종代宗 · 383
대종백大宗伯 · 12, 178
대하장大何莊 · 30, 170
댄Den · 17
덕공德公 · 305
덧널[木槨] · 61
덧널무덤[木槨墓] · 145
덧방[耳室] · 138, 346
도거涂車 · 406
도기제작공방지 · 80
도刀 · 56
도랑돌림무덤[圍溝墓] · 316
도용陶俑 · 212, 242
도홍파랍桃紅巴拉 · 232
도화장 · 154
독널[甕棺] · 33
돈달리敦達里 · 390
돌궐突厥 · 329, 358
돌무지무덤 · 358
돌판무덤[石板墓] · 288
동관 · 327
동대사東大寺 · 151
동산취東山嘴 · 26
동정東井 · 388
동僮족 · 21
동중서董仲舒 · 342
동한살순무덤 · 327
두개배頭蓋杯 · 32, 83, 230
두豆 · 64
두문진斗門鎭 · 184
두회杜回 · 229

ㄹ

로마인 · 12

ㅁ

마가요문화馬家窯文化 · 25
마간麻干 · 376
마馬 · 220
마왕진馬王鎭 · 184
마이제Maye Zea · 12
마후루인 · 20
말구덩이[馬坑] · 131
매원장梅園莊 · 130, 147
맹등희孟滕姬 · 265
맹승孟勝 · 264
머리칸[頭廂] · 270
멜라네시아제도 · 20
명당明堂 · 178
명루明樓 · 388
명부命婦 · 363
모돈립冒頓立 · 345
모矛 · 200
모무母戊무덤 · 97
모용부慕容部 · 353
모용희慕容熙 · 353
목갑木匣 · 195
목고木鼓 · 292
목공穆公 · 299, 305
목방木房 · 292
목붕木崩 · 292
목왕穆王 · 182, 194
목용木俑 · 212, 218
목패木牌 · 295
몽가한蒙哥汗 · 375
몽고인종 · 168
묘卯 · 118
묘단廟壇 · 87
묘苗족 · 21
묘저구廟底溝 · 27
묘포苗圃 · 85, 207
무공武功 · 176, 303
무관촌 · 129, 136
무귀巫鬼 · 260, 333, 376
무덤길[墓道] · 129

무두장無頭葬 · 27
무악도용舞樂陶俑 · 250
무염씨无鹽氏 · 238
무왕武王 · 176
무왕巫尪 · 238, 300
무인舞人 · 344
무정武丁 · 86
무제武帝 · 319, 342
무종武宗 · 355
무후武侯 · 204, 214
문백文伯 · 240
문왕文王 · 176, 178
문정文丁 · 86
문제文帝 · 342
문제행새文帝行璽 · 346
미자계微子啓 · 200
미자微子 · 200

ㅂ

바깥덧널[外槨] · 160
박사亳社 · 211, 333
박종鎛鍾 · 285
반경盤庚 · 70
반盤 · 194
반룡성 · 154
반촌班村 · 28
반파유적 · 32
반파촌半坡村 · 25
발鉢 · 33
발변發辮 · 345
발치칸[脚廂] · 270
방鈁 · 348
방가구龐家溝묘지 · 206
방가촌 · 232
방륜紡輪 · 56
방상方相 · 139
방정方鼎 · 199
방퇴촌坊堆村 · 356
방포蚌泡 · 142
배杯 · 62
배장陪葬 · 212, 220, 271
배장陪葬구덩이 · 155
배장陪葬널 · 163
백가분白家墳 · 130
백가장白家莊 · 184
백가촌 · 223
백각伯各무덤 · 194
백록원白鹿原 · 356
백사白沙 · 366
백사자지 · 269
백양촌白羊村 · 31
백영 · 38
백자판 · 272
백적白狄 · 234
번시우천燔柴于天 · 88
벌伐 · 92, 117
벌제伐祭 · 131
범모도范毛桃 · 367
범안范安 · 363
벽감壁龕 · 94
벽돌무덤(磚築墓) · 327
벽璧 · 54
벽심壁芯 · 54
변형된 인순 · 369
병기兵器구덩이 · 247
보도촌普渡村 · 184
보산성寶山城 · 388
복골卜骨 · 30
복두뉴옥인覆斗鈕玉印 · 349
복림福臨 · 390
복순장割腹殉葬 · 18
복장卜葬 · 190
복천산묘지 · 65
봉니封泥 · 350
봉황령 · 254
부고씨簿姑氏 · 153
부무이괄婦無二适 · 351
부釜 · 219
부斧 · 64
[부部]부인夫人 · 347
부사浮祀 · 409
부식토[灰土] · 77
부신俯身 · 28
부신장俯身葬 · 90
부신직지附身直肢 · 37, 111
부여 · 353
부인夫人 · 350
부장방[後藏室] · 346
부瓿 · 63
부장祔葬 · 64
부호婦好무덤 · 108
부훈영符訓英 · 353
북산정北山頂무덤 · 280
북수령北首嶺 · 170
북신보 · 230
북요촌北窯村 · 180
북조 진후묘지 · 204
분盆 · 34
분鐼 · 54
분왕구우焚求雨 · 237
분왕焚尪 · 237

불식사不食死 · 387
비匕 · 194
비篦 · 261
빈豳 · 156, 176

ㅅ

사경위司警衛 · 136
사고賜誥 · 363
사구포司歐布 · 292
사기社器 · 179
사독四瀆 · 210
사람머리구덩이[人頭坑] · 97
사람머리무덤[人頭葬] · 97
사모아인 · 20
사방士方 · 154
사社 · 12, 179
사柶 · 63, 142
사사社祀유적 · 30
사소馭巢 · 284
사순賜殉 · 351
사신社神 · 237
사자산 · 344
사전祀典 · 177
사주社主 · 179
사직社稷 · 12, 210
사카라Sakkara · 17
사티Sati · 19, 367
삭削 · 223
산궁山宮 · 376
산鏟 · 61, 144
산표진 · 219
살구제전殺仇祭奠 · 322, 324
살순殺殉 · 212
살식장자殺食長子 · 278
살인제사殺人祭祀 · 29
살인제전殺人祭奠 · 11
살제전부殺祭戰俘 · 407
삼강오상三綱五常 · 359
삼례三禮 · 171
삼박三亳 · 155
삼생三牲 · 87
삼종사덕三從四德 · 351
상강산象崗山 · 346
상당上堂 · 218
상마묘지 · 216
상마촌 오대산 · 297
상제上帝 · 299
상촌령上村嶺 · 228
상탕商湯 · 70
상풍翔風 · 352
생분(순)노마生焚(殉)奴馬 · 395
생순노마生殉奴馬 · 374
생인牲人 · 10, 82
생축牲畜 · 11
서경농업鋤耕農業 · 25
서구군西甌君 · 350
서도구西道溝 · 308
서문 · 275
서박西亳 · 72
서북강 왕릉구 · 129
서북강西北崗 · 85
서산西山 · 32
서수파 · 53
서암西庵 · 206
서약徐弱 · 265
서융西戎 · 299
서정西井 · 388
석계륜石季倫 · 352
석굴불사石窟佛寺 · 354
석원권石圓圈 · 30, 170
석채산石寨山 · 290, 298
선공宣公 · 305
선비족鮮卑族 · 353
선왕宣王 · 197, 263
선우單于 · 345
선우鮮虞 · 234
선제宣帝 · 342
선종 · 383
선태후宣太后 · 316
선환좌우旋環左右 · 128, 142
설가장薛家莊 · 130
설나라고성 · 252
설나라무덤 · 252
설薛나라 · 153
섭부燮父 · 204
성공成公 · 305
성조 · 381
세골장洗骨葬 · 288
세자世子 유有 · 261
소구덩이[牛坑] · 300
소구燒溝 · 319
소대향蕭大享 · 375
소둔 · 108
소둔촌 · 139
소뢰小牢 · 171
소부둔 · 153, 158
소서관 · 275
소簫 · 199
소신小臣 유有 · 217
소신小辛 · 115
소쌍교小雙橋 · 82

소왕昭王 · 194, 263, 316
소을小乙 · 115
소제昭帝 · 343
소조여신상塑造女神像 · 26
소토燒土구덩이 · 79
소합서小呷西 · 336
소후昭侯 · 275
속발기束發器 · 59
송나라 · 200
송촌 · 314
쇠칼[鐵鉗] · 318
수레구덩이[車馬坑] · 90
수만인 · 20
수메르왕조 · 17
수殳 · 271
수몽壽夢 · 281
수신樹神 · 296
수절사의守節死義 · 408
수절守節 · 368
수항헌부受降獻俘 · 323
숙녈叔矢 · 204
숙손준叔孫俊 · 354
순盾 · 87
순난殉難 · 359
순사殉死 · 39, 211
순생殉牲 · 128, 136, 169
순인殉人 · 10, 128
순절殉節 · 359
술사자戌嗣子 · 111
술율述律 · 374
숭정崇禎 · 329
숭후국崇侯國 · 155
슈바드Shub-ad · 17
승여제도乘輿制度 · 343
시[illegible] · 117
식息 · 154
식패飾牌 · 291
신명神明 · 86
신무우申無宇 · 261, 262
신성통치神聖統治 · 17
신전제사유적 · 214
신채 갈릉촌 · 270
신해申亥 · 261
실시實柴 · 178
심沈 · 117
심제沈祭 · 178
심처沈鄋 · 117
십삼릉十三陵 · 388
쌍암촌雙庵村 · 27
쌍환두雙環頭 · 230

ㅇ

아길근阿吉根 · 390
아바르기Abargi · 17
아비도스Abydos · 17
아사나사이阿史那社尒 · 358
아시아몽고인종 · 113
아兒나라 · 195
아즈텍 · 19
아즈텍Aztec인 · 12
아추亞醜 · 153
아치크A-chik인 · 12
아카라므두Akalamdng · 17
악기樂伎 · 276
악노비樂奴婢 · 342
악무기樂舞伎 · 350
안달리安達里 · 390
안덧널[內槨] · 155, 218
안릉군安陵君 · 262
안릉전安陵纏 · 263
안문安門 · 87
안문安門구덩이 · 88
안불랍식安佛拉式 · 290
안영晏嬰 · 239
알타이Altai 대산大山 · 375
암굴무덤[崖洞墓] · 344
암식庵息 · 305
앙소문화仰昭文化 · 12 , 25, 53
앙신仰身 · 28
앙신굴슬仰身屈膝 · 120
앙신굴지仰身屈肢 · 74
앙신장仰身葬 · 90
앙신직지仰身直肢 · 18, 36
앞방[前室] · 346
애신각라부족 · 390
애후哀侯 · 214
액軛 · 148
야마타이국[邪馬台國] · 18
야율술자耶律術者 · 374
야율아보기耶律阿保機 · 374
야율중耶律中 · 374
야점夜店 · 60
양각楊恪 · 355
양공襄公 · 299, 301, 302
양구덩이[羊坑] · 180
양분 도사문화 묘지 · 52
양산粮山 2호 무덤 · 280, 281
양성군陽城君 · 264
양저문화 · 63
어魚 · 142
어계𢐗季무덤 · 194

어나라귀족묘지 · 194
어뉴동인魚鈕銅印 · 348
어백弜伯 · 181
어백弜伯무덤 · 194
어변御邊 · 360
언사상성偃師商城 · 72
언甗 · 34, 77
여軎 · 148
여가부呂家埠 · 206
여가장茹家莊 · 181, 194
여랑산 · 250
여매余昧 · 280
여순한麗循閑 · 371
여석礪石 · 90
여지励志 · 176
여진女眞 · 373
여합서女呷西 · 336
역鬲 · 77
역산릉驪山陵 · 319
연결길[甬道] · 344
연나라묘지 · 207
연사와문화묘지 · 204
연악楝鄂 씨 · 390
열왕烈王 · 214
염奩 · 350
염승무술厭勝巫述 · 13
염장박畬章鎛 · 277
엽두제獵頭祭 · 12, 24
엽혁납나葉赫納喇 씨 · 390
영가부永家埠 · 366
영고탑 · 392
영鈴 · 134
영성嬴姓 · 299
영왕靈王 · 261
영정 진위가 · 40
영종英宗 · 363, 383
옆칸[邊廂] · 270
예양豫讓 · 228
오敞 · 75
오랍납나烏拉納喇 씨 · 390
오몽만烏蒙蠻 · 361
오복吳復 · 363
오봉산청동기문화묘지 · 288
오사五祀 · 332
오수전五銖錢 · 298, 319
오악五嶽 · 210
오이고니吳尒庫尼 · 391
오정 · 171
오촌묘지 · 60
오호烏滸 · 15
옥의玉衣 · 328
온량거轀輬車 · 354
온명비기溫明秘器 · 354
옹瓮 · 34
옹甕 · 56
옹성 1호 진공무덤 · 307
옹성雍城 · 300
와조도瓦早堵 · 376
와족佤族 · 13, 292, 335
완기순절緩期殉節 · 369
왕계王季 · 176
왕군혈王君穴 · 190
왕낙아王洛兒 · 354
왕릉구 · 97
왕사王社 · 211
왕성강 · 37
왕손박사(작)채희식궤王孫雹乍(作)蔡姬食簋 · 271
왕숙王俶 · 363
왕옥휘王玉輝 · 363
왕유방 · 36
왕인묘지 · 59
왕작친왕희王作親王姬 · 182
왜란倭亂 · 360
외장外臧덧널 · 343
요燎 · 27
요料 · 54
요鐃 · 195
요사燎祀 · 178
요제燎祭 · 66, 177
요주料珠 · 246
용뉴금인龍鈕金印 · 346
용산문화龍山文化 · 13, 27
용생用牲제도 · 171
용예庸芮 · 316
용인俑人 · 240, 351
우가파 · 218
우鄅나라무덤 · 252, 254
우남좌녀右男左女 · 41
우르Ur · 17
우보둔牛堡屯 · 366
우촌牛村고성 · 215
움무덤[土坑墓] · 288
원곡상성 · 152
원굉元宏 · 353
원배元配 · 363
원왕元王 · 210
원정산 진나라귀족묘지 · 302
원정산圓頂山 · 301
월鉞 · 64
월형刖刑 · 255
월희越姬 · 263

위과魏顆 · 229
위나라왕실묘지 · 220
위도衛堵 · 376
위사魏斯 · 214
위자빙薳子馮 · 265
위중희鄬中姬 · 265
위추부魏醜夫 · 316
위항불항違抗不降 · 323
위후衛侯 · 197
유卣 · 111, 194
유가장劉家莊 · 130, 147
유가점자劉家店子 · 258
유격장柳格莊 · 206
유곤력劉崑力 · 362
유단劉旦 · 342
유리각 · 151
유리하 연나라묘지 · 181, 200
유림묘지 · 62
유만柳灣 · 25
유만묘지 · 55
유서劉胥 · 343
유성교 · 273
유연柔然 · 230
유왕幽王 · 183
유요槱燎 · 178, 179
유원劉元 · 342
유화무덤 · 344
윤가성묘지 · 61
융融 · 153
융적戎狄 · 156, 235
은대자隐大子 · 261
은묘殷廟 · 177
은사殷社 · 211, 333
은인상귀殷人尙鬼 · 127
은허 서구 · 139, 145
은허 · 84
은허무덤 · 129
음사淫祀 · 211, 260, 322, 376
음혼지귀淫魂之鬼 · 261, 332
의왕懿王 · 190
이가산李家山 · 290, 297
이가취李家嘴 · 154, 160
이리강유적 · 75
이리두문화 · 72
이만고李萬庫 · 371
이배耳杯 · 350
이사제李思齊 · 362
이소李玿 · 377
이심貍沈 · 178, 179
이오夷吾 · 299
이위사자以衛死者 · 128, 218
이인무덤 · 205
이자성李自成 · 360
이천직李天稙 · 361
이층대二層臺 · 129
이匜 · 282
인귀人鬼 · 84, 127
인두장人頭桩 · 292
인디언 · 20
인사禋祀 · 178
인생人牲 · 10, 11, 127
인생人牲구덩이 · 79
인순人殉 · 10, 16, 128
인순장人殉葬 · 260
인제人祭 · 10
인종 · 382
임가취 · 315
입인원立人垣 · 18

ㅈ

자경子庚 · 265
자경自經 · 387
자아상잔自我相殘 · 19
자아할체自我割體 · 10
자원自願 · 351
자형산紫荊山 · 83
작은무덤[小墓] · 76
작爵 · 88
잠簪 · 158
장가파張家坡 · 184, 185
장공庄公 · 239, 260
장교庄蹻 · 290
장대관 · 268
장릉長陵 · 382, 329
장유長由 · 184
장유무덤 · 184
장인[工匠] · 307, 339
장자구長子口 · 199
장자구무덤 · 197
장杖 · 350
장족壯族 · 377
장천석 · 352
잿더미[灰] · 30
잿더미구덩이[柴灰坑] · 91
저氐 · 290
저강족氐羌族 · 290
저패기貯貝器 · 291
적석積石 · 75
적석적사積石積沙 · 220
적석적탄積石積炭 · 219
전국戰國 · 210
전기奠基 · 87
전기奠基구덩이 · 37, 158

전기생奠基牲 · 13, 24, 32
전나라 · 290
전세轉世 · 16
전와창磚瓦廠 · 269
전장 대촌 · 153
전제왕릉田齊王陵 · 248
전제왕릉구田齊王陵區 · 249
전제왕족무덤 · 249
전횡田橫 · 341
점복제사占卜祭祀 · 114
정강지난靖康之難 · 360
정개촌旌介村 · 147, 154, 161
정공靜公 · 214
정상正常 · 241
정숙井叔가족묘지 · 190
정숙채井叔采 · 190
정鼎 · 32
정영程嬰 · 228
정주리학程朱理學 · 360
정주상성 · 75, 151, 156
정표旌表 · 362
정희井姬무덤 · 194
제가문화齊家文化 · 18, 27, 54
제가문화 묘지 · 40
제가평묘지 · 57
제경齊卿 · 248
제골장制骨場 · 83
제노석화을희창 · 247
제도방지制陶房址 · 80
제사장祭祀場 · 75
제사祭祀구덩이 · 28, 75
제생祭牲 · 127, 169
제신帝辛 · 70
제을帝乙 · 86
제촌齊村 · 223
제통提筒 · 350
조朝 · 95
조俎 · 117
조鳥 · 162, 199
조条 · 358
조가강 · 271
조갑祖甲 · 86
조경祖庚 · 92
조경趙卿 · 221
조광윤趙匡胤 · 323
조나라 왕릉 배장무덤 · 221
조릉산趙陵山 · 55
조릉산제단 · 63
조매趙昧 · 346
조미 · 358
조앙趙鞅 · 221
조양자趙襄子 · 228
조유早柔 · 376
조을祖乙 · 92
조적趙籍 · 214
조제雕題 · 14
조침건축朝寢建築 · 300
조항 · 271
존尊 · 77
존신尊神 · 84, 401
종鐘 · 250
종琮 · 302
종묘宗廟 · 96, 177
종사관從死觀 · 264
종사從死 · 17, 211, 239, 262, 342
종사宗祀 · 178
종순從殉 · 380, 381
종순궁비 · 387
종순제從殉制 · 342
종식踵飾 · 148
좌남우녀左男右女 · 41
좌부인左夫人 · 347
주가촌周家村 · 206
주강朱棡 · 384
주개구문화周開溝文化 · 18
주개구문화 묘지 · 44
주개구촌周開溝村 · 44
주개헌부奏凱獻俘 · 324
주검방[主室] · 346
주검칸 · 270
주경경朱琼烴 · 384
주기廚厩 · 343
주邾나라 · 237
주련朱楝 · 384
주묘周廟 · 177
주배朱裵 · 394
주사周社 · 211
주사朱砂 · 82
주상 · 383
주상순朱常洵 · 361
주신첩朱新堞 · 361
주악奏樂 · 199
주열소朱悅 · 384
주염연朱埏 · 384
주염용朱墉 · 384
주왕周王 · 219
주원周原 · 176
주유검朱由檢 · 360
주유돈朱有燉 · 383, 389
주유육朱有堉 · 384
주유작朱有爝 · 385, 389
주존종비主尊從卑 · 39

주珠 · 67
주紂 · 177
주舟 · 254
주호촌朱湖村 · 366
죽원구竹園區 · 194
준准 · 376
중곽촌 · 234
중정천오中丁遷隞 · 75
중주로中州路묘지 · 206
중행仲行 · 305
증나라무덤 · 275
증자중曾子中 · 275
증후을曾侯乙 · 276
증후을무덤 · 277
지기地祇 · 84
지모地母 · 11
지모신地母神 · 24, 25, 71
지방두紙坊頭 · 194
지백智伯 · 228
직稷 · 12
진공능원秦公陵園 · 301
진광선陳光先 · 371
진나라귀족묘지 · 301
진무陳武 · 352
진문후晋文侯 · 182
진시황秦始皇 · 210
진시황릉 · 339
진이세 · 340
진자강陳子亢 · 241
진자거陳子車 · 241
진존기陳尊己 · 241
짐승구덩이[獸坑] · 91
쯔히코[日子命] · 18

ㅊ

차수리사次睢里社 · 333
차수次睢 · 122 , 332
착鑿 · 54
착대窄臺 · 94
착도이笮都夷 · 290
찰뢰낙이札賚諾尒 · 232
찰찰향扎扎鄕 · 358
창자수創子手 · 133
채과蔡戈 · 219
채리촌寨里村 · 366
채후무덤 · 275
채희蔡姬 · 263
책策 · 90
처각염하鄹玨龠河 · 117
처첩순부妻妾殉夫 · 39, 158, 163
척尺 · 349
척가장戚家莊 · 207
천신天神 · 84
천자묘天子廟 · 290, 297
천장遷葬 · 61
천호촌 · 27, 154
철로화장 신축지 · 152
청룡산마자青龍山磨子무덤 · 280
청룡서산무덤 · 281
체禘 · 27
체사替死 · 262
초나라왕실무덤 · 265
초왕무덤 · 344
촉鏃 · 94
촌리집村里集 · 205
총장叢葬 · 288
총장叢葬구덩이 · 73
추錐 · 61
추墜 · 289
추鎚 · 348
추령芻靈 · 406
축생畜牲 · 180
춘추春秋 · 210
측신굴지側身屈肢 · 37
치觶 · 194
치가루문화 · 13
치사置社 · 211
치초置礎 · 87
치초置礎구덩이 · 88
치하점 · 248
칠규새七竅塞 · 344
칠리하七里河 · 31
칠정 · 171
칠정육궤七鼎六簋 · 250
칠초동검漆鞘銅劍 · 256
침寢 · 95
침枕 · 344
침묘건축군寢廟建築群 · 300
침전寢殿건축지 · 220
침제沉祭 · 214

ㅋ

카르타고인 · 12
카사스인종 · 113
코가Koghga인 · 12
코카사스인종 · 114
쿠룰인 · 20
큰돌무덤[大石墓] · 288

ㅌ

타원가打寃家 · 331
탁鐲 · 289
탁발규托跋珪 · 353
탁발부托跋部 · 353
탄彈 · 118
탕왕 · 71
태묘太廟 · 323
태부인泰夫人 · 347
태자泰子 · 346
태조 · 381
태평양니그로인종 · 113, 114
태평천국太平天國의 난 · 360
토굴무덤[洞室墓] · 317
토돈土墩무덤 · 67, 284
토번吐蕃 · 356
토번무덤 · 357, 358
토지신土地神 · 11
토축고대土築高臺 · 63
통筒 · 58, 348
투채귀投債鬼 · 16
투태投胎 · 16
특생特牲 · 171
틀랄록Tloloc · 12

ㅍ

파리진 · 358
파자성주鄱子成周 · 269
판箭 · 117
팔기둔八旗屯 · 308
패牌 · 267
패佩 · 282
페니키아인 · 12
편경編磬 · 285
편박編鎛 · 258
편종編鐘 · 194
평대平臺 · 94
평왕平王 · 197, 210, 299
포마촌 · 357
포산布山 · 350
표鑣 · 148
풍豊 · 184
풍서灃西 · 183
피갑皮甲 · 271
필마畢摩 · 336

ㅎ

하맹촌下孟村 · 27
하백취부河伯娶婦 · 117, 179, 213, 300
하사 · 265
하신河神 · 299
하와이인 · 20
하전촌河前村 · 259
한건韓虔 · 214
한능장韓鯪長 · 371
할고오양割股熬湯 · 20
할고치병割股治病 · 20
할고화약割股和葯 · 20
할체割體 · 19
할체장의割體葬儀 · 21, 374
합盒 · 194
합장合葬무덤 · 38
항缸 · 33
허리구덩이[腰坑] · 91
허유장許惟長 · 367
헌공獻公 · 315, 339
헌릉獻陵 · 382
헌무왕獻武王 · 354
헌부獻浮 · 177
헌부대례獻俘大禮 · 177
헌부제묘獻俘祭廟 · 322, 323
헌부제사獻娛祭社 · 236, 322, 323
헤이안[平安] · 18
현저관懸底棺 · 271
혈제血祭 · 12, 24, 178
협夾 · 230
형珩 · 344
호鎬 · 184
호경虎京 · 177
혼음지귀魂淫之鬼 · 335
홍虹 · 65
홍산문화紅山文化 · 26
화발和跋 · 354
화산 · 344
화원장 · 112, 142
화전창火電廠 · 318
화청 · 49
환공桓公 · 238, 307
환두도環頭刀 · 231
환環 · 54, 226
활분의식活焚儀式 · 367
황璜 · 142
황랑랑대 · 40
황태극皇太極 · 390
황토파촌黃土坡村 · 200
회갱灰坑 · 27
회토灰土 · 34
회흘回紇 · 329

횡진 · 27
횡혈기橫穴期 · 18
효릉孝陵 · 381
효민둔孝民屯 · 130, 148
효왕孝王 · 190, 197
효자고황후孝慈高皇后 · 390
후가장侯家莊 · 85
후가장 서북강 · 131
후강後崗 · 33, 85, 111
후고퇴 · 268
후리촌後里村 · 154
후사侯社 · 211
후직后稷 · 176, 178
후천촌 · 226
훈로薰爐 · 194
휴鬹 · 344
흉노匈奴 · 230, 345
흑이족黑彝族 · 336
흑이黑彝 · 335
흑치黑齒 · 14
흔고衅鼓 · 237
흔사衅社 · 237
흘仡족 · 21
히미꼬[卑弥呼] · 18

기타

卂 · 118
宰 · 171
賁 · 92
𩰫 · 117

■ 지은이 | 黃展岳
1926년 중국 복건성(福建省) 남안현(南安縣)에서 출생하여 1954년 북경대학 역사계 고고학전공을 졸업, 이후 중국과학원(중국사회과학원) 고고연구소에 종사하면서 중국과학원박사연구생 과정을 수학하였다. 중국사회과학원 고고연구소 연구원과 하문(厦門)대학 겸직교수로 재직하였고, 『考古學報』 부주편과 중국사회과학원연구생원 교수를 역임하였다.
주요 논저로는 『中國古代的人牲人殉』(1991), 『考古紀元』(1998), 『先秦兩漢考古與文化』(1999), 『西漢禮制建築遺址』(2002) 등이 있으며 『長沙馬王堆一號漢墓』(1973), 『西漢南越王墓』(1984) 등 보고서 작업에 참여하였다.

■ 옮긴이 | 김용성
1982년 영남대학교 문화인류학과를 졸업, 동 대학에서 석사와 박사과정을 수학하였고, 1997년 박사학위를 받았다. 영남대학교박물관 학예연구원, (재)신라문화유산조사단 조사연구실장, (재)한빛문화재연구원 전문위원을 거쳐 지금은 (재)중원문화재연구원에서 상임연구위원을 맡고 있다.
저서로는 『신라의 고총과 지역집단』, 『신라왕도의 고총과 그 주변』이 있고, 신라의 고분과 사회에 대한 다수의 논문이 있다. 『한대 화상석의 세계』(信立祥 著), 『한대의 무덤과 그 제사의 기원』(黃曉芬 著) 등 중국 서적을 옮긴 바 있다.

한빛문화재연구원 문화재연구총서 5

중국의 사람을 죽여 바친 제사와 순장

2011년 9월 15일 초판 1쇄 발행

지은이 | 黃展岳
옮긴이 | 김용성
펴낸이 | 권혁재

펴낸곳 | 학연문화사
출판등록 | 1998년 2월 26일 제2-501호
주소 | 서울특별시 금천구 가산동 371-28 우림라이온스밸리 B동 712호
전화 | 02-2026-0541~4
팩스 | 02-2026-0547
이메일 | hak7891@chol.com
홈페이지 | www.hakyoun.co.kr

책값은 뒤표지에 있습니다.
잘못된 책은 바꾸어 드립니다.

ISBN 978-89-5508-242-5 93910

이 책은 2010년도 (재)한빛문화재연구원 저서 · 번역 연구 지원으로 발행되었습니다.